제4판

패널 자료 이용

SPSS를 이용한 통계분석은 어떻게?

통계학 박사 남기성
통계학 박사 천영민 지음

자유아카데미

제4판 머리말

출판사로부터 'SPSS 21을 이용한 통계분석은 어떻게?'란 책이 품절되었다는 말을 듣고 저자는 많은 고민을 하였다. 최근에 출시된 SPSS 버전이 25인데 또다시 개정판을 내야 하는가에 대한 고민 때문이었다. 한편 인터넷에 SPSS란 키워드를 입력하면 정말로 친절한 내용으로 도움을 받을 수 있는 사이트가 너무나 많이 있기에 굳이 책으로 출판할 필요가 있는가에 대한 고민도 있었다. 그때 모 대학에서 교수로 근무 중인 오랜 친구로부터 "통계학을 전공한 입장에서 본서가 SPSS 교재 중에서는 가장 좋았다. 이론과 실무를 적절하게 다루고 있으며, 초보자들이 보기에 화려하지는 않지만, 실제 예제를 다룬 훌륭한 책이다."라는 이야기를 들었다. 이에 마음을 다시 잡고 개정판을 준비하였다.

저자가 생각하기에도 2006년 SPSS 12를 이용하여 처음으로 책을 발간하고, 이어 2010년 SPSS 18을 이용하여 개정판을 출판하였으며, 2014년 SPSS 21을 이용하여 개정증보판을 출판하여 올해로 19년 동안 'SPSS를 이용한 통계분석은 어떻게?'란 이름으로 명맥을 이어온 나름 전통을 가진 책이라는 데 자부심을 가지고 있다. 그리고 그동안 출판된 모든 책이 창고에 쌓여 있는 것이 아니라, 품절이 되었다는 것도 저자로서 자부심을 가지게 하였다. 하지만 품절로 인하여 필요할 때 구입할 수 없는 것이 아니라, 책을 필요로 하는 이가 언제라도 구입할 수 있도록 창고에 책이 쌓여 있는 것이 좋겠다는 생각과 더불어 나름 지식인으로 가지고 있는 자산을 통해 사회에 봉사한다는 생각으로 집필에 임하였다. 예전 책의 머리말에서 언급한 것처럼 그간 저자는 많은 이로부터 본서가 보고서 및 논문 작성에 많은 도움을 주어 고맙다는 인사를 받았다. 또한 적절한 실제 패널 데이터를 이용하여 SPSS를 익히는 데 마땅한 책이 없다는 이야기를 듣고 이에 후학들이 조금이라도 편하게 통계분석을 하는 데 도움을 주고자 한다.

좋은 책을 위해 최선을 다했지만 미흡한 부분이 있을 수 있다. 이 점은 양해를 바라며, 출간 후에라도 수정사항이 있을 경우에는 자유아카데미 홈페이지(www.freeaca.com) 자료실에 제공할 예정이다.

끝으로 이 책을 출판하도록 도와주신 자유아카데미 출판사의 임직원 여러분께 감사드린다. 그리고 대학원에서 경제학을 전공하여 바쁜 와중에도 집필에 많은 도움을 줄 정도로 성장한 사랑하는 아들 남훈에게도 뿌듯함과 고마움을 전한다.

2019년 7월 마지막 날
저자 씀.

제3판 머리말

저자가 주변에서 요즈음 자주 듣는 용어는 '빅데이터', '데이터마이닝', '패널', '3D 프린터' 등이다. 곰곰이 생각하면 이런 용어는 새롭게 만들어진 신조어가 아니고, 예전에는 어렵거나 불가능하여 상상만 하던 것들이 과학의 발달 및 기술의 발전으로 인하여 현실화되고 접근 가능하여 유행하는 것들이 많다. 또한 각 분야에서 계량화 작업에 박차를 가하고 있는데, 사회 전반에서 지지를 얻기 위해서는 투명성과 기초 근거를 바탕으로 한 대안을 제시해야만 주장에 대한 설득력을 얻을 수 있다. 이러한 기초 근거와 투명성은 통계학을 바탕으로 한 기초자료의 분석을 통해야만 가능하다. 이러한 사회적 현상과 기대에 발맞추어 통계적 자료분석의 필요성이 한층 발전되고 저변이 확대되고 있다.

SPSS는 이러한 자료분석 때문에 일반인들에게도 많이 보급되어 있으며, 초보자들도 손쉽게 접근할 수 있는 통계 패키지 중의 하나로 각광을 받고 있다. 그러나 이러한 SPSS도 양면성을 가지고 있다. 즉, 초보자들도 간단한 교육이나 학습만으로도 사용할 수 있고, 정확한 이론을 몰라도 사용 가능하기에 무분별한 사용으로 인하여 연구나 주장에 허점을 보이거나 잘못된 결론을 내릴 수 있다. 저자들은 20여 년 이상을 대학과 연구소, 기업 등에서 통계학 이론과 자료분석을 강의하면서 기존의 책들에서 아쉬운 점을 많이 발견하였다. 또한 통계 컨설팅을 하면서 선행 연구의 분석이 잘못 사용되고 있음에도 불구하고 동일한 분석이 반복되는 안타까운 점을 발견하였다. 연구자들이 자료분석 과정에서 기본적 통계적 이론을 무시하면 결과는 사상누각(砂上樓閣)에 불과하다는 점을 강조하고 싶다.

본서는 초기에 SPSS 12.0K를 기준으로 초판을 출판하였고(2006년), SPSS 18.0을 이용하여 개정판을 출판(2010년)하였으며, 드디어 2014년에 SPSS 21.0을 이용하여 개정증보판을 출판하기에 이르렀다. 이번에는 SPSS 버전 변경뿐 아니라, 천영민 박사님과의 공저를 통해 실제 조사자료를 채택하여 예제 자료를 분석하고 일부 분석 방법 및 내용의 추가와 변경 등을 실시하였다. 그러나 새로운 책이름을 사용하지 않고 동일한 이름을 사용한 이유는 역사가 있는 책을 만들기 위함이다.

본서를 초기에 집필하고 개정을 하면서 다음과 같은 점에 중점을 두었다.

첫째, 자료분석에 초점을 맞추며, 이론적 근거를 제시하여 분석에 도움이 되도록 하였다. 사실 SPSS를 배운다는 것은 통계학을 바탕으로 한 자료분석을 배우는 것이기 때문이다. 또한 SPSS에서 제공하는 여러 가지 통계량에서 어떤 것을 사용해야 하는지에 대하여 초보자도 어느 정도 쉽게 적용할 수 있도록 제시하였고, 단순히 통계량과 분석법을 나열하기보다는 어떤 의미를 담고 있는지에 대하여 비교적 자세히 설명하였다.

둘째, 자료분석에서 사용하는 다양한 분석 방법 중에서 아주 고급적인 것만 제외하고는 다양하게 다루어 한 권의 책으로 통계분석을 끝낼 수 있도록 하였고, 초보자도 알기 쉽도록 결과 해석 부분에 쉬운 문장과 자세한 설명을 넣어, 이 책을 따라한다면 논문 작성 및 보고서 작성에서 누구나 중급 이상 수준의 분석이 가능하도록 하였다.

셋째, 그동안의 대학교 및 기업체 강의와 소속 기관에서의 대규모 조사에 대한 분석 경험을 살려 자료분석 파트에서 사용하는 예제 데이터를 바꾸었다. 현실성 있는 패널자료를 새롭게 활용하였기 때문에, 독자들이 응용할 수 있는 다양한 변수가 있다는 점에서 가장 큰 의의가 있다. 또한 보고서 또는 논문 작성에 도움이 되도록 컨설팅에서 얻은 Know how(Tip)를 담고자 하였다.

부언으로 많은 사람들은 저자에게 어떻게 하면 SPSS를 잘 사용할 수 있는지를 질문하곤 하였다. 그때마다 저자는 자료의 성격을 잘 파악하고, SPSS의 도움말을 잘 활용하라고 하였다. 사실 자료분석 단계에서 자료(데이터)의 성격을 잘 파악하면 분석의 반은 끝났다 해도 과언이 아니다. 그리고 SPSS의 도움말은 몇 가지를 제외하고는 출판되어 있는 어떤 책보다도 분석에 대하여 다양하게 다루고 있어 초보자에게 참고가 될 수 있다. 저자도 본서를 집필하면서 많은 부분은 SPSS의 도움말을 참고하였다. 이 점에 대해 SPSS사에 감사를 드린다.

그리고 앞으로 올바른 자료분석을 하기 위해서는 이론에 보다 많은 관심을 가지라고 권하고 싶다. 우리가 일반적으로 손쉽게 사용할 수 있는 혈압계나, 당뇨 측정기의 자가 측정만으로는 병의 근본을 치료할 수 없어 더 큰 병을 부를 수 있는 것과 같다. SPSS를 배운다는 것은 10분이면 배울 수 있는 혈압계나 혈당계의 작동법을 배우는 것과 같다. 보다 중요한 것은 혈압계나 혈당계가 제시하는 '데이터가 얼마이며, 무엇을 의미하는가?'이며 이것이 바로 자료분석이다. 마찬가지로 올바른 이론이나 개념이 없이 쉽게 사용할 수 있는 SPSS는 연구에 더 큰 화근을 부를 수 있다. 그래서 가능하다면 통계학 이론을 이해하고, 통계학을 전공한 전문가의 자문을 얻는 것이 좋다.

끝으로 이 책을 출판하도록 도와주신 자유아카데미 출판사의 직원 여러분들께 감사드린다. 그리고 항상 든든한 기둥이 되어주시는 부모님, 그리고 많은 부족함에도 항상 믿고 따라주는 사랑하는 아내, 사랑하는 아들 훈이와 현수에게도 감사를 드리고, 그리고 천 박사님의 자제인 듬직한 승우, 귀여운 나우, 늦둥이로 태어난 주얼과 착한 제수씨에게도 감사드린다.

2014년 6월 마지막 날

저자 씀.

차례

3 자료의 요약

4 SPSS의 그래프와 결과물 편집

7 분산분석

8 반복측정의 분석

9 상관분석

13 판별분석

14 군집분석

01

SPSS의 시작

1.1 SPSS란?

SPSS는 Statistical Package for Social Science의 약자로써 여러 학문 분야, 특히 사회과학 분야에서 얻어지는 각종 자료를 통계학적으로 분석하기 위하여 컴퓨터를 이용하여 복잡한 자료를 편리하고 쉽게 처리 분석할 수 있도록 만들어진 통계분석 전용 소프트웨어이다. SPSS를 이용하면 관심 있는 변수의 각종 기술통계량을 구할 수 있을 뿐만 아니라 교차분석, 상관분석, 회귀분석, 분산분석, 더 나아가서 판별분석, 요인분석 등 복잡한 다변량분석을 할 수 있으며, 수집된 자료를 원하는 보고서 형태로 출력할 수도 있다.

SPSS을 이용하면 연구자들은 원하는 통계결과를 신속하고 용이하게 얻어낼 수 있다. 이 통계 프로그램은 단순한 기술통계로부터 복잡한 다변량 통계분석까지 원하는 결과를 비교적 쉽게 얻어 낼 수 있게 해 준다. 이 뿐만 아니라, 일반 데이터베이스에서 작성된 자료를 이용할 수 있는 장점도 지니고 있다.

SPSS는 크게 DOS용과 Windows용으로 나눌 수 있으며, 예전에는 SPSS/PC+로 알려진 DOS용을 주로 사용하였으나, 하드웨어의 발전과 더불어 컴퓨터 운영체계가 Windows로 급격하게 변함에 따라 1993년에 MS Window용 SPSS for Windows 5.0이 처음 개발되었다(5.0 이전 버전은 DOS용임). Windows용 SPSS는 버전 17.0에서 PASW(Predictive Analytics Software) Statistics로 이름을 바꾸었다가 현재는 IBM SPSS Statistics라는 이름으로 사용되고 있으며 본서에서는 IBM SPSS Statistics 25.0을 사용하였다. 본서에서는 새로운 이름인 IBM SPSS Statistics 25.0 대신 그간 사용자들에게 익숙한 이름인 SPSS 25로 사용하기로 한다. 본서의 초판에서 사용한 버전 12와 개정판에서 사용한 버전 18.0 및 버전 21.0을 개정하여 버전 25.0을 기본으로 구성하였다. 하지만 자료분석을 위한 기본적인 사용 방법은 버전에 따라 차이가 없이 비슷하기 때문에 사용자는 버전에 크게 신경 쓰지 않아도 된다. 즉, 기존 버전의 SPSS(SPSS 18, SPSS 21, SPSS 23)를 사용하고 있어도 일부의 기능을 제외하고 모두 사용할 수 있다.

더불어 SPSS는 기존의 알고 있는 통계분석을 위한 하나의 도구라는 것을 아는 것이 중요하다. SPSS를 배운다는 것은 10분이면 배울 수 있는 혈압계나 혈당계의 작동법을 배우는 것과 같다. 보다 중요한 것은 혈압계나 혈당계가 제시하는 수치가 얼마이며, 무엇을 의미하는가를 아는 것이 바로 자료분석이다. 마찬가지로 올바른 이론이나, 개념이 없이 쉽게 사용할 수 있는 SPSS는 연구에 더 큰 화근을 부를 수 있다. 그래서 가능하다면 통계학 이론을 이해하고, 통계학을 전공한 전문가의 의견을 얻는 것이 좋다.

다음으로는 기존 버전에 비해 SPSS의 장점과 SPSS 25에서 달라진 점에 대해 저자가 SPSS를 사용하면서 느낀 점과 SPSS Inc(www.spss.co.kr)에서 소개한 것을 정리하면 다음과 같다. 보다 자세한 내용은 홈페이지를 참고하기 바란다.

① 결과 창에서 명령문(Syntax)의 출력
분석에서 사용한 명령문을 결과 창에 출력하여 다음 분석에서 복사 기능과 명령문 창을 이용하여 분석을 더 쉽게 할 수 있도록 하였다. 참고로 저자가 가장 좋아하는 부분으로 이후에 다시 설명하도록 한다.

② 데이터 창을 여러 개의 데이터 셋 사용
저자가 SAS에 비해 가장 불편해 하던 부분으로 여러 개의 데이터 셋을 열어 놓고 사용할 수 있는 기능으로 이후에 다시 설명하도록 한다.

③ Improve Syntax Editor 기능
Syntax를 더욱 빠르고 쉽게 하며, 실행하기 전에 오류를 발견할 수 있으며, 효율성이 향상되는 기능으로 자동완성, color coding, line number 등을 지원한다.

④ R의 사용
- 약 2000개의 R 알고리즘을 GUI(Graphic User Interface) 형태로 통합되는 형태이다. Developer는 기능적으로 데이터 접근 및 관리능력, 프로그램옵션, 사용자 대화상자, 보고서생성, 그래프 및 전개 기능을 중심으로 수행되고, 분석적 프로시저는 R 알고리즘으로 수행되는 형태이다.
- IBM SPSS Statistics 21 이상이 설치되어 있으면, R을 사용할 수 있다.

⑤ Model Viewer의 강화
자동데이터준비, 이단계 군집분석, 비모수검정에서 사용할 수 있는 기능인 Model Viewer 기능은 결과를 좀 더 쉽게 이해할 수 있다.

⑥ 베이지안 통계의 지원
베이지안 추론은 베이즈 정리가 더 많은 정보가 이용 가능해지면 가설 확률을 업데이트하는 데 사용되는 통계적 추론 방법이다. 지원되는 베이지안 통계는 다음과 같다. 일표본 및 대응표본 T-검정, 이항 비율 검정, 포아송 분포 분석, 관련 표본, 독립 표본 T-검정, 대응별 상관(Pearson), 선형 회귀, 일원 분산 분석, 로그 선형 회귀.

⑦ GLM 프로파일 도표
프로파일 도표(상호작용 도표)는 모형의 주변 평균을 비교할 때 유용하다. 프로파일 도표는 선도표이며 도표 내의 각 점은 한 요인 수준에서 측정한 종속변수의 추

정된 주변 평균(공변량에 따라 수정됨)을 나타낸다.

⑧ GLM 반복측도 지원

GLM 반복측도는 대화 상자의 중첩 모형을 지원한다. 반복측도에 대한 중첩은 개체-간 요인으로 제한되며, 사용자가 반복측도를 지정할 때 맞춰진 다변량 일반 선형 모형이 항상 가능한 모든 개체-내 요인 상호작용을 포함하므로 개체-내 요인을 지정하는 옵션이 없다.

⑨ 도표 작성기 개선

새 기본 양식은 도표 작성을 위한 사용자 옵션에 현대 그래픽을 제공한다. 이전 양식 유형을 유지하도록 선택할 경우, 레거시 양식(LegacyDefault.sgt)이 도표 템플리트 파일 사용 설정(편집 > 옵션 > 도표 > 도표 양식)을 통해 또는 도표 작성기 인터페이스의 도표 모양 탭에서 사용할 수 있다.

⑩ 합치기의 개선

사용 가능한 합치기 방법을 위한 기술통계 텍스트의 추가 포함과 기본 변수 목록 지정 추가로 [데이터 세트/파일 이름]에서 변수 추가 대화 상자가 개선되었다. 이러한 개선사항을 통해 사용자는 보다 쉽게 큰 데이터 세트를 병합할 수 있다(각각 > 1백만 케이스).

학교, 기관 등에서와 같이 정식으로 SPSS 소프트웨어를 구입하지 않고, 개인은 SPSS 홈페이지에서 체험판을 다운받아서 사용할 수 있다. 체험판은 단기간 사용(14일간)할 수 있으며, 대부분의 기능을 합법적으로 사용할 수 있는 소프트웨어이다.

1.2 SPSS의 준비

1.2.1 SPSS의 시작

① Windows 초기화면에서 시작 → IBM SPSS Statistics → IBM SPSS Statistics 25의 순으로 메뉴를 마우스를 클릭한다.

② 새 데이터 세트를 열면 [그림 1-1]의 제목없음1 [데이터세트0]이 나타난다. 이 창이 나타나면 SPSS가 정상적으로 작동한다는 것을 의미한다.

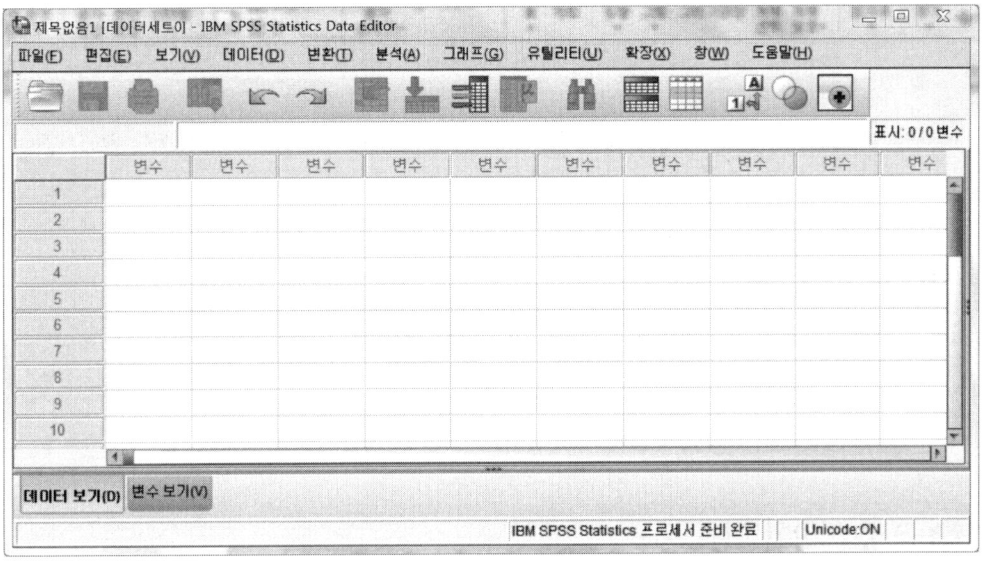

그림 1-1 • 데이터 편집기 화면

1.2.2 SPSS의 기능

SPSS 데이터 편집기 창의 상단을 보면 **파일**(F), **편집**(E) 등과 같은 메뉴를 이용하여 SPSS를 실행시킬 수 있다. 각각의 메뉴를 마우스로 클릭하면 하위 메뉴가 펼쳐지며, 다음은 SPSS의 주요 메뉴를 요약한 것이다.

메뉴	설명
파일	새로 SPSS 파일을 작성하거나 기존의 작성된 파일을 불러올 수 있고, text 파일 및 기타 응용 프로그램에서 작성된 파일을 변환하여 읽어 들인다.
편집	데이터 편집기 창, 출력결과 창, 명령문 편집기 창 등에서 작성된 자료와 명령문을 편집, 복사하는 역할을 수행한다.
보기	현재 상태를 표시하는 상태 표시와 도구 모음을 나타내는 도구 모음의 표시, 글꼴, 변수값 보기 기능의 On-Off를 설정한다.
데이터	데이터 편집기 창에서 작성된 자료를 사용자가 원하는 방식으로 정렬, 병합, 전치, 변환시킴으로써 자료 파일에 전반적인 변화를 할 수 있다.
변환	데이터 편집기 창에서 이미 작성된 자료와 변수들을 새로운 값과 수식을 가지는 자료와 변수로 변환시킨다.
분석	각종 통계분석 방법을 사용하여 자료를 분석한다.
그래프	막대형 차트, 원형 차트, 히스토그램, 선형 차트 같은 그래프를 작성하여 분석을 보다 용이하게 한다.
유틸리티	파일이나 변수의 정보를 표시하고 변수 세트를 설정한다.

메뉴	설명
확장	기능을 확장하는 사용자 정의 구성요소로서 연관된 확장 번들을 공유함으로써 다른 사용자와 공유할 수 있다.
창	데이터 편집기. 데이터 편집기는 데이터 파일의 내용을 표시하며, 데이터 편집기를 사용하여 새 데이터 파일을 작성하거나 기존의 데이터 파일을 수정할 수 있다.
도움말	SPSS에 관하여 궁금한 사항을 직접 알아볼 수 있다.

그림 1-2 • 메뉴와 도구 모음

1.2.3 도구 모음의 이해

메뉴 표시줄 바로 아래 그림으로 이루어진 도구 모음(Toolbar)가 있다. 도구 모음에 나온 아이콘들은 메뉴에서 선택할 수 있는 것이며, 자주 쓰는 기능들을 따로 뽑아 사용하기 편리하게 모아놓은 것이다. 도구 모음을 이용하면 시간을 많이 절약할 수 있다. 설명에서의 괄호 안은 메뉴에서 찾을 때의 순서이다.

① 데이터 문서 열기( ) : 이미 작성된 데이터를 불러올 때 사용한다(**파일**(F) → **열기**(O) → **데이터**(A)).
② 문서 저장( ) : 작업한 내용을 저장할 때 사용한다(**파일**(F) → **저장**(S)이나 **다른 이름으로 저장**(A)).
③ 인쇄( ) : 데이터를 인쇄한다(**파일**(F) → **인쇄**(P)).
④ 대화상자 다시 불러오기( ) : 최근 창에서 작업했던 내용을 기억하여 실행한다.
⑤ 복구/재실행( ) : 방금 실행한 내용을 복구하거나 재실행한다. 만약 실수로 데이터를 지웠을 때 이 도구를 클릭하면 지운 데이터가 되살아난다(**편집**(E) → **복구**(U)/**재실행**(Y)).
⑥ 케이스로 이동( ) : 데이터 편집 창에서 원하는 사례로 이동할 수 있다(**편집**(E) → **케이스로 이동**(I)).
⑦ 변수로 이동( ) : 지정하는 변수로 이동한다(**편집**(E) → **변수로 이동**(G)).
⑧ 변수( ) : 현재 작업 중인 변수들의 변수명과 변수 라벨에 대한 정보를 알려준다(**유틸리티**(U) → **변수**(V)).
⑨ 기술통계량 실행( ) : 선택된 자료가 포함된 변수에 대한 빈도분석을 실행한다(**분석**

(A) → 기술통계량(E) → 기술통계(D)).

⑩ 찾기( ) : 원하는 데이터를 찾을 때 사용한다(편집(E) → 찾기(F)).

⑪ 파일 분할( ) : 사용자가 지정하는 조건에 따라 데이터가 분리된다(데이터(D) → 파일분할(F)).

⑫ 케이스 선택( ) : 원하는 조건식에 맞는 데이터를 만들 수 있다(데이터(D) → 케이스 선택(S)).

⑪ 값 레이블( ) : 셀에 있는 데이터 내용을 숫자나 문자로 볼 수 있다(보기(V) → 값 레이블(V))

⑭ 변수군 사용( ) : 변수에 새로운 형태를 지정해 준다(유틸리티(U) → 변수군 사용(U)).

⑫ 도구 모음 사용자 정의( ) : 도구 모음을 사용자의 편의에 맞게 바꿀 수 있다.

⑬ 데이터 보기(데이터 보기(D)) : 화면의 왼쪽 하단에 위치하며, 데이터 보기, 입력, 수정할 수 있는 상태를 보여준다.

⑭ 변수 보기(변수 보기(V)) : 화면의 왼쪽 하단, 데이터 보기 옆에 위치하며, 현재 작업 중인 변수들의 변수명과 변수 라벨 등의 변수의 속성을 보며, 수정할 수 있다.

1.2.4 SPSS의 기본 구성

SPSS는 기본적으로 6개의 창(WINDOW)으로 구성되어 있다. 이를 차례로 나열하면 데이터 편집기 창, SPSS 뷰어 창, 명령문 편집기 창, 도표 편집기 창, 피벗 편집기 창, 텍스트 출력 결과 창이 있다. 다음 표는 각 창에 대한 내용을 설명하고 있다.

창(Window)	설명
데이터 편집기 창	이 창은 사용자가 분석하려는 자료를 나타내 준다. 이 창을 통해서 새로운 자료를 만들거나, 기존의 자료를 편집하여 통계분석에 알맞도록 변환시키는 것이 가능하다.
SPSS 뷰어 창	이 창은 통계분석을 실시한 작업의 결과를 나타낸다. 결과물은 나중에 수정 또는 저장이 가능하고, 2개 이상의 창을 동시에 여는 것도 가능하다.
명령문 편집기 창	이 창에서는 사용자가 직접 통계분석 명령어를 입력 및 실행할 수 있다. SPSS 25에서는 출력 결과 창에 실행한 명령문을 출력하기 때문에 초급자도 명령문을 사용하기에 편리하기에 활용도가 높아진 창이다.
도표 편집기 창	이 창에서는 출력결과 창에서 작성된 차트를 사용자의 의도대로 편집·저장할 수 있게 해 준다.
피벗 편집기 창	특정한 출력물을 편집, 수정할 때 사용하는 창으로 문자를 편집하거나, 색상이나 행과 열을 바꿀 수 있다.
텍스트 출력 결과 창	피벗표를 나타낼 수 없는 텍스트 결과를 출력하는 창이다.

1.3 분석의 시작

1.3.1 데이터의 입력

다음의 설문지에 대하여 수집된 25명의 자료를 SPSS에 설문 데이터를 입력하는 방법과 데이터를 편집하고 저장하는 방법에 대하여 알아보자.

〈 설문 문항 〉

1. 성별 : ① 남자 ② 여자
2. 연령 : 만( )세
3. 쇼핑할 때 주로 어디를 이용하십니까?
   ① 백화점 ② 할인점 ③ 재래시장 ④ 동네 주변 ⑤ 기타
4. 문화생활에 대한 만족도는 어느 정도입니까?
   ① 매우 불만족 ② 불만족 ③ 보통 ④ 만족 ⑤ 매우 만족
5. 성취도에 대한 만족도는 어느 정도입니까?
   ① 매우 불만족 ② 불만족 ③ 보통 ④ 만족 ⑤ 매우 만족
6. 귀하의 경제사정은?
   ① 상류 ② 중류 ③ 하류
7. 귀하의 한 달 평균 월 지출액은 얼마입니까? ( )만원
8. 귀하는 자신의 수입이 어느 정도이면 행복하다고 생각하십니까? ( )만원
9. 귀하는 현재 자신의 행복도는 10점 만점에 몇 점이라 생각합니까? ( )점

일련번호	성별	연령	쇼핑장소	문화생활	성취도	경제사정	지출액	희망수입	행복도
1	1	35	1	5	4	1	150	250	9
2	1	48	2	3	3	2	180	300	7
3	2	52	1	4	4	1	160	350	8
4	2	24	3	4	3	3	60	150	7
5	1	27	2	2	2	2	100	180	8
6	1	52	4	1	4	3	85	200	9
7	2	37	5	2	3	2	95	250	8
8	2	42	3	3	4	2	120	200	7
9	1	38	2	2	2	1	180	250	9
10	2	32	1	2	1	2	97	200	7
11	1	25	1	3	3	2	85	150	8
12	2	41	4	4	4	2	190	250	7
13	2	26	3	5	2	2	100	250	7
14	1	51	5	2	4	1	200	300	9
15	1	30	3	3	2	2	180	250	8
16	2	40	1	4	2	1	230	350	8
17	2	39	2	4	3	2	130	250	8
18	1	32	2	3	4	2	110	200	8
19	2	31	3	4	2	2	140	250	7
20	2	47	4	5	3	3	90	200	6
21	1	57	3	1	3	1	260	400	9
22	2	58	2	2	2	2	170	350	8
23	2	42	1	3	3	2	132	300	7
24	2	53	5	4	3	3	90	200	6
25	2	29	4	4	2	3	70	150	6

설문조사의 결과를 분석하기 위해서는 설문 데이터를 데이터 편집기 창에 입력해야 한다. 자세한 내용은 다음을 따라 한다.

① SPSS를 실행하면 제목없음1[데이터세트0] - IBM SPSS Statistics Data Editor 창이 열린다. **제목없음**이란 아직 데이터를 저장하지 않은 상태이므로 제목이 정해지지 않았다는 뜻이다. 예전 버전과 달리 버전 25에서는 여러 개의 데이터 창을 열어 놓고 분석할 수 있기에 데이터 집합으로 이들 창을 구분하는 것이다.

② 첫 번째 사례부터 입력해 보면, 입력하고자 하는 셀을 마우스로 클릭하면 그 셀의 색이 오렌지색으로 바뀐다. 열의 1번 입력 셀을 마우스로 클릭하여 id(일련번호)의 결과 데이터 '1'을 입력하면 셀 편집기에 입력한 데이터가 나타난다. 그런 다음 성별 데이터 결과 '1'을 입력하기 위해서 마우스를 옆으로 옮겨 클릭하면(혹은 키보드의 →) 일련번호의 결과 데이터 '1.00'이 나타난다. 결과를 입력하면 행 번호와 변수 난이 활성화되며, 변수로 나타나는 변수명이 var00001로 바뀐다. 이는 데이터를 1번 열의 셀에 입력했을 때 생기는 임의의 변수명이다. 그리고 '1'을 입력했는데 '1.00'이라고 나타나는 것은 아직까지 데이터의 형식을 지정해 주지 않아 기본사항인 소수

점 두 자리로 입력되기 때문이다.

③ 같은 방법으로 설문 결과 데이터를 모두 입력하면 다음과 같은 화면이 나타난다.

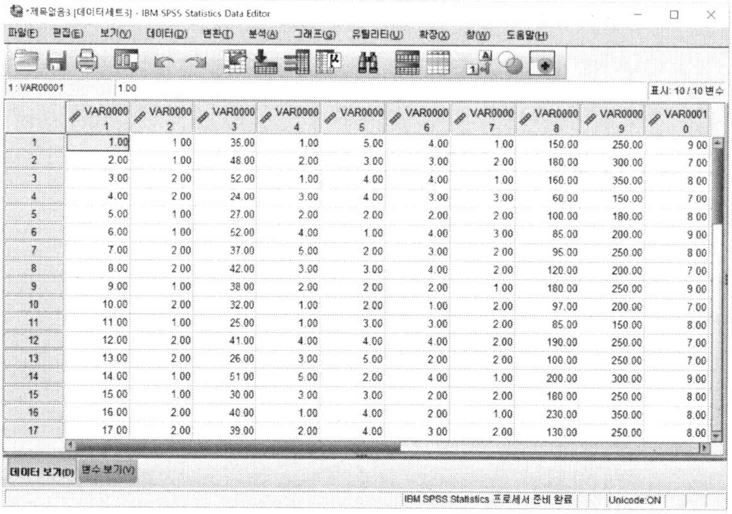

그림 1-3 • 자료 입력 화면

④ 변수명을 VAR00001로 두면 나중에 분석을 할 때나 어떤 문항에 대한 결과인지 알아보기 어렵기 때문에 변수 이름과 변수에 관한 설명을 입력하는 것이 좋다. 이에 대한 방법은 **변수 보기(V)**를 이용한다. 화면의 왼쪽 하단의 **변수 보기(V)**를 클릭하면 [그림 1-4]의 화면이 나타난다.

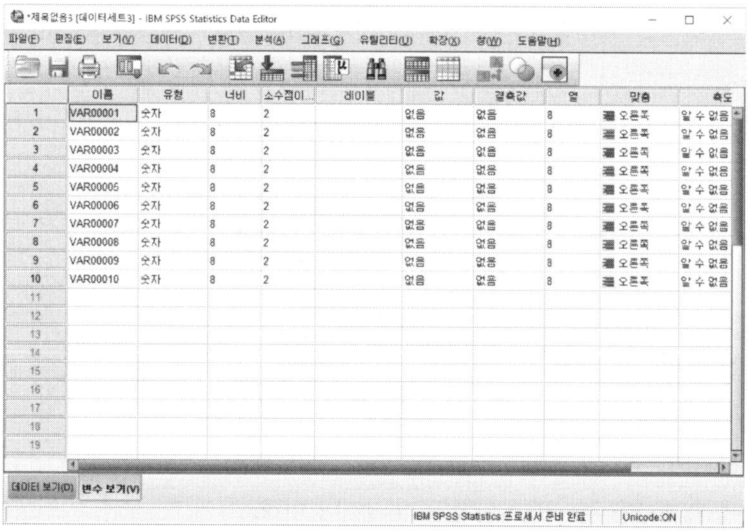

그림 1-4 • 변수 보기

⑤ 변수설명에서 일반적인 워드프로세스와 같이 **이름**에 'id', 'X1', 'X2', …,'X9'를 입력한다.(일반적으로 변수 이름에 '일련번호', '성별' 등과 같이 입력을 사용하기도 하는데, 이는 별로 좋은 방법이 아니다. 가능하면 설문지의 번호를 이용하는 것이 대용량의 분석에서 편리하다.) 또한 지금의 자료는 소수점 이하의 자리가 필요 없기에 **소수점 이하 자리**를 0으로 한다.

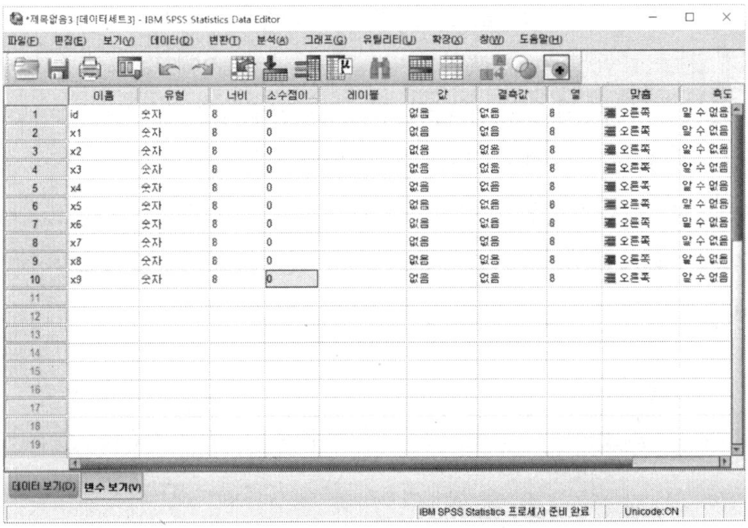

그림 1-5 • 변수 이름 변경

⑥ **유형**은 데이터의 유형을 정의하는 것으로 분석 자료는 이름을 제외한 대부분이 숫자형이기에 **숫자**로 한다. 그리고 **너비**는 데이터의 자리수를 의미하며, 전체 몇 자리로 데이터의 표현이 가능한지를 의미하며 일반적으로 8이 기본이며, 사용자가 변경할 수 있다. 만일 아주 큰 데이터이거나, 많은 자리에서는 미리 너비를 충분히 잡아야만 SPSS에서 모든 데이터를 받아들인다. 데이터의 형식을 지정하는 변수유형 정의는 다음과 같다.

데이터 형식	설명
숫자	숫자 데이터 형식을 지정
콤마	부호로 표기하는 데이터에 천 단위마다 콤마를 자동으로 입력
점	세 자리마다 점으로 표시
지수표기	숫자나 영문 E, B를 포함한 과학적인 숫자를 자동으로 변환(예를 들어 212E+3은 $212*10^3$ 으로 변환)
날짜	날짜나 시간을 선택
달러	미화 달러 표시로 천 단위마다 콤마가 자동으로 입력
사용자 정의 통화	미화 달러 이외의 화폐 단위를 표시
문자	문자, 숫자, 특수 문자 등을 표시

⑦ 각 변수의 이름에서 변수 이름에 'id', 'x1' 등으로 입력되어 있어 이것이 무엇을 뜻하는지 알기 어렵다. 그래서 **설명**에 '일련번호', '성별' 등으로 입력하면 나중에 결과 창에서 무엇에 대한 결과인지 알려준다. 입력 방법은 변수 이름과 같다.

⑧ **값**은 값 레이블을 지정해주는 것이다. 일반적으로 자료를 입력할 때 성별의 남자와 여자 대신 1과 2로 입력하는데, 그러면 나중에 결과에서 1과 2의 의미를 알기 어렵다. 이를 위해 사용하며, 방법은 값을 마우스 왼쪽으로 클릭하면 없음 ... 로 바뀌는데 이때 ...을 클릭하면, 값 레이블 창이 열린다. 여기에서 [그림 1-6]과 같이 **기준값(A)**에 변수값 '1'을 입력한 뒤 바로 밑의 값 설명란에 **'남자'**라는 응답 내용을 입력한 다음, 추가(A)를 클릭하면 하단에 1="**남자**" 라고 자동으로 만들어진다. 그리고 같은 방법으로 '2'는 **'여자'**로 입력한 후 확인을 선택한다. (만일 1.00="**남자**"라고 나타나면, **소수점** 이하 **자리**가 2로 되어있기 때문이며, 이를 0으로 바뀌면 1="**남자**"로 바뀐다)

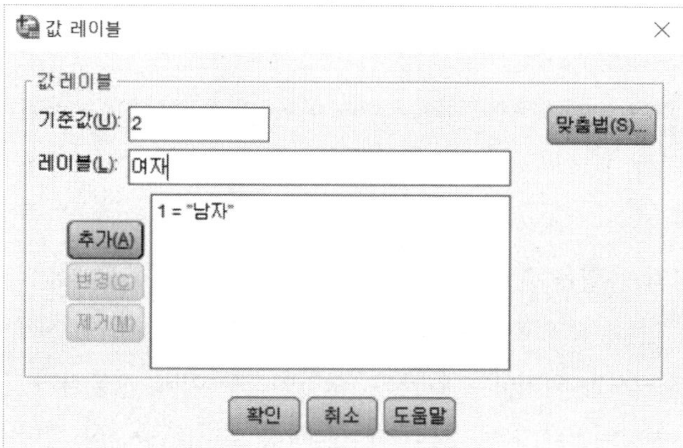

그림 1-6 • 값 레이블

⑨ **결측값**은 무응답 자료가 있을 때 계산에서 제외하기 위해 특정한 값을 결측값(missing value)으로 정의하기 위해 사용하며, 기본은 점(.)이다. 사용 방법은 마우스 왼쪽으로 한번 클릭하면 없음 ... 로 바뀌고 이때 ...을 클릭하면 [그림 1-7]의 결측값 창에서 **결측값 없음**을 선택한다. 만일 9를 결측값으로 지정하고자 한다면 **이산형 결측값(D)**에 9를 입력하거나, **한 개의 선택적 이산형 결측값을 더한 범위(R)**를 선택하고 해당 범위 혹은 **이산값**을 지정하면 된다. 자세한 사용 방법은 다음 장에서 다루기로 한다.

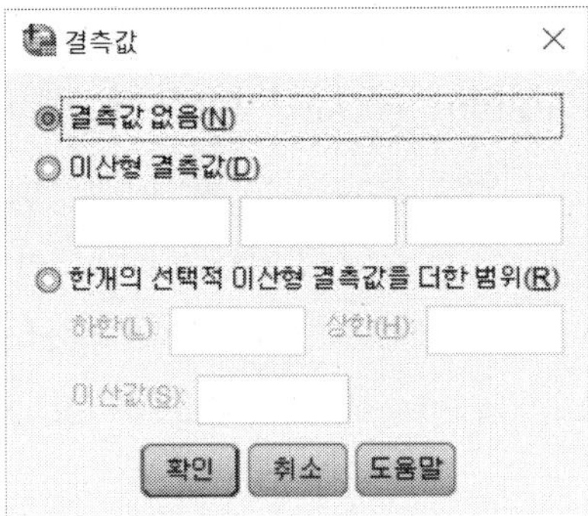

그림 1-7 • 결측값 창

결측값의 형식을 지정에 대한 요약은 다음과 같다.

결측값의 종류	설명
결측값 없음(N)	모든 데이터에 무응답값이 없음을 지정
이산형 결측값(D)	사용자가 임의로 설정한 무응답값을 3개까지 지정
한 개의 선택적 이산형 결측값을 더한 범위(R)	사용자가 임의로 설정한 낮은 수부터 높은 수까지 모두 포함하여 무응답값을 지정할 수 있고, 범위를 벗어난 값도 지정

⑩ **열**은 셀의 폭을 결정하는데 적당한 크기로 하는데 기본은 8이다. 왼쪽의 너비는 메모리에서 몇 자리로 읽는가의 문제인 반면, 열은 단지 화면에 보이는 폭을 의미한다. **맞춤**은 데이터 정렬 방식을 지정하는 것으로 오른쪽 정렬을 위해 오른쪽을 선택한다. **측도**는 데이터의 종류를 선택하는 것으로 2장의 자료의 정리를 참고하기 바란다. SPSS에서는 등간 자료와 비율 자료를 합하여 측도로 나타내었다.

⑪ **역할**은 분석에 사용되는 변수를 미리 선택하는 기능으로 변수의 수가 매우 많을 때 유용하다. 초급자의 경우는 기본 상태인 **입력**으로 두면 된다.

역할의 종류	설명
입력	변수를 예측치(종속변수) 혹은 독립변수로 사용한다.
대상	변수를 출력결과 또는 대상(종속변수)으로 사용한다.
모두	변수를 입력 및 대상 둘 다로 사용한다.
없음	변수에 역할이 할당하지 않는다.
분할	변수가 훈련, 검정, 타당성 검사용으로 별도의 표본에 데이터를 분할할 때 사용한다.
분할	SPSS Modeler와(과)의 라운드 트립 호환성용으로 포함되며, 는 SPSS Statistics에서 분할 파일 변수로 사용되지 않는다.

⑫ 입력한 데이터를 컴퓨터(하드디스크)에 저장하기 위해 도구 모음의 를 클릭하면 **저장** 창(**파일(F)** → **저장(S)**)이 열리고, 파일 이름에 '**연습1**'이라고 적어 넣고, [저장] 단추를 클릭하면 '**연습1**.sav'라는 파일이 C:\SPSS 폴더에 저장된다. 여기서 파일의 확장자는 자동으로 sav로 지정된다. 그리고 화면 왼쪽 위의 **제목없음[데이터세트0]** – IBM SPSS Statistics Data Editor 창이 **연습1**.sav[데이터세트0]로 바뀐다. 이상과 같은 방법으로 10개의 변수에 대하여 모두 정의하면 [그림 1-8]과 같다.

그림 1-8 • 변수입력이 완료된 상태

⑬ 저장된 파일을 나중에 다시 찾으려면 도구 모음의 를 클릭하면(**파일(F)** → **열기(O)** → **데이터(D)**), 열기 파일 창이 나온다. 여기서 원하는 파일을 선택하고 [열기(O)]를 클릭하면 기존에 저장한 파일이 열린다.

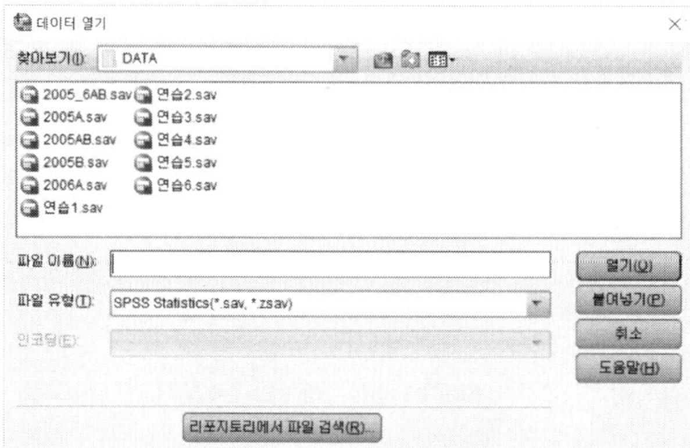

그림 1-9 • 데이터가 저장된 상태

⑭ 열려진 데이터 창에는 화면 왼쪽 하단의 **데이터 보기(D)**와 **변수 보기(V)**를 볼 수 있으며, 데이터 보기 상태에서 도구 모음의 (**보기(V) → 값 레이블(V)**)을 클릭하면 입력한 숫자 대신 값 레이블이 적용되어 데이터가 문자로 나타난다.

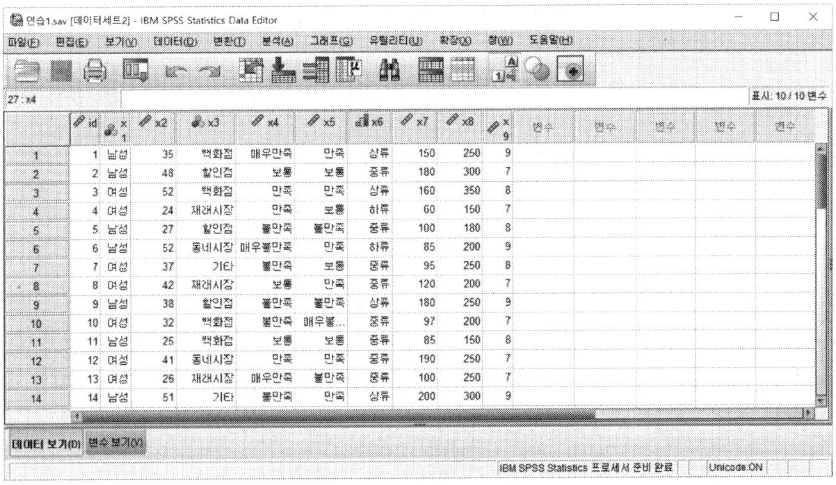

그림 1-10 • 값 레이블 적용

1.3.2 데이터의 수정

[1] 새로운 사례의 추가와 삭제

새로운 사례수(응답자)를 추가할 때는 먼저 추가할 위치에 있는 사례 번호에 마우스로 클릭하여 블록(오렌지 색)을 설정하고, (**편집(E) → 케이스 삽입(I)**) 혹은 마우스 오른쪽 클릭 후 **케이스 삽입(I)**을 클릭한다. 블록을 설정한 자리에 새로운 사례수를 넣을 공란이 생기고, 그 자리에 있던 사례는 하단으로 밀리게 된다. 공란에 추가하고자 하는 변수값을 입력하고 마우스로 클릭하면 새로운 변수값이 입력된다. 사례(열)나 변수(행)를 삭제할 때는 해당 행머리나 열머리를 선택하고 키보드의 Delete를 클릭하거나 혹은 마우스 오른쪽 버튼을 클릭하여 팝업 창에서 지우기를 클릭한다(**편집(E) → 지우기(E)**). 만약에 실수로 중요한 사례들을 삭제했다면 (**편집(E) → 복구(U)**)를 클릭하면 삭제된 사례가 다시 살아난다. 참고로 실행 방법은 도구 모음과 마우스 오른쪽 클릭을 이용하는 팝업 메뉴와 일반 메뉴를 이용하는 세 가지의 방법이 있으며, 괄호 속은 일반 메뉴를 이용하는 것이다.

[2] 새로운 변수의 추가

열 상단의 변수 이름을 클릭하여 블록을 설정하고, (편집(E) → 변수삽입(A))을 클릭한다. 새로운 변수 공란이 블록을 설정한 그 자리에 생기고 그 자리에 있던 변수는 오른편으로 이동했다. 이 공란에 추가 데이터를 입력한 후 앞에서와 같은 방법으로 변수명과 변수 라벨을 입력한다.

1.3.3 텍스트 데이터 불러오기

모든 자료를 앞에서와 같이 입력하는 것은 어렵다. 데이터가 매우 크거나 기존의 에디터 프로그램으로 작성된 데이터가 있을 때는 다음의 순서로 작업을 한다. 이 작업을 하기 위해서는 다른 워드프로세스에 자료가 입력되어 있어야 한다. [그림 1-11]은 Windows에 기본으로 내장된 메모장에서 입력한 그림이다. 입력 시에 자료의 사이는 빈칸을 이용하여 줄을 맞추어 주는 것이 오류가 날 확률이 적다. 만일 흔글이나, MS 워드를 이용할 때는 반드시 저장할 때 파일 형식에서 텍스트로 저장해야 한다. 저자는 '연습1.txt'라는 이름으로 저장하였다.

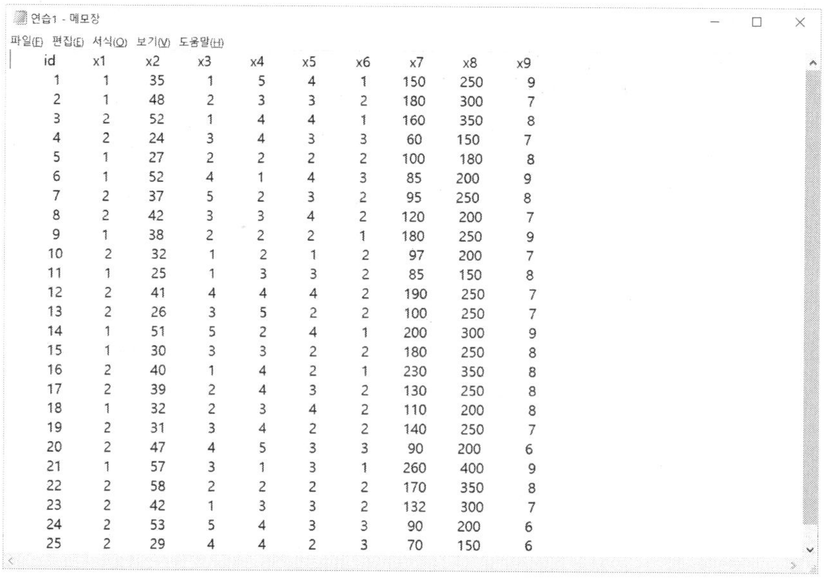

id	x1	x2	x3	x4	x5	x6	x7	x8	x9
1	1	35	1	5	4	1	150	250	9
2	1	48	2	3	3	2	180	300	7
3	2	52	1	4	4	1	160	350	8
4	2	24	3	4	3	3	60	150	7
5	1	27	2	2	2	2	100	180	8
6	1	52	4	1	4	3	85	200	9
7	2	37	5	2	3	2	95	250	8
8	2	42	3	3	4	2	120	200	7
9	1	38	2	2	2	1	180	250	9
10	2	32	1	2	1	2	97	200	7
11	1	25	1	3	3	2	85	150	8
12	2	41	4	4	4	2	190	250	7
13	2	26	3	5	2	2	100	250	7
14	1	51	5	2	4	1	200	300	9
15	1	30	3	3	2	2	180	250	8
16	2	40	1	4	2	1	230	350	8
17	2	39	2	4	3	2	130	250	8
18	1	32	2	3	4	2	110	200	8
19	2	31	3	4	2	2	140	250	7
20	2	47	4	5	3	3	90	200	6
21	1	57	3	1	3	1	260	400	9
22	2	58	2	2	2	2	170	350	8
23	2	42	1	3	3	2	132	300	7
24	2	53	5	4	3	3	90	200	6
25	2	29	4	4	2	3	70	150	6

그림 1-11 • 메모장을 이용한 자료 입력

① SPSS를 실행하고 난 후, SPSS 데이터 편집기 창에서 작성된 데이터를 불러오기 위해 를 클릭한다(파일(F) → 데이터 가져오기(D) → 텍스트 데이터(T)). 여기서 기존

에 작성된 데이터의 저장형식은 텍스트 형식(ASCII 코드)으로 이루어진 것을 뜻한다.

② 창이 열리면, 파일 형식을 **텍스트(*.txt, *.dat, *.csv, *.tab)**를 선택하면 '연습1.txt'이 보이며, 이를 선택한 후 [열기(O)]를 클릭한다.

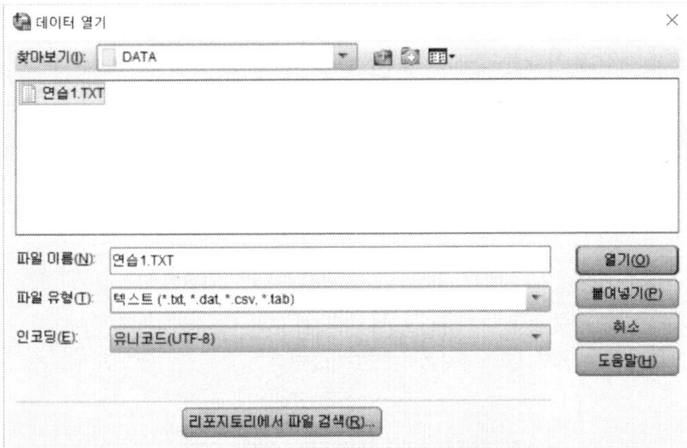

그림 1-12 • 텍스트 파일 열기

③ 텍스트 가져오기의 6단계 중 1단계가 실행된다. 화면 아래에 불러올 파일을 임시로 보여준다. 데이터가 SPSS 형식으로 저장된 것이 아니므로 사전 형식에서 '아니오'를 선택한 후 [다음(N) >]을 클릭한다.

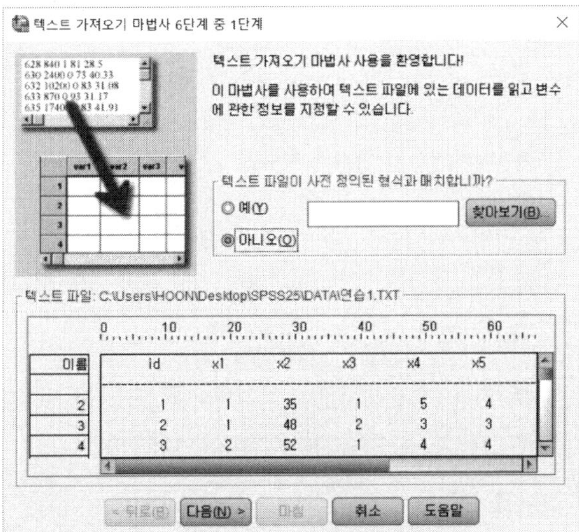

그림 1-13 • 텍스트 가져오기 1단계

④ 2단계에서는 데이터가 **구분자에 의한 배열(D)**을 선택하고, 변수 이름이 파일의 처음에 없다면 '아니오'를 선택하고 [다음(N) >]을 클릭한다. 여기서는 변수 이름이 첫 줄에 있으므로 '예'를 선택한다.

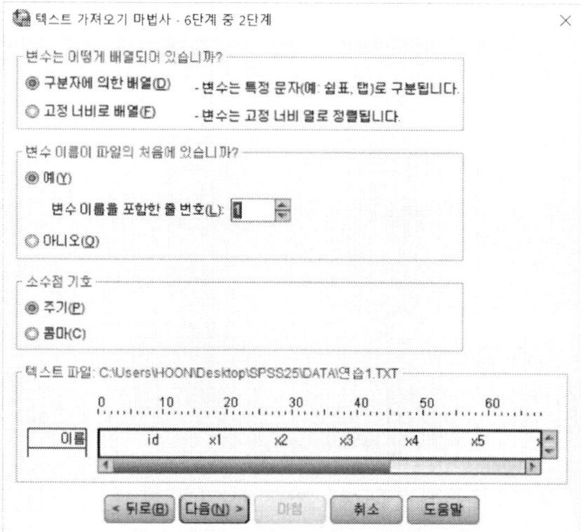

그림 1-14 • 텍스트 가져오기 2단계

⑤ 3단계에서는 불러올 데이터가 몇 번째 줄에서 시작하는지 입력하는 칸에 2를 입력하고, 한 줄에 1개의 케이스가 입력되어 있기에 **각 줄은 케이스를 나타냅니다(L)**를 선택하고, 불러올 데이터가 처음부터 끝까지이므로 **모든 케이스(A)**를 선택하고 [다음(N) >]을 클릭한다.

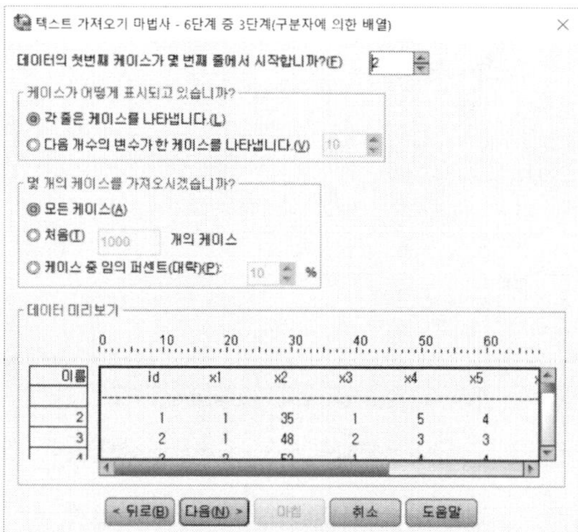

그림 1-15 • 텍스트 가져오기 3단계

⑥ 4단계에서는 불러올 데이터가 변수 사이에 어떤 구분자를 선택했는지를 결정하게 되는데, [그림 1-11]에서 보는 바와 같이 자료는 일정한 간격으로 배치되어 있으므로 구분자를 **공백(S)**을 선택하고 **문자열 값에서 선행 공백 제거(M)**와 **문자열 값에서 후행 공백 제거(F)**를 선택하고 다음(N) > 을 클릭한다.

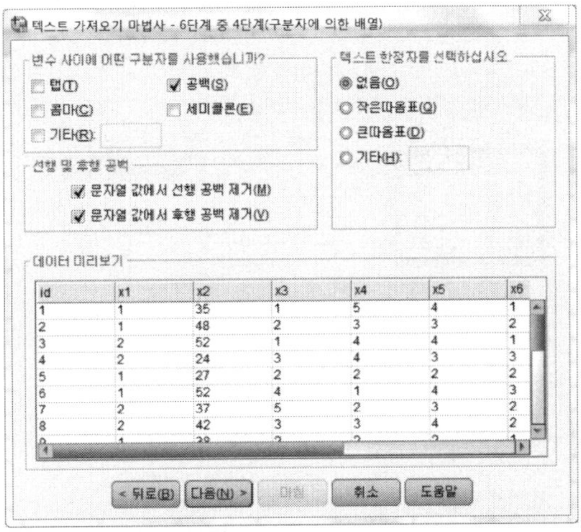

그림 1-16 • 텍스드 가져오기 4단계

⑦ 5단계에서는 불러올 데이터를 미리 보여 주며, 변수 이름과 데이터 형식을 입력할 수 있다. 파일에 변수 이름이 있다면 자동으로 입력되고, 변수 이름이 지정되지 않았다면 여기서 입력하지 않고, 불러오기 작업이 끝난 후에 [그림 1-5]에서와 같이 **변수 보기(V)**에서 하는 것이 편하다. 다음(N) > 을 클릭한다

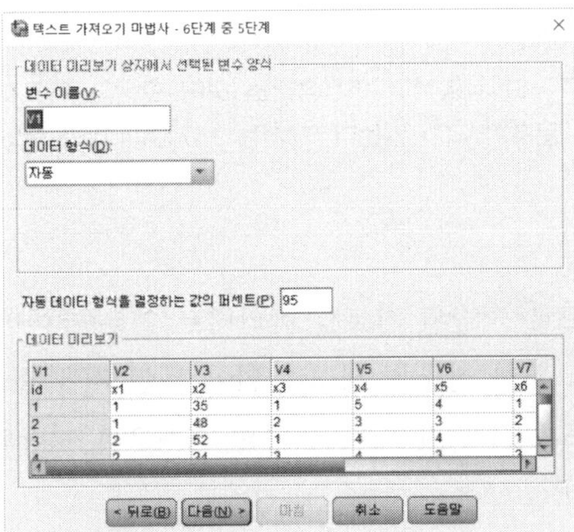

그림 1-17 • 텍스트 가져오기 5단계

⑧ 마지막 단계인 6단계에서는 다음에 사용할 수 있도록 파일 형식을 저장하는지를 선택할 수 있는데, 반드시 할 필요는 없다. 그리고 명령문은 만들어 두는 것이 편리할 때도 있으니 예(Y)를 선택하고(명령문 창이 열리며, 명령문 사용 방법은 뒤에서 설명), [마침]을 클릭한다. 만일 잘못되어 [< 뒤로(B)]를 클릭하면 앞 단계로 되돌아가며, [취소]를 선택하면 모든 작업이 취소되고, [도움말]을 클릭하면 도움말이 나온다.

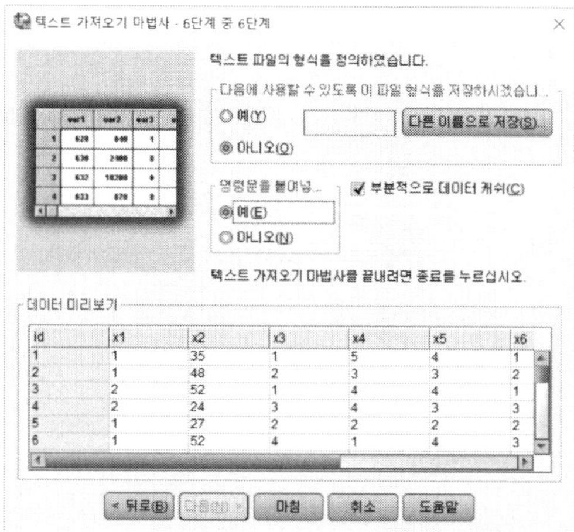

그림 1-18 • 텍스트 가져오기 6단계

konwhow

DB와 같이 대용량의 자료를 받아서 분석하는 경우도 있다. 이때 다음의 두 가지를 유념하고 자료를 받아야 한다.

① 변수의 구분자는 '|'(Shift + ₩)를 사용한다. 그 이유는 문자열에 포함될 가능성이 가장 낮은 문자이기 때문이다.

② 한글은 유니코드(UFT-8)의 형식으로 저장하는 것이 한글이 깨지지 않고 좋다.
자료의 개수는 크게 문제가 되지 않는다. 저자는 1,000만 개의 케이스를 불러 사용하기도 한다.

다음은 텍스트 형식으로 저장된 자료를 에디터로 읽은 것이다. 자료의 사이에 '|'이 있음을 확인할 수 있다. 또한 한글을 제대로 읽어 들인 것을 확인할 수 있다. 두 번째 자료는 한글이 유니코드(UFT-8)가 아니고 다른 형식으로 저장되었을 때 한글이 깨진 모양을 가지는 그림이다.

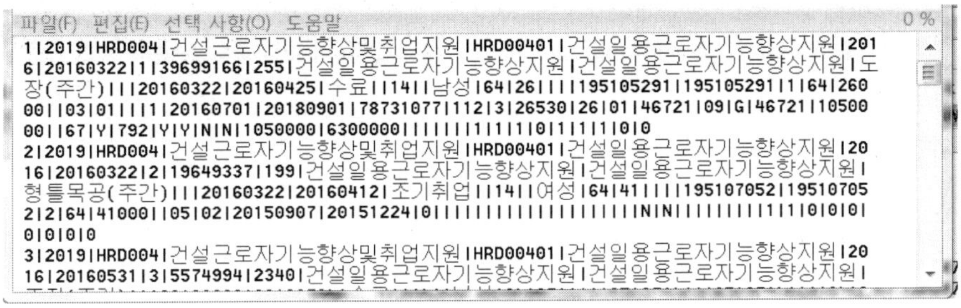

그림 1-19 • 텍스트 형식으로 저장된 자료(1)

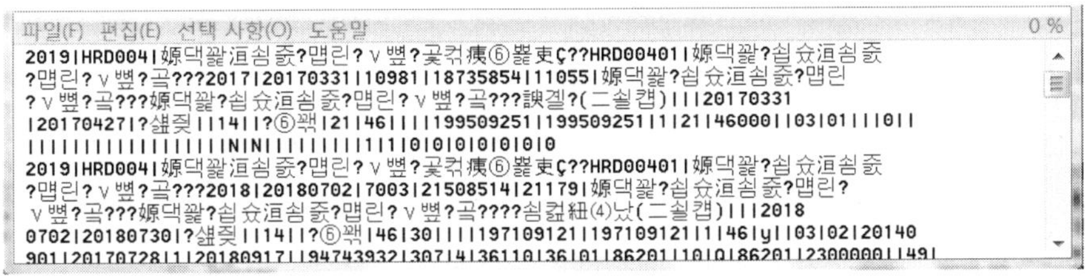

그림 1-20 • 텍스트 형식으로 저장된 자료(2)

지금까지의 과정이 끝나면, 통계학 및 통계분석을 위한 기본적인 SPSS의 사용법은 준비가 되었다. 본격적인 분석방법은 2장부터 시작하는 통계이론의 각 부분을 참고하기 바란다.

1.3.4 엑셀 파일 불러오기

저자가 경험하기에 SPSS에서는 MS Office의 엑셀 파일을 바로 불러올 수 있기 때문에 엑셀을 이용하여 데이터를 입력하고 불러오는 것이 가장 편리하였다. 또한 다른 사용자와의 호환성에서도 가장 뛰어났다.

엑셀 파일을 불러오는 방법은 다음과 같다.

① SPSS를 실행하고 난 후, SPSS 데이터 편집기 창에서 작성된 데이터를 불러오기 위해 를 클릭한다(파일(F) → 열기(O) → 데이터(D)).

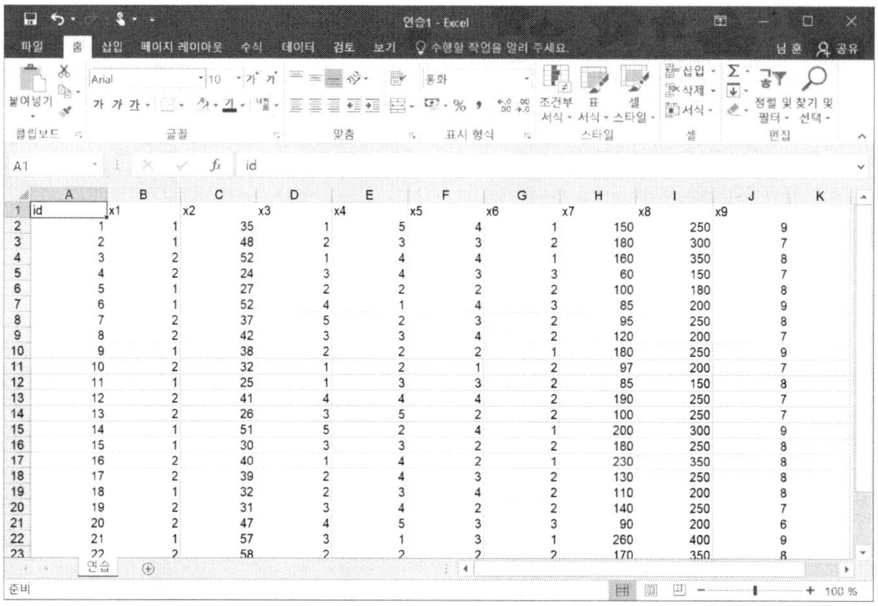

그림 1-21 • 미리 만들어진 엑셀 파일

② 창이 열리면, Excel(*.xls, *.xlsx, *.xlsm) 파일 형식을 선택하면 연습이 보이며, 연습을 선택한 후 열기(O)를 클릭한다. (사전에 엑셀로 만들어진 파일이 있어야 한다.)

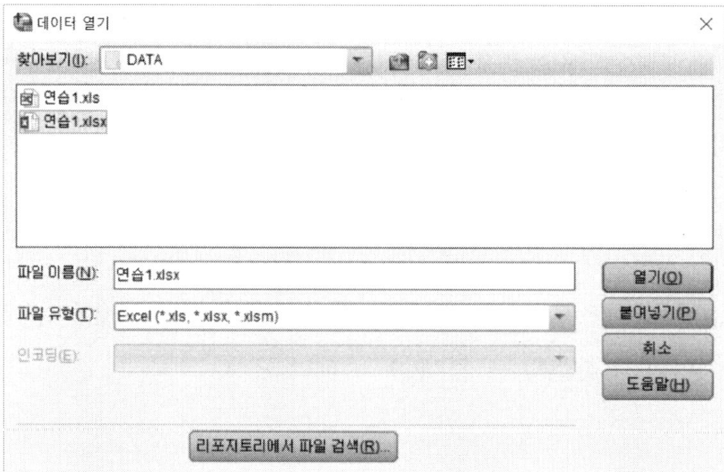

그림 1-22 • 엑셀 파일 열기

③ Excel 파일 읽기 창이 열리면 먼저 데이터의 첫 행에 변수 이름이 같이 입력되어 있는지를 확인한다. 여기서는 [그림 1-21]에서와 같이 제1행에 'id', 'x1' 등으로 미리

입력되어 있기에 **데이터 첫 행에서 변수 이름 읽어오기** 앞의 빈칸에 **체크(V)**를 하였다. 만약 바로 데이터가 입력되어 있다면 **체크(V)**를 하지 않아야 한다. 변수 아름이 엑셀에서 지정되지 않았다면 그대로 읽어 들이고, 변수 보기에서 수정하면 된다([그림 1-4] 참고). 그리고 확인을 클릭하면 SPSS 데이터 편집기가 데이터를 그대로 불러온다. 그리고 [그림 1-24]에서와 같이 SPSS 25에서는 사용자가 자세하게 선택할 수 있는 부분이 여러 개 있으나, 직관적으로 이해할 수 있기에 생략한다.

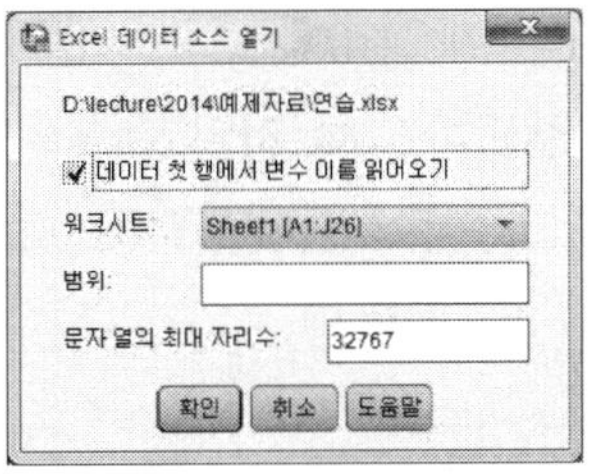

그림 1-23 • Excel 데이터 소스 열기 창

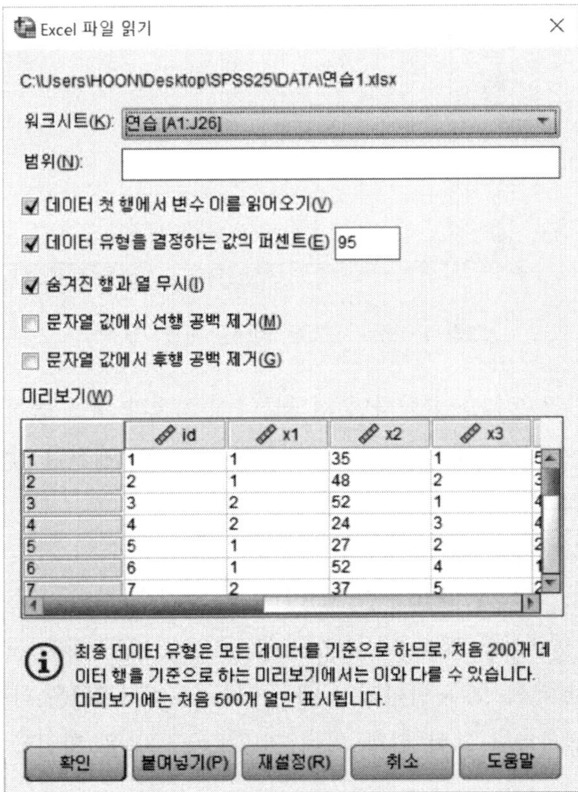

그림 1-24 • Excel 파일 읽기 창

1.3.5 명령문 사용

명령문은 분석 결과만이 아닌 분석 과정을 저장할 수 있기에 잘 사용하면 매우 편리하다. 또한 DOS용 SPSS에 익숙한, 즉 프로그램을 작성하는 방법으로 SPSS를 익힌 독자는 예전과 같은 방법으로 프로그램을 작성하여도 Windows용에서 명령문을 이용하여 그대로 사용할 수 있다. 이미 다른 에디터를 이용하여 Text 파일로 작성된 프로그램 파일을 불러들일 때는 **파일(F)** → **열기(O)** → **명령문(S)**를 클릭하고 여기서 파일명을 입력하면, SPSS 명령문 편집기 창에 이미 작성된 프로그램이 나오게 된다. 만일 프로그램을 새로이 작성하고자 할 때는 **파일(F)** → **새 파일(N)** → **명령문(S)**을 클릭하면 비어있는 SPSS 명령문 편집기 창이 나오고, 여기서 새로운 프로그램을 작성한다.

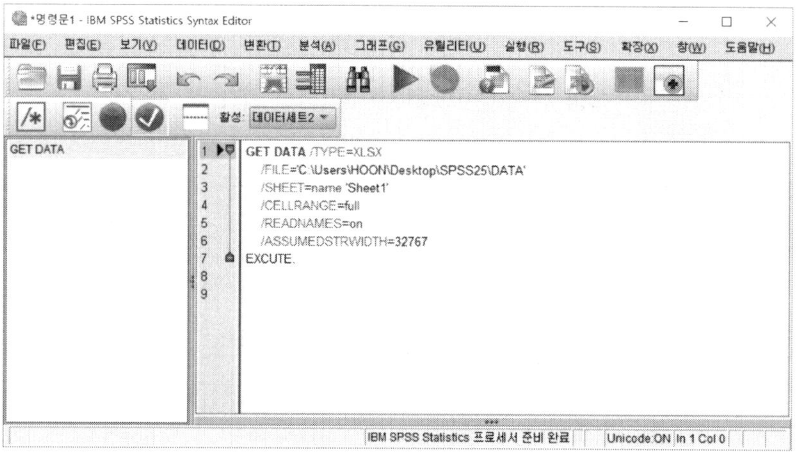

그림 1-25 • SPSS 명령문 편집기 창

그리고 메뉴에 있는 **실행**을 클릭하면 결과물이 출력결과 창을 통하여 나온다. 분석하고자 하는 양이 많아 프로그램이 길거나, 고급 사용자라면 예전의 방법이 더 편할 것이다. 여기서는 프로그램 작성 방식의 명령어는 생략한다.

저장을 하면 확장자가 sps로 저장된다. SPSS 프로그램이 인스톨되어 있는 컴퓨터에서는 명령문 파일과 데이터 파일(연습.txt)만 있으면 같은 작업을 수행할 수 있다.

SPSS 25에서는 명령문을 굳이 외우지 않고도 사용하기에 매우 편리하다. 이유는 결과 창에 사용한 명령문이 모두 남아있기 때문이다. [그림 1-26]은 나중에 다루게 될 빈도분석을 실행한 결과로서 분석 결과 위에 명령문이 나옴을 확인할 수 있다.

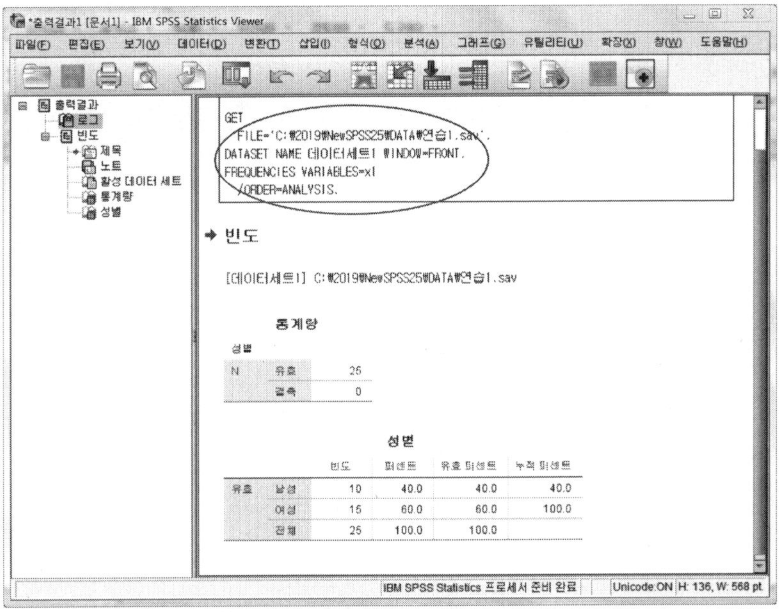

그림 1-26 • SPSS 명령문 편집기 창

konwhow

출력 결과에서 명령어 부분을 더블 클릭하면, 커서가 명령문 부분에 있으며, 드래그로 일정 부분을 선택할 수 있다(마우스 오른쪽 → **복사** 이용). 이를 다시 명령문 편집기에 붙여넣기한 후 사용하면 비슷한 분석을 반복 작업할 때 혹은 분석의 과정을 저장하고자 할 때 매우 편리하다. 이는 일반 워드 프로세스에서 편집 후에 명령문 편집기로 붙여넣기를 하여도 된다.

명령문 편집기에서 명령문을 실행하는 방법은 메뉴의 **실행**에서 한 가지를 선택한다. 만일 특정한 선택영역을 실행하려면 사전에 명령문 편집기 창에서 드래그(마우스 왼쪽 버튼을 누른 상태에서 이동)하여 블록을 잡아 놓고 선택영역 실행을 한다. 각종 분석과 데이터 처리에 대한 명령문에 대한 자세한 형식은 18장에서 다루기로 한다.

1.3.6 여러 개의 데이터 사용

SPSS 25에서는 그림과 같이 동시에 여러 개의 데이터 창을 열어 놓고 사용할 수 있다. 이 방법은 분석 데이터 종류가 많을 때 매우 편리하다.

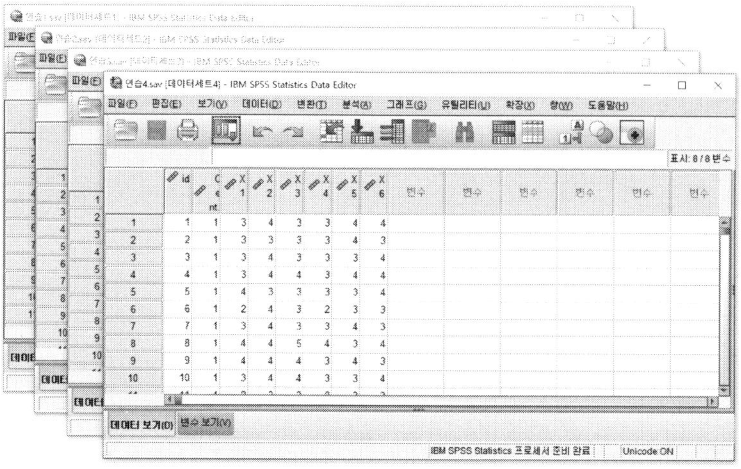

그림 1-27 • 여러 데이터 사용

```
GET
  FILE='D:₩연습1.sav'.
DATASET NAME 데이터세트1 WINDOW=FRONT.
GET
  FILE='D:₩연습2.sav'.
DATASET NAME 데이터세트2 WINDOW=FRONT.
GET
  FILE='D:₩연습3.sav'.
DATASET NAME 데이터세트3 WINDOW=FRONT.
GET
  FILE='D:₩연습4.sav'.
DATASET NAME 데이터세트4 WINDOW=FRONT.
```

02

자료의 변환과 선택

2.1 변수 변환

2.1.1 결측값 처리

자료를 분석하는 과정에서 값이 없는 경우를 가끔 보게 되는데, 이런 경우를 무응답 또는 결측값이 자료에 포함되어 있다고 한다. 사실 무응답(nonresponse)과 결측값(missing value)은 약간의 차이가 있다. 무응답은 사회과학에서 주로 사용하는 용어로 설문 조사(survey) 과정에서 응답을 얻지 못하는 경우에 사용하는 표현이다. 즉, 설문조사에서 응답자의 회피, 조사자의 능력 부족, 설문 문항의 잘못된 구성, 누락 등의 원인으로 응답을 얻지 못해서 발생하는 것이다. 반면에, 결측값은 공학이나 자연과학에서 주로 사용하는 용어로 실험(experiments) 과정에서 발생한다. 즉, 실험 측정 도구의 오차, 실험자의 능력 부족, 실험에서 탈락, 실험 대상자의 비협조 등으로 값을 구하지 못할 때 사용하는 표현이다. 그러나 어떤 형태로든(실험으로든 설문조사를 통해서든) 자료가 구성되고 나면, 빈 값(null value) 또는 이미 결측값으로 약속된 특정 값이 들어 있는 구성은 같으므로 구분하지 않고 사용하기로 한다.

보통 분석과정에서 결측값이 존재할 때, 처리할 수 있는 방법은 다음과 같다. 첫째, 결측값이 포함된 케이스(case)를 제거하고 분석을 실시한다. 둘째, 결측값이 포함된 변수를 제거하고 분석을 실시한다. 셋째, 결측값이 포함된 자료를 분석할 수 있도록 분석 알고리즘을 변경하거나 분석할 수 있는 알고리즘을 통해 분석을 실시한다. 넷째, 결측값을 그럴듯한 다른 값으로 대체하여 분석을 실시한다.

결측값은 응답자가 응답을 하기 싫어서 발생하는 경우도 있지만, 설문 로직상 특정 응답자는 응답을 할 수 없도록 구성되어 있는 경우도 있다. 즉, 설문조사에서 현재 취업하고 있는 직장에 대해서 묻고 있는 경우, 취업자만 응답을 받고 미취업자는 응답을 받으면 안 되는 것이다. 그러나 취업자에게 현재 직장에서 받는 임금을 묻고 있는 경우, 어떤 응답자가 응답을 회피하는 것은 앞의 경우와 전혀 다른 것이다. SPSS에서는 값을 채워 넣지 않으면 결측을 의미하는 '.' 값을 기본적으로 채워 넣게 된다. 하지만 응답을 해서는 안 되기 때문에 값이 없는 결측값과 응답을 하고 싶지 않아서 발생하는 무응답을 구분하는 것이 필요하다. 때로는 결측값을 의미하기 위해 특정 숫자나 구간값을 결측으로 정의할 수도 있다.

앞으로 사용할 연습2 자료는 대학(2년제 포함)졸업자 중 취업자를 대상으로 조사한 결과로 전체 1,335명의 실제 자료이기에 독자들은 본서에서 주어진 예제 외에도 응용 연습을 하기에 충분한 자료이다. 다음은 연습2 자료의 변수명과 변수 설명을 정리한 것이다.

연습2의 변수 설명

변수명	변수 설명	변수명	변수 설명
PID	고유번호	X41	(1차년도)만족도 – 6.일하는 시간
X01	대학유형	X42	(1차년도)만족도 – 7.개인의 발전 가능성
X02	전공계열	X43	(1차년도)만족도 – 8.인간관계
X03	성별	X44	(1차년도)만족도 – 9.복리후생제도(사회보험 및 부가급부)
X04	연령	X45	(1차년도)만족도 – 10.인사체계(승진제도)
X05	졸업년도	X46	(1차년도)만족도 – 11.하는 일에 대한 사회적 평판
X06	(1차년도)현직장 산업 대분류	X47	(1차년도)만족도 평균
X07	(1차년도)현직장 직업 중분류	XX8	(2차년도)종사자 지위
X08	(1차년도)고용형태	XX35	(2차년도)월평균 소득(만원)
X08_1	(1차년도)고용형태 재코딩	XX36	(2차년도)만족도 – 1.현 직장(일자리)에 대한 전반적인 만족 여부
X09	(1차년도)근로형태	XX37	(2차년도)만족도 – 2.임금 또는 소득
X10	(1차년도)직장형태	XX38	(2차년도)만족도 – 3.고용의 안정성
X11	(1차년도)종사자수	XX39	(2차년도)만족도 – 4.하고 있는 일의 내용(직무내용)
X12	(1차년도)직장 소재지	XX40	(2차년도)만족도 – 5.근무환경(시설,안전, 근무시간)
X13_1	(1차년도)주당 정규 근로시간	XX41	(2차년도)만족도 – 6.일하는 시간
X13_2	(1차년도)주당 초과 근로시간	XX42	(2차년도)만족도 – 7.개인의 발전 가능성
X14	(1차년도)업무내용과 교육수준 비교	XX43	(2차년도)만족도 – 8.인간관계
X15	(1차년도)업무내용과 기술수준 비교	XX44	(2차년도)만족도 – 9.복리후생제도(사회보험 및 부가급부)
X16	(1차년도)업무내용과 전공	XX45	(2차년도)만족도 – 10.인사체계(승진제도)
X17	(1차년도)대학 전공 지식 업무 수행의 도움 정도	XX46	(2차년도)만족도 – 11.하는 일에 대한 사회적 평판
X18	(1차년도)대학시 배웠으면 업무에 도움이 될 능력	XX47	(2차년도)만족도 평균
X19	(1차년도)업무상 요구되는 자격증	XXX8	(3차년도)종사자 지위
X20	(1차년도)전공 선택 이유	XXX35	(3차년도)월평균 소득(만원)
X21	(1차년도)전공 다시 선택할 수 있다면 동일 전공 선택 여부	XXX36	(3차년도)만족도 – 1.현 직장(일자리)에 대한 전반적인 만족 여부
X22	(1차년도)졸업학점 등급	XXX37	(3차년도)만족도 – 2.임금 또는 소득

X23	(1차년도)휴학 경험	XXX38	(3차년도)만족도 – 3.고용의 안정성
X24	(1차년도)어학연수 경험	XXX39	(3차년도)만족도 – 4.하고 있는 일의 내용(직무내용)
X25	(1차년도)어학연수 나라	XXX40	(3차년도)만족도 – 5.근무환경(시설,안전,근무시간)
X26	(1차년도)어학연수 도움 여부	XXX41	(3차년도)만족도 – 6.일하는 시간
X27	(1차년도)직업훈련 받은 경험	XXX42	(3차년도)만족도 – 7.개인의 발전 가능성
X28	(1차년도)자격증 유무	XXX43	(3차년도)만족도 – 8.인간관계
X29	(1차년도)군복무 경험	XXX44	(3차년도)만족도 – 9.복리후생제도(사회보험 및 부가급부)
X30	(1차년도)현재 건강상태	XXX45	(3차년도)만족도 – 10.인사체계(승진제도)
X31	(1차년도)운동시간	XXX46	(3차년도)만족도 – 11.하는 일에 대한 사회적 평판
X32	(1차년도)수면시간	XXX47	(3차년도)만족도 평균
X33	(1차년도)흡연여부	WEIGHT	가중값
X34	(1차년도)음주여부	X32_1	SMEAN(X32)
X35	(1차년도)월평균 소득(만원)	X13	주당 총근로시간
X36	(1차년도)만족도 – 1.현 직장(일자리)에 대한 전반적인 만족 여부	X47_1	(1차년도)만족도평균
X37	(1차년도)만족도 – 2.임금 또는 소득	X35_1	(1차년도)소득구간
X38	(1차년도)만족도 – 3.고용의 안정성	XX35_1	(2차년도)소득구간
X39	(1차년도)만족도 – 4.하고 있는 일의 내용(직무내용)	XXX35_1	(3차년도)소득구간
X40	(1차년도)만족도 – 5.근무환경(시설,안전,근무시간)		

결측값에 대한 연습을 위해 연습2 자료에 있는 X13_2(주당초과근로시간) 변수에는 특정 숫자값 '999'가 결측값으로 할당되어있다. 이 값에 대해 결측값을 처리하지 않게 되면, 평균과 같은 통계량을 산출하는 과정에서 문제를 일으킬 수 있으므로 결측값으로 처리를 해주어야만 한다.

예제 X13_2(주당초과근로시간)에 있는 특정값을 결측값으로 처리(연습2.sav)

먼저 파일(연습2.sav)을 불러온다.

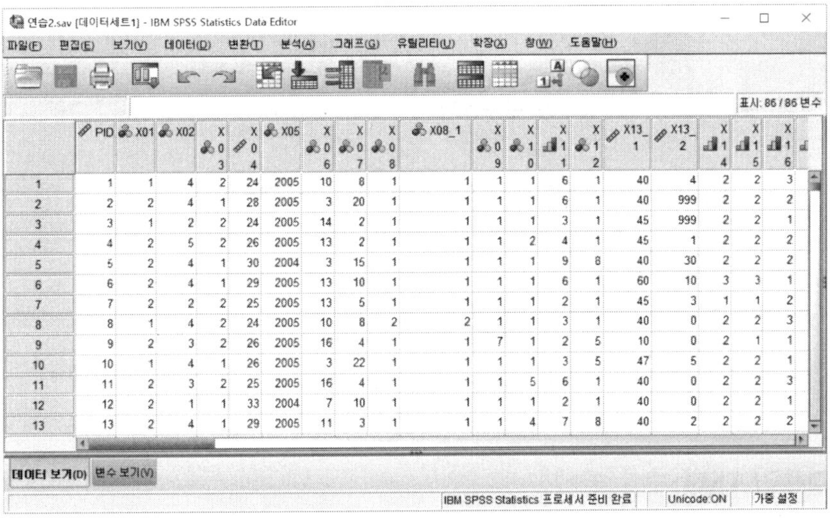

그림 2-1 • 원 자료화면(데이터 보기)

① [그림 2-1]의 하단부에 있는 변수 보기(V)를 누르면 [그림 2-2]와 같이 각 변수의 속성을 설정할 수 있는 화면을 볼 수 있다.

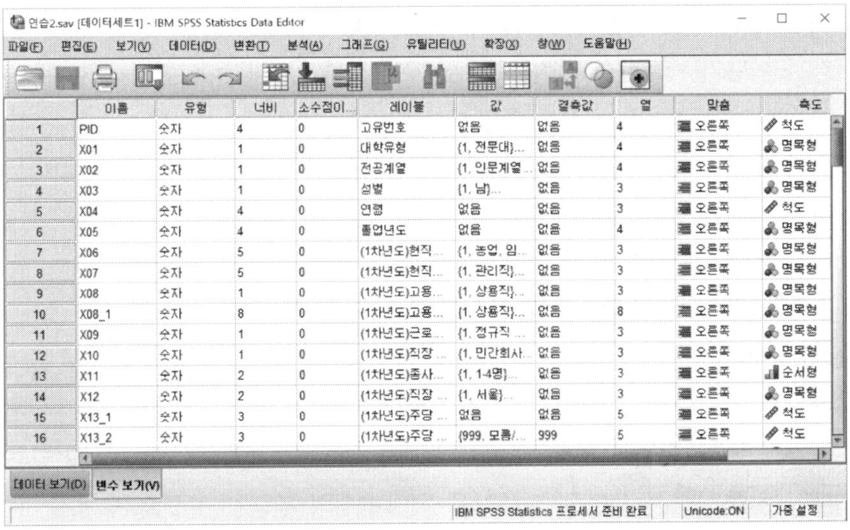

그림 2-2 • 원 자료화면(변수 보기)

② [그림 2-2]의 X13_2 변수에서 결측값을 선택하고 [...]를 클릭하면 다음과 같이 [그림 2-3]이 나타나는데, 이산형 결측값(D)에 999를 입력하고 확인을 선택하면 된다.

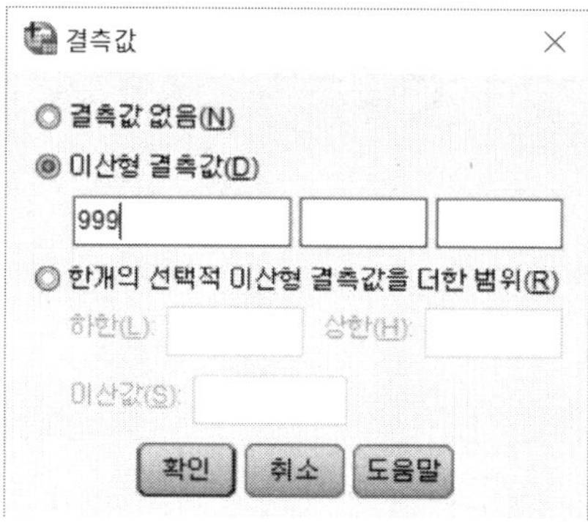

그림 2-3 • 결측값 처리 입력 창

2.1.2 결측값 대체

원자료에 결측값이 포함된 경우, 연구자가 자료를 분석할 때 가장 많이 사용하는 방법은 결측값이 포함된 케이스를 제거하고 분석하는 경우이다. 이 경우에는 표본설계 시 고려한 조건들이 변하게 되는 문제가 있고, 응답된 정보 활용 측면에서 비효율적인 방법이 될 수 있다. 결측값이 포함된 자료를 분석할 수 있도록 알고리즘을 변경하는 것은 가장 어려운 방법이다. 기존 알고리즘에 대한 이해가 우선되어야 하며, 변경 알고리즘의 일반화가 어렵기 때문에 조사 대상이 바뀌면 분석 알고리즘을 변경해야 하는 불편함이 있다. 이때 이미 조사한 정보도 활용하고 일반화도 적용할 수 있는 방법은 결측값을 그럴듯한 다른 값으로 채워 넣는 것인데, 이 방법을 대체(imputation)라고 한다. 대체를 실시할 때 고려해야 할 주요 사항으로는 변수들 사이의 관련성, 자료의 종류, 결측 발생 형태(missing mechanism) 등이다.

대체법(imputation method)은 대체되는 값의 개수에 따라 단일 대체(single imputation)와 다중 대체(multiple imputation)로 구분된다. 대체되는 자료의 값이 하나인 경우에는 단일 대체, 여러 개의 값인 경우에는 다중 대체라고 한다. 또한 대체되는 자료의 종류에 따라 범주형 자료 대체와 연속형 자료 대체로 구분할 수도 있다.

SPSS에서는 특정변수에 있는 결측값을 해당변수의 평균값 등으로 대체할 수 있다.

예제 X32(수면시간)에 있는 결측값을 평균값으로 대체(연습2.sav)

① 앞의 연습2.sav 자료에서 하단부에 있는 데이터 보기(D)를 누르고 X32 변수를 중앙으로 오도록 하면 [그림 2-4]와 같이 결측값이 '.'으로 나타나는 것을 볼 수 있다.

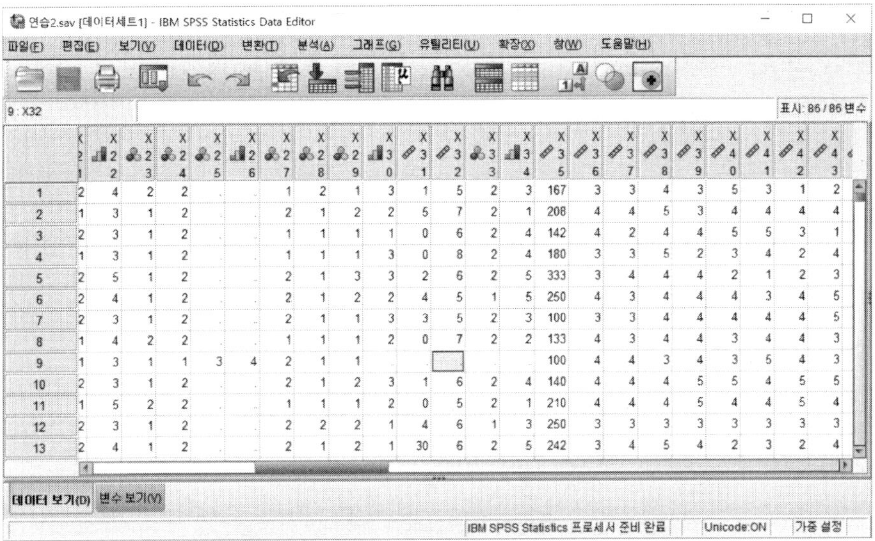

그림 2-4 • 원 자료화면(결측값 대체 이전)

② SPSS 데이터 편집기 창의 메뉴에서 **변환(T)** → **결측값 대체(V)**를 선택한다.

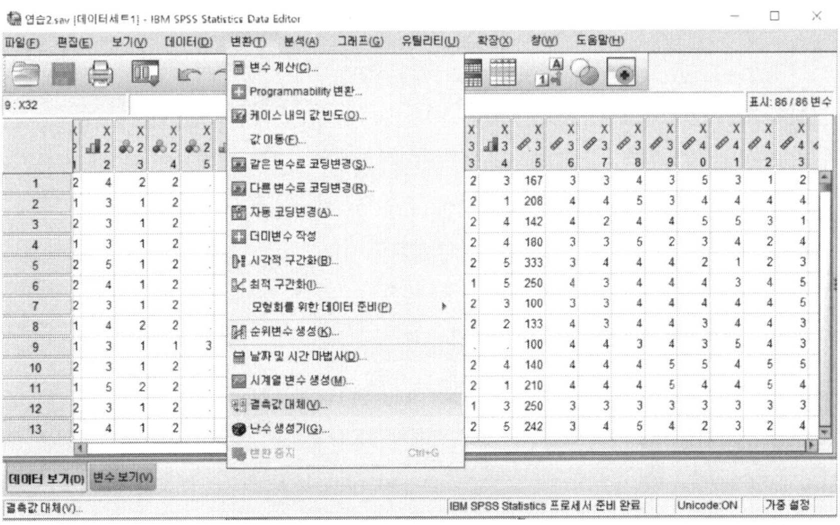

그림 2-5 • 결측값 대체 메뉴

③ [그림 2-6]과 같은 결측값 대체 창에 있는 왼쪽의 변수들 중에서 **수면시간(X32)**을 선택한 후 ➡를 클릭하면 **새 변수(N)**에 x32_1=SMEAN(X32)가 나타난다. 이는 이름(A)에 자동적으로 원래 변수 이름인 X32를 이용한 X32_1이라 입력되었고, 내부 함수인 SMEAN을 이용하기 때문이다. 그리고 확인을 선택하면 [그림 2-7]에서와

같이 X32_1이라는 새로운 변수가 생성되었음을 확인할 수 있다. 만일 변수 이름을 바꾸지 않기를 원하면 이름(A)에 X32를 입력하고 바꾸기(H)를 선택하면 된다.

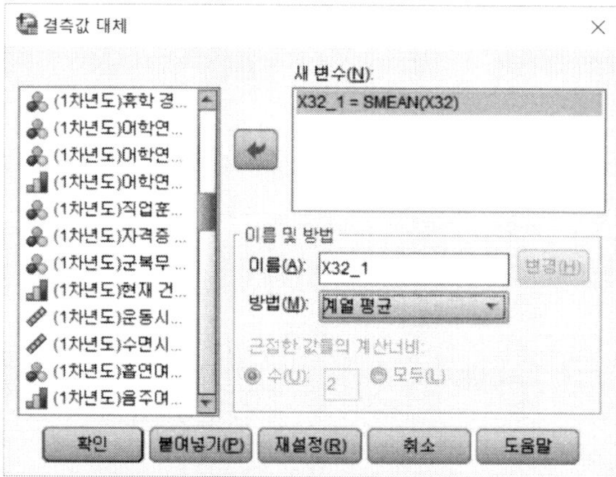

그림 2-6 • 결측값 대체 입력 창

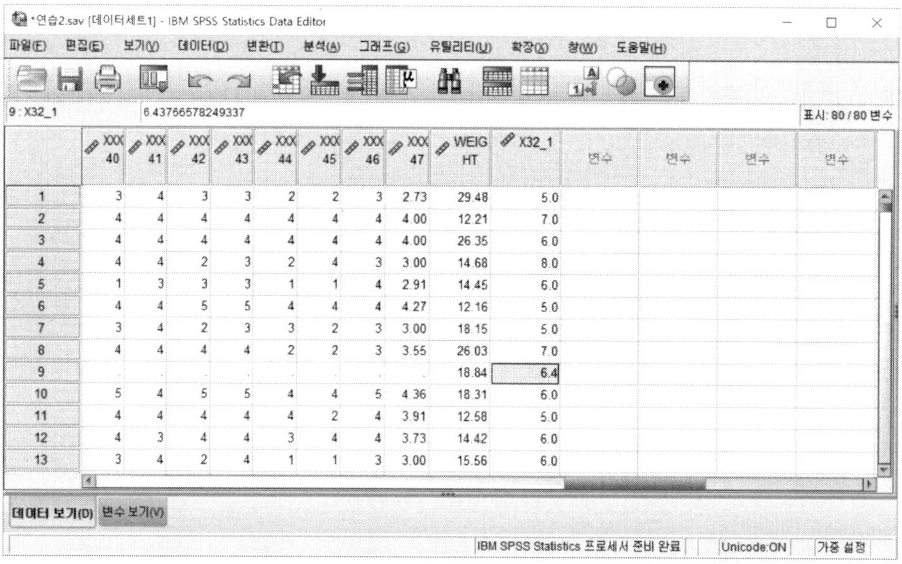

그림 2-7 • 변경 자료화면(결측값 대체 이후)

④ [그림 2-7]은 결측이 없는 케이스는 원래의 값을 그대로 받아오고, 결측값이 있는 PID 32에 평균인 6.4로 대체한 것이다.

[그림 2-7]에서 결측값의 바꾸기 방법을 선택할 수 있다. 여기에 대해서는 다음 표를 참고하기 바란다.

항목	설명
계열 평균	결측값을 제외한 나머지 자료의 평균으로 바꾼다.
근접한 값들의 평균	특정변수의 근접한 유효 값의 평균으로 바꾼다. 근접점의 계산너비는 평균 계산에 사용된 결측값의 위, 아래에 있는 유효한 값의 수가 된다.
근접한 값들의 중위수	특정변수의 근접한 유효 값의 중위수로 바꾼다. 근접점들의 계산너비는 중위수 계산에 사용된 결측값의 위, 아래에 있는 유효 값의 수가 된다.
선형 보간법	선형 보간법을 사용하여 결측값을 바꾼다. 보간법에는 결측값 앞의 마지막 유효 값과 결측값 뒤의 처음 유효 값을 모두 사용한다. 계열에서 첫 케이스와 마지막 케이스에 결측값이 있으면 이는 바뀌지 않는다.
결측점에서 선형 추세	해당 결측점에 대한 선형 추세를 사용하여 결측값을 바꾼다. 기존 계열이 1부터 n까지의 지수변수로 회귀되고 결측값은 예측값으로 바뀐다.

다음의 명령문은 결측값 대체에 대한 출력 결과 창의 결과이다.

명령문

```
RMV /X32_1=SMEAN(X32).
```

예제 연습2.sav 파일을 이용하여 X31(운동시간)에 있는 결측값을 근접한 값들의 평균값으로 대체해 보자!

2.1.3 수식을 이용한 변수 계산

자료 변환은 사용자가 기존의 자료들을 이용하여 새로운 변수를 만들거나 실제 관측값을 다른 값으로 대체하고자 할 때 사용한다. 즉, 각 과목의 평균이나 합을 하나의 변수로 만들어 다음 분석에서 사용하거나, 만 나이로 입력받은 연령의 자료를 이용하여 10대, 20대, 30대 등의 등간자료로 변환하고자 할 때 사용한다.

자료의 선택은 전체 자료를 모두 분석에 포함시키는 것이 아니고 특정 조건을 만족하는 자료만을 선택할 때 사용한다. 즉, 남성의 평균 신장을 구하거나, 연령이 30세 이상을 선택하여 분석할 때 사용한다.

예제 (X13(주당 총근로시간) = 주당 정규근로시간 + 주당 초과근로시간)의 새로운 변수 생성

① SPSS 데이터 편집기 창의 메뉴에서 **변환(T)** → **변수 계산(C)**을 선택한다.

그림 2-8 • 변수 계산

② [그림 2-9]와 같은 변수 계산 창이 나타나면 **목표변수(T)**에 새로이 만들고자 하는 변수 이름인 X13을 입력한다. 그리고 오른쪽의 **숫자표현식(E)**에 마우스 왼쪽을 한번 클릭한 후 왼쪽의 SPSS에서 기억하고 있는 변수에서 **주당 정규근로시간**(X13_1)을 마우스 왼쪽으로 클릭한 후 을 마우스 왼쪽으로 클릭하면 숫자표현식에 X13_1이 나타나며, 다음으로 더하기 버튼(+)을 클릭하고, **주당 초과근로시간**(X13_2)을 클릭한 후 을 클릭하면 최종적으로 X13=X13_1+X13_2이라는 식이 완성된다. 키보드로 직접 대상변수에 X13을 **숫자표현식(E)**에 X13_1+X13_2를 입력하여도 된다.

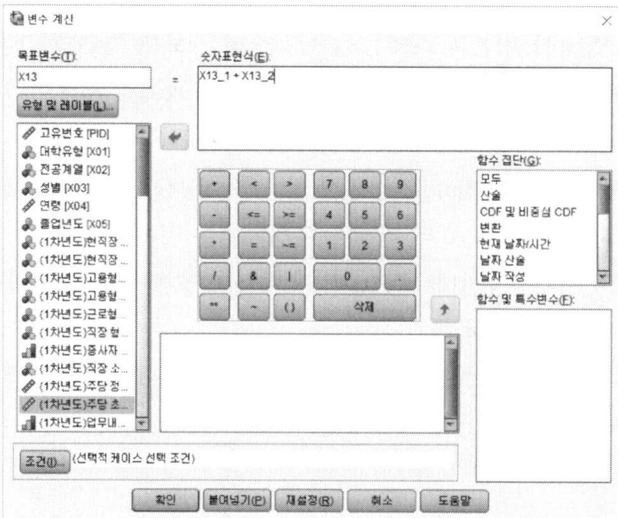

그림 2-9 • 변수 계산 입력창

③ 다음은 선택 사항으로 새로이 만든 변수인 X13에 대한 설명을 추가하는 것으로 [유형 및 레이블(L)...]을 클릭하면, [그림 2-10]이 나타난다. 그리고 **레이블(L)** 다음의 칸에 '**주당 총근로시간**'을 입력한다. 여기서 가능하면 표현식을 레이블로 **사용(U)**을 선택하지 않는 것이 좋다. 만약 이것을 선택하면 변수 이름이 **주당 총근로시간**으로 바뀐다. 이유는 1장에서 설명한 바가 있다. 다음으로 [계속(C)]을 클릭하면 다시 [그림 2-9]가 나타난다.

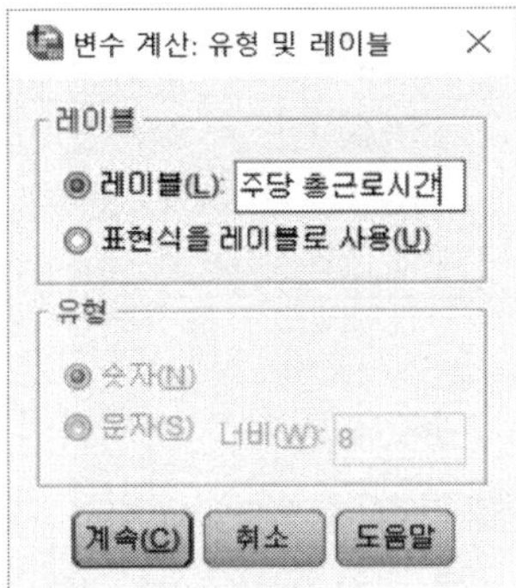

그림 2-10 • 변수 계산: 유형 및 레이블 창

④ 다시 나타난 [그림 2-9]의 창에서 [확인]을 선택하면 [그림 2-11]에서와 같이 새로운 변수 X13에 44.00과 같이 주당 정규근로시간과 주당 초과근로시간이 합해진 값이 계산되어 나타난다.

그림 2-11 • 주당 총근로시간이 계산된 결과

다음의 명령문은 변수 계산에 대한 출력 결과 창의 결과이다. 자세한 설명은 1장과 18장의 명령문을 참고하기 바란다.

명령문

```
COMPUTE X13=X13_1 + X13_2.
VARIABLE LABELS  X13 '주당 총근로시간'.
EXECUTE.
```

다음으로 하부 선택사항에 대하여 설명하겠다. [그림 2-9]에서 [조건(I)...]을 선택하면 [그림 2-12]와 같은 조건을 지정할 수 있는 창이 나타난다. 여기에 대한 자세한 설명은 다음에 나오는 조건의 선택에서 설명하겠다.

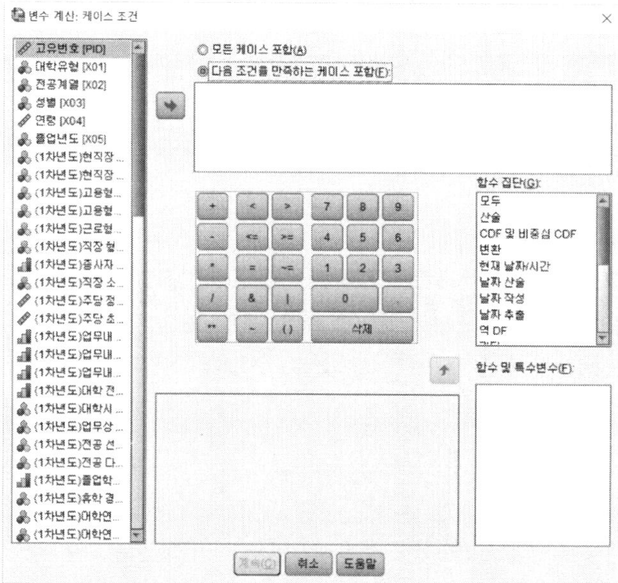

그림 2-12 • 변수 계산: 케이스 조건

[재설정(R)]은 원래 SPSS 대화창에는 직전에 시행한 작업을 저장하고 있어 다음 작업 시에 입력할 때 앞의 내용이 그대로 있기 때문에 지우기 귀찮은 경우가 있다. 이때 선택하면 모든 입력 내용이 지워져서 새로운 내용을 입력하기에 편리하다. [취소]와 [도움말]에 대한 설명은 생략한다.

일반적인 설문지에서 문항에 따라 긍정적인 문항과 부정적인 문항이 섞여 있어 이것들을 하나의 합으로 구하고자 하는 경우에 변수 계산은 필수적이다. 예를 들어 체력 등급을 계산할 때 윗몸 일으키기, 앞으로 굽히기, 100m 달리기의 점수 합이 필요하다고 한다면 윗몸 일으키기와 앞으로 굽히기는 수가 큰 것이 좋지만 100m 달리기는 작은 수가 좋기 때문에 100m 달리기는 새로운 계산 방식을 도입하여야 한다. 다음의 두 가지 설문을 가정하자.

1. 나에게 주어진 상황은 내게 책임이 있다고 생각한다.
2. 현재의 내 활동반경(생활영역)을 넓힐 생각이 없다.

다음의 분석에서 1번과 2번의 문항의 합을 이용한다고 하였을 때, 1번 문항은 긍정적인 문항인 반면, 2번 문항은 부정적인 문항으로 합을 계산할 때 2번 문항에 1이라고 답을 하였다면 실제 계산에서는 5(전체 1에서 5번까지 있는 경우)라고 되어야 전체의 합이 긍정적인 점수로 사용될 수 있다. 즉, 2번 문항에서 5→1, 4→2, 3→3, 2→4, 1→5로 바꿔야 하며, 이를 부적요인이라고 한다. 이러한 경우에 부적요인인 문항(Y)을 새로운 변수(X)로 바꾸는 공식은 다음과 같다.

$$\text{새로운 변수}(X) = (\text{보기의 수} + 1) - \text{기존 변수}(Y)$$

konwhow

여기서 Y=(보기의 수+1)− Y라고 하여도 되나 새로운 변수(X)를 두는 것은 원 자료는 한번 바뀌면 복구가 불가능하기 때문에 원 자료를 보존하기 위함이다. 통계 분석에서 변수의 수가 많으면 불편하기는 하지만 원 자료를 변경하면 그만큼 정보의 손실이 발생하기 때문에 새로운 변수로 만드는 습관을 들이는 것이 좋다.

[그림 2-13]은 변수 계산에 사용되는 수식 입력 도움판으로 숙련자의 경우 수식을 바로 입력하면 되나, 초급자의 경우는 도움판을 이용하는 것이 좋을 수도 있다. 사칙연산은 일반적으로 사용하는 것과 같으나 곱하기는 [*]을 대신 사용한다. [/]은 나누기를 뜻하고, [**]은 지수승을 뜻한다. 오른쪽의 함수의 경우는 일반적 사용하는 엑셀 등과 비슷하며, **함수집단(G)**을 선택하고, 오른쪽 아래의 **함수 및 특수변수(F)**에서 함수를 선택하면, 왼쪽 아래에 도움말이 나오기 때문에 사용상의 어려움은 없다. 여기에 대한 자세한 설명은 다음에 나오는 **함수를 이용한 변수 계산**에서 설명하겠다.

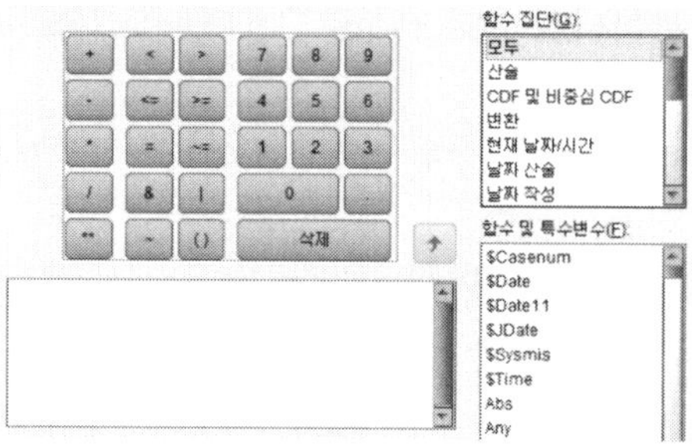

그림 2-13 • 수식 입력 도움판

예제 X30(현재 건강상태)의 역코딩 값 생성을 위한 변수 계산을 해 보자!

2.1.4 함수를 이용한 변수 계산

변수 계산을 할 때는 사전에 계산식을 제대로 결정해야 한다. 또한 계산하려는 변수 내에 결측값이 포함되어 있다면 원하는 결과를 얻을 수 없게 된다. 예를 들어 10개 변수 중 9개 변수에 대한 응답값이 있더라도 1개 변수에 있는 결측값으로 인하여 평균값이 계산되지 않는 문제가 있다. 이를 해결하기 위해서는 SPSS에서 제공하는 함수를 사용하면 된다. 함수를 이용하면 결측을 고려한 통계량을 산출할 수 있을 뿐만 아니라 쉽게 계산할 수도 있다.

예제 X36~X46(1차년도 만족도)의 평균 산출을 위한 함수 이용 변수 계산

① SPSS 데이터 편집기 창의 메뉴에서 **변환(T) → 변수 계산(C)**을 선택한다.

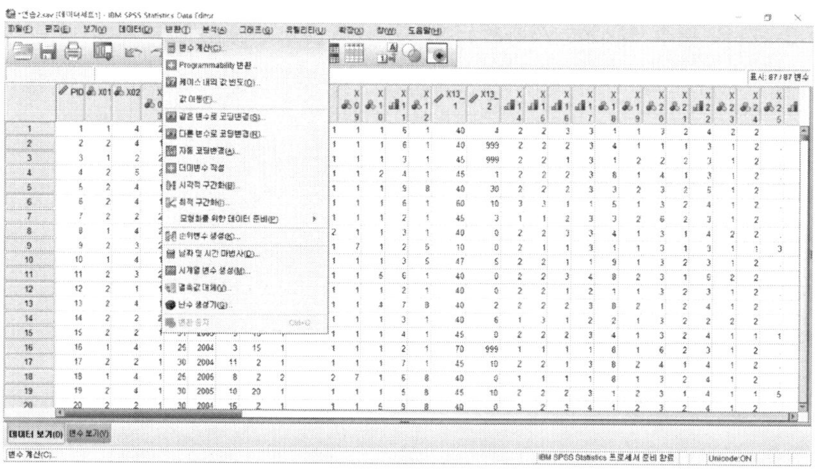

그림 2-14 • 변수 계산

② [그림 2-15]와 같은 변수 계산 창이 나타나면 **대상변수(T)**에 새로이 만들고자 하는 변수 이름인 X47_1을 입력한다. 그리고 오른쪽의 **함수 집단(G)**에서 **통계**를 한번 클릭하면 바로 아래쪽에 있는 **함수 및 특수변수(F)**에 통계와 관련된 함수들이 나열된다. 여기에서 평균을 산출할 수 있는 Mean을 선택한 후 을 마우스 왼쪽으로 클릭하면 상단에 숫자표현식이 나타난다. ?로 표시된 부분에 왼쪽의 SPSS에서 기억하고 있는 변수에서 **1차년도 만족도**에 해당하는 X36 ~ X46을 각각 마우스 왼쪽으로 클릭한 후 을 클릭하면 최종적으로 [그림 2-15]와 같은 숫자표현식이 완성된다. 이때 키보드로 직접 숫자표현식을 입력하여도 된다.

그림 2-15 • 변수 계산 입력창

③ [그림 2-16]은 선택 사항으로 새로이 만든 변수인 X13에 대한 설명을 추가하는 것으로 유형 및 레이블(L)...을 클릭하면, [그림 2-16]이 나타난다. 그리고 **레이블(L)** 다음의 칸에 '(1차년도)만족도평균'을 입력하고 계속(C)을 클릭하면 다시 [그림 2-15]가 나타난다.

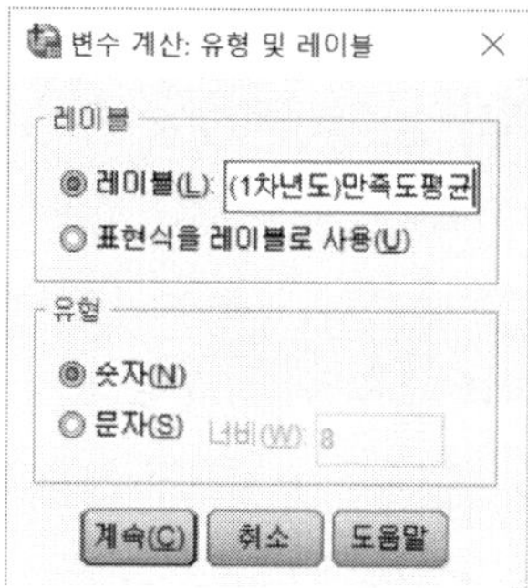

그림 2-16 • 변수 계산: 유형 및 레이블 창

④ 다시 나타난 [그림 2-15]의 창에서 확인을 선택하면 [그림 2-17]에서와 같이 새로운 변수 X47_1에 2.91과 같이 (1차년도)만족도평균 값이 계산되어 나타난다.

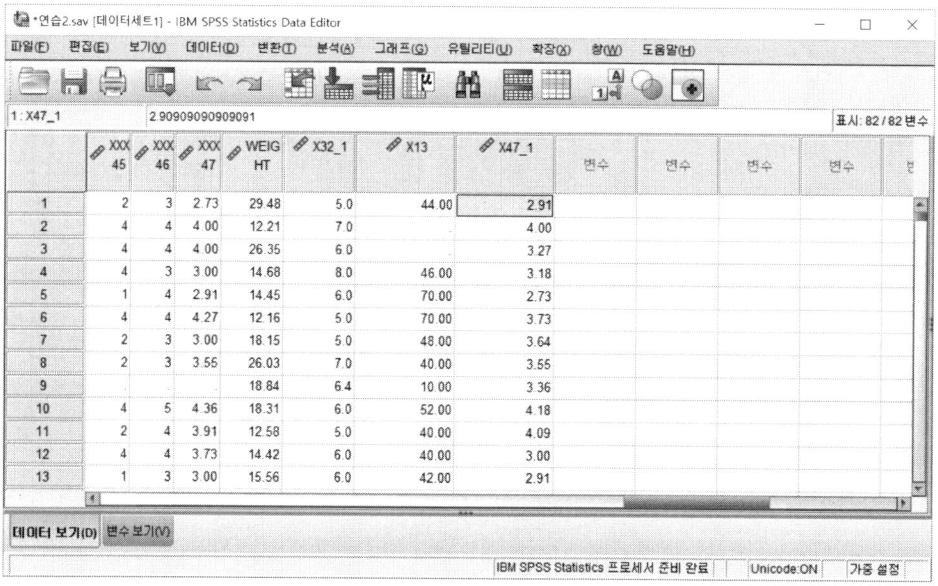

그림 2-17 • (1차년도)만족도평균이 계산된 결과

예제 XX36~XX46(2차년도 만족도)의 만족도평균과 XXX36~XXX46(3차년도 만족도)의 만족도평균을 각각 함수를 이용하여 변수를 생성하자!

2.1.5 코딩변경

기존의 변수에 대하여 사용자가 기존의 값을 다른 값으로 바꾸거나, 또는 여러 개의 관측값을 하나로 묶을 때 또는 잘못 입력된 관측값을 바로 잡고자 할 때 등에 유용하게 사용할 수 있는 것이 코딩변경이다. 변수 계산과 비슷하나 변수 계산은 하나의 식으로 만들어야 하지만, 코딩변경은 식으로 만들기 어려울 때 사용한다. 예를 들어 실제 나이로 입력된 자료를 10대, 20대, 30대 등으로 변환하여 사용하거나, ① 매우 그렇다 ② 그렇다 ③ 보통이다 ④ 아니다 ⑤ 전혀 아니다의 경우에 ① 긍정 ② 중도 ③ 부정으로 다시 분류하여 분석하여야 할 때 사용한다.

예제 월평균소득(X35)을 구간데이터로 변경

① SPSS 데이터 편집기 창의 메뉴에서 **변환(T)** → **다른 변수로 코딩변경(D)**을 선택한다.

그림 2-18 • 코딩변경

② [그림 2-19]와 같은 새로운 변수로 코딩변경 창이 나타나면 왼쪽의 변수들 중에서 **(1차년도)월평균 소득(만원)** [X35] 을 선택한 후 [→]를 클릭하면 가운데에 X35 --> ? 가 나타난다. 그리고 **출력변수 이름(N)**에 X35_1을 입력하고, 설명에 '(1차년도)소득구간'으로 입력한 후 [변경(H)]을 클릭하면 가운데가 X35 --> X35_1로 바뀐다. 그리고 [기존값 및 새로운 값(O)...]을 클릭한다. 이때 **설명(L)**은 생략 가능하므로 나중에 데이터에서 직접 입력해도 된다.

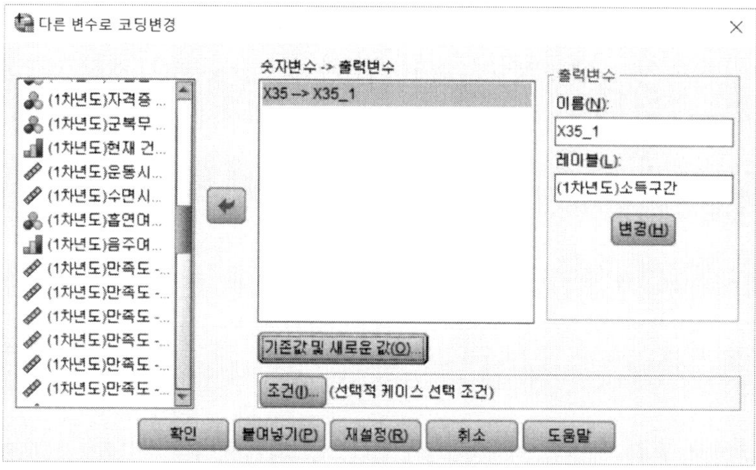

그림 2-19 • 새로운 변수로 코딩변경

③ [그림 2-20]은 기존의 값을 새로운 값으로 어떻게 바꾸어야 되는지를 정의하는 부분이다. 먼저 바꾸고자 하는 것이 100-199만원을 1로 바꾸어야 하기에 왼쪽의 범위(N)에서 '100'에서 '199.99'를 입력하고 오른쪽의 새로운 값에 '1'을 입력하고 추가(A)를 클릭하면 아래 부분에 100 thru 199.99 --> 1이 생긴다. 계속하여 200만원대와 300만원대 이상의 조건을 입력한 후의 오른쪽 창은 [그림 2-21]과 같다.

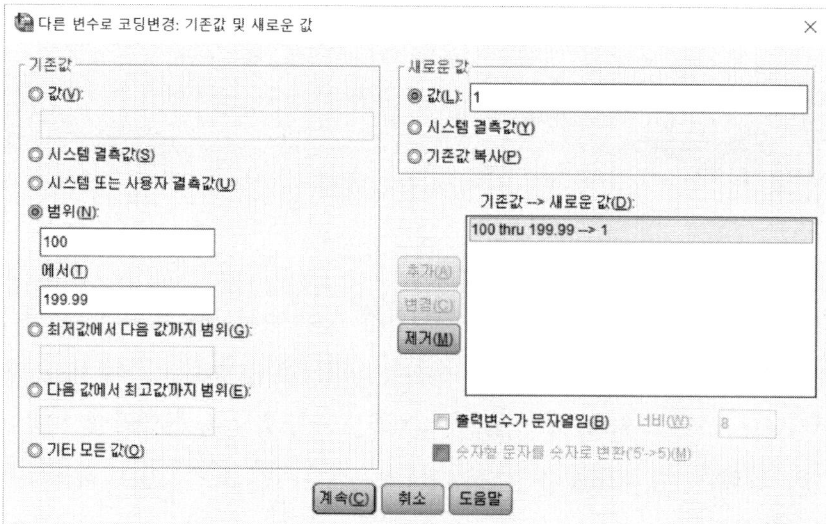

그림 2-20 • 기존 값을 새로운 값으로 바꾸는 창

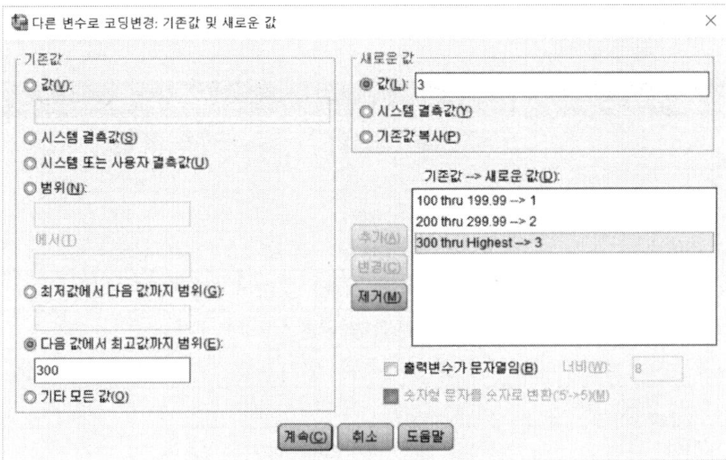

그림 2-21 • 변경 과정

④ 변경 조건을 모두 입력한 후 계속(C)을 클릭하면 [그림 2-20]의 창이 나타나며, 여기서 확인을 선택하면 [그림 2-22]에서와 같이 새로운 변수 X35_1에 1.00과 같은 새로운 소득이 생기며, 다음으로 1장에서 다룬 변수 보기에서 각 관측값에 대한 설명을 붙인다. 첫 번째 과정에서 **같은 변수로 코딩변경(S)**을 통해 진행할 수도 있지만, 기존 값이 바뀌어 복구할 수 없기 때문에 사용하지 않는 것이 좋다. 조건(I)...에 대해서는 앞에서와 같이 다음 절의 **조건의 선택**에서 설명하겠다.

그림 2-22 • 코딩변경 결과

코딩변경의 기준 값 및 새로운 값에 대한 자세한 설명은 다음과 같다.

항목	설명
기존 값	새로운 값으로 변경하기를 원하는 변수에 대한 현재의 관측값을 의미
값(V)	기존 하나의 값을 1:1로 바꾸고자 할 때 입력
시스템-결측값(S)	시스템 무응답. 문자열 변수에서는 사용이 불가능
시스템 또는 사용자 결측값(U)	사용자의 무응답값을 포함한 모든 무응답값
범위(N) : ㅁ에서 ㅁ	변수값의 포함 범위를 입력
범위(N) : 최솟값에서 ㅁ	가장 낮게 관측된 값부터 입력된 값까지의 관측값
범위(N) : ㅁ에서 최댓값까지	입력된 값에서부터 가장 높게 관측된 어떤 관측값
기타 모든 값(O)	이전에 명시되지 않은 나머지 값
새로운 값	새로운 변수 관측값
기준값(A)	관측값을 입력
시스템-결측값(Y)	시스템 무응답값. 문자열변수에서는 사용 불가능
기존값 복사(P)	기존의 값을 그대로 사용. 문자열변수에서는 사용 불가능
출력변수가 문자열임	새로운 값을 문자열로 지정할 경우에 사용

다음의 명령문은 코딩변경에 대한 출력 결과 창의 결과이다.

명령문

```
RECODE X35 (100 thru 199.99=1) (200 thru 299.99=2)
  (300 thru Highest=3) INTO X35_1.
VARIABLE LABELS  X35_1 '(1차년도)소득구간'.
EXECUTE.
```

예제 XX35(2차년도 월평균소득)와 XXX35(3차년도 월평균소득)에 대한 각각의 소득구간 변수(XX35_1, XXX35_1)를 생성하자!

2.1.6 기타의 변수 변환

SPSS에서는 변수 변환을 위한 기능들이 몇 가지 더 주어진다. 그러나 많이 사용하지 않기 때문에 간단히 소개만 하고자 한다. 앞에서 설명한 변수 변환 방법과 같이 사용방법은 간단하다.

[1] 케이스 내의 값 빈도(O)

기존에는 빈도변수 생성(창의 이름은 기존의 것을 사용)이라 하였으며, 특정변수에서 주어진 조건을 만족하는 케이스를 1과 0을 값으로 하는 새로운 변수를 생성할 수 있다. 이는 각 케이스에 대한 변수 목록에서 값의 발생 빈도가 같은 변수를 작성할 수 있다. 예를 들어 연습 자료에서 연령이 30세에서 50세까지를 1(예)의 값으로 만들고 나머지는 0(아니오)으로 새 변수를 작성할 수 있다. 이는 전체 자료에 대한 비율로 사용할 수 있다. 물론 이는 앞에서 설명한 코딩변경과 유사하나 값을 임의로 만들지 못하고 1과 0만 가능하다.

사용법은 SPSS 데이터 편집기 창의 메뉴에서 **변환(T) → 케이스 내의 값 빈도(O)**를 선택한다. 그리고 **목표변수(T)**(변수의 새로운 이름)를 입력하고, **목표 레이블(L)**은 변수에 관한 설명(선택사항)이다. 그리고 **변수(V)**에 분석에 포함할 변수를 선택한다. **값 정의**는 1의 값을 가질 조건을 선택하는 것이며, 복수 선택할 수 있다. 조건은 자료의 선택에서 설명하겠다.

[2] 자동 코딩변경(A)

자동 코딩변경에서는 문자와 숫자 값을 연속 정수로 변환한다. 즉, 문자변수 값을 가나다순(혹은 알파벳순)에 따라 순서를 매겨 그 순서 값인 숫자 변수값으로 바꾸거나, 숫자변수의 값을 크기 순서에 따라 순서를 매겨 그 순서 값인 숫자변수로 재코드를 할 수가 있다. 범주형 코드가 순차적이 아닐 때 나타나는 빈 셀은 성능을 감소시키고 다른 분석 시에 필요한 메모리를 늘린다. 또한 일부에서는 문자변수를 사용할 수 없으며, 일부 경우에는 요인 수준에 연속 정수 값이 있어야 한다.

자동 코딩변경으로 작성한 새 변수는 정의한 변수와 변수값 설명을 기존 변수 그대로 사용한다. 정의한 변수값 설명이 없는 경우는 원래 값이 코딩변경 값의 설명으로 사용된다. 또한, 표에 기존 값과 새로운 값, 변수값 설명 등이 표시되며, 문자 값은 가나다순(혹은 알파벳순)으로 코딩이 변경되고, 이때 대문자는 소문자보다 우선이며, 결측값은 보유 순서에 따라 결측 되지 않은 값보다 높게 결측값이 코딩 변경된다. 변수의 값을 읽을 때, 똑같은 값을 만나게 되면 같은 순서 값을 부여한다.

방법은 SPSS 데이터 편집기 창의 메뉴에서 **변환(T) → 자동 코딩변경(A)**을 선택한다. 그리고 왼쪽의 변수들 중에서 변환하고자하는 변수를 선택한 후 코딩변경에서와 비슷하게 새로운 변수 이름을 입력하고, [새 이름 추가(A)]를 클릭한다.

[3] 순위변수 생성

순위변수 생성을 사용하면 숫자변수에 대한 순위, 정규 및 Savage 점수, 백분위수 값 등이 있는 새로운 변수를 작성할 수 있다. 즉, 기존 자료를 이용하여 새로운 순위로 이루어진 변수를 만들 수 있다. 변수 이름은 기존 변수의 이름 앞에 R이라는 철자가 붙는 새 변수 이름이 자동으로 정해진다.

방법은 SPSS 데이터 편집기 창의 메뉴에서 **변환(T)** → **순위변수 생성(K)**을 선택한다. 그리고 왼쪽의 변수들 중에서 변환하고자 하는 **변수(V)**를 선택한 후 **증가폭(B)**을 선택하며, 이는 각 집단 내에서의 순위를 계산한다. 예를 들어 성별을 **변수(V)**로 선택한 경우 '남'과 '여'의 각 집단에 대해 순위가 계산된다. 만일 전체를 단일한 순위로 하고자 할 때는 **증가폭(B)**을 선택하지 않으면 된다. 또한 순위변수 생성은 오름차순이나 내림차순으로 표시한다.

순위를 정하는 방법은 단순한 순위로 이루어지는 순위, 지수분포를 기준으로 하는 Savage 점수, 가중값의 합계로 나눈 순위인 부분 순위, 케이스 순위로 나누고 100을 곱한 분수순위를 %로 표시와 케이스의 가중값의 합과 N분위수가 있다.

동률 값에 순위를 지정하는 순위 지정 방법을 선택할 수 있으며, 방법은 평균과 낮은 순위, 높은 순위 그리고 동률 값을 같은 순위로 정할 수 있다.

새로운 변수의 이름은 순위를 정하는 방법에 따라 다르며, 일반 순위는 앞에 R이 붙으며, 변수 설명에는 'NRank of 기존 변수명'으로 된다.

[4] 시계열변수 생성(M)

시계열 변수 생성을 사용하여 기존의 숫자 시계열 변수 함수에 따라 새 변수를 작성할 수 있으며, 이는 시계열 분석에서 사용된다. 기본적으로 새 변수이름은 기존 변수의 처음 6자와 밑줄, 순차 번호 등으로 이루어진다. 예를 들어 X1 변수에서 새 변수이름은 X1 _1이 된다. 또한 변수값 설명은 DIFF(X1,1)과 같은 함수의 형식으로 지정된다.

방법은 SPSS 데이터 편집기 창의 메뉴에서 **변환(T)** → **시계열변수 생성(M)**을 선택한다. 시계열 변수 생성에 사용할 수 있는 함수는 차분, 이동평균, 유동계산 중위수, 시차, Lead 함수이다. 이에 대한 설명은 다음 표와 같다.

항목	설명
차분	주어진 변수의 연속 값 간 비계절차분을 뜻하며, 순서는 차분을 계산할 때 사용한 이전 값의 수가 된다. 각 차분 순서에 대해 하나의 관측값이 손실되므로 시스템-결측값이 변수의 처음에 나타난다. 예를 들어 차분 순서가 2이면 처음 두 케이스는 새 변수에 대해 시스템-결측값이 된다.

항목	설명
계절차분	변수의 값 간의 차분이 일정 계산너비만큼 떨어져 있음을 뜻하며, 이러한 계산너비는 현재 정의되어 있는 주기에 따라 다르다. 계절차분을 계산하려면 데이터 메뉴에서 날짜 정의를 사용하여 주기적 성분(예: 년의 월)을 포함하는 날짜변수를 정의해야 한다. 순서는 차분 계산에 사용된 계절 주기 수가 되며, 계열의 처음에 시스템-결측값이 있는 케이스 수는 주기를 해당 순서로 곱한 값과 같다. 예를 들어 현재 주기가 12이고 순서가 2이면 처음 24 케이스에 새 변수에 대한 시스템-결측값이 있게 된다.
중심화된 이동평균	현재 값 주변에 있고 현재 값을 포함하는 계열 값의 계산너비 평균이며, 계산너비는 평균 계산에 사용된 계열 값의 수가 된다. 계산너비가 짝수이면 이동평균은 중심화되어 있지 않은 각 대응 평균으로 하여 계산되며, 계산너비 n에 대해 계열의 처음과 끝에 시스템-결측값이 있는 케이스 수는 짝수 계산너비 값과 홀수 계산너비 값에 대한 n/2과 같다. 예를 들어 계산너비가 5이면 계열의 처음과 끝에 시스템-결측값이 있는 케이스 수는 2가 된다.
사전 이동평균	현재 값보다 먼저 나온 계열 값의 평균을 뜻하며, 계산너비는 평균 계산에 사용된 사전 계열 값의 수가 된다. 계열의 처음에 시스템-결측값이 있는 케이스 수는 계산너비 값과 같다.
유동계산 중위수	현재 값 주변에 있고 현재 값을 포함하는 계열 값의 계산너비 중위수를 뜻하며, 계산너비는 중위수 계산에 사용한 계열 수가 된다. 계산너비가 짝수이면 중위수는 중심화되지 않은 중위수를 평균으로 하여 계산되며, 계산너비 n에 대해 계열의 처음과 끝에 시스템-결측값이 있는 케이스 수는 짝수 계산너비 값과 홀수 계산너비 값에 대한 n/2과 같다. 예를 들어 계산너비가 5이면 계열의 처음과 끝에 시스템-결측값이 있는 케이스 수는 2가 된다.
누적합계	현재 값을 포함하여 구한 계열 값의 누적합계를 뜻한다.
시차	지정한 시차 순서에 기초한 이전 케이스 값을 뜻하며, 순서는 해당 값을 구한 현재 케이스 보다 앞선 케이스의 수가 된다. 계열의 처음에 시스템-결측값이 있는 케이스 수는 해당 순서 값과 같다.
Lead	지정한 lead 순서에 기초한 하위 순차 케이스 값을 뜻하며, 순서는 값을 구한 현재 케이스 다음에 있는 케이스 수가 된다. 계열의 끝에 시스템-결측값이 있는 케이스 수는 순서 값과 같다.
평활	복합 데이터 평활자에 기초한 새 계열 값을 뜻하며, 평활자는 유동계산 중위수 4로 시작하는데 유동계산 중위수 2로 중심화된다. 그리고 이러한 값을 유동계산 중위수 5와 3, hanning(가중 평균 실행) 등을 적용하여 다시 평활화하며, 원래 계열에서 평활 계열을 뺀 값이 잔차이다. 이러한 전체 프로세스는 계산된 잔차에 대해 반복되며, 최종적으로 프로세스 중 첫 번째로 얻은 평활 값을 빼면 평활 산차가 되며 경우에 따라 T4253H 평활이라고도 한다.

[5] 난수 생성기(G)

기존에는 난수 시작 값이라 하였으며, 난수 생성기에 의해 사용된 시작 값을 특정 값으로 설정하여 일련의 난수를 생성할 수 있다. 난수 시작 값은 Uniform 함수와 Normal 함수의 변환, 확률표본, 케이스 가중값 사용에 난수를 작성할 때마다 바뀐다. 난수 순차를 복제하려면 이 대화상자를 사용하여 난수를 사용하는 각 분석에 앞서 시작 값을 특정 값으로 다시 설정한다. 난수 시작 값은 새로 세션을 시작할 때마다 2,000,000으로 자동 설정된다.

1) Uniform(자변수): 균등분포의 준-난수(Uniform Pseudo-Random Number), 난수는 0에서 자변수 사이의 값 중에서 우선적으로 균등하게 발생한다. 자변수는 숫자 상수이거나 변수명이어야 한다.
2) Normal(자변수): 정규분포의 준-난수(Normal Pseudo-Random Number), 난수는 평균이 0이고, 표준편차가 자변수와 같은 정규분포가 되도록 우선적으로 발생한다. 자변수는 숫자상수이거나 변수명이어야 한다. 자변수가 0이거나 음수라면 시스템 결측값으로 처리된다.

버전 25에서는 2가지 종류의 활성 생성기를 사용할 수 있다. **버전 12 호환(S)**은 버전 12 및 그 이전 버전에서 사용된 난수 생성기이며, 특정 시작값을 기준으로 이전 릴리스에서 생성된 난수 결과를 재연해야 할 경우 이 난수 생성기를 사용한다. 그리고 Mersenne Twister(M)는 더욱 정확한 시뮬레이션을 위해 만들어진 새로운 난수 생성기이며, 버전 12 또는 그 이전 버전에서의 임의화 재연이 문제되지 않을 경우 사용한다. 방법은 SPSS 데이터 편집기 창의 메뉴에서 **변환(T) → 난수 생성기(G)**를 선택한다.

[6] 시각적 구간화(B)

연속적인 숫자 데이터를 새로운 변수 이름을 가지는 범주의 이산형 숫자로 변환한다. 변수 이름은 사용자가 지정할 수 있으며, 자료는 백분위수 집단에 따라 범주화되며 각 집단에는 대개 동일한 케이스 수로 이루어진다. 예를 들어 네 집단에 대한 지정 사항은 25 백분위수 아래의 케이스에는 1이라는 값을 할당하고 25 백분위수와 50 백분위수 사이의 케이스에는 2를, 50과 75 백분위수 사이의 케이스에는 3을, 75 백분위수 위의 케이스에는 4라는 값을 할당하며, 기본은 4가지 범주로 이루어지며 변경할 수 있다.

방법은 SPSS 데이터 편집기 창의 메뉴에서 **변환(T) → 시각적 구간화(B)**를 선택한다. 그리고 왼쪽의 변수들 중에서 변환하고자 하는 변수를 선택한 후 [절단점 만들기(M)...]를 이용하여 범주의 수를 정하고 확인한다.

2.1.7 자료 합치기

설문지의 경우 입력된 여러 지역의 자료를 합치거나, 패널조사와 같이 동일인에게 반복 조사하는 경우가 생긴다. 즉, 일정 기간이 지난 후 응답에 변화가 있었는지를 조사할 때와 같이 연구자가 설문조사나 기타 연구 등에서 동일 대상자에게 반복 측정된 자료가 생긴다면, 이런 조사의 경우는 두 자료를 결합시켜야 한다. 여기에는 자료의 추가(append)와 결합(merge)의 두 가지 종류가 있다.

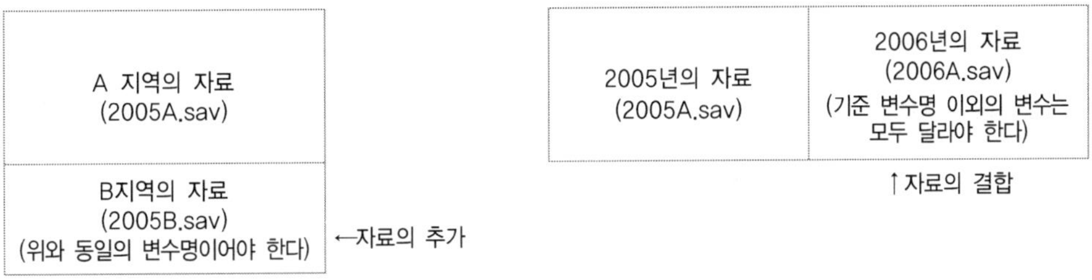

그림 2-23 • 자료의 추가(append)와 결합(merge)

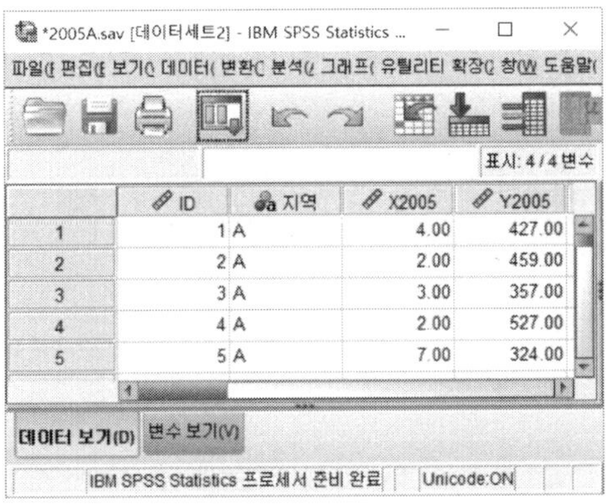

그림 2-24 • 2005년 A지역 자료(2005A.sav)

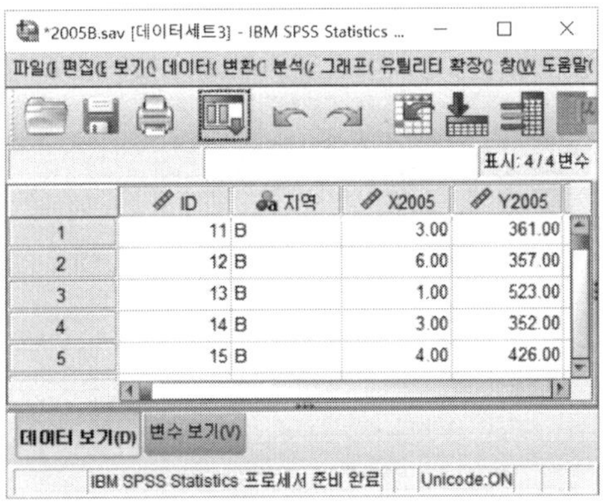

그림 2-25 • 2005년 B지역 자료(2005B.sav)

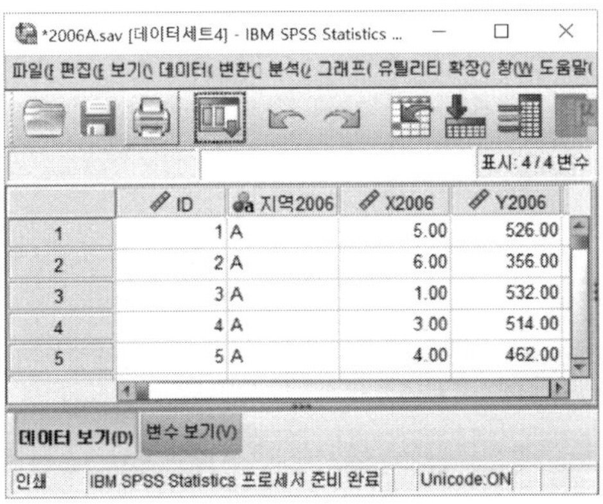

그림 2-26 • 2006년 A지역 자료(2006A.sav)

[1] 케이스 추가

SPSS에서는 파일 합치기에서 케이스 추가와 변수 추가 두 가지로 구분된다. 케이스 추가는 동일한 변수 이름을 가지고 있어야 하며, 케이스 추가하는 방법은 본 예의 경우에는 2005A.sav가 열린 상태에서 메뉴의 **데이터(D) → 파일합치기(G) → 케이스 추가(C)**를 선택한다. **외부 SPSS Statistics 데이터 파일 열기(A)**를 선택한다. 만일 추가할 대상 파일인 2005B.sav가 열려있다면 **열려있는 데이터 파일(D)**를 선택하고, 추가할 데이터 파일의 이름(2005B.sav)을 선택한다. [그림 2-28]의 창이 열리며, 만일 여기서 대응되지 않는 변수(양쪽 파일에 동일한 이름이 아닌 변수)가 있다면 해당 변수는 **대응되지 않는 변수(U)**에 남아 있게 된다.

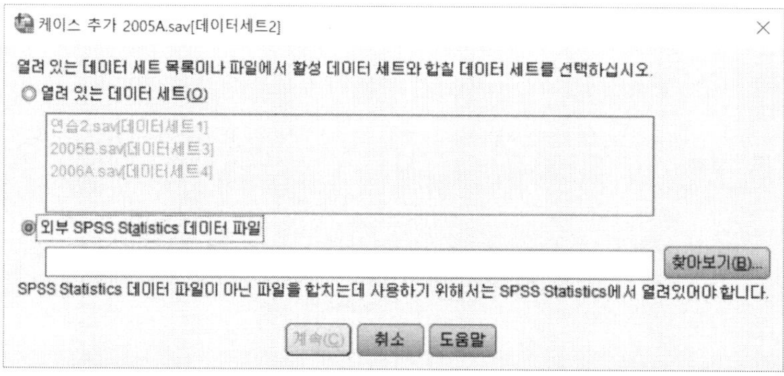

그림 2-27 • 케이스 추가 1

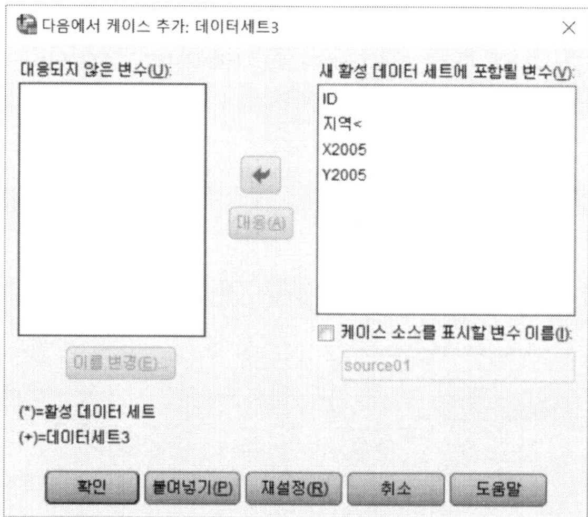

그림 2-28 • 케이스 추가 2

대응되지 않는 변수는 새로 합친 데이터 파일로부터 제외될 변수이며, 작업 데이터 파일의 변수는 (*) 표시로 구분되고, 외부 데이터 파일의 변수는 덧셈 부호(+)로 구별한다. 확인 을 클릭하면 [그림 2-29]와 같은 결과가 나오는데, 2005AB.sav로 저장한다.

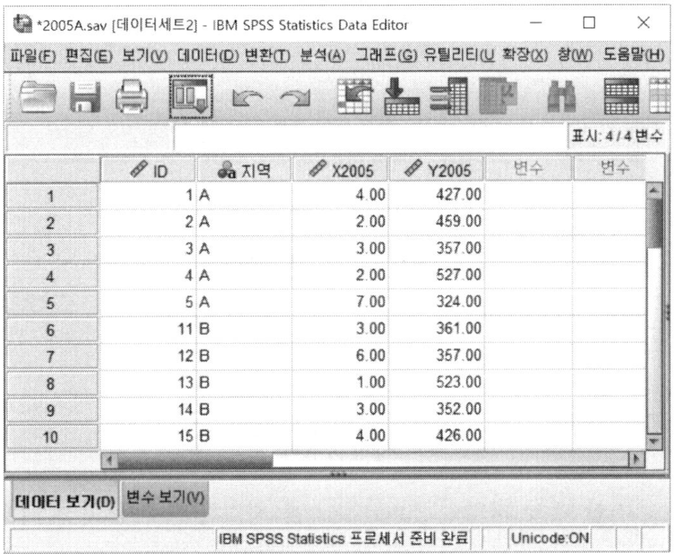

	ID	지역	X2005	Y2005	변수	변수
1	1	A	4.00	427.00		
2	2	A	2.00	459.00		
3	3	A	3.00	357.00		
4	4	A	2.00	527.00		
5	5	A	7.00	324.00		
6	11	B	3.00	361.00		
7	12	B	6.00	357.00		
8	13	B	1.00	523.00		
9	14	B	3.00	352.00		
10	15	B	4.00	426.00		

그림 2-29 • 케이스 추가 이후의 파일 모양(2005AB.sav)

한 파일에는 숫자변수로 다른 파일에는 문자변수로 정의된 변수는 합칠 수 없으며, 두 데이터 파일에서 문자변수의 너비가 같아야 한다. 또한 새로 합친 데이터 파일에 포함될 변수는 디폴트로 변수 이름과 데이터 유형(숫자변수 또는 문자변수)이 일치하지 않는 모든 변수가 목록에 포함되며, 합친 파일에 포함시키지 않으려면 목록에서 변수를 삭제할 수 있다. 그리고 합친 파일에 있는 대응되지 않은 변수에는 해당 변수가 없는 파일에서 비롯된 케이스에 대한 결측값으로 나타난다.

다음의 명령문은 케이스 추가에 대한 출력 결과 창의 결과이다. 저장된 파일의 폴더 경로는 사용자의 조건에 맞게 수정한다.

명령문

```
DATASET NAME 데이터세트1 WINDOW=FRONT.
ADD FILES /FILE=*
  /FILE='D:₩저장된 파일의 폴더 경로₩2005B.sav'.
EXECUTE.
```

[2] 변수 추가

2006A.sav 파일이 열려있는 상태에서 SPSS 데이터 편집기 창의 메뉴에 있는 데이터(D) → 파일합치기(G) → 변수 추가(V)를 선택한다. 그러면 [그림 2-30]의 창이 열리는데, 사용방법은 케이스 추가와 같으므로 생략한다.

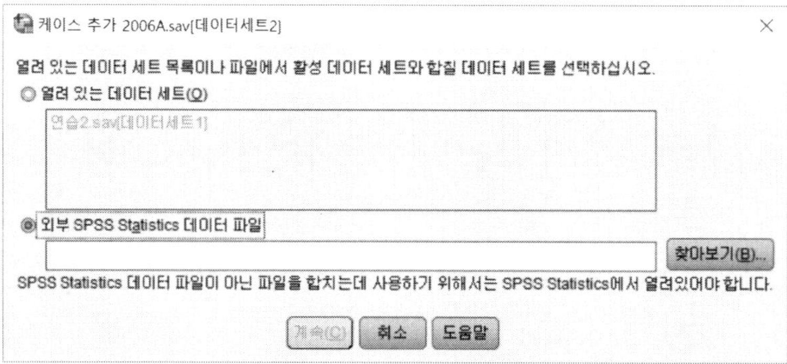

그림 2-30 • 변수 추가 1

여기서 변수 추가할 대상 파일인 2005A.sav를 지정하면, 다음의 창이 나타난다. 변수 추가는 양쪽 파일에 동일한 이름의 기준변수를 가지고 있어야 한다. 일반적으로 동일한 기준변수는 id를 많이 이용하며, 기준변수를 케이스에 맞추려면 두 가지 데이터 파일은 기준변수의 오름차순에 혹은 내림차순으로 동일한 방법에 따라 정렬되어야 한다. 이것이 잘못되면 모든 자료가 뒤죽박죽된다. 즉, 이는 학생들의 번호에 따른 신장과 체중이 두 개의 파일로 나누어져 있을 때, 체중이 다른 학생의 자료로 들어갈 수도 있다는 뜻이다. 또한 원래 파일에는 id 6번이 있고, 붙이고자 하는 자료에는 id 6번이 없는 경우와 같이 기준변수가 일치하지 않거나 없는 자료가 있다면 결측값으로 나타난다. 즉, id 6번은 뒤쪽에 해당하는 변수에서 전부 결측값으로 된다.

제외된 변수는 새로 합친 데이터 파일로부터 제외될 변수로 디폴트로 이 목록에는 작업 데이터 파일의 변수와 이름이 중복된 외부 데이터 파일에서 가져온 변수 이름이 들어 있다. 작업 데이터 파일의 변수는 (*) 표시로 구분되고, 작업 데이터 파일의 변수는 덧셈부호(+)로 구별한다. 합친 파일에 중복된 이름을 가진 제외된 변수를 포함시키려면 이름을 바꾸고 변수 목록에 추가한다. **기준변수(V)**는 두 파일의 기준이 되는 변수이다.

포함된 변수는 새로 합친 데이터 파일에 포함될 변수로 디폴트로 두 데이터 파일에서 유일한 변수 이름은 모두 이 목록에 포함된다.

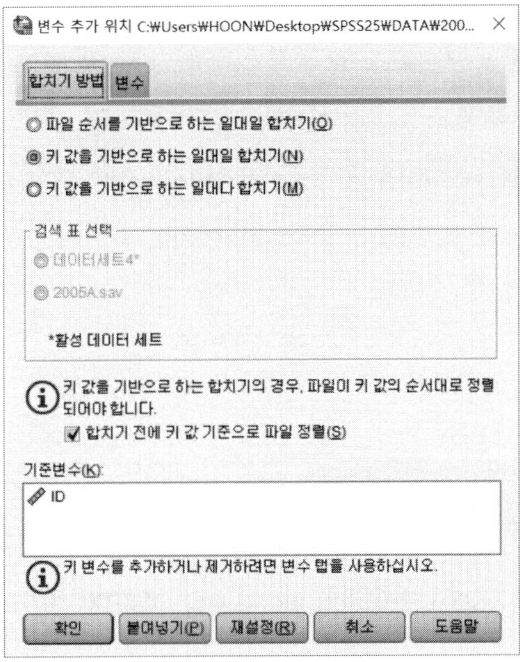

그림 2-31 • 변수 추가 2

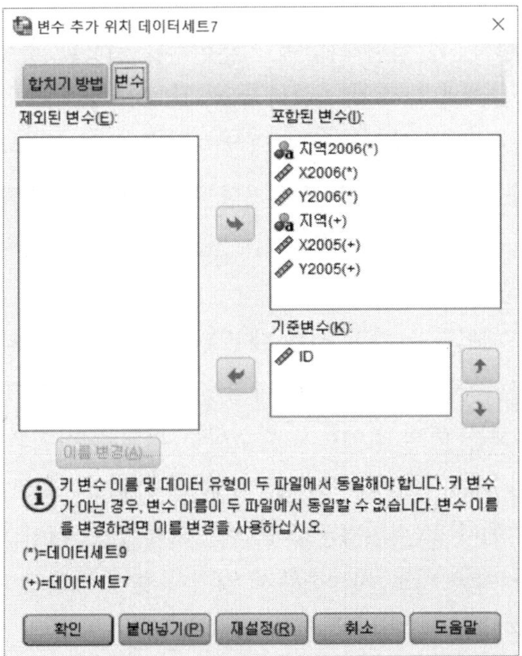

그림 2-32 • 변수 추가 3

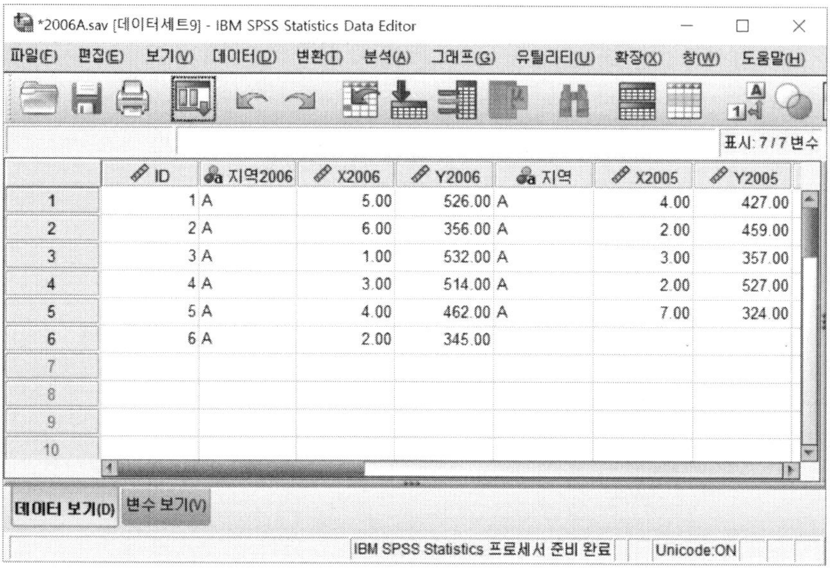

그림 2-33 • 변수 추가 이후의 파일 모양(20056GAB.sav)

기준변수는 한 파일의 일부 케이스에 다른 파일과 일치하는 케이스가 없을 때(즉 일부 케이스가 한 파일에 없는 경우)는 기준변수를 사용하여 두 파일의 케이스를 구별하고 일치 여부를 확인한다. 표 검색 파일의 기준변수를 사용할 수도 있다. 표 검색 파일인 기준표는 각 "케이스"에 대한 데이터가 다른 데이터 파일의 다중 케이스에 적용될 수 있는 파일을 뜻한다. 예를 들어 한 파일에 개별 구성원에 대한 정보(성별, 연령, 학력 등)가 있고 다른 파일에 전체 회사의 정보(기업 종류, 매출액, 위치 등)가 있을 때 구성원 데이터에 대한 이들 파일을 표 검색 파일로 합친 데이터 파일의 일반 구성원 데이터를 각 개별 회사에 적용할 수 있다.

서로 다른 두 개의 데이터를 합칠 때는 대부분의 경우에 변수의 개수 또는 케이스의 개수가 다르다. 따라서 어떤 파일을 열고 작업을 진행하느냐에 따라 다른 결과를 나타낼 수 있다. 기본적으로는 현재 열어놓고 작업하는 파일을 기준으로 진행이 되는데, 불러오는 데이터의 케이스를 기준으로 자료를 합칠 경우에는 **비활성 데이터 파일에 기준표 있음(K)**을 선택해주면 된다. 그러면 불러오는 데이터에 있는 케이스 개수 만큼의 케이스가 남게 된다. 그러나 이를 따로 지정해주지 않거나 **활성 데이터 파일에 기준표 있음(A)**을 선택하면 현재 열어놓은 데이터에 있는 케이스 개수 만큼의 케이스가 남게 된다.

다음의 명령문은 변수 추가에 대한 출력 결과 창의 결과이다. 저장된 파일의 폴더 경로는 사용자의 조건에 맞게 수정한다.

명령문

```
GET
  FILE='D:₩저장된 파일의 폴더 경로₩2006A.sav'
DATASET NAME 데이터집합13 WINDOW=FRONT.

STAR JOIN
  /SELECT t0.Region2006, t0.X2006, t0.Y2006, t1.Region, t1.X2005, t1.Y2005
  /FROM * AS t0
  /JOIN '데이터집합12' AS t1
    ON t0.ID=t1.ID
  /OUTFILE FILE=*.
```

2.2 자료의 선택

자료분석 과정에서 특정한 사례나 집단만을 대상으로 하여 분석을 하여야 할 때 사용한다. 예를 들어 성별에서 남자들만의 평균을 구하거나, 연령이 40대 이상만 변수 변환 코딩변경을 하여야 하는 경우가 많이 있다. 전자의 경우는 SPSS에서 케이스 선택을 이용하여 처리할 수 있으며, 후자의 경우는 각 처리 과정에서의 조건을 이용하면 해결할 수 있다.

2.2.1 케이스 선택

케이스 선택은 변수와 복잡한 표현식의 기준에 따라 대상을 선별하여 다음 분석에서 사용할 케이스를 선택하는 방법이다. 이때 케이스의 무작위 표본추출을 이용하여 선택할 수도 있다.

예제 X03(성별)이 남성인 경우만 케이스 선택(연습2.sav)

① 케이스 선택의 방법은 [그림 2-34]와 같이 SPSS 데이터 편집기 창의 메뉴에서 데이터(D) → 케이스 선택(C)을 선택하면 된다.

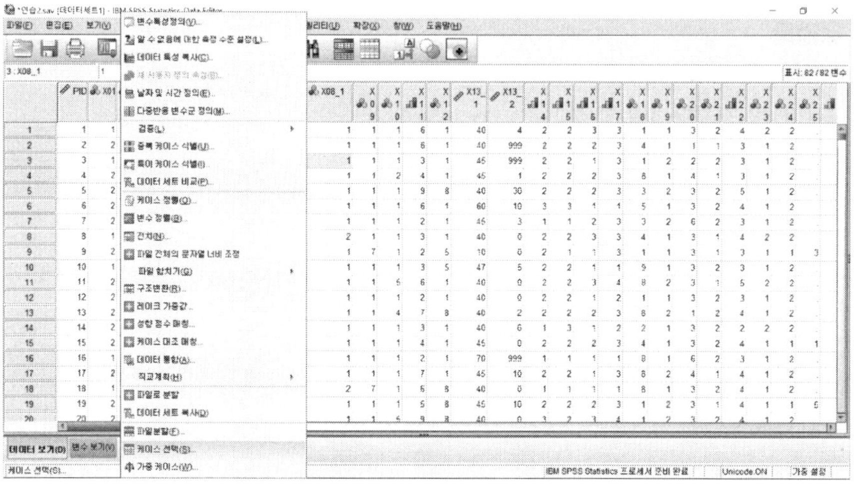

그림 2-34 • 케이스 선택

② [그림 2-35]에서 보면 작업을 선택할 수 있는 것이 몇 가지가 된다. 우선 간단히 **모든 케이스(A)**는 다음 분석에서 모든 자료를 분석에 포함하겠다는 의미이고, **조건을 만족하는 케이스(C)**는 특정 조건에 해당하는 자료만 분석에 포함하겠다는 의미이며, **케이스의 무작위 표본 추출(D)**은 무작위로 선택된 몇 개만 분석에 포함하겠다는 의미이다. 시간 또는 **케이스 범위를 기준으로(B)**는 지정한 몇 번째부터 몇 번째까지의 케이스만 분석에 포함하겠다는 의미이고, **필터변수 사용(U)**은 데이터 내에 이미 정의한 필터변수를 통해 선택되는 자료만 분석에 포함하겠다는 의미이다. 따라서 현재의 조건인 성별에서 남자들만 선택하기 위해서는 **조건을 만족하는 케이스(C)**를 선택하고, 조건(I)...을 클릭하면 [그림 2-36]과 같은 조건 창이 나타난다.

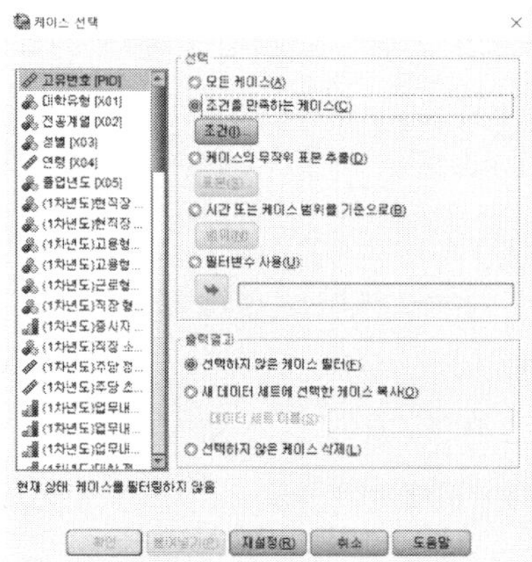

그림 2-35 • 케이스 선택

③ [그림 2-36]에서는 분석에서 요구하는 조건을 입력하여야 한다. 이 부분이 초급자가 가장 어려워하는 부분인데, 하고자 하는 작업이 남자들의 자료를 선택하는 것이다. 즉, 성별이란 변수(X03)는 1과 2로 이루어져 있으며, 1은 남자, 2는 여자를 의미한다. 만일 식에서 X03=1이라는 식을 세운다면 성별은 남자만 선택되는 것이다. 식의 입력 방법은 수식 입력 판에 키보드를 이용해 직접 입력하거나, 변수 계산에서 사용한 방법을 이용하여도 된다.

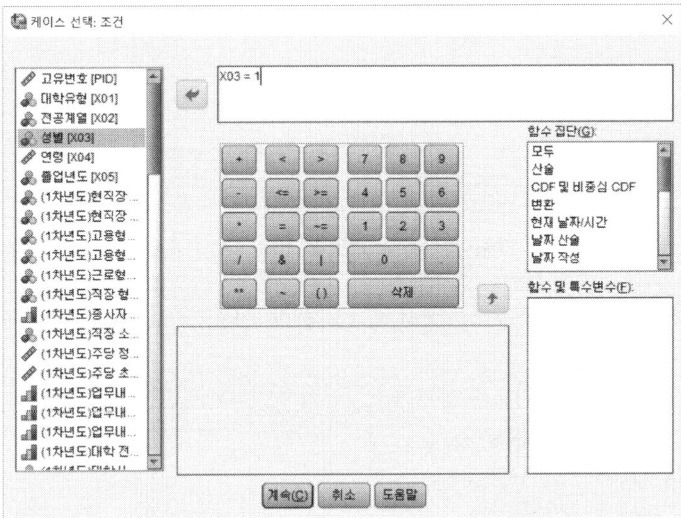

그림 2-36 • 케이스 선택 : 조건

④ 수식을 입력한 후 계속(C)을 클릭하면 [그림 2-36]의 창이 다시 나온다. 여기서 앞과 달라진 것은 조건(I)... 옆에 X03=1이라는 식이 쓰여 있다. 그리고 확인을 클릭하면 [그림 2-37]과 같이 자료의 왼쪽 번호 부분에 성별이 남자(X03=1)인 경우에는 변함이 없으나, 성별이 여자(X03=2)의 자료(1, 3번 자료 등) 앞에 사선(/)이 그어져 있음을 확인할 수 있다. 이는 다음 분석에 포함되지 않는다는 의미이다. 또한 변수 가장 마지막에는 filter_$라는 새로운 변수가 생겼으며, 이 또한 X03이 1이면 1이고 X03이 2이면 0으로 되어 있음을 확인할 수 있다.

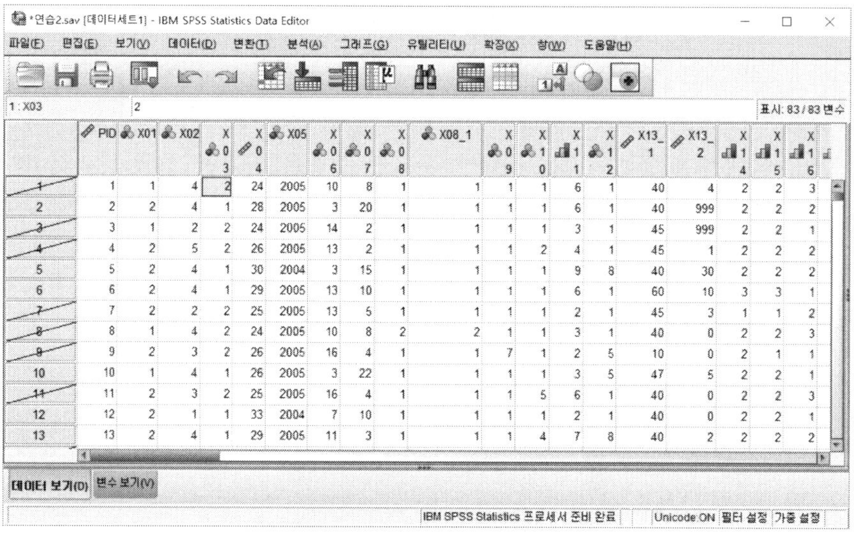

그림 2-37 • 케이스 선택 후의 자료

다음의 명령문은 변수 추가에 대한 출력 결과 창의 결과이다.

명령문

```
USE ALL.
COMPUTE filter_$=(X03 = 1).
VARIABLE LABELS filter_$ 'X03 = 1 (FILTER)'.
VALUE LABELS filter_$ 0 'Not Selected' 1 'Selected'.
FORMATS filter_$ (f1.0).
FILTER BY filter_$.
EXECUTE.
```

konwhow

케이스 선택 후 다음 과정의 분석을 하고 난 후에는 [그림 2-35]에서 모든 케이스를 선택하여야 다음 분석에서 전체 자료가 분석에 포함된다. 이때는 분석에 포함된 자료의 수를 확인하는 습관이 필요하다. Output에는 일부 케이스를 이용한 것인지 전체 자료를 이용한 것인지가 나와 있지 않다. 명령문을 사용할 경우는 프로그램 앞에 USE ALL.을 처음에 넣는 습관을 들이는 것이 좋다.

케이스 선택 후 다시 전체 케이스를 선택하면 자료의 앞에 사선은 없어지나, filter_$는 없어지지 않는다. 이는 추후의 케이스 선택에서 **필터변수 사용**을 이용하여 동일한 작업을 간단히 할 수 있다.

[그림 2-35]에서 **케이스의 무작위 표본추출(D)**은 대략적인 퍼센트나 정확한 자료 수를 기준으로 표본추출을 선택할 수 있다. 표본추출은 대체 과정 없이 수행되므로 동일한 케이스가 여러 번 선택될 수 있다. 그러나 filter 변수는 생성되지 않는다. 표본(S)... 을 클릭하면 표본 크기를 선택하는 창이 나타난다.

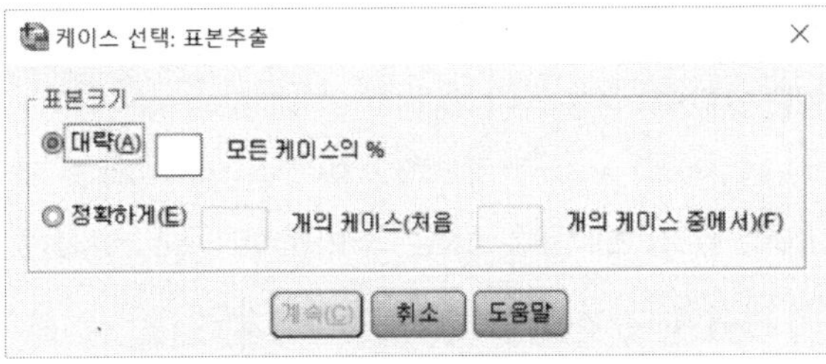

그림 2-38 • 케이스 선택 : 표본추출

대략(A)은 대략적으로 지정한 케이스 퍼센트를 가지는 확률표본을 작성하며, 표본추출 루틴이 각 케이스에 대해 독립 Pseudo 확률을 결정하므로 선택한 케이스 퍼센트는 지정한 퍼센트를 대강 추정하는 것만 가능하다. 데이터 파일에 케이스가 많을수록 선택한 케이스 퍼센트는 지정 퍼센트에 가까워진다.

정확하게(E)는 표본을 작성할 케이스 수를 지정해야 하며, 이 케이스 수는 데이터 파일의 총 케이스 수보다 작거나 같아야 한다. 이 수가 데이터 파일의 전체 케이스 수를 넘을 경우에는 상대적으로 요청한 수보다 적은 케이스가 표본에 포함된다.

[그림 2-35]에서의 **시간 및 범위를 케이스 범위를 기준으로(B)**는 케이스 수의 범위나 날짜 및 시간의 범위에 따라 케이스를 선택할 수 있으며, 케이스 범위는 데이터 편집기에 표시된 행 번호에 따라 달라진다. 날짜 및 시간 범위는 데이터 메뉴의 날짜 정의에서 정의한 날짜 변수가 있는 시계열 데이터에만 사용할 수 있다.

그리고 [그림 2-35]의 **출력결과에서 선택되지 않은 케이스 필터(F), 새 데이터 파일에 선택한 케이스 복사(O), 선택되지 않은 케이스 삭제(L)**를 선택하면 선택 기준에 맞지 않는 케이스를 필터하거나 복사 또는 삭제할 수 있다. 필터된 케이스는 앞에서 설명한 바와 같이 데이터 파일에는 남아 있으나 분석에서는 제외되고, filter_$라는 필터 변수를 작성하여 필터 상태를 나타낸다. 선택한 케이스의 값은 1이고 필터된 케이스의 값은 0이다. 그러나 삭제된 케이스는 데이터 파일에서 삭제되므로 케이스를 삭제한 후 데이터 파일을 저장하였다면 다시 복구할 수 없으므로 조심하여야 한다.

2.2.2 다른 분석에서의 조건

다른 분석에서의 조건은 변수 계산 코딩변경 등 다른 여러 처리 과정에서 조건(I)...에 대한 부분이다. 조건 창은 대부분 [그림 2-36]과 같이 이루어져 있으며, 조건 표현식을 사용하여 선택한 케이스 집단군에 데이터 변환을 적용할 수 있으며, 각 케이스에 대해 참, 거짓, 결측 등을 반환한다.

조건 표현식 결과가 참이면 케이스에 변환이 적용되며, 조건 표현식 결과가 거짓이거나 결측이면 케이스에 변환이 적용되지 않는다. 대부분의 조건식은 계산기에 있는 6가지 관계 연산자(<, >, <=, >=, =, ~=) 중 하나 이상을 사용한다. 조건 표현식에는 변수 이름, 상수, 산술 연산자, 숫자 및 기타 함수, 논리변수, 상관 연산자 등이 들어 있다. 사용방법은 지금까지의 과정을 이용하면 쉽게 알 수 있다.

예제 XX8(2차년도 종사상지위)이 결측이 아닌 경우만 케이스 선택(연습2.sav)

① 케이스 선택의 방법은 앞의 [그림 2-35] ~ [그림 2-36]과 같이 하면 된다. 그리고 [그림 2-39]와 같이 조건식에서 논리변수를 사용하면 된다. 즉, XX8(2차년도 종사상지위)에 결측이 없는 경우만 선택하는 것이기 때문에 **함수집단(G)**에서 결측값을 선택한 후, **함수 및 특수변수(F)**에서 Missing 함수를 선택하고 을 마우스 왼쪽으로 클릭하면 상단에 숫자표현식이 나타난다. ?로 표시된 부분에 왼쪽의 SPSS에서 기억하고 있는 변수에서 XX8(2차년도 종사상지위)를 마우스 왼쪽으로 클릭한 후 을 클

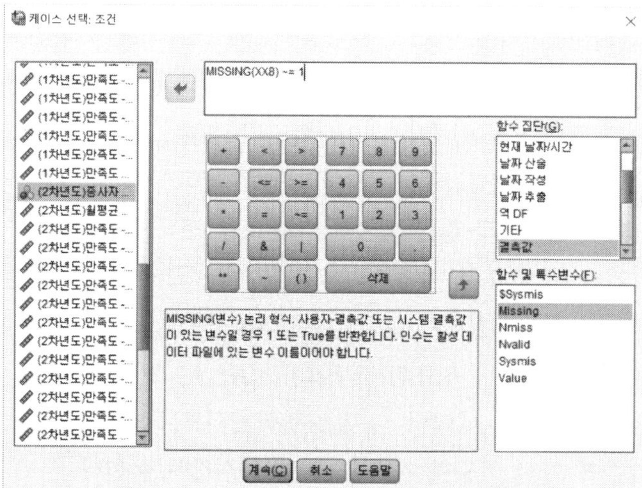

그림 2-39 • 케이스 선택 : 조건

릭한다. Missing 함수는 시스템 결측값이 있는 경우에 1 또는 True 값을 반환하므로 1이 아닌 경우가 바로 결측이 아닌 케이스를 선택하는 것이므로 **같지 않음**을 의미하는 ~=를 이용하여 수식(MISSING(XX8) ~= 1)을 완성하면 된다. 이 때 수식 입력창에서 ~MISSING(XX8)을 입력해도 된다.

② 수식을 입력한 후 [계속(C)]을 클릭하고 [확인]을 클릭하면 [그림 2-40]과 같이 자료의 왼쪽 번호 부분에 XX8(2차년도 종사상지위)에 값이 있는 경우에는 변함이 없으나, 결측이 있는(.) 경우에는 **사선(/)**이 그어져 있음을 확인할 수 있다. 한편 이미 생성된 filter_$ 변수가 내용과 값이 바뀌어 있음을 확인할 수 있다.

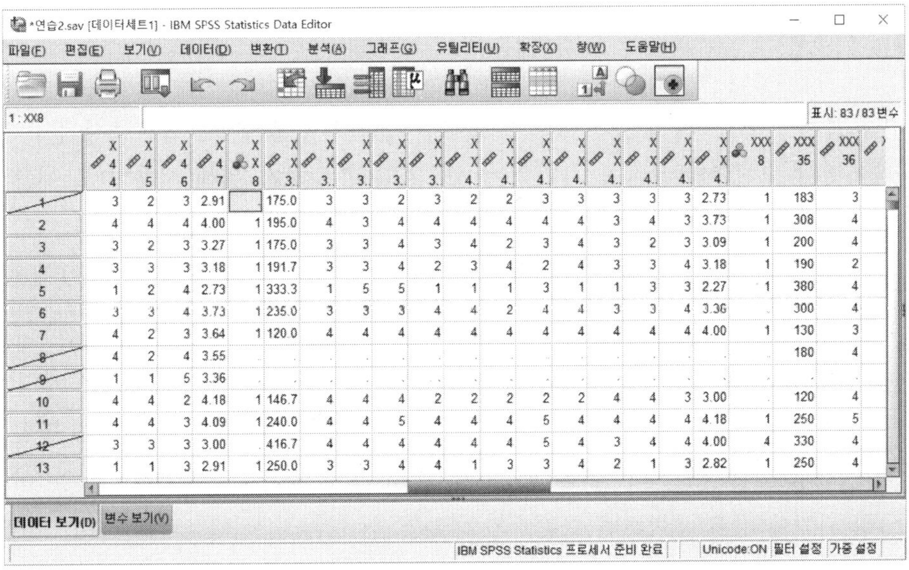

그림 2-40 • 케이스 선택 후의 자료

다음의 명령문은 결측값이 없는 경우만 변수를 선택하는 조건에 대한 출력 결과 창의 결과이다.

명령문

```
USE ALL.
COMPUTE filter_$=(MISSING(XX8) ~= 1).
VARIABLE LABELS filter_$ 'MISSING(XX8) ~= 1 (FILTER)'.
VALUE LABELS filter_$ 0 'Not Selected' 1 'Selected'.
FORMATS filter_$ (f1.0).
FILTER BY filter_$.
EXECUTE.
```

konwhow

논리 연산자는 논리적 판단하에 정확하게 사용해야 하고, 사용한 후의 값을 면밀하게 확인해서 본인이 생각한대로 처리가 이루어져 있는지를 꼭 검토해야 한다. 코딩변경과 변수 계산 역시 마찬가지이다. 이를 확인하기 위해서는 다음 장에 나오는 빈도분석을 통해 처리 전과 처리 후의 각 범주별 빈도값 비교를 통해 확인하는 습관을 갖는 것이 너무나도 중요하다. 한편 케이스선택을 통해 생성된 빈도변수는 다른 케이스 선택을 실행하는 경우에 변경되기 때문에 분석 때마다 다시 선택해야 하는 불편함이 있다. 반복적으로 자주 사용해야 하는 케이스선택이라면, 생성된 필터변수를 지시변수(indicator variable)로 처리하기 위해 변수명을 다른 이름으로 바꾸어 놓으면 편리하게 사용할 수 있다.

2.2.3 가중값

가중값(weights)은 응답 대상 중에서 일부를 추출해서 조사하는 표본조사에서 사용하는 용어로서 모집단의 특성을 나타내는 모수값을 추정하기 위해 사용한다. 예를 들어 남성(M) 30명과 여성(F) 20명으로 이루어진 모집단이 있을 때, 남성 10명과 여성 10명으로 표본을 추출하는 경우를 생각해보자. 남성으로 뽑힌 10명은 모집단 30명 중에서 뽑힌 표본이기 때문에 어떤 남성이 표본으로 추출될 확률은 $\Pr(\mathrm{M}) = \frac{10}{30} = \frac{1}{3}$이다. 반면에 여성으로 뽑힌 10명은 모집단 20명 중에서 뽑힌 표본이기 때문에 어떤 여성이 표본으로 추출될 확률은 $\Pr(\mathrm{F}) = \frac{10}{20} = \frac{1}{2}$이다. 남성보다 여성이 표본으로 뽑힐 확률이 더 높음을 알 수 있는데, 이때 표본으로 뽑힌 남성 케이스에는 '3'의 값을, 여성 케이스에는 '2'의 값을 부여하면 모집단을 대표할 수 있는데, 이때 부여한 값을 가중값이라 한다. 즉, 남성의 가중값은 $w_M = 3$, 여성의 가중값은 $w_F = 2$를 부여하면 된다. 따라서 가중값은 추출확률의 역수임을 알 수 있다.

예제 자료에 가중값 부여하기 및 가중값 해제하기(연습2.sav)

① 자료에 가중값이 이미 부여된 경우에는 [그림 2-41]과 같이 **변수 보기(V)**를 클릭하면 가중값이 부여된 변수를 발견할 수 있다. **데이터 보기(D)**를 클릭하면 [그림 2-42]와 같이 각 케이스마다 가중값이 부여되어 있음을 확인할 수 있다.

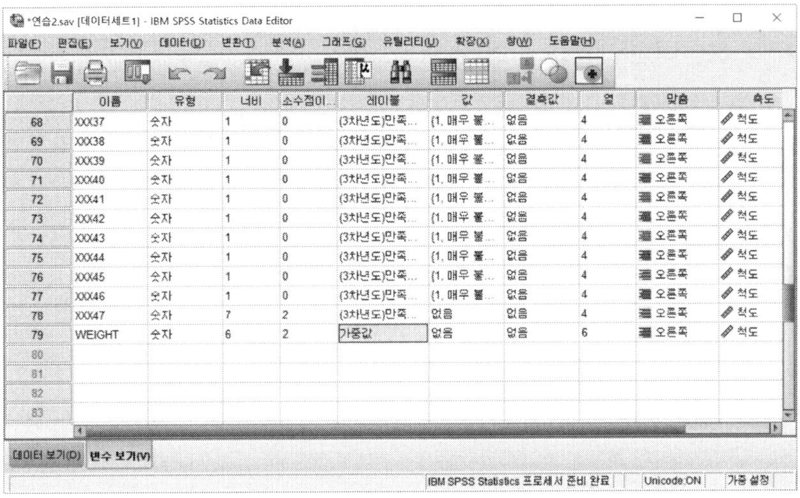

그림 2-41 • 변수 보기(V)에서 가중값 설정 변수 확인

그림 2-42 • 데이터 보기(D)에서 가중값 설정 확인

② 가중값 부여의 방법은 [그림 2-43]과 같이 SPSS 데이터 편집기 창의 메뉴에서 데이터(D) → 가중 케이스(W)를 선택하면 된다.

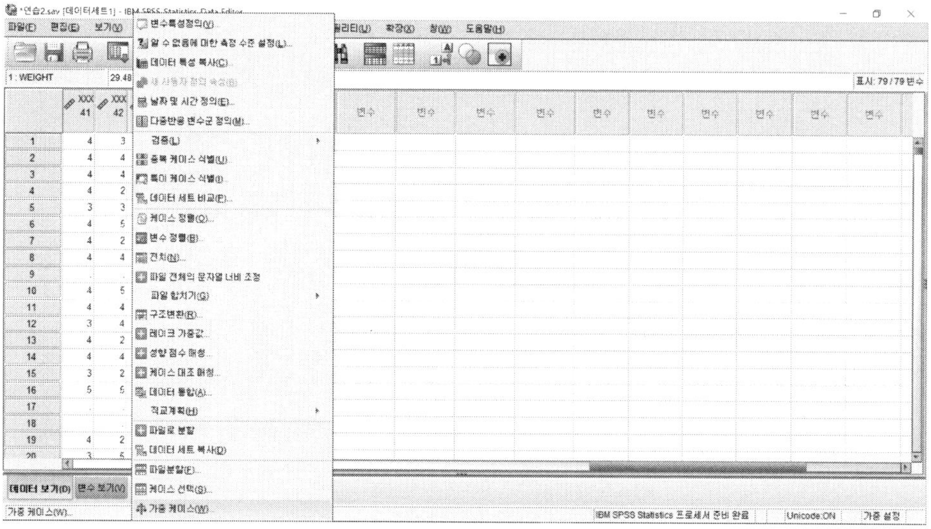

그림 2-43 • 가중 케이스 설정 메뉴 화면

③ 기본적으로 가중값이 적용되어 있지 않기 때문에 [그림 2-44]와 같은 화면이 뜨게 되는데, 가중값을 부여하기 위해서 [그림 2-45]와 같이 **가중 케이스 지정(W)**을 선택하고 왼쪽에서 가중값이 설정된 변수를 선택한 후에 [➔]를 클릭한다. 그러면 아래쪽에 현재 상태:가중케이스 지정WEIGHT 와 같은 글자가 나타나면, 마지막으로 [확인]을 클릭한다.

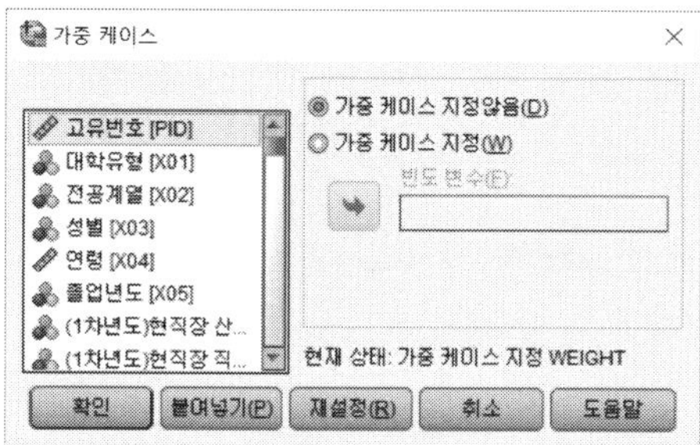

그림 2-44 • 가중 케이스 초기 화면

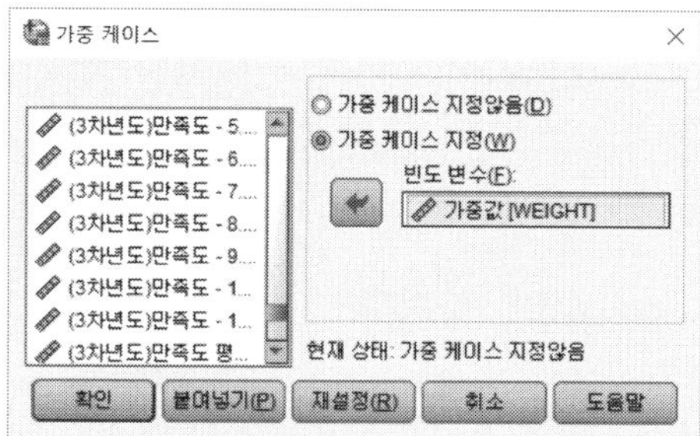

그림 2-45 • 가중 케이스 설정하기

가중값을 위한 모든 선택과 처리가 끝나고 나서 데이터에 돌아가서 확인해도 어떤 변화가 일어났음을 확인할 수 없다. 가중케이스가 적용되고 있음을 확인하기 위해서는 다른 분석을 실시해야 알 수 있다. 이와 관련된 내용은 다음 장에서 설명하도록 한다.

다음의 명령문은 가중값 적용에 대한 출력 결과 창의 결과이다.

명령문

```
WEIGHT BY WEIGHT.
```

이번에는 설정된 가중값을 해제하는 방법인데, 가중값을 적용하는 과정과 유사하다. 방법은 [그림 2-45]와 같은 선택 후에 나타나는 [그림 2-46] 화면에서 **가중 케이스 지정않음(D)**을 선택하고 확인 을 클릭하면 된다.

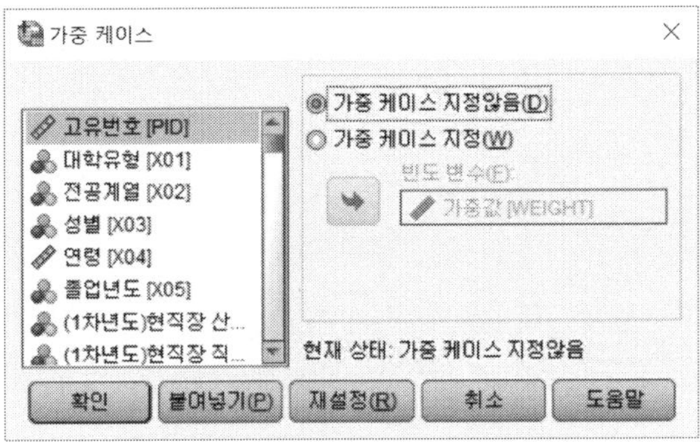

그림 2-46 • 가중 케이스 해제하기

가중 케이스를 해제했을 때도 가중값 설정 때와 마찬가지로 어떤 변화가 일어났음을 확인할 수 없다. 역시 가중케이스가 해제되었음을 확인하기 위해서는 다른 분석을 실시해야 알 수 있다.

다음의 명령문은 가중값 해제에 대한 출력 결과 창의 결과이다.

명령문

```
WEIGHT OFF.
```

03

자료의 요약

3.1 통계학이란?

우리는 생활 주변에서 사회, 경제, 문화, 교육, 스포츠 등 여러 분야에서 통계를 자주 접하게 된다. 통계라고 하면 곧 모든 사회현상에 대한 수적 표현, 즉 집단 현상의 어떠한 측면을 수량적으로 표현한 것이다. 통계적 자료분석은 수집된 자료를 정리해서 그 내용을 설명하고 이해할 수 있는 값을 결정한 다음 그 자료가 우리에게 유용한 정보를 제공해 줄 수 있도록 숫자적인 정보를 처리하는 과정이라고 표현할 수 있다.

모든 사회·경제 분야에서 변화의 추세나 발전, 운영에 관한 많은 자료를 정리하고 요약·분석하는 데 있어서 통계이론 및 통계적 방법의 적용은 필수 불가결하다. 통계학(statistics)의 중요성이 강조되고 있는 주된 이유는 통계적 분석방법이 과학적이기 때문이다. 즉, 통계학에서는 막연한 추측이나 주관적인 의사결정을 피하고 제공된 자료를 과학적인 이론을 토대로 객관적인 결론을 얻기 위해 통계적 방법이나 통계이론을 적용한다. 따라서 우리가 가진 관심의 대상이 정확히 선정되어야 하며 연구목적에 필요한 자료와 정보가 최적의 방법으로 수집되고, 수집된 자료는 과학적인 이론에 의해 요약, 정리, 분석되어야 한다. 이러한 결론에 도달하기 위한 방법을 연구하는 학문이 바로 통계학이다. 다시 말하면 통계학이란 연구목적에 필요한 자료와 정보를 최적의 방법으로 수집하고 수집된 자료를 과학적이고 논리적인 이론에 의해 요약·정리·분석하는 방법에 관해 연구하는 과학이다.

통계학은 연구방법에 따라 크게 두 가지 분야로 분류할 수 있는데 하나는 **기술통계학**(descriptive statistics)이고, 다른 하나는 **추측통계학**(inferential statistics)이다. 기술통계학은 통계집단의 특성을 수량화하여 기술하는 방법을 다루는 분야이다. 도수분포표, 각종 도표, 대푯값, 첨도, 왜도 등을 작성하면 대량의 자료 집단의 특징을 쉽게 파악할 수 있다. 이와 같이 자료를 수집하고 정리하여 도표나 표를 만들어 자료를 요약하거나 대푯값 및 산포도 등을 구하는 방법에 관하여 연구하는 학문을 기술통계학이라 한다. 기술통계학은 통계자료를 수집하여 이를 분류 또는 정리하는 일종의 자료처리의 역할을 담당한다고 볼 수 있다. 상관분석 및 회귀분석 등도 기술통계학 분야에 포함된다. 사회대중이 접하는 통계는 대개의 경우가 기술통계학 분야이다. 예를 들면 인구증가율, 상품의 수출입액, 세금, 화재 건수, 교통사고 건수, 임금 인상률, 제품의 불량률, 영화흥행 금액, 운동선수의 기록, 운동장의 관중 동원 수 등 여러 분야에 걸쳐서 대량의 자료를 요약하고 정리하여 체계적인 분석을 행한다.

추측통계학을 정의하기 전에 다음 용어들을 먼저 정의하자. 모집단(population)은 통계적 관찰의 대상이 되는 모든 측정값의 집합 또는 연구자의 관심의 대상이 되는 전체 집단을 의미한다. 연구대상은 동일하다고 하더라도 연구자의 관심 여부에 따라 모집단은 달라질 수 있다. 예를 들어 우리나라 전체 대학생을 연구대상으로 하여 한 연구자는 대학생들의 시력 측정을 원하고 또 다른 연구자는 대학생들의 지능지수(IQ)를 관찰하기를 원한다면 두 연구자의 모집단은 각각 대학생들의 시력을 측정한 자료집단과 지능지수를 측정한 자료집단으로 달라질 것이다. 모집단을 구성하는 단위는 사회현상과 관련된 수량뿐 아니라 자연과학분야의 실험실에서 행해지는 여러 가지 실험, 또는 동전던지기에서의 결과 등도 똑같이 모집단을 구성하는 단위로 고려될 수 있다. 모집단은 그 구성 원소의 수에 따라 다음과 같이 나누어진다. 모집단이 유한개의 원소를 이루고 있으면 유한모집단(finite population)이라 하고, 무한개의 원소를 이루고 있으면 무한모집단(infinite population)이라 한다.

표본(sample)은 모집단의 특성값을 추정하기 위해 모집단으로부터 추출된 원소들의 집합, 즉 모집단의 임의의 한 부분집합이다. 예를 들어 한 달 동안에 100,000대의 자동차를 생산하는 공장에서 품질관리조사를 위해 한 달 동안 자동차의 엔진 상태를 조사한다고 하자. 이러한 경우에 조사한 자동차는 다시 시판되지 못하므로 생산한 자동차를 전부 조사할 수 없다. 그래서 그중 100대만 추출하여 조사하였다면 이때의 모집단은 한 달 동안 생산된 100,000대의 자동차 엔진 상태이며, 추출된 100대의 자동차 엔진 상태는 표본이 된다.

모수(parameter)는 모집단을 결정짓거나 그 특성을 나타내는 양적인 척도를 의미한다. 따라서 모수가 알려진 경우 모집단의 특성을 완전히 알 수 있게 된다. 모수는 주어진 모집단의 고유한 상수로써 모평균(μ), 모분산(σ^2), 모비율(p) 등이 있다. 또한 모수를 추정할 목적으로 표본으로부터 계산된 평균, 분산 또는 표준편차와 같은 측정 가능한 변량을 통계량(statistic)이라 한다. 통계량은 관측값들의 함수형태로 주어진다.

현대통계학에서 가장 중요하고 핵심이 되는 분야는 추측통계학이다. 추측통계학은 모집단에서 표본을 추출하여 이 표본을 토대로 자료 및 정보를 분석하여 모집단에 대한 불확실한 사실을 추론하는 분야이다. 즉 추측통계학에서는 통계적 모형을 설정하고, 설정된 모형이 옳은지 합리적인 여부를 평가하며, 표본자료를 분석하여 현재 상황을 파악하고 이를 토대로 미래의 현상을 예측하기 위한 의사결정상의 기본지침을 마련한다. 그러므로 추측통계학은 미지의 모집단에 관한 지식과 정보를 파악할 수 있도록 유도하는 역할을 담당한다. 이에 필요한 통계적 작업이 모수의 추정과 통계적 가설검정이다. 따라서 표본으로부터 얻어진 정보를 이용하여 모집단에 대한 추측 또는 의사결정을 하는 과정을 통계적 추론(statistical inference)이라 하며, 통계적 추론이 과학적이고 객관적인 방법이 되는 중요한 이유는 어떤 추정 또는 검정을 할 때 추정의 정확도나 검정의 신뢰도에 관한 진술을 확률로 표현할 수 있기 때문이다.

통계적 추론에 의해 얻어진 추측이나 결론이 어느 정도 불확실성을 내포하고 있다. 이러한 불확실성의 정도를 확률(probability)이라는 과학적 측도를 사용한다. 따라서 추측통계학에서는 확률론(probability theory)이 그 배경이 되며, 확률론의 개념을 이용하여 이와 관련된 여러 가지 이론을 발전시키고 있다.

3.2 통계자료의 분류

표본조사 또는 실험의 관측결과 얻어진 개체의 값을 자료(data)라고 정의한다. 개체의 특성은 여러 가지로 표현될 수 있으나 통계학에서는 수량적으로 표현된 것이 대부분이다. 통계학을 수강하는 20명의 학생을 대상으로 신상을 파악한다고 할 때 이 신상자료의 모임을 자료집합(data set)이라고 하고, 나이, 성별, 학번, 몸무게, 시력, 신장 등과 같은 항목을 변수(variable)라고 한다. 또한 각 항목의 값을 변량(variate)이라고 한다. 즉, 변수란 관측 또는 측정 가능한 항목을 의미하고, 변량은 변수가 취하는 개개의 측정량 또는 관측량을 의미한다. 또한 관측대상이 되는 개인에 대한 자료값들의 모임을 관측값(observation)이라고 하므로 자료집합은 관측 또는 실험대상이 되는 각 개체에 해당되는 관측값들로 구성되어 있다.

이러한 자료는 통계적 자료분석에서 가장 기본이 되므로 자료의 수집이나 정리가 올바르게 이루어져야만 합리적인 결론에 도달할 수 있다. 수집된 자료의 분석방법은 분석의 대상이 되는 자료가 어떠한 형태인가에 따라 달라지므로 자료의 형태에 대해 알아보기로 하자.

자료를 유형에 따라 분류하는 방법은 일반적으로 명목자료(nominal data)와 순위자료(ordinal data), 등간자료(interval data)와 비율자료(ratio data)로 나누어진다. 명목자료와 순위자료를 범주형 자료(categorical data)로, 또한 등간자료와 비율자료는 연속형 자료(continuous data)라고 하기도 한다.

3.2.1 명목자료

명목자료(nominal data)는 관측대상의 특성을 단지 분류만을 위해 숫자를 부여한 자료이다. 예를 들어 농구선수의 등 번호라든지 직업의 분류, 상표의 구분, 성의 구별 등의 자료가 명목자료에 속한다. 이러한 명목자료는 관측대상을 포괄적이고도 상호 배타적인 집단으로 구분하는 데 이용된다. 명목자료를 다른 말로 질적 자료(qualitative data)라고도 한다. 명목자료를 분석하기 위한 통계기법으로는 최빈수(mode), 도수(frequency), 분할상관계수, 비율계산, 이항분포검정, 교차분석 등이 있다.

3.2.2 순위자료

순위자료(ordinal data)는 서열자료라고도 하며 관측대상의 속성에 따라 관측대상 간에 순위를 부여한 자료이다. 예를 들면 5개의 제품에 대해 가장 선호하는 순서대로 1, 2, 3, 4, 5의 숫자를 부여한다고 할 때 2보다 1이, 3보다 2가 더 선호된다는 것을 의미하지만 선호의 정도는 알 수 없고 단지 순위만을 나타낸다. 다시 말하면, 순위자료는 단위들 간에 간격을 정확하게 정량화하기가 어려운 경우, 즉 학력 구분(초등학교 졸업, 중학교 졸업, 고등학교 졸업, 대학교 졸업), 사회계층 구분(상, 중, 하), 제품선호도(매우 선호, 선호, 보통 등)의 측정 등에 이용되어 진다. 순위자료를 분석하는 데 있어서 적절한 통계기법으로는 중위수(median), 백분위수, Spearman의 순위상관계수, Kendall의 τ 등이 있다.

3.2.3 등간자료

등간자료(interval data)는 구간자료, 간격자료라고도 하며, 관측대상의 속성에 대해 순위를 부여하되 순위 사이의 간격이 같은 자료를 의미한다. 따라서 등간자료는 가감연산을 할 수 있지만 절대적인 영점(absolute zero)이 존재하지 않아서 관측값 사이의 비율계산은 무의미하다. 이것은 등간자료에 대해 나눗셈과 곱셈연산은 적용될 수 없음을 의미한다. 온도가 등간자료의 가장 대표적인 예이다. 섭씨 60도와 30도의 차이는 섭씨 30도와 0도의 차이와 같지만 섭씨 60도가 섭씨 30도보다 뜨거운 정도가 2배라고는 할 수 없다. 그 이유는 섭씨를 화씨로 전환하면 2배가 되지 않기 때문이다. 등간자료에는 온도 외에도 주가지수나 물가지수와 같이 지수를 측정한 자료가 있다. 등간자료를 분석하기 위한 통계기법으로는 산술평균(arithmetic mean), 표준편차(standard deviation),

분산(variance), Pearson의 상관계수(correlation coefficient), 범위(range) 등이 있다.

3.2.4 비율자료

비율자료(ratio data)는 등간자료가 가지고 있는 모든 특성에 추가적으로 절대적인 영점이 존재하는 자료를 의미한다. 비율자료는 비율계산이 가능하여서 다른 자료에 비해 가장 수준이 높은 측정 자료이다. 예를 들어 중량, 시간, 거리, 각도, 연령, 가격, 가구수, 소득 등이 비율자료에 속한다. 비율자료를 분석하는데 있어서는 어떠한 통계적 분석방법도 적용할 수 있다.

4가지의 자료 형태에서 정보의 양은 명목, 순위, 등간, 비율자료의 순서이기에 가능한 정보의 양이 많은 자료의 형태로 수집하는 것이 좋다.

3.3 이론적 근거

3.3.1 명목자료와 순위자료

원자료(raw data)를 분류하는 것은 특히 탁상용 계산기(calculator)가 없을 경우에 여러 가지 계산, 즉 평균, 분산 등의 계산을 간결하게 하는데 편리하다. 이들 계산의 결과, 즉 평균, 분산 등은 자료의 분포에 대하여 부가적인 정보를 제공한다. 따라서 자료를 분류하는 목적은 자료로부터 몇 가지 유용한 정보를 도출하는 데 도움을 주기 위한 것이다.

자료를 분류하는 문제는 보통 연속변수의 경우에 발생한다. 자료를 분류하는 데 필요한 몇 가지 기본 개념을 먼저 설명하고자 한다. 변량을 적당한 폭으로 분류한 것을 계급(class)이라 하고, 각 계급의 폭을 계급구간(class interval)이라 하며, 각 계급의 중앙에 위치하는 값을 계급중앙값(class midpoint) 또는 계급값(class mark)이라고 한다. 각 계급 내의 자료들이 취할 수 있는 상한과 하한, 즉 각 계급의 양 끝점을 계급경계(class boundaries) 또는 계급한계(class limits)라 하고 각 계급구간 안에 들어 있는 자료의 수를 도수(frequency)라 하며, 각각의 도수를 총도수로 나눈 것을 상대도수(relative frequency)라고 한다. 도수분포(frequency distribution)는 각 계급 또는 계급중앙값에 대하여 도수로 나타낸 것을 의미한다. 이를 표로 작성한 것을 도수분포표(frequency distribution table)라 한다.

통계자료를 정리하기 위해 먼저 도수분포표를 만들어 보면 여러 가지 특징들을 쉽게 파악할 수 있다. 이러한 도수분포표는 자료를 통계적으로 기술하기 위한 모든 기초를 제공한다. 따라서 합리적인 도수분포표를 작성하기 위해서는 어떤 기준을 필요로 하는데 다음과 같은 순서에 의해 도수분포표를 작성하면 그 목적을 달성할 수 있다.

〈1단계〉 범위계산 : $R = Max - Min$

〈2단계〉 계급의 수 결정(Sturges에 의한 방법)

$$K = \ 1 + 3.3 \log N$$

단, K: 계급의수 N: 전체 도수

〈3단계〉 계급의 간격 결정

$$C = \ \frac{\text{범위}}{\text{계급의 수}}$$

〈4단계〉 도수 산정

각 계급 또는 계급중앙값에 대하여 상대도수로 나타낸 표를 상대도수분포표(relative frequency table)라 하고, 각 계급에 대해 누적도수(각 계급에 있어서 그 계급값 이전 또는 이후에 있는 모든 계급의 도수의 합계)를 대응시킨 표를 누적도수분포표(cumulative frequency table)라고 하며 각 계급에 대해 누적상대도수(각 누적도수를 총도수로 나눈 몫을 소수 또는 백분율로 나타낸 것)를 대응시킨 표를 누적상대도수분포표(cumulative relative frequency table)라고 한다.

3.2.2 등간자료와 비율자료

숫자로만 나열되어 있는 자료(raw data) 자체로 분석하는 것은 자료에 충실하다는 점은 있으나 다량의 자료인 경우에는 전체적인 파악이 불가능하다. 몇 개의 수치로 자료를 대표할 수 있는 방법이 바로 대푯값이다. 대푯값에서 가장 일반적으로 이용되는 것이 평균(mean)이다. 그런데 평균만으로 자료를 대표한다는 것은 한계가 있으므로 비슷한 개념인 중위수(median), 최빈수(mode) 등도 도입하게 되었다. 실제 인구센서스, 도시가계 조사 등에는 단순한 평균이 아닌 중위수를 많이 사용하기도 한다.

대푯값만으로는 자료의 형태에 대한 효과적인 정보를 얻어낼 수 없다. 따라서 분포의 형태를 이해하기 편리하게 하고, 보다 더 명확하게 정의하기 위해서는 이와 더불어 변이에 대한 측도의 개념이 필요하다.

변이에 대한 측도는 각각의 자료가 중심 위치에서부터 얼마만큼 떨어져 있는가? 즉, 대푯값을 중심으로 집단의 자료가 분포된 상태를 측정하는 것으로써 산포도(measure of dispersion) 또는 분산도(measure of variance)라고도 한다. 따라서 산포도는 자료집단의 대푯값을 중심으로 관측값이 어느 정도 밀도 있게 분포되어 있는가를 측정하는 값이므로 산포도가 작으면 그 집단은 대푯값을 중심으로 상당히 밀집되어 분포되어 있음을 알 수 있고, 산포도가 크면 그 반대인 경우로 분석할 수 있다.

여기에는 일반적으로 분산(variance), 표준편차(standard deviation)를 많이 사용한다. 이것만으로도 부족한 경우 비대칭도를 나타내는 왜도(skewness), 첨도(kurtosis) 등을 고려하기도 한다. 자료의 정보를 표시해 주는 측도로는 다음과 같은 것이 있다.

대푯값 : 평균값, 중위수, 최빈값, 사분위수, 백분위수
산포도 : 분산, 표준편차, 범위, 사분편차, 평균편차, 표준오차, 변이계수
비대칭도 : 왜도, 첨도

(1) 평균

중심적인 경향을 표현하는 대푯값 중에서 가장 많이 사용되는 것이 산술평균(arithmetic mean)이며, 평균이라 하면 대개 산술평균을 의미한다. 모집단으로부터 계산된 산술평균 μ와 구별하기 위해 표본평균(sample mean)이라고 하며 $\bar{x}$로 표시한다.

n개의 표본자료 $x_1,\ x_2, \cdots, x_n$의 표본평균은 다음과 같이 정의된다.

$$\bar{x} = \frac{x_1 + x_2 + \cdots + x_n}{n} = \frac{\sum_{i=1}^{n} x_i}{n}$$

산술평균은 수학 기호 "$\sum$"가 선형연산자(linear operator)이기 때문에 계산이 편리하고 수학적으로 다루기 쉽다. 또한 통계적 추론에서 다른 대푯값에 비해 훨씬 신뢰도가 높은 방법을 적용할 수 있기 때문에 산술평균이 대푯값 중에서 가장 많이 사용된다. 반면에 이상점(outlier)의 영향을 많이 받기 때문에 몇 개의 이상점이 있는 소표본의 경우에는 산술평균이 대푯값으로서의 기능을 상실하게 된다.

(2) 중위수

중위수(median)는 산술평균과 마찬가지로 자료의 중심적 경향을 나타내 주는 측도로써 자료를 크기순으로 나열했을 때 중간에 위치하는 관찰값을 말한다. 중위수를 중앙값이라고도 한다. 주어진 자료를 가장 작은 값에서 가장 큰 값까지 크기순으로 나열한 것을 순서통계량(order statistic)이라 하며, n 개의 관찰값이 있는 경우 $x_{(1)}, x_{(2)}, \cdots, x_{(n)}$으로 표기한다. 따라서 중위수 Me 는 순서통계량 중에서 가장 가운데 위치한 관찰값으로 정의되며, 다음과 같이 나타낼 수 있다.

n이 홀수일 때 : $Me = \dfrac{n+1}{2}$번째값

n이 짝수일 때 : $Me = \dfrac{\dfrac{n}{2}\text{번째값} + \left(\dfrac{n}{2}+1\right)\text{번째값}}{2}$

중위수는 이상점이 있는 경우에도 그 영향을 받지 않는다.

(3) 최빈수

최빈수(mode)는 문자 그대로 주어진 자료에서 가장 많이 나타나는 관찰값을 의미하고 Mo 로 표기한다. 예를 들어 한 줄로 나열된 자료의 경우 가장 빈도가 많고 가장 보편화된 관찰값이 바로 최빈수이며, 항상 존재하는 것도 아니며, 유일한 것도 아니다.

중위수와 마찬가지로 최빈수 역시 이상점의 영향을 받지 않으며, 가장 이해하기 쉬운 대푯값이다. 최빈수는 단독으로 사용되는 경우는 거의 없으며, 대개 산술평균이나 중위수와 함께 사용된다.

(4) 사분위수

사분위수(quartile)는 중위수의 개념을 확장한 것으로 관찰값을 크기순으로 나열했을 때 자료를 4등분하는 위치에 오는 값을 의미한다. 이들 중 제일 작은 것부터 순서대로 제1사분위수(Q1), 제2사분위수(Q2), 제3사분위수(Q3)라고 하며, 제2사분위수가 바로 중위수가 된다. 이러한 개념을 더 확장한 것이 십분위수(deciles)와 백분위수(percentiles)이다. 깊이의 개념으로 사분위수를 설명하면 다음과 같다.

$$\text{사분위수의 깊이} = \frac{(\text{중위수 깊이의 정수부분}) + 1}{2}$$

(5) 절사평균

산술평균의 이상점에 대한 예민성을 감소시키기 위한 위치적 대푯값으로써 산술평균과 중위수를 절충한 것으로 절사평균(trimmed mean)을 생각할 수 있다.

n개의 관찰값의 순서통계량을 $x_{(1)}, x_{(2)}, \cdots, x_{(n)}$이라 할 경우 $100\alpha\%$ 절사평균 $\overline{x_\alpha}$는 다음과 같이 정의된다.

$$\overline{x_\alpha} = \frac{\sum_{i=t+1}^{n-t} x_{(i)}}{n-2t}$$

여기서 t는 절사하는 관측값의 개수로서 $n\alpha$에서 소수점을 무시한 자연수이다.

예를 들면, $n=20$일 때 25% 절사평균 $\overline{x}_{0.25}$는 $20 \times 0.25 = 5$개의 가장 큰 관측값과 5개의 가장 작은 관측값을 절사한 나머지 10개의 관측값에 대한 평균이다.

(6) 범위

산포도 중에서 가장 간단한 것으로 범위(range)는 자료의 최댓값과 최솟값의 차를 말하며 R로 표기한다. 순서통계량을 사용하여 범위를 구하는 공식을 나타내면 다음과 같다.

$$R = x_{(n)} - x_{(1)} = Max - Min$$

여기서 $x_{(i)}$는 n개의 자료를 작은 값부터 크기순으로 나열했을 때 i번째 위치한 값을 말한다. 다시 말해서 $x_{(1)}$은 최솟값(min)을 의미하고, $x_{(n)}$은 최댓값(max)을 의미한다.

(7) 사분위편차

사분위편차(quartile deviation)는 제3사분위수에서 제1사분위수를 빼서 2로 나눈 값으로 정의한다.

$$Q = \frac{Q_3 - Q_1}{2}$$

여기서 Q_1은 제1사분위수를 Q_3은 제3사분위수를 의미한다. 또한 사분위편차를 산포도로 사용한 경우에는 자료의 수가 어느 정도 많아야 한다. 만약 자료의 수가 적으면 제1사분위수와 제3사분위수가 불안정하여 산포도로서 적당하지 못하다.

(8) 평균편차

자료의 중심 위치를 나타내 주는 대푯값 중에서 산술평균이 가장 보편적으로 사용된다. 그러므로 각각의 관측값과의 편차(deviation)는 자료집단 내의 각 숫자가 평균으로부터 얼마나 멀리 떨어져 있는가를 나타내 준다. 다시 말하면 n개의 관찰값이 $x_1,\ x_2,\ \cdots,\ x_n$일 때 $x_1 - \overline{x},\ x_2 - \overline{x},\ \cdots,\ x_n - \overline{x}$가 평균에 대한 편차가 된다.

n개의 편차 중에서 어떤 것은 양의 값을 갖고 있고, 어떤 것은 음의 값을 갖고 있다. 이들 n개의 편차를 합하면 항상 0이 됨을 알 수 있다. 즉,

$$\begin{aligned}\sum_{i=1}^{n}(x_i - \overline{x}) &= \sum_{i=1}^{n}x_i - n\overline{x} \\ &= n\overline{x} - n\overline{x} = 0\end{aligned}$$

따라서 편차를 이용하여 자료의 산포도를 나타내기 위해서는 각각의 편차를 제곱하거나 절댓값을 취하여 편차들이 모두 양의 값을 갖도록 하는 것이 바람직하다. 이때 각각의 편차에 절댓값을 취하여 이들에 대한 산술평균을 구한 것을 평균편차(mean deviation)라고 하며 다음과 같이 정의한다. X의 평균편차를 Md라 하면

$$Md = \frac{1}{n}\sum_{i=1}^{n} | x_i - \overline{x} |$$

(9) 분산과 표준편차

평균편차에서 사용한 절댓값은 수학적으로 취급하기가 곤란하므로 여기에서는 각각의 편차에 대해 절댓값을 취하는 대신 편차를 제곱하는 방법에 대해 알아보고자 한다.

n 개의 관측값을 $x_1, x_2, \cdots, x_n$ 이라 하고 평균을 $\bar{x}$ 라 할 때 이 자료가 모집단의 전체 자료 즉, 전수조사에 의한 것이면 모분산은 다음과 같이 정의된다.

$$\sigma^2 = \frac{1}{n}\sum_{i=1}^{n}(x_i - \bar{x})^2$$
$$= \frac{1}{n}\sum_{i=1}^{n}x_i^2 - \bar{x}^2$$

n 개의 관측값이 표본으로부터 얻어진 표본자료일 때 표본분산(sample variance)은 다음과 같이 정의된다.

$$s^2 = \frac{1}{n-1}\sum_{i=1}^{n}(x_i - \bar{x})^2$$

도수분포표나 집단으로 분류된 자료에서의 분산은 다음과 같이 정의된다.

$$s^2 = \frac{1}{N-1}\sum_{i=1}^{k}f_i(x_i - \bar{x})^2$$

표본분산에서 n 또는 N으로 나누지 않고 $n-1$ 또는 $N-1$로 나누는 이유는 표본분산을 구하는 궁극적인 목적이 그 모집단의 분산을 추정하는 것인데, 여러 가지 바람직한 추정량의 성질들 중에서 비편향성(불편성, unbiasedness)을 만족시킬 수 있기 때문이다.

표본표준편차(sample standard deviation)는 분산의 양의 제곱근을 의미하며, 일반적으로 s로 표시하고 다음과 같이 정의하며, 분산과 표준편차 중에서는 관찰값과의 단위가 같은 표준편차가 더 선호한다(분산은 제곱의 형태이기 때문이다).

$$s = \sqrt{\frac{1}{n-1}\sum_{i=1}^{n}(x_i - \bar{x})^2}$$

만일 자료의 분포가 정규분포를 따르면 확률값은

$$P[\mu - \sigma < X < \mu + \sigma] = 0.683$$
$$P[\mu - 2\sigma < X < \mu + 2\sigma] = 0.954$$
$$P[\mu - 3\sigma < X < \mu + 3\sigma] = 0.997$$

이다. 즉, (평균 ± 표준편차) 안에 자료의 약 68%가 들어 있으며, [평균 ± (2×표준편차)]안에 자료의 95%가 들어 있고, [평균 ± (3×표준편차)]안에 자료의 99%가 들어 있다는 뜻이다.

(10) 표준오차

표준오차(standard error)는 표본분포(sampling distribution)의 개념에서 나오는 것으로 표본평균의 표준편차이다. 표본평균의 분산은 s^2 / n 이며, 여기서 n 은 표본의 크기이다. 이 값의 제곱근이 바로 표준오차이다. 이 값은 표본이 모집단의 평균을 얼마나 잘 추정하는지의 측도로서 값이 적을수록 좋다.

$$\text{표준오차} = \sqrt{s^2 / n} = s / \sqrt{n}$$

(11) 변이계수

변이계수(coefficient of variation)는 변동계수라고도 하며, 표준편차를 산술평균으로 나눈 값으로 정의되나 때로는 이 값에 100을 곱한 것을 이용하는 경우도 있다. 일반적으로 변동계수는 CV 또는 V_x 로 표기하고 다음과 같이 정의되며, 변동계수의 제곱을 상대분산(relative variance)이라 한다.

$$CV = \frac{s}{x} \times 100$$

(12) 왜도

적률(moment)은 원래 물리학 등에서 사용하는 용어로서 힘의 적률은 힘의 크기와 회전 속에서 힘이 작용하는 점까지의 거리의 곱으로 표현되며, 물체를 회전시키는 효과를 나타낸다. 이를 피어슨(Pearson)이 도입하여 분포의 특성값들을 획일적으로 설명하였다.

통계학에서의 적률은 변수 X의 멱승에 대한 기대값 또는 평균을 의미하고 관찰값 $x_1, x_2, \cdots, x_n$ 의 원점에 관한 k차 적률 mz_k는 다음과 같이 정의된다.

$$mz_k = \sum \frac{x_i^k}{n}$$

예를 들어 (표본)평균은 원점에 관한 1차 적률이다. 또한 관찰값 $x_1, x_2, \cdots, x_n$ 의 평균에 관한 k차 적률 m_k는 다음과 같이 정의된다.

$$m_k = \frac{\sum (x_i - \overline{x})^k}{n} = \frac{\sum f_i (x_i - \overline{x})^k}{N}$$

예를 들어 (표본)분산은 평균에 관한 2차 적률이다. 1차 적률과 2차 적률이 관찰값의 중요한 요약 값으로 사용되므로 3차 적률과 4차 적률도 관찰값의 중요한 특성을 반영하고 있는데, 3차 적률은 왜도를 구하는 데 사용되고 4차 적률은 첨도를 구하는 데 사용된다.

왜도(skewness)는 분포가 비대칭일 때 그 정도를 나타내는 값을 의미하며 왜곡도 또는 비대칭도라고 하기도 한다. 왜도 α_3는 다음과 같이 정의된다.

$$\alpha_3 = \frac{m_3}{\sigma^3}$$

만일 $\alpha_3 = 0$ 이면 대칭분포가 되고 $|\alpha_3|$의 값이 클수록 분포의 비대칭 정도가 커진다. 또는 α_3가 0보다 크면 오른쪽의 꼬리가 길게 늘어진 모양이고, α_3가 0보다 작으면 그 반대의 분포가 된다.

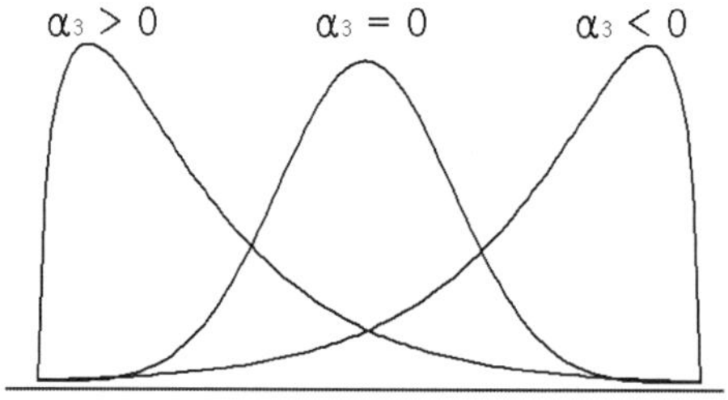

그림 3-1 • 왜도에 따른 분포의 모양

(13) 첨도

첨도(kurtosis)는 분포의 뾰족한 정도를 나타내는 측도를 의미하며 다음과 같이 정의된다.

$$\alpha_4 = \frac{m_4}{\sigma^4}$$

만일 $\alpha_4 = 3$이면 정규분포이며, $\alpha_4 > 3$ 이면 정규분포보다 정점이 높고 뾰족하며, $\alpha_4 < 3$ 이면 정규분포보다 정점이 낮고 무딘 모양이 된다. 참고로 첨도의 또 다른 해석은 분포에서의 꼬리부분의 두께로 만일 3보다 크면 정규분포보다 꼬리가 얇고, 3보다 작으면 정규분포보다 꼬리의 두께가 두껍다. 통계 패키지(SPSS 등)의 경우 정규분포의 첨도를 0으로 만들기 위해 위의 α_4에서 3을 빼고 계산한다.

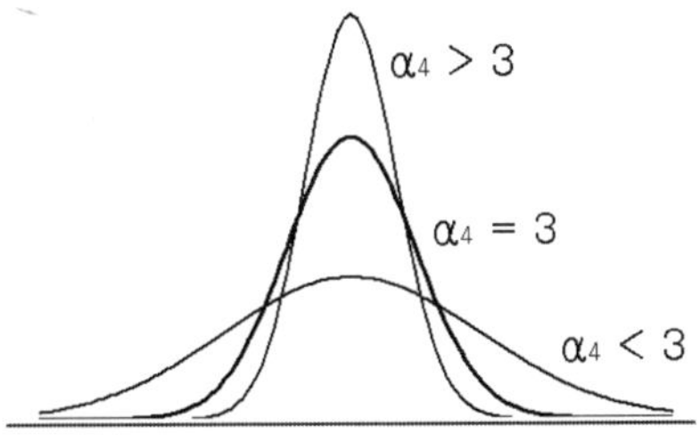

그림 3-2 • 첨도에 따른 분포의 모양

3.4 SPSS를 이용한 자료의 요약

SPSS에서 자료의 요약에 사용할 수 있는 분석은 대표적으로 빈도분석과 기술통계이다. 빈도분석은 명목자료와 순위자료의 요약을 위해 사용하고, 기술통계는 등간자료와 비율자료의 요약에 사용하면 편리하다. 하지만 SPSS 출력 결과에서 제시되는 통계량의 종류에서 기술통계보다 빈도분석에서 보다 많은 통계량을 제시하기 때문에 등간자료와 비율자료에서도 빈도표를 생략한 빈도분석을 많이 사용한다. 특히 저자는 전체 분포를 파악하기 위해 중위수와 사분위수를 알아보기 위해 빈도분석을 이용한다. 다음 표는 빈도분석과 기술통계에서 제시하는 통계량을 정리한 것이다.

선택		빈도분석	기술통계
중심경향	평균	○	○
	중위수	○	×
	최빈값	○	×
	합계	○	○
산포도	표준편차	○	○
	분산	○	○
	범위	○	○
	최솟값	○	○
	최댓값	○	○
	평균의 표준오차	○	○
백분위수값	사분위수	○	×
	백분위수	○	×
분포	왜도	○	○
	첨도	○	○

3.4.1 빈도분석

SPSS에서는 명목자료 혹은 서열자료의 요약을 위해 도수분포표와 더불어 여러 가지 통계량을 구할 수 있는 빈도분석을 지원하고 있다.

예제에서 사용하는 연습2.sav는 1,355명의 대학졸업자에 대해 직장에 대한 일반 사항 및 대학 생활, 직장에 대한 만족도 등에 대해 조사한 결과이다. 특히 소득과 만족도는 동일인에 대해 3년간 계속 조사한 패널 자료이다.

예제 전공계열의 도수분포표를 작성하시오.

① 먼저 SPSS를 시작하고 저장한 파일인 '연습2.sav'를 불러온다(파일(F) → 열기(O) → 데이터(A) → 연습2 → 열기).

② '연습2.sav'가 열린 상태에서 분석(A) → 기술통계량(E) → 빈도분석(F)으로 실행하면 빈도분석 창이 열린다.

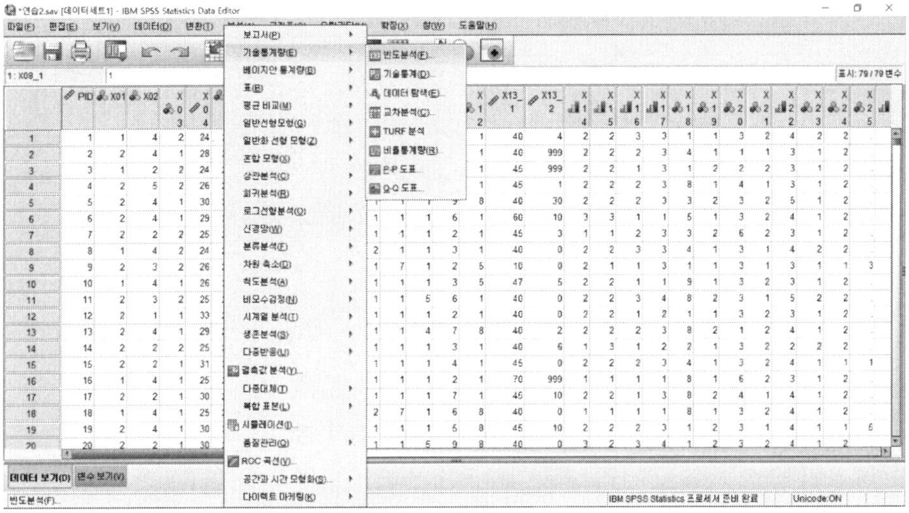

그림 3–3 • 빈도분석의 선택

③ 빈도분석 창에서 분석하고자 하는 변수(**전공계열**(X02))를 선택하여 **변수**(V)란으로 이동시킨다. 이동시키는 방법은 왼편에서 원하는 변수를 선택한 후 ➡를 클릭한다. 그러면 원하는 변수가 자동으로 **변수**(V)란으로 이동한다.

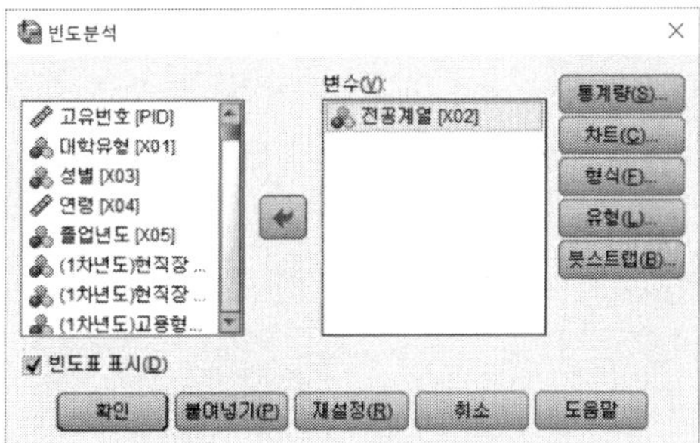

그림 3–4 • 빈도분석 창

④ 빈도분석 창에서 확인을 클릭하면 출력 결과 창이 나온다. 전공계열에 대한 빈도수와 비율을 도수분포표의 형태로 나타난다. 만일 여기서 통계량과 차트 등만을 정하고 **빈도표 출력**(D)을 선택하지 않으면 도수분포표는 출력되지 않는다.

명령문

```
FREQUENCIES VARIABLES=X02
  /ORDER=ANALYSIS.
```

통계량

전공계열

N	유효	1335
	결측	0

전공계열

		빈도	퍼센트	유효 퍼센트	누적 퍼센트
유효	인문계열	136	10.2	10.2	10.2
	사회계열	398	29.8	29.8	40.0
	교육계열	80	6.0	6.0	46.0
	공학계열	560	41.9	41.9	87.9
	자연계열	161	12.1	12.1	100.0
	전체	1335	100.0	100.0	

그림 3-5 • 출력 결과 창

결과분석

전공계열에 대한 도수분포표가 출력되었다. 빈도수와 비율, 누적비율이 출력되었다. 여기서 퍼센트는 전체 인원에 대한 비율이고, 유효 퍼센트는 전체 응답자에 대한 비율 즉, 무응답자를 제외한 인원에 대한 비율이다.

[그림 3-4]에서 통계량(S)... 을 클릭하면 [그림 3-6]의 창이 나타난다. 통계량은 각종 자료에서 많이 사용되는 통계량의 출력 여부를 선택하는 것이다. 이 부분은 다음 절의 기술통계량(E)에 없는 통계량이 몇 가지 들어 있다. 즉, 이는 위치적인 대푯값이다. 계산적인 대푯값인 평균과 차이가 나는 것은 각 값들 간의 차이는 계산에 포함하지 않고, 단지 순위만을 계산에 고려한다는 점이다.

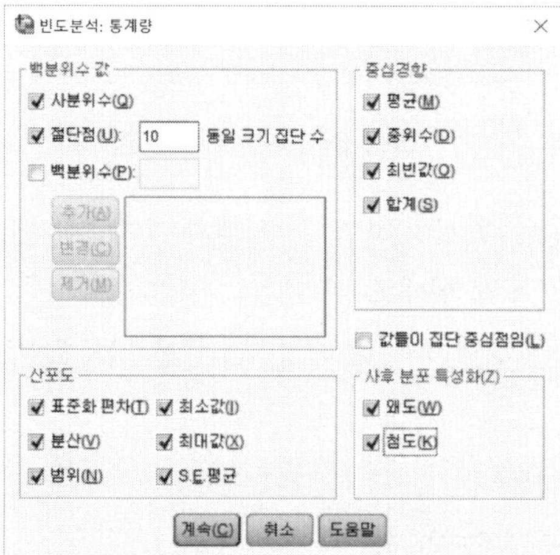

그림 3-6 • 빈도분석의 통계량

선택	설명
백분위수 값	사분위수(제 25, 50, 75 백분위수)는 관측값을 동일한 크기의 네 집단으로 나눈다. 주어진 값 이외에 다른 집단 수인 경우에는 n개 동일크기집단에 대한 절단점을 선택하며, 개별 백분위수를 지정할 수도 있다(예를 들어, 95 백분위수는 관측값의 95% 이하인 값을 나타냅니다).
중심경향	분포 위치를 설명하는 통계량에는 평균, 중위수, 최빈값, 합계 등이 있다.
산포도	데이터에 분포되어 있는 변동의 양을 측정하는 통계량에는 표준편차, 분산, 범위, 최솟값, 최댓값, 평균의 표준오차 등이 있다.
사후 분포 특성화	첨도와 왜도로 분포의 형태와 대칭을 설명하는 통계량이며, 표준오차와 함께 표시된다.
값들이 집단 중심점임	데이터의 값이 집단의 중심점일 경우에는(예를 들어, 30대인 사람들의 나이를 모두 35로 코드화하는 것을 의미) 이 옵션을 선택하여 원래의 집단화하지 않은 데이터의 중위수와 백분위수를 추정할 수 있다. 이는 일반 통계학에서 도수분포표로 이루어진 자료에서 계급값을 뜻한다.

다음 결과는 **연습2.sav** 자료를 분석한 **(1차년도)월평균 소득**에 대한 결과이다. 단, 여기서 미리 도수분포표의 계급값으로 얻어진 자료가 아니기에 **값들이 집단 중심점임(L)**을 선택하지는 않았다.

명령문

```
FREQUENCIES VARIABLES=X35
  /NTILES=4
  /NTILES=10
  /STATISTICS=STDDEV VARIANCE RANGE MINIMUM MAXIMUM
    SEMEAN MEAN MEDIAN MODE SUM SKEWNESS SESKEW
    KURTOSIS SEKURT
  /ORDER=ANALYSIS.
```

통계량

(1차년도)월평균 소득(만원)

N	유효	1335
	결측	0
평균		186.47
표준화 평균 오차		1.681
중위수		175.00
최빈값		150
표준화 편차		61.414
분산		3771.730
왜도		.871
표준화 왜도 오차		.067
첨도		.669
표준화 첨도 오차		.134
범위		358
최소값		100
최대값		458
합계		248936
백분위수	10	116.67
	20	130.00
	25	141.67
	30	150.00
	40	160.00
	50	175.00
	60	200.00
	70	208.33
	75	225.00
	80	249.00
	90	266.67

그림 3-7 • 빈도분석 통계량의 결과

결과분석

전체 응답자의 (1차년도)월평균 소득은 186.47만 원이고, 평균의 표준오차 즉, 표본평균의 표준오차 1.681은 61.414/36.5(표준편차/$\sqrt{(\text{표본수})}$)의 계산 결과이며, 중위수는 175로 월평균 소득을 크기순으로 하였을 때 1,335중의 자료 중 667번째가 175란 뜻으로 계산적 대푯값인 평균과 조금의 차이가 나고 있다. 만약 이 값의 차이가 크다면 이상값이 있다는 의미이기도 하다. 최빈수가 150인 것은 월평균 소득에서 150이 134명으로 가장 많이 있기 때문이다. 왜도와 첨도는 다음절의 기술통계를 참고하기 바라고, 백분위수는 자료를 크기순으로 하였을 때 매 10번째 수를 표현한 것이며, 25분위수는 제1사분위수이고, 75분위수는 제3사분위수 이다. 만약 최솟값과 10분위수의 차가 크거나, 최댓값과 90분위수의 차가 크다면 이상값이 있을 수 있다는 징후이다.

그리고 그래프에 관련된 부분은 다음 장의 그래프에서 자세히 다루겠지만 차트 옵션에 대하여 간단히 소개하고자 한다.

① [그림 3-4]에서 차트(C)... 를 클릭하면 [그림 3-8]의 차트 창이 나타난다,

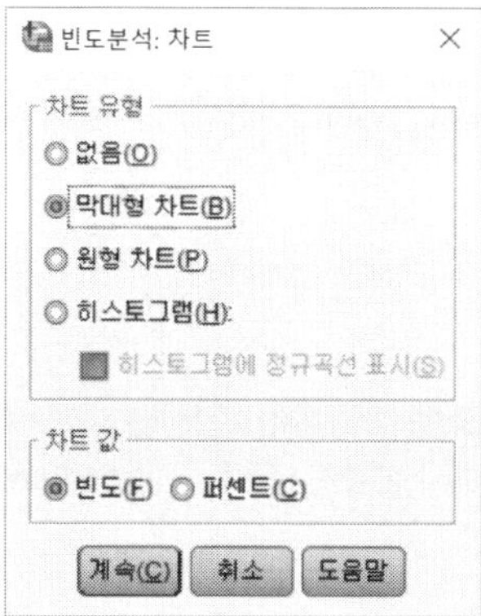

그림 3–8 • 빈도분석 차트 창

여기서 빈도분석의 차트상자를 요약하면 다음과 같다.

선택		내용
차트 유형	지정 않음	그래프를 그리지 않는 것
	막대형 차트	막대그래프
	원형 차트	파이 차트
	히스토그램	정규분포곡선과 히스토그램을 함께 그림
차트 값	빈도	세로축에 빈도수를 기재
	퍼센트	세로축에 비율을 기재

② 계속(C)을 클릭하면 빈도분석 창이 나오고, 여기서 확인을 클릭하면 출력결과 창이 나온다. 여기에서 도수분포표가 먼저 나오고 밑에 그래프가 나온다.

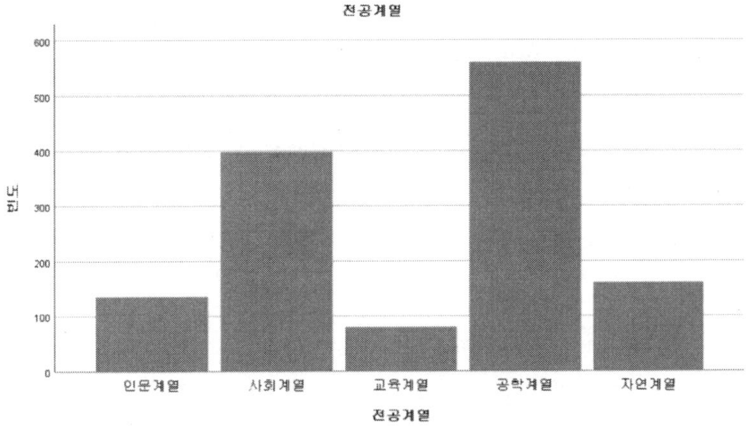

그림 3-9 • 결과 창의 막대형 차트

그리고 형식에서는 출력의 형태를 지정하는 곳으로 내용은 다음 표와 같다.

선택		설명
출력 순서	변수값 오름차순	변수값을 오름차순으로 정렬
	변수값 내림차순	변수값을 내림차순으로 정렬
	빈도값 오름차순	빈도수를 오름차순으로 정렬
	빈도값 오름차순	빈도수를 내림차순으로 정렬
출력범주 제한 n개 범주		n에 지정된 값 이상의 변수는 표에 나타나지 않음을 나타냄

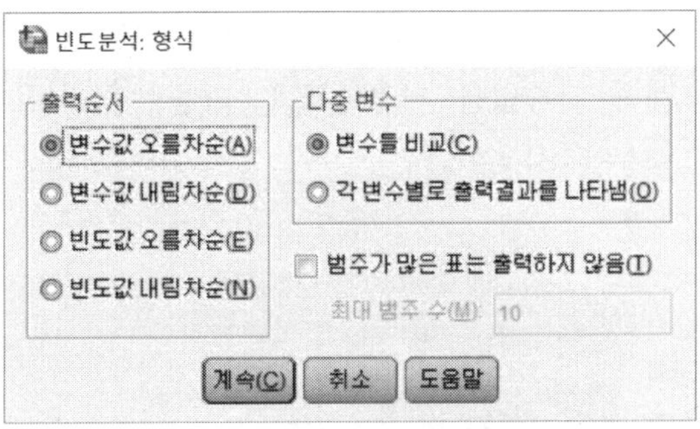

그림 3-10 • 출력형식의 지정

3.4.2 가중값을 적용한 빈도분석

이번 절에서는 2장에서 언급한 가중값을 이용하여 분석하는 방법을 살펴본다.

예제 가중값을 적용하여 전공계열의 도수분포표를 작성하시오.

① 먼저 SPSS를 시작하고 저장한 파일인 '연습2.sav'를 불러온다(파일(F) → 열기(O) → 데이터(A) → 연습2 → 열기).

② '연습2.sav'가 나오면 메뉴에서 데이터(D) → 가중 케이스(W)로 실행하면 가중 케이스 창이 열린다.

③ 가중 케이스 지정(W)을 선택하고, 가중값으로 사용하는 변수인 가중값(WEIGHT) 변수를 오른쪽으로 이동하고 [확인]을 클릭하면 된다. 2장에서 설명한 바와 같이 데이터 창의 화면에서는 다른 변화를 찾아볼 수 없다.

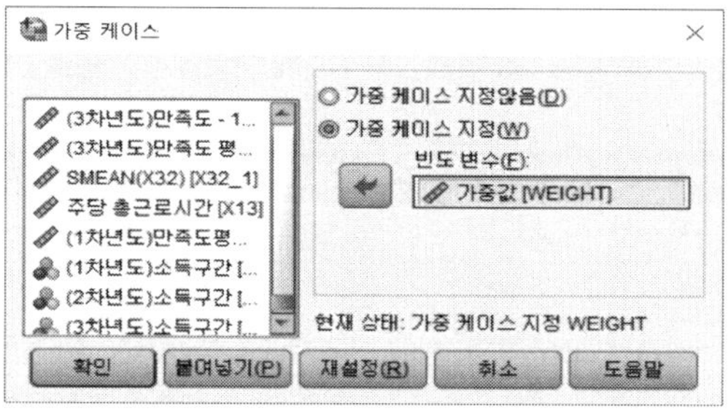

그림 3-11 • 가중 케이스 지정화면

④ 앞에서의 빈도분석을 동일하게 실시하면 다른 결과를 제시한다. 참고로 명령문에서는 분석에서 사용하는 명령문 위에 WEIGHT BY **변수명.**을 사용하면 된다. 하지만 한 번 지정을 하면 계속 가중값을 사용하므로, 가중값을 사용하지 않는 분석에서는 WEIGHT OFF. 명령문을 사용한다.

명령문

```
WEIGHT BY WEIGHT.
FREQUENCIES VARIABLES=X02
  /ORDER=ANALYSIS.
```

통계량

전공계열

N	유효	23982
	결측	0

전공계열

		빈도	퍼센트	유효 퍼센트	누적 퍼센트
유효	인문계열	2601	10.8	10.8	10.8
	사회계열	7347	30.6	30.6	41.5
	교육계열	1496	6.2	6.2	47.7
	공학계열	9678	40.4	40.4	88.1
	자연계열	2860	11.9	11.9	100.0
	전체	23982	100.0	100.0	

그림 3-12 • 가중값 적용 이후의 빈도분석 출력 결과 창

결과분석

[그림 3-5]의 가중값 적용 전에는 유효수가 1,335명이었으나, 가중값 적용 후에는 유효수가 23,982명으로 많아진 것을 볼 수 있다. 또한 퍼센트에서도 일부 차이가 남을 볼 수 있다.

3.4.3 기술통계

기술통계에서는 연습2.sav의 파일을 이용하여 결과를 보기 위해 (1차년도)월평균 소득과 (1차년도)주당 정규 근로시간을 이용하여 분석해 보자. 다음의 순서대로 해보면 간단하게 해결할 수 있다.

예제 월평균 소득과 주당 정규 근로시간의 기술통계량을 구하시오.

① 먼저 SPSS를 시작하고 저장한 파일인 '연습2.sav'를 불러온다(파일(F) → 열기(O) → 데이터(A) → 연습2 → 열기).

② '연습2.sav' 파일이 열리고, 메뉴에서 분석(A) → 기술통계량(E) → 기술통계(D)를 실행하면 기술통계 창이 열린다.

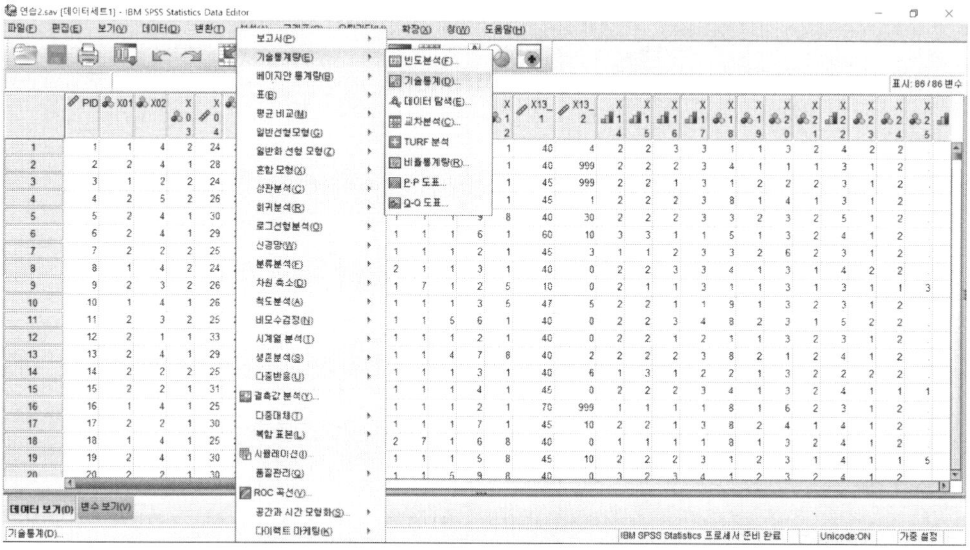

그림 3-13 • 기술통계의 선택

③ 기술통계 창에서 분석하고자 하는 변수(월평균 소득(X35)과 주당 정규 근로시간(X13_1))을 선택하여 변수란으로 이동시킨다. 이동시키는 방법은 왼편에서 원하는 변수를 선택한 후 [➡]를 클릭하면 된다.

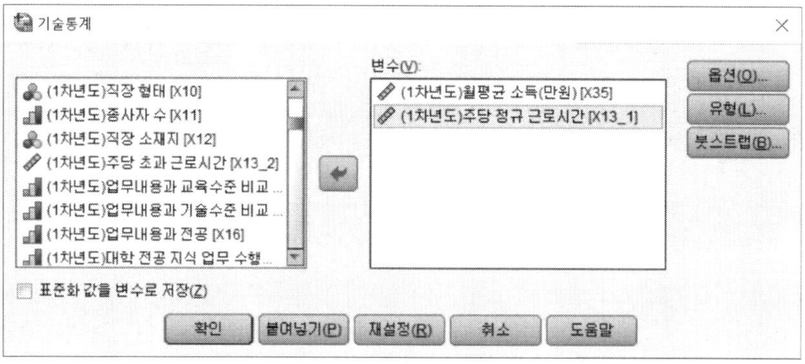

그림 3-14 • 기술통계 창

④ 기술통계 창에서 [옵션(O)...]을 선택하면 다음과 같은 기술통계 옵션 창이 나온다.

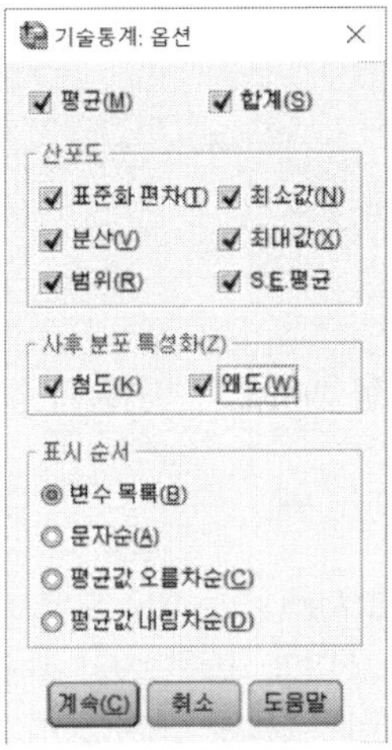

그림 3-15 • 기술통계: 옵션 창

통계분석 창의 기본적인 것을 요약하면 다음과 같다.

선택		설명
산포도	표준편차	표준편차를 출력
	분산	분산을 출력
	범위	범위를 출력
	최솟값	최솟값을 출력
	최댓값	최댓값을 출력
	평균의 표준오차	표준오차를 출력
분포	왜도	왜도를 출력
	첨도	첨도를 출력

⑤ 분석하고자 하는 통계량을 선택하고 [계속(C)]을 클릭하면 다시 빈도분석 창이 나오고, 여기서 [확인]을 클릭하면 출력결과 창이 나온다. [그림 3-16]은 출력결과이다.

다음의 명령문은 기술통계에 대한 출력 결과 창에서의 내용이다. 그리고 WEIGHT OFF.는 가중값을 적용하지 않겠다는 의미이다.

명령문

```
WEIGHT OFF.
DESCRIPTIVES VARIABLES=X35 X13_1
  /STATISTICS=MEAN SUM STDDEV VARIANCE RANGE MIN
              MAX SEMEAN KURTOSIS SKEWNESS.
```

기술통계량

	N	범위	최소값	최대값	합계	평균		표준편차	분산	왜도		첨도	
	통계량	통계량	통계량	통계량	통계량	통계량	표준오류	통계량	통계량	통계량	표준오류	통계량	표준오류
(1차년도)월평균 소득(만원)	23982	358	100	458	4313171	179.85	.386	59.808	3576.962	.977	.016	.907	.032
(1차년도)주당 정규 근로시간	23982	82	2	84	1051021	43.83	.056	8.596	73.899	.168	.016	5.498	.032
유효 N(목록별)	23982												

그림 3-16 • 기술통계 결과

결과분석

월평균 소득(X35)과 주당 정규 근로시간(X13_1)은 모두 1,355개의 자료를 이용하여 분석하였으며, 월평균 소득은 평균이 186.5이고, 표준편차가 61.414로 표준편차가 비교적 큰 것은 관측값들 사이에 월평균 소득의 차이가 많다는 의미이다. 그리고 왜도가 0.871로 0보다 크기 때문에 분포의 모양이 오른쪽의 꼬리가 두꺼운 모양이다. 이는 평균보다 소득이 적은 사람은 소득의 차이가 적은 반면, 평균보다 소득이 많은 사람들은 소득의 차이가 많다는 의미이다. 그리고 첨도가 0.669으로 0보다 크기에 분포가 정규분포보다 높은 모양을 가지고 있다. 다음의 [그림 3-17]은 월평균 소득에 대한 분포의 모양이다. 실선인 정규분포에 비해 중앙(평균)의 왼쪽 부분이 상대적으로 올라왔고(왜도 〉 0), 중앙 부근에서 상대적으로 정규분포 보다 높은(첨도 〉 0) 모양을 가지고 있다.

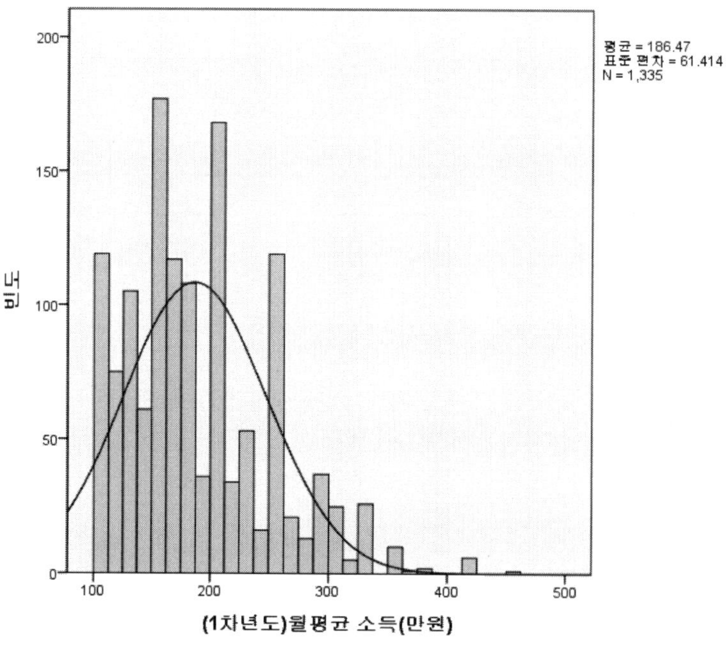

그림 3-17 • 월평균 소득의 분포

3.4.4 가중값을 이용한 기술통계

빈도분석에서 가중값을 이용하는 절차와 동일하다. 한번 가중값을 적용하면 앞으로의 모든 분석에서 가중값을 적용하여 분석하기 때문에 가중값을 사용하지 않을 때는 반드시 WEIGHT OFF. 명령문을 사용한다.

예제 가중값을 이용하여 월평균 소득의 기술통계량을 구하시오.

명령문

```
WEIGHT BY WEIGHT.
DESCRIPTIVES VARIABLES=X35
  /STATISTICS=MEAN SUM STDDEV VARIANCE .
```

기술통계량

	N	합계	평균	표준편차	분산
(1차년도)월평균 소득(만원)	23982	4313171	179.85	59.808	3576.962
유효 N(목록별)	23982				

그림 3-18 • 가중값을 적용한 기술통계 결과

다음 표에서와 같이 가중값 적용 이전과 이후의 결과는 차이가 남을 볼 수 있다. 추정을 하고자 할 때는 가중값을 적용하여 사용하여야 한다. 하지만, 통계적 가설검정에서는 경우에 따라서 사용하여야 한다(추후 설명).

선택	가중값 적용 전 월평균 소득	가중값 적용 후 월평균 소득
N	1,335	23,982
합계	248,936	4,313,171
평균	186.47	179.85
표준편차	61.414	59.808
분산	3,771.730	3,576.962

04

SPSS의 그래프와 결과물 편집

4.1 SPSS의 그래프

그래프에서는 시각적으로 자료의 요약된 형태를 볼 수 있다. SPSS는 그래프를 그리기 위해 다음과 같은 세 가지의 방법을 지원하고 있다.

① 차트 작성기(C): 미리 정의된 갤러리 도표 또는 개별 부분(축, 막대 등)을 통해 도표를 작성하며, 갤러리 도표나 기본요소를 캔버스에 끌어다 놓아 도표를 작성한다.
② 그래프보드 양식 선택기(G): 양식 선택기는 시각화 양식 설정을 위한 두 개의 기본 탭으로 구성되어 있으며, 기본 탭에서는 분석하고자 하는 데이터를 선택하고, 데이터에 적절한 그래프를 선택한다. 세부사항 선택 탭에서는 먼저 그래프 유형을 선택하고, 데이터를 지정하며, 기본 탭에서 사용할 수 없는 세부 내용을 추가할 수 있다.
③ 레거시 대화 상자(L): 레거시 대화 상자는 조금 복잡해 보이지만, 다양한 그래프를 그릴 수 있는 장점이 있으며, 이를 이해하면 다른 방법을 이해하기 쉽기에 레거시 대화 상자를 이용하는 방법을 먼저 설명하겠다.

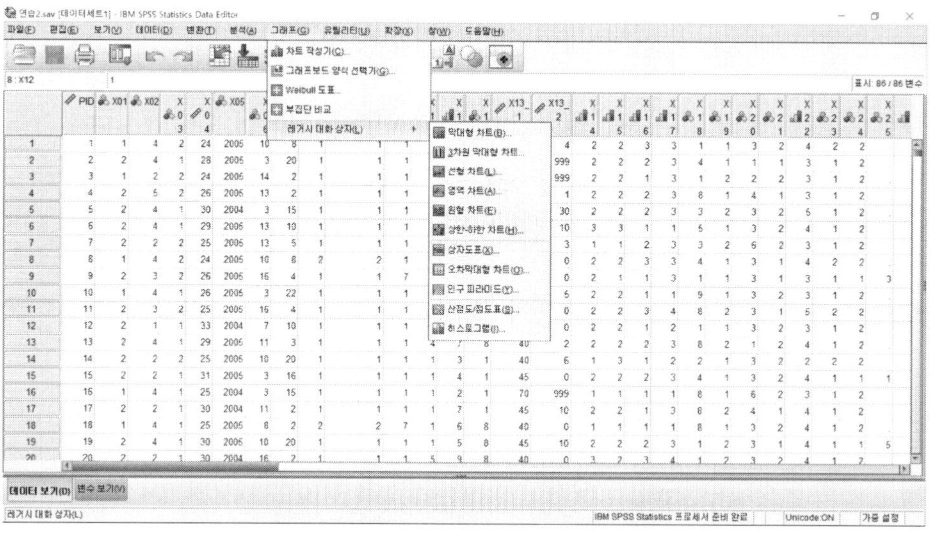

그림 4-1 • 그래프의 종류 및 시작

4.1.1 막대형 차트와 3차원 막대형 차트

막대형 차트는 대개 하나 또는 두 개의 범주형 변수에 대한 요약 통계량을 그림으로 나타낸다. 막대 길이는 일반적으로 각 범주의 케이스 빈도, 전체 케이스 수의 퍼센트,

다른 변수의 함수(예: 각 범주의 평균값)를 나타내며, 대화상자의 맨 아래에서 함수를 변경할 수 있고 함수를 구분하는 기준을 표시할 수 있다.

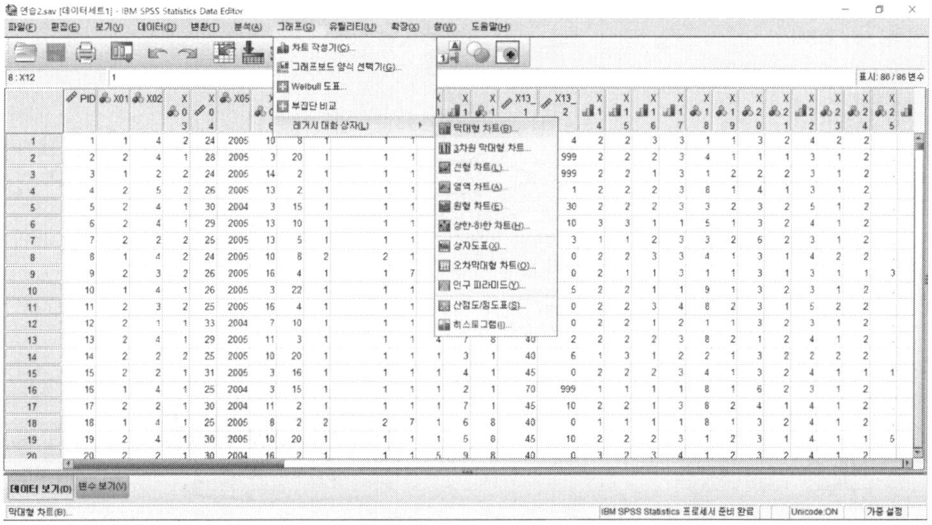

그림 4-2 • 그래프의 메뉴

SPSS를 이용하여 그래프를 그릴 수 있는 방법은 다음의 순서를 따라 간단하게 해결할 수 있다.

① 먼저 SPSS를 시작하고 저장한 파일 '연습2.sav'를 불러온다(파일(F) → 열기(O) →데이터(A) → 연습 → 열기).

② '연습2.sav'가 열리고 메뉴에서 그래프(G) → 레거시 대화 상자(L) → 막대형 차트(B)를 선택하면 막대형 차트 선택창이 열린다. 여기에서 그래프의 종류와 도표에 표시할 데이터의 종류를 선택한다.

구분		설명
그래프 종류	단순	일반적인 형태로 빈도수, 퍼센트 등을 이용하여 그래프를 그린다.
	수평배열	변수에 따른 누적 빈도수 혹은 퍼센트를 수평으로 나타낸다.
	수직누적	변수에 따른 누적 빈도수 혹은 퍼센트를 수직으로 나타낸다.
도표에 표시할 데이터	케이스 집단들의 요약값	하나의 변수에 대해 범주를 이용하여 그래프를 나타낸다.
	개별 변수의 요약값(V)	두 개 이상의 변수를 이용하여 그래프를 나타낸다.
	각 케이스의 값(I)	하나의 변수에 대해 각 케이스별 그래프를 나타낸다.

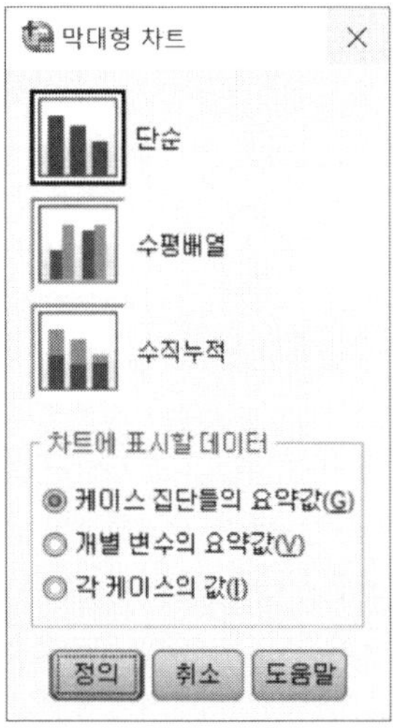

그림 4-3 • 막대형 차트 선택

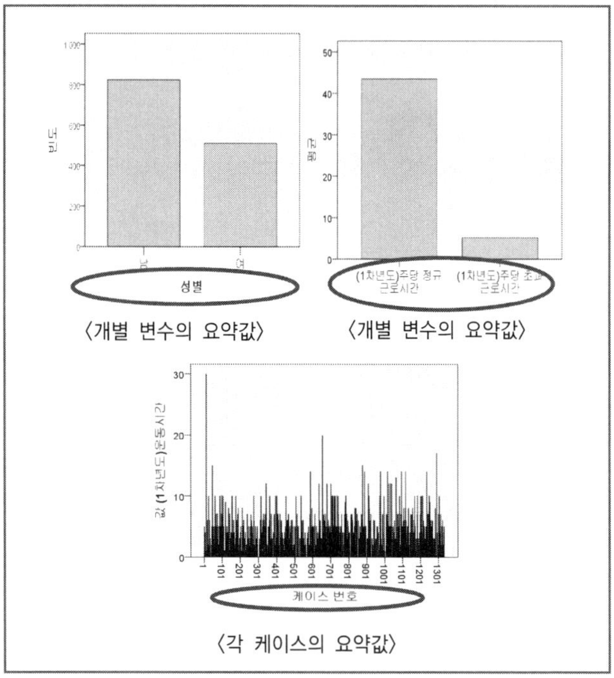

그림 4-4 • 차트에 표시할 데이터 종류

③ 성별에 대한 인원수의 막대그래프를 그리기 위해 [그림 4-3]에서 단순과 케이스 집단들의 요약값(G)을 선택하고 정의를 클릭하면, [그림 4-5]가 나타난다.

여기서 왼쪽의 변수들에서 그리고자 하는 대상변수인 성별(X03)을 범주축(X)에 선택(➡)한다. 그리고 막대 표시를 나타내는 통계량에는 케이스 수(N)를 선택하고, 확인을 클릭하면 명령문과 더불어 [그림 4-6]의 그래프를 출력한다.

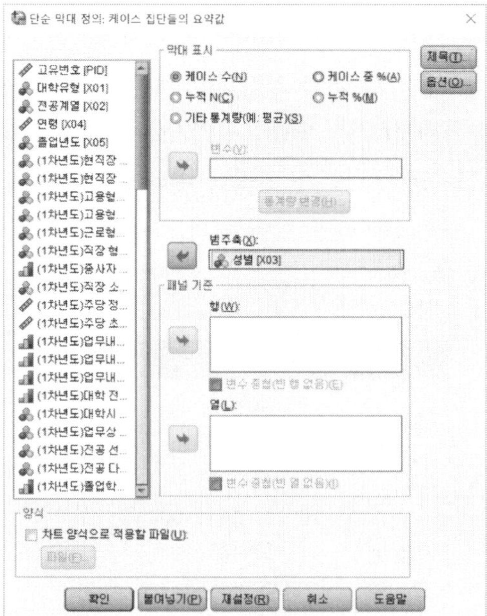

그림 4-5 • 단순 막대형 차트의 정의

명령문

```
GRAPH
  /BAR(SIMPLE)=COUNT BY X03.
```

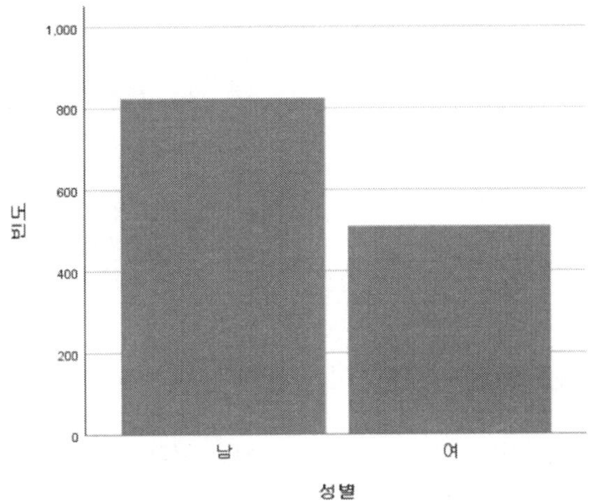

그림 4-6 • 막대형 차트의 결과

다음으로 막대 표시와 창 기준을 살펴보자. 막대 표시는 직관적으로 알기 쉽다. 즉, **케이스 수(N)**는 빈도수를 의미하고, **케이스 중 %(A)**는 비중을, **누적 N(C)**은 누적빈도, **누적 %(M)**는 누적빈도의 비중을, **기타 통계량(예: 평균)(S)**은 해당변수의 통계량을 Y축의 값으로 사용한다. 그리고 퍼센트의 기준은 각 항목의 케이스만을 기준으로 하는 것이 아니라 모든 케이스에 대한 퍼센트이다.

다음 그림은 성별에 따른 월평균 소득의 평균을 그래프로 그리는 예이다. [그림 4-7]의 안에 있는 그림은 [통계량 바꾸기(H)...]를 클릭하였을 때의 그림이고, 여기서 **평균(M)**을 선택하면 월평균 소득의 평균인 MEAN(**월평균 소득**(X35))가 **변수(V)**에 투입되고, **범주축(X)**은 **성별(X03)**을 투입한다. 다음은 성별(남, 여)에 따른 월평균 소득(X35)의 평균의 막대형 차트에 대한 입력창, 결과 그리고 명령어이다.

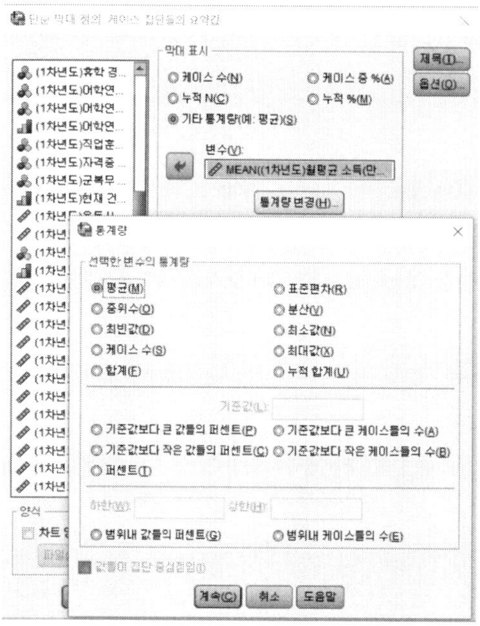

그림 4-7 • 막대형 차트 정의 창

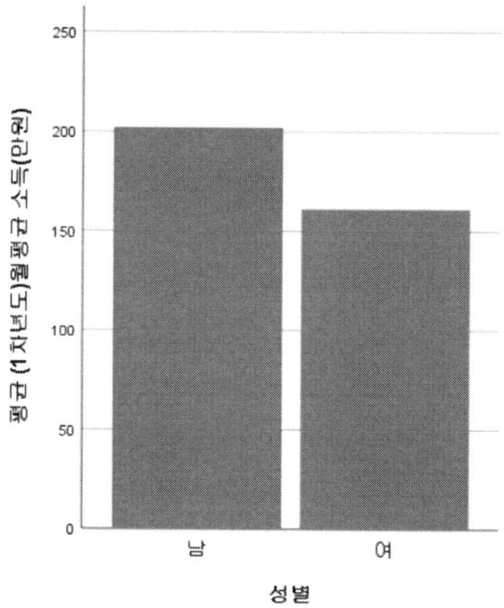

그림 4-8 • 성별에 따른 월평균 소득 막대형 차트 결과

명령문

```
GRAPH
  /BAR(SIMPLE)=MEAN(X35) BY X03.
```

다음으로 패널 기준을 살펴보자. 전공계열과 성별에 따른 월평균 소득의 평균을 그래프로 그리는 예이다. 막대 표시의 **변수(V)**와 **범주축(X)**은 앞과 동일하게 하고, **패널 기준**의 행에 **전공계열(X02)**을 투입하였다. 여기서 아래의 **변수 중첩(빈 행/열 없음)(E)**을 선택하지 않으면 변수가 교차한다. 즉, 각 변수의 모든 범주 조합에 대해 그래프가 작성된다. 만일 중첩되어야 할 변수가 교차하면 빈 행이나 열이 생성될 수 있다. 다음은 행 기준 막대형 차트 창, 결과 그리고 명령어이다.

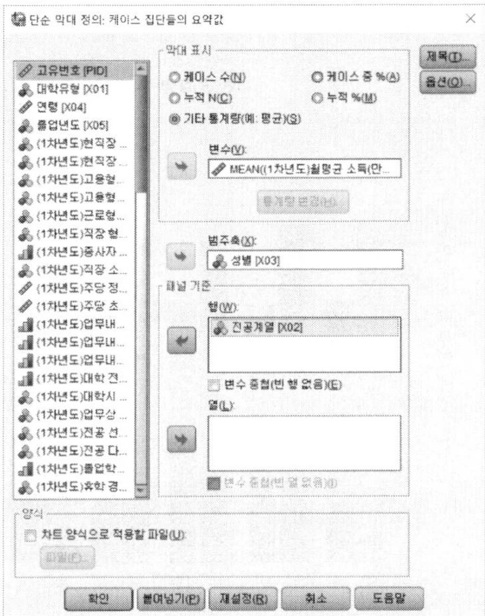

그림 4-9 • 전공계열과 성별에 따른 월평균 소득 막대형 차트 정의 창(행기준)

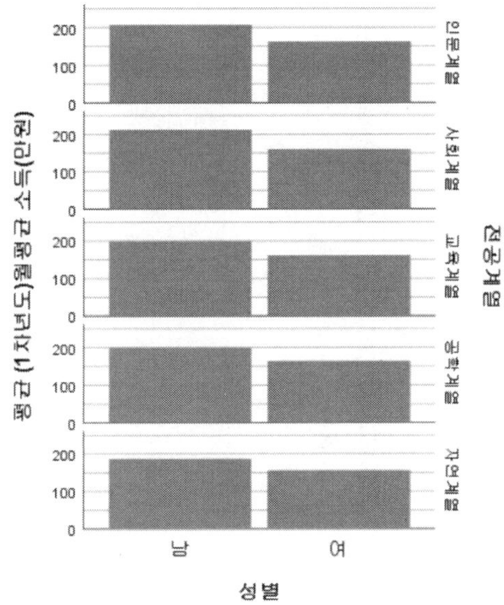

그림 4-10 • 전공계열과 성별에 따른 월평균 소득 막대형 차트 결과(행기준)

명령문

```
GRAPH
  /BAR(SIMPLE)=MEAN(X35) BY X03
  /PANEL ROWVAR=X02 ROWOP=CROSS.
```

다음은 경제사정을 가로로 두고 그래프를 그리기 위해, 막대 표시의 **변수(V)**와 **범주축(X)**은 앞과 동일하게 하고, **창 기준의 열**에 **전공계열(X02)**을 투입하였다. 다음은 열기준의 막대형 차트 창, 결과 그리고 명령어이다.

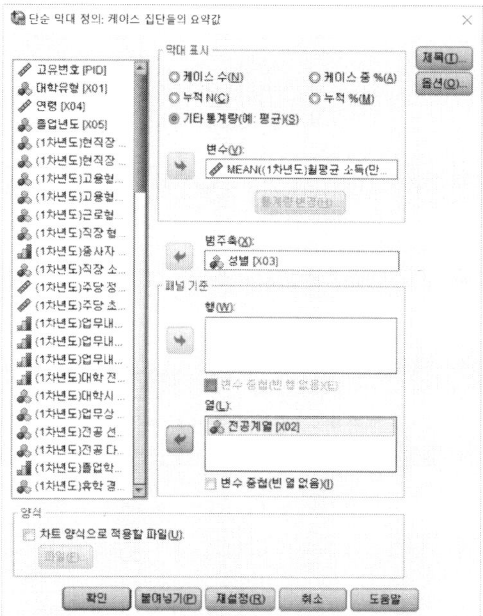

그림 4-11 • 전공계열과 성별에 따른 월평균 소득 막대형 차트 정의 창(열기준)

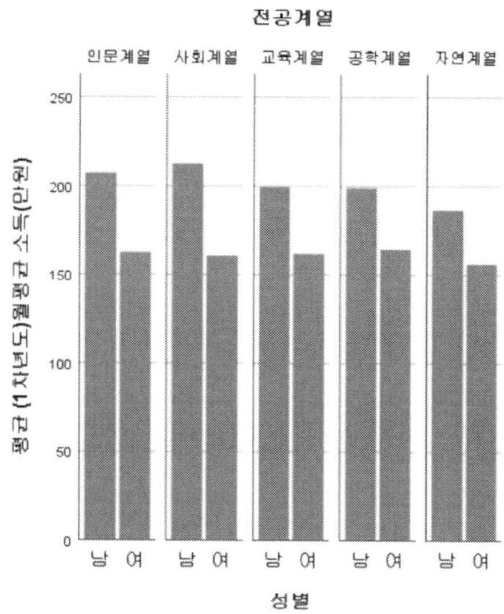

그림 4-12 • 전공계열과 성별에 따른 월평균 소득 막대형 차트 결과(열기준)

명령문

```
GRAPH
  /BAR(SIMPLE)=MEAN(X35) BY X03
  /PANEL COLVAR=X02 COLOP=CROSS.
```

다음은 제목(T)... 과 옵션(O)... 에 관한 설명으로 다음의 그림과 같이 제목 창에 입력하고, 옵션에서 **오차막대 표시(E)**를 선택하였을 때의 그림과 결과이다. 오차막대는 95% 신뢰구간을 의미하는 것이다.

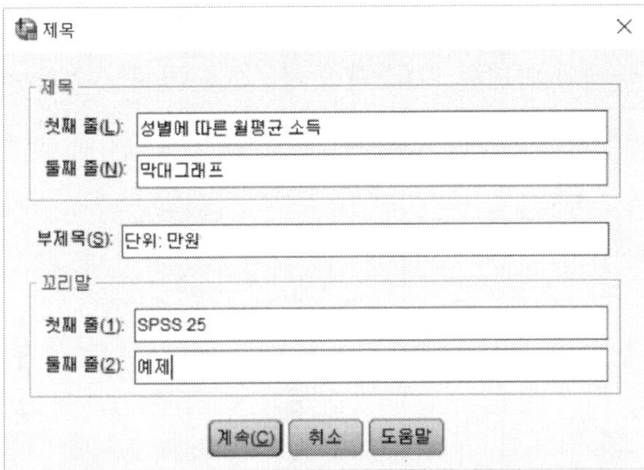

그림 4-13 • 제목 입력창

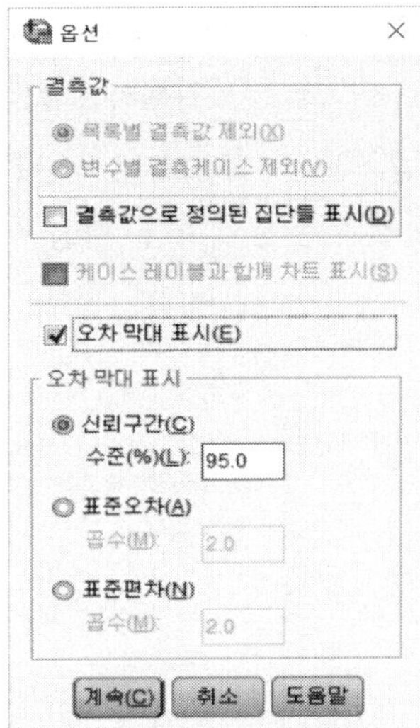

그림 4-14 • 옵션 입력창

명령문

```
GRAPH
  /BAR(SIMPLE)=MEAN(X35) BY X03
  /PANEL COLVAR=X02 COLOP=CROSS
  /INTERVAL CI(95.0)
  /TITLE='성별에 따른 월평균 소득' '막대그래프'
  /SUBTITLE='단위: 만원'
  /FOOTNOTE='SPSS 21' '예제'.
```

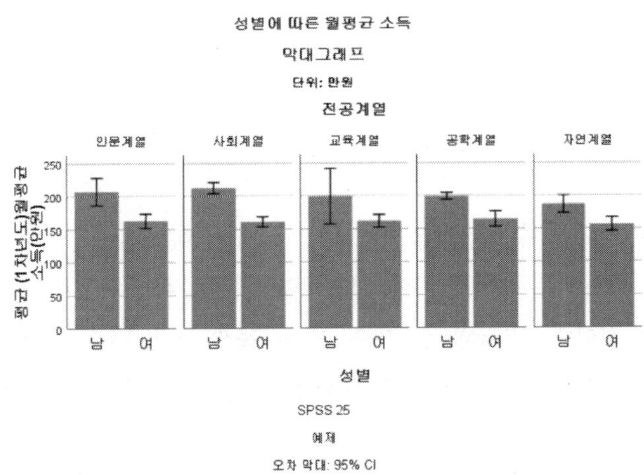

그림 4-15 • 제목과 옵션 적용 그래프

다음은 [그림 4-3]에서 수평배열을 선택하였을 때의 예이다. 성별에 따른 쇼핑장소의 빈도수를 그리기 위해서는 **범주축**(X)에 **성별**(X03)을 투입하고, **수평배열 기준변수**(S)에 **전공계열**(X02)을 투입한다. 기타의 창 기준, 제목, 옵션 등은 단순 막대형 차트와 사용방법과 결과는 동일하다. 다음은 수평배열 막대형 차트 정의 창, 결과 그리고 명령어이다.

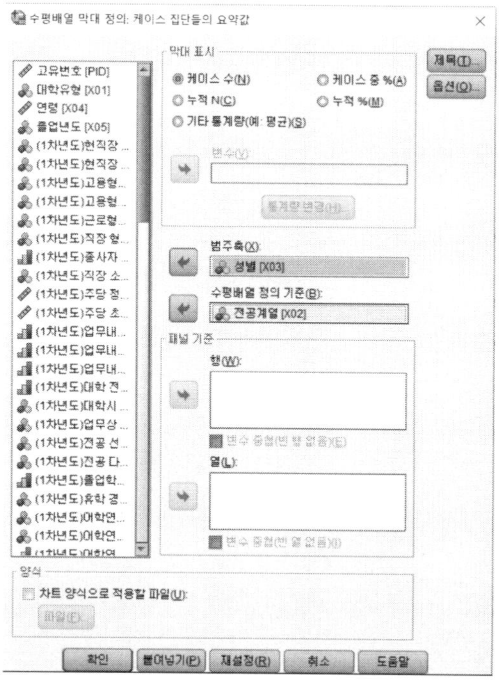

그림 4-16 • 수평배열 막대형 차트 정의 창

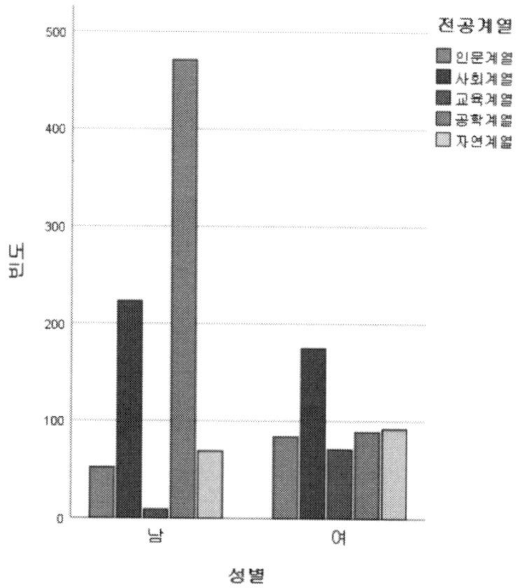

그림 4-17 • 수평배열 막대형 차트 결과

명령문

```
GRAPH
  /BAR(GROUPED)=COUNT BY X03 BY X02.
```

다음은 [그림 4-3]에서 수직누적을 선택하였을 때의 예이다. 성별에 따른 쇼핑장소의 빈도수를 그리기 위해서는 **범주축**(X)에 **전공계열**(X02)을 투입하고, **수직누적 기준변수**(S)에 **성별**(X03)을 투입한다. 기타의 창 기준, 제목, 옵션 등은 단순 막대형 차트와 사용방법과 결과는 동일하다. 다음은 수직누적 막대형 차트 정의 창, 결과 그리고 명령어이다.

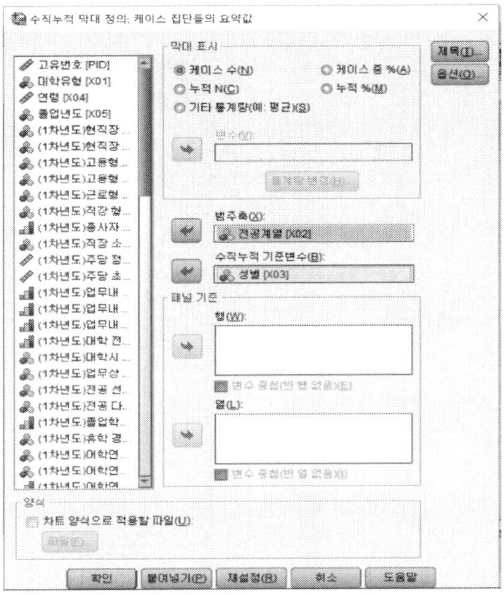

그림 4-18 • 수직누적 막대형 차트 정의 창

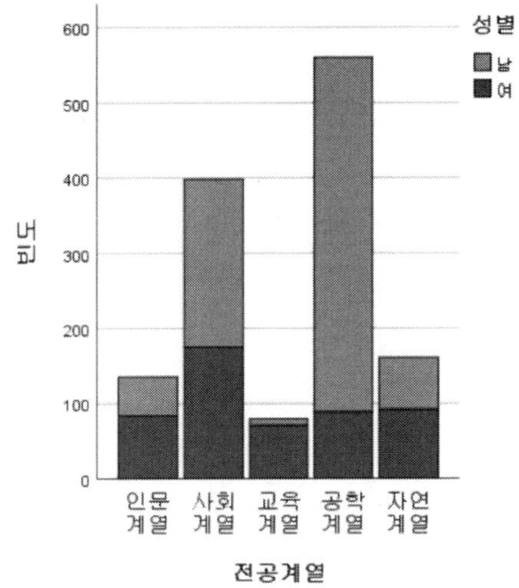

그림 4-19 • 수직누적 막대형 차트 결과

명령문

```
GRAPH
  /BAR(STACK)=COUNT BY X02 BY X03.
```

다음은 3차원 막대형 차트에 관한 설명으로 그래프(G) → 레거시 대화 상자(L) → 3차원 막대형 차트를 선택하면 X축과 Z축을 무엇으로 표시하는지를 확인하고, 범주축과 창 기준을 입력하도록 한다. 방법은 일반적인 막대형 차트와 거의 같다.

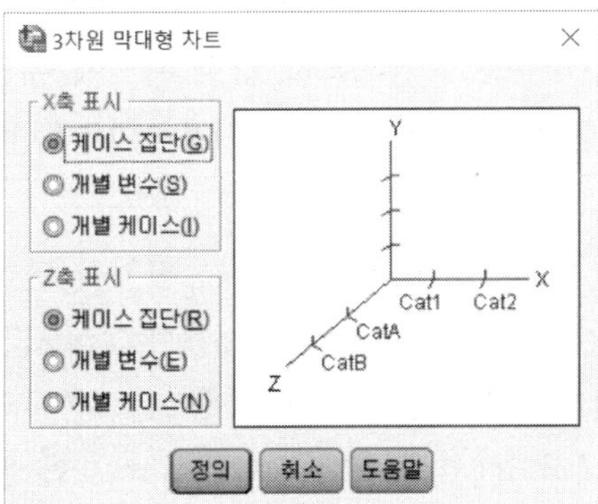

그림 4-20 • 3차원 막대형 차트 창

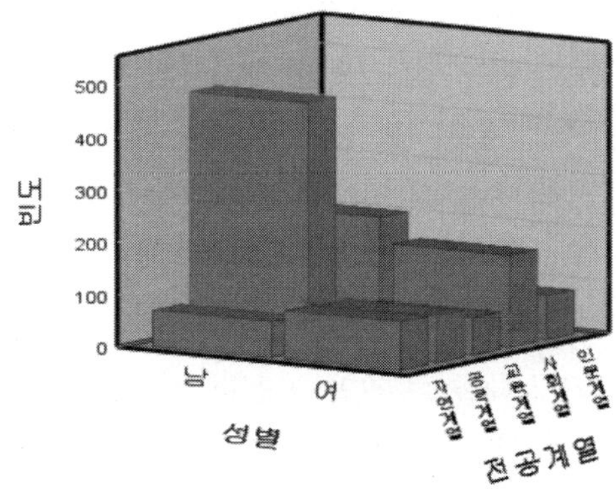

그림 4-21 • 3차원 막대형 차트 결과

그림 4-22 • 3차원 막대형 차트 정의 창

명령문

```
XGRAPH CHART=([COUNT] [BAR]) BY X03 [c] BY X02 [c].
```

4.1.2 선형 차트

하나의 선형 차트는 여러 변수의 범주를 요약하며, 개별 값 대신 흐름이나 이동을 강조하는 경향이 있다. 또한 장시간의 데이터 표시에 주로 사용되므로 경향 파악에 유용하다. 특히 좁은 공간에서 수많은 변수를 나타내는 데 유용하며, 점을 사용하여 데이터 위치를 나타낼 수 있다.

선형 차트를 작성하는 방법은 막대형 차트와 거의 비슷하며, 여기서는 차이가 나는 부분만 설명하겠다. 성별에 따른 빈도수를 선형 차트로 그리기 위해 메뉴에서 그래프(G) → 레거시 대화 상자(L) → 선형 차트(L)를 선택한다. 선형 차트 선택 창에서는 3종류의 그래프를 선택할 수 있다. 또한 도표에 표시할 데이터에서의 선택은 막대형 차트와 동일하다.

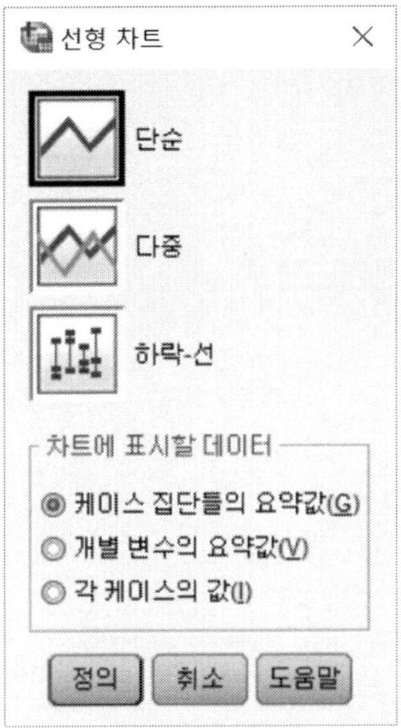

그림 4-23 • 선형 차트의 선택창

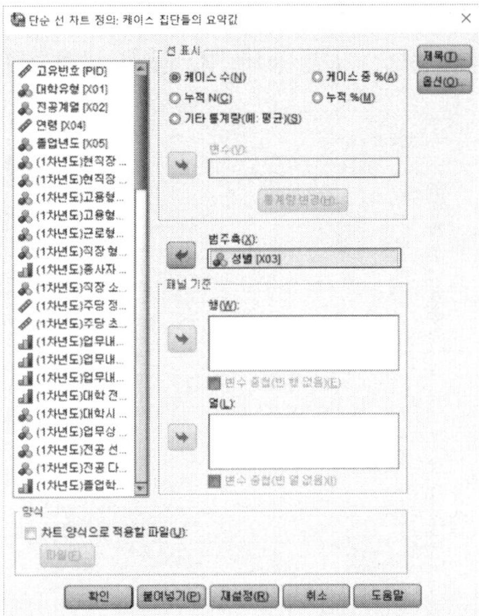

그림 4-24 • 단순 선형 차트 정의 창

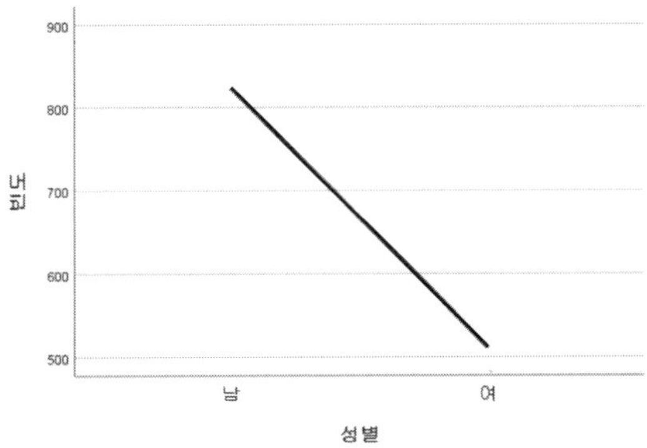

그림 4-25 • 단순 선형 차트 결과

명령문

```
GRAPH
  /LINE(SIMPLE)=COUNT BY X03.
```

다중 선형 차트의 예제로서 성별에 따른 경제사정의 빈도수를 선형차트로 그리기 위해 메뉴에서 그래프(G) → 레거시 대화 상자(L) → 선형 차트(L)를 선택한다. [그림 4-23]의 선형차트 선택 창에서 다중을 선택한다.

범주축(X)에는 **성별**(X03)을 투입하고, 선 **기준변수**(D)에는 **전공계열**(X02)을 투입한다. 다음은 다중 선형 차트 정의 창, 결과 그리고 명령어이다.

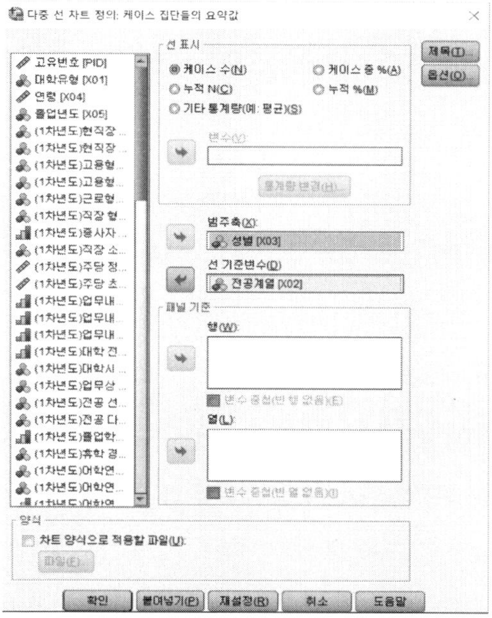

그림 4-26 • 다중 선형 차트 정의 창

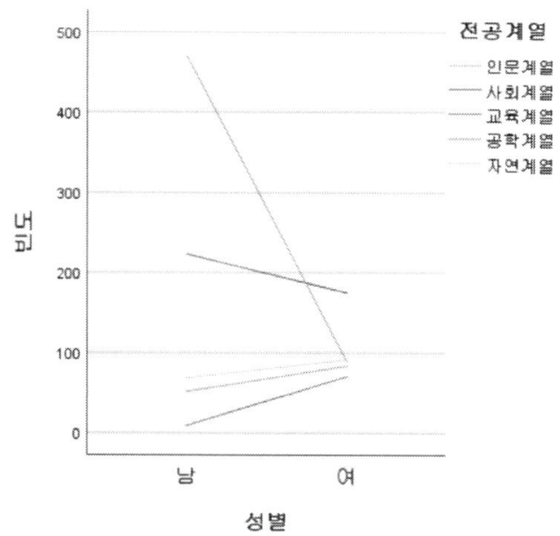

그림 4-27 • 다중 선형 차트 결과

명령문

```
GRAPH
  /LINE(MULTIPLE)=COUNT BY X03 BY X02.
```

하락-선형 차트의 예제로서 성별에 따른 경제사정의 빈도수를 하락-선형차트로 그리기 위해 메뉴에서 **그래프**(G) → **레거시 대화 상자**(L) → **선형 차트**(L)를 선택한다. [그림 4-23]의 선형차트 선택 창에서 **하락-선**을 선택한다.

범주축(X)에는 **전공계열**(X2)을 투입하고, **포인트 기준변수**(D)에는 **성별**(X3)을 투입한다. 다음은 하락-선형 차트 정의 창, 결과 그리고 명령어이다. 선형 차트에서 행 기준과 열 기준의 사용방법과 결과에 대한 해석은 막대형 차트에서와 같으므로 자세한 설명은 생략한다.

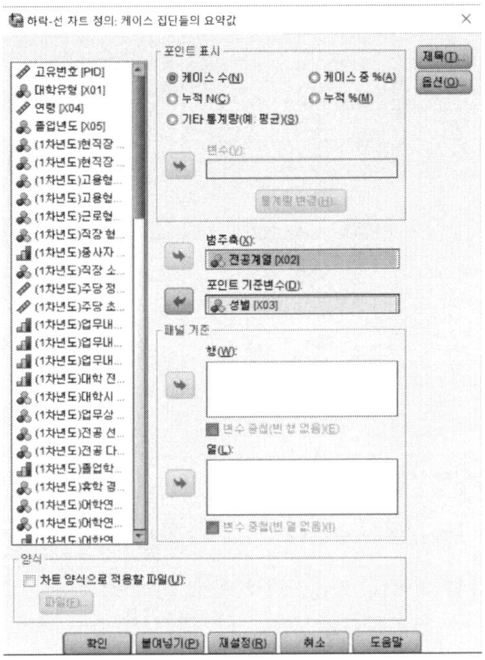

그림 4-28 • 하락-선형 차트 정의 창

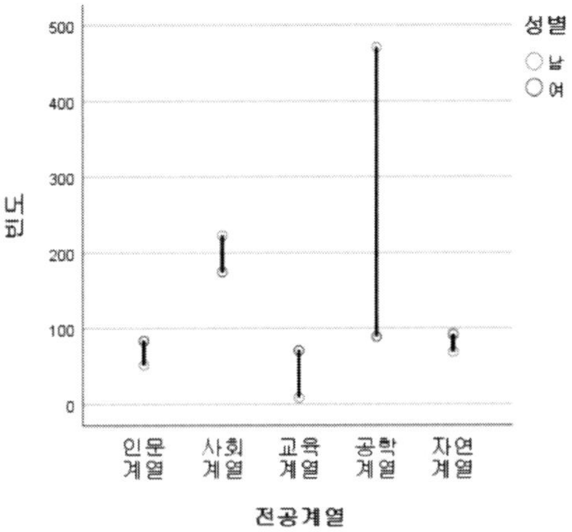

그림 4-29 • 하락-선형 차트 결과

명령문

```
GRAPH
  /LINE(DROP)=COUNT BY X02 BY X03.
```

4.1.3 영역 차트

단순 영역 차트는 점을 선으로 연결하여 도표화하고 데이터 선과 기준선 사이의 영역을 색이나 무늬로 채우는 도표이다. 일반적으로 시간(독립변수)에 따른 분석 변수(종속변수)의 연속성을 보여주기 위해 많이 사용한다. 기본적인 방법은 막대형 차트, 선형 차트와 비슷하다. 단순 영역 차트를 그리기 위해 메뉴에서 **그래프(G) → 레거시 대화 상자(L) → 영역 차트(A)**를 선택하고 [그림 4-30]의 영역 차트 선택 창에서 **단순**을 선택한다. **범주축(X)**에는 **전공계열(X2)**을 투입한다. 다음은 단순 영역 차트 정의 창, 결과 그리고 명령어이다.

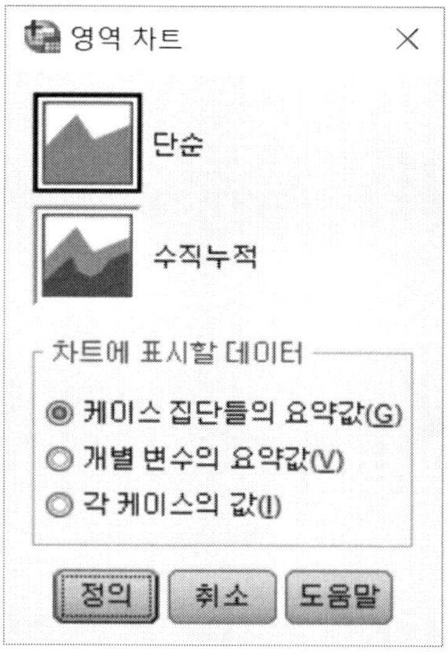

그림 4-30 • 영역 차트 선택 창

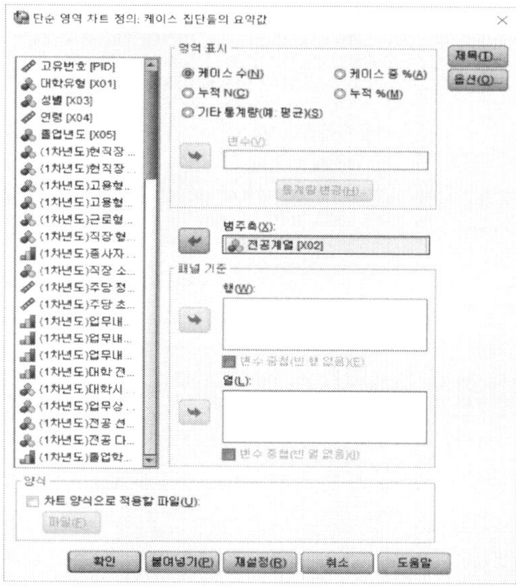

그림 4-31 • 단순 영역 차트 정의 창

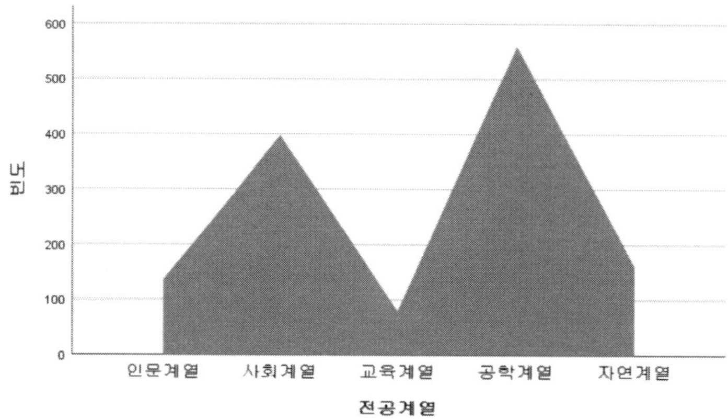

그림 4-32 • 단순 영역 차트 결과

명령문

```
GRAPH
  /LINE(AREA)=COUNT BY X02.
```

쇼핑장소에 따른 성별의 수직누적 영역차트를 그리기 위해서는 **범주축(X)**에는 **전공계열(X02)**을 투입하고, **영역 기준변수(D)**에는 **성별(X03)**을 투입한다. 다음은 수직누적 영역 차트 정의 창, 결과 그리고 명령어이다.

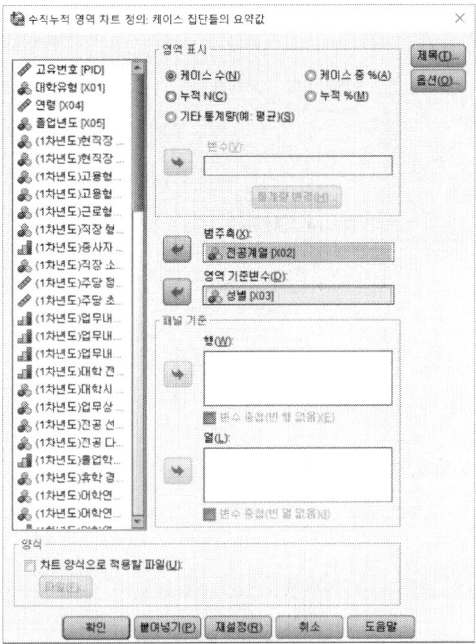

그림 4-33 • 수직누적 영역 차트 정의 창

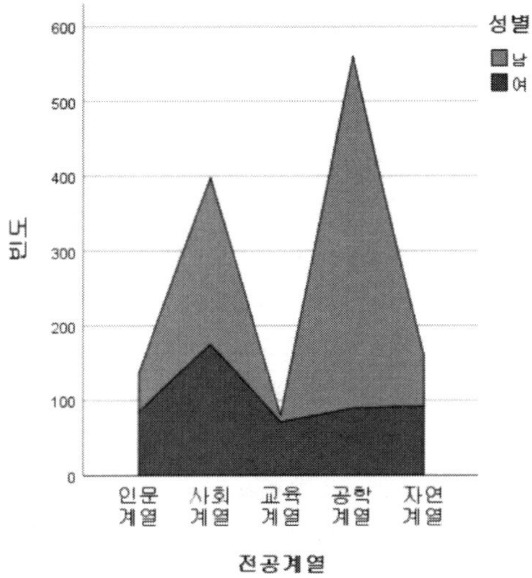

그림 4-34 • 수직누적 영역 차트 결과

명령문

```
GRAPH
  /LINE(AREA)=COUNT BY X02 BY X03.
```

4.1.4 원형 차트

원형 차트를 작성하는 방법은 이전의 다른 도표와 거의 비슷하며, 여기서는 차이가 나는 부분만 설명하겠다.

전공계열에 따른 빈도수를 원형 차트로 그리기 위해 메뉴에서 **그래프(G) → 레거시 대화 상자(L) → 원형 차트(E)**를 선택한다. 도표에 표시할 데이터에서의 선택은 막대형 차트와 동일하다. 다음은 원형 차트 정의 창, 결과 그리고 명령어이다.

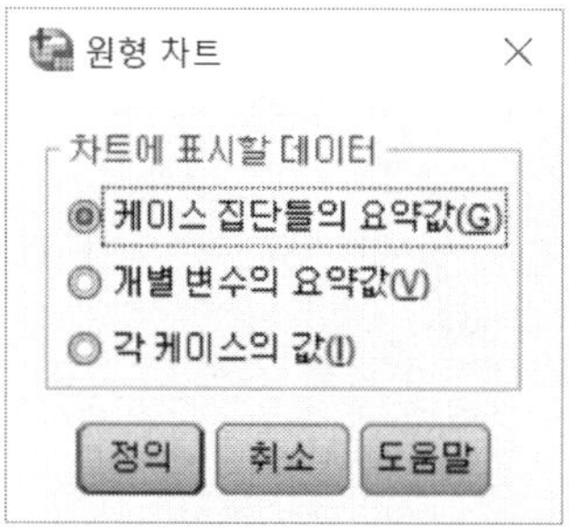

그림 4-35 • 원형 차트 데이터 선택 창

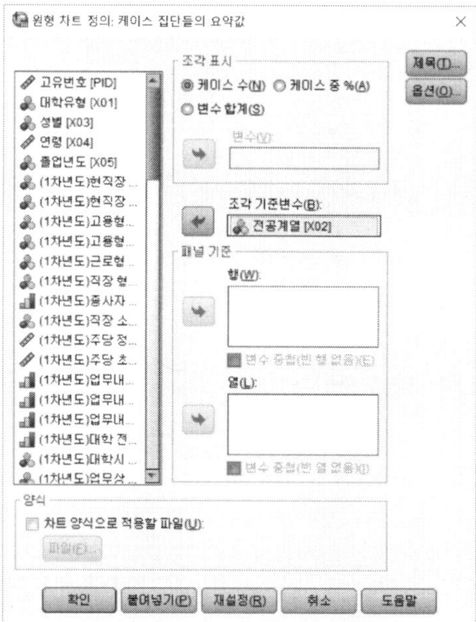

그림 4-36 • 원형 차트 정의 창

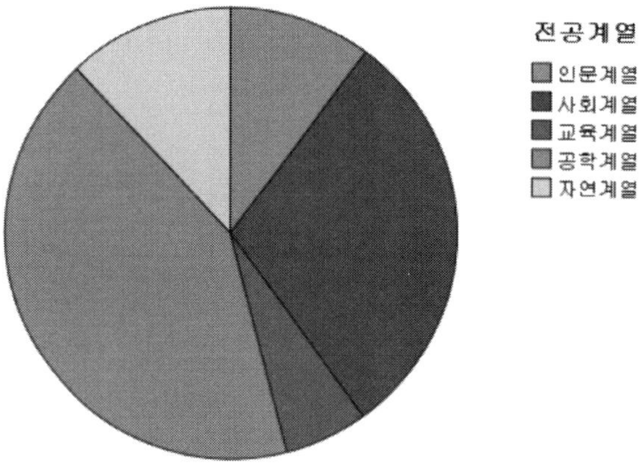

그림 4-37 • 원형 차트 결과

명령문

```
GRAPH
  /PIE=COUNT BY X02.
```

4.1.5 상자도표

상자도표(Box plot)는 기초 통계량을 이용하여 분포의 형태를 파악하는데 매우 편리한 도표이다. 도표에는 중위수, 사분위수, 이상값, 극단값이 표시된다.

성별에 따른 연령을 상자도표로 그리기 위해 메뉴에서 **그래프(G) → 레거시 대화 상자(L) → 상자도표(X)**를 선택한다. 도표에 표시할 데이터에서의 선택은 이전의 도표와 동일하다. 다음은 상자도표 정의 창, 결과 그리고 명령어이다.

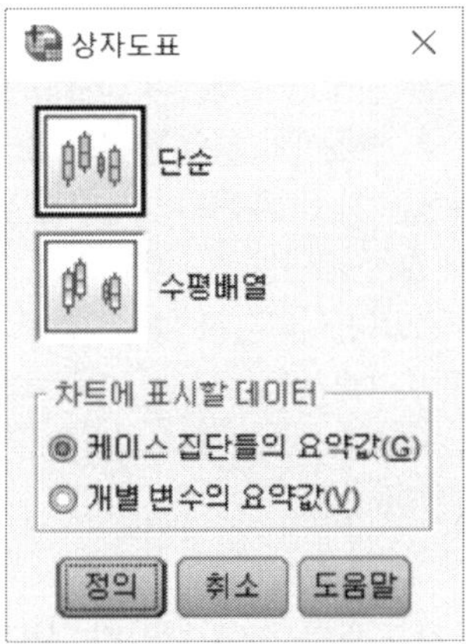

그림 4-38 • 상자도표 선택 창

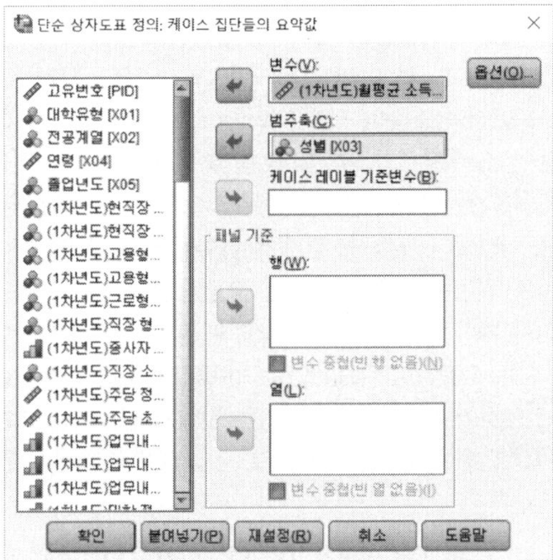

그림 4-39 • 단순 상자도표 정의 창

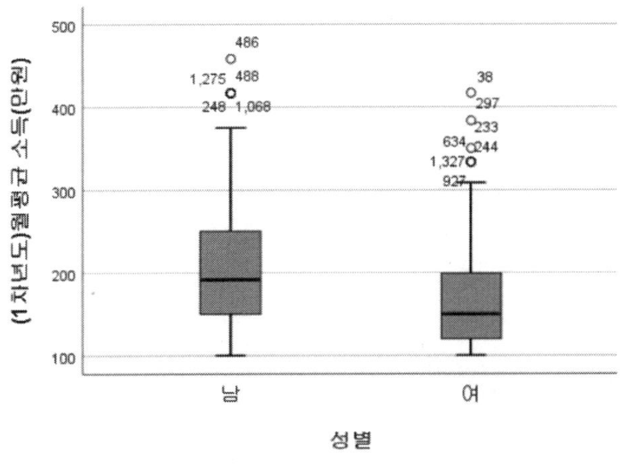

그림 4-40 • 단순 상자도표 결과

명령문

```
EXAMINE VARIABLES=X35 BY X03
  /PLOT=BOXPLOT
  /STATISTICS=NONE
  /NOTOTAL.
```

결과분석

상자도표를 이용하여 남녀 간에 월평균 소득의 분포를 서로 비교하기에 매우 편리하다. 우선 최소 소득에서 남성과 여성이 같으며, 최대 소득에서는 남성의 소득이 많은 것으로 나타났다. 제1사분위수(상자 아래 끝)는 여성의 소득이 적은 것으로 나타났고, 제3사분위수(상자 위쪽 끝)도 여성의 소득이 적게 나타났다. 상자의 길이가 여성이 남성에 비하여 짧게 나타난 것은 여성의 소득 분포가 남성의 소득 분포보다 짧기 때문이다. 이는 남성의 소득층이 다양하게(편차가 크다는 의미) 조사되었다는 의미이다. 중위수(상자 가운데 가로선)의 경우 남성의 소득이 높게 나타났다. 남성의 경우 중위수에서 제3사분위수까지의 길이가 중위수에서 제1사분위수까지의 길이보다 길다는 것은 평균(중위수) 소득보다 소득이 많은 사람들은 상대적으로 소득 차이가 많다는 의미이다. 그리고 지금과 같이 최대값이나 최소값이 나타나지 않는 경우도 있다. 이는 이상값이 존재한다는 의미이며, 남성의 486번, 488번, 1,275번, 248번, 1,068번과 같이 번호가 표시된 것은 이러한 값이 이상값이란 의미이다. 하단에 번호가 표시되지 않은 것은 100만원보다 적은 임금 즉, 이상값이 존재하지 않기 때문이다.

다음은 경제사정과 성별에 따른 연령의 수평배열 상자도표를 그려보았다. 변수(V)에는 월평균 소득(X35), 범주축(X)에는 성별(X03), 수평배열 정의 기준(S)에는 전공계열(X02)을 투입한다. 다음은 수평배열 상자도표 정의 창, 결과 그리고 명령어이다.

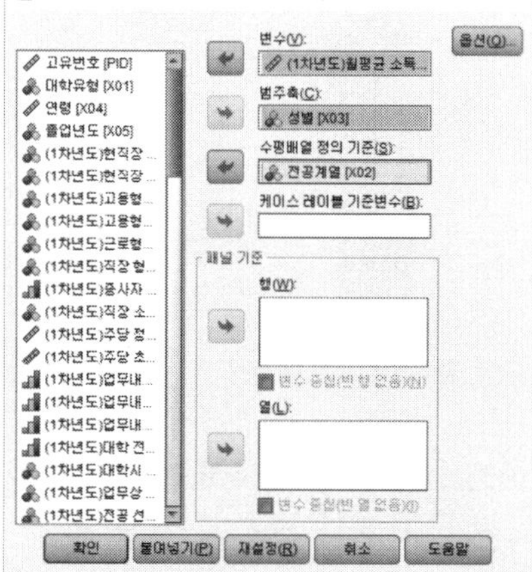

그림 4-41 • 수평배열 상자도표 정의 창

명령문

```
EXAMINE VARIABLES=X35 BY X03 BY X02
  /PLOT=BOXPLOT
  /STATISTICS=NONE
  /NOTOTAL.
```

케이스 처리 요약

	성별	전공계열	유효 N	유효 퍼센트	결측 N	결측 퍼센트	전체 N	전체 퍼센트
(1차년도)월평균 소득(만원)	남	인문계열	52	100.0%	0	0.0%	52	100.0%
		사회계열	223	100.0%	0	0.0%	223	100.0%
		교육계열	9	100.0%	0	0.0%	9	100.0%
		공학계열	471	100.0%	0	0.0%	471	100.0%
		자연계열	69	100.0%	0	0.0%	69	100.0%
	여	인문계열	84	100.0%	0	0.0%	84	100.0%
		사회계열	175	100.0%	0	0.0%	175	100.0%
		교육계열	71	100.0%	0	0.0%	71	100.0%
		공학계열	89	100.0%	0	0.0%	89	100.0%
		자연계열	92	100.0%	0	0.0%	92	100.0%

그림 4-42 • 수평배열 상자도표 결과 1

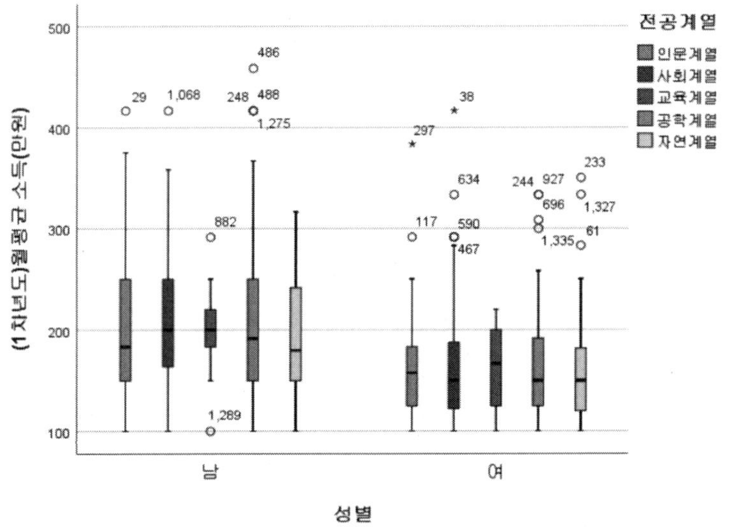

그림 4-43 • 수평배열 상자도표 결과 2

결과분석

수평배열 상자도표 결과로서 전체 데이터 수를 출력하고, 상자도표 그래프가 출력되었다. 여기서 *는 극단 이상값을 의미하고, ○는 이상값을 의미하고, 숫자는 케이스 번호를 의미한다.

4.1.6 오차막대형 차트

오차막대는 표시된 변수의 변동을 나타내므로 분포와 산포를 시각화하는데 유용하며, 분석 변수의 평균은 범주군에 대해 도표화되고 평균값 양쪽의 오차막대 길이는 신뢰구간이나 표준오차 또는 표준편차의 지정된 값을 나타낸다. 또한, 오차막대는 평균으로부터 한쪽 방향 또는 양쪽 방향으로 그릴 수 있다.

오차막대 표시는 오차막대의 길이를 정하는데 사용할 수 있는 통계량으로 평균에 대한 신뢰구간, 표준편차, 평균 표준오차가 있다. 평균의 신뢰구간에서 해당 수준의 퍼센트를 지정할 수 있다. 표시된 표준편차나 표준오차 수는 0보다 크고 6보다 작거나 같은 곱수에 의해 결정된다.

성별에 따른 연령을 상자도표로 그리기 위해 메뉴에서 **그래프(G) → 레거시 대화 상자(L) → 오차막대형 차트(O)**를 선택한다. 도표에 표시할 데이터에서의 선택은 이전의 도표와 동일하다. 다음은 오차막대형 차트 정의 창, 결과 그리고 명령어이다.

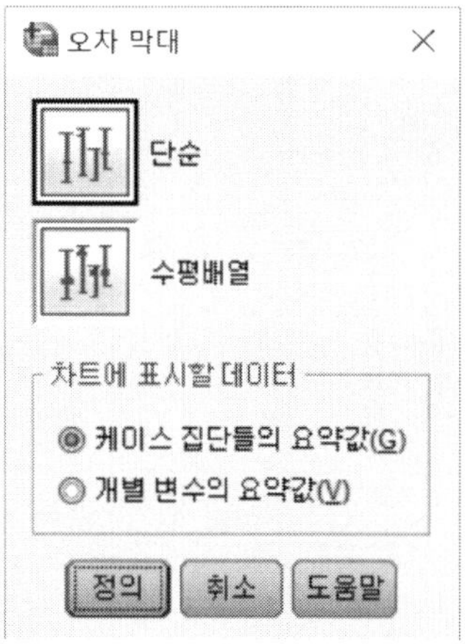

그림 4-44 • 오차막대형 차트 선택 창

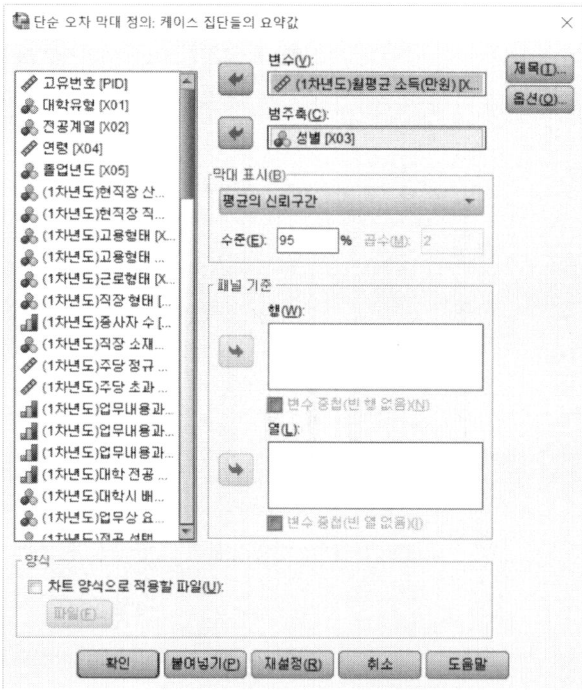

그림 4-45 • 오차막대형 차트 정의 창

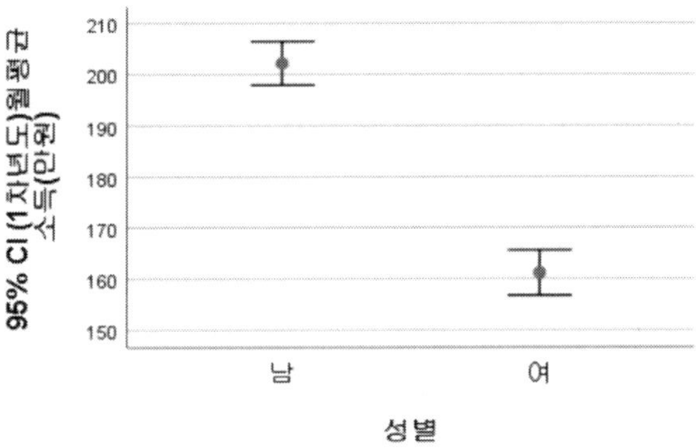

그림 4-46 • 오차막대형 차트 결과

명령문

```
GRAPH
  /ERRORBAR(CI 95)=X35 BY X03.
```

다음은 경제사정과 성별에 따른 연령의 수평배열 오차막대형 차트를 그려보았다. 변수(V)에는 월평균 소득(X35), 범주축(X)에는 전공계열(X02), 수평배열 기준변수(S)에는 성별(X03)을 투입한다. 다음은 수평배열 오차막대형 차트 정의 창, 결과 그리고 명령어이다.

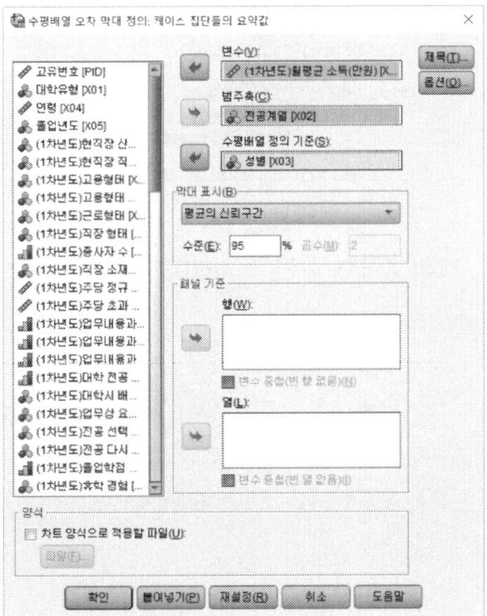

그림 4-47 • 수평배열 오차막대형 차트 정의 창

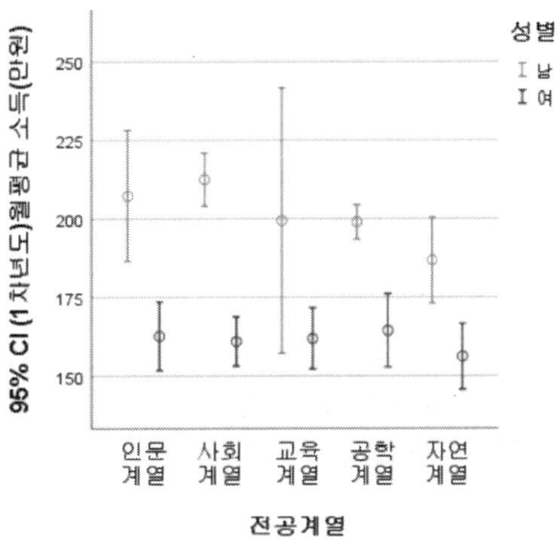

그림 4-48 • 수평배열오차막대 결과

명령문

```
GRAPH
  /ERRORBAR(CI 95)=X35 BY X02 BY X03.
```

4.1.7 인구 피라미드

인구 피라미드는 막대그래프의 변형된 형태로서 피라미드 형식의 그래프를 그릴 수 있다. 성별에 따른 연령층을 비교하기 위해서는 메뉴에서 **그래프(G) → 레거시 대화 상자(L) → 인구 피라미드(Y)**를 선택한다. **분포 표시 기준(D)**에는 분포를 알고 싶은 변수인 **월평균 소득(X35)**을, **분할 기준(S)**은 비교 대상인 **성별(X03)**을 투입한다. 다음은 인구 피라미드 정의 창, 결과 그리고 명령어이다.

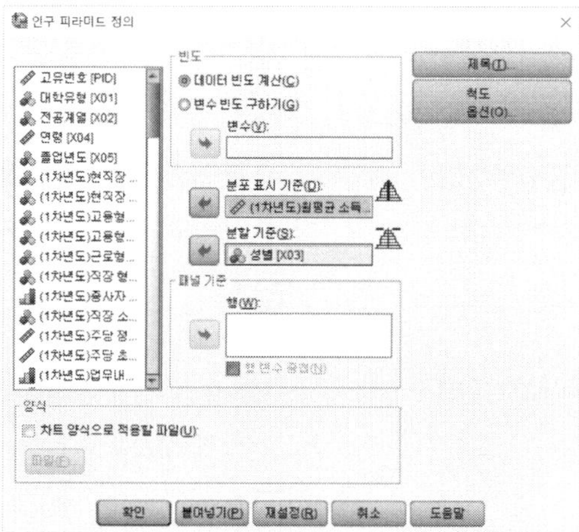

그림 4-49 • 인구 피라미드 정의 창

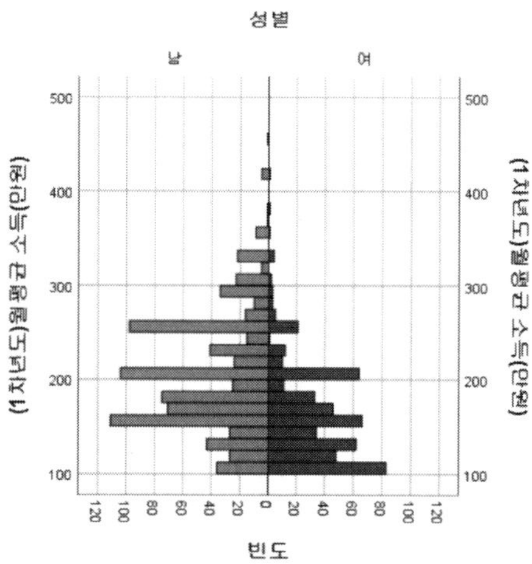

그림 4-50 • 인구 피라미드 결과

명령문

```
XGRAPH CHART=[HISTOBAR] BY X35[s] BY X03[c]
  /COORDINATE SPLIT=YES
  /BIN START=AUTO SIZE=AUTO.
```

4.1.8 산점도

산점도는 두 개 또는 세 개의 축을 따라 실제 값을 도표화하여 두 가지 또는 세 가지 양적 변수 사이의 관계를 명확하게 나타낸다. 변수의 관계에서 곡선의 형태를 가지는지 등과 같이 기술통계량이 나타내지 않는 관계를 파악할 수 있으며 이상값을 표시할 수 있다. 뒤에서 다룰 상관분석이나 회귀분석에서 필수적으로 필요한 도표이다.

(1차년도)월평균 소득(X35)과 (2차년도)월평균 소득(XX35)의 관계를 보기 위해 산점도를 그리기 위해서는 메뉴에서 **그래프(G) → 레거시 대화 상자(L) → 산점도/점도표(S)**를 선택한다. 도표에 표시할 데이터에서의 선택은 이전의 도표와 동일하다. 다음은 산점도 정의 창, 결과 그리고 명령어이다. 결과는 서로 비례관계임을 볼 수 있다.

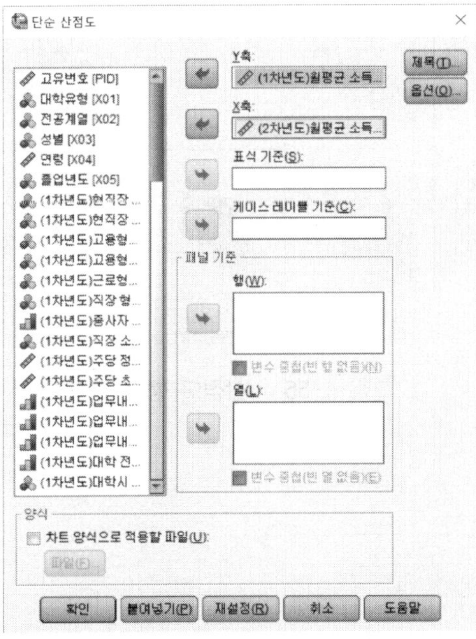

그림 4-51 • 단순 산점도 정의 창

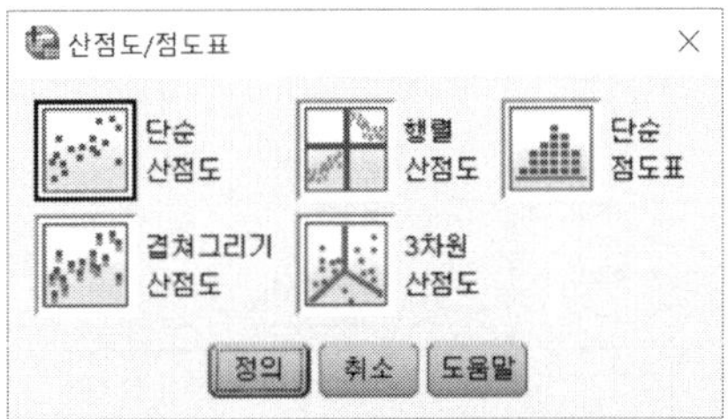

그림 4-52 • 산점도 선택 창

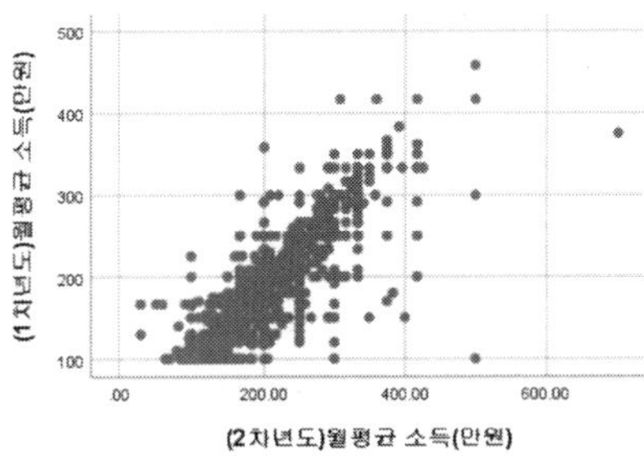

그림 4-53 • 단순 산점도 결과

명령문

```
GRAPH
  /SCATTERPLOT(BIVAR)=XX35 WITH X35
  /MISSING=LISTWISE.
```

다음은 산점도 행렬의 예제로서 1, 2, 3차년도 **월평균 소득**(X35, XX35, XXX35)의 3개 변수에서 발생하는 모든 조합에 대해 산점도를 그리고자 한다. 산점도 선택 창에서 **행렬 산점도**를 선택한다. **행렬변수**(M)에 분석하고자 하는 모든 변수를 투입한다. 다음은 산점도 행렬 정의 창, 결과 그리고 명령어이다. 결과는 2차원으로 9개 셀을 이용하여 모든 변수 조합의 산점도를 그리고 있다.

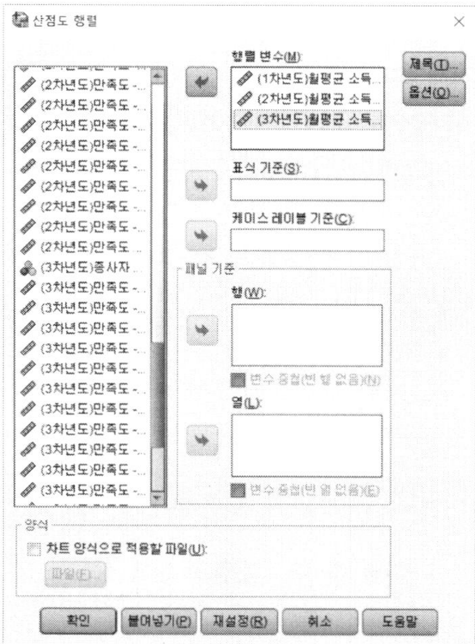

그림 4-54 • 산점도 행렬 정의 창

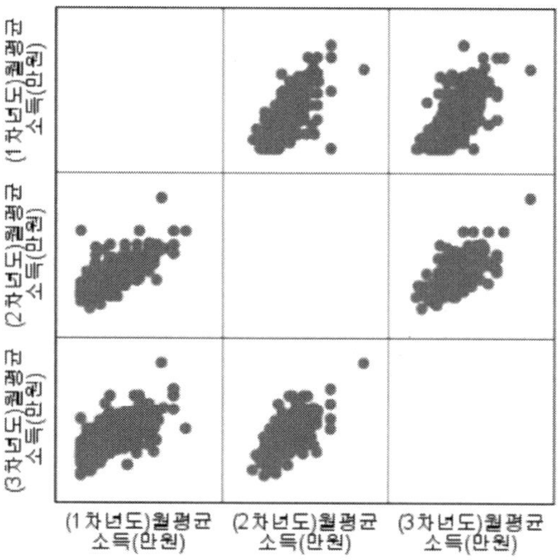

그림 4-55 • 산점도 행렬 결과

명령문

```
GRAPH
  /SCATTERPLOT(MATRIX)=X35 XX35 XXX35
  /MISSING=LISTWISE.
```

다음은 겹쳐그리기 산점도의 예제로서 (1차년도)월평균 소득(X35)-(2차년도)월평균 소득(XX35), (1차년도)월평균 소득(X35)-(3차년도)월평균 소득(XXX35)의 2개 조합에 대해 산점도를 그리고자 한다. 산점도 선택 창에서 **겹쳐그리기 산점도**를 선택한다. 대응(P)에 분석하고자 하는 변수를 대응 쌍을 고려하여 투입한다. 다음은 겹쳐그리기 산점도 정의 창, 결과 그리고 명령어이다.

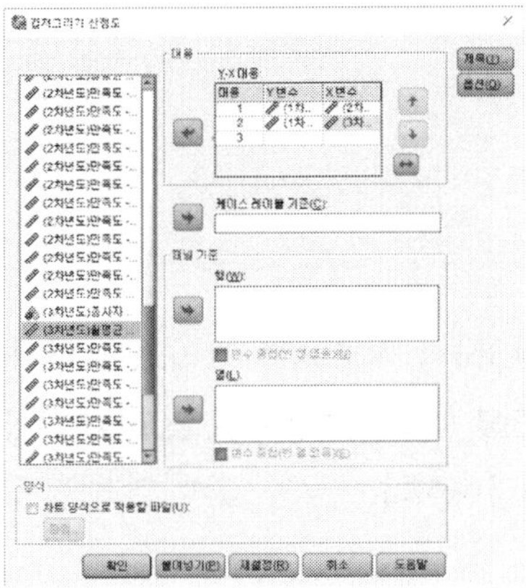

그림 4–56 • 겹쳐그리기 산점도 정의 창

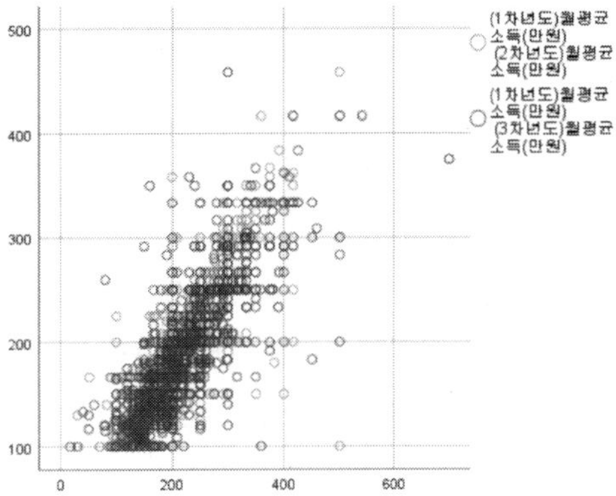

그림 4–57 • 겹쳐그리기 산점도 결과

명령문

```
GRAPH
  /SCATTERPLOT(OVERLAY)=XX35 XXX35 WITH X35 X35 (PAIR)
  /MISSING=LISTWISE.
```

다음은 3차원 산점도의 예제로서 (1차년도)월평균 소득(X35), (2차년도)월평균 소득(XX35), (3차년도)월평균 소득(XXX35)의 3차원 산점도를 그리고자 한다. 산점도 선택 창에서 3차원 산점도를 선택한다. Y–축(Y)에 (1차년도)월평균 소득(X35), X–축(X)에 (2차년도)월평균 소득(XX35), Z–축(Z)에 (3차년도)월평균 소득(XXX35)를 투입한다. 다음은 3차원 산점도 정의 창, 결과 그리고 명령어이다.

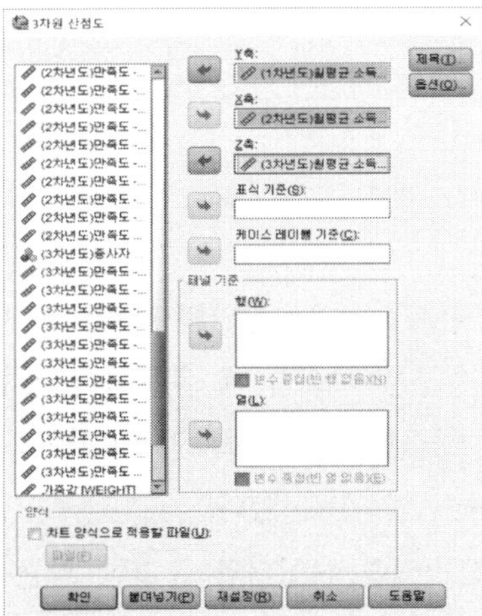

그림 4–58 • 3차원 산점도 정의 창

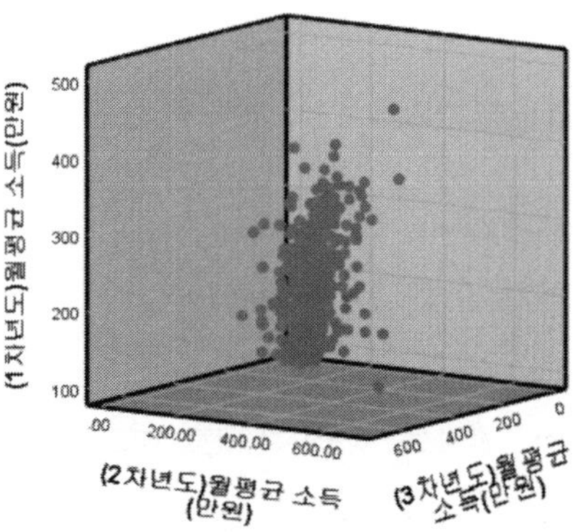

그림 4–59 • 3차원 산점도 결과

명령문

```
GRAPH
  /SCATTERPLOT(XYZ)=XX35 WITH X35 WITH XXX35
  /MISSING=LISTWISE.
```

다음은 단순점도표의 예제로서 (1차년도)월평균 소득(X35)의 점도표를 그리고자 한다. 산점도 선택 창에서 **단순점도표**를 선택한다. **X축 변수(X)**에 **(1차년도)월평균 소득(X35)**를 투입한다. 다음은 단순점도표 정의 창, 결과 그리고 명령어이다.

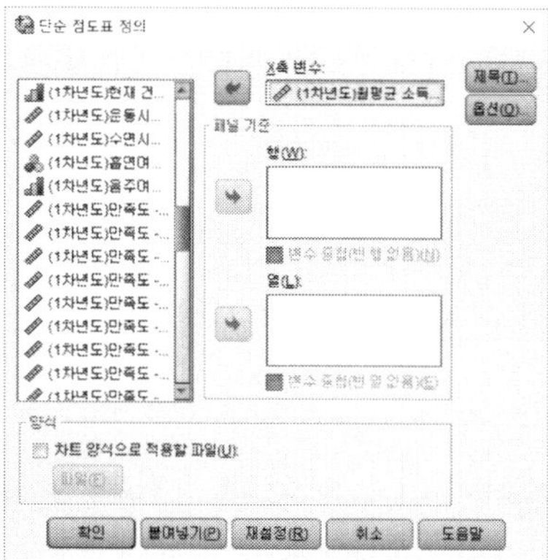

그림 4-60 • 단순 점도표 정의 창

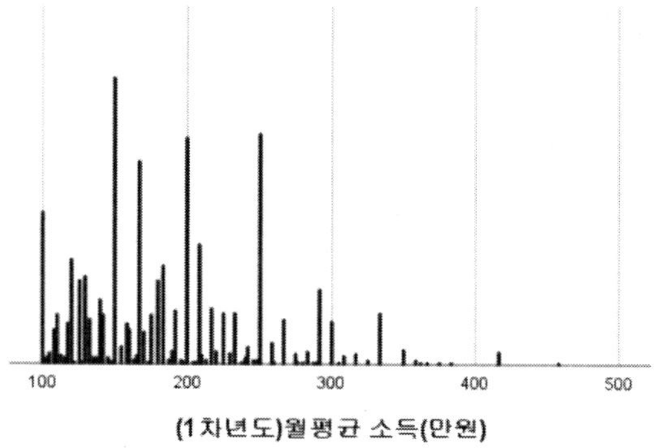

그림 4-61 • 단순 점도표 결과

명령문

```
XGRAPH CHART=[POINT] BY X35[s]
  /DISPLAY DOT=ASYMMETRIC.
```

4.1.9 히스토그램

히스토그램은 변수값을 같은 간격의 구간으로 분류하고 각 집단의 케이스 수나 퍼센트로 표현하며, 퍼센트는 다른 크기의 데이터 변수군을 비교할 때 유용하다. 또한 빈도나 퍼센트는 집단별로 누적할 수도 있다. 그리고 히스토그램은 편차와 이상값을 나타낼 수 있으며, 편차는 정규 분포를 따르는지에 대하여 알 수도 있다.

히스토그램 정의 창에서 **정규곡선 표시(D)**을 선택하면 데이터와 동일한 평균과 분산을 사용하여 히스토그램에 정규곡선을 추가하여 정규분포에 가까운지를 알 수 있다. 또한 결과에는 평균, 표준편차, N을 같이 출력하고 있다.

지출액을 히스토그램으로 그리기 위해 메뉴에서 **그래프(G) → 레거시 대화 상자(L) → 히스토그램(I)**을 선택한다. **변수(V)**에는 **(1차년도)월평균 소득(X35)**을 투입한다. 다음은 히스토그램 정의 창, 결과 그리고 명령어이다.

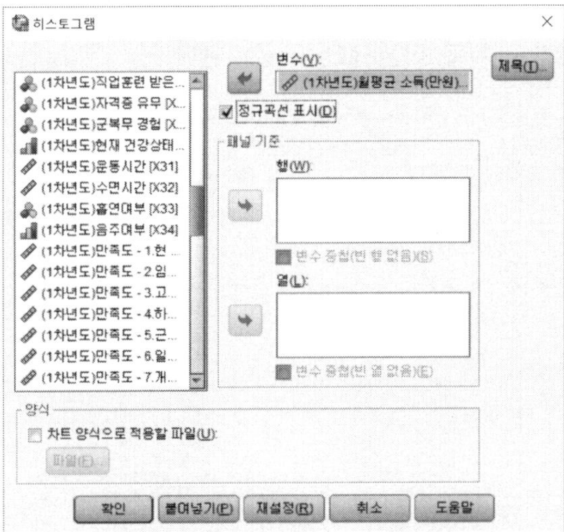

그림 4-62 • 히스토그램 정의 창

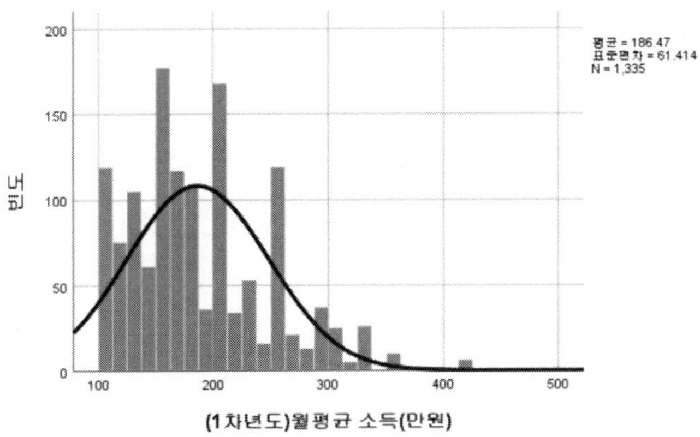

그림 4-63 • 히스토그램 결과

명령문

```
GRAPH
 /HISTOGRAM(NORMAL)=X35.
```

4.1.10 차트 작성기를 이용한 그래프

차트 작성기(C)를 이용한 그래프는 미리 정의된 갤러리 도표 또는 개별 부분(축, 막대 등)을 통해 도표를 작성하며, 갤러리 도표나 기본요소를 캔버스에 끌어다 놓아 도표를 작성한다. 사용방법은 다음과 같다.

① 메뉴에서 그래프(C) → 차트 작성기(C)를 클릭한다.

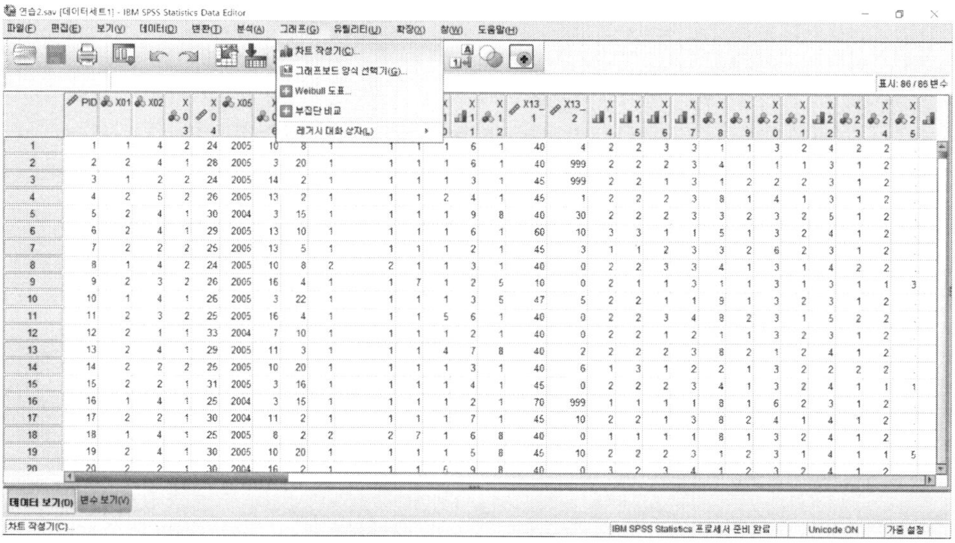

그림 4-64 • 차트 작성기 시작

② 첫 화면은 각 변수에 대한 특성이 정의되었는지를 확인한다. 여기서 각 변수에 대한 특성이 미리 정의되었다면 확인을, 아니면 변수 특성 정의(V)...를 클릭한다.

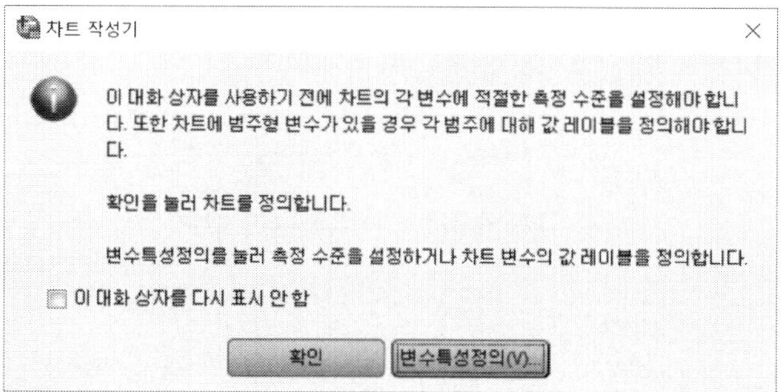

그림 4-65 • 차트 작성기에서 변수특성 정의 알림 창

③ 변수특성이 정의되지 않았을 때의 변수 특성 정의 창은 다음과 같으며 모든 변수 혹은 그래프를 그리고자 하는 변수를 오른쪽의 **검색할 변수(S)**에 투입하고, 계속을 클릭한다. 여기서는 **성별(X03)**만을 선택하였다.

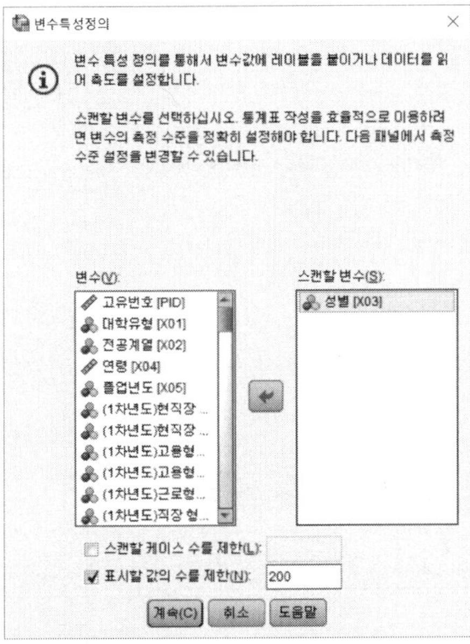

그림 4-66 • 변수 특성 정의 창 1

④ 그러면 앞에서 다룬 변수의 특성을 여기서 설정할 수 있다.

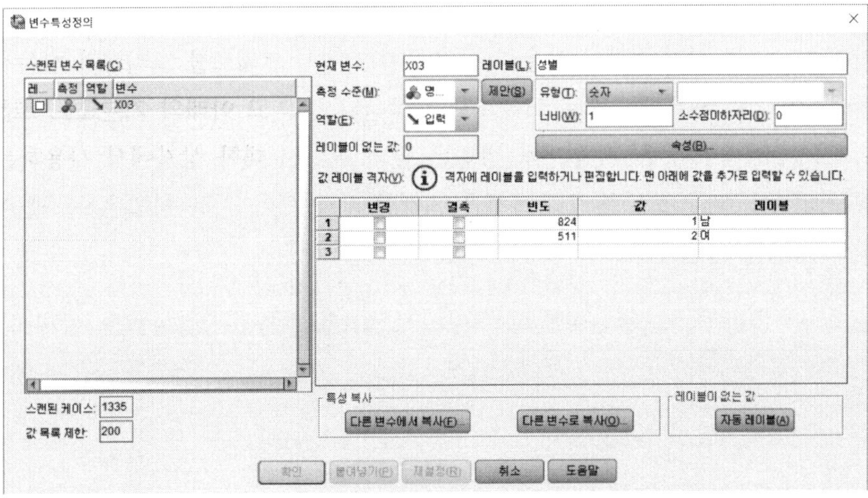

그림 4-67 • 변수 특성 정의 창 2

⑤ 다시 [그림 4-65]로 돌아가서 확인 을 누르면 차트 작성기 창이 나타난다. 창이 열리면 아래의 **갤러리**에서 그래프를 선택하고 드래그하여 위쪽으로 이동시킨다. 아래 그림은 이동시키는 과정의 그림이다.

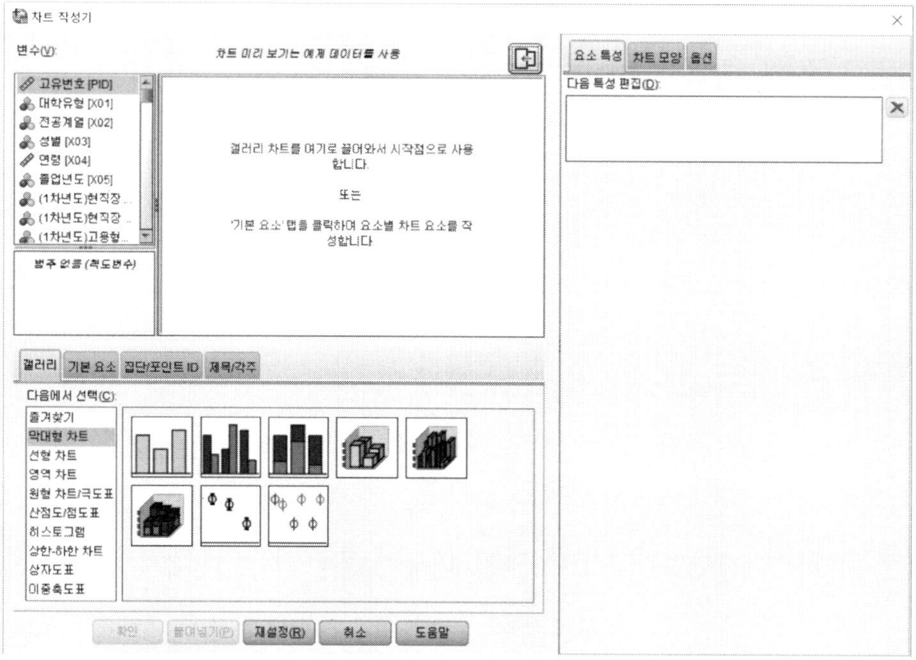

그림 4-68 • 차트 작성기 창 1

⑥ 갤러리에서 원하는 차트를 드래그해서 미리보기로 옮기고 나면, 미리보기에 그래프의 모양이 나타난다. 다음으로는 위쪽의 **변수**(B)에서 그래프를 그리고자 하는 변수를 선택하여 Y축 혹은 X축으로 드래그해서 옮긴다. 그리고 아래의 **기본요소**, **그룹/포인트 ID**, **제목/각주** 등을 지정한다. 방법은 앞의 레거시 대화 상자에서 사용하는 방법과 거의 동일하다. 요소특성과 옵션을 지정할 수 있으며, 사용 방법은 독자들이 직관적으로 이해 가능하다.

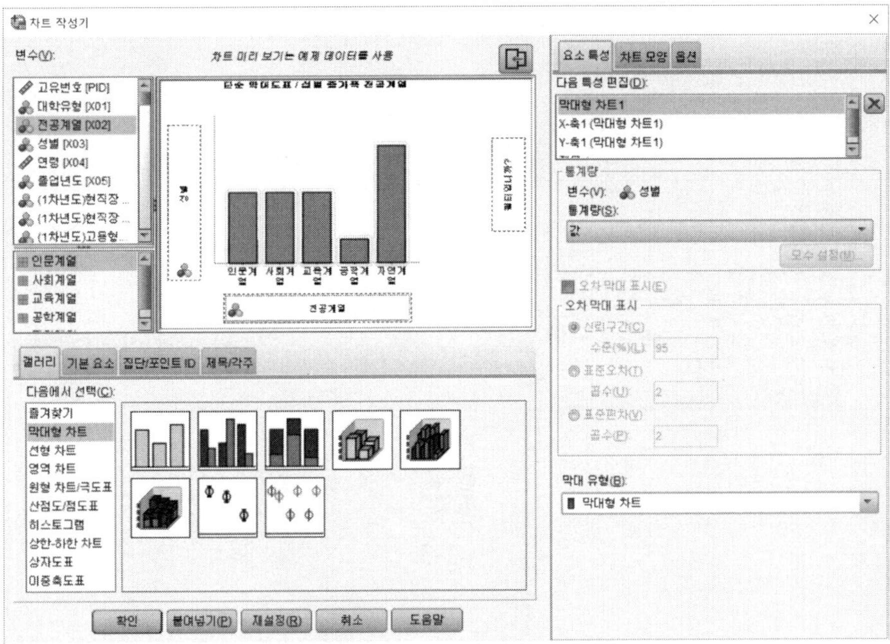

그림 4-69 • 차트 작성기 창 2

4.1.11 그래프보드 양식 선택기를 이용한 그래프

그래프보드 양식 선택기는 시각화 양식 설정을 위한 두 개의 기본 탭으로 구성되어 있으며, 기본 탭에서는 분석하고자 하는 데이터를 선택하고, 데이터에 적절한 그래프를 선택한다. 세부사항 선택 탭에서는 먼저 그래프 유형을 선택하고, 데이터를 지정하며, 기본 탭에서 사용할 수 없는 세부 내용을 추가할 수 있다.

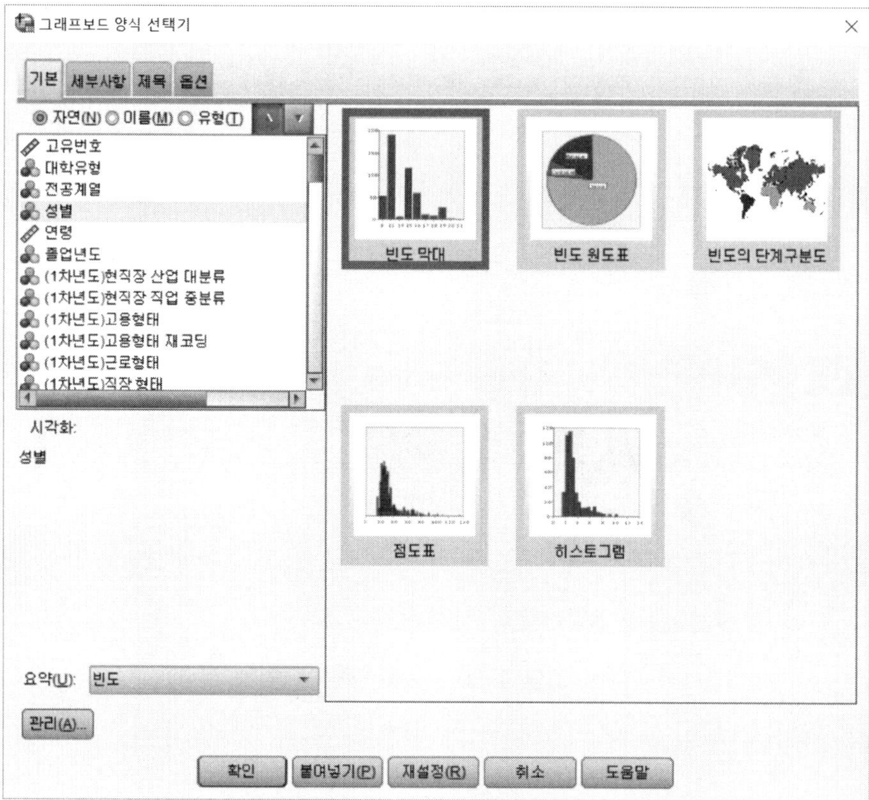

그림 4-70 • 그래프보드 양식 선택기 창

4.2 SPSS 결과물 편집

SPSS의 결과는 결과 창(Output 창)을 통하여 볼 수 있다. 이 결과는 사용자들이 바로 어떤 보고서로 사용하기는 부족한 면이 많이 있다. 예를 들어 제목을 바꾸거나 글자의 크기나 모양 등을 원하는 모양으로 바꾸는 데는 어려움이 있다. 그렇게 하기 위해서는 SPSS의 결과를 이해하고, 편집하는 법을 알아두면 매우 유용하다.

4.2.1 SPSS 결과물 보기

통계분석 결과를 원하는 모양으로 편집하려면 이 결과의 특징을 좀 더 알아두는 것이 좋다. 출력 결과에 대해 좀 더 살펴보기 위해 연습용 파일에서 전공계열에 대한 빈도분석을 먼저 하여보자.

① 출력 결과는 오른쪽과 왼쪽의 두 부분으로 나누어져 있는데, 왼쪽 창은 트리 구조로 목차라고 생각하면 된다. 오른쪽은 순수한 결과이다. 원하는 결과로의 이동은 왼쪽 트리에서 마우스로 클릭하면 바로 오른쪽에 원하는 결과로 이동한다.

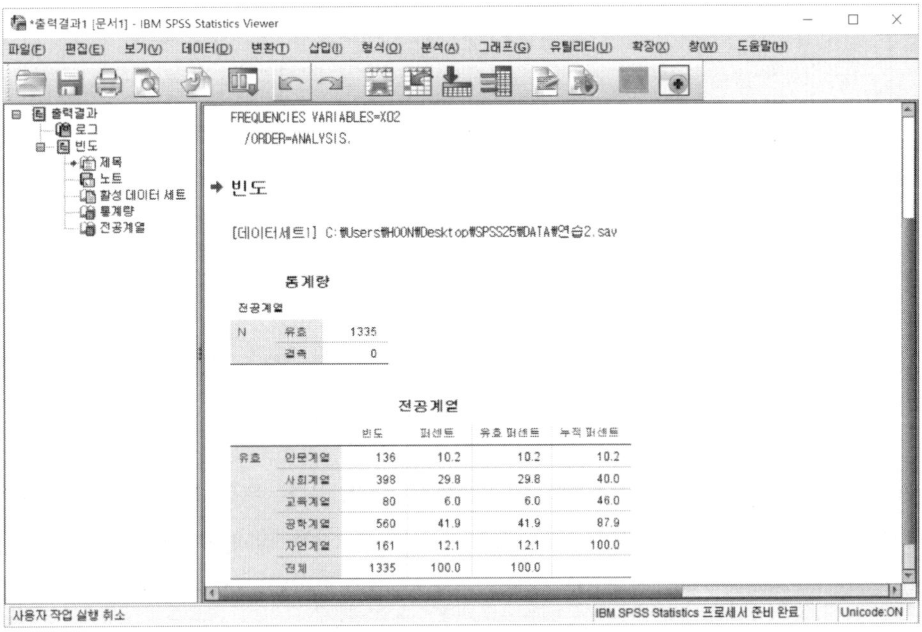

그림 4-71 • SPSS 출력 결과

② 오른쪽 창의 분석 결과들의 위치를 바꿀 때는 왼쪽 창에 있는 아이콘을 마우스로 드래그하여 원하는 위치로 옮기면, 왼쪽 창에 나타나는 순서대로 오른쪽 창의 순서도 바뀐다.

③ 출력 결과에서 특정한 표나 차트를 삭제할 때는 먼저 지우려는 항목을 왼쪽 창에서 클릭하고, 오른쪽 화면의 항목 주변에 가는 실선으로 선택된다. 이 상태에서 키보드의 Delete를 클릭하면 선택된 항목이 모두 사라진다(**편집** → **삭제**).

④ 왼쪽의 목차에서 노트는 오른쪽 화면에 실제 결과 차에 아무것도 나타나지 않는 것처럼 보인다. 그러나 아이콘을 더블클릭하면 다음과 같은 결과가 나타난다. 이는 매우 유용한 정보를 담고 있다. 다시 아이콘을 더블 클릭하면 다시 보이지 않는다.

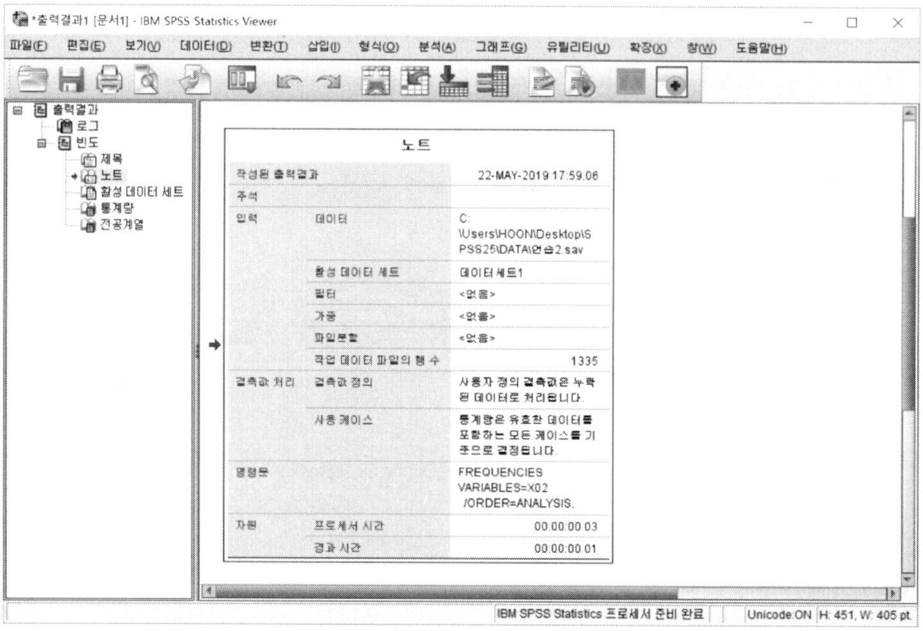

그림 4-72 • 노트 결과

노트 결과에는 분석에 관한 전반적인 정보를 담고 있다. 우선 분석에 사용된 데이터에 관한 정보와 필터가 있는데, 이는 케이스 선택에 의한 결과를 일반 결과에서 알 수 있는 방법이 자료의 수를 이용하는 방법 외는 마땅한 방법이 없다. 하지만 필터를 보면 현재 결과가 어떤 케이스 선택을 한 것은 아닌지 정확히 알 수 있다. 그리고 아래 부분에는 로그에 있는 명령문과 동일한 명령문을 담고 있어 고급 사용자의 경우 동일한 작업 과정을 반복 시행하거나, 작업 내용을 보관할 때 매우 유용하게 사용할 수 있다(1장 명령어 참고).

4.2.2 SPSS 결과물 편집

사용자가 SPSS 결과를 바로 보고서로 사용할 수 있도록 본격적인 SPSS 결과물을 편집하여 보자.

① 분석 결과표 양식을 사용자가 원하는 모양으로 다양하게 편집할 수 있다. 데이터 편집 창에서 **편집(E)** → **옵션(N)** 메뉴를 선택하면 SPSS 옵션 창이 열린다.

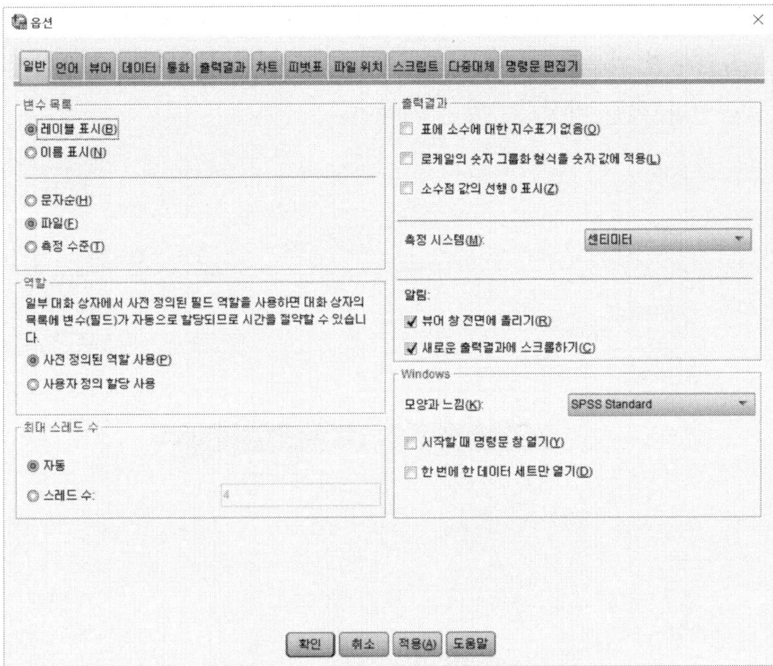

그림 4-73 • SPSS 결과물 편집 옵션 창

② SPSS 옵션 창을 이용하여 결과물을 편집하는 방법을 요약하면 다음과 같다.

선택	설명
일반	기본적으로 설정된 옵션 내용
뷰어	출력 결과의 글자체와 글자 크기 등을 조정. 명령문이 출력 결과에 불필요하게 출력될 때 탭 메뉴에서 감추기를 선택하면 불필요한 명령문이 나타나지 않는다.
통화	화폐 단위 형식을 지정
출력 결과	출력 결과 항해사와 피벗표 편집 또는 대화상자의 라벨 표시 방법을 지정
차트	차트의 글자체와 형태 등을 지정
피벗표	출력 결과 항해사 창의 분석표 양식 등을 지정
파일 위치	데이터 입력의 기본 형식을 지정
스크립트	스크립트 탭으로 광역 프로시저 파일과 자동스크립트 파일을 지정하고 사용할 자동스크립트 서브루틴을 선택. 스크립트를 사용하여 피벗표 사용자 정의와 같은 여러 기능을 자동화할 수 있다.

③ 출력 결과에 나타난 분석 결과를 사용자가 목적과 내용에 맞게 행과 열, 분석표 양식, 색상 등에 다양하게 변화를 주어 재편집할 수 있다. 오른쪽 창의 **'전공계열'** 표 안에서 더블 클릭하면, 표 부분이 빗금 친 점선이 생기면서 창의 모양이 조금 바뀔 것

이다. 편집할 수 있는 상태인 피벗 테이블 편집(Pivot Table Editor) 창이라고 한다. 메뉴를 요약하면 다음과 같다. 여기서 행과 열의 전치는 특히 유용하게 사용할 수 있다. 즉, 열과 행을 바꿀 수 있는 기능이다.

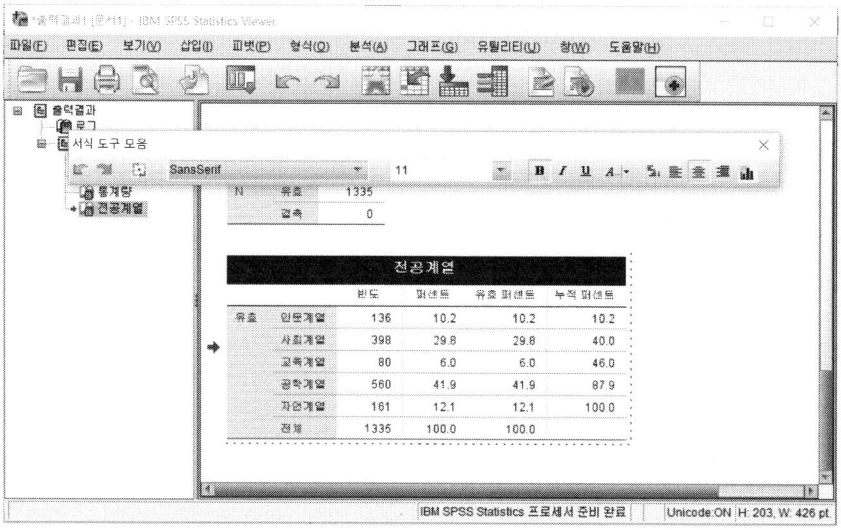

그림 4-74 • 피벗 테이블 편집 창

상태	설명
행과 열 전치	행과 열의 위치를 정반대로 바꾸어준다.
레이어를 행으로 이동	전체의 주제 제목이 행의 위치 쪽으로 이 동
레이어를 열로 이동	전체의 주제 제목이 열의 위치 쪽으로 이동
피벗을 기본값으로 재설정	초기 상태의 편집 화면으로 되돌아간다.
피벗 트레이	피벗 테이블을 창의 구조가 행, 열, 레이어를 마우스로 편리하게 변환
레이어로 이동	원하는 항목만 분석하고 편집할 수 있다

④ 글자 모양을 바꿀 때는 원하는 결과에서 더블 클릭하여 편집할 수 있는 상태로 만들고, **보기 → 도구모음**을 클릭하면 도구모음 아이콘이 보이며 이를 사용하면 기본 윈도용의 워드프로세스의 편집기와 흡사하여 사용하는 데 어려움은 없다. 또한 결과표는 워드프로세스의 표와 같은 모양을 하고 있다.

⑤ 일반 컴퓨터를 조금 자신 있게 사용하는 사용자는 결과에서 오른쪽 마우스를 클릭하면 다양한 팝업 메뉴가 나타나며, 이를 통하여 여러 가지 작업을 할 수 있다.

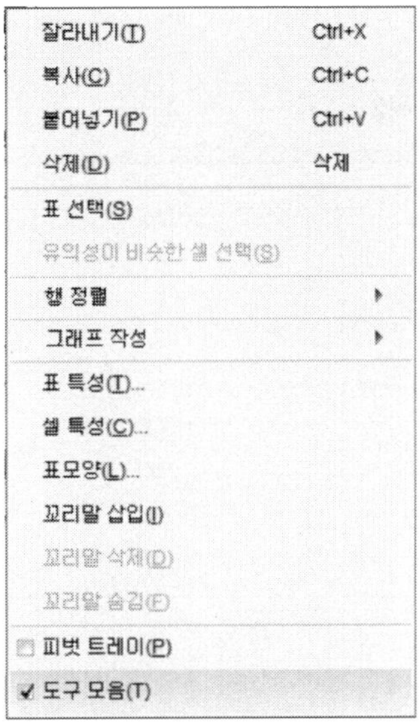

그림 4-75 • 결과의 활용

4.2.3 SPSS 도표 편집기

SPSS의 도표를 편집하고자 할 때는 앞의 방법과 조금 다르다. SPSS의 도표 결과를 더블 클릭하면 원래 결과 위에 SPSS 도표 편집기 창이 새로이 나타난다. 이를 이용하

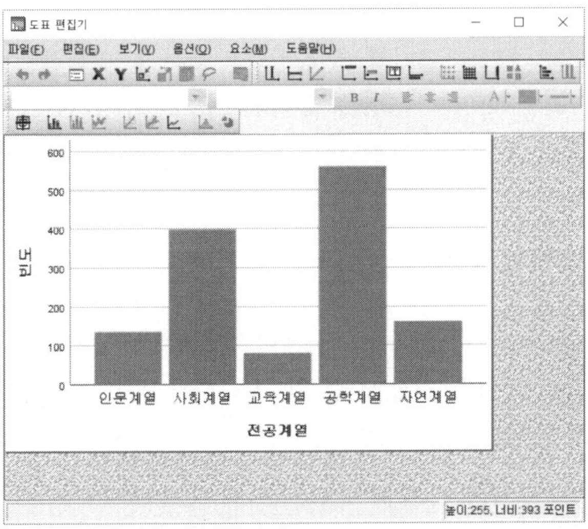

그림 4-76 • 도표 편집기 창

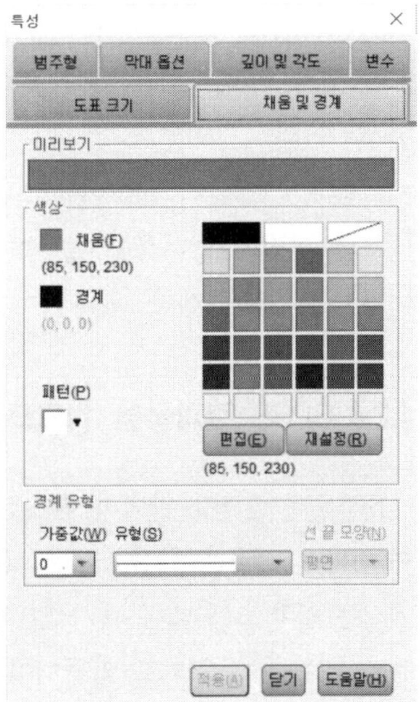

그림 4-77 • 도표 편집기 특성 창

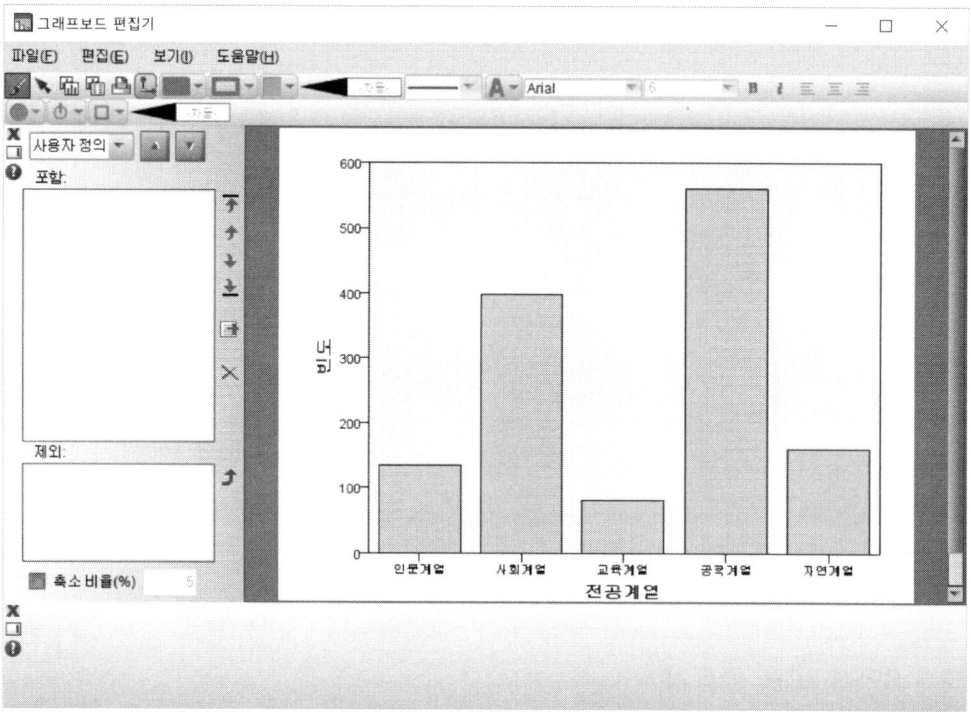

그림 4-78 • 그래프보드 편집기

면 이미 만들어진 도표의 종류도 바꿀 수 있다.

사용 방법은 도표 편집기 창에서 메뉴를 이용하거나, 편집하고자 하는 부분 즉, 제목, Y축, X축, 범례, 그림 등에서 더블 클릭을 하면 나타나는 특성 창에서 원하는 작업을 할 수 있다.

그래프보드 양식기를 이용한 그래프는 차트 작성기와 레거시 대화 상자를 이용한 그래프와 편집기가 다름을 볼 수 있다. 사용 방법은 어렵지 않지만 너무나 분량이 많아 여기서는 생략하겠다. 독자들이 하나하나 눌러보며, 연습하면 충분히 소화할 수 있다.

4.2.4 SPSS 결과물을 워드프로세스에서 이용

SPSS의 결과가 완벽히 편집된 상태라도 바로 보고서로 사용하기에는 어려움이 있으며, SPSS 결과는 확장자가 spv로 가지는 파일로 저장할 수 있으나, 다른 응용프로그램에서는 불러오는 데 문제가 있다. 그래서 이를 일반 워드 프로세스로 옮겨와서 다른 내용과 더불어 보고서로 만들어야 할 때 꼭 필요한 부분이다. 방법은 엑셀 등으로 만든 표나, 그래프를 MS 워드 등으로 가져와서 사용하는 것과 같은 이치이다. 여기서 워드

프로세스는 흔글2010을 중심으로 설명하겠다. 다른 워드프로세스를 사용하여도 방법은 동일하다.

결과의 종류는 표나, 도표 등에 관계없으며, 결과물을 워드프로세스로 가져오는 방법은 크게 2가지로 나누어 볼 수 있으며, 일반 복사에 의한 방법, 내보내기 방법이 있다.

4.2.5 복사에 의한 방법

일반 복사에 의한 방법은 일반적으로 가장 간단한 방법이다. 그러나 단점도 일부 존재한다. 방법은 옮겨가고자 하는 결과를 마우스 왼쪽으로 선택한 다음 마우스 오른쪽 단추를 클릭하면 팝업 메뉴가 나타나는데, 여기서 **복사**를 선택한다. 그리고 사용하는 워드프로세스로 가서 원하는 위치를 잡은 후에 일반 붙이기와 같이 마우스 오른쪽을 클릭한 후에 팝업 메뉴에서 **붙여넣기**를 선택하면 그대로 옮겨온다.

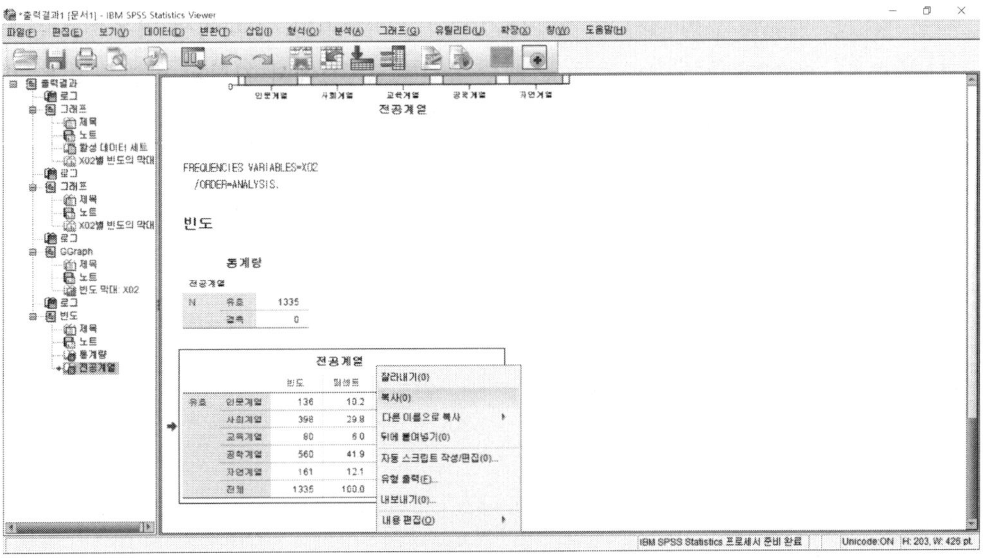

그림 4-79 • 결과 복사

이에 대한 단점으로는 사용자의 컴퓨터에 따라 글자가 깨어져 나올 수가 있으며, 또한 흔글의 경우 표의 선이 나오지 않거나 원치 않는 선이 나올 수 있는 단점이 있다. 이때는 흔글의 표 편집에서 선의 종류를 다시 설정하여야 한다. 또한 저자의 컴퓨터 잘못인지 페이지가 잘 맞지 않으면 다운되는 현상이 자주 나타났다.

konwhow

저자의 경우 일반 복사를 많이 사용하고 있는데, SPSS에서 복사를 한 후에 엑셀에서 한번 붙여넣기를 하고, 다시 엑셀에서 다른 작업 없이 블록 잡힌 영역을 복사하여 ᄒᆞᆫ글로 가져와 붙이기를 자주 이용한다. 엑셀을 글자 변환과 선 표시의 중간 과정으로 사용하는 것이다. 조금 번거롭지만 글자가 깨어지거나 표의 선이 나오지 않는 문제점을 완전히 해결하였다. 그래도 문제가 있다면 엑셀에서 MS 워드로 갔다가 ᄒᆞᆫ글로 가져오면 완벽하였다. 그러나 가끔 다운되는 현상은 해결하지 못하여 자주 저장하는 습관과 적당한 페이지 설정으로 대신 해결하였다.

4.2.6 내보내기에 의한 방법

출력 결과 내보내기 기능은 표와 도표 등의 출력 결과를 HTML 형식과 텍스트 형식으로 저장하며 도표를 다른 워드프로세서나 인터넷 파일 등의 응용프로그램에서 사용하는 형식으로 저장한다.

사용 방법은 메뉴에서 파일(F) → 내보내기(T)를 선택하거나, 결과에서 마우스 오른쪽을 클릭한 후 내보내기(T)를 클릭한다. 그리고 워드프로세스에서 저장된 파일을 읽을 때 파일 형식을 html이나 txt를 선택하여 읽어 들인다.

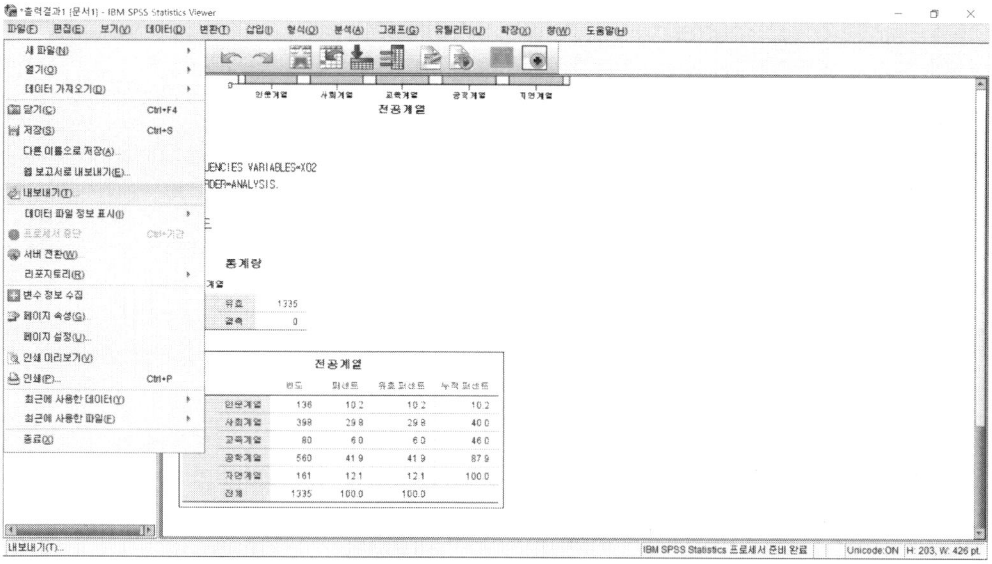

그림 4-80 • 내보내기 선택

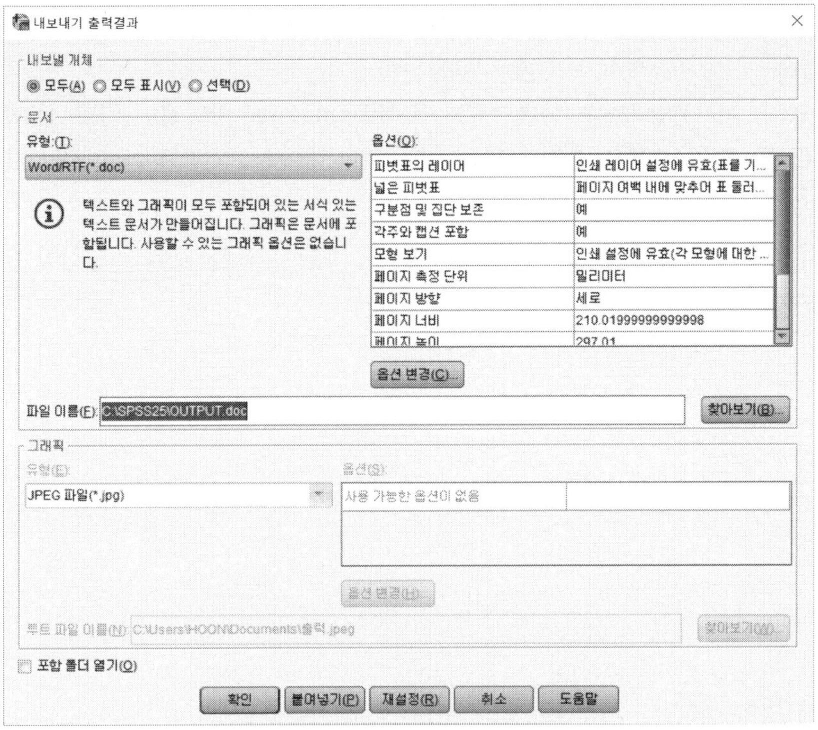

그림 4-81 • 내보내기 출력 결과

항목	설명
내보내기	출력 결과 문서는 피벗표, 텍스트 출력 결과, 도표 등의 조합을 내보낸다. 도표는 현재 선택한 도표 내보내기 형식으로 내보내면서 각 도표마다 별도의 파일로 작성된다. HTML 문서 형식의 경우 도표는 참조 형식으로 삽입되고 HTML 문서에 삽입하기 위해 도표를 적절한 형식으로 내보내야 한다. 텍스트 문서 형식의 경우 각 도표의 텍스트 파일에 행이 삽입되어 내보낸 도표의 파일 이름을 알려준다. 텍스트만 혹은 도표만 내보낼 수도 있다.
내보내기 개체	내보내기가 가능한 개체는 뷰어의 모든 개체, 보이는 모든 개체, 선택한 개체 등이 있다.
유형	출력 결과 문서에서 사용 가능한 옵션은 Excel, HTML, pdf, ppt와 텍스트 옵션이므로 도표는 HTML 옵션 또는 텍스트 옵션 대화상자에서 현재 선택한 도표 형식으로 내보낸다.

참고로 출력 결과 문서(도표 없음), 피벗표와 텍스트 출력 결과를 내보낸다. 피벗표는 HTML 표(HTML 3.0 이상 버전), 탭 구분 텍스트 또는 공백 구분 텍스트로 내보낼 수 있으며, 텍스트 출력 결과는 서식이 미리 설정된 HTML이나 공백 구분 텍스트로 내보낼 수 있다. 공백 구분 텍스트 출력 결과를 적절하게 정렬하기 위해서는 고정 피치(단일

자간) 글꼴이 필요하다(기본 설정에 의해 대부분의 웹 브라우저에서는 서식이 미리 설정된 텍스트에 고정 피치 글꼴을 사용한다).

도표는 WMF(Windows 메타파일), BMP(Windows 비트맵), EPS (Encapsulated PostScript), JPEG, TIFF, CGM, PNG 또는 Macintosh PICT 등의 형식으로 내보내기 할 수 있다.

그 외 내보내기 창에서 옵션을 클릭하면 텍스트나 도표를 자세히 설정할 수 있는 기능이 있으나 여기서는 생략하겠다.

05

범주형 자료분석

5.1 통계적 추정

통계적 자료분석을 하는 많은 방법들이 통계적 추론에 의해서 이루어진다. 따라서 다음 장들에 이어지는 많은 통계분석 방법을 다루기 전에 통계적 추론에 대하여 살펴보고자 한다.

통계학에 있어서 기본적인 문제 중의 하나는 주어진 정보를 기초로 하여 미지의 현상에 대해 추측을 하거나, 어떤 현상에 대한 기존의 주장이 올바른가를 알아보는 것이다. 이를 위해 관심의 대상이 되는 모집단을 명확히 규정하고, 이로부터 표본을 추출하고, 추출된 자료를 분석하여 모집단의 특성에 대해 추측하거나, 진위를 결정하는 과정이 통계적 추론(statistical inference)이다.

모집단의 특성을 나타내는 값인 모수는 일반적으로 알려져 있지 않으므로 표본으로부터 획득된 정보를 이용하여 추론하게 된다. 모집단은 모수들에 의해 특징지어지므로 통계적 추론은 모수에 관한 추론이 대부분이다.

통계적 추론은 그 목적에 따라 통계적 추정(statistical estimation)과 통계적 가설검정(statistical hypothesis testing)으로 구분된다.

5.1.1 통계적 추정

통계적 추정이란 모집단으로부터 추출한 표본에 의해 얻어진 통계량에 의거하여 모집단에 대한 미지의 모수를 추정하는 것으로, 추정에는 점추정(point estimation)과 구간추정(interval estimation)이 있다. 점추정은 모수의 참값이라고 간주할 수 있는 하나의 값을 추정하는 방법이고, 구간추정은 모수의 참값을 포함하리라고 기대되는 구간을 구하기 위한 방법이다. 예를 들어, 설문조사에서 평균 연령이나, 평균 용돈, 정당의 지지율에 대해 알기를 원할 것이다. 이와 같은 문제는 흔히 모집단의 모수에 관한 추정문제로 이해할 수 있는데, 가장 기본적이면서도 많이 나타나는 문제는 모평균, 모분산, 모비율 등을 추정하는 것이다.

[1] 점추정

점추정은 표본으로부터 얻어진 하나의 통계량을 이용하여 모수를 추정하는 것을 의미한다. 점추정에서는 모수를 추정한 값으로 간주할 수 있는 통계량을 추정량(estimator)이라 하고, 통계량에 실제로 관측값을 대입시킨 통계량의 실제 값을 추정값(estimate)이라고 한다. 통계적 추정이론에서 매우 중요한 문제는 모집단의 모수를 추정하는 데 필요한 추정량으로 사용할 수 있는 적절한 통계량을 구하는 것이다. 점추정 값이 정확하게 모수와 일치한다는 것은 극히 드문 일이며, 추정량이 오차 없이 모집단의 모수를 정확하게 추정할 수 있다고는 기대할 수 없다.

추정 방법으로는 최대가능도추정법(최우추정법;maximum likelihood estimation), 적률법(method of moment), 최소제곱법(least squared method) 등이 있으며, 좋은 점추정량인지를 알아보기 위해서는 특정한 하나의 점추정값을 기준으로 선택해서는 안 되고, 동일한 추정방법을 반복적으로 사용하여 얻어진 여러 개의 점추정값들을 고려해야 한다. 이 점추정값들이 모수의 참값 주위에 밀집되어 있거나, 가까이 분포되어 있으면 그 추정량은 좋은 추정량이라고 말할 수 있다. 일반적으로 바람직한 추정량이 되기 위해서는 비편향성(불편성;unbiasedness), 유효성(efficiency), 일치성(consistency), 그리고 충분성(sufficiency) 등의 성질을 만족해야 한다.

① 비편향성

추정량 $\hat{\theta}$의 점추정값들이 모수 θ를 중심으로 하여 분포되어 있으면 $\hat{\theta}$은 θ의 바람직한 추정량이 된다. 이는 추정량 $\hat{\theta}$의 기댓값이 모수 θ가 될 것을 요구하는 것으로서, 이러한 성질을 비편향성이라 하고, 이러한 성질을 만족하는 추정량을 비편향추정량(불편추정량;unbiased estimator)이라 하며, 비편향성을 만족하지 않는 추정량을 편향추정량(편의 추정량;biased estimator)이라 한다. 즉, $E[\hat{\theta}]=\theta$이면 $\hat{\theta}$을 θ의 비편향추정량이라 한다. 따라서 $E[\hat{\theta}-\theta]$가 0에 가까울수록 좋은 추정량이 된다고 할 수 있다. 비편향추정량과 편향추정량에 대한 분포의 형태를 나타내면 다음과 같다.

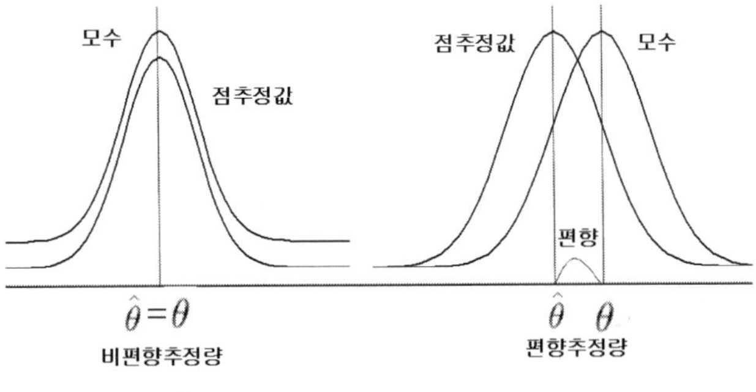

그림 5-1 • 비편향추정량과 편향추정량

예를 들어, 표본평균 $\overline{X}$는 모평균 μ의 비편향추정량이고, 표본분산 S^2도 모분산

σ^2 의 비편향추정량이 된다.

② 유효성

비편향성은 추정량의 분포에 있어서 중심 위치에 대해 요구되는 성질로서는 바람직하다고 할 수 있으나 추정량의 분포에 대해 흩어짐의 정도를 나타내지는 못한다. [그림 5-2]는 모수θ에 대한 두 비편향추정량 $\hat{\theta}_1$와 $\hat{\theta}_2$ 분포의 형태를 보여 주고 있다.

위 그림에서 보면 둘 다 θ를 중심으로 분포되어 있으나 $\widehat{\theta_1}$의 분포가 $\widehat{\theta_2}$의 분포에 비해 모수 θ 근처에 더 밀집해 있으므로 모수 θ를 추정함에 있어서 추정량 $\widehat{\theta_1}$를 사용하면 모수 θ에 가까운 값을 관측하게 될 기회가 더 많다고 할 수 있다.

이와 같은 분포에 대한 흩어짐의 정도를 나타내는 척도로서 일반적으로 추정량의 표준편차를 사용하는데 이를 추정량의 표준오차(standard error)라 하고, 추정량 $\hat{\theta}$의 표준오차를 $S.E.(\hat{\theta})$로 나타낸다. 예를 들어 표본평균 $\overline{X}$의 표준오차는 다음과 같다.

$$S.E.(\overline{x}) = \sigma \,/\, \sqrt{n}$$

추정량 $\hat{\theta}_1$과 $\hat{\theta}_2$가 모두 모수 θ의 비편향추정량인 경우에 표준오차가 작은 쪽이 더 정확한 추정을 해주므로 더 좋은 추정량이 되며, 이 추정량을 더 유효(efficient)하다고 한다. 특히, 비편향추정량들 중에서 가장 유효한 추정량을 최소분산비편향추정량(MVUE; minimum variance unbiased estimator)이라 한다.

③ 일치성

직관적으로 볼 때 어떤 추정량이 좋은 추정량이 되기 위해서는 표본의 크기가 커짐에

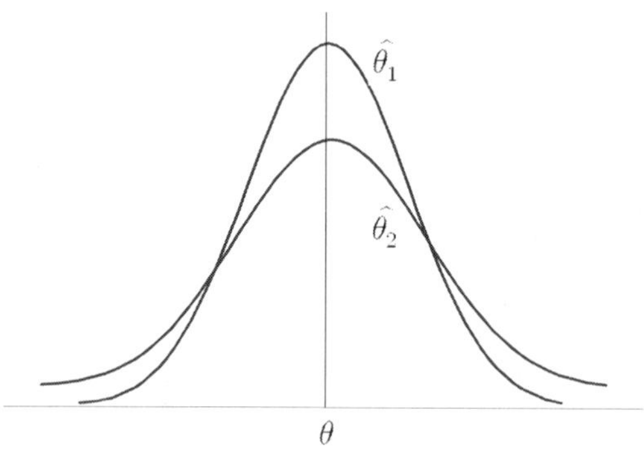

그림 5-2 • 유효추정량에 관한 그림

따라 추정하고자 하는 모수를 더 정확히 추정해 주어야 할 것이다. 즉 모수 θ의 추정량 $\hat{\theta}$가 좋은 추정량이 되기 위해서는 표본의 크기 n을 상당히 크게 하면 $\hat{\theta}-\theta$의 값이 점점 0에 가까워져야 하고, 이런 $\hat{\theta}$를 모수 θ에 대한 일치추정량(consistent estimator)이라 한다.

④ 충분성

충분성(sufficiency)은 기초통계학 수준에서는 다루기 어렵다. 이를 개념적으로 설명하면, 어떤 추정량이 모수 θ의 충분통계량(sufficient statistic)이라 함은 이 추정량만으로도 표본에 포함되어 있는 모수에 관한 정보를 모두 얻을 수 있다는 것을 의미한다.

어떤 추정량이 앞에서 설명한 네 가지 성질을 만족하는지를 증명하는 것은 이 책의 수준을 넘어가므로 생략하기로 하고, 모수 p, μ, σ^2의 가장 바람직한 점추정량으로 $\hat{p}$, $\overline{X}$, S^2을 사용할 것을 권장한다.

[2] 구간추정

구간추정에서는 일정한 확률을 가지고 모수를 포함하리라고 기대되는 구간을 신뢰구간(confidence interval)이라 하고 신뢰구간의 상·하한의 값을 신뢰한계(confidence limits)라고 하며, 신뢰구간이 모수를 포함한 확률을 신뢰계수(confidence coefficient)라고 한다.

실제적인 문제에 있어서 한 집단의 평균 신장이나 평균체중, 가구당 월평균 수입, 전구의 평균수명 등 모평균에 관하여 관심을 가지는 경우가 많다. 이러한 모평균 μ에 관한 점추정량으로는 표본으로부터 계산된 산술평균, 중위수, 최빈값, 표본의 최댓값과 최솟값의 평균 등 여러 종류의 통계량을 고려할 수 있다. 이들은 각각 장·단점을 가지고 있는데, 가장 일반적으로 통용되는 추정량은 표본으로부터 계산된 산술평균 즉, 표본평균이다. 특히 모집단이 정규분포를 하고 있는 정규모집단인 경우에는 표본평균이 모평균 μ의 가장 좋은 추정량으로 알려져 있으며, 일반적으로 추정량의 바람직한 성질들 중에서 불편성과 일치성을 만족한다.

이제 모평균 μ의 추정값으로서 표본평균 $\overline{X}$의 한 값에 대한 정확도 문제를 고려해 보자. 표본평균 $\overline{X}$는 표본에 따라 여러 가지의 값을 가질 수 있다. 이때, $\overline{X}$의 한 값 $\overline{x}$는 μ와 비교할 때 오차를 수반하기 마련이다. 따라서 $\overline{X}-\mu$의 크기가 바로 추정값의 오차(error of estimate)가 된다. $\overline{X}$는 하나의 표본으로부터 계산되므로 모평균 μ를 모를 경우 $\overline{X}$가 μ에 얼마나 가까운가를 나타내기는 불가능하다. 따라서 추정값의 정확한 오차 즉, $\overline{X}-\mu$는 μ의 값을 알고 있는 경우에만 계산 가능하다. 그러나 추정문제는 단지 μ를 모를 경우에만 일어나므로 추정문제에서 추정값의 오차 크기를 논하려면 확률을 이용해야 한다. 비록 μ의 참값은 모른다고 하더라도 표본평균 $\overline{X}$가 μ에 얼마나 가까운가를 확률을 통해서 표현할 수 있고, 또한 추정오차의 크기도 확률을 통해서 나타낼 수 있다. 확률변수 X가 정규분포 $\mathrm{N}(\mu,\sigma^2)$을 따른다고 하면 표본평균 $\overline{X}$는 정규분포 $\mathrm{N}(\mu,\sigma^2/n)$을 따르므로 다음 식이 성립한다.

$$\begin{aligned} P(-Z_{\alpha/2} \le Z \le Z_{\alpha/2}) &= P(|Z| \le Z_{\alpha/2}) \\ &= P\left(\frac{|\overline{X}-\mu|}{\sigma/\sqrt{n}} \le Z_{\alpha/2}\right) \\ &= P\left(|\overline{X}-\mu| \le Z_{\alpha/2}\cdot\frac{\sigma}{\sqrt{n}}\right) \\ &= 1-\alpha \end{aligned}$$

여기서, $\sigma/\sqrt{n}$는 표본평균의 표준편차 즉, 표준오차이다.

모평균 μ에 대한 신뢰구간을 구하는 문제를 고려해 보자. 모집단이 정규분포 $N(\mu,\sigma^2)$을 하고 이로부터 크기 n의 표본을 취하여 표본평균 $\overline{X}$를 구한다고 하자. 그러면 다음과 같은 식을 얻을 수 있다.

$$\begin{aligned} P(-Z_{\alpha/2} \le Z \le Z_{\alpha/2}) &= P\left(-Z_{\alpha/2} \le \frac{\overline{X}-\mu}{\sigma/\sqrt{n}} \le Z_{\alpha/2}\right) \\ &= 1-\alpha \end{aligned}$$

위 식으로부터 다음과 같은 식을 얻을 수 있다.

$$P\left(\overline{X}-Z_{\alpha/2}\cdot\frac{\sigma}{\sqrt{n}} \le \mu \le \overline{X}+Z_{\alpha/2}\cdot\frac{\sigma}{\sqrt{n}}\right)=1-\alpha$$

식의 빈도에 의한 해석은 [그림 5-3]에서 보는 바와 같이 반복되는 표본실험에서 $\overline{X}$ 값들의 95%가 신뢰대(confidence band)안에 있게 된다는 것이다.

따라서 모평균 μ에 대한 $(1-\alpha)\times 100\%$의 신뢰구간은 다음과 같이 구해진다.

$$\left(\overline{X}-Z_{\alpha/2}\cdot\frac{\sigma}{\sqrt{n}},\ \overline{X}+Z_{\alpha/2}\cdot\frac{\sigma}{\sqrt{n}}\right)$$

모평균 μ의 점추정값에 비해 구간추정값이 갖고 있는 장점은 점추정값 $\overline{X}$로는 추정

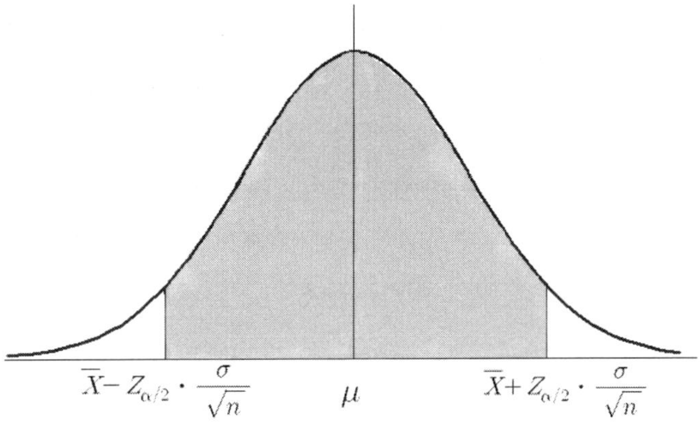

그림 5-3 • μ 값들의 95%가 신뢰대

이 얼마나 잘 되었는지를 알 수가 없는 반면에 신뢰구간은 μ를 얼마나 가깝게 추정하는가를 알 수 있다는 것이다.

모집단이 정규모집단이 아닌 경우 $\overline{X}$의 분포는 어떻게 될까? 표본의 크기 n이 충분히 클 때 임의의 모집단으로부터의 표본평균일지라도 그 분포가 정규분포에 근사한다는 것이 통계학에서 가장 중요한 정리 중의 하나인 중심극한정리(central limit theorem)이다.

> 평균이 μ이고 분산이 σ^2인 임의의 모집단으로부터의 크기 n인 확률표본에서의 표본평균 $\overline{X}$는 n이 클수록 근사적으로 정규분포 $N(\mu,\ \sigma^2)$을 따른다. 즉, n이 클 때
>
> $$Z = \frac{\overline{X} - \mu}{\sigma / \sqrt{n}} \quad \div N(0,\ 1)$$
>
> 이 성립한다.

중심극한정리는 표본의 크기가 클 때 적용되므로 자연히 표본의 크기가 얼마나 커야 하는가 하는 의문점이 생긴다. 그것은 대체적으로 모집단의 성질에 달려 있다. 모집단이 정규분포이면 X의 분포는 표본의 크기에 상관없이 정규분포를 따르고 또한 모집단이 대칭적인 분포를 갖는 경우에도 정규분포에 가까워지려는 성질이 매우 강하기 때문에 표본의 크기가 30 정도이면 그 근사 정도는 매우 만족스러워진다. 물론 표본의 크기가 클수록 더욱 더 근사해진다.

만약 모집단이 정규분포 $N(\mu,\ \sigma^2)$을 하지 않는 경우에는 표본의 크기를 크게 해주

면($n \geq 30$) 중심극한정리에 의해 표본평균 $\overline{X}$가 정규분포를 따르는 것으로 하여 위의 방법을 적용하면 된다. 모분산 σ^2을 모르는 경우에도 n이 30 이상만 되면 σ 대신 표본 표준편차 s을 이용하여 근사적으로 해결할 수 있다. 또한 모집단이 정규분포 $N(\mu,\ \sigma^2)$을 따르고, σ^2을 모르는 경우 표본의 크기가 작으면 t분포를 이용하여 위의 방법을 적용하면 되나 모집단이 정규분포를 하지 않고 표본의 크기도 작으면 비모수적 방법(nonparametric method)을 이용할 수밖에 없다.

5.1.2 통계적 가설검정

이 절에서는 추측통계학의 다른 한 분야인 통계적 가설검정을 다루고자 한다. 여기서 주목적은 모집단에 대한 어떤 주장이나 추측한 사실을 채택하거나 기각하는 결정을 내리는 법칙을 만드는 것이다.

통계적 가설검정(statistical hypothesis testing)이란 표본으로부터 주어지는 정보를 이용하여 모집단에 대한 예상이나 주장 등의 옳고 그름을 판정하는 절차를 말한다. 예를 들면 어떤 집단의 평균 신장이 165cm라고 알려져 있을 때 과연 이 집단의 평균 신장이 165cm인지를 알아보기 위해 이 집단의 일부분인 표본을 뽑아서 신장을 측정한 후 평균 신장이 165cm인지 아닌지를 결정하는 과정이 통계적 가설검정 절차라고 할 수 있다.

[1] 통계적 가설

통계적 가설(statistical hypothesis)이란 모집단의 확률분포 또는 모수에 대한 예상이나 주장을 말하며, 위의 예에서 평균 신장을 μ(cm)라고 하면 "$\mu = 165\text{cm}$"와 같이 통계적 가설을 설정할 수 있다. 특히 표본으로부터 강력한 증거에 의해 주장하고자 하는 가설을 대립가설(연구가설, alternative hypothesis, H_1)이라 하고, 이에 상반되는 가설을 귀무가설(영가설, null hypothesis, H_0)이라 한다. 일반적으로 기존에 존재하고 있는 사실을 귀무가설로 둔다. 보통 귀무가설은 기각되기를 바라면서 세우게 된다. 위의 예에서는 $H_0: \mu = 165\text{cm}$, $H_1:\ \mu \neq 165\text{cm}$로 주어진다.

이 예에서는 H_0와 H_1 중에서 어느 하나를 택하기 위해서는 표본평균 $\overline{X}$를 이용하는 것은 직관적으로 가능하다. $\overline{X}$의 값이 165cm과 차이가 크면 클수록 H_1: $\mu \neq 165\text{cm}$을 받아들일 수 있을 것이다. 이와 같이 귀무가설을 검정하기 위해 사용되는 통계량을 검정통계량(test statistic)이라고 한다. 우리는 검정통계량의 값을 이용하여 "귀무가설을 기각한다."와 "귀무가설을 기각할 수 없다." 중 어느 하나로 결론을 내리게 된다. 이때 "귀무가설을 채택한다."라 하지 않고 "귀무가설을 기각할 수 없다."라고 약하게 결론을 내리는 이유는 귀무가설을 채택할 만한 증거가 없기 때문이다.

통계적 가설검정에서 가설의 형태는 단순가설(simple hypothesis)과 복합가설(composite hypothesis)로 나누어지고, 복합가설은 또한 양측가설(two-side hypothesis)과 단측가설(one-side hypothesis)로 나누어진다.

단순가설 : H_0 : $\mu = 165\text{cm}$

복합가설 : $\begin{cases} H_1 : \mu \neq 165\text{cm} & \text{(양측가설)} \\ H_1 : \mu > 165\text{cm} \text{ 혹은 } H_1 : \mu < 165\text{cm} & \text{(단측가설)} \end{cases}$

기각역의 형태는 가설이 양측가설인 경우는 통계량 분포의 양 꼬리 부분에 나타나고, 단측가설이면 한쪽 꼬리 부분에 나타난다.

[2] 통계적 오류

귀무가설을 기각하게 되는 검정통계량 값의 영역을 기각역(critical region)이라 하며, 통계적 가설검정의 방법은 기각역과 검정통계량에 의하여 결정된다. 통계적 가설검정은 모집단 전부를 조사하지 않고 표본을 이용하기 때문에 수학적 명제를 증명하는 것과는 달리 통계적 가설검정의 결과에 대해 반드시 오류가 발생하게 되는데, 그 종류는 다음과 같다.

미지의 실제 현상 / 검정 결과	귀무가설이 사실	대립가설이 사실
H_0를 채택	옳은 결정	제2종 오류
H_0를 기각	제1종 오류	옳은 결정

여기서 제1종 오류(type I error)는 귀무가설이 사실임에도 불구하고 귀무가설을 기각함으로써 발생하는 오류를 말하며, 제2종 오류(type II error)는 대립가설이 사실임에도 불구하고 귀무가설을 기각하지 않음으로써 발생하는 오류이다. 이 두 종류의 오류를 범할 확률을 가능한 한 작게 해주는 것이 바람직한 검정방법이나 표본의 크기가 고정된 경우에는 두 종류의 오류를 범할 확률을 동시에 최소로 해주는 검정방법은 존재하지 않는다. 예를 들어 [그림 5-4]는 귀무가설 H_0 : $\mu = 165\text{cm}$와 대립가설 H_1 : $\mu = 167\text{cm}$라는 검정에서 가운데 직선을 좌우로 움직이면 각각 제1종 오류와 제2종 오류의 크기

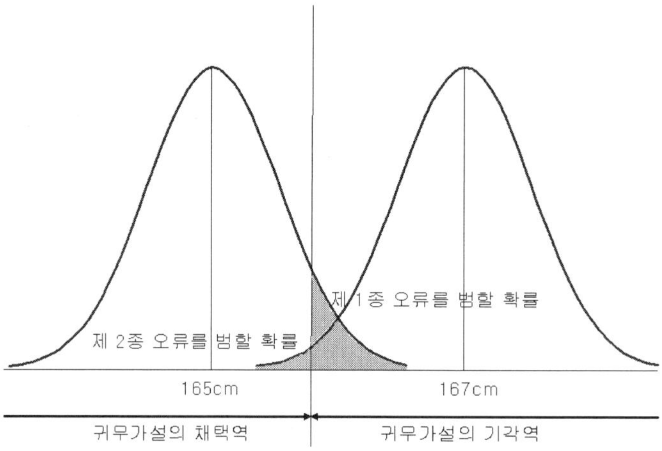

그림 5-4 ◦ 귀무가설의 기각역과 채택역

가 변한다. 즉, 좌측으로 움직이면 제2종 오류는 적어지고, 제1종 오류는 커진다. 우측으로 움직이면 제2종 오류는 커지고, 제1종 오류는 적어진다.

일반적으로 귀무가설을 기각하는 경우에 실제적으로 중요한 의미를 부여하므로 제 1 종 오류를 범할 확률을 미리 주어진 확률 이하로 해주는 검정 방법을 찾는 것이다. 이때 제1종 오류를 범할 확률의 최대 허용 한계를 유의수준(significance level)이라 하며 α로 나타낸다. 따라서 가장 좋은 방법이란 α가 주어진 값 이하인 상태에서 제 2 종 오류를 범할 확률이 최소가 되는 검정방법이다. 보통 $\alpha=0.05$ 또는 $\alpha=0.01$을 많이 사용하며 $\alpha=0.05$ 하에서 귀무가설이 기각되면 우리는 그 귀무가설이 유의하다고 하고 $\alpha=0.01$ 하에서 기각되면 매우 유의하다고 한다. 그리고 검정력 함수(power function)란 미지의 실제현상에 따라 귀무가설을 기각하는 확률의 변화를 나타내주는 함수를 말하며, 이 함수의 값을 검정력(power)이라 한다. 또한 유의확률(significance probability)이란 검정통계량의 값에 대해 귀무가설을 기각할 수 있는 최소의 유의수준을 말한다.

[3] 통계적 가설검정의 절차

통계적 가설검정은 다음과 같은 순서에 의해 행한다.

1) 귀무가설과 대립가설을 세운다.

$$H_0:\ \theta=\theta_0,\ H_1:\ \theta\neq\theta_0\quad(\text{양측검정})$$

$$H_0:\ \theta=\theta_0,\ H_1:\ \theta>\theta_0\ \text{또는}\ \theta<\theta_0\ (\text{단측검정})$$

2) 검정통계량을 계산한다.

표본을 추출하여 표본통계량의 값을 구한 후 표준화시켜서 검정통계량의 값을 계산한다.
3) 유의수준 α를 정한다.
보통 α=0.05 또는 α=0.01로 한다.
4) 기각역을 설정한다.
5) 검정통계량의 값과 기각역을 비교하여 결론을 내린다.
만약 검정통계량의 값이 기각역 안에 들어가게 되면 귀무가설을 기각하고, 그렇지 않으면 귀무가설을 기각할 수 없다고 결론을 내린다.

5.2 이론적 근거

어떤 사회현상에 대한 설문지의 보기와 자연현상을 규명하고자 할 때 결과가 명목자료나 순서자료 즉, 범주형 자료로 나타나는 경우가 많다. 예를 들어 직업의 종류, 남·녀성의 구분, 재산 정도의 상, 중, 하의 구분, 초등학생의 성적표에서의 수, 우, 미, 양, 가의 분류, 생산제품의 양품과 불량품, 그리고 운동선수의 등번호 등이 범주형 자료에 속한다. 이와 같이 측정결과들을 어떤 범주(또는 속성)에 따라 분류하여 도수로 나타낸 자료를 이용한 통계적 추론방법을 범주형 자료분석(analysis of categorical data)이라 한다. 범주형 자료의 분석에는 적합도 검정(goodness-of-fit test)과 독립성 검정(test of independence), 그리고 동질성 검정(test of homogeneity) 등이 있다.

적합도 검정은 완두콩을 교배 실험한 결과 멘델(Mendel)의 유전법칙을 따르는가를 알아보는 것과 같이 관측값들이 어떤 분포를 따르고 있는지를 검정하는 것이고, 독립성 검정은 어떤 집단에서 교육수준과 결혼생활의 만족도 간에 관련성이 있는지를 검정하는 것과 같이 두 변수(요인) 간에 관련성이 있는지를 검정하는 것이다. 또한 동질성 검정은 조사대상모집단들의 분포의 동질성을 검정하는 것으로 동일성의 검정이라고도 한다.

범주형 자료분석에는 관측결과가 도수로 구성되어 있고, 특정한 귀무가설 하에서 관측도수(observed frequency)에 대응되는 기대도수(expected frequency)가 존재한다. 범주형 자료분석에서 기초가 되는 분포는 다항분포(multinomial distribution)이고, 범주형 자료들은 여러 번의 반복시행의 결과로 얻어지는데 다음과 같은 가정을 만족한다.

1) 각 시행은 동일하고, 서로 독립적이다.
2) 각 시행의 결과는 서로 배반인 k개 사건 중의 하나이다.

3) 한 번의 시행에서 $i(i=1,\ 2,\cdots,\ k)$ 번째 사건이 일어날 확률을 p_i 라 한다. 여기서 $p_1+p_2+\cdots+p_k=1$ 이다.
4) n 번의 서로 독립인 시행을 행하여 i 번째 사건이 일어나는 시행의 회수를 n_i 라 한다. 여기서 $n_1+n_2+\cdots+n_k=n$ 이다.

각 시행의 결과가 둘 중 어느 하나인 시행을 베르누이시행이라 하는 것에 반하여 위의 가정을 만족하는 시행을 다항시행(multinomial trial)이라 한다. 이러한 다항시행에서 i 번째 사건이 n_i 회 일어날 확률은 다음 식에 의해 구할 수 있다.

$$P(N_1=n_1,\ N_2=n_2,\ \cdots,\ N_k=n_k)=\frac{n!}{n_1!n_2!\cdots n_k!}p_1^{n_1}p_2^{n_2}\cdots p_k^{n_k}$$

이때 확률변수 $(N_1=n_1,\ N_2=n_2,\ \cdots,\ N_k=n_k)$ 는 모수 $(p_1,\ p_2,\ \cdots,\ p_k)$ 를 가지는 다항분포를 따른다고 하며, 기호로는 다음과 같이 표기한다.

$$(N_1=n_1,\ N_2=n_2,\ \cdots,\ N_k=n_k)\quad\sim\quad M(n,\ p_1,\ p_2,\cdots,p_k)$$

이때, n 을 충분히 크게 하면 다음과 같은 통계량이 근사적으로 자유도가 $(k-1)$ 인 χ^2 분포를 따른다.

$$\sum_{i=1}^{k}\frac{(N_i-np_i)^2}{np_i}\quad\sim\quad\chi^2_{(k-1)}$$

이러한 근사분포는 실용적으로 $np_i>5\ (i=1,\ 2,\ \cdots,\ k)$ 일 때 적용하는 것이 바람직하다. 만약 np_i 의 값이 5 이하가 되는 범주가 있는 경우에는 그 범주를 다른 범주와 합하여 적용시키면 된다. 이때 자유도는 그만큼 줄어든다.

5.2.1 적합도 검정

위에서 기술한 바와 같이 적합도 검정이란 분류기준이 하나인 경우, 분류항목이 3개 이상인 범주형 자료가 어떤 분포를 따르는지를 검정하는 것을 의미한다. 적합도 검정에서는 조사대상 모집단에서 n 개의 실험대상(표본)을 택하여 각 실험대상이 서로 배반인 k 개의 범주에 속하는 도수 $N_i\,(i=1,\ 2,\ \cdots,\ k)$ 를 관측하는데, 이때 p_i 를 각 실험대상이 i 번째 범주에 속할 확률이라고 하면 도수 N_i 는 다음과 같은 다항분포를 따르게 된다.

$$(N_1=n_1,\ N_2=n_2,\ \cdots,\ N_k=n_k)\quad\sim\quad M(n,\ p_1,\ p_2,\cdots,p_k)$$

그러므로 적합도 검정에서의 자료구조는 다음과 같다.

범주	1	2	$\cdots$	k	합계
관측도수	n_1	n_2	$\cdots$	n_k	n
확률	p_1	p_2	$\cdots$	p_k	1

적합도 검정은 결국 각 개체가 각각의 범주에 속할 확률이 $p_1,\ p_2,\ \cdots,\ p_k$ 인지를 검정하는 것이므로 귀무가설과 대립가설은 다음과 같이 설정된다.

H_0: $n_i=np_i$ (즉, $(p_1,\ p_2,\ \cdots,\ p_k)$ 의 확률 모형에 따른다.)
H_1: H_0 가 아니다.(즉, $(p_1,\ p_2,\ \cdots,\ p_k)$ 의 확률 모형을 따르지 않는다.)

이러한 가설을 검정하기 위해서는 검정통계량이 필요한데, 이 경우 i 번째 범주에 해당하는 관측도수(observed frequency) n_i 와 그 기대도수(expected frequency) np_i 의 차를 고려한 검정통계량이 바람직하다. 따라서 다음과 같이 자유도가 $(k-1)$ 인 χ^2 분포를 따르는 검정통계량을 이용하여 적합도 검정을 한다.

$$\chi^2=\sum_{i=1}^{n}\frac{(n_i-np_i)^2}{np_i}=\sum\frac{(O_i-E_i)^2}{E_i}\quad\sim\quad\chi^2_{(k-1)}$$

여기서 O_i 는 관측도수를 의미하고, E_i 는 기대도수를 의미한다. 만일 주어진 관측값이 어떤 가정된 특정한 형태의 분포로부터 얻어진 것인지를 검정하고자 할 경우에는 각 범주의 확률 $p_1,\ p_2,\ \cdots,\ p_k$ 가 주어져 있지 않아서 추정해야 하므로 이때 자유도는 원래 자유도 $(k-1)$에서 추정된 모수의 수를 빼 주어야 한다.

5.2.2 독립성 검정

독립성 검정은 분류기준(또는 요인)이 둘인 경우, 즉 범주형 변수가 2개인 경우 이들 변수 간에 관련성이 있는지를 검정하는 것이다. 두 분류기준을 각각 A, B라고 하고, 요인 A는 r개의 범주로 나누어지며 요인 B는 c개의 범주로 나누어진다고 하자. 그러면 독립성 검정에서는 조사대상에서 n개의 실험대상을 택하여 A의 범주 A_i $(i=1,\ 2,\cdots,\ r)$와 B의 범주 $B_j\,(j=1,\ 2,\ \cdots,\ c)$에 속하는 도수 N_{ij}를 관측하여 다음과 같은 형태의 분할표(contingency table)로 자료가 주어진다. 분할표란 2개 이상의 범주형 변수의 자료를 요약한 빈도표를 의미한다.

요인 B / 요인 A	B_1	B_2	$\cdots$	B_c	계
A_1	n_{11}	n_{12}	$\cdots$	n_{1c}	$n_{1\cdot}$
A_2	n_{21}	n_{22}	$\cdots$	n_{2c}	$n_{2\cdot}$
$\vdots$	$\vdots$	$\vdots$	$\ddots$	$\vdots$	$\vdots$
A_r	n_{r1}	n_{r2}	$\cdots$	n_{rc}	$n_{c\cdot}$
계	$n_{\cdot 1}$	$n_{\cdot 2}$	$\cdots$	$n_{\cdot c}$	n

독립성 검정은 두 변수가 독립인지를 알아보기 위한 검정이므로 다음과 같이 가설을 설정한다.

$$H_0:\ p_{ij}=p_i\,.\,p_{\,.\,j}\,.$$
$$H_1:\ H_0\text{가 아니다.}$$

여기서 p_{ij}는 실험대상이 범주 A_i와 B_j에 속할 확률이고, $p_i\,.$는 범주 A_i에 속할 확률, $p\,._{\,j}$는 범주 B_j에 속할 확률이다. 이러한 가설을 검정하기 위한 통계량은 다음과 같다.

$$\chi^2=\sum_{i=1}^{r}\sum_{k=1}^{c}\frac{(N_{ij}-np_i\,.\,p\,._{\,j})^2}{np_i\,.\,p\,._{\,j}}\quad\sim\quad\chi^2_{(rc-1)}$$

그런데 $p_i.\ (i=1,\ 2,\ \cdots,\ r)$와 $p._j(j=1,\ 2,\ \cdots,\ c)$는 미지의 모수들이므로 추정하여야 한다. 따라서 실제적으로 사용되는 검정통계량은 다음과 같다.

$$\chi^2 = \sum\sum \frac{(N_{ij} - n\widehat{p_i.}\widehat{p._j})^2}{n\widehat{p_i.}\widehat{p._j}} \quad \sim \quad \chi^2_{((r-1)(c-1))}$$

여기서 자유도가 $(r-1)(c-1)$이 되는 까닭은 원래의 자유도 $(rc-1)$에서 추정된 모수의 수를 빼주어야 하기 때문이다. 즉,

$$\begin{aligned} rc-1-(\text{추정된 모수의 수}) &= rc-1-((\mathrm{r}-1)+(\mathrm{c}-1)) \\ &= (r-1)(c-1) \end{aligned}$$

라 할 수 있다.

5.2.3 동질성 검정

동질성 검정은 조사대상 모집단을 여러 개의 부차모집단(subpopulation)으로 분할하였을 때 이들 부차모집단의 분포의 형태가 동일한지를 검정하는 것으로 동일성 검정이라고도 한다. 여기서 부차모집단이라 함은 어떤 기준에 의거하여 나누어진 모집단의 부분집단을 의미하며, 부분모집단이라고도 한다. 예를 들어 모집단을 남녀별로 나누었을 때 남자만으로 구성된 모집단과 여자만으로 구성된 모집단으로 나누어지는데 이들 모집단이 부차모집단이 된다. 동질성 검정에서는 조사대상모집단을 r개의 부차모집단 $A_1,\ A_2,\ \cdots,\ A_r$로 분할하여, 각각의 부차모집단에서 $S_i\ (i=1,\ 2,\cdots,\ r)$개의 실험대상을 택하여 요인 B의 각 범주 $B_j\ (j=1,\ 2,\ \cdots,\ c)$에 속하는 도수 $N_{i1},\ N_{i2},\ \cdots,\ N_{ic}$를 관측하게 된다. 동질성 검정의 자료구조는 독립성 검정의 자료구조와 동일한데, 한 가지 차이점은 독립성검정에서는 총도수 n만이 정해지고 나머지 $n_{i\cdot}\ (i=1,\ 2,\ \cdots,\ r)$나 $n_{\cdot j}\ (j=1,\ 2,\ \cdots,\ c)$는 모두 확률변수이다. 그러나 동질성 검정에서는 총 도수 n뿐만 아니라 각 부차모집단에서의 표본의 크기 $S_i\ (i=1,2,\cdots,r)$들이 고정되어 있다. 동질성 검정을 위한 자료의 구조는 다음과 같다.

부차모집단 \ 요인	B_1	B_2	$\cdots$	B_c	계
A_1	n_{11}	n_{12}	$\cdots$	n_{1c}	S_1
A_2	n_{21}	n_{22}	$\cdots$	n_{2c}	S_2
$\vdots$	$\vdots$	$\vdots$	$\ddots$	$\vdots$	$\vdots$
A_r	n_{r1}	n_{r2}	$\cdots$	n_{rc}	S_r
계	$n_{\cdot 1}$	$n_{\cdot 2}$	$\cdots$	$n_{\cdot c}$	n

동질성 검정은 어떤 하나의 실험대상이 범주 B_j에 속할 확률이 어떤 부차모집단에 대해서도 동일한가를 검정하는 것이므로 가설은 다음과 같이 설정된다.

H_0: $(p_{11}, p_{12}, \cdots, p_{1c}) = P(p_{i1}, p_{i2}, \cdots, p_{ic})\,(i=2, 3, \cdots, r)$
H_1: H_0가 아니다.

즉, 귀무가설 하에서는 어떤 하나의 실험대상이 범주 B_j에 속할 확률이 모든 부차모집단에 대해서 동일하다. 여기서, $p_{i1}, p_{i2}, \cdots, p_{ic}$는 부차모집단 A_i에 속하는 어떤 실험대상이 범주 $B_1, B_2, \cdots, B_c$에 속할 확률로써 $\sum_{j=1}^{c} P_{ij} = 1$이 된다. 이러한 가설을 검정하는 데 사용되는 통계량은 다음과 같다.

$$\chi^2 = \sum_{i=1}^{r}\sum_{j=1}^{c}\frac{(O_i - \widehat{E_i})^2}{\widehat{E_i}} = \sum\sum\frac{(N_{ij} - S_i\widehat{p_{1j}})^2}{S_i\widehat{p_{1j}}}$$

여기서 $\widehat{p_{1j}} = \dfrac{n_{\cdot 1}}{n}$이고, 위의 통계량 χ^2는 χ^2분포를 따르며, 자유도는 다음과 같이 계산된다.

$$\begin{aligned} df &= r(c-1) - (\text{추정된 모수의 수}) \\ &= r(c-1) - (c-1) \\ &= (r-1)(c-1) \end{aligned}$$

5.3 SPSS의 범주형 자료분석

5.3.1 교차분석

SPSS에서는 독립성검정을 위해 교차분석을 지원하고 있다. 이는 명목자료 혹은 순위자료로 이루어진 2개 이상의 변수의 사례수를 분할표로 만드는 것이다. 그리고 서로 간에 독립적인지에 대해 χ^2-검정을 한다.

예를 들어 성별에 따른 건강상태의 차이가 있는가? 혹은 전공계열에 따라 상용직 여부에 차이가 있는가? 이와 같은 것은 성별, 전공계열, 상용직 여부의 변수들이 명목자료로 이루어져 있기 때문에 범주형 자료분석을 사용하여야 한다.

예제 성별에 따른 건강상태에 차이가 있는가?(성별과 건강상태는 독립인가?)

① 먼저 SPSS를 시작하고 저장한 파일 '연습2.sav'를 불러온다(파일(F) → 열기(O) → 데이터(A) → 연습2 → 열기).

② '연습2.sav' 자료가 나온 후에 분석(A) → 기술통계량(E) → 교차분석(C)을 선택하면 교차분석 창이 나온다.

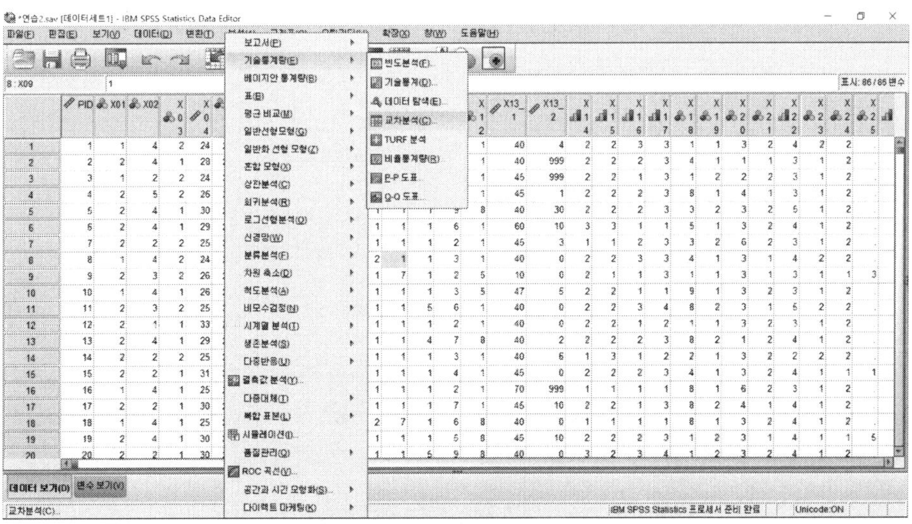

그림 5-5 • 교차분석의 선택

③ 교차분석 창이 나오면 분석하고자 하는 변수를 행과 열에 등록한다. 여기서 SPSS

구입할 때 옵션에 따라 정확(X), 붓스트랩(A)이 나오지 않을 수도 있다.

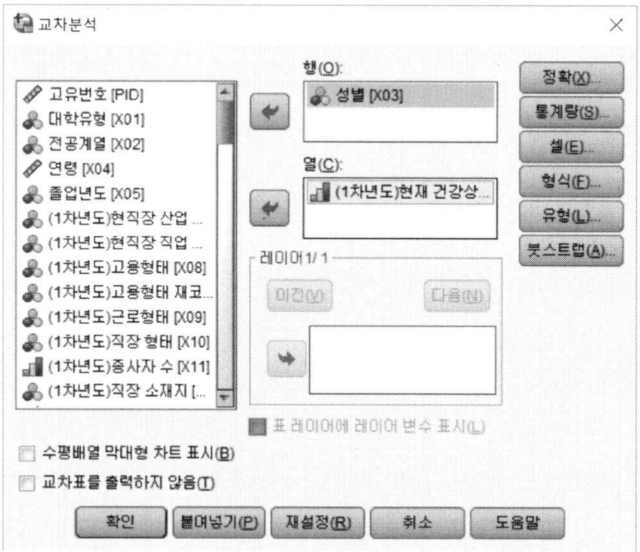

그림 5-6 • 교차분석 창

④ 교차분석에서 통계량을 구하기 위해 을 클릭하면 교차분석: 통계량 창이 나온다.

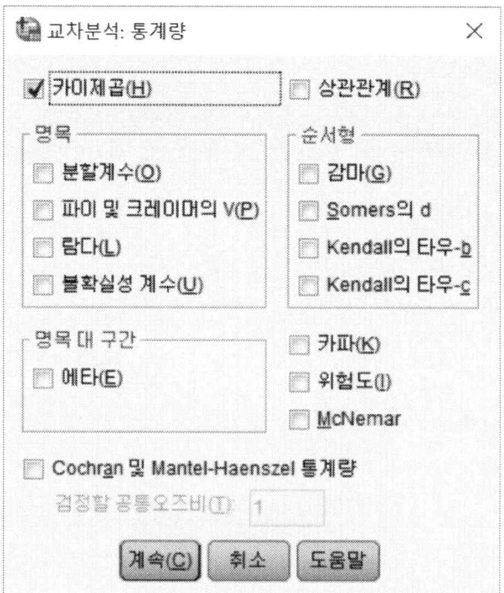

그림 5-7 • 교차분석: 통계량 창

다음은 교차분석 통계량을 요약한 것이다.

구분		내용
카이제곱		pearson, likelihood ratio 및 Mantel- Haenszel 선형 관련성 카이제곱 값을 제시하며, 일반적인 독립성 검정에서 사용하는 통계량
상관관계		Pearson 및 Spearman 상관계수를 제시
카파		Cohen의 카파계수로 정방행렬표에서만 계산
위험도		상대적인 위험률을 나타내는데, 2×2 경우만 계산
McNemar		두 개의 이분형 변수에 대한 비모수검정. 전후 계획에서 실험개입에 따라 반응에 다르게 나타나는 변화를 파악하는 데 유용
명목 데이터 (명목자료의 통계량인 경우)	분할계수	분할계수
	파이 및 Cramer의 V	파이 및 크래머의 V
	람다	두 변수 간의 관련성을 나타냄
	불확실성 계수	두 변수 간의 관련성을 나타내는 대칭 및 비대칭 불확실성 계수
명목대 구간 데이터	에타	두 개의 Eta값이 계산, 하나는 열의 명목변수에 관한 것이며, 다른 하나는 행의 명목변수에 관한 것
순서 데이터 (서열자료인 경우)	감마	카이제곱 검정을 마친 후에 쓰이는 보충 설명 자료
	Sommers의 d	대칭 및 비대칭 소머스의 d
	Kendall의 타우-b	켄달의 타우-b (두 변수간의 상관관계 표시)
	Kendall의 타우-c	켄달의 타우-c

⑤ 통계량을 선택한 후 계속을 클릭하면 [그림 5-6]의 교차분석 창이 다시 나오고, 각 셀의 표시형식을 지정하기 위해 셀(E)...을 클릭하면, 교차분석: 셀 표시 창이 나온다.

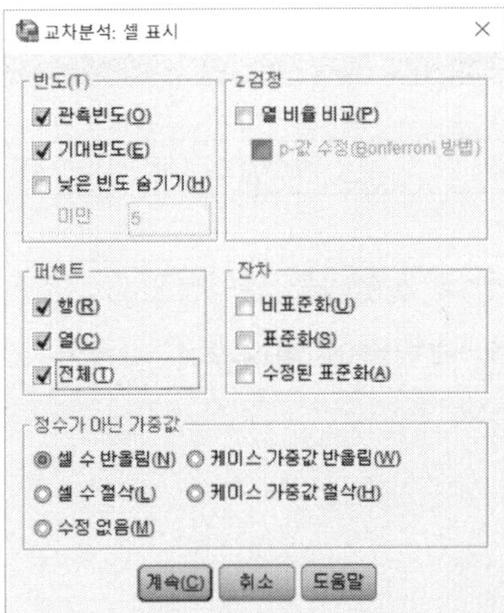

그림 5-8 • 교차분석: 셀 표시 창

셀의 표시 방법을 지정하기 위한 선택의 요약은 다음과 같다.

구분		내용
빈도	관측빈도	실제 관측된 사례의 빈도수(기본 설정됨)
	기대빈도	기대 빈도수
퍼센트	행	행의 퍼센트를 나타냄
	열	열의 퍼센트를 나타냄
	전체	각 셀 총합의 퍼센트를 나타냄
잔차	표준화하지 않음	표준화되지 않은 잔차
	표준화	표준화된 잔차
	수정된 표준화	수정된 표준화 잔차

⑥ 셀의 표시 형식을 선택한 후 계속 을 클릭하면 [그림 5-6]의 교차분석 창이 다시 나오고, 출력의 형식을 지정하기 위해 형식(F)... 을 클릭하면, 형식 창이 나온다.

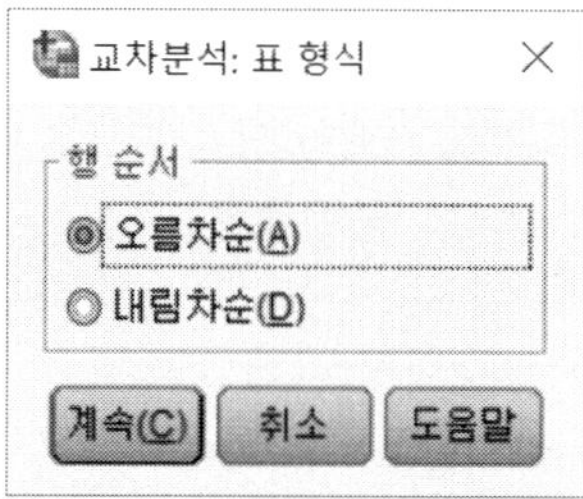

그림 5-9 • 표 형식 창

표의 출력 형식을 지정하기 위한 선택의 요약은 다음과 같다.

구분		내용
행의 순서	오름차순	열 변수값의 오름차순으로 출력(기본설정)
	내림차순	열 변수값의 내림차순으로 출력

⑦ 표의 출력 형식을 선택한 후 계속 을 클릭하면 [그림 5-6]의 교차분석 창이 다시 나오고, 여기서 확인 을 클릭하면 명령문과 결과가 나온다.

명령문

```
CROSSTABS
  /TABLES=X03 BY X30
```

```
/FORMAT=AVALUE TABLES
/STATISTICS=CHISQ
/CELLS=COUNT EXPECTED ROW COLUMN TOTAL
/COUNT ROUND CELL.
```

케이스 처리 요약

	케이스					
	유효		결측		전체	
	N	퍼센트	N	퍼센트	N	퍼센트
성별 * (1차년도)현재 건강 상태	1131	84.7%	204	15.3%	1335	100.0%

그림 5-10 • 교차분석 결과(1)

결과분석

[그림 5-10]의 교차분석 결과 (1)은 교차분석에 모두 1,131개의 사례가 포함되어 이를 대상으로 분석하고, 결측값이 15.3%인 204개가 있다는 의미이다. 즉, 204명은 성별 혹은 건강상태에 무응답이란 의미이다.

성별 * (1차년도)현재 건강상태 교차표

			(1차년도)현재 건강상태				
			아주 건강하다	건강한 편이다	보통이다	건강하지 않은 편이다	전체
성별	남	빈도	206	389	89	20	704
		기대빈도	197.3	385.3	99.6	21.8	704.0
		성별 중 %	29.3%	55.3%	12.6%	2.8%	100.0%
		(1차년도)현재 건강상태 중 %	65.0%	62.8%	55.6%	57.1%	62.2%
		전체 중 %	18.2%	34.4%	7.9%	1.8%	62.2%
	여	빈도	111	230	71	15	427
		기대빈도	119.7	233.7	60.4	13.2	427.0
		성별 중 %	26.0%	53.9%	16.6%	3.5%	100.0%
		(1차년도)현재 건강상태 중 %	35.0%	37.2%	44.4%	42.9%	37.8%
		전체 중 %	9.8%	20.3%	6.3%	1.3%	37.8%
전체		빈도	317	619	160	35	1131
		기대빈도	317.0	619.0	160.0	35.0	1131.0
		성별 중 %	28.0%	54.7%	14.1%	3.1%	100.0%
		(1차년도)현재 건강상태 중 %	100.0%	100.0%	100.0%	100.0%	100.0%
		전체 중 %	28.0%	54.7%	14.1%	3.1%	100.0%

그림 5-11 • 교차분석 결과(2)

카이제곱 검정

	값	자유도	근사 유의확률 (양측검정)
Pearson 카이제곱	4.478[a]	3	.214
우도비	4.425	3	.219
선형 대 선형결합	3.636	1	.057
유효 케이스 수	1131		

a. 0 셀 (0.0%)은(는) 5보다 작은 기대 빈도를 가지는 셀입니다. 최소 기대빈도는 13.21입니다.

그림 5-12 • 교차분석 결과(3)

결과분석

[그림 5-11]의 교차분석 결과(2)는 성별과 전공계열을 분할표로 작성한 것이며, 제1행은 사례의 수, 제2행은 기대 빈도수, 제3행은 행에 대한 백분율, 제 4행은 열에 대한 백분율, 제5행은 전체에 대한 백분율이 나와 있다. 이는 셀의 표시 형식에서 선택하는 것이다. [그림 5-12]의 교차분석 결과(3)은 귀무가설 '남녀 간에 건강상태는 동일하다.'에서 Pearson 카이제곱 유의확률이 0.214로 유의수준 0.05보다 크기 때문에 귀무가설을 기각할 수 없다. 따라서 유의수준 5%에서 '남녀 간에 건강상태에 차이가 없다'라는 결론을 얻었다.

예제 성별에 따른 전공계열에 차이가 있는가?(성별과 전공계열은 독립인가?)

명령문

```
CROSSTABS
  /TABLES=X03 BY X02
  /FORMAT=AVALUE TABLES
  /STATISTICS=CHISQ
  /CELLS=COUNT ROW
  /COUNT ROUND CELL.
```

성별 * 전공계열 교차표

			전공계열					
			인문계열	사회계열	교육계열	공학계열	자연계열	전체
성별	남	빈도	52	223	9	471	69	824
		성별 중 %	6.3%	27.1%	1.1%	57.2%	8.4%	100.0%
	여	빈도	84	175	71	89	92	511
		성별 중 %	16.4%	34.2%	13.9%	17.4%	18.0%	100.0%
전체		빈도	136	398	80	560	161	1335
		성별 중 %	10.2%	29.8%	6.0%	41.9%	12.1%	100.0%

그림 5-13 • 교차분석 결과(4)

카이제곱 검정

	값	자유도	근사 유의확률 (양측검정)
Pearson 카이제곱	266.497[a]	4	.000
우도비	283.147	4	.000
선형 대 선형결합	45.743	1	.000
유효 케이스 수	1335		

a. 0 셀 (0.0%)은(는) 5보다 작은 기대 빈도를 가지는 셀입니다. 최소 기대빈도는 30.62입니다.

그림 5–13 • 교차분석 결과(4)(계속)

결과분석

[그림 5–13]의 교차분석 결과(4)는 성별과 전공계열을 셀에서 행 퍼센트만 표시하여 분할표로 작성하고 독립성 검정을 한 결과이다. 카이제곱 검정의 결과 점근유의확률이 0.000으로 유의수준을 1%로 하면 0.01보다 작기에 '성별과 전공계열은 독립이다'라는 귀무가설을 기각하여 성별과 전공계열은 관련성이 있는 것으로 나타났다. 즉, 남성은 교육계열이 1.1%에 불과하고, 여성은 13.9%로 비율이 높으며, 반대로 남성의 57.2%가 공학계열인 반면, 여성은 공학계열이 17.4%에 불과하다.

예제 성별에 따른 고용형태에 차이가 있는가?(성별과 고용형태는 독립인가?)

명령문

```
CROSSTABS
  /TABLES=X03 BY X08
  /FORMAT=AVALUE TABLES
  /STATISTICS=CHISQ
  /CELLS=COUNT ROW
  /COUNT ROUND CELL.
```

성별 * (1차년도)고용형태 교차표

			(1차년도)고용형태			
			상용직	임시직	일용직	전체
성별	남	빈도	769	51	4	824
		성별 중 %	93.3%	6.2%	0.5%	100.0%
	여	빈도	453	53	5	511
		성별 중 %	88.6%	10.4%	1.0%	100.0%
전체		빈도	1222	104	9	1335
		성별 중 %	91.5%	7.8%	0.7%	100.0%

그림 5–14 • 교차분석 결과(5)

카이제곱 검정

	값	자유도	근사 유의확률 (양측검정)
Pearson 카이제곱	8.973[a]	2	.011
우도비	8.728	2	.013
선형 대 선형결합	8.723	1	.003
유효 케이스 수	1335		

a. 1 셀 (16.7%)은(는) 5보다 작은 기대 빈도를 가지는 셀입니다. 최소 기대빈도는 3.44입니다.

그림 5-14 • 교차분석 결과(5)(계속)

결과분석

[그림 5-14]의 교차분석 결과(5)는 성별과 고용형태를 독립성 검정을 한 결과이다. 카이제곱 검정의 결과 점근유의확률이 0.011로 유의수준을 1%로 하면 0.01보다 크기 때문에 기각할 수 없지만, 유의수준을 5%로 하면 0.05보다 작기 때문에'성별과 고용형태는 독립이다'라는 귀무가설을 기각하여 성별과 고용형태는 관련성이 있는 것으로 보인다. 즉, 남성은 상용직이 93.3%이고, 여성은 88.6%로 남성의 상용직 비율이 높은 것으로 보인다. 여기서 유의수준을 무조건 1%로 하는 것이 좋은 것만은 아니다. 유의수준을 1%로 하면 5%보다 기각역이 작기 때문이다. 즉, 유의수준을 1%로 하면 차이가 많이 나야만 차이가 있는 것으로 검정되기 때문이다.

그러나 [그림 5-14]의 결과에서 아래 부분에 다음과 같은 주의가 나타나는 것에 유의하여야 한다.

1 셀 (16.7%)은(는) 5보다 작은 기대 빈도를 가지는 셀입니다. 최소 기대빈도는 3.44입니다.

교차분석에서 만일 기대빈도가 5보다 작은 셀의 수가 10% 이상 된다면 카이제곱 검정의 결과를 믿을 수가 없다는 의미이다. 즉, 작은 데이터 파일이나 조밀하지 않거나 균형이 잡혀 있지 않은 표에서 얻은 점근 결과는 잘못된 것일 수 있기 때문이다. 이런 상황에서는 다음과 같은 2가지의 방법을 사용할 것을 권한다.

1. 셀의 카테고리(범주의 수)를 줄인다.
2. 정확한 검정을 사용한다.

1. 셀의 카테고리를 줄인다.

이 방법이 가장 좋은 방법으로 가능하다면, 고용형태를 상용직과 비상용직(임시직, 일용직)으로 코딩변경을 이용하여 줄이는 것이다. 그러나 항상 이러한 방법이 가능한 것은 아니다.

예 ① 매우 그렇다. ② 그렇다. ③ 보통이다. ④ 그렇지 않다. ⑤ 전혀 그렇지 않다.
→① 긍정. ② 보통. ③ 부정.

성별 * (1차년도)고용형태 재코딩 교차표

			(1차년도)고용형태 재코딩		
			상용직	비상용직	전체
성별	남	빈도	769	55	824
		성별 중 %	93.3%	6.7%	100.0%
	여	빈도	453	58	511
		성별 중 %	88.6%	11.4%	100.0%
전체		빈도	1222	113	1335
		성별 중 %	91.5%	8.5%	100.0%

카이제곱 검정

	값	자유도	근사 유의확률 (양측검정)	정확 유의확률 (양측검정)	정확 유의확률 (단측검정)
Pearson 카이제곱	8.899[a]	1	.003		
연속성 수정[b]	8.306	1	.004		
우도비	8.658	1	.003		
Fisher의 정확검정				.003	.002
선형 대 선형결합	8.892	1	.003		
유효 케이스 수	1335				

a. 0 셀 (0.0%)은(는) 5보다 작은 기대 빈도를 가지는 셀입니다. 최소 기대빈도는 43.25입니다.

b. 2x2 표에 대해서만 계산됨

그림 5-15 • 교차분석 결과(6)

결과분석

[그림 5-15]의 교차분석 결과(6)은 고용형태를 상용직과 비상용직으로 재코딩하여 분석한 결과이다. 점근유의확률이 0.003으로 유의수준을 1%일 때 0.01보다 작기 때문에 기각하여 '성별과 고용형태(재코딩)는 독립이다'라는 귀무가설을 기각하여 성별과 고용형태는 관련성이 있는 것으로 나타났다. 즉, 남성은 상용직이 93.3%이고, 여성은 88.6%로 남성의 상용직 비율이 높은 것으로 보인다.

2. 정확한 검정을 사용한다.

현재 데이터로 만족시킬 수 없는 가정에 의존하지 않고 정확한 검정을 통해 정확한 유의수준을 얻을 수 있다. 정확한 유의수준은 크기, 분포, 조밀성, 데이터의 균형 등과 관계없이 항상 신뢰할 수 있다. 정확한 검정을 사용하기 위해서는 [그림 5-6]의 교차분석 창에서 을 클릭하면, [그림 5-16]의 정확검정 창이 나타난다.

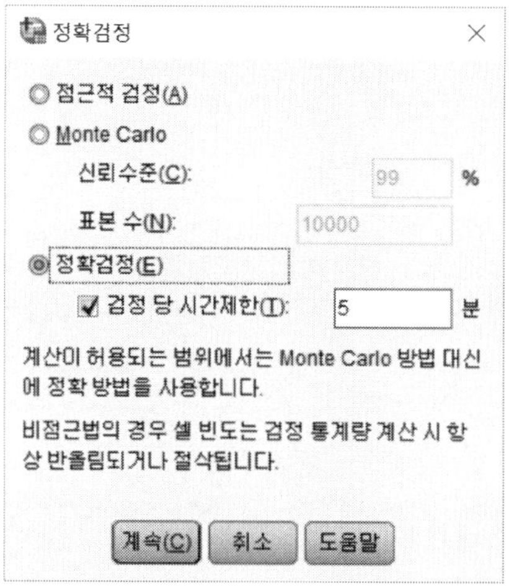

그림 5-16 • 정확검정 창

선택 사항에 대한 자세한 설명은 다음 표와 같다.

구분	내용
점근적 검정(A)	이에 대한 유의수준은 검정통계량의 점근적 분포를 토대로 계산하며, 일반적으로 0.05 미만의 값을 유의한 것으로 간주한다. 이 경우도 점근 유의 확률은 데이터의 크기가 크다는 가정을 기준으로 하며, 데이터의 크기가 작거나 분포가 고르지 못한 경우에는 유의확률 표시가 부적합할 수도 있다.
Monte Carlo(M)	정확한 유의수준의 비편향 추정값으로 차원, 행과 열의 여백이 관측된 표의 경우와 같은 참조 집합으로부터 반복적으로 표본을 추출하여 계산된다. Monte Carlo 방법을 사용하여 점근적 방법에 필요한 가정 없이도 정확한 유의수준을 추정할 수 있다. 이 방법은 데이터 변수군이 너무 커서 정확한 유의수준을 계산할 수 없을 때 유용하게 사용되지만 이러한 데이터는 점근적 방법의 가정을 만족시키지는 못한다.
정확한 검정(E)	일반적으로 많이 사용하는 방법으로 관측 결과의 확률 또는 더 많은 극단값을 정확하게 계산하며, 일반적으로 유의수준이 0.05 미만이면 유의한 것으로 행 및 열 변수 간에 관계가 있음을 나타낸다.

정확한 검정이라는 방법을 선택한 경우에는 Fisher의 **정확한 검정**이라는 통계량이 나오며 해석 시에도 이를 보아야 한다. 각 검정을 계산하는 데 필요한 최대 시간제한을 입력하여야 하며, 검정이 제한 시간 30분을 초과하면 Monte Carlo 방법을 사용한다. 메모리가 부족하여 정확한 결과를 얻을 수 없을 때는 먼저 현재 실행 중인 다른 응용 프

로그램을 닫고 사용할 수 있는 메모리를 늘린다. 여전히 정확한 결과를 얻을 수 없으면 Monte Carlo 방법을 사용한다. 일반적으로 정확한 검정은 30 미만의 표본 크기에서 빠르게 수행될 수 있다.

또한 점근적 검정법은 데이터 파일이 상당히 크고 표가 잘 집약되어 균형 잡힌 것으로 가정한다. 데이터 파일이 작거나 표가 조밀하지 않거나 균형이 잡혀 있지 않으면 점근법에 필요한 가정을 만족시킬 수 없으므로 정확한 검정이나 Monte Carlo 방법을 사용해야 한다.

또한 [그림 5-15]와 같이 2×2 교차표에서는 옵션으로 지정하지 않아도 기본적으로 Fisher의 정확한 검정이라는 통계량이 나오며 해석 시에도 이를 보아야 한다.

카이제곱 검정

	값	자유도	근사 유의확률 (양측검정)	정확 유의확률 (양측검정)	정확 유의확률 (단측검정)	포인트 확률
Pearson 카이제곱	8.973[a]	2	.011	.010		
우도비	8.728	2	.013	.022		
Fisher의 정확검정	8.877			.010		
선형 대 선형결합	8.723[b]	1	.003	.004	.002	.001
유효 케이스 수	1335					

a. 1 셀 (16.7%)은(는) 5보다 작은 기대 빈도를 가지는 셀입니다. 최소 기대빈도는 3.44입니다.

b. 표준화 통계량은 2.954입니다.

그림 5-17 • 정확검정 결과 창

카이제곱 검정

	값	자유도	근사 유의확률 (양측검정)	Monte Carlo 유의확률 (양측검정)			Monte Carlo 유의확률 (단측검정)		
					99% 신뢰구간			99% 신뢰구간	
				유의확률	하한	상한	유의확률	하한	상한
Pearson 카이제곱	8.973[a]	2	.011	.011[b]	.009	.014			
우도비	8.728	2	.013	.023[b]	.019	.027			
Fisher의 정확검정	8.877			.012[b]	.009	.014			
선형 대 선형결합	8.723[c]	1	.003	.004[b]	.002	.006	.002[b]	.001	.003
유효 케이스 수	1335								

a. 1 셀 (16.7%)은(는) 5보다 작은 기대 빈도를 가지는 셀입니다. 최소 기대빈도는 3.44입니다.

b. 난수 시작값 2000000을(를) 가지고 10000개 표본 데이터를 기준으로

c. 표준화 통계량은 2.954입니다.

그림 5-18 • Monte Carlo 검정 결과 창

결과분석

[그림 5-17]은 정확검정의 결과 창이며, Fisher의 정확한 검정이라는 통계량이 나오며 해석 시에도 이를 보아야 한다. 하지만 여기서는 표본의 수가 1,335개로서 너무 많기에 결과가 나오지 않았다. 매뉴얼에는 표본의 수가 30개 이하에서 사용하는 것을 권장하지만 저자의 경우

에 4~500개의 표본에서도 결과가 나오는 것을 확인하였다.
[그림 5-18]은 Monte Carlo 방법과 정확한 검정의 결과이다. Fisher의 정확한 검정이라는 통계량이 나오는 것에 유의하여야 하며, 이 부분을 보고 결론을 내려야 한다. 유의 확률이 0.012로 유의수준 5%에서 귀무가설을 기각하였다. 이 결과는 [그림 5-13]의 교차분석 결과 (4)와 비슷하다.

예제 전공계열(X02)과 전공선택 이유(X20)는 관련성이 있는가?

교차표를 만들 때 실제 관측값이 매우 적음에도 불구하고(예, 5이하) 값을 제시하면 전체 자료에 신뢰도가 낮아질 수 있다. 이러한 경우에 사용할 수 있도록 SPSS 25에 기능이 있다. 교차분석의 셀 출력 낮은 빈도 숨기기 기능이다. 명령문으로는

/HIDESMALLCOUNTS COUNT=5

로 사용한다.

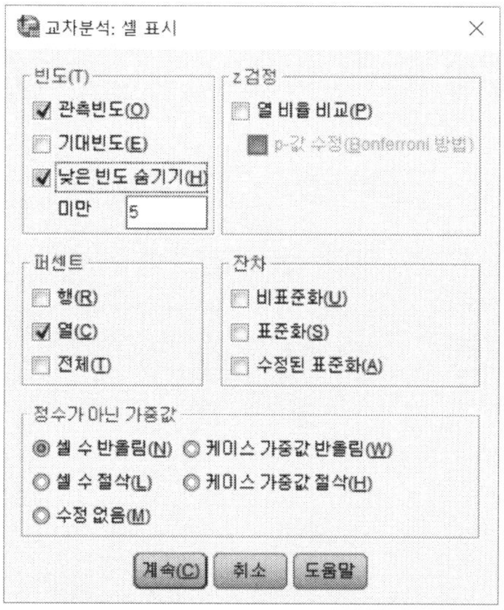

그림 5-19 • 교차분석: 셀 표시 창

명령문

```
CROSSTABS
  /TABLES=X02 BY X20
  /FORMAT=AVALUE TABLES
  /STATISTICS=CHISQ
```

```
/CELLS=COUNT COL
/COUNT ROUND CELL
/HIDESMALLCOUNTS COUNT=5.
```

카이제곱 검정

	값	자유도	근사 유의확률 (양측검정)
Pearson 카이제곱	62.531[a]	20	.000
우도비	67.178	20	.000
선형 대 선형결합	4.536	1	.033
유효 케이스 수	1335		

a. 6 셀 (20.0%)은(는) 5보다 작은 기대 빈도를 가지는 셀입니다. 최소 기대빈도는 1.20입니다.

그림 5-20 • 교차분석의 카이제곱 결과

전공계열 * (1차년도)전공 선택 이유 교차표

			(1차년도)전공 선택 이유						
			직업 및 취업 전망이 밝아서	(수능 및 학교) 성적에 맞춰서	학문적 흥미 및 적성을 고려해서	주위(부모,친지)사람들의 권유로	사회적 인식이나 명성 때문에	기타	전체
전공계열	인문계열	빈도	15	19	82	13	5	<5	136
		(1차년도)전공 선택 이유 중 %	3.7%	11.6%	13.3%	13.1%	25.0%	n<5	10.2%
	사회계열	빈도	133	36	188	24	6	11	398
		(1차년도)전공 선택 이유 중 %	32.9%	22.0%	30.5%	24.2%	30.0%	34.4%	29.8%
	교육계열	빈도	22	7	45	<5	<5	<5	80
		(1차년도)전공 선택 이유 중 %	5.4%	4.3%	7.3%	n<5	n<5	n<5	6.0%
	공학계열	빈도	201	71	227	42	7	12	560
		(1차년도)전공 선택 이유 중 %	49.8%	43.3%	36.9%	42.4%	35.0%	37.5%	41.9%
	자연계열	빈도	33	31	74	16	<5	5	161
		(1차년도)전공 선택 이유 중 %	8.2%	18.9%	12.0%	16.2%	n<5	15.6%	12.1%
전체		빈도	404	164	616	99	20	32	1335
		(1차년도)전공 선택 이유 중 %	100.0%	100.0%	100.0%	100.0%	100.0%	100.0%	100.0%

그림 5-21 • 교차분석의 카이제곱 결과

결과분석

카이제곱 검정의 결과로서 유의확률이 0.000으로 유의수준 5%에서 0.05보다 적기에 '관련성이 없다'는 귀무가설을 기각하여 전공계열과 전공선택 이유는 관련성이 있는 것으로 분석되었다. 카이제곱 값은 숨기는 기능과 관계없이 동일하다.

교차표에서 [그림 5-20]은 인문계열의 기타의 경우와 같이 관측값이 5 이하일 경우에 관측값 대신 〈5와 n=5로 표기되어 있다. 보통은 [그림 5-21]과 같이 2와 같이 관측값을 제시하지만 **낮은 빈도 숨기기**에서 **5 미만**을 체크하였기 때문이다. 이는 적은 관측값이 많으면 분석에서 오류를 범할 수 있기에 이를 피한 것이다.

5.3.2 동질성 검정

SPSS에서는 동질성 검정을 하기 위해서는 비모수검정을 이용한다. 이는 명목자료 혹은 서열자료가 동일한 비율로 이루어져 있는가를 검정하는 것이다.

예제 응답자들의 전공계열은 동일한 비율로 이루어졌는가?

① 먼저 SPSS를 시작하고 저장한 파일 '연습2.sav'를 불러온다(파일(F) → 열기(O) → 데이터(A) → 연습 → 열기).

② 연습 자료가 나오면 분석(A) → 비모수검정(N) → 레거시 대화 상자(L) → 카이제곱(C)을 선택하면 카이제곱 검정 창이 나온다.

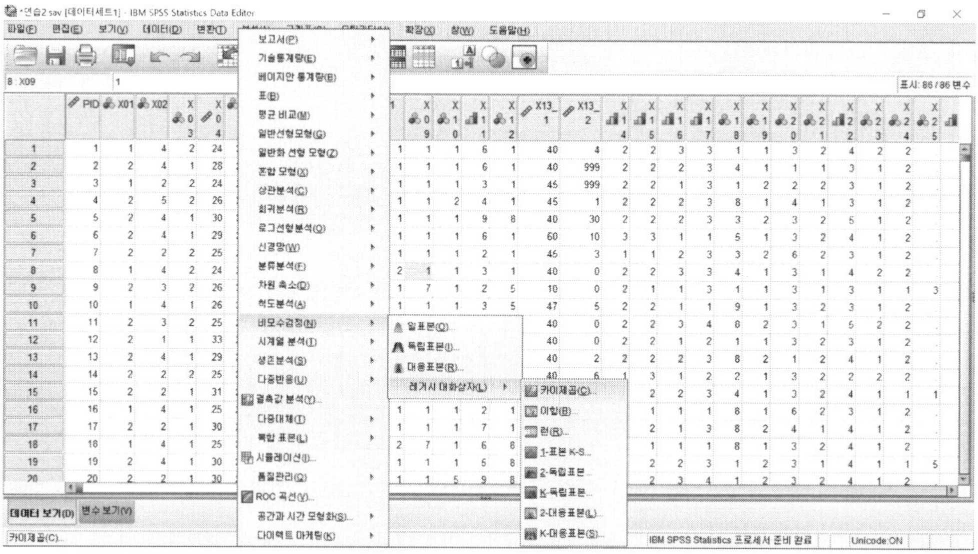

그림 5-22 • 카이제곱 검정

③ 카이제곱 검정 창이 나오면 분석하고자 하는 변수인 전공계열(X02)을 검정변수(T)에 등록한다. 그리고 확인 을 클릭하면 [그림 5-24]와 같은 결과가 나온다.

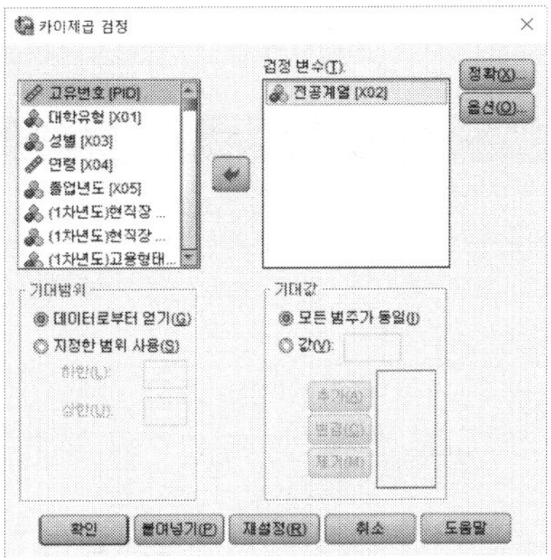

그림 5-23 • 카이제곱 검정 창

명령문

```
NPAR TESTS
  /CHISQUARE=X03
  /EXPECTED=EQUAL
  /MISSING ANALYSIS.
```

전공계열

	관측빈도	기대빈도	잔차
인문계열	136	267.0	-131.0
사회계열	398	267.0	131.0
교육계열	80	267.0	-187.0
공학계열	560	267.0	293.0
자연계열	161	267.0	-106.0
전체	1335		

그림 5-24 • 카이제곱 검정 결과(1)

검정 통계량

	전공계열
카이제곱	623.131[a]
자유도	4
근사 유의확률	.000

a. 0개의 셀 (0.0%)은(는) 5보다 작은 기대빈도를 가집니다. 기대 빈도 셀 값 중 최소값은 267.0입니다.

그림 5-25 • 카이제곱 검정 결과(2)

결과분석

[그림 5-24]의 동질성 검정의 결과의 관측수는 인문계열은 136명, 사회계열 398명, 교육계열은 80명, 공학계열 560명, 자연계열 161명으로 전체 응답자는 1,335명이란 의미이고, 기대빈도는 전체 1,335명의 응답자가 만일 동일한 비율로 전공계열로 조사되었다면 1,335/5로 기대빈도가 267임을 의미한다. 잔차는 (관측수–기대빈도)를 뜻하며, 잔차의 제곱을 합한 값이 큰 값을 가지면 각 집단은 동질하지 한다는 의미이다.

[그림 5-25]의 카이제곱 검정 결과는 '각 전공계열은 동질하다'는 귀무가설에서 검정통계량은 623.131이고, 근사유의확률이 0.000로 유의수준 0.01보다도 작기 때문에 귀무가설은 기각하여 '응답자의 전공계열은 동질하지 않다'는 결론을 얻을 수 있다.

다음으로 선택 사항의 기대범위와 기댓값에 대한 자세한 설명은 표와 같다.

구분	내용
기대범위	기본은 변수의 입력된 각 각의 값을 하나의 범주로 정의하는 것이며, 주어진 범위 내에서만 분석하고자 할 때는 지정한 범위 사용을 누르고 하한과 상한에 해당하는 정수 값을 입력한다. 범주는 포함 범위 내 정수 값마다 지정되고 경계 이외의 값을 가지는 케이스는 제외된다.
기댓값	기본은 모든 범주가 동일한 기댓값을 가진다. 범주에는 사용자가 지정한 기대비율을 포함할 수 있으며, 값을 선택하고 검정변수의 각 범주마다 0보다 큰 값을 입력한 후 추가를 클릭하면 지정이 가능하다. 값을 추가할 때마다 추가한 값이 값 목록의 맨 밑에 표시된다. 이러한 값의 순서는 검정변수에서 범주 값의 오름차순에 해당하므로 반드시 순서를 맞추어 입력하여야 한다. 목록에서 첫 번째 값은 검정변수의 가장 낮은 집단 값에 해당하고 목록의 마지막 값은 가장 높은 값에 해당한다. 값 목록의 요소를 모두 합하여 각 값을 이 합계로 나누어 해당 범주에서 기대되는 케이스 비율을 계산한다. 사용자는 비율을 입력하면 편리하다. 즉, 값이 3개가 있으며, 40%, 25%, 35%의 비율이라면 40, 25, 35를 차례로 입력하고 추가한다. 이때, 합은 100으로 맞추는 것이 편하다.

예제 **응답자들의 전공계열이 인문계열은 130명, 사회계열 400명, 교육계열 80명, 공학계열 560명, 자연계열 160명의 비율로 이루어졌는가?**

카이제곱 검정 창이 나오면 분석하고자 하는 변수인 **전공계열(X02)**을 **검정변수(T)**에 등록한다. 기댓값에서 값(V)을 선택하고 130을 입력한 후 [추가(A)]를 클릭하고, 계속하여 순차적으로 400, [추가(A)], 80, [추가(A)], 560, [추가(A)], 160, [추가(A)]를 클릭하고 [확인]을 클릭한다. 이때 순서가 바뀌지 않도록 주의한다.

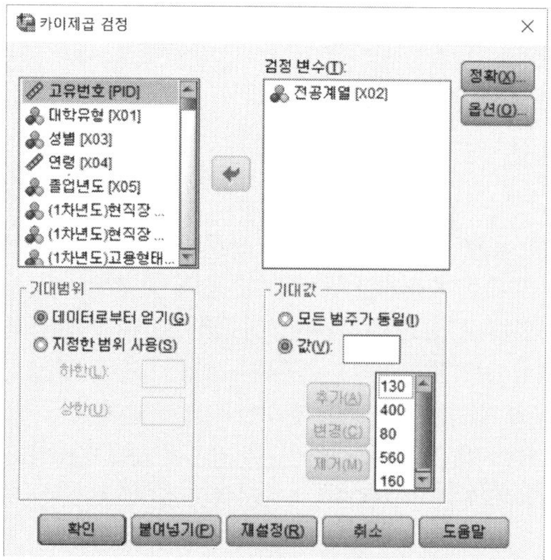

그림 5-26 • 카이제곱 검정 창(값이 다른 경우)

전공계열

	관측빈도	기대빈도	잔차
인문계열	136	130.5	5.5
사회계열	398	401.5	-3.5
교육계열	80	80.3	-.3
공학계열	560	562.1	-2.1
자연계열	161	160.6	.4
전체	1335		

그림 5-27 • 카이제곱 검정 결과(3)

검정 통계량

	전공계열
카이제곱	.273[a]
자유도	4
근사 유의확률	.991

a. 0개의 셀 (0.0%)은(는) 5보다 작은 기대빈도를 가집니다. 기대 빈도 셀 값 중 최소값은 80.3입니다.

그림 5-28 • 카이제곱 검정 결과(4)

결과분석

[그림 5-27]의 동질성 검정의 결과에서 관측 수와 기대빈도의 차이인 잔차가 적으며, [그림 5-28]의 카이제곱 검정 결과는 근사유의확률이 0.991로 유의수준 0.1보다도 크기 때문에 유의수준 10%에서도 귀무가설은 기각할 수 없어 주어진 비율과 동일하다고 볼 수 있다는 의미이다. 즉, 잔차 정도의 차이는 오차로 볼 수 있다는 의미이다.

5.3.3 가중값을 적용한 교차분석

예제 가중값을 적용하여 성별에 따른 건강상태에 차이가 있는가?

데이터에서 가중값만 적용하고, 나머지 분석은 앞에서와 동일하게 실시한다.

명령문

```
WEIGHT BY WEIGHT.
CROSSTABS
  /TABLES=X03 BY X30
  /FORMAT=AVALUE TABLES
  /STATISTICS=CHISQ
  /CELLS=COUNT ROW
  /COUNT ROUND CELL.
```

성별 * (1차년도)현재 건강상태 교차표

			(1차년도)현재 건강상태				전체
			아주 건강하다	건강한 편이다	보통이다	건강하지 않은 편이다	
성별	남	빈도	3410	6365	1467	325	11567
		성별 중 %	29.5%	55.0%	12.7%	2.8%	100.0%
	여	빈도	2298	4619	1454	303	8674
		성별 중 %	26.5%	53.3%	16.8%	3.5%	100.0%
전체		빈도	5708	10984	2921	628	20241
		성별 중 %	28.2%	54.3%	14.4%	3.1%	100.0%

카이제곱 검정

	값	자유도	점근 유의확률 (양측검정)
Pearson 카이제곱	83.214[a]	3	.000
우도비	82.667	3	.000
선형 대 선형결합	64.737	1	.000
유효 케이스 수	20241		

a. 0 셀 (0.0%)은(는) 5보다 작은 기대 빈도를 가지는 셀입니다. 최소 기대빈도는 269.12입니다.

그림 5-29 • 가중값을 적용한 교차분석 결과

결과분석

[그림 5-29]는 분석에 사용한 인원수가 20,241명으로 인원수가 1,335명보다 많아졌으며, [그림 5-12]에서는 유의확률이 0.214로 귀무가설이 기각할 수 없었으나, 여기서는 유의확률이 0.000으로 유의수준 1%에서도 '남녀 간에 건강상태에 차이가 없다'라는 귀무가설을 기각하여 남녀간에 차이가 있는 것으로 분석되어졌다.

이는 가중값 적용으로 인한 비율의 변화가 있기 때문은 아니고 분석에서 사용되는 케이스가 많아지면 카이제곱 값이 커지는 성격이 있어 기각시키는 것이다. 즉, 검정에서 가중값을 적용하면, 가설을 기각시키는 성격이 강하다는 것을 알고 가중값을 적용시킬지 여부를 결정해야 한다.

06

평균의 분석

6.1 이론적 근거

이번 장에서는 다음 장과 더불어 평균 분석과 평균 검정에 대하여 살펴보기로 한다. 일반적으로 자료분석에서는 평균에 대하여 분석하는 경우가 많이 있다. 즉, 예를 들어 우리나라 남성의 평균 신장은 170cm이다. 혹은 남성의 평균 신장은 여성의 평균 신장보다 크다. 이와 같은 평균에 대한 분석에서 몇 가지 조건을 먼저 살펴보아야 한다.

6.1.1 단일 모평균의 검정

[1] 모집단이 정규분포를 하는 경우

정규분포 $N(\mu, \sigma^2)$ 으로부터 크기 n 인 표본을 $X_1, X_2, \cdots, X_n$ 이라 할 때 표본의 평균 $\overline{X}$ 가 모집단으로부터 추출된 것인지를 검정할 때는 다음의 순서에 의해서 검정한다. 이때는 모집단의 분산 σ^2 을 알고 있는 경우와 모르는 경우를 분리하여 생각해야 한다.

(1) 모분산을 알고 있는 경우

① 가설의 설정

$$H_0 : \mu = \mu_0,\ H_1 : \mu \neq \mu_0 \ (H_1 : \mu > \mu_0 \text{또는} \mu < \mu_0)$$

② 검정통계량의 계산

$$Z = \frac{\overline{X} - \mu_0}{\sqrt{\frac{\sigma^2}{n}}}$$

③ 유의수준 α 의 결정

④ 기각역

$$|Z| \geq Z_{\alpha/2} \ (Z \geq Z_\alpha \text{ 또는 } Z \leq -Z_\alpha)$$

⑤ 결론: 검정통계량의 값이 기각역에 포함되면 귀무가설을 기각한다.

(2) 모분산을 모르는 경우

i) 대표본($n \geq 30$)인 경우

σ^2 대신 S^2 을 이용하여 모분산을 알고 있는 경우와 동일하게 검정한다.

ii) 소표본($n < 30$)인 경우

① $H_0: \mu = \mu_0$, $H_1: \mu \neq \mu_0$ ($\mu > \mu_0$ 또는 $\mu < \mu_0$)

② 검정통계량의 계산

$$T = \frac{\overline{X} - \mu_0}{\frac{S}{\sqrt{n}}}$$

③ 유의수준 α 의 결정

④ 기각역

$$|T| \geq t_{\alpha/2(n-1)}$$
$$(T \geq t_{\alpha(n-1)} \text{ 또는 } T \leq -t_{\alpha(n-1)})$$

⑤ 결론: 검정통계량의 값이 기각역에 포함되면 귀무가설을 기각한다.

[2] 모집단이 정규분포를 하지 않는 경우

모집단이 정규분포를 하지 않으며, 표본의 수가 대표본인 경우는 중심극한정리에 의해 위에서와 같은 방법으로 검정하면 되나, 표본의 수가 소표본일 경우에는 모수적인 방법으로는 검정할 수 없기 때문에 비모수적인 방법으로 검정해야 한다.

6.1.2 두 모집단의 평균의 차에 관한 검정

[1] 두 모분산을 알고 있는 경우

① $H_0: \mu_1 = \mu_2$, $H_1: \mu_1 \neq \mu_2$ ($\mu_1 > \mu_2$ 또는 $\mu_1 < \mu_2$)

② 검정통계량의 계산

$$Z = \frac{\overline{X_1} - \overline{X_2}}{\sqrt{\frac{\sigma_1^2}{n_1} + \frac{\sigma_2^2}{n_2}}}$$

③ 유의수준 α 의 결정

④ 기각역

$$|Z| > Z_{\alpha/2} \ (Z > Z_\alpha \text{ 또는 } Z < -Z_\alpha)$$

⑤ 결론: 검정통계량의 값이 기각역에 포함되면 귀무가설을 기각한다.

[2] 두 모분산을 모르는 경우

(1) 모분산이 같다고 가정할 수 있는 경우

① $H_0: \mu_1 = \mu_2$, $H_1: \mu_1 \neq \mu_2$ ($\mu_1 > \mu_2$ 또는 $\mu_1 < \mu_2$)

② 검정통계량의 계산

$$T = \frac{\overline{X_1} - \overline{X_2}}{S_p\sqrt{\frac{1}{n_1} + \frac{1}{n_2}}} \quad \text{여기서 } S_p = \sqrt{\frac{(n_1-1)S_1^2 + (n_2-1)S_2^2}{n_1+n_2-2}}$$

③ 유의수준 α 의 결정

④ 기각역: $|T| > t_{\alpha/2(n_1+n_2-2)}$

$(T > t_{\alpha(n_1+n_2-2)}$ 또는 $T \leqq t_{\alpha(n_1+n_2-2)})$

⑤ 결론 : 검정통계량의 값이 기각역에 포함되면 귀무가설을 기각한다.

(2) 두 모분산이 같다고 가정할 수 없는 경우

모분산을 모르면서, 두 모분산이 같다고 볼 수 없는 경우에는 근사적인 방법으로 해결할 수 있다.

① $H_0: \mu_1 = \mu_2$, $H_1 : \mu_1 \neq \mu_2$ ($\mu_1 > \mu_2$ 또는 $\mu_1 < \mu_2$)

② 검정 통계량의 계산

$$T = \frac{\overline{X_1} - \overline{X_2}}{\sqrt{\frac{S_1^2}{n_1} + \frac{S_2^2}{n_2}}}$$

③ 유의수준 α 의 결정

④ 기각역

$$|T| \geqq t_{\alpha/2(\nu)} \text{ 또는 } T \geqq t_{\alpha(\nu)} \text{ 또는 } T \leqq -t_{\alpha(\nu)}$$

$$\nu = \frac{\left(\frac{S_1^2}{n_1} + \frac{S_2^2}{n_2}\right)^2}{\frac{\left(\frac{S_1^2}{n_1}\right)^2}{n_1-1} + \frac{\left(\frac{S_2^2}{n_2}\right)^2}{n_2-1}}$$

⑤ 결론: 검정통계량의 값이 기각역에 포함되면 귀무가설을 기각한다.

6.2 SPSS의 평균차 검정

6.2.1 평균분석

평균분석은 검정은 아니지만 알아두면 매우 유익하다. 독립변수에 따라 종속변수의 평균을 요약할 수 있는 방법이다. 예를 들어 남·녀 별로 월평균 소득의 평균과 표준편차를 요약할 수 있다.

예제 응답자들의 전공계열에 따른 월평균 소득의 평균을 구하시오.

① 먼저 SPSS를 시작하고 저장한 파일 '연습2.sav'를 불러온다(파일(F) → 열기(O) → 데이터(A) → 연습2 → 열기).

② '연습2.sav' 자료가 나오면 메뉴에서 집단별 평균분석을 선택한다. 즉, 메뉴를 **분석(A) → 평균 비교(M) → 평균분석(M)**으로 마우스로 선택하면 평균분석 창이 열린다.

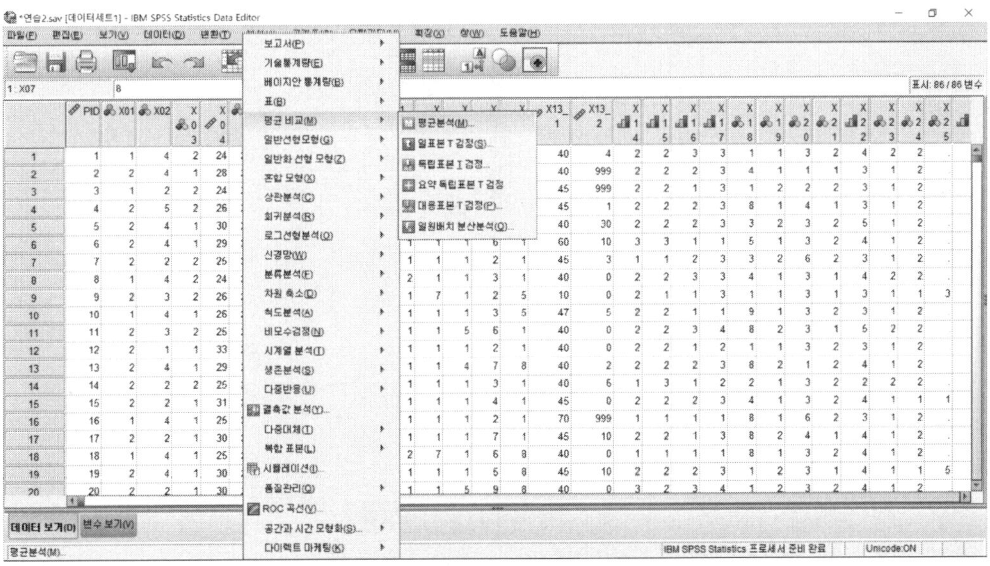

그림 6-1 • 평균분석의 선택

③ 평균분석 창에서 평균을 분석하고자 하는 변수(**월평균 소득(X35)**)를 **종속변수(D)**로 선택하고, **독립변수(I)**에는 집단을 의미하는 **전공계열(X02)**을 선택한다.

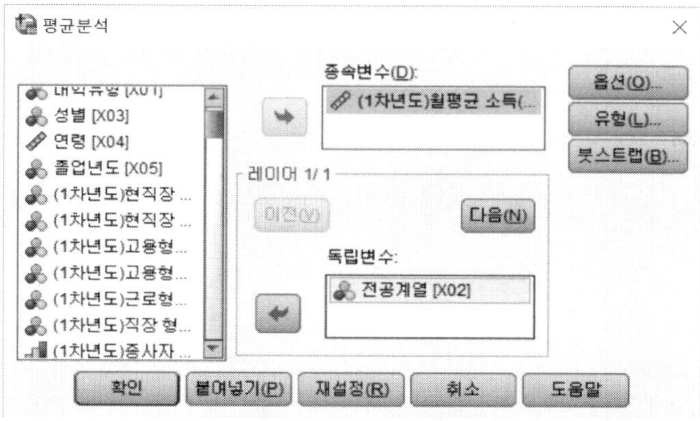

그림 6–2 • 평균분석 창

④ 변수를 선택하고 난 후에 출력물에 통계량의 종류를 선택하기 위해 옵션(O)...을 선택하면 다음과 같은 옵션 창이 나온다. 통계량에 대한 자세한 설명은 앞에서 설명한 바가 있기에 생략한다.

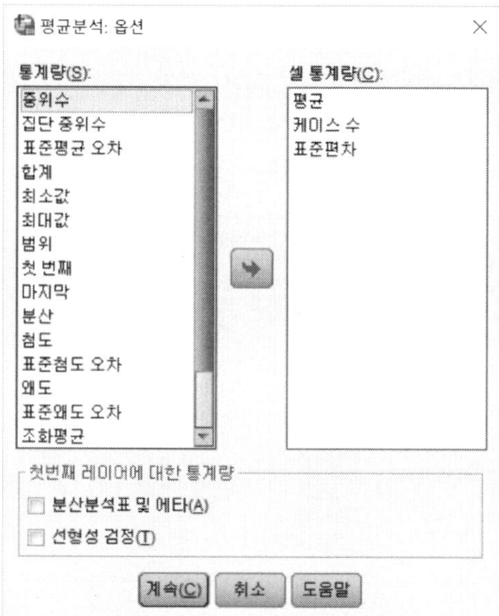

그림 6–3 • 평균분석의 옵션

⑤ 화면의 아래 부분은 이 책의 수준을 넘어가므로 여기서는 생략한다. 그리고 계속을 클릭하면 평균분석 창이 다시 나오고 확인을 클릭하면 결과물이 나온다.

명령문

```
MEANS TABLES=X35 BY X02
  /CELLS MEAN COUNT STDDEV.
```

케이스 처리 요약

	케이스					
	포함		제외		전체	
	N	퍼센트	N	퍼센트	N	퍼센트
(1차년도)월평균 소득(만원) * 전공계열	1335	100.0%	0	0.0%	1335	100.0%

보고서

(1차년도)월평균 소득(만원)

전공계열	평균	N	표준편차
인문계열	179.74	136	64.270
사회계열	189.86	398	64.461
교육계열	166.16	80	44.032
공학계열	193.53	560	60.776
자연계열	169.31	161	55.183
전체	186.47	1335	61.414

그림 6-4 • 평균분석 결과

결과분석

평균 소득에 사용된 데이터의 요약이 나오고, 아래 부분은 전공계열에 따른 월평균 소득의 평균 점수와 인원수와 표준편차가 출력되었다. 만일 옵션에서 다른 통계량을 선택하였다면, 선택된 통계량이 출력된다. 여기서 주의할 점은 분석 시에 이 결과만으로 평균이 '크다', '적다'의 단정적 표현을 사용하여서는 안 된다. 다음 장에서 다룰 집단 간의 평균차 검정을 한 이후에 **귀무가설이 기각되었을 때만** '공학계열의 월평균 소득이 가장 높다'라는 표현을 쓸 수 있다.

예제 성별과 전공계열에 따른 월평균 소득의 평균을 구하시오.

다음은 [그림 6-2]에서의 중간 부분으로 만일 2차원의 평균 분석을 하고자 할 때 사용한다. [그림 6-2]에서 다음(N)을 클릭하면 레이어2/2가 나오며, 여기서 성별(X03)을 투입하고, 확인을 클릭하면 [그림 6-6]과 같은 2차원의 결과가 출력된다.

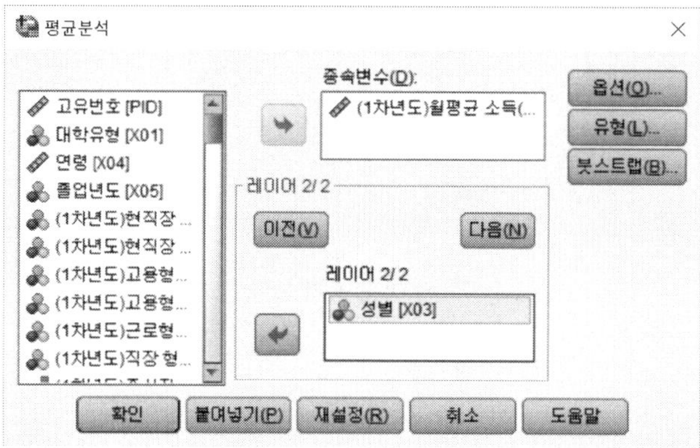

그림 6–5 • 2차원 분석

명령문

```
MEANS TABLES=X35 BY X02 BY X03
  /CELLS MEAN COUNT STDDEV.
```

보고서

(1차년도)월평균 소득(만원)

전공계열	성별	평균	N	표준편차
인문계열	남	207.28	52	74.867
	여	162.70	84	50.055
	전체	179.74	136	64.270
사회계열	남	212.48	223	64.226
	여	161.03	175	52.213
	전체	189.86	398	64.461
교육계열	남	199.44	9	54.861
	여	161.94	71	41.032
	전체	166.16	80	44.032
공학계열	남	199.02	471	60.256
	여	164.48	89	55.293
	전체	193.53	560	60.776
자연계열	남	186.75	69	56.835
	여	156.22	92	50.365
	전체	169.31	161	55.183
전체	남	202.16	824	62.336
	여	161.17	511	50.556
	전체	186.47	1335	61.414

그림 6–6 • 2차원 평균분석 결과

6.2.2 일표본 T 검정

일표본 T 검정은 어떤 특정한 집단의 평균이 얼마인지를 검정한다. 예를 들어 '대졸 신입사원의 월평균 소득은 200만 원으로 알려져 있는데, 현재 응답자의 월평균 소득의 평균이 200만 원으로 볼 수 있는가?'를 알 수 있다. 여기서 t-검정이라는 이름을 사용하는 것은 모집단의 분산을 모르는 경우가 대부분이기에 t-분포를 사용한다.

예제 월평균 소득은 200만 원이라고 볼 수 있는가?

하나의 표본의 평균을 검정할 때는 일표본 T 검정을 사용하며, 가설을 검정한다.

$$H_0 : \mu = 200\,,\ H_1 : \mu \neq 200$$

① 먼저 SPSS를 시작하고 저장한 파일 '연습2.sav'를 불러온다(파일(F) → 열기(O) → 데이터(A) → 연습2 → 열기).

② '연습2.sav' 자료가 나오면 메뉴에서 본 예제에서 사용될 통계적인 방법은 평균을 비교하는 것에서 변수를 하나만 가지고 검정하는 것이기에 일표본 T 검정을 사용한다. 즉, 메뉴에서 **분석(A)** → **평균 비교(M)** → **일표본 T 검정(S)**으로 마우스를 클릭하면 일표본 T 검정 창이 열린다.

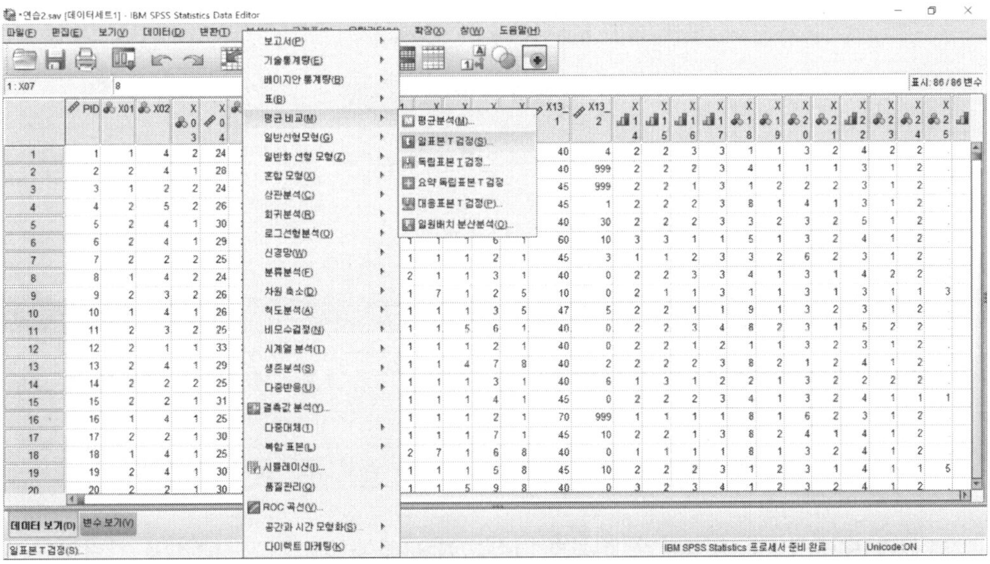

그림 6-7 • 일표본 T 검정의 선택

③ **일표본 T 검정** 창에서 분석하고자 하는 변수(**월평균 소득**(X35))을 선택하고 ➡를 클릭하여 **검정 변수**(T)란으로 이동시킨다.

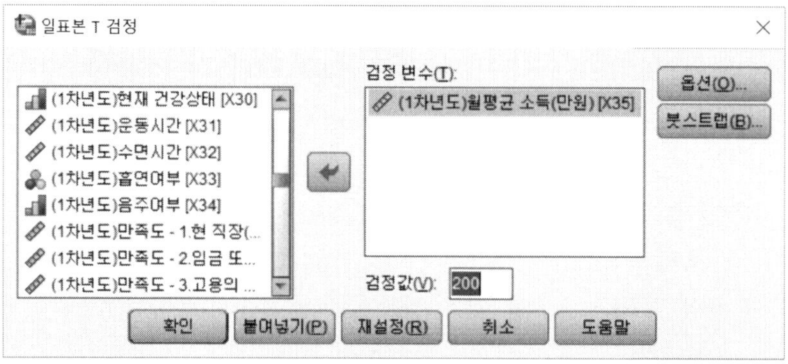

그림 6-8 • 일표본 T 검정 창

④ 변수를 선택하고 난 후에 **검정값**(V)에 귀무가설의 평균값 200을 입력하고, 옵션(O)... 을 클릭하면 다음과 같은 옵션 창이 나온다.

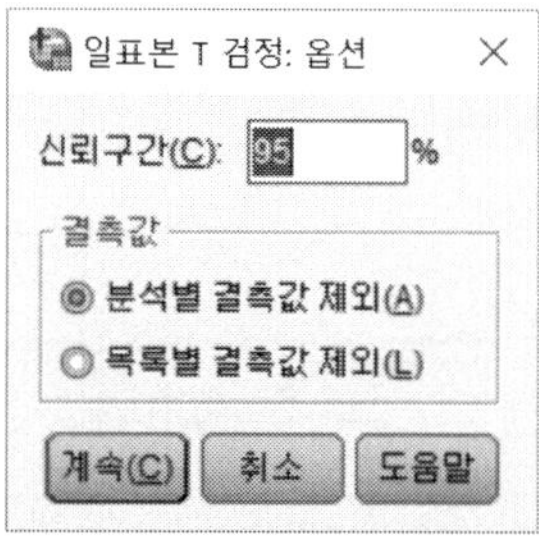

그림 6-9 • 일표본 T 검정의 옵션

옵션 창에 대하여 간단히 요약하면 다음과 같다.

내용		설명
신뢰구간: 95%		신뢰구간을 사용자 임의로 선정
결측값	분석별 결측값 제외	검정할 변수가 무응답값을 가진 경우 해당변수의 분석에서 제외(기본 설정)
	목록별 결측값 제외	무응답값을 가진 경우 모든 분석에서 제외

⑤ **신뢰구간**을 95%, 무응답은 **분석별 결측값 제외**(A)를 선택하고 계속 을 클릭하면 **일표본 T 검정** 창이 다시 나오고 확인 을 클릭하면 다음과 같은 결과물이 나온다.

명령문

```
T-TEST
  /TESTVAL=200
  /MISSING=ANALYSIS
  /VARIABLES=X35
  /CRITERIA=CI(.95).
```

일표본 통계량

	N	평균	표준화 편차	표준오차 평균
(1차년도)월평균 소득(만원)	1335	186.47	61.414	1.681

일표본 검정

	검정값 = 200					
					차이의 95% 신뢰구간	
	t	자유도	유의확률 (양측)	평균차이	하한	상한
(1차년도)월평균 소득(만원)	-8.050	1334	.000	-13.531	-16.83	-10.23

그림 6-10 • 일표본 T 검정의 결과 (검정값=200)

결과분석

월평균 소득의 분석에서 사용된 데이터의 개수는 1,335개이며, 평균은 186.47 표준편차는 61.414, 표준오차는 1.681임을 출력한다. 그리고 아래 표에서 통계량 t의 값은 −8.050이며, 자유도는 1,334이며, 귀무가설을 200이라고 했을 때 평균 차이는 −13.531이며, 귀무가설의 평균인 200과 표본평균 186.47과의 차이에 대한 95% 신뢰구간은 (−16.83 , −10.23)이다. 그리고 유의확률(양쪽)=0.000 〈 0.05 임으로 유의수준 α =5%에서 귀무가설은 기각된다. 즉 월평균 소득은 200이라 볼 수 없다는 결론을 얻는다.

예제 월평균 소득은 186만 원이라고 볼 수 있는가?

응답자의 '월평균 소득의 평균이 186만 원으로 볼 수 있는가?'에 대한 분석 결과는 다음과 같다.

일표본 검정

	검정값 = 186					
					차이의 95% 신뢰구간	
	t	자유도	유의확률 (양측)	평균차이	하한	상한
(1차년도)월평균 소득(만원)	.279	1334	.780	.469	-2.83	3.77

그림 6-11 • 일표본 T 검정의 결과 (검정값=186)

결과분석

다음은 월평균 소득이 186만 원에 대한 검정 결과로서 유의확률이 0.780으로 유의수준 10%로 하였을 때도 0.1보다 크기 때문에 귀무가설을 기각할 수 없다. 즉 월평균 소득은 186만 원이라 볼 수 있다. 실제 평균인 186.47과의 평균차인 0.469는 오차로 볼 수 있다는 의미이다.

6.2.3 독립표본 T 검정

독립적인 두 모집단의 평균의 차에 관한 검정할 때는 독립표본 T 검정을 사용한다. 예를 들어 설문지의 월평균 소득이 남·녀 간에 차이가 있는지에 대한 검정을 생각하자. 즉,

$$H_0 : \mu_{남자} = \mu_{여자}, \; H_1 : \mu_{남자} \neq \mu_{여자}$$

란 가설을 검정하고자 한다.

예제 남자와 여자의 월평균 소득에 차이가 있는가?

① 연습2 자료가 나오면 메뉴를 **분석(A) → 평균 비교(M) → 독립표본 T 검정(T)**으로 마우스로 선택하면 독립표본 T 검정 창이 열린다.

② 독립표본 T 검정 창에서 검정 변수에 분석하고자 하는 변수(**월평균 소득(X35)**)를 선택하고, 집단변수에는 성별에 따라 월평균 소득을 비교하는 것이기에 성별(X02)을 선택하면 **성별(?,?)**이 된다. [집단정의(D)...]를 클릭하면, 성별의 두 가지 그룹에서 첫 번째인 남성을 의미하는 1과 두 번째 그룹인 여성을 의미하는 2를 입력하고 [계속]을 클릭하면 다시 독립표본 T 검정 창으로 돌아오며, 집단변수는 **성별(1,2)**로 바뀐다.

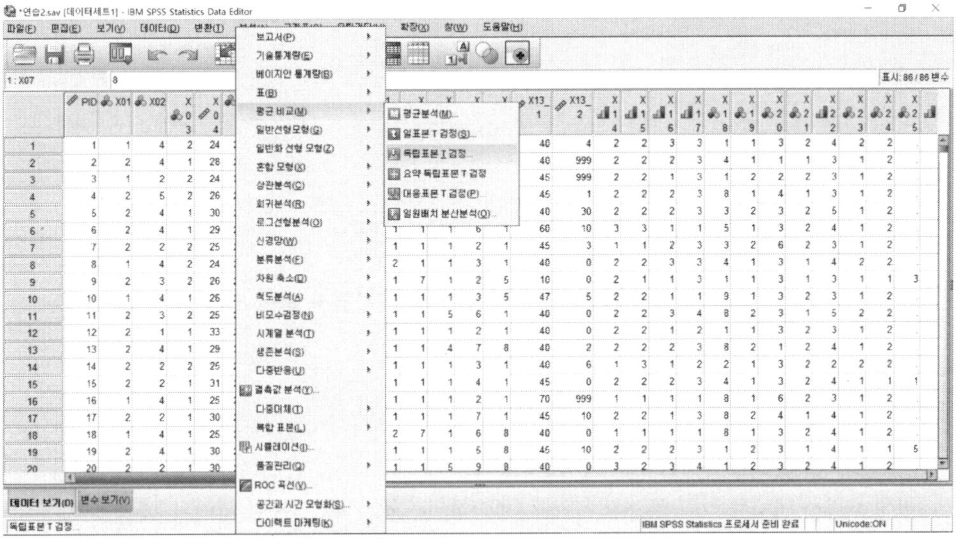

그림 6-12 • 분석 방법의 선택

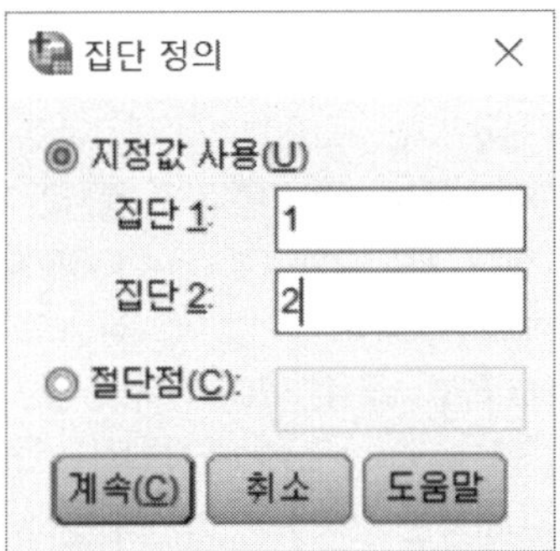

그림 6-13 • 집단 정의 창

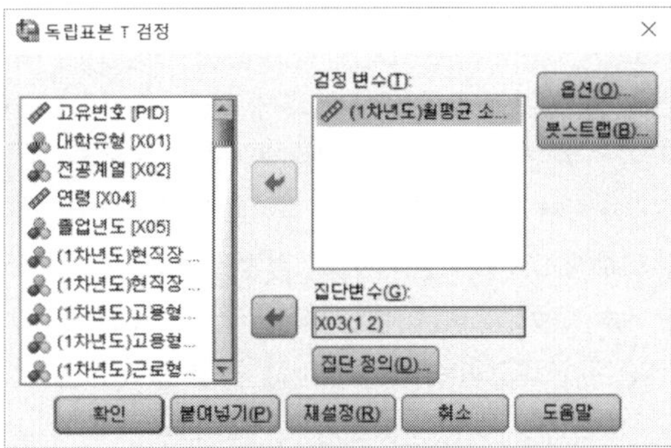

그림 6-14 • 독립표본 T 검정 창

③ 참고로 집단 정의(D)에서 분리점은 절사점이나, 정의된 값에 따라 집단이 구분되고, 옵션은 일표본 T 검정과 같으며, [확인]을 클릭하면 다음과 같은 결과물이 나온다.

명령문

```
T-TEST GROUPS=X02(1 2)
  /MISSING=ANALYSIS
  /VARIABLES=X35
  /CRITERIA=CI(.95).
```

집단통계량

	성별	N	평균	표준화 편차	표준오차 평균
(1차년도)월평균 소득(만원)	남	824	202.16	62.336	2.172
	여	511	161.17	50.556	2.236

독립표본 검정

		Levene의 등분산 검정		평균의 동일성에 대한 T 검정						
									차이의 95% 신뢰구간	
		F	유의확률	t	자유도	유의확률 (양측)	평균차이	표준오차 차이	하한	상한
(1차년도)월평균 소득(만원)	등분산을 가정함	29.505	.000	12.527	1333	.000	40.992	3.272	34.572	47.411
	등분산을 가정하지 않음			13.150	1241.275	.000	40.992	3.117	34.876	47.107

그림 6-15 • 독립표본 T 검정의 결과

결과분석

위 표에서 월평균 소득을 남녀로 구분하여 산출한 평균과 표준편차 등이 나와 있다. 남성은 202.16, 여성은 161.17로 차이가 있는 것처럼 보인다.

아래 표에서 두 모집단의 평균의 차이에 대한 분석은 2단계로 나누어 보아야 한다. 첫째는 두 모집단의 분산이 동일(Levene의 등분산)한지를 보고, 두 번째로 두 모집단의 평균이 동일한지를 보아야 한다.

첫째인 분산의 동일성은 두 모집단에 대한 분산비의 통계량 값인 F=29.505로 유의확률 = 0.000 〈 0.05로 '두 모집단의 분산이 같다'라는 귀무가설을 기각하기 때문에 남성 소득에 대한 분산(62.336^2)과 여성 소득에 대한 분산(50.556^2)이 다르다는 의미이다.

따라서 두 번째 평균의 동일성에 대한 t-검정에서 아래 줄의 등분산이 가정되지 않음에 해당하는 2번째 줄 t=13.150과 유의확률 0.000을 보아야 한다. 유의확률=0.000＜0.05이므로 '유의수준 5%에서 남녀 간의 월평균 소득은 같다'라는 귀무가설을 기각한다. 즉 '남성의 월평균 소득 202.16이 여성의 월평균 소득 161.17보다 높다'라고 할 수 있다.

만일 두 모집단의 분산이 같다는 검정 결과라면 첫 번째 줄인 t=12.527과 유의확률 0.000을 보아야 한다. 여기서는 유의확률이 모두 0.000으로 같기 때문에 차이가 없지만 분산이 같은지의 여부에 따라 유의확률이 달라지는 경우도 있다.

예제 현직장에 대한 전반적 만족도(X36)가 3점 이상인 경우와 3점 미만인 경우에 월평균 소득(X35)에 차이가 있는가?

이 경우는 [그림 6-13]의 집단 정의에서 절단점(C)를 선택하고, 집단을 구분하는 기준값인 3을 입력하고 검정을 실시한다.

명령문

```
T-TEST GROUPS=X36(3)
  /MISSING=ANALYSIS
  /VARIABLES=X35
  /CRITERIA=CI(.95).
```

집단통계량

	(1차년도)만족도 - 1.현 직장(일자리)에 대한 전반적인 만족 여부	N	평균	표준화 편차	표준오차 평균
(1차년도)월평균 소득(만원)	>= 3	1227	186.79	61.116	1.745
	< 3	108	182.87	64.895	6.245

독립표본 검정

		Levene의 등분산 검정		평균의 동일성에 대한 T 검정						
									차이의 95% 신뢰구간	
		F	유의확률	t	자유도	유의확률 (양측)	평균차이	표준오차 차이	하한	상한
(1차년도)월평균 소득(만원)	등분산을 가정함	.021	.885	.636	1333	.525	3.920	6.166	-8.175	16.015
	등분산을 가정하지 않음			.605	124.292	.547	3.920	6.484	-8.913	16.753

그림 6–16 • 전반적 만족도에 따른 월평균 소득의 독립표본 T 검정의 결과

결과분석

만족도가 3점 이상은 1227명이며, 월평균 소득은 186.79이고, 3점 미만은 108명이며, 월평균 소득은 182.87만 원이다. 첫째는 두 모집단의 분산이 동일(Levene의 등분산)한지를 보고, 두 번째로 두 모집단의 평균이 동일한지를 보아야 한다.

첫째인 분산의 동일성 검정에서 유의확률이 0.885 〉 0.05(유의수준 5%)이므로 '두 모집단의 분산이 같다'라는 귀무가설을 기각할 수 없기 때문에 등분산이 가정된다고 볼 수 있다.

따라서 두 번째 평균의 동일성에 대한 t–검정에서 윗줄의 등분산이 가정됨에 해당하는 첫 번째 줄 t=0.636과 유의확률 0.525를 보아야 한다. 유의확률=0.525 〉 0.05이므로 '유의수준 5%에서 만족도 수준에 따른 두 집단(3점 기준) 간의 월평균 소득은 같다'라는 귀무가설을 기각할 수 없다. 즉 두 집단의 월평균 소득은 같다고 볼 수 있다.

참고로 만일 집단이 3개 이상 있을 때 집단 간의 평균에 차이가 있는지를 보기 위해 독립표본 T 검정을 이용하면 곤란하다. 예를 들어 A, B, C 3개의 집단이 존재할 때, A와 B, A와 C, B와 C의 3번의 독립표본 T 검정을 하여 세 집단 간에 평균의 차이가 있다는 결론을 내리면 분석자가 각각 5%의 유의 수준에서 검정을 하였다고 할지라도 실제 오류는 $1-0.95^3 = 1-0.86 = 0.14$로 오류는 매우 커지게 된다. 즉, 집단이 3개 이상이 때는 제7장의 분산 분석을 이용한다. 하지만 여러 개의 집단에서 선택한 특정 두 집단 간에 평균의 차이가 있는지는 독립표본 T 검정을 사용하여도 된다.

07

분산분석

7.1 이론적 근거

현실적인 문제에 있어서 어떤 특성에 대하여 둘 이상의 모집단 간에 유의한 차이가 있는지를 검정하는 문제가 많이 발견된다. 이러한 유형의 문제를 많이 다루는 것은 새로운 기술이나 공정의 효과 등에 대해서 기존의 것과 비교하는 실험이 많기 때문이다. 예를 들어 어떤 제조업자가 기존의 제품보다 더 나은 제품을 개발하였다고 주장하거나, 어떤 제약회사가 새로운 약품을 개발하였을 때 기존의 약품보다 효과가 더 좋다고 주장할 때, 이 주장이 옳은지를 알아보기 위해서는 기존의 제품이나 약품보다 새로운 제품이나 약품이 좋은 것인지에 대한 실험을 통해 검정해 보아야 한다. 이러한 실험에서 표본의 종류가 두 가지 이하인 경우에는 독립표본 T 검정법을 이용하였으나, 세 종류 이상의 독립표본을 취하였을 때는 분산분석을 이용하여야 한다.

분산분석법은 1920년대에 피셔(R. A. Fisher)에 의하여 제안되고 발전한 것으로 여러 가지 검정을 하는 데 매우 유용하게 이용되며, 수집한 자료의 총 변동(total variation)을 실험과 관련된 요인별 변동으로 분해하여 오차의 변동보다 더 큰 영향을 주는 요인을 찾고자 하는 통계적 분석방법이다. 이러한 분산분석은 다른 방법보다 효과적인 방법으로서 공동분산 S^2 을 구하는 데 편리하고 빠르며, 신뢰성이 있는 방법인 동시에 새로운 F 검정법을 제공한다. 이것은 여러 개의 모평균이나 모비율이 모두 같다는 귀무가설을 검정하는 단일 검정방법이다.

7.1.1 일원배치 분산분석

일원배치법(one-way analysis of variance)은 관심의 대상이 되는 어떤 특성값에 대하여 한 종류의 요인(인자)의 영향을 조사하기 위하여 이용하는 분산분석법으로 가장 단순한 분산분석법이다. 이 방법은 관심의 대상이 되는 특성값에 많은 요인이 영향을 주고 있다고 인정되지만 특정한 하나의 요인만의 영향을 조사하고자 할 때 사용하거나, 특성값에 영향을 주는 여러 요인의 조사가 어느 정도 진행되고 이들 요인의 정해진 조건에서 특성값에 큰 영향을 미칠 것으로 생각되는 남은 하나의 요인의 영향을 조사하고자 할 때 많이 쓰인다.

[1] 데이터의 구조

요인 A 의 수준이 l 개($A_1, A_2, \cdots, A_l$) 있고, 각 수준에서 반복수가 m 으로 동일한

일원배치법의 자료는 다음 표와 같이 배열할 수 있다.

	요인의 수준				
	A_1	A_2	$\cdots$	A_l	
실험의 반복	y_{11}	y_{21}	$\cdots$	y_{l1}	$y_{\cdot 1}$
	y_{12}	y_{22}	$\cdots$	y_{l2}	$y_{\cdot 2}$
	$\vdots$	$\vdots$	$\cdots$	$\vdots$	$\vdots$
	y_{1m}	y_{2m}	$\cdots$	y_{lm}	$y_{\cdot m}$
합	$y_{1\cdot}$	$y_{2\cdot}$	$\cdots$	$y_{l\cdot}$	$y_{\cdot\cdot}$
평균	$\bar{y}_{1\cdot}$	$\bar{y}_{2\cdot}$	$\cdots$	$\bar{y}_{l\cdot}$	$\bar{y}_{\cdot\cdot}$

l개의 처리에 대한 효과를 통계적으로 비교하기 위해서는 위의 자료를 나타낼 수 있는 자료의 구조식 즉, 모수 모형식(population model)이 필요하다. 먼저 i번째 처리에서 얻어진 관측값을 고려할 때, 이들은 평균이 μ_i이고 분산이 σ^2인 정규분포 $N(\mu_i, \sigma^2)$를 따르며, 서로 독립적인 변량으로 가정한다. 이 실험에서 전체실험의 모평균을 μ라고 하면 μ는 다음과 같이 정의된다.

$$\mu = \sum_{i=1}^{l} \mu_i / l$$

또한 i번째 처리의 모평균을 μ_i라 할 때, μ_i와 μ의 차인 $a_i = \mu_i - \mu$를 i번째 처리효과(i-th treatment effect)라고 한다. 이러한 사실로부터 반복수가 동일한 일원배치법의 모형은 다음과 같다.

$$\begin{aligned} y_{ij} &= \mu_i + \epsilon_{ij} \\ &= \mu + (\mu_i - \mu) + \epsilon_{ij} \\ &= \mu + a_i + \epsilon_{ij} \end{aligned}$$

여기서

y_{ij} : i번째 수준의 j번째 관측값
$(i = 1, 2, \cdots, l,\ j = 1, 2, \cdots, m)$

μ : 실험 전체의 모평균

μ_i : i번째 처리의 모평균

a_i : i번째 처리의 처리 효과 $(\sum a_i = 0)$

ϵ_i : 오차항으로 서로 독립이고, $N(0, \sigma^2)$인 확률변수이다.

일반적으로 분산분석에서 가설의 형태는 다음과 같다.

귀무가설 $H_0: \mu_1 = \mu_2 = \cdots = \mu_i$
(또는 $a_1 = a_2 = \cdots = a_i = 0$)
대립가설 H_1 : 모든 μ_i 가 같지 않다.
(또는 a_i 는 모두 0 은 아니다).

[2] 분산분석

(1) 변동(제곱합)의 분해

요인 A 의 수준 수는 l 개이고, 각 수준마다 반복수가 m 개이면 [표 7-1]과 같은 데이터를 얻을 수 있다. 관측값 y_{ij} 와 전체 모평균 $\bar{y}..$ 와의 차인 총편차$(y_{ij} - \bar{y}..)$를 분해하면 다음과 같다.

$$y_{ij} - \bar{y}.. = (y_{ij} - \bar{y_i}.) + (\bar{y_i}. - \bar{y}..)$$

여기서 $(y_{ij} - \bar{y_i}.)$는 실험에서 본질적으로 나타나는 불확실성을 나타내는 오차로서 이를 일반적으로 잔차(residual)라 하고, $(\bar{y_i}. - \bar{y}..)$는 i 번째 처리의 평균과 총평균 사이의 차인 편차로서 이를 처리 효과의 크기라고 한다.

위 식의 양변을 제곱하여 모든 자료에 대해 합을 구하면 다음과 같이 총변동(SST : total sum of squares)을 얻을 수 있고, 이는 오차변동(SSE : error sum of squares, 잔차변동)과 급간 변동(SSR : residual sum of square)으로 나누어진다.

$$\underset{\substack{\text{총변동} \\ (SST)}}{\sum_{i=1}^{l}\sum_{j=1}^{m}(y_{ij} - \bar{y}..)^2} = \underset{\substack{\text{오차변동} \\ \left(\text{잔차에 의한 변동, 급내변동} \Rightarrow SSE\right)}}{\sum_{i=1}^{l}\sum_{j=1}^{m}(y_{ij} - \bar{y_i}.)^2} + \underset{\substack{\text{급간 변동} \\ \left(\text{처리에 의한 변동, 급간변동} \Rightarrow SSR\right)}}{m\sum_{i=1}^{l}(\bar{y_i}. - \bar{y}..)^2}$$

따라서 각각의 변동을 다음과 같이 정리할 수 있다.

$$SST = \sum_{i=1}^{l}\sum_{j=1}^{m}(y_{ij} - \bar{y}..)^2$$

$$= \sum_{i=1}^{l}\sum_{j=1}^{m} y_{ij}^2 - \frac{T^2}{lm}$$

$$SSR = m\sum_{i=1}^{l}(\overline{y_i}. - \overline{y}..)^2$$

$$= \frac{1}{m}\sum_{i=1}^{l}\overline{y_i}.^2 - \frac{T^2}{lm}$$

$$SSE = SST - SSR$$

여기서 $T = y.. = \sum_{i=1}^{l}\sum_{j=1}^{m} y_{ij}$ 이고, T^2/lm 은 수정항(correction term)이라고 한다.

(2) 자유도의 계산

각 변동의 자유도(degree of freedom)는 다음과 같다.

총변동(SST) : $lm - 1$
급간 변동(SSR) : $l - 1$
급내 변동(SSE) : $lm - l = l(m-1)$

(3) 분산분석표 작성(ANOVA table)

변동요인 (source of variation)	자유도 ($d.f.$)	제곱합 (SS)	평균제곱 (MS)
처리	$l-1$	SSR	MSR
잔차	$l(m-1)$	SSE	MSE
합계	$lm-1$	SST	

여기서 평균제곱(mean squares)은 각각의 제곱합을 해당 자유도로 나눈 값으로 처리에 대한 평균제곱 MSR과 잔차에 대한 평균제곱 MSE는 다음과 같이 정의된다.

$$MSR = \frac{SSR}{l-1}, \quad MSE = \frac{SSE}{l(m-1)}$$

(4) 검정

통계학의 분포이론으로부터 다음과 같이 정의된 통계량은 분자의 자유도가 $l-1$ 이고, 분모의 자유도가 $l(m-1)$ 인 F 분포를 따른다.

$$F_0 = \frac{MSR}{MSE}$$

따라서 $F_0 = MSR\,/\,MSE \geq F_{(l-1,\ l(m-1);\ \alpha)}$ 이면 귀무가설을 기각하고, $F_0 < F_{(l-1,\ l(m-1);\alpha)}$ 이면 귀무가설을 채택한다. 여기서 귀무가설이 기각되면 수준 A_1, A_2, ⋯ , A_l 는 전부 같지는 않다는 뜻이다.

[3] 분산분석 후의 추정

(1) 각 수준의 모평균의 추정

요인 A 의 i 번째 수준에서의 모평균 $\mu_i(i=1,\ 2,\ \cdots\ ,\ l)$를 추정하여 보자. i 수준에서의 m 개의 데이터 $y_{ij}(j=1,\ 2,\ \cdots,\ m)$은 앞에서 살펴본 바와 같이 정규분포 $N(\mu_i,\ \sigma^2)$ 에서 얻어진 크기 m 의 확률표본이라고 볼 수 있다. 수준 A_i 의 데이터의 평균값인 $\overline{y_i}\cdot$ 를 구하면 다음과 같다.

$$\overline{y_i}\cdot = \mu + a_i + \overline{\epsilon_i}\cdot$$

그리고 $E(\overline{\epsilon_i}\cdot) = 0$ 이므로 그 기댓값은 다음과 같이 구해진다.

$$E(\overline{y_i}\cdot) = \mu + a_i$$

따라서 $\mu_i = \mu + a_i$ 의 불편추정값은 다음과 같다.

$$\hat{\mu}_i = \mu + a_i = \overline{y_i}\cdot$$

또한 $\overline{y_i}\cdot$ 의 분산은 다음과 같이 얻어진다.

$$V(\overline{y_i}\cdot) = \sigma^2 / m$$

그러므로 μ_i 의 $100(1-\alpha)\%$ 신뢰구간은 다음과 같다.

$$\overline{y}_i \pm t_{\alpha/2(l(m-1))}\sqrt{MSE/m}$$

(2) 각 수준의 모평균의 차에 대한 추정

추정하고자 하는 것은 요인 A 의 두 수준 i 와 j 의 모평균의 차

$$\mu_i - \mu_j = (\mu + a_i) - (\mu + a_j) = a_i - a_j$$

이다. 여기서 $\mu_i - \mu_j = a_i - a_j = \overline{y}_{i\cdot} - \overline{y}_{j\cdot}$ 이다. 또한 $\overline{y}_{i\cdot} - \overline{y}_{j\cdot}$ 의 기댓값과 분산은 다음과 같이 계산된다.

$$
\begin{aligned}
E(\overline{y}_{i\cdot} - \overline{y}_{j\cdot}) &= \mu_i - \mu_j \\
V(\overline{y}_{i\cdot} - \overline{y}_{j\cdot}) &= V(\overline{y}_i) + V(\overline{y}_j) - 2\,Cov(\overline{y}_{i\cdot}, \overline{y}_{j\cdot}) \\
&= \frac{\sigma^2}{m} + \frac{\sigma^2}{m} - 0 \\
&= \frac{2\sigma^2}{m}
\end{aligned}
$$

이 된다. 따라서$(\mu_i - \mu_j)$의$(1-\alpha)\times 100\%$ 의 신뢰구간은 다음과 같이 얻어진다.

$$
(\overline{y}_{i\cdot} - \overline{y}_{j\cdot}) \pm t_{\alpha/2(l(m-1))}\sqrt{2MSE/m}
$$

7.1.2 반복수가 같지 않은 일원배치법

지금까지 각 수준에서 반복수가 일정하게 m 인 경우를 살펴보았다. 그러나 어떤 이유로 인해 각 수준에서 m_i 개의 반복수를 갖게 되는 경우, 즉 실험이 실패했거나, 결측값이 생겼거나 하여 같은 수의 표본이 얻어지지 않는 경우와 어떤 특성의 수준에 대하여 반복수가 다른 수준보다 많을 경우가 있다. 특히 일반적인 설문조사에서는 반복수가 다른 경우가 대부분이다. 이러한 경우에는 다음과 같이 분산분석을 한다. 먼저 $N=\sum_{i=1}^{l} m_i$ 이라 놓으면 각 변동과 자유도는 다음과 같이 계산된다.

$$
\begin{aligned}
SST &= \sum_{i=1}^{l}\sum_{j=1}^{m_i}(y_{ij} - \overline{y}_{\cdot\cdot})^2 \\
&= \sum_{i=1}^{l}\sum_{j=1}^{m_i} y_{ij}^2 - \frac{\left(\sum_{i=1}^{l}\sum_{j=1}^{m} y_{ij}\right)^2}{N}ij \\
SSR &= \sum_{i=1}^{m}\sum_{j=1}^{m_i}(\overline{y}_{i\cdot} - \overline{y}_{\cdot\cdot})^2 \\
&= \sum_{i=1}^{l} m_i(\overline{y}_{i\cdot} - \overline{y}_{\cdot\cdot})^2
\end{aligned}
$$

$$= \sum_{i=1}^{l} (y_{i\cdot})^2 m_i - \frac{\left(\sum_{i=1}^{l}\sum_{j=1}^{m} y_{ij}\right)^2}{N}$$

$$SSE = SST - SSR$$

자유도는 각각 $\phi_T = N-1$, $\phi_R = l-1$, $\phi_E = N-l$을 갖는다. 따라서 분산분석표를 작성하면 다음과 같다.

요인	제곱합	자유도	평균제곱	(F_o)
처리 잔차	SSR SSE	$l-1$ $N-l$	$MSR = SSR/(l-1)$ $MSE = SSE/(N-l)$	$F_o = \dfrac{MSR}{MSE}$
합계	SST	$N-1$		

분산분석 후 모평균 추정은 일반적으로 반복수가 같은 경우와 동일한 방법으로 하면 된다. 그러나 평균제곱근의 기댓값이 다르게 나타난다.

7.1.3 반복이 없는 이원배치법

일원배치법에서는 문제가 되는 요인을 하나만 취하고, 다른 요인에 대해서는 조건을 일정하게 하여 실험 전체를 랜덤화하여 실험하였다. 이에 반하여 이원배치법은 관심의 대상이 되는 요인을 두 개 선택하여 실험하는 방법으로서 두 요인의 각 수준의 조합에서 반복이 없는 경우와 반복이 있는 경우로 나누어진다.

[1] 데이터의 구조

두 요인 A, B에 대한 영향을 조사하기 위한 이원배치법에서는 요인 A의 한 수준과 요인 B의 한 수준의 조합이 하나의 처리가 되는데, A 요인의 수준이 l이고, B 요인의 수준이 m인 반복이 없는 이원배치법의 데이터 구조식은 다음과 같다.

$$Y_{ij} = \mu + \alpha_i + \beta_j + \epsilon_{ij}$$

여기서

$i = 1, \cdots, k,\ j = 1, \cdots, m$

μ: 총평균

α_i: A의 i번째 수준의 효과로서 $\sum \alpha_i = 0$

β_j: B의 j번째 수준의 효과로서 $\sum \beta_j = 0$
ϵ_{ij}: 오차항으로서 서로 독립인 $N(0, \sigma^2)$인 확률변수이다.

데이터의 구조를 살펴보면 다음과 같다.

	B_1 $\cdots$ B_j $\cdots$ B_m	합계
A_1	y_{11} $\cdots$ y_{1j} $\cdots$ y_{1m}	$y_{1\cdot}$
$\vdots$	$\vdots$ $\vdots$ $\vdots$	$\vdots$
A_i	y_{i1} $\cdots$ y_{ij} $\cdots$ y_{im}	$y_{i\cdot}$
$\vdots$	$\vdots$ $\vdots$ $\vdots$	$\vdots$
A_l	y_{l1} $\cdots$ y_{il} $\cdots$ y_{im}	$y_{l\cdot}$
합계	$y_{\cdot 1}$ $\cdots$ $y_{\cdot j}$ $\cdots$ $y_{\cdot m}$	$y_{\cdot\cdot}$

이원배치법의 관측값 y_{ij}와 총평균$\overline{y}_{\cdot\cdot}$와의 차인 $(y_{ij} - \overline{y}_{\cdot\cdot})$를 분해하여 다음과 같이 나타낼 수 있다.

$$(y_{ij} - \overline{y}_{\cdot\cdot}) = (\overline{y}_{i\cdot} - \overline{y}_{\cdot\cdot}) + (\overline{y}_{\cdot j} - \overline{y}_{\cdot\cdot}) + (y_{ij} - \overline{y}_{i\cdot} - \overline{y}_{\cdot j} - \overline{y}_{\cdot\cdot})$$

위의 식 양변을 제곱하여 모든 자료에 대해 합하면 다음과 같이 총 변동이 요인 A의 변동, 요인 B의 변동, 그리고 오차변동으로 나누어진다.

$$\begin{aligned}\sum_{i=1}^{l}\sum_{j=1}^{m}(y_{ij} - \overline{y}_{\cdot\cdot})^2 &= \sum_{i=1}^{l}\sum_{j=1}^{m}(\overline{y}_{i\cdot} - \overline{y}_{\cdot\cdot})^2 + \sum_{i=1}^{l}\sum_{j=1}^{m}(\overline{y}_{i\cdot} - \overline{y}_{\cdot\cdot})^2 \\ &\quad + \sum_{i=1}^{l}\sum_{j=1}^{m}(\overline{y}_{ij} - \overline{y}_{i\cdot} - \overline{y}_{\cdot j} - \overline{y}_{\cdot\cdot})^2 \\ &= m\sum_{i=1}^{l}(\overline{y}_{i\cdot} - \overline{y}_{\cdot\cdot})^2 + l\sum_{j=1}^{m}(\overline{y}_{\cdot j} - \overline{y}_{\cdot\cdot})^2 \\ &\quad + \sum_{i=1}^{l}\sum_{j=1}^{m}(\overline{y}_{ij} - \overline{y}_{i\cdot} - \overline{y}_{\cdot j} - \overline{y}_{\cdot\cdot})^2\end{aligned}$$

$$SST = \sum_{i=1}^{l}\sum_{j=1}^{m}(y_{ij} - \overline{y}_{\cdot\cdot})^2 = \sum_{i=1}^{l}\sum_{j=1}^{m}y_{ij}^2 - \left(\sum_{i=1}^{l}\sum_{j=1}^{m}y_{ij}\right)^2 / lm$$

$$SSA = m\sum_{i=1}^{l}(\overline{y}_{i\cdot} - \overline{y}_{\cdot\cdot})^2 = \sum_{i=1}^{l}y_{i\cdot}{}^2 / m - \left(\sum_{i=1}^{l}\sum_{j=1}^{m}y_{ij}\right)^2 / lm$$

$$SSB = l\sum_{j=1}^{m}(\bar{y}_{\cdot j} - \bar{y}_{\cdot\cdot})^2 = \sum_{i=1}^{m} y_{.j}^{\,2} / l - \left(\sum_{i=1}^{l}\sum_{j=1}^{m} y\,ij\right)^2 / lm$$

$$SSE = \sum_{i=1}^{l}\sum_{j=1}^{m}(\bar{y}_{ij} - \overline{Y}_{i\cdot} - \bar{y}_{\cdot j} - \bar{y}_{\cdot\cdot})^2 = SST - SSA - SSB$$

또한 자유도는 다음과 같이 계산된다.

$$\phi_T = lm - 1,\ \phi_A = l - 1,\ \phi_B = m - 1,\ \phi_E = (l-1)(m-1)$$

[2] 분산분석표 및 F 검정

앞에서 구한 제곱합(SS)과 자유도를 이용하여 분산분석표를 작성하면 다음과 같다.

요인	제곱합	자유도	평균제곱	F_0
요인 A	SSA	$l-1$	MSA	MSA/MSE
요인 B	SSB	$m-1$	MSB	MSB/MSE
잔차	SSE	$(l-1)(m-1)$	MSE	
계	SST	$lm-1$		

요인 A에 대한 F 검정은 귀무가설을 $H_0:\ \alpha_1 = \alpha_2 = \cdots = \alpha_k(=0)$로 하여 검정통계량을 다음 식에 의해 계산한다.

$$F = \frac{MSA}{MSE} = \frac{SSA/(l-1)}{SSE/[(l-1)(m-1)]}$$

검정법은 $F > F_{((l-1),\,(l-1)(m-1);\,\alpha/2)}$이면 H_0를 기각하고, 반대이면 H_0를 채택한다. 그리고 요인 B에 대한 F 검정은 요인 A와 같은 방법으로 하면 되는데 이는 다음과 같다. 귀무가설을 $H_0:\ \beta_1 = \beta_2 = \cdots = \beta_m(=0)$으로 하고 검정통계량을 다음과 같이 계산한다.

$$F = \frac{MSB}{MSE} = \frac{SSB/(m-1)}{SSE/[(l-1)(m-1)]}$$

검정법은 $F > F_{((m-1),\,(l-1)(m-1);\,\alpha/2)}$이면 H_0를 기각한다.

[3] 분산분석 후의 추정

일반적으로 모평균의 추정은 F-검정에서 유의한 경우에만 가능하다. 요인 A의 i수준에서 $\mu(A_i)$의 $100(1-\alpha)\%$의 신뢰구간은 다음과 같다.

$$\overline{y}_{i\cdot} \pm t_{\alpha/2(l-1)(m-1)}\sqrt{MSE/m}$$

또한 요인 B의 j 수준에서 $\mu(B_j)$의 $100(1-\alpha)\%$의 신뢰구간은 다음과 같이 얻어진다.

$$\overline{y}_{\cdot j} \pm t_{\alpha/2(l-1)(m-1)}\sqrt{MSE/l}$$

그리고 요인 A와 요인 B를 조합한 조건에 있어서의 추정은 요인 A와 요인 B의 F-검정에서 모두 유의할 때만 행하는 것이 보통인데, A 요인의 i 수준과 B 요인의 j 수준에서 $\mu(A_i B_j)$의 $100(1-\alpha)\%$ 신뢰구간은 다음과 같다.

$$(\overline{y}_{i\cdot} + \overline{y}_{\cdot j} - \overline{y}_{\cdot\cdot}) \pm t_{\alpha/2(l-1)(m-1)}\sqrt{MSE/n_e}$$

여기서 n_e는 반복이 없는 이원배치법에서의 유효반복수(effective number of replication)라고 부르며, $n_e = lm/(l+m-1)$이다.

다음은 요인 A의 두 수준 간의 모평균 차에 대한 추정으로 $\mu(A_i)-\mu(A_k)$의 $100(1-\alpha)\%$의 신뢰구간은 다음과 같다.

$$(\overline{y}_{i\cdot} - \overline{y}_{k\cdot}) \pm t_{\alpha/2(l-1)(m-1)}\sqrt{2MSE/m}$$

요인 B의 두 수준 간의 차에 대한 추정으로 $\mu(B_i)-\mu(B_j)$의 $100(1-\alpha)\%$ 신뢰구간은 다음과 같이 얻어진다.

$$(\overline{y}_{\cdot j} - \overline{y}_{\cdot k}) \pm t_{\alpha/2(l-1)(m-1)}\sqrt{2MSE/l}$$

7.1.4 반복이 있는 이원배치법

어떤 실험에서든지 각 수준의 처리에서 1회의 실험을 시행하는 것보다 가능하면 2회 이상의 반복을 하는 것이 실험 결과에 신뢰성을 높일 수 있어 바람직하다. 또한 사회조사에서는 대부분의 경우 반복이 있다. 반복의 횟수는 비용과 원하는 정도(precision)에 따라서 반복횟수가 결정된다.

반복이 있는 이원배치법에서는 상호작용의 검출이 가능하게 되는데, 여기서 상호작용이란 분산분석에서 두 개 이상의 요인에 대해 각각의 수준을 조합하였을 때 생기는 효과 즉, 조합에 의해 조건을 달리할 경우에 그 조합의 영향을 상호작용이라 한다. 예를 들어 어떤 사람은 매운맛이 강할수록 고추의 맛이 더 좋다고 하지만, 또 다른 사람은 덜 매울수록 더 맛있다고 평가하는 효과이다. 즉, 동일한 고추라도 평가하는 사람과의 상호작용으로 반응값이 달라짐을 말한다. 혹은 돛을 단 배는 4노트의 속도로 항해하고, 엔진을 단 배는 10노트로 항해한다면, 돛과 엔진을 동시에 단 배는 14노트 이상의 속도가 난다. 이와 같이 두 가지가 만나 효과가 상승하거나, 감소하는 효과를 상호작용이라 한다.

각 수준이 l과 m인 두 수준 A와 B에서 n회 반복 실험한 경우에 데이터의 형태는 다음과 같다.

B의 수준 / A의 수준	B_1	B_2	…	B_m	평균
A_1	y_{111} y_{112} ⋮ y_{11n}	y_{121} y_{122} ⋮ y_{12n}	… … ⋮ …	y_{1m1} y_{1m2} ⋮ y_{1mn}	$\bar{y}_{1\cdot\cdot}$
	$\bar{y}_{11\cdot}$	$\bar{y}_{12\cdot}$	…	$\bar{y}_{1m\cdot}$	
A_2	y_{211} y_{212} ⋮ y_{21n}	y_{221} y_{222} ⋮ y_{22n}	… … ⋮ …	y_{2m1} y_{2m2} ⋮ y_{2mn}	$\bar{y}_{2\cdot\cdot}$
	$\bar{y}_{21\cdot}$	$\bar{y}_{22\cdot}$	…	$\bar{y}_{2m\cdot}$	
⋮	⋮	⋮	⋮	⋮	⋮
A_l	y_{l11} y_{l12} ⋮ y_{l1n}	y_{l21} y_{l22} ⋮ y_{l2n}	… … ⋮ …	y_{lm1} y_{lm2} ⋮ y_{lmn}	$\bar{y}_{m\cdot\cdot}$
	$\bar{y}_{l1\cdot}$	$\bar{y}_{l2\cdot}$	…	$\bar{y}_{lm\cdot}$	
평균	$\bar{y}_{\cdot1\cdot}$	$\bar{y}_{\cdot2\cdot}$	…	$\bar{y}_{\cdot m\cdot}$	$\bar{y}_{\cdots}$

여기서

$$\overline{y_{ij\cdot}} = \frac{1}{n}\sum_{k=1}^{n} y_{ijk},\ i=1,\ \cdots,\ l, \quad j=1,\ \cdots,\ m$$

$$\overline{y}_{i\cdot\cdot} = \frac{1}{mn}\sum_{j=1}^{m}\sum_{k=1}^{n} y_{ijk}, \quad i=1, \cdots, l$$

$$\overline{y}_{\cdot j\cdot} = \frac{1}{ln}\sum_{i=1}^{l}\sum_{k=1}^{n} y_{ijk}, \quad j=1, \cdots, m$$

$$\overline{y}_{\cdots} = \frac{1}{lmn}\sum_{i=1}^{l}\sum_{j=1}^{m}\sum_{k=1}^{n} y_{ijk}$$

이다.

[1] 데이터의 구조

요인 A가 l수준이고, 요인 B가 m수준이고 반복수가 n인 경우 데이터의 구조식은 다음과 같다.

$$y_{ijk} = \mu + \alpha_i + \beta_j + \gamma_{ij} + \epsilon_{ijk}$$

여기서

$i = 1, \cdots, l,\ j = 1, \cdots, m, k = 1, \cdots, n$

μ: 총평균

α_i: A의 i번째 수준의 효과로서 $\sum \alpha_i = 0$

β_j: B의 j번째 수준의 효과로서 $\sum \beta_j = 0$

γ_{ij}: A_i와 B_j의 상호작용 효과로서 $\sum \gamma_{ij} = 0$

ϵ_{ijk}: 오차항으로서 서로 독립인 $N(0, \sigma^2)$인 확률변수

[2] 변동의 분해

하나의 관측값 y_{ijk}와 $\overline{y}_{\cdots}$의 차이를 분해하면 다음과 같다.

$$\sum_{i=1}^{l}\sum_{j=1}^{m}\sum_{k=1}^{n}(y_{ijk} - \overline{y}_{\cdots})^2 = mn\sum(\overline{y}_{i\cdot\cdot} - \overline{y}_{\cdots})^2 + lm\sum(\overline{y}_{\cdot j\cdot} - \overline{y}_{\cdots})^2$$
$$+ n\sum_{i=1}^{l}\sum_{j=1}^{m}(\overline{y}_{ij\cdot} - \overline{y}_{i\cdot\cdot} - \overline{y}_{\cdot j\cdot} - \overline{y}_{\cdots})^2 + \sum_{i=1}^{l}\sum_{j=1}^{m}\sum_{k=1}^{n}(\overline{y}_{ijk} - \overline{y}_{ij\cdot})^2$$

이 된다. 여기서,

$$SST = \sum_{i=1}^{l}\sum_{j=1}^{m}\sum_{k=1}^{n}(y_{ijk} - \overline{y}_{\cdots})^2 = \sum_{i=1}^{l}\sum_{j=1}^{m}\sum_{k=1}^{n}y_{ijk}^2 - \frac{y_{\cdots}{}^2}{lmn}$$

$$SSA = mn\sum_{i=1}^{l}(\overline{y_{i}}_{\cdot\cdot} - y_{\cdots})^2 = \frac{\sum y_{i\cdot}{}^2}{mn} - \frac{y_{\cdots}{}^2}{lmn}$$

$$SSB = ln\sum_{j=1}^{m}(\overline{y}_{\cdot j\cdot} - y_{\cdots})^2 = \frac{\sum y_{i\cdot\cdot}{}^2}{ln} - \frac{y_{\cdots}{}^2}{lmn}$$

$$SSAB = n\sum_{i=1}^{l}\sum_{j=1}^{m}(\overline{y}_{ij\cdot} - \overline{y_{i}}_{\cdot\cdot} - \overline{y}_{\cdot j\cdot} + \overline{y}_{\cdots})^2$$

$$SSA\times B = SSAB - SSA - SSB$$

$$SSE = \sum_{i=1}^{l}\sum_{j=1}^{m}\sum_{k=1}^{n}(y_{ijk} - \overline{y}_{ijk})^2 = SST - SSA - SSB - SSA\times B$$

이 되며, 자유도는 다음과 같다.

SST: $lmn-1$

SSA: $l-1$

SSB: $m-1$

$SSA\times B$: $(l-1)(m-1)$

$SSAB$: $lm-1$

SSE: $lm(n-1)$

위의 결과로 분산분석표를 만들면 다음과 같다.

요인	제곱합	자유도	평균제곱	F_0
요인A	SSA	$l-1$	MSA	MSA/MSE
요인B	SSB	$m-1$	MSB	MSB/MSE
상호작용	$SSA\times B$	$(l-1)(m-1)$	$MSA\times B$	$MSA\times B/MSE$
잔차	SSE	$lm(n-1)$	MSE	
계	SST	$lmn-1$		

[3] 분석 후 추정

반복이 있는 경우는 반복이 없는 경우와 분석 후의 추정이 거의 비슷하다고 할 수 있다. A_i 수준에서의 모평균의 $100(1-\alpha)\%$ 의 신뢰구간은

$$\overline{y_{i}}_{\cdot\cdot} \pm t_{\alpha/2(lm(n-1))}\sqrt{MSE/mn}$$

이 되며, B_j 수준에서의 모평균의 $100(1-\alpha)\%$ 의 신뢰구간은

$$\overline{y}_{\cdot j \cdot} \pm t_{\alpha/2(lm(n-1))} \sqrt{MSE/ln}$$

이다.

두 수준 A_i와 A_k에서 모평균 차의 추정으로 $\mu(A_i)-\mu(A_k)$의 $100(1-\alpha)\%$ 의 신뢰구간은

$$(\overline{y_{i \cdot\cdot}} - \overline{y_{k \cdot\cdot}}) \pm t_{\alpha/2(lm(n-1))} \sqrt{2MSE/mn}$$

가 되며, 두 수준 B_i와 B_k에서 모평균 차의 $100(1-\alpha)\%$ 의 신뢰구간은

$$(\overline{y}_{\cdot j \cdot} - \overline{y}_{\cdot k \cdot}) \pm t_{\alpha/2(lm(n-1))} \sqrt{2MSE/ln}$$

가 된다. 다음은 두 요인의 수준조합 A_iB_j에서의 모평균 추정으로 여기에서는 상호작용이 무시되는 경우와 상호작용이 무시되지 않는 경우로 나눌 수 있다.

상호작용이 무시되지 않는 경우에 모평균의 $100(1-\alpha)\%$ 의 신뢰구간은

$$\overline{y_{ij \cdot}} \pm t_{\alpha/2(lm(n-1))} \sqrt{MSE/n}$$

이며, 상호작용이 무시될 경우의 모평균의 $100(1-\alpha)\%$ 의 신뢰구간은

$$(\overline{y_{i \cdot\cdot}} - \overline{y}_{\cdot j \cdot} - \overline{y}_{\cdots}) \pm t_{\alpha/2(lm(n-1))} \sqrt{2MSE/n_e} \quad \left(\text{단},\ n_e = \frac{lmn}{(l+m-1)}\right)$$

이다.

7.1.5 가정에 대한 검토

[1] 정규성에 대한 검토

모집단이 정규분포를 따르는지의 검토방법에는 정규확률지(normal probability paper)의 작성, 범주형 자료분석에서 고려하게 되는 적합도 검정, 그리고 비모수적 방법인 콜모고로프-스미노프 검정법 등이 있다.

[2] 등분산성에 대한 검토

각 모집단의 분산이 동일하다는 가정에 대한 검토방법에는 바틀렛(Bartlett)의 검정법,

하틀리(Hartley)의 검정법, 레빈(Levene)의 검정법, 그리고 코크란(Cochran)의 검정법 등이 있다. 바틀렛의 검정법은 기하평균이 산술평균보다 항상 작거나 같으며, 관찰값이 모두 같은 경우에는 기하평균과 산술평균이 같아진다는 사실을 근거로 하여 검정하는 방법이다. 하틀리의 검정법은 각 집단의 표본분산 중에서 최댓값과 최솟값의 비를 이용하여 검정하는 방법으로서 표본의 크기가 모두 같은 경우에만 이용 가능하다. 레빈의 검정법은 각 모집단으로부터 추출된 표본의 평균과 각 관찰값의 차에 대한 절댓값의 크기를 이용한 검정법이다. 한편 바틀렛의 검정법과 하틀리의 검정법은 모집단의 분포가 정규분포인 것을 가정하고 있으므로 이러한 가정이 성립되지 않는 경우에는 이들 검정법을 사용할 수 없다. 반면에 레빈의 검정법은 모집단이 정규분포를 따르지 않는다 하더라도 민감한 반응을 보이지 않는다. 따라서 모집단이 정규분포를 따른다는 확신이 서지 않는 경우에는 레빈의 검정법을 이용하는 것이 바람직하다.

7.1.6 사후검정법

일원분산분석에서 귀무가설 $H_0: \mu_1 = \mu_2 = \cdots = \mu_r$을 검정한 결과 귀무가설이 기각되면 r개의 모평균의 차에 대한 구조를 밝혀 보는 것이 의미가 있다. 귀무가설을 기각하지 못하는 경우에는 상관없는 문제이지만, 만일 분산분석을 하여 처리들 간에 평균, 즉, 처리 효과의 차이가 있다는 사실이 밝혀지면 그 다음 분석에서는 어느 처리의 평균값이 다른 처리들과 달라서 그리 되었는지를 밝혀야 한다. 이와 같은 추가 분석을 다중비교 검정(multiple comparison test)이라 한다.

다중비교 검정을 하는 이유는 분산분석의 귀무가설 $H_0: \mu_1 = \mu_2 = \cdots = \mu_r$의 기각이 r개의 처리 평균들이 모두 서로 다름을 의미하지는 않기 때문이다. 처리가 세 개인 경우를 생각해 보자. 이때의 귀무가설은 $H_0: \mu_1 = \mu_2 = \mu_3$이다. 이 귀무가설은 세 개의 평균이 동시에 같은지를 검정하기 위한 것이다. 따라서 이 귀무가설이 기각되더라도 대응되는 적절한 대립가설이 $H_1: \mu_1 \neq \mu_2 = \mu_3$일지, $H_1: \mu_1 = \mu_2 \neq \mu_3$일지, 또는 $H_1: \mu_1 \neq \mu_2 \neq \mu_3$일지는 알지 못한다. 그래서 우리는 다중비교 검정을 하여 대립가설의 정확한 형태를 알려는 것이다.

다중비교 검정에서는 가능한 모든 처리 쌍들 간의 비교를 고려한다. 예를 들어 처리가 세 개인 경우에는 다음과 같은 세 개의 가설을 동시에 검정한다. $H_0: \mu_1 = \mu_2$, $H_0: \mu_1 = \mu_3$, $H_0: \mu_2 = \mu_3$. 이와 같이 하나의 비교가 아니라 동시에 여러 개의 비교를 수행하기에 다중비교하는 이름이 붙은 것이다. 여기서 귀무가설들이 모두 두 개의 모평균들 간의 비교 형태이기 때문에 독립 이표본 t-검정을 계속적으로 수행하는 것과는 다르다.

예컨대 유의수준을 0.05로 놓고 독립 이표본 t-검정을 한다고 가정하자. 유의수준은 귀무가설이 옳을 때 귀무가설을 기각하는 오류의 확률이므로, 이 경우 두 모평균이 동일 할 때 귀무가설을 기각하지 않을 확률은 0.95이다. 그런데 귀무가설이 세 개이므로 이들 가설이 모두 옳을 때 동시에 이들 모두를 기각하지 않을 확률은 0.953=0.857이다. 이를 뒤집으면 귀무가설이 옳을 때 세 개의 귀무가설들 중 어느 하나를 잘못 기각할 확률은 1-0.857=0.143이 된다. 결국 동시에 여러 개의 독립 이표본 t-검정을 수행하면 애초에 의도한 바와는 달리 결과적으로 실질적인 유의수준이 매우 커져서, 사실상 처리 평균들이 서로 다르지 않음에도 불구하고, 처리 간 평균 차이가 존재한다는 잘못된 결론을 내릴 확률이 아주 높아지는 것이다. 이런 현상은 처리의 개수가 늘어날수록 심화된다.

모집단의 평균들 간에 다중비교(multiple comparison)를 위한 사후검정법에는 피셔(Fisher)의 최소유의차(least-significant difference) 검정법, 던칸(Duncan)의 다중범위(multiple range) 검정법, SNK(Student-Newman-Keuls)의 검정법, 투키(Turkey)의 검정법, 쉐페(Scheffe)의 검정법, 그리고 수정된 최소유의차(adjusted least-significant difference) 검정법 등이 있다. 이들 중에서 피셔의 최소유의차 검정법, 던칸의 다중범위 검정법, 스튜던트-뉴만-쿨즈의 검정법, 그리고 수정된 최소유의차 검정법 등은 모집단의 평균들 간의 차이가 유의한지 만을 검정하는 방법이고, 투키의 검정법, 쉐페의 검정법은 모집단의 평균들 간의 차이에 대한 동시 신뢰구간을 이용하여 검정하는 방법이다.

통계 문헌에 나타난 다중비교 검정 절차는 무척 많으며, 이들 중 어느 것이 가장 좋은가에 대해서는 아직까지 합의된 바가 없다. 그렇지만, 가장 자주 사용되고 널리 받아들여지는 것으로는 튜키의 검정과 SNK 검정을 들 수 있다. 또한 대조와의 비교 검정법으로는 더넷의 검정이 주로 사용된다. 던칸의 검정은 귀무가설을 지나치게 기각하기를 잘 하므로 오히려 잘못된 결론을 내릴 확률이 크다. 그리고 다중대조(multiple contrast)를 검정하는 쉐페(Scheffe)의 검정이 많이 사용된다.

다중비교는 원래 분산분석에서 유의한 결과가 나온 연후에 시행하는 것이 자연스럽지만, 대부분의 다중비교 절차들은 사실상 분산분석의 F 검정과 독립적으로 개발되었다. 따라서 F 검정 결과 귀무가설이 기각되지 않은 자료에 대해서 다중비교를 하더라도 처리 평균 간에 차이가 있다는 판정이 나올 수도 있다. 다시 말해서, 다중비교는 분산분석에서 귀무가설의 기각 여부와 관계없이 수행할 수 있다.

다음부터 소개하는 다중비교 검정법들에서는 전부 균형 자료를 가정한다. 즉, 각 처리마다 관측수가 전부 동일하다. 또한 쌍체 비교의 가설을 다음과 같이 설정한다.

$$H_0:\ \mu_{\mathrm{I}} - \mu_{\mathrm{II}},\quad H_1:\ \mu_{\mathrm{I}} \neq \mu_{\mathrm{II}}$$

여기서 사용된 첨자 Ⅰ,Ⅱ는 서로 다른 처리를 나타낸다. 그리고 처리 평균들을 비교할 때는 일단 처리 평균들의 크기 순서로 처리들을 재배열한 다음 비교의 순서를 결정해야 한다. 예를 들어 5개의 처리가 있다고 하자. 또한, 처리 평균을 크기 순서로 나열하면 $\overline{Y_2} < \overline{Y_5} < \overline{Y_1} < \overline{Y_3} < \overline{Y_4}$라고 하자. 이때 최초의 비교는 가장 큰 것과 가장 작은 것이다. 즉, $H_0:\ \mu_2 = \mu_4$를 가장 먼저 검정한다. 만일 이 검정 결과가 유의하지 않다면 나머지 검정은 할 필요가 없다. 반대로 검정 결과가 유의하다면, 이번에는 가장 작은 것과 두 번째로 큰 것을 검정한다. 또한 두 번째로 작은 것과 가장 큰 것을 비교한다. 즉, 제2단계에서 검정하는 가설은 다음 두 가지이다.

$$H_0:\ \mu_2 = \mu_3,\ H_0:\ \mu_5 = \mu_4.$$

이와 비슷하게, 제3단계에서 고려하는 가설은 다음 세 가지이다.

$$H_0:\ \mu_2 = \mu_1,\ H_0:\ \mu_5 = \mu_3,\ H_0:\ \mu_1 = \mu_4.$$

이와 같은 식으로 비교를 해야 가장 효율적이다.

다중비교 검정의 결과를 표시할 때는 크기 순서로 배열된 처리 평균값들 중 차이가 없다고 판정된 평균값들 밑에 밑줄을 긋는 것이 일반적이다. 예를 들어 다중비교 검정을 했더니 $\mu_2 = \mu_5 < \mu_1 = \mu_3 < \mu_4$라는 결과를 얻었을 때, 결과는 다음과 같이 요약 표현한다.

$$\underline{\overline{Y_2}\quad \overline{Y_5}}\quad \underline{\overline{Y_1}\quad \overline{Y_3}}\quad \underline{\overline{Y_4}}$$

다중비교의 제1단계에서 $H_0:\ \mu_2 = \mu_4$를 검정하려면 $\overline{Y_2}$와 $\overline{Y_4}$의 차이가 통계적으로 유의한지 밝혀야 하는데, 이 두 평균의 차이를 5-평균 차이(5-mean difference)라 부른다. 왜냐하면, $\overline{Y_2}$와 $\overline{Y_4}$ 사이에, 자신들을 포함하여 모두 5개의 평균값들이 존재하기 때문이다. 다중비교의 제2단계에서 검정하는 $\overline{Y_2}$와 $\overline{Y_3}$의 차이는 4-평균 차이(4-mean difference)라 부른다. 일반적으로 'p 평균 차이'라는 용어에서 p는 검정하려는 평균들의 범위 이내에 포함된 평균들의 개수이다.

(1) 튜키(Tukey)의 검정

흔히 정직한 유의차(HSD: honestly significant difference) 검정이라 부른다.

검정통계량

$$q = \frac{|\overline{Y_{\mathrm{I}}} - \overline{Y_{\mathrm{II}}}|}{\sqrt{s^2/r}} \rightarrow \text{만일 } q > q_{\nu,k,\alpha} \text{ 이면 } H_0\text{를 기각한다.}$$

여기서 s^2는 MS_E이다. 그리고 ν는 분산분석표에서 오차의 자유도, k(=t)는 처리의 개수, r은 처리 내의 관측수이다. 검정통계량의 분포인 q 분포에 대한 임계값은 부록의 표 A.5를 보라. 이때 유의수준 α는 물론 실험별 오류율이다.

튜키의 검정법은 가장 보수적인 방법이다. 여기서 보수적이라 함은 여간해서는 평균 차이가 유의하다는 결론을 잘 내리지 않는다는 의미이다.

(2) SNK(Student–Newman–KEuls) 검정

이 검정은 임계값의 결정만 제외하면 튜키의 검정과 동일하다.

검정통계량

$$q = \frac{|\overline{Y_{\mathrm{I}}} - \overline{Y_{\mathrm{II}}}|}{\sqrt{s^2/r}} \rightarrow \text{만일 } q > q_{\nu,p,\alpha} \text{ 이면 } H_0\text{를 기각한다.}$$

여기서 p는 검정하려는 평균들의 범위에 포함된 평균들의 개수로서, p 평균 차이의 p 와 같다. SNK 검정은 튜키의 검정보다는 덜 보수적이다.

(3) 더넷(Dunnett)의 검정: 대조와의 비교

모든 가능한 쌍체 비교에는 관심이 없고, 대신 대조군과 나머지 처리들 간의 비교에만 관심이 있는 경우가 있다. 더넷의 검정법은 이와 같이 대조와 비교를 하는 다중비교법이다. 즉, t 개의 처리가 있는 경우, 대조와 나머지 (t-1)개의 처리들을 비교한다.

가설은 다음과 같이 표기한다.

$$H_0: \ \mu_{control} = \mu_{\mathrm{I}}, \quad H_1: \ \mu_{control} \neq \mu_{\mathrm{I}}$$

검정통계량

$$q' = \frac{|\overline{Y}_{control} - \overline{Y}_{\mathrm{I}}|}{\sqrt{2s^2/r}} \longrightarrow \text{만일} \ |q'| > q'_{\nu,p,\alpha/2} \ \text{이면} \ H_0\text{를 기각한다.}$$

여기서, p는 검정하려는 평균들의 범위에 포함된 평균들의 개수로서, SNK 검정에서 사용된 p와 동일하다. 따라서 더넷의 검정을 할 때도 대조를 포함한 모든 처리 평균들을 크기 순서로 나열한 다음 대조군의 평균과 다른 처리 평균들을 비교하는 형식을 취한다. 더넷의 검정통계량에 대한 임계값은 생략한다.

(4) 쉐페(Scheffe)의 다중 대비 검정

쉐페는 여러 개의 대비들을 동시에 검정하는 방법을 제안하였다. 쉐페의 방법은 쌍체 비교 시에는 튜키나 SNK 방법보다 열등하기 때문에 추천할 수 없으나 여러 개의 처리 평균이 개재된 대비들에 대한 동시 검정에 유효히 사용할 수 있다.

귀무가설 $H_0: \ \sum_{i=1}^{t} c_i\mu_i = 0$을 검정하는 쉐페의 방법은 다음과 같다.

검정통계량

$$S = \frac{|\sum c_i \overline{Y}_{i\cdot}|}{\sqrt{s^2 \sum_{i=1}^{t} \frac{c_i^2}{r_i}}} \rightarrow \text{만일} \ S > \sqrt{(t-1)F_{t-1,N-t,\alpha}} \ \text{이면} \ H_0\text{를 기각한다.}$$

여기서 $s^2 = MS_E$

7.2 SPSS를 이용한 분산분석

앞에서 서술한 바와 같이 집단 간의 평균에 차이가 있는지의 여부는 t-검정과 분산분석이 있는데 집단이 2개 일 때는 t-검정을 이용하지만, 집단이 3개 이상 존재할 때는 분산분석을 사용한다. 그리고 분산분석에서도 요인의 개수(독립변수의 수)에 따라 메뉴가 다르다. 요인의 개수가 1개인 일원배치법은 일원배치 분산분석을 이용하고, 요인의 개수가 2개 이상인, 즉 이원배치법과 다원배치법은 일반선형 모형을 사용한다.

7.2.1 SPSS를 이용한 일원배치법

예제 전공계열(X03)에 따라 월평균 소득(X35)에 차이가 있는가?

하나의 요인인 전공계열(X03)에 따라 월평균 소득(X35)에 차이가 있는지의 여부를 알아보고자 하는 것이기에 일원배치 분산분석을 이용한다.

① 먼저 SPSS를 시작하고 저장한 파일 '연습2.sav'를 불러온다(파일(F) → 열기(O) → 데이터(A) → 연습 → 열기).

② '연습2.sav' 자료가 나오면 메뉴에서 분석(A) → 평균 비교(M) → 일원배치 분산분석(O)으로 마우스로 선택하면 일원배치 분산분석 창이 열린다.

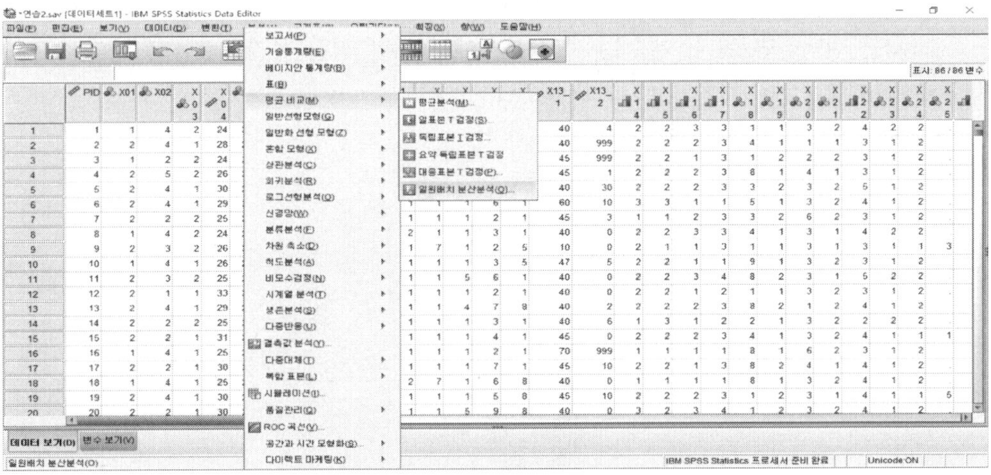

그림 7-1 • 일원배치 분산분석의 선택

③ 일원배치 분산분석 창에서 분석하고자 하는 변수(월평균 소득(X35))를 선택하고, 종속변수(E)에 등록하기 위해 위쪽의 [➔]을 누르고, 요인분석(F)에는 요인에 대한 집단을 분류하기 위해 요인에 전공계열(X02)을 등록한다.

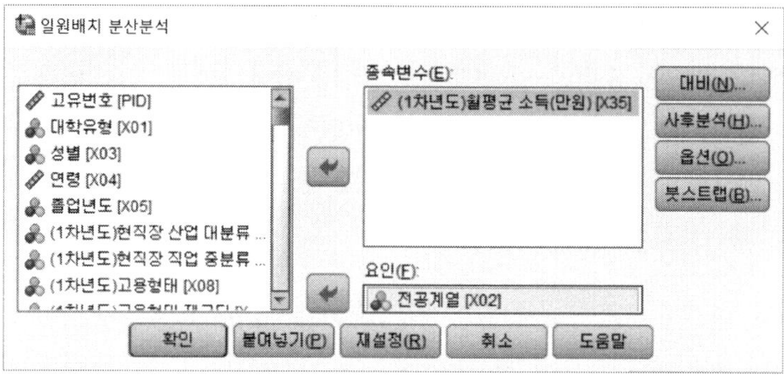

그림 7–2 • 일원배치 분산분석 창

단순한 분산분석표만 작성하려고 하면 [확인]을 클릭하고, [붙여넣기(P)]를 클릭하면 명령문 편집기에 명령문이 나오며, 변수 선택을 잘못했을 때는 [재설정(R)]을 클릭한다.

④ 고급 분석을 하기 위해 [대비(N)...]를 클릭한다. 이것은 요인에서 수준 간의 차이가 있는지의 여부를 검정하는 것이다.

여기서 **다항식(P)**을 선택하면, **차수**에서 1차, 2차, 3차 등이 나오는데 이것은 모형의 형식을 지정하는 것으로 1차와 2차 형식을 비롯하여 3차 형식이 있으며, 일반적으로 1차를 선택하면 된다. 계수는 사전 분석에 대비할 집단의 가중값을 뜻한다. [계속(C)]을 클릭하면 [그림 7-2]가 다시 나타난다.

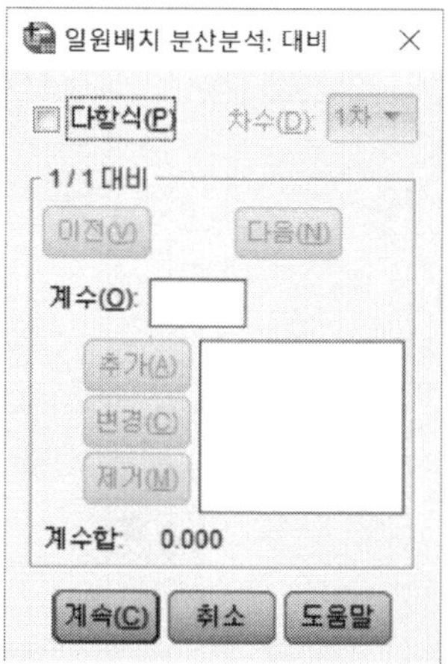

그림 7–3 • 일원배치 분산분석: 대비 창

⑤ [그림 7-2]에서 [사후분석(H)...]을 클릭하면 **사후분석–다중비교** 창이 나오는데, 이것은 사후 검정에 관한 것이다.

그림 7-4 • 일원배치 분산분석: 사후분석-다중비교 창

여기서 **등분산을 가정함**은 요인에서 수준들 간에 평균의 차이를 사후 검정하는 것으로 분산분석표에서는 단지 수준들 간에 평균의 차이가 있는지의 여부만 알 수 있고, 어떤 수준들 간에 차이가 있는지를 알 수 있다. 여러 가지 방법이 있으나, 초심자에게는 큰 차이가 없으며, 보통은 LSD, Scheffe, Turkey방법, Duncan의 방법을 많이 사용하며, 방법의 차이는 다변량 분산분석을 참고하기 바란다. 그리고 **등분산을 가정하지 않음**에서는 기본 가정인 등분산성이 만족되지 않을 때 사용하며, **유의수준**(V)은 보통 0.05를 많이 사용한다.

⑥ 이상을 선택하고 계속(C)을 클릭하면 다시 **일원배치 분산분석** 창이 나온다. 여기서 옵션(O)...을 클릭하면 **옵션** 창이 나온다.

여기서 선택은 추가적인 통계량과 분산의 동질성 여부, 변수 명칭의 표시 및 무응답값의 처리에 관한 것으로 요약하면 다음과 같다.

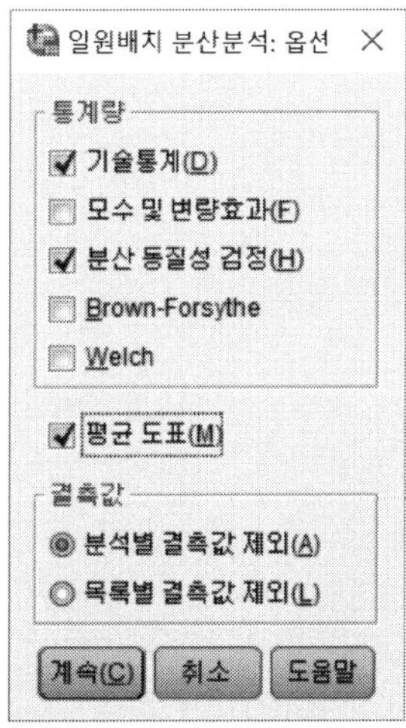

그림 7-5 • 일원배치 분산분석: 옵션 창

종류	구분	내용
통계량	기술통계	사례수, 평균, 표준편차, 표준오차, 최솟값, 최댓값, 집단별 각 종속변수의 95% 신뢰구간
	분산의 동질성	분산의 동질성 여부를 검정(Levene 통계량을 계산)
평균 도표		각 수준의 평균에 관한 그래프가 출력된다.
결측값	분석별 결측값 제외	무응답이 있는 사례는 사용하지 않는다.
	목록별 결측값 제외	무응답이 있는 사례는 모든 분석에서 제외한다.

⑦ **옵션**을 선택하고 난 후 [계속(C)]을 클릭하면 다시 **일원배치 분산분석** 창이 나온다. 여기서 [확인]을 클릭하면 출력결과가 나온다.

명령문

```
ONEWAY X35 BY X02
  /STATISTICS DESCRIPTIVES HOMOGENEITY
  /PLOT MEANS
  /MISSING ANALYSIS
  /POSTHOC=TUKEY T3 ALPHA(0.05).
```

기술통계

(1차년도)월평균 소득(만원)

	N	평균	표준화 편차	표준화 오류	평균에 대한 95% 신뢰구간 하한	평균에 대한 95% 신뢰구간 상한	최소값	최대값
인문계열	136	179.74	64.270	5.511	168.84	190.64	100	417
사회계열	398	189.86	64.461	3.231	183.51	196.21	100	417
교육계열	80	166.16	44.032	4.923	156.36	175.96	100	292
공학계열	560	193.53	60.776	2.568	188.48	198.57	100	458
자연계열	161	169.31	55.183	4.349	160.72	177.90	100	350
전체	1335	186.47	61.414	1.681	183.17	189.77	100	458

그림 7-6 • 기술통계 출력 결과

결과분석

[그림 7-6]은 기술통계 출력 결과로 인문, 사회, 교육, 공학, 자연계열의 집단별로 사례수, 평균, 표준편차, 표준오차, 최솟값, 최댓값, 집단별 각 종속변수의 95% 신뢰구간 등이 나와 있다. 그리고 월평균 소득의 평균이 193.53, 189.86, 179.74 등으로 공학, 사회, 인문의 순서인 것처럼 나타났다.

분산의 동질성 검정

		Levene 통계량	자유도1	자유도2	유의확률
(1차년도)월평균 소득(만원)	평균을 기준으로 합니다.	3.652	4	1330	.006
	중위수를 기준으로 합니다.	2.827	4	1330	.024
	자유도를 수정한 상태에서 중위수를 기준으로 합니다.	2.827	4	1273.249	.024
	절삭평균을 기준으로 합니다.	3.395	4	1330	.009

ANOVA

(1차년도)월평균 소득(만원)

	제곱합	자유도	평균제곱	F	유의확률
집단-간	119040.926	4	29760.231	8.057	.000
집단-내	4912446.746	1330	3693.569		
전체	5031487.671	1334			

그림 7–7 • 등분산 검정과 분산분석표

결과분석

[그림 7–7]의 위 그림은 등분산에 관한 검정으로 '각 집단의 분산이 같다'는 귀무가설에 대해 유의확률이 0.006으로 0.05보다 작기 때문에 유의수준 5%에서 귀무가설을 기각된다. 그러므로 분산분석의 기본적인 가정에 위배되기 때문에 사후분석에서 등분산을 가정하지 않음에서의 방법(Dunnett의 T3를 가장 많이 이용)을 선택해야 한다. 여기서는 본서의 수준을 넘어서기 때문에 생략한다.

[그림 7–7]의 아래 그림은 분산분석표로 귀무가설 'H_0 : 계열 간에 월평균 소득의 평균에 차이가 없다.'와 대립가설 'H_1 : 계열 간에 월평균 소득의 평균에 차이가 있다.'의 검정의 결과이다. 이론 부분에서 언급한 집단 간 제곱합은 SSR을 뜻하며, 119,040.926이며, 집단내 제곱합 SSE는 4,912,446.746이다. SST는 5,031,487.671이며, 각각의 자유도(df)와 평균제곱과 F값이 나와 있다.

유의확률은 F분포를 확률값으로 표현한 것이며, 이 값이 0.000으로 0.05보다 작기 때문에 유의수준 5%에서 귀무가설을 기각한다. 물론 0.01보다도 작기에 유의수준 1%에서도 기각한다. 즉, 계열 간에 평균 소득에 차이가 있다는 결론이 나왔다. 그러나 어떤 집단 간에 차이가 있는지는 알 수 없다. 이것은 다음의 사후검정 결과에서 알 수 있다.

사후검정

다중비교

종속변수: (1차년도)월평균 소득(만원)

	(I) 전공계열	(J) 전공계열	평균차이(I-J)	표준화 오류	유의확률	95% 신뢰구간 하한	95% 신뢰구간 상한
Tukey HSD	인문계열	사회계열	-10.116	6.036	.449	-26.60	6.37
		교육계열	13.583	8.563	.507	-9.81	36.97
		공학계열	-13.785	5.810	.123	-29.65	2.08
		자연계열	10.435	7.078	.579	-8.90	29.77
	사회계열	인문계열	10.116	6.036	.449	-6.37	26.60
		교육계열	23.698*	7.446	.013	3.36	44.04
		공학계열	-3.669	3.984	.889	-14.55	7.21
		자연계열	20.551*	5.676	.003	5.05	36.06
	교육계열	인문계열	-13.583	8.563	.507	-36.97	9.81
		사회계열	-23.698*	7.446	.013	-44.04	-3.36
		공학계열	-27.368*	7.264	.002	-47.21	-7.53
		자연계열	-3.147	8.313	.996	-25.86	19.56
	공학계열	인문계열	13.785	5.810	.123	-2.08	29.65
		사회계열	3.669	3.984	.889	-7.21	14.55
		교육계열	27.368*	7.264	.002	7.53	47.21
		자연계열	24.220*	5.435	.000	9.38	39.07
	자연계열	인문계열	-10.435	7.078	.579	-29.77	8.90
		사회계열	-20.551*	5.676	.003	-36.06	-5.05
		교육계열	3.147	8.313	.996	-19.56	25.86
		공학계열	-24.220*	5.435	.000	-39.07	-9.38

그림 7-8 • 사후검정 결과(Tukey HSD)

	(I) 전공계열	(J) 전공계열	평균차이(I-J)	표준화 오류	유의확률	95% 신뢰구간 하한	95% 신뢰구간 상한
Dunnett T3	인문계열	사회계열	-10.116	6.388	.699	-28.16	7.93
		교육계열	13.583	7.390	.498	-7.32	34.48
		공학계열	-13.785	6.080	.217	-30.99	3.42
		자연계열	10.435	7.020	.770	-9.37	30.25
	사회계열	인문계열	10.116	6.388	.699	-7.93	28.16
		교육계열	23.698*	5.889	.001	6.99	40.41
		공학계열	-3.669	4.127	.991	-15.25	7.92
		자연계열	20.551*	5.418	.002	5.29	35.81
	교육계열	인문계열	-13.583	7.390	.498	-34.48	7.32
		사회계열	-23.698*	5.889	.001	-40.41	-6.99
		공학계열	-27.368*	5.553	.000	-43.17	-11.56
		자연계열	-3.147	6.569	1.000	-21.74	15.45
	공학계열	인문계열	13.785	6.080	.217	-3.42	30.99
		사회계열	3.669	4.127	.991	-7.92	15.25
		교육계열	27.368*	5.553	.000	11.56	43.17
		자연계열	24.220*	5.051	.000	9.97	38.47
	자연계열	인문계열	-10.435	7.020	.770	-30.25	9.37
		사회계열	-20.551*	5.418	.002	-35.81	-5.29
		교육계열	3.147	6.569	1.000	-15.45	21.74
		공학계열	-24.220*	5.051	.000	-38.47	-9.97

*. 평균차이는 0.05 수준에서 유의합니다.

그림 7-9 • 사후검정 결과(Dunnett T3)

결과분석

이 결과는 사후검정에서 Tukey의 방법과 등분산을 가정하지 않은 Dunnett의 T3를 선택한 결과가 거의 비슷하며, 해석하는 방법은 동일하다. (인문계열의 월평균 소득–사회계열의 월평균 소득)의 평균 차이는 10.116이고, (인문계열의 월평균 소득–교육계열의 월평균 소득)의 평균 차이는 13.583이란 의미이다. 여기서 첫 번째의 유의확률은 '귀무가설 : 인문계열의 월평균 소득과 사회계열의 월평균 소득의 차이가 없다.'에서 0.05보다 크기 때문에 유의수준 5%에서 귀무가설을 기각할 수 없다. 즉, '인문계열과 사회계열의 월평균 소득은 차이가 없다.'란 뜻이고, 실제 차이인 10.116은 오차 범위 내란 의미이다.
하지만, 사회계열과 교육계열에서는 유의확률이 0.013으로 유의수준 5%일 때의 0.05보다 작기 때문에 귀무가설을 기각하여 월평균 소득에 차이가 있다는 의미이다. 그리고 각 집단에서의 평균의 차에 대한 95% 신뢰구간이 나와 있다.

동질적 부분집합

(1차년도)월평균 소득(만원)

	전공계열	N	유의수준 = 0.05에 대한 부분집합 1	2
Tukey HSD[a,b]	교육계열	80	166.16	
	자연계열	161	169.31	
	인문계열	136	179.74	179.74
	사회계열	398		189.86
	공학계열	560		193.53
	유의확률		.253	.239

동질적 부분집합에 있는 집단에 대한 평균이 표시됩니다.

a. 조화평균 표본크기 164.677을(를) 사용합니다.

b. 집단 크기가 동일하지 않습니다. 집단 크기의 조화평균이 사용됩니다. I 유형 오차 수준은 보장되지 않습니다.

그림 7–10 • 사후검정 결과(동질적 부분집합)

결과분석

[그림 7–10]에서 교육, 자연, 인문계열이 동일한 부집단 1에 포함되어 있는 것은 세 집단 간의 월평균 소득의 평균 차이가 없다는 의미이다. 인문, 사회, 공학도 부집단 2이므로 세 집단 간에 평균에 차이가 없다는 의미이다. 하지만, 교육–사회, 교육–공학, 자연–사회, 자연–공학은 다른 부집단에 있기 때문에 두 집단 간의 월평균 소득에 차이가 있다는 의미이다.

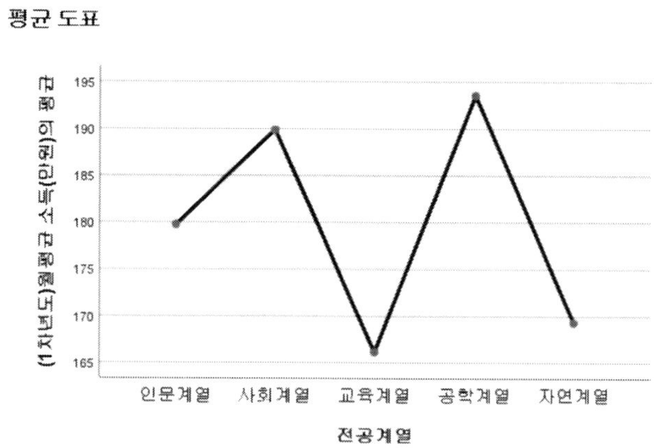

그림 7-11 • 집단별 평균의 그래프

결과분석

[그림 7-11]은 각 수준에 따른 월평균 소득의 평균을 그래프로 나타낸 것이다. 평균에서 제시 된 것처럼 공학계열이 가장 높고, 교육계열이 가장 낮은 월평균 소득을 보이는 것을 시각적으로 볼 수 있다.

7.2.2 SPSS를 이용한 이원배치법

다음으로 요인이 두 가지일 때, 평균의 차이에 대한 검정은 이원배치법을 사용한다.

예제 대학유형과 전공계열에 따른 월평균 소득에 차이가 있는가?

여기서 요인의 개수가 2개이므로 일반선형모형을 사용한다.

① 먼저 SPSS를 시작하고 저장한 '연습2.sav'를 불러온다(파일(F) → 열기(O) → 데이터(A) → 연습 → 열기).

② '연습2.sav' 자료가 나오면 메뉴에서 분석(A) → 일반선형모형(G) → 일변량(U)을 마우스로 선택하면 일변량 창이 열린다.

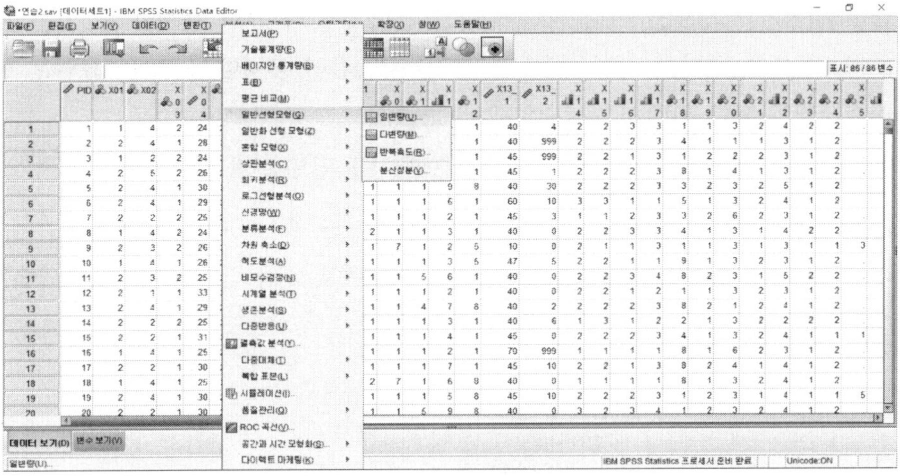

그림 7-12 • 이원배치법의 선택

참고로 **일변량(U)**은 종속변수의 수가 1개임을 뜻하고, **다변량(M)**은 종속변수의 개수가 2개 이상인 모형에 사용하는 것으로 본서의 수준을 벗어나므로 생략한다. 일반선형모형에서도 일원배치분산분석을 할 수가 있다. 일원배치분산분석과의 차이는 일반적으로 수준 간의 반복수가 같을 때는 일원배치분산분석을 사용하고, 반복수의 차이가 클 때는 일반선형모형을 사용한다.

③ 일변량 창에서 분석하고자 하는 **변수(월평균 소득(X35))**을 선택하고, **종속변수(D)**에 등록하기 위해 [➔]를 클릭한다. 첫 번째 요인인 **대학유형(X01)**을 클릭하고 색이 바뀌면 **고정요인(F)**에 등록하기 위해 [➔]를 클릭한다. 그리고 **전공계열(X02)**을 **고정요인(F)**에 등록한다. 만약 요인이 변량요인이라면 **변량요인(A)**으로 등록한다. 참고로 커피

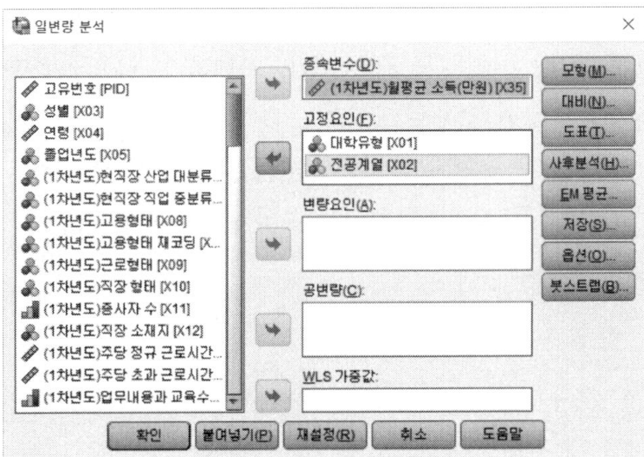

그림 7-13 • 일변량 창

맛을 결정하는 주요 요인인 커피의 양과 물의 온도와 같이 통제할 수 있는 요인은 고정요인이고, 그날의 습도, 기온, 기분 상태와 같이 통제할 수 없는 요인은 변량요인으로 생각하면 된다.

④ 다음으로 분석모형을 설정하기 위해 [모형(M)...]을 클릭한다.

그림 7-14 • 일변량: 모형 창

여기서 완전요인모형은 주어진 요인에 대한 가능한 모든 효과에 대하여 분석할 때 사용하며, 사용자 정의는 사용자가 분석할 요인을 선택할 수 있다. 사용방법은 만일 주효과를 입력하려고 하면 분석변수를 선택하고, 항 설정의 **유형**(Y)에서 주효과를 선택하고, **상호작용(상호작용**; interaction)을 선택할 때는 요인에서 두 가지 이상의 변수를 선택하고 항 설정 아래에서 **상호작용**을 선택한다. 다음으로 **제곱합**(Q)은 **제3유형**이 기본이며, 가장 많이 사용된다.

⑤ 다음으로 사후 분석을 위해 [사후분석(H)...]을 클릭한다. 요인을 선택하고, [➔]를 클릭하면, 사후검정변수(P)로 등록되며, 내용은 일원배치에서와 동일하다.

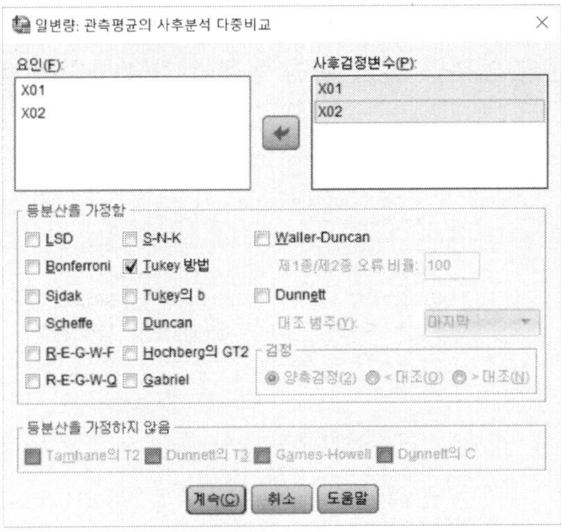

그림 7-15 • 일변량: 모형 사후분석 다중비교 창

⑥ 다음으로 수준 간의 평균 선도표를 출력하기 위해 [도표(T)...]를 클릭한다. 이는 상호작용의 여부를 그림을 통하여 볼 수 있다. 도표에서 **수평축 변수**(H)에 넣을 요인(X01, **대학유형**)을 선택하고, **선구분 변수**(S)에 넣을 변수(X02, **전공계열**)를 선택하여 등록하고, [추가(A)]를 클릭하면 **도표**(T)에 X01*X02이 등록된다.

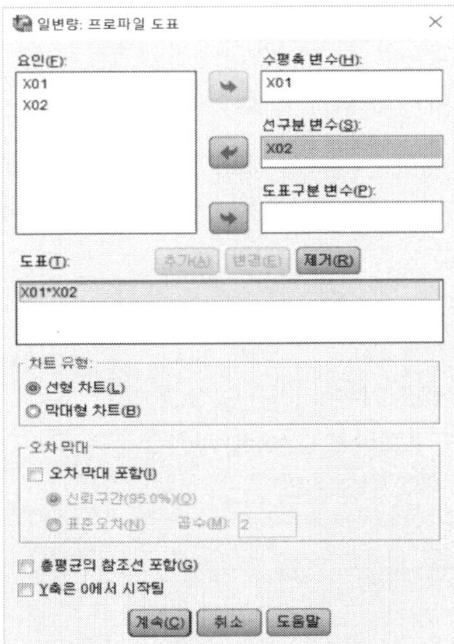

그림 7-16 • 일변량: 프로파일 도표 창

⑦ 다음으로 옵션을 선택하기 위해 [옵션(O)...]을 클릭한다. **옵션** 창에서 분산분석의 기본적인 가정인 등분산 여부를 알기 위해 **동질성 검정**(H)을 선택한다.

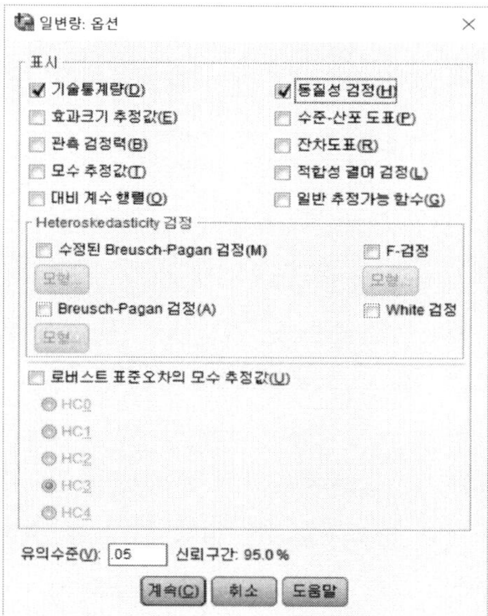

그림 7-17 • 일변량: 옵션 창

⑧ 이상을 선택하고 [계속(C)]을 클릭하면 다시 단순요인 분산분석 창이 나온다. 여기서 [확인]을 클릭하면 출력 결과가 나온다.

명령문

```
UNIANOVA X35 BY X01 X02
  /METHOD=SSTYPE(3)
  /INTERCEPT=INCLUDE
  /POSTHOC=X01 X02(TUKEY)
  /PLOT=PROFILE(X01*X02)TYPE=LINE ERRORBAR=NO
          MEANREFERENCE=NO YAXIS=AUTO
  /PRINT DESCRIPTIVE HOMOGENEITY
  /CRITERIA=ALPHA(.05)
  /DESIGN=X01 X02 X01*X02.
```

경고

집단이 둘 이하이므로 대학유형에 대한 사후검정을 수행할 수 없습니다.

개체-간 요인

		값 레이블	N
대학유형	1	전문대	417
	2	4년제	918
전공계열	1	인문계열	136
	2	사회계열	398
	3	교육계열	80
	4	공학계열	560
	5	자연계열	161

그림 7-18 • 개체-간 요인의 결과

결과분석

경고는 대학유형의 집단이 전문대와 4년제로 두 개로 사후검정의 의미가 없기 때문에 출력된 것이기에 의미를 둘 필요는 없다.

다음으로 대학유형과 전공계열 분석에 포함된 요인별 수준에 따른 사례의 수를 나타내고 있다.

기술통계량

종속변수: (1차년도)월평균 소득(만원)

대학유형	전공계열	평균	표준편차	N
전문대	인문계열	145.00	40.147	18
	사회계열	163.91	59.624	109
	교육계열	121.46	19.552	27
	공학계열	165.05	46.470	224
	자연계열	148.64	50.643	39
	전체	159.53	50.401	417
4년제	인문계열	185.04	65.710	118
	사회계열	199.65	63.590	289
	교육계열	188.93	34.476	53
	공학계열	212.51	61.824	336
	자연계열	175.92	55.132	122
	전체	198.71	62.085	918
전체	인문계열	179.74	64.270	136
	사회계열	189.86	64.461	398
	교육계열	166.16	44.032	80
	공학계열	193.53	60.776	560
	자연계열	169.31	55.183	161
	전체	186.47	61.414	1335

그림 7-19 • 기술통계 및 동질성 검정의 결과

오차 분산의 동일성에 대한 Levene의 검정[a,b]

		Levene 통계량	자유도1	자유도2	유의확률
(1차년도)월평균 소득(만원)	평균을 기준으로 합니다.	8.562	9	1325	.000
	중위수를 기준으로 합니다.	8.304	9	1325	.000
	자유도를 수정한 상태에서 중위수를 기준으로 합니다.	8.304	9	1229.584	.000
	절삭평균을 기준으로 합니다.	8.311	9	1325	.000

여러 집단에서 종속변수의 오차 분산이 동일한 영가설을 검정합니다.

a. 종속변수: (1차년도)월평균 소득(만원)

b. Design: 절편 + X01 + X02 + X01 * X02

그림 7-19 ∘ 기술통계 및 동질성 검정의 결과(계속)

결과분석

대학유형과 전공계열에 따른 기술통계를 제시하고, 아래 그림의 귀무가설은 'H_0: 각 집단에서 월평균 소득의 분산이 동일하다.' 이며, 유의확률이 0.000으로서 유의수준 α = 0.05로 하였을 때 0.05보다 작기 때문에 귀무가설을 기각한다. 즉, '집단에 따른 월평균 소득의 분산이 다르다.'는 의미이다.

개체-간 효과 검정

종속변수: (1차년도)월평균 소득(만원)

소스	제 III 유형 제곱합	자유도	평균제곱	F	유의확률
수정된 모형	651395.925[a]	9	72377.325	21.895	.000
절편	16743372.25	1	16743372.25	5064.955	.000
X01	273347.341	1	273347.341	82.689	.000
X02	137414.493	4	34353.623	10.392	.000
X01 * X02	24998.069	4	6249.517	1.891	.110
오차	4380091.747	1325	3305.730		
전체	51450233.65	1335			
수정된 합계	5031487.671	1334			

a. R 제곱 = .129 (수정된 R 제곱 = .124)

그림 7-20 ∘ 개체-간 효과 검정 결과

결과분석

수정모형에서의 귀무가설은 'H_0: 각 요인의 주효과와 상호작용의 효과가 없다.' 이며, 여기서 유의확률이 0.000으로 유의수준 α= 0.05보다 작기에 귀무가설은 기각되어 요인의 수준이나 상호작용에서 월평균 소득의 평균에 차이가 있음을 뜻하고 있다. 만약 여기서 유의수준 0.05보다 크다면 월평균 소득의 평균이 같기 때문에 다음 분석 단계는 필요가 없다.

주효과인 X01(대학유형)에서는 유의확률이 0.000으로 유의수준 α= 0.05보다 작기에 귀무가설은 기각되어 대학유형에 따라 월평균 소득에 차이가 있고, X02(전공계열)에서도 유의확률이 0.000으로 유의수준 α= 0.05보다 작기에 귀무가설은 기각되어 전공계열에 따라 월평균 소득에 차이가 있는 것을 의미한다.
상호작용인 X01*X02(대학유형*전공계열)는 유의확률이 0.110으로 유의수준 $\alpha = 0.10$보다도 크기에 '상호작용이 없다.'는 귀무가설을 기각할 수 없어 대학유형과 전공계열의 상호작용은 없는 것으로 나타났다. 이와 같이 상호작용이 없는 경우는 대학유형과 전공계열에 대해 각각 일원배치법을 하면 된다. 하지만 상호작용이 존재한다면 대학유형과 전공계열 각각에 대해 일원배치법을 할 필요가 없다.

사후검정과 도표는 일원배치와 동일하므로 생략한다.

예제 성별(X03)과 전공계열(X02)에 따른 전반적 만족도(X36)에 차이가 있는가?

명령문

```
UNIANOVA X36 BY X02 X03
  /METHOD=SSTYPE(3)
  /INTERCEPT=INCLUDE
  /PLOT=PROFILE(X02*X03)
  /EMMEANS=TABLES(OVERALL)
  /PRINT=HOMOGENEITY DESCRIPTIVE
  /CRITERIA=ALPHA(.05)
  /DESIGN=X02 X03 X02*X03.
```

기술통계량

종속변수: (1차년도)만족도 - 1.현 직장(일자리)에 대한 전반적인 만족 여부

전공계열	성별	평균	표준편차	N
인문계열	남	3.63	.908	52
	여	3.51	.784	84
	전체	3.56	.832	136
사회계열	남	3.53	.793	223
	여	3.60	.743	175
	전체	3.56	.771	398
교육계열	남	3.56	.882	9
	여	3.89	.708	71
	전체	3.85	.731	80
공학계열	남	3.54	.800	471
	여	3.61	.820	89
	전체	3.55	.803	560
자연계열	남	3.78	.820	69
	여	3.37	.752	92
	전체	3.55	.806	161
전체	남	3.57	.809	824
	여	3.59	.772	511
	전체	3.57	.795	1335

그림 7-21 • 일변량 분산분석 기술통계

개체-간 효과 검정

종속변수: (1차년도)만족도 - 1.현 직장(일자리)에 대한 전반적인 만족 여부

소스	제 III 유형 제곱합	자유도	평균제곱	F	유의확률
수정된 모형	15.350[a]	9	1.706	2.732	.004
절편	6323.154	1	6323.154	10129.192	.000
X02	.710	4	.177	.284	.888
X03	.027	1	.027	.043	.835
X02 * X03	8.661	4	2.165	3.469	.008
오차	827.132	1325	.624		
전체	17893.000	1335			
수정된 합계	842.482	1334			

a. R 제곱 = .018 (수정된 R 제곱 = .012)

그림 7-22 • 일변량 분산분석 개체 간 효과

결과분석

전반적 만족도에 대한 주효과는 X02(전공계열)와 X03(성별)에서 유의확률이 0.888과 0.835로 유의수준 10%에서도 기각할 수 없으나, 상호작용인 X02*X03(전공계열*성별)에서의 유의확률이 0.008로서 유의수준 1%에서 상호작용이 없다는 귀무가설을 기각하여 상호작용이 있는 것을 볼 수 있다. 이러한 경우 도표를 살펴보면 분석이 용이하다.

프로파일 도표

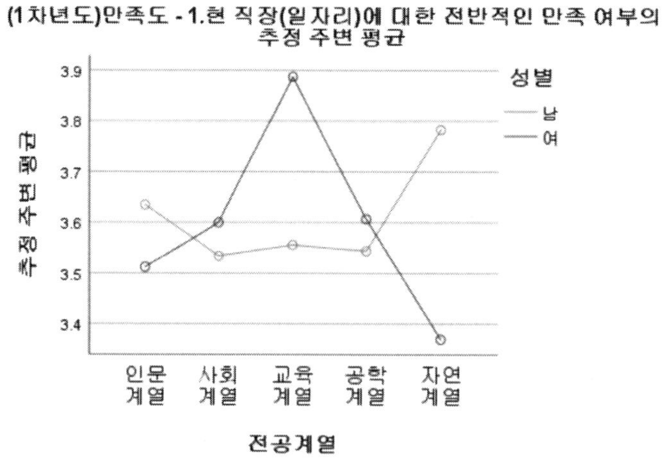

그림 7-23 • 일변량 분산분석 도표

결과분석

그래프가 교차된 것은 상호작용이 존재한다는 의미로 볼 수 있다. 전체적으로 여성의 만족도 평균이 높은 것처럼 보이나, 이는 여성의 교육계열이 유난히 만족도가 높고, 인문계열과 자연계열의 만족도는 남성에 비해 낮게 분석되었다. 또한 성별을 구분하지 않으면 자연계열의 전반적 만족도가 낮으나, 남성의 경우만 보면 자연계열의 만족도가 매우 높다. 이와 같이 성별을 구분하지 않고 분석한 결과와 구분하여 분석한 결과에 매우 큰 차이가 있는 것은 상호작용 때문이다. 즉, 상호작용이 존재할 것 같은 변인에 대해서는 주효과보다도 상호작용 때문에 분산분석을 실시한다.

7.3 다변량 분산분석

7.3.1 다변량 분산분석의 개념 및 기본 가정

다변량 분산분석(MANOVA; Multivariate ANOVA)은 종속변수가 두 개 이상일 때 종속변수의 평균값의 차이를 검증하거나 독립변수에 따른 종속변수들의 종속된 값의 차이를 검증할 때 쓰인다.

MANOVA에서는 종속변수 군에 대해서 차가 있음을 검증할 뿐만 아니라 종속변수 군에서 차이가 종속변수들 중에서 어느 변수에서 차이가 나는지도 검증할 수 있다. 예를 들어 세 가지 교수법을 이용하여 일정 기간 교수를 실시한 뒤에 학업성취 및 학습 태도의 향상 정도에 차이가 있는지를 검증할 수 있으며, 교수 방법에 따라 학업성취 및 학습 태도의 종합된 차이를 검증할 수도 있다.

학업성취 및 학습 태도에서 향상된 효과가 나타났을 경우 어느 변수에서 그 효과가 나타난 것인지도 다변량 분산분석을 이용하여 검증할 수 있다.

분산분석(ANOVA)의 경우는 종속변수들 간의 관계를 고려하지 못하는 반면에 다변량 분산분석에서는 종속변수들 간의 관계를 고려하여 분석한다. 그런데 독립변수들마다 각각 단순 회귀분석을 모두 해보는 경우와 모든 독립변수를 일시에 투입하여 한 번의 다중 회귀분석을 하는 경우 상당히 다른 결과가 나오게 되는데 이처럼 종속변수들에 대해서 분산분석을 여러 번 실시하는 것을 다변량 분산분석을 대신할 수는 없다. 그 이유는 변수들 간의 상관관계를 고려하지 못하기 때문에 정보의 손실이 발생하기 때문이다. 여기서 어려운 이론적인 부분은 생략한다.

[1] 다변량 분산분석의 가설

다변량 분산분석의 가설은 다음과 같다.

H_0: $\mu_1 = \mu_2 = \mu_3 = \mu_4$

H_1 : H_0가 사실이 아니다.

단, μ_i : 그룹별 반응변수의 모평균벡터

[2] 다변량 분산분석 검정통계량

다변량 분산분석에서 이용되는 검정통계량은 다음과 같다.

(1) Wilks' Lambda

$$\Lambda = \frac{|E|}{|H+E|} = \Pi_0^t \frac{1}{1+\lambda_i}$$

(2) Pillai's Trace

$$V = trace\left(\frac{H}{H+E}\right) = \sum_1^t \frac{\lambda_i}{1+\lambda_i}$$

(3) Hotelling-Lawley Trace

$$T = trace(HE^{-1}) = \sum_1^t \lambda_i$$

(4) Roy's Greatest Root

$$R = \max(\lambda_i) = \lambda_1$$

단, SST(처리변동) = H, SSE(잔차변동) = E라 할 때, λ는 $|H-\lambda E| = 0$의 근들임.

다변량 분산분석에서 그룹별 모평균들이 같다는 가설검정은 위의 검정통계량들을 이용하여 실시하게 된다. 위의 검정통계량들에서, Wilks' Lambda, Pillai's Trace, Hotelling-Lawley Trace 검정통계량은 근사적으로 F-분포를 따르게 되므로 이를 이용하여 검정한다. SAS 나 SPSS 와 같은 범용 통계패키지에서에서는 이들 통계량들에 대한 유의확률 p-값을 제공하므로 이를 이용하여 검정한다.

[3] 기본가정

1. 변수들의 결합분포를 이용하기 위해서는 결합분포가 정규분포를 이루어야 한다. 이에 대한 검증은 각 변수들이 정규분포를 이룬다고 해서 결합분포가 반드시 다변량 정규분포가 되는 것은 아니다.
2. 각 집단 내에서의 분산, 공분산 매트릭스가 동일해야 한다.
3. 분산분석에서와 마찬가지로 각 집단의 표본이 동일한 분산을 갖는 집단으로부터 무작위로 표출된 표본으로 구성되어야 한다는 가정과 동일한 가정이라고 할 수 있다.
4. 종속 변수들 간에 상관관계가 없으면 다변량 분산분석을 할 필요성이 없을 것이다. 따라서 이에 대한 검정이 필요하다.
   → 검정은 분산, 공분산 매트릭스를 이용하게 된다. 이 매트릭스는 대각선이 각 변수의 분산으로 구성되어 있고 대각선 상하 부분은 변수 간의 공분산으로 구성되어 있는 매트릭스다. 공분산 부분이 0에 가깝고 대각선이 1인 단위행렬(identity matrix)에 가까워지면 변수들 간에는 상호 독립적인 관계에 놓여 있다고 할 수 있다. 따라서 이를 검증해 보게 되는데 그 방법은 매트릭스의 행렬식을 구해서 그 값의 크기를 이용하게 된다. 만약 그 값이 매우 적어지면 변수 간에 상호 독립적이라는 귀무가설은 기각된다. 따라서 다변량 분산분석을 이용하기 위한 가정이 충족되는 것이다.

[4] 절차

일반적으로 다변량 분산분석은 다음과 같은 과정을 거치게 된다.

1. 다변량 분산분석을 적용할 수 있는 가능성에 대하여 검토한다.
   → 종속변수 간의 상관관계가 존재하는가를 검토해야 한다. 만약 종속변수 간에 상관관계가 존재하지 않는다면 각 종속변수에 대한 개별적인 ANOVA를 실시하면 된다. 종속변수의 상관관계를 발견하는 방법은 Barlett의 단위행렬검정, PCA요인분석, 산포도 등을 이용하면 된다.
2. 변수들이 기본적인 가정(다중정규분포성과 등공분산성) 을 충족시키고 있는가를 확인하여야 한다.
3. 이러한 가정들이 충족되면 종속변수 전체를 고려했을 때 실험요소 간에 차이가 있는지를 본다.

4. 만약 차이가 난다면 위험요소 간에 유의적인 차이가 존재하고, 어떤 종속변수 간에서 실험요소의 차이를 설명할 수 있는가를 점검하는 사후검증을 하여야 한다.

7.3.2 SPSS를 이용한 다변량 분산분석

SPSS를 이용한 다변량 분산분석을 알아보기 위해 독립변수 전공계열에 따라 종속변수 월평균 소득과 전반적 만족도의 차이가 있는지의 여부를 알아보자.

예제 전공계열(X02)에 따라 월평균 소득(X35) 및 전반적 만족도(X36)의 차이가 있는가?

종속변수가 월평균 소득(X35)과 전반적 만족도(X36) 2개이므로 다변량 분산분석의 모형을 사용한다.

① 먼저 SPSS를 시작하고 저장한 '연습2.sav'를 불러온다(파일(F) → 열기(O) → 데이터(A) → 연습2 → 열기).

② '연습2.sav' 자료가 나오면 메뉴에서 분석(A) → 일반선형모형(G) → 다변량(M)을 마우스로 선택하면 다변량 분산분석 창이 열린다.

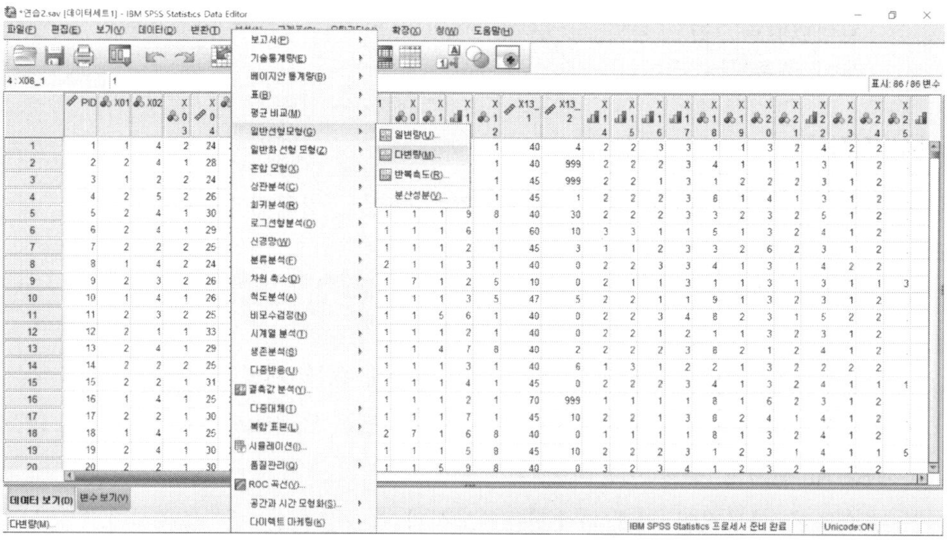

그림 7-24 • 다변량 분산분석의 선택

③ 다변량 창에서 분석하고자 하는 변수에서 종속변수(D)에는 분석하고자 하는 변수인 월평균 소득(X35)과 전반적 만족도(X36)를 선택하고, 고정요인(F)에는 전공계열(X02)

을 선택한다.

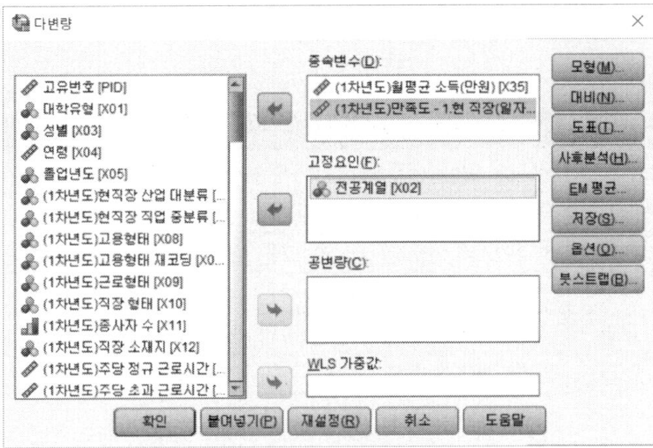

그림 7-25 • 다변량 분산분석 창

④ 다음으로 분석모형을 설정하기 위해 모형(M)... 을 클릭한다.

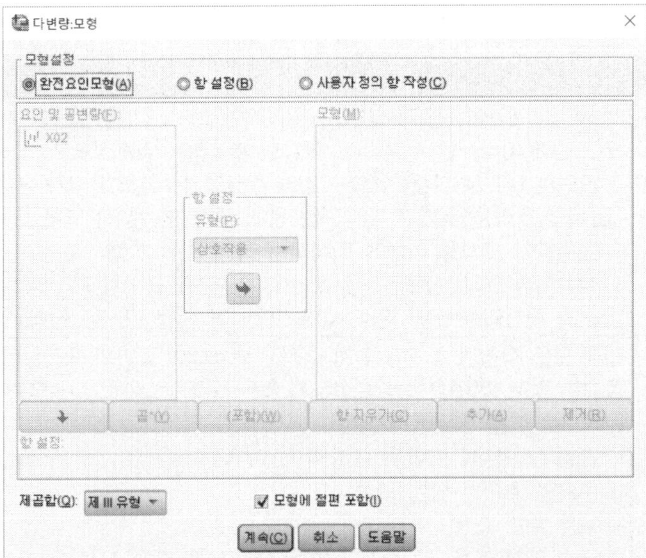

그림 7-26 • 다변량 분산분석: 모형 창

여기서 완전모형은 주어진 요인에 대한 가능한 모든 효과에 대하여 분석할 때 사용하며, 사용자 정의는 사용자가 분석할 요인을 선택할 수 있다. 사용방법은 만일 주효과를 입력하려고 하면 분석변수를 선택하고, 항 설정 아래에서 주효과를 선택하고, 상호작용(interaction)을 선택할 때는 요인에서 두 가지 이상의 변수를 선택하고 항

설정 아래에서 상호작용을 선택한다. 다음으로 제곱합은 제3유형이 기본이며, 가장 많이 사용된다. 선택된 요인과 공변량에 대한 항 설정에 대한 자세한 내용은 다음과 같다.

구분	내용
상호작용	선택한 모든 변수의 최고-수준 상호작용 항을 생성. 기본 지정임
주효과	선택한 각 변수에 대한 주효과 항을 생성
모든 2원 효과	선택한 각 변수의 가능한 2원 효과 상호작용을 모두 생성
모든 3원 효과	선택한 각 변수의 가능한 3원 효과 상호작용을 모두 생성
모든 4원 효과	선택한 각 변수의 가능한 4원 효과 상호작용을 모두 생성
모든 5원 효과	선택한 각 변수의 가능한 5원 효과 상호작용을 모두 생성

모형에 절편 포함의 경우는 모형에는 대개 절편이 포함되며, 데이터가 원점을 통과한다고 가정할 경우에는 절편을 제외시킬 수 있다. 그리고 제곱합의 경우 결측 셀이 없는 균형 모형이나 비균형 모형의 경우 제Ⅲ유형 제곱합 방법이 가장 일반적으로 사용된다. 제곱합에 대한 자세한 내용은 다음과 같다.

구분	내용
제Ⅰ유형	제곱합의 계층적 분해 방법으로 알려져 있으며, 각 항은 모형에서 해당 항의 앞에 오는 항에 따라서만 수정된다. 제Ⅰ유형 제곱합은 일반적으로 다음 경우에 사용된다. - 임의의 1차 상호작용 효과 이전에 주효과가 지정되고 2차 상호작용 효과 이전에 1차 상호작용 효과가 지정되는 등의 균형 분산분석 모형 - 저차항이 고차항 이전에 지정되는 다항 회귀 모형 - 1차 지정 효과가 2차 지정 효과 내에 중첩되고 2차 지정 효과가 3차 지정 효과 내에 중첩되는 등의 순수 지분 모형. 이 중첩 형식은 명령문을 통해서만 지정
제Ⅱ유형	다른 모든 적합한 효과에 맞게 수정된 모형내의 효과의 제곱합을 계산하며, 적합한 효과는 검토 중인 효과를 포함하지 않는 모든 효과이다. 제Ⅱ유형 제곱합 방법은 일반적으로 다음 경우에 사용된다. - 균형 분산분석 모형 - 주요인 효과만 있는 모형 - 모든 회귀 모형 - 순수 지분 계획. 이 중첩 형식은 명령문을 통해 지정
제Ⅲ유형	기본 지정이며, 이 방법을 사용하면 계획내의 한 효과의 제곱합을 계산할 때 이 효과를 포함하지 않는 다른 효과에 맞게 수정되며 이 효과를 포함하는 효과(있는 경우)에 직교하는 제곱합 방법을 사용한다. 제Ⅲ유형 제곱합은 일반 추정 형식이 일정하게 유지되는 한 셀 빈도에 관해 변하지 않는 이점이 있다. 따라서 이 제곱합 유형은 결측 셀이 없는 비균형 모형에 유용한 것으로 간주되며, 이 방법은 결측 셀

구분	내용
제Ⅲ유형	이 없는 요인 계획에서 Yates의 가중평균제곱 기법과 동등하다. 제 Ⅲ 유형 제곱합 방법은 일반적으로 다음 경우에 사용된다. – 제Ⅰ유형과 제Ⅱ유형으로 나열된 모든 모형 – 빈 셀이 없는 모든 균형 모형이나 비균형 모형
제Ⅳ유형	이 방법은 결측 셀이 있는 상황에 대해 계획되며, 계획내의 효과 F의 경우 F가 다른 효과에 포함되지 않는다면 제Ⅳ유형=제Ⅲ유형=제Ⅱ유형이 된다. F가 다른 효과에 포함되는 경우 제Ⅳ유형은 F의 모수 사이에서 수행되는 대비를 모든 최고 수준 효과에 동등하게 분포시킨다. 제 Ⅳ유형 제곱합 방법은 일반적으로 다음 경우에 사용된다. – 제Ⅰ유형과 제Ⅱ유형으로 나열된 모든 모형 – 빈 셀이 있는 모든 균형 모형이나 비균형 모형

⑤ 요인의 수준 차분을 검정하기 위해 대비(N)...를 선택한다.

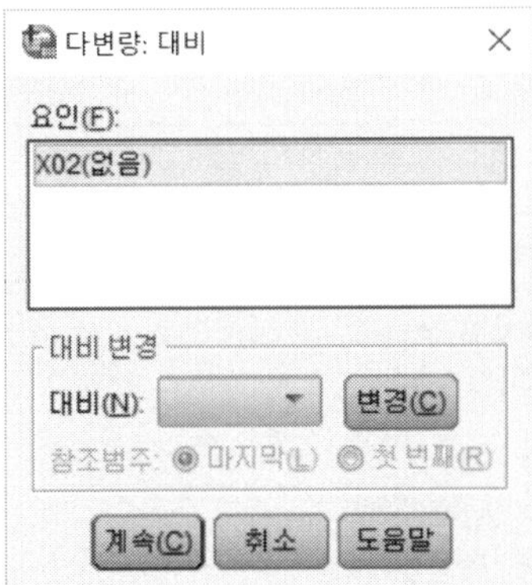

그림 7–27 • 다변량 분산분석: 대비

대비는 요인의 수준 차분을 검정하는 데 사용된다. 각 개체-간 요인에 대한 반복측정 모형에서 모형의 각 요인에 대해 대비를 지정할 수 있다. 대비는 모수의 선형 조합을 나타낸다. GLM 다변량에서는 대비의 가설검정은 영가설 LBM=0을 기준으로 하며 여기에서 L은 대비 계수 행렬이고 M은 종속변수의 수와 동일한 차원을 가지는 단위행렬이며 B는 모수 벡터이다. 대비가 지정되면 SPSS는 요인에 해당하는 여러 열이 대비에 일치하는 L 행렬을 작성한다. 나머지 열은 L 행렬 추정이 가능하도록 수정된다.

F 통계량과 모든 종속변수에 걸친 대비 차이에 대한 Student의 t 분포에 따른 Bonferroni 유형 동시 신뢰구간을 사용하는 일변량 검정이 제공될 뿐 아니라 Pillai의 트레이스, Wilks의 람다, Hotelling의 트레이스, Roy의 최대 근 기준을 사용하는

다변량 검정이 제공된다.

⑥ 다음으로 수준 간의 평균 선도표를 출력하기 위해 [도표(T)...]를 클릭한다. 이는 독립변수별 월평균 소득과 전반적 만족도와 상호작용의 여부를 그림을 통하여 볼 수 있다. 도표에서 **수평축 변수**(H)에 넣을 요인(X02, **전공계열**)을 선택하고 [추가(A)]를 선택한다.

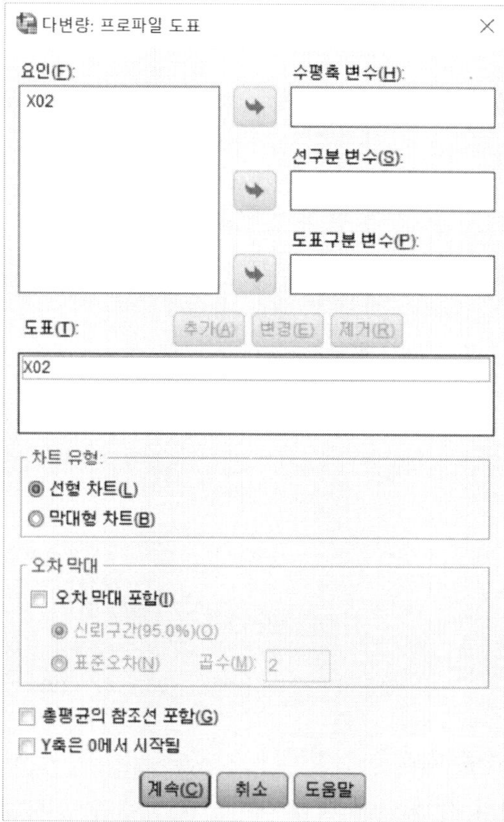

그림 7-28 • 다변량 분산분석: 프로파일 도표 창

프로파일 도표(상호작용 도표)는 모형의 주변 평균을 비교하는 데 유용하다. 프로파일 도표는 선도표이며 도표 내의 각 점은 한 요인수준에서 측정한 종속변수의 추정된 주변평균(공변량에 따라 수정됨)을 나타내며, 개별 선을 만드는데 또 다른 요인의 수준이 사용될 수 있다. 또한 또 다른 세 번째 요인의 각 수준이 개별 도표 작성에 사용될 수 있다. 모든 모수요인과 변량요인은 어떤 것이라도 도표에 사용될 수 있다. 다변량 분석에서는 각 종속변수에 대해 프로파일 도표를 만든다. GLM 다변량과 GLM 반복측정은 Advanced Models 옵션을 설치한 경우에만 사용할 수 있다.

한 요인에 대한 프로파일 도표는 추정된 주변평균이 여러 수준에서 증가하는지 또는 감소하는지 여부를 보여 준다. 둘 이상의 요인의 경우 평행선은 두 요인 간 상호작용이 없음을 나타내는데 이것은 한 요인의 수준만 조사할 수 있음을 의미한다. 평행하지 않는 선들은 상호작용을 나타낸다.

수평축에 대한 요인을 선택하고 필요에 따라 개별 선과 개별 도표에 대한 요인을 선택하여 도표를 지정하면 도표가 도표 목록에 추가되어야 한다.

⑦ 다음으로 사후분석을 위해 사후분석(H)...을 클릭한다. 요인을 선택하고 를 클릭하면, **사후검정변수(P)**로 등록되며, 내용은 일원배치에서와 동일하다.

사후분석 다중비교 검정은 평균들 간에 차이가 있다고 판단되면 사후분석 범위 검정과 대응별 다중비교를 수행하여 차이가 나는 평균을 판별할 수 있다. 비교는 수정되지 않은 값에 대해 수행되며, 개체-간 모수요인에 대해서만 사용된다. GLM 다변량에서 사후분석 검정은 각 종속변수에 대해 개별적으로 수행된다. GLM 다변량과 GLM 반복측정은 Advanced Models 옵션을 설치한 경우에만 사용할 수 있다. 등분산이 가정되는 경우의 자세한 내용은 다음과 같다.

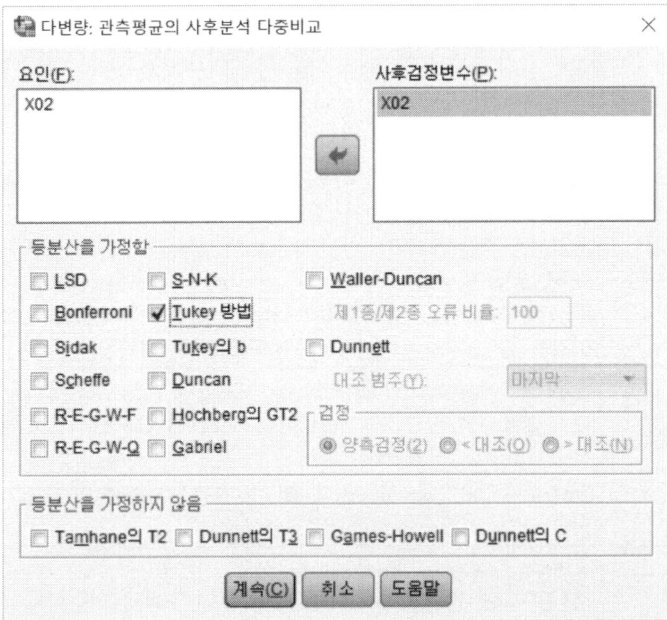

그림 7-29 • 다변량 분산분석: 모형 사후분석 다중비교 창

분산이 동일하지 않을 경우 Tamhane의 T2(T 검정을 기준으로 하는 보존성 대응별 비교 검정), Dunnett의 T3(스튜던트화 최대 계수를 기준으로 하는 대응별 비교 검정), Games-Howell대응별 비교 검정(경우에 따라 광범위하게 사용됨) 또는 Dunnett의 C(스튜던트화 범위를 기준으로 하는 대응별 비교 검정)를 사용한다.

구분	내용
Bonferroni 검정	Bonferroni와 Tukey의 정직유의차 검정은 보통 다중비교 검정에 사용된다. 스튜던트의 t 통계량을 기준으로 한다. 다중비교가 행해지는 사건에 대한 관측 유의수준을 수정하며, Sidak의 T 검정을 사용하는 경우에도 유의수준이 수정되며 Bonferroni 검정보다 더 강력한 한계를 제공한다.
Tukey의 정직유의차 검정	스튜던트화 범위 통계량을 사용하여 모든 집단 간 대응별 비교를 수행하며 실험별 오차 비율을 모든 대응별 비교 집합의 오차 비율로 설정한다. 다수의 대응평균을 검정할 경우 Tukey의 정직유의차 검정이 Bonferroni 검정보다 효과적인 결과를 나타낸다. 소수의 대응평균에는 Bonferroni가 보다 효과적이다.
Hochberg의 GT2	Tukey의 정직유의차 검정과 유사하나 스튜던트화 최대 계수가 사용된다. 대개 Tukey의 검정이 더 효과적이다.
Gabriel의 대응별 비교 검정	스튜던트화 최대 계수를 사용하며 셀 크기가 동일하지 않을 경우 일반적으로 Hochberg의 GT2가 더 효과적인 방법이다. Gabriel의 검정은 셀 크기가 상당히 다양하게 분포할 경우 광범위하게 사용될 수 있다.
Dunnett의 대응별 다중비교 T 검정	단일 통제 평균에 대해 하나의 처리 군을 비교한다. 마지막 범주가 기본 통제 범주가 되며, 처음 범주를 선택할 수도 있다. 또한 양쪽검정이나 한쪽검정을 선택할 수 있다. 한 요인수준(통제 범주 제외)에서의 평균이 통제 범주에서의 평균과 동일하지 않은지 검정하려면 양쪽검정을 사용한다. 한 요인수준에서의 평균이 통제 범주에서의 평균보다 작은지를 검정하려면 〈 통제를 선택한다. 마찬가지로 한 요인수준의 평균이 통제 범주에서의 평균보다 큰지를 검정하려면 〉 통제를 선택한다.
Ryan, Einot, Gabriel 및 Welsch(R-E-G-W)	두 가지 다중 하향 범위 검정을 개발하였다. 다중 하향 프로시저는 우선 모든 평균이 동일한지 검정한다. 모든 평균이 동일하지 않으면 평균 부집단에 대한 동일성을 검정한다. R-E-G-W F는 F 검정을 기준으로 하며 R-E-G-W Q는 스튜던트화 범위를 기준으로 한다. 이들 검정은 Duncan의 다중 범위 검정과 Student-Newman-Keuls(역시 다중 하향 프로시저임)보다 더 효과적인 방법이지만 셀 크기가 다른 경우에는 적합하지 않다.
Duncan의 다중 범위 검정	Student-Newman-Keuls(S-N-K), Tukey의 B는 집단 평균의 순위를 정하고 범위 값을 계산하는 범위 검정이다. 이들 검정은 앞서 언급한 다른 검정만큼 자주 사용되지는 않는다.
Waller-Duncan T 검정	Bayesian 접근법을 사용한다. 이 범위 검정은 표본의 크기가 동일하지 않을 경우 표본 크기의 조화평균을 사용한다.
Scheffé 검정	Scheffé 검정의 유의수준은 이 기능에 사용할 수 있는 대응별 비교뿐 아니라 검정할 집단 평균들의 가능한 모든 선형 조합을 허용한다. 그 결과 Scheffé 검정은 다른 검정 방법보다 좀 더 보수적 특성을 갖는데, 이는 유의성을 위해 평균차가 더 커야 한다는 것을 의미한다.
최소유의차(LSD) 대응별 다중비교 검정	모든 대응 집단 간 다중 개별 T 검정과 동일하다. 이 검정 방법은 다중비교에 대한 관측유의수준을 수정할 수 없다는 단점이 있다.

SPSS에서는 대응별 비교는 LSD, Sidak, Bonferroni, Games와 Howell, Tamhane의 T2 및 T3, Dunnett의 C, Dunnett의 T3에 제공되며, 범위 검정을 위한 동일 집단군은 S-N-K, Tukey의 B, Duncan, R-E-G-W F, R-E-G-W Q 및 Waller에 제공된다. 그리고 Tukey의 정직유의차 검정, Hochberg의 GT2, Gabriel의 검정, Scheffé의 검정 등은 다중비교 검정과 범위 검정이다.

⑧ 저장(S)...은 모형, 잔차, 관련 측도에 의해 예측된 값을 데이터 편집기에 새로운 변수로 저장할 수 있다. 이들 변수 중 다수는 데이터에 관한 가정을 검토하는 데 사용할 수 있다. 다른 SPSS 세션에서 사용할 수 있도록 값을 저장하려면 현재 데이터 파일을 저장해야 한다.

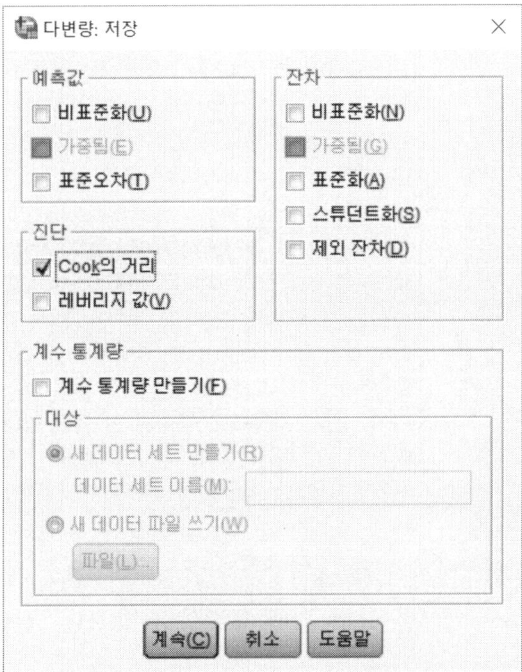

그림 7-30 • 다변량 분산분석: 저장 창

다변량 분산분석 저장의 자세한 내용은 다음과 같다.

구분		내용
예측값	비표준화	종속변수에 대해 모형이 예측하는 값이다.
	가중됨	표준화하지 않은 가중 예측값이며, WLS 변수가 먼저 선택되어야만 이 항목을 사용할 수 있다.

구분		내용
예측값	표준오차	독립변수와 같은 값을 갖는 케이스에 대한 종속변수 평균값의 표준편차 추정값이다.
진단	Cook의 거리	진단은 독립변수값의 특수 조합을 포함하는 케이스와 모형에 큰 영향력을 미칠 수 있는 케이스를 구분하기 위한 측도이다. 특정 케이스를 회귀 상관계수 계산에서 제외할 때 모든 케이스의 잔차가 얼마나 변경될 수 있는지에 측도이다. Cook의 D가 크면 회귀분석 통계량 계산에서 케이스를 제외하면 상관계수가 크게 변경된다는 사실을 나타낸다.
	레버리지 값	중심화되지 않은 레버리지 값이며, 각 관측값이 모형의 적합도에 미치는 상대적인 영향을 나타낸다.
잔차	비표준화	관측값과 모형에 의한 예측값 간 차이이다.
	가중됨	가중된 표준화하지 않은 잔차이며, WLS 변수가 먼저 선택되어야만 이 항목을 사용할 수 있다.
	표준화	표준오차의 추정값으로 나눈 잔차이며, Pearson 잔차라고도 하는 표준화 잔차는 평균이 0이고 표준편차가 1이 된다.
	스튜던트화	케이스에 따라 다양한 표준편차의 추정값으로 나눈 잔차로서 독립변수 평균으로부터의 독립변수의 케이스 값들의 거리에 따라 달라진다.
	제외 잔차	회귀 상관계수 계산에서 케이스를 제외할 때의 케이스에 대한 잔차로, 종속변수 값과 조정된 예측값 간 차이이다.
새 파일로 저장		모형의 모수 추정값에 대한 분산-공분산행렬을 포함하는 SPSS 데이터 파일을 기록하며, 각 종속변수에 대해 모수 추정값이 포함된 한 행과 모수 추정값에 해당하는 t 통계량의 유의수준 값이 포함된 한 행, 잔차 자유도로 구성된 한 행이 있다. 다변량 모형의 경우 각 종속변수에 대해 이와 유사한 행들이 존재한다. 이 행렬 파일은 SPSS 행렬 파일을 읽는 다른 프로시저에도 사용할 수 있다.

⑨ 다음으로 옵션을 선택하기 위해 옵션(O)... 을 클릭한다. 옵션 창에서 분산분석의 기본적인 가정인 등분산 여부를 알기 위해 동질성 검정(H)을 선택한다.

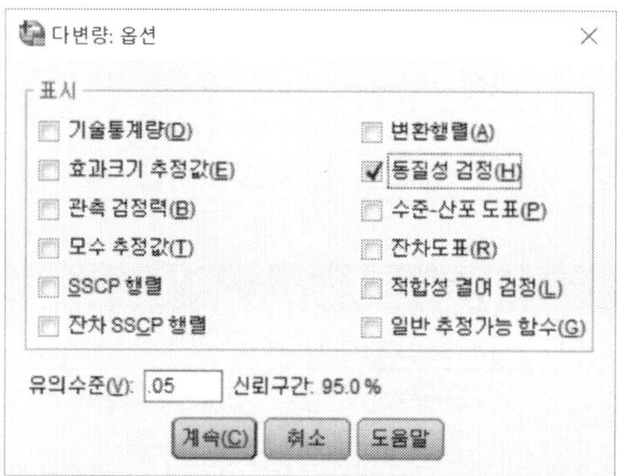

그림 7-31 • 다변량 분산분석: 옵션 창

통계량은 모수효과 모형을 사용하여 계산되며, 자세한 내용은 다음과 같다.

구분	내용
주변평균 추정	셀 내의 모집단 주변평균들의 추정값이 필요한 경우 해당 요인과 상호작용을 선택하며, 이들 평균은 공변량에 따라 수정된다.
주효과 비교	개체-간 요인과 개체-내 요인 모두에 모형 내 주효과의 추정된 주변평균 간 수정되지 않은 대응별 비교를 제공하며, 이 항목은 평균 출력 기준 목록에서 주효과를 선택한 경우에만 사용할 수 있다.
신뢰구간 조정	신뢰구간과 유의확률에 대한 최소유의차(LSD), Bonferroni, Sidak 조정을 선택하며, 이 항목은 주효과 비교가 선택되어 있을 경우에만 사용할 수 있다.
기술통계량	전체 셀의 모든 종속변수에 대한 관측평균, 표준편차, 빈도를 생성한다.
효과크기 추정값	각 효과와 각 모수 추정값에 대한 부분 에타-제곱 값을 제공하며, 에타-제곱 통계량은 요인에서 기인하는 전체 변동의 비율에 대해 설명한다.
관측 검정력	대립가설을 관측값 기준으로 설정한 경우 검정력을 구한다.
모수 추정값	각 검정에 대한 모수 추정값, 표준오차, T 검정, 신뢰구간, 관측 검정력을 생성한다.
대비 계수 행렬	L 행렬을 구한다.
동질성 검정	개체-간 요인에 대해서만 개체-간 요인수준의 모든 조합에서의 각 종속변수에 대해 분산의 동질성에 대한 Levene의 검정을 생성하며, 평균-산포 도표와 잔차도표 옵션은 데이터에 대한 가정을 진단하는 데 유용하다. 이 항목은 요인이 없을 경우에는 사용할 수 없다.
잔차도표	각 종속변수에 대한 관측-예측-표준화 잔차도표를 작성하며, 이들 도표는 동일한 분산에 대한 가정을 조사하는 데 유용하다.
적합결여 검정	종속변수와 독립변수 간 관계를 해당 모형으로 충분히 설명할 수 있는지 확인한다.
적합결여 검정	종속변수와 독립변수 간 관계를 해당 모형으로 충분히 설명할 수 있는지 확인한다.
일반 추정가능함수	일반 추정가능함수를 사용하여 일반 추정가능함수를 기준으로 사용자 정의 가설검정을 작성할 수 있으며, 대비 계수 행렬의 행은 일반 추정가능함수의 선형결합이다.
유의수준	사후분석 검정에 사용되는 유의수준과 신뢰구간 형성에 사용되는 신뢰수준을 조정할 수 있으며, 지정된 값은 해당 검정에 대한 관측 검정력을 계산하는 데에도 사용할 수 있다. 유의수준을 지정할 때 신뢰구간의 관련된 수준이 대화상자에 출력된다.

⑩ 이상을 선택하고 [계속]을 클릭하면 다시 다변량 분산분석 창이 나온다.

명령문

```
GLM X35 X36 BY X02
  /METHOD=SSTYPE(3)
```

```
/INTERCEPT=INCLUDE
/SAVE=COOK
/POSTHOC=X02(TUKEY)   TYPE=LINE  ERRORBAR=NO
                 MEANREFERENCE=NO  YAXIS=AUTO
/PLOT=PROFILE(X02)
/EMMEANS=TABLES(X02)
/PRINT=HOMOGENEITY
/CRITERIA=ALPHA(.05)
/DESIGN= X02.
```

개체-간 요인

		값 레이블	N
전공계열	1	인문계열	136
	2	사회계열	398
	3	교육계열	80
	4	공학계열	560
	5	자연계열	161

공분산 행렬에 대한 Box의 동일성 검정[a]

Box의 M	24.794
F	2.055
자유도1	12
자유도2	948026.235
유의확률	.017

여러 집단에서 종속변수의 관측 공분산 행렬이 동일한 영가설을 검정합니다.

a. Design: 절편 + X02

그림 7-32 • 다변량 분산분석 결과(1)

결과분석

결과(1)의 위는 분석에 포함된 요인별 수준에 따른 사례의 수를 나타내고 있다. 아래는 각 집단의 변수별 동질성 검정, Box's M 값으로 여기서 귀무가설은 'H_0: 집단 간의 분산 · 공분산 행렬이 동질적이다.'이며, 유의확률이 0.017로서 유의수준 α = 0.05로 하였을 때 0.05보다 크기 때문에 귀무가설을 기각한다. 즉, 각 집단의 분산 · 공분산 행렬이 같지 않다는 의미이다.

다변량 검정[a]

효과		값	F	가설 자유도	오차 자유도	유의확률
절편	Pillai의 트레이스	.943	10966.680[b]	2.000	1329.000	.000
	Wilks의 람다	.057	10966.680[b]	2.000	1329.000	.000
	Hotelling의 트레이스	16.504	10966.680[b]	2.000	1329.000	.000
	Roy의 최대근	16.504	10966.680[b]	2.000	1329.000	.000
X02	Pillai의 트레이스	.033	5.646	8.000	2660.000	.000
	Wilks의 람다	.967	5.667[b]	8.000	2658.000	.000
	Hotelling의 트레이스	.034	5.687	8.000	2656.000	.000
	Roy의 최대근	.029	9.801[c]	4.000	1330.000	.000

a. Design: 절편 + X02

b. 정확한 통계량

c. 해당 유의수준에서 하한값을 발생하는 통계량은 F에서 상한값입니다.

그림 7-33 • 다변량 분산분석 결과(2)

결과분석

결과(2)는 집단 간의 두 변수를 결합한 분포가 나타내는 평균값의 차이를 검정하는 것으로 4가지 중 안정성이 가장 우수한 것은 Pillais 통계량이다. X02(전공계열)에서 귀무가설은 'H_0: 집단 간의 두 변수를 결합한 분포가 나타내는 평균값의 차이가 없다.'이다. 유의확률이 0.000으로서 유의수준 $\alpha = 0.05$로 하였을 때 0.05보다 작기 때문에 귀무가설을 기각하여 차이가 있다는 의미이다. 즉, 전공계열에 따라 월평균 소득과 전반적 만족도의 결합은 차이가 있다는 의미이다. 참고로 절편은 총 평균이 0인가를 검정하는 것이다.

오차 분산의 동일성에 대한 Levene의 검정[a]

		Levene 통계량	자유도1	자유도2	유의확률
(1차년도)월평균 소득(만원)	평균을 기준으로 합니다.	3.652	4	1330	.006
	중위수를 기준으로 합니다.	2.827	4	1330	.024
	자유도를 수정한 상태에서 중위수를 기준으로 합니다.	2.827	4	1273.249	.024
	절삭평균을 기준으로 합니다.	3.395	4	1330	.009
(1차년도)만족도 - 1.현 직장(일자리)에 대한 전반적인 만족 여부	평균을 기준으로 합니다.	2.928	4	1330	.020
	중위수를 기준으로 합니다.	2.025	4	1330	.089
	자유도를 수정한 상태에서 중위수를 기준으로 합니다.	2.025	4	1326.912	.089
	절삭평균을 기준으로 합니다.	3.489	4	1330	.008

여러 집단에서 종속변수의 오차 분산이 동일한 영가설을 검정합니다.

a. Design: 절편 + X02

그림 7-34 • 다변량 분산분석 결과(3)

결과분석

결과(3)은 오차의 분산이 동일한가에 대한 검정으로서 월평균 소득과 전반적 만족도에 대해 귀무가설 'H_0: 오차분산이 동일하다.'를 유의수준 α = 0.05로 하였을 때 각각 0.006과 0.020으로 0.05보다 작기 때문에 귀무가설을 기각하여 차이가 있는 것으로 나타났다.
만약 여기서 유의확률이 0.10(유의수준 10%)보다 크다면 귀무가설을 기각하지 못하면 다변량 분산분석의 기본 가정에 위배되어 분석을 할 수 없다.

개체-간 효과 검정

소스	종속변수	제 III 유형 제곱합	자유도	평균제곱	F	유의확률
수정된 모형	(1차년도)월평균 소득(만원)	119040.926[a]	4	29760.231	8.057	.000
	(1차년도)만족도 - 1.현 직장(일자리)에 대한 전반적인 만족 여부	6.530[b]	4	1.632	2.597	.035
절편	(1차년도)월평균 소득(만원)	26594660.48	1	26594660.48	7200.261	.000
	(1차년도)만족도 - 1.현 직장(일자리)에 대한 전반적인 만족 여부	10756.387	1	10756.387	17113.405	.000
X02	(1차년도)월평균 소득(만원)	119040.926	4	29760.231	8.057	.000
	(1차년도)만족도 - 1.현 직장(일자리)에 대한 전반적인 만족 여부	6.530	4	1.632	2.597	.035
오차	(1차년도)월평균 소득(만원)	4912446.746	1330	3693.569		
	(1차년도)만족도 - 1.현 직장(일자리)에 대한 전반적인 만족 여부	835.953	1330	.629		
전체	(1차년도)월평균 소득(만원)	51450233.65	1335			
	(1차년도)만족도 - 1.현 직장(일자리)에 대한 전반적인 만족 여부	17893.000	1335			
수정된 합계	(1차년도)월평균 소득(만원)	5031487.671	1334			
	(1차년도)만족도 - 1.현 직장(일자리)에 대한 전반적인 만족 여부	842.482	1334			

a. R 제곱 = .024 (수정된 R 제곱 = .021)
b. R 제곱 = .008 (수정된 R 제곱 = .005)

그림 7-35 • 다변량 분산분석 결과(4)

결과분석

결과(4)는 개체 간의 효과 검정으로서 수정모형을 보면 된다. 여기서는 유의확률이 0.000으로서 유의수준 α = 0.05로 하였을 때 귀무가설을 기각하여 전공계열에 따라 월평균 소득과 전반적 만족도의 차이가 있다고 볼 수 있다. R 제곱이 0.024로서 전공계열에 따라 월평균 소득과 전반적 만족도의 변화를 약 2.4% 설명할 수 있다. 즉, 설명력은 매우 낮은 것으로 나타났다.

추정 주변 평균

전공계열

종속변수	전공계열	평균	표준오차	95% 신뢰구간 하한	95% 신뢰구간 상한
(1차년도)월평균 소득(만원)	인문계열	179.743	5.211	169.520	189.966
	사회계열	189.859	3.046	183.882	195.835
	교육계열	166.160	6.795	152.831	179.490
	공학계열	193.528	2.568	188.490	198.566
	자연계열	169.308	4.790	159.911	178.704
(1차년도)만족도 - 1.현 직장(일자리)에 대한 전반적인 만족 여부	인문계열	3.559	.068	3.425	3.692
	사회계열	3.563	.040	3.485	3.641
	교육계열	3.850	.089	3.676	4.024
	공학계열	3.554	.034	3.488	3.619
	자연계열	3.547	.062	3.424	3.669

그림 7-36 • 다변량 분산분석 결과(5)

결과분석

결과(5)는 전체 자료의 월평균 소득과 전반적 만족도의 평균, 표준편차, 95% 신뢰구간을 제공하고 있다.

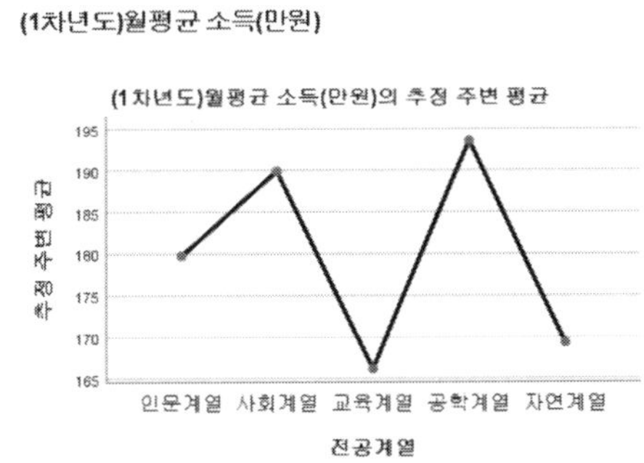

그림 7-37 • 다변량 분산분석 결과(6)

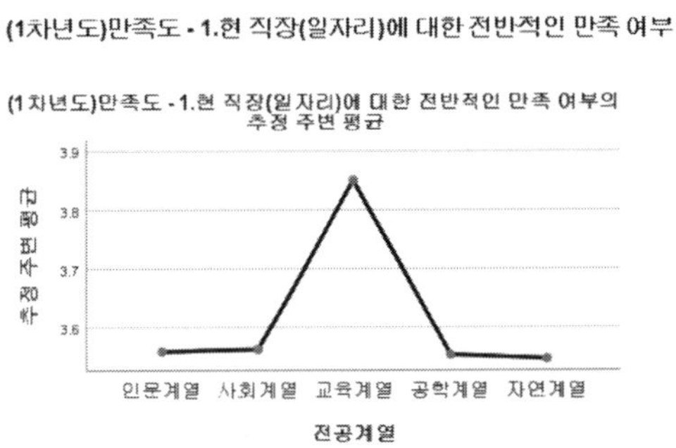

그림 7-38 • 다변량 분산분석 결과(7)

결과분석

결과(6)과 (7)에서는 전공계열에 따른 월평균 소득과 전반적 만족도의 평균에 대한 그래프를 제공하고 있다.

08

반복측정의 분석

8.1 대응표본 T 검정

8.1.1 이론적 근거

두 모집단이 서로 독립이 아닌 경우에는 개체들을 동질적인 쌍으로 짝을 지워 두 모집단을 비교할 수 있다. 예를 들어 훈련 이전의 성적과 훈련 이후의 성적에 차이가 있는가? 혹은 약물 투여 전과 약물 투여 후에 변화가 있는가? 등의 검정에 사용하는 방법이다. 일반적인 통계학 교재에서는 두 모집단이 독립이 아닌 경우의 두 모집단의 평균의 차에 관한 검정으로 설명하고 있다.

대응비교에서는 각 쌍의 한 실험단위에는 처리 1을, 다른 실험단위에는 처리 2를 적용하여 두 처리에 대한 효과의 차이를 관측함으로써 두 처리를 비교할 수 있다.

쌍	(처리 1)	(처리 2)	차
1	X_1	Y_1	$D_1 = Y_1 - X_1$
2	X_2	Y_2	$D_2 = Y_2 - X_2$
⋮	⋮	⋮	⋮
n	X_n	Y_n	$D_n = Y_n - X_n$

이때 기본가정은 D_i는 서로 독립이고, 정규분포 $N(\delta, \sigma_D^2)$을 따른다는 것이다. 가설검정의 절차는 다음과 같다.

① $H_0 : \delta = \delta_0$, $H_1 : \delta \neq \delta_0$ ($\delta > \delta_0$ 또는 $\delta < \delta_0$)

② 검정통계량의 계산

$$Z = \frac{\overline{D} - \delta_0}{\frac{S_D}{\sqrt{n}}}$$

만약 표본의 크기가 작은 경우에는 검정통계량 T를 사용한다.

③ 유의수준 α의 결정

④ 기각역: $|Z| > Z_{\alpha/2}$ ($Z > Z_\alpha$ 또는 $Z < -Z_\alpha$)

⑤ 결론: 검정통계량의 값이 기각역에 포함되면 귀무가설을 기각한다.

8.1.2 SPSS를 이용한 대응표본 T 검정

반복 측정의 가장 간단한 분석은 대응표본 T 검정을 이용하면 된다.

예제 (1차년도)월평균 소득과 (2차년도)월평균 소득 간에 차이가 있는가?

예제 자료에서 (1차년도)월평균 소득과 (2차년도)월평균 소득에 차이가 있는지를 검정하는 것이다.

$$H_0: \mu_{(1차년도)월평균소득} = \mu_{(2차년도)월평균소득},$$

$$H_1: \mu_{(1차년도)월평균소득} \neq \mu_{(2차년도)월평균소득}$$

① 먼저 SPSS를 시작하고 저장한 파일 '연습2.sav'를 불러온다(파일(F) → 열기(O) → 데이터(A) → 연습2 → 열기).

② '연습2.sav' 자료가 나오면 메뉴에서 본 예제에서 사용될 통계적인 방법은 대응표본 T 검정을 사용한다. 즉, 메뉴에서 **분석(A)** → **평균 비교(M)** → **대응표본 T 검정(P)**을 마우스로 선택하면 대응표본 T 검정 창이 열린다.

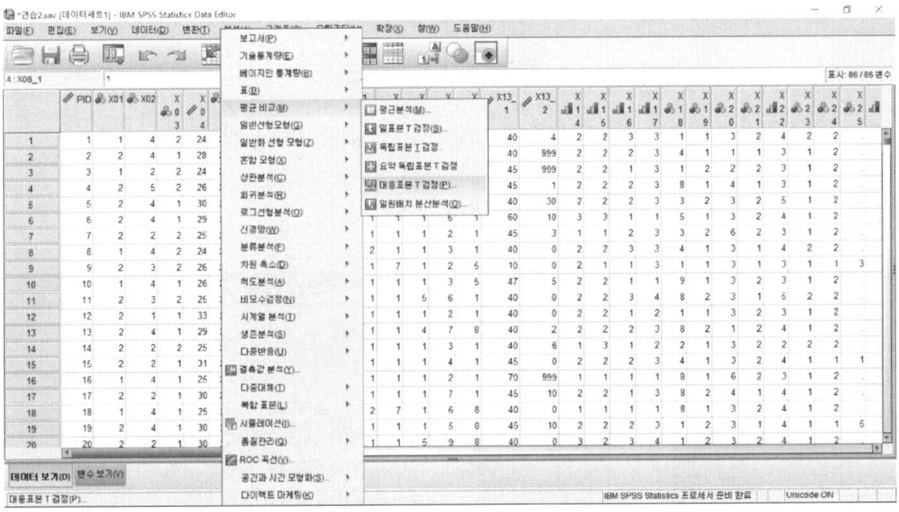

그림 8-1 • 대응표본 T 검정 창

② **대응표본 T 검정** 창에서 왼쪽의 변수에서 분석하고자 하는 변수인 **변수 1**에는 (1차년도)월평균 소득(X35)을 변수 2에는 (2차년도)월평균 소득(XX35)을 차례로 투입하면,

오른쪽의 대응 변수(V)에 나타난다.

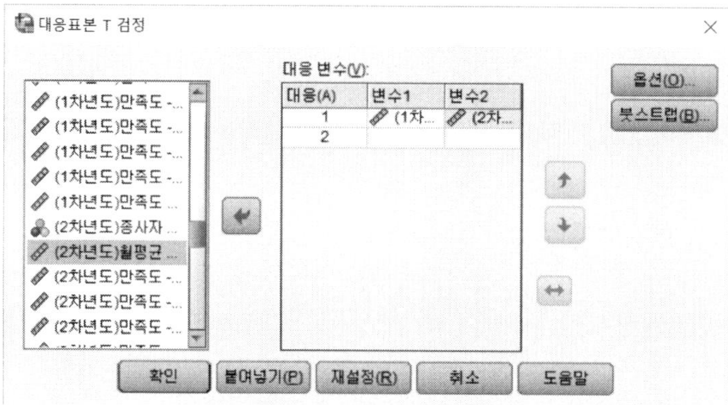

그림 8-2 • 대응변수 선택 창

③ 변수를 선택하고 난 후에 옵션(O)... 을 클릭하면 다음과 같은 옵션 창이 나온다.

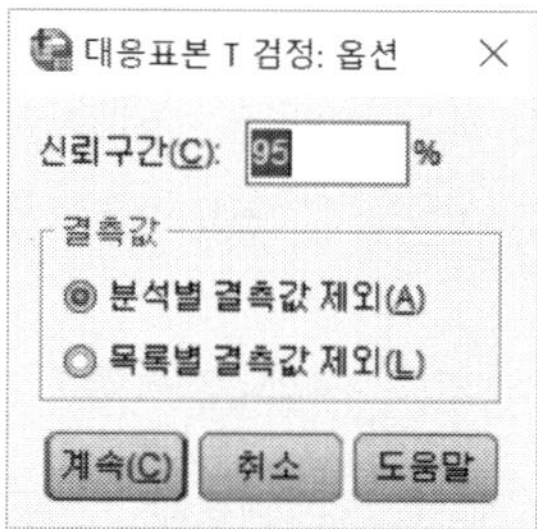

그림 8-3 • 대응표본 T 검정: 옵션 창

옵션 창에 대하여 간단히 요약하면 다음과 같다.

내용		설명
신뢰구간 : 95%		신뢰구간을 사용자 임의로 선정
결측값	분석별 결측값 제외	검정할 변수가 무응답값을 가진 경우 해당변수의 분석에서 제외(기본 설정)
	목록별 결측값 제외	무응답값을 가진 경우 모든 분석에서 제외

④ **신뢰구간 퍼센트(C)**에는 95%, **결측값**은 **분석별 결측값 제외(A)**를 선택하고 계속(C) 을 클릭하면 대응표본 T 검정 창이 다시 나오고 확인 을 클릭하면 다음과 같은 결과물이 나온다.

명령문

```
T-TEST PAIRS=X35 WITH XX35 (PAIRED)
  /CRITERIA=CI(.9500)
  /MISSING=ANALYSIS.
```

대응표본 통계량

		평균	N	표준화 편차	표준오차 평균
대응 1	(1차년도)월평균 소득(만원)	187.99	1133	61.635	1.831
	(2차년도)월평균 소득(만원)	205.2247	1133	70.85658	2.10506

대응표본 상관계수

		N	상관관계	유의확률
대응 1	(1차년도)월평균 소득(만원) & (2차년도)월평균 소득(만원)	1133	.827	.000

대응표본 검정

		대응차							
					차이의 95% 신뢰구간				
		평균	표준화 편차	표준오차 평균	하한	상한	t	자유도	유의확률 (양측)
대응 1	(1차년도)월평균 소득(만원) - (2차년도)월평균 소득(만원)	-17.23314	39.95428	1.18699	-19.56209	-14.90418	-14.518	1132	.000

그림 8-4 • 대응표본 T 검정 결과

결과분석

(1차년도)월평균 소득과 (2차년도)월평균 소득에 대한 평균과 개수, 표준편차, 표준오차가 제시되어있다. 그리고 두 변수 사이의 상관계수가 0.827이고, 유의확률이 0.000으로 유의수준 $\alpha= 0.05$보다 적으므로 귀무가설 'H_0: (1차년도)월평균 소득과 (2차년도)월평균 소득 사이에 상관계수가 0이다.'를 기각하여 두 변수는 독립이 아닌 것으로 나타나 이 분석을 계속할 수 있다. 만약 유의확률이 0.05보다 크면 유의수준 5%에서 두 변수가 독립이므로 분석은 여기서 끝나게 된다.

(1차년도)월평균 소득과 (2차년도)월평균 소득 간의 차의 평균은 -17.23314이고, 차에 대한 표준편차는 39.95428이고, 표준오차 및 유의수준 95%에서 신뢰구간이 나와 있다. 유의확률이 0.000으로 유의수준 $\alpha= 0.05$보다 적으므로 귀무가설 'H_0: (1차년도)월평균 소득과 (2차년도)월평균 소득의 차이가 없다.'를 기각한다. 즉, (2차년도)월평균 소득이 (1차년도)월평균 소득보다 높아 임금 인상이 있는 것으로 결론지을 수 있다.

8.2 공분산분석

8.2.1 이론적 개념

공분산분석(Analysis of Covariance; ANCOVA)은 분산분석과 회귀분석이 결합된 형태의 데이터 분석법으로 엄밀히 말해 반복측정의 분석은 아니지만 반복측정 한 결과의 분석에서 때때로 사용하기 때문에 반복측정의 장에서 다루고자 한다. 공분산 분석은 일부의 학문 분야에서는 공변량분석이라 불리기도 한다.

공변량(covariate, confounding factor)은 실험에서 처리 조건이 아니면서 반응변수에 영향을 주는 요인으로 여러 변인들이 공통적으로 함께 공유하고 있는 변량을 뜻한다. 공분산의 개념을 단일 종속변수 분산분석(univariate analysis of variance)에 적용시키면 독립변수들이 하나의 종속변수에 대해 함께 공유하는 변량, 또는 독립변수와 기타 잡음변수들이 공유하는 변량을 뜻한다. 어떤 실험을 할 때 주요한 목적은 연구하고자 하는 독립변수 이외에 다른 잡다한 요인이 종속변인에 영향을 주는 통제함으로써 가능한 주어진 독립변수의 영향만 순수하게 측정하고자 한다. 그러나 실제적으로 독립변수 이외에 종속변수에 영향을 미칠 수 있는 요인이 적지 않은데 그러한 요인들을 잡음요인(nuisance factor)이라고 한다. 잡음요인을 통제하는 방법은 실험적 통제와 통계적 통제가 있다.

통계적 통제방법이 공분산분석이다. 공분산분석은 독립변수 이외에 다른 잡다한 요인들이 종속변수에 영향을 미치는 것을 통제함으로써 주어진 독립변인의 순수한 영향을 측정하는 데 목적이 있다. 이 방법은 분산분석과 회귀분석의 방법을 이용하여 통제하고자 하는 잡음요인을 기준으로 동질적인 사례들을 각 실험집단에 배치하는 결과와 동등한 결과를 가져오도록 하는 데 있다.

공분산분석의 통계적 모형은 종속변수 y가 처리 i에 의해서 영향을 받으며 동시에 공변량 x와 선형의 관계에 있으며, 모형은 다음과 같다.

$$y_{ij} = \mu + \alpha_i + \beta x_{ij} + \epsilon_{ij}$$

여기서 $\epsilon_{ij} \sim N(0, \sigma^2)$, $i = 1, \cdots, t$, $j = 1, \cdots, n_i$이고, μ는 모평균, α_i는 처리효과이다. 그리고 기본가정은 다음과 같다.

① 기울기 β는 동일하다.

② 각 처리 간에 y와 x는 선형관계이다.

③ 오차항의 가정, $\epsilon_{ij} \sim N(0, \sigma^2)$이다.

분산분석표는 다음과 같다.

변동의 원인	자유도	제곱합	평균제곱
공변량(x)	1	SS_x	MS_x
처리	$t-1$	SS_{trt}	MS_{trt}
오차	$t(n_i-1)-1$	SS_e	MS_e
전체	$t\cdot\ n_i-1$		

공분산분석의 절차는 다음과 같다.

① 종속변수 y와 공변량 x의 관계를 살펴본다. 선형성(linearity)을 가져야 한다.

② 각 처리에서 공변량 x에 대한 y의 회귀직선의 기울기(equality of regression slope)가 동일하여야 한다. 모형에서 공변량 x와 처리 간의 상호작용의 효과가 없어야 기울기가 동일하다.

③ 공변량(x)의 효과가 있는지 확인한다.

④ 독립변수의 효과가 있는지 확인한다.

⑤ 사후검정을 한다.

8.2.2 SPSS를 이용한 공분산분석

공분산 분석의 예제로는 (1차년도) 월평균 소득에 비해 (2차년도) 월평균 소득의 증가를 전반적 만족도에 따라 비교를 실시한다. 공분산 분석은 먼저 모수요인과 공변량 간에 상호작용이 있는지를 확인하고 분석을 실시한다. 상호작용이 없어야만 요인의 각 수준에 대한 기울기가 동일하여 평행성을 가정할 수 있다.

예제 **전반적 만족도에 따라 (1차년도) 월평균 소득과 (2차년도) 월평균 소득의 차이가 있는가?**

① 먼저 SPSS를 시작하고 저장한 파일 '연습2.sav'를 불러온다(파일(F) → 열기(O) → 데이터(A) → 연습2 → 열기).

② 종속변수((2차년도) 월평균 소득))(XX35)와 공변량(1차년도 월평균소득)(X35)과의

산점도를 그려 선형성을 확인한다(그래프 산점도 이용).

③ '연습2.sav' 자료가 나오면 메뉴에서 본 예제에서 사용될 통계적인 방법은 일반선형모형을 사용한다. 즉, 메뉴에서 분석(A) → 일반선형모형(G) → 일변량(U)을 마우스로 선택하면 일변량 창이 열린다.

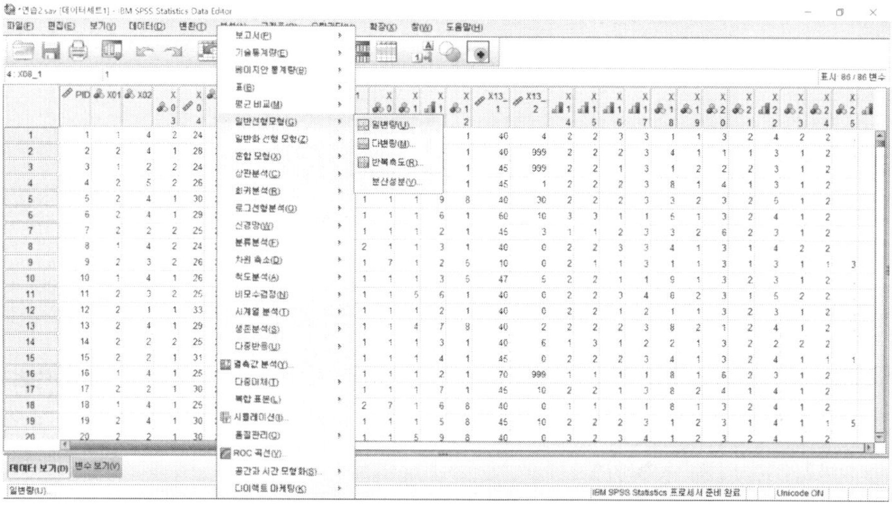

그림 8–5 • 일변량(공분산분석)의 선택

④ 일변량(공분산분석) 창에서 종속변수(D)에는 (2차년도) 월평균 소득(XX35), 고정요인(F)에는 전반적 만족도(X36), 공변량(C)에는 (1차년도)월평균 소득(X35)를 투입한다.

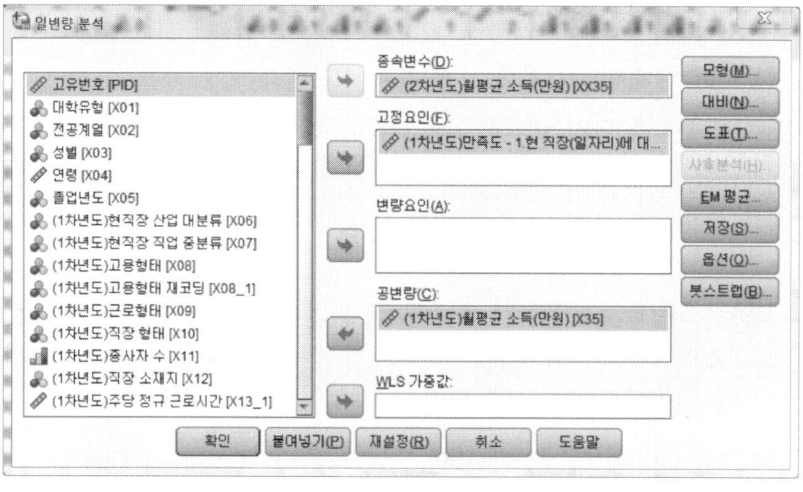

그림 8–6 • 일변량(공분산분석) 창

⑤ 모형(M)에서 공변량 (1차년도) 월평균 소득(X35)과 전반적 만족도(X36)의 상호작용을 포함하여 분석한다.

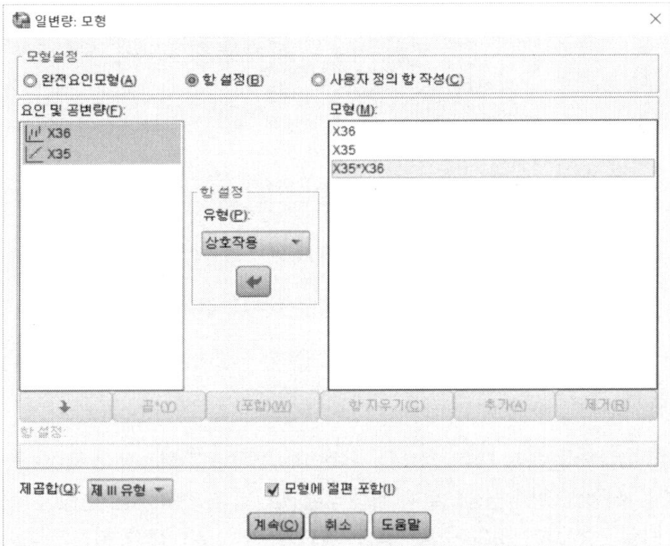

그림 8-7 • 일변량(공분산분석): 모형 창

⑥ 기타의 선택은 분산분석의 일변량에서와 동일하여 생략한다.

명령문

```
GRAPH
  /SCATTERPLOT(BIVAR)=X35 WITH XX35
  /MISSING=LISTWISE.
UNIANOVA XX35 BY X36 WITH X35
  /METHOD=SSTYPE(3)
  /INTERCEPT=INCLUDE
  /PRINT=PARAMETER
  /CRITERIA=ALPHA(.05)
  /DESIGN=X36 X35 X35*X36.
```

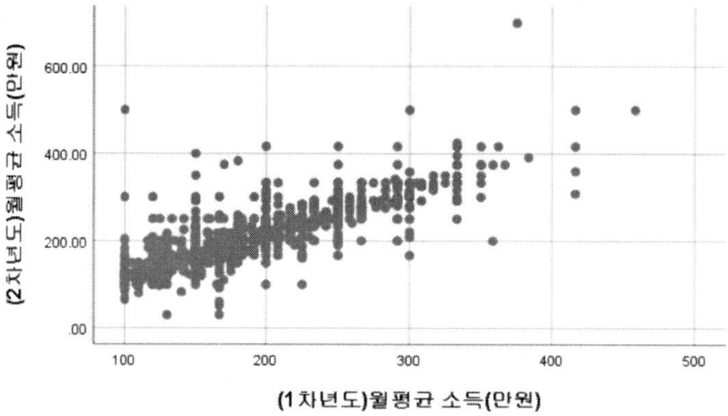

그림 8-8 • 공분산분석 결과(1)

결과분석

그래프의 산점도를 이용하여 그린 것으로 종속변수 (2차년도)월평균 소득(XX35)과 공변량 (1차년도)월평균 소득(X35)의 산점도로서 선형성을 확인한다. 여기서는 선형성이 인정되는 것으로 보인다. 만일 선형성이 없다면 공변량의 효과가 없어 일반적인 분산분석을 실시한다.

개체-간 요인

		값 레이블	N
(1차년도)만족도 - 1.현 직장(일자리)에 대한 전반적인 만족 여부	1	매우 불만족	5
	2	불만족	74
	3	보통	398
	4	만족	544
	5	매우 만족	112

개체-간 효과 검정

종속변수: (2차년도)월평균 소득(만원)

소스	제 III 유형 제곱합	자유도	평균제곱	F	유의확률
수정된 모형	3908739.35[a]	9	434304.372	274.829	.000
절편	4087.369	1	4087.369	2.587	.108
X36	542.211	4	135.553	.086	.987
X35	101515.806	1	101515.806	64.240	.000
X36 * X35	1888.900	4	472.225	.299	.879
오차	1774641.428	1123	1580.268		
전체	53402159.94	1133			
수정된 합계	5683380.779	1132			

a. R 제곱 = .688 (수정된 R 제곱 = .685)

그림 8-9 • 공분산분석 결과(2)

결과분석

위 결과는 각 처리에서 **공변량** (1차년도)월평균 소득(X35)에 대한 (2차년도)월평균 소득(XX35)의 회귀직선의 기울기(equality of regression slope)의 동일성을 알기 위해 모형에서 전반적 만족도(X36)와 **공변량** (1차년도)월평균 소득(X35)의 상호작용 설정하여 분석한 것이다. 모형에서 **공변량** (1차년도)월평균 소득(X35)과 전반적 만족도(X36) 간의 상호작용의 효과가 없어야 기울기가 동일하다.
여기서는 전반적 만족도(X36) *(1차년도)월평균 소득(X35)의 유의확률이 0.879로서 귀무가설 'H_0: 상호작용이 없다.'를 유의수준 α=0.05에서 기각할 수 없어 상호작용은 없는 것으로 분석된다. 즉, 공변량 (1차년도)월평균 소득(X35)에 대한 (2차년도)월평균 소득(XX35)의 회귀직선의 기울기가 동일하다고 본다. 즉, 직선이 서로 평행이라는 의미이다.

상호작용이 없다는 것이 확인되어 본격적인 공분산 분석을 실시한다. 모형에서 **완전요인모형(A)**을 선택하여 상호작용을 분석에서 포함되지 않도록 한다.

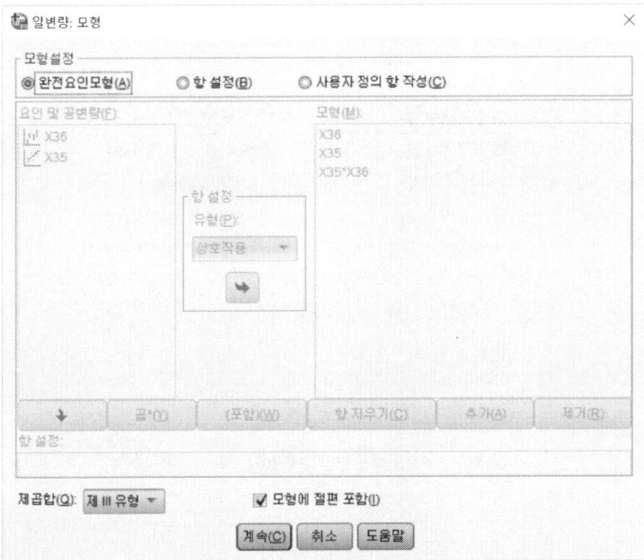

그림 8-10 • 공분산분석: 모형 선택 창

조정된 평균을 비교하기 위해 EM 평균...을 클릭한다. **평균 표시 기준(M)**에 모수 요인(독립변수)에 해당하는 **전반적 만족도(X36)**를 선택한다.

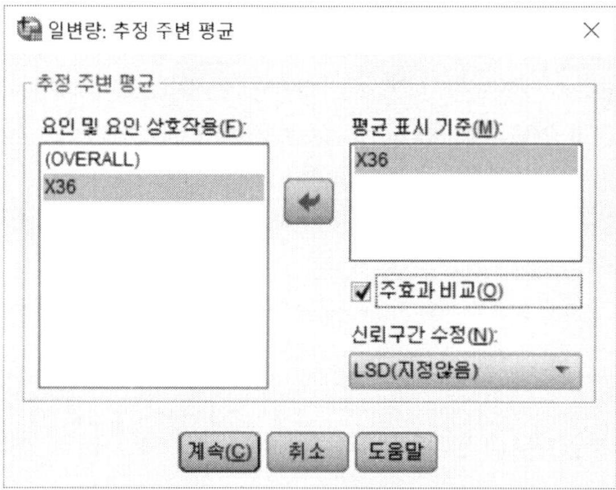

그림 8-11 • 공분산분석: 추정 주변 평균 창

다음으로 옵션을 선택하기 위해 옵션(O)... 을 클릭하고, **모수 추정값(T)**을 선택한다.

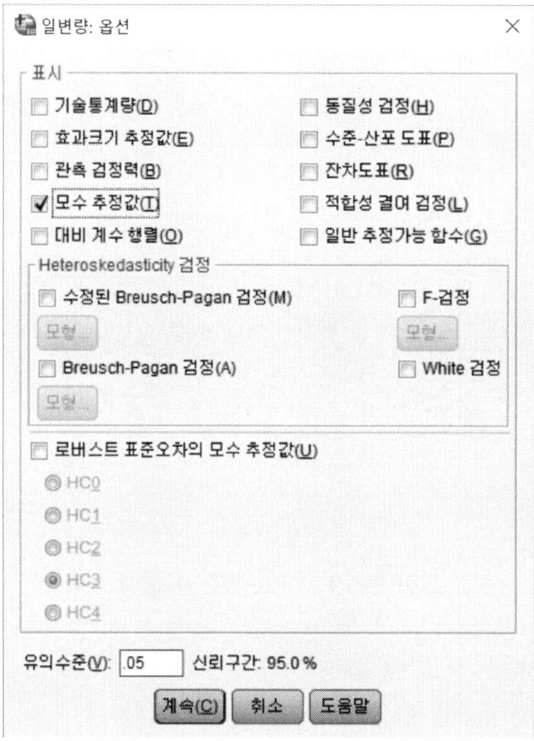

그림 8-12 • 공분산분석: 옵션 창

명령문

```
UNIANOVA XX35 BY X36 WITH X35
  /METHOD=SSTYPE(3)
  /INTERCEPT=INCLUDE
  /EMMEANS=TABLES(X36) WITH(X35=MEAN) COMPARE ADJ(LSD)
  /PRINT=PARAMETER
  /CRITERIA=ALPHA(.05)
  /DESIGN=X35 X36.
```

개체-간 효과 검정

종속변수: (2차년도)월평균 소득(만원)

소스	제 III 유형 제곱합	자유도	평균제곱	F	유의확률
수정된 모형	3906850.45[a]	5	781370.090	495.688	.000
절편	40941.516	1	40941.516	25.973	.000
X35	3731284.545	1	3731284.545	2367.062	.000
X36	20081.449	4	5020.362	3.185	.013
오차	1776530.327	1127	1576.336		
전체	53402159.94	1133			
수정된 합계	5683380.779	1132			

a. R 제곱 = .687 (수정된 R 제곱 = .686)

그림 8–13 • 공분산분석의 개체–간 효과 검정

모수 추정값

종속변수: (2차년도)월평균 소득(만원)

모수	B	표준오차	t	유의확률	95% 신뢰구간 하한	95% 신뢰구간 상한
절편	37.189	5.453	6.820	.000	26.490	47.887
X35	.941	.019	48.652	.000	.903	.979
[X36=1]	-18.147	18.163	-.999	.318	-53.785	17.491
[X36=2]	-15.180	5.959	-2.548	.011	-26.871	-3.489
[X36=3]	-12.857	4.279	-3.005	.003	-21.253	-4.462
[X36=4]	-6.980	4.126	-1.692	.091	-15.075	1.116
[X36=5]	0[a]	.	.	.	.	.

a. 현재 모수는 중복되므로 0으로 설정됩니다.

그림 8–14 • 공분산분석의 모수 추정값

추정 주변 평균

(1차년도)만족도 - 1.현 직장(일자리)에 대한 전반적인 만족 여부

추정값

종속변수: (2차년도)월평균 소득(만원)

(1차년도)만족도 - 1.현 직장(일자리)에 대한 전반적인 만족 여부	평균	표준오차	95% 신뢰구간 하한	95% 신뢰구간 상한
매우 불만족	196.017[a]	17.761	161.168	230.865
불만족	198.984[a]	4.616	189.928	208.040
보통	201.307[a]	2.001	197.382	205.232
만족	207.184[a]	1.705	203.839	210.529
매우 만족	214.164[a]	3.765	206.776	221.551

a. 모형에 나타나는 공변량은 다음 값에 대해 계산됩니다.: (1차년도)월평균 소득(만원) = 187.99.

그림 8-15 • 공분산분석의 추정된 주변 평균

결과분석

위 결과는 본격적인 공분산분석의 결과로서 수정모형에서 유의확률이 0.000으로 'H_0: 기울기가 0이다.'를 유의수준 α=0.05에서 기각하여 각 처리 공변량에 대한 종속변수의 회귀직선의 공통 기울기가 유의하다(기울기가 0이 아니다)는 의미이다. 즉, 공변량을 이용한 공분산 분석을 사용할 수 있다. 그 공통의 기울기는 (2차년도)월평균 소득(X35)의 B값인 0.941임을 확인할 수 있다.

가장 중요한 부분인 전반적 만족도(X36)의 유의확률이 0.013으로 'H_0: 전반적 만족도 간 효과가 없다.'를 유의수준 α=0.05에서 기각하여 전반적 만족도 점수 그룹 간에 (2차년도)월평균 소득의 차이가 있다는 의미이다.

만약 여기서 귀무가설을 기각할 수 없다면 공변량의 영향이 제거된 후에는 전반적 만족도 그룹 간에 유의한 차이가 없다는 의미이다.

대응별 비교

종속변수: (2차년도)월평균 소득(만원)

(I) (1차년도)만족도 - 1.현 직장(일자리)에 대한 전반적인 만족 여부	(J) (1차년도)만족도 - 1.현 직장(일자리)에 대한 전반적인 만족 여부	평균차이(I-J)	표준오차	유의확률[b]	차이에 대한 95% 신뢰구간[b] 하한	상한
매우 불만족	불만족	-2.968	18.350	.872	-38.972	33.037
	보통	-5.290	17.868	.767	-40.349	29.769
	만족	-11.168	17.845	.532	-46.181	23.845
	매우 만족	-18.147	18.163	.318	-53.785	17.491
불만족	매우 불만족	2.968	18.350	.872	-33.037	38.972
	보통	-2.323	5.029	.644	-12.190	7.544
	만족	-8.200	4.921	.096	-17.856	1.455
	매우 만족	-15.180*	5.959	.011	-26.871	-3.489
보통	매우 불만족	5.290	17.868	.767	-29.769	40.349
	불만족	2.323	5.029	.644	-7.544	12.190
	만족	-5.877*	2.636	.026	-11.049	-.706
	매우 만족	-12.857*	4.279	.003	-21.253	-4.462
만족	매우 불만족	11.168	17.845	.532	-23.845	46.181
	불만족	8.200	4.921	.096	-1.455	17.856
	보통	5.877*	2.636	.026	.706	11.049
	매우 만족	-6.980	4.126	.091	-15.075	1.116
매우 만족	매우 불만족	18.147	18.163	.318	-17.491	53.785
	불만족	15.180*	5.959	.011	3.489	26.871
	보통	12.857*	4.279	.003	4.462	21.253
	만족	6.980	4.126	.091	-1.116	15.075

추정 주변 평균을 기준으로

*. 평균차이는 .05 수준에서 유의합니다.

b. 다중비교를 위한 수정: 최소유의차 (수정하지 않은 상태와 동일합니다.)

그림 8-16 • 공분산분석의 대응별 비교

결과분석

위 결과는 사후검정의 결과로서 옵션에서 주변 평균의 추정에서 주효과 간의 차이를 선택하여 나타난 결과이다. 처리 간의 다중비교결과 불만족–매우 만족, 보통–만족, 보통–매우 만족 등에서 유의수준 α=0.05에서 기각하여 유의한 차가 인정된다.

8.3 반복측정 분산분석

8.3.1 이론적 개념

반복측정 분산분석(repeated measures ANOVA)은 일반적인 완전랜덤화설계를 여러 번 반복하는 실험의 방법으로서 일반적으로 공학실험에서 많이 사용하는 분석방법이다.

여기서 반복의 의미는 동일한 실험을 반복한다는 의미이다. 예를 들어 교육의 효과를 검정하기 위해 교육 직전의 시험 결과(사전)와 교육 이후의 시험 결과(사후), 그리고 지속성을 보기 위해 일정 기간 이후의 시험 결과(유지)를 비교하는 것이다. 만일 반복수가 2라면 대응표본 T-검정을 사용하면 된다. 반복측정 분산분석은 일반적으로 반복수가 3 이상일 때 사용한다.

반복측정분산분석이 다른 다변량 분석(multivariate analysis)에 비해 다른 점은 다변량(multivariate) 분석법은 개체-간 요인(between-subject effects)에만 관심을 갖고 있는데 비해, 반복측정분산분석은 개체-간 요인은 물론이고 개체-내 요인(within- subject effects) 그리고 개체-내 요인과 개체-간 요인과의 상호작용(interaction effects)에도 관심을 가지고 분석해야 한다는 사실이다.

이를 위한 반복측정분산분석을 위한 데이터의 구조는 다음과 같다. 여기서는 두 번을 측정한 예이다.

연구 집단	사람 (S)	사전 (B_1)	사후 (B_2)
실험집단 (A_1)	1	y_{111}	y_{112}
	2	y_{121}	y_{122}
	⋮	⋮	⋮
	n	y_{1n1}	y_{1n2}
통제집단 (A_2)	1	y_{211}	y_{212}
	2	y_{221}	y_{222}
	⋮	⋮	⋮
	n	y_{2n1}	y_{2n2}

또한 통계적 모형은 다음과 같다.

$$y_{ijk} = \mu + \alpha_i + \pi_{j(i)} + \beta_k + (\alpha\beta)_{ik} + (\beta\pi)_{j(i)k}$$
$$i = 1,2\ ,\ j = 1,2,\cdots,n\ ,\ k = 1,2$$

검정을 위한 귀무가설과 검정통계량은 다음과 같다.

$$H_0:\ \alpha_1 = \alpha_2\ ,\ F = \frac{MS_A}{MS_{S|A}}$$

$$H_0:\ \beta_1 = \beta_2\ ,\ F = \frac{MS_A}{MS_{B\times(S|A)}}$$

$$H_0:\ (\alpha\beta)_{11} = \cdots = (\alpha\beta)_{22}\ ,\ F = \frac{MS_{AB}}{MS_{B\times(S|A)}}$$

8.3.2 SPSS를 이용한 반복측정 분산분석

예제 전공계열(X02)에 따라 1, 2, 3차년도의 월평균 소득(X35, XX35, XXX35)의 차이가 있는가?

① 먼저 SPSS를 시작하고 저장한 파일 '연습2.sav'를 불러온다(**파일(F) → 열기(O) → 데이터(A) → 연습2 → 열기**).

② '연습2.sav' 자료가 나오면 메뉴에서 **분석(A) → 일반선형모형(G) → 반복측정(R)**를 마우스로 선택하면 반복측정 분산분석 창이 열린다.

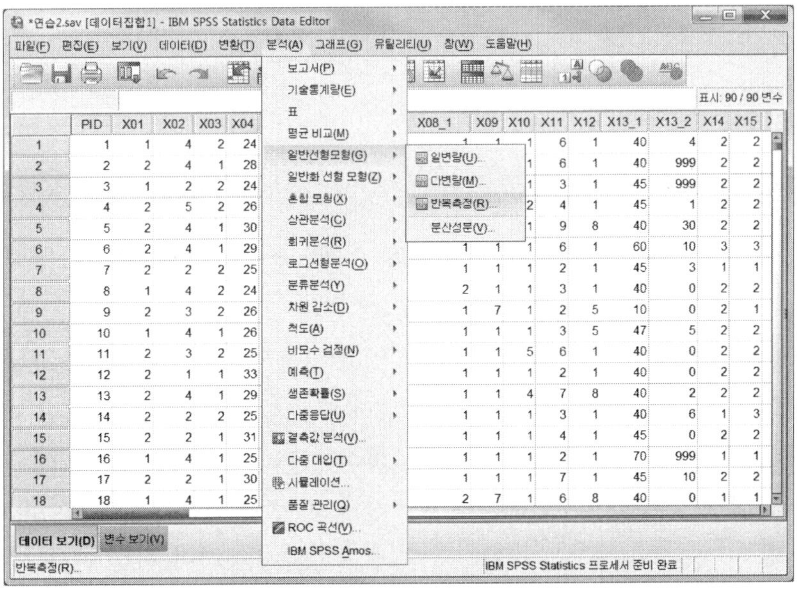

그림 8-17 • 반복측정 분산분석의 선택

③ 메뉴에서 반복측도를 선택하면, 반복측정 요인 정의 창이 나타난다. 여기서 **개체-내 요인이름(W)**은 자동으로 '요인1'로 나타난다. 이를 다른 이름으로 바꾸어도 된다. 그리고 **수준의 수(L)**에는 반복의 수인 '3'를 입력하고, [추가(A)]를 선택하면 왼쪽 창에 요인1(3)이 나타난다. 그리고 [정의(F)]를 선택하면 반복측정 분산분석 창이 나타난다. 반복측정 분산분석은 동일한 속성 가진 다른 측정값을 나타내는 관련 종속변수 집단을 분석한다. 이 대화상자를 사용하면 반복측정 분산분석에 사용할 하나 이상의 개

체-내 요인을 정의할 수 있으며, 개체-내 요인은 지정하는 순서가 중요하다. 각 요인은 이전 요인 내에서 한 수준이 된다.

그림 8-18 • 반복측정 분산분석 요인 정의 창(1)

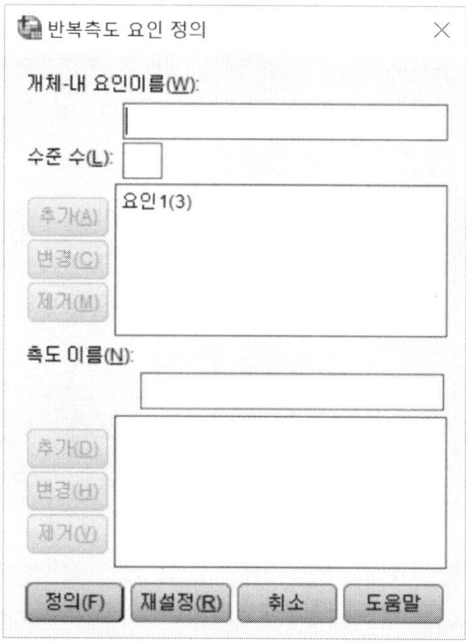

그림 8-19 • 반복측정 분산분석 요인 정의 창(2)

측정은 개체를 매번 둘 이상의 측정으로 검정하려면 측정을 선택하여 측정 방법을 지정한다. 예를 들어, 각 개체에 대해 맥박과 호흡 비율을 1주일 동안 매일 측정할 수 있다. 이들 측도는 데이터 파일에는 변수로 존재하지 않으나 여기에 정의되어 있다. 둘 이상의 측정을 포함하는 모형을 이중 다변량 반복측정 모형이라고 한다.

④ 초기의 반복측정 분산분석 창에는 왼쪽에 용량을 비롯하여 시간0에서 시간8이 나타나고, 오른쪽의 **개체–내 변수**(W)에는 __?__(1)에서 __?__(5)가 나타난다. 여기서 왼쪽의 변수에서 시간0에서 시간8을 선택하여 ➡을 클릭하면, 오른쪽의 **개체–내 변수**(W)로 투입되며, **용량**은 **개체–간 요인**(B)으로 투입한다. 개별 요인들의 효과뿐만 아니라 요인 간 상호작용을 조사할 수 있으며, 또한 상수 공변량의 영향과 개체-간 요인들과의 공변량 상호작용도 검정할 수 있다. 여기서 공변량은 선택하지 않았다.

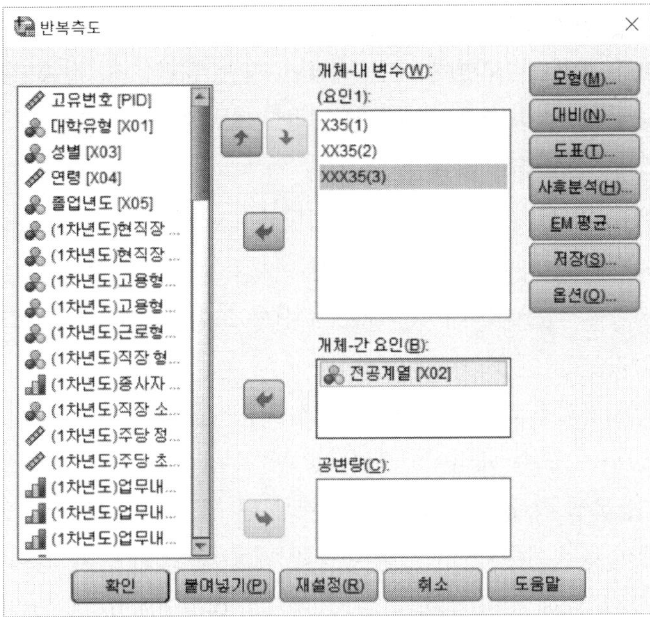

그림 8-20 • 반복측정 분산분석 창

⑤ 고급 분석을 하기 위해 모형(M)... 을 클릭한다. 모형설정에서 **완전요인모형**(F)에는 모든 요인 주효과, 모든 공분산 주효과, 모든 요인 대 요인 상호작용이 포함되며, 공변량 상호작용은 포함되지 않는다. 공변량 상호작용을 포함하려면 **사용자 정의**(C)를 선택하여 하나의 상호작용 집단군만 지정하거나 요인-대-공변량 상호작용을 지정하며,

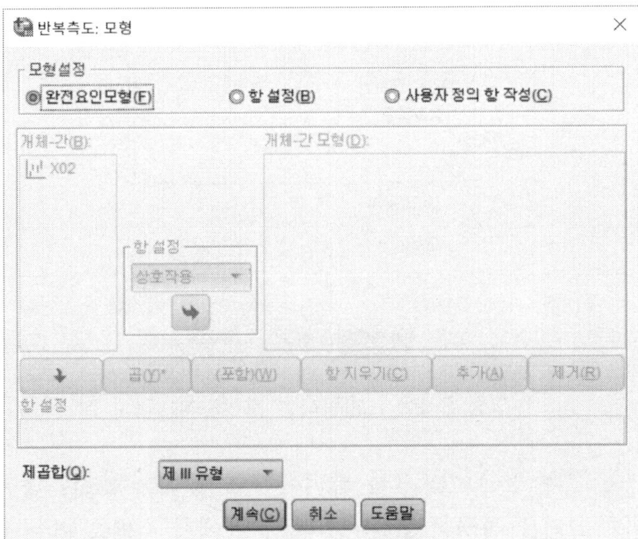

그림 8-21 • 반복측정 분산분석: 모형 창

모형에 포함할 모든 항을 지정해야 한다.

제곱합(Q)은 개체-간 모형에 대한 제곱합 계산 방법이며, 결측 셀이 없는 균형 모형이나 비균형 모형의 경우 **제Ⅲ유형** 제곱합 방법이 가장 일반적으로 사용된다. 여기서는 별도로 선택하지 않았다.

⑥ 고급 분석을 하기 위해 [대비(N)...]를 클릭한다. **대비(N)**는 요인의 수준 차분을 검정하는 데 사용되며, 각 개체-간 요인에 대한 반복측정 모형에서 모형의 각 요인에 대해 대비를 지정할 수 있으며, 대비는 모수의 선형 조합을 나타낸다. 여기서는 별도로 선택하지 않았다.

대비에서의 가설검정은 귀무가설 LBM=0을 기준으로 하며 여기에서 L은 대비 계수 행렬이고 B는 모수 벡터이며 M은 종속변수의 평균 변환에 해당하는 평균 행렬을 나타낸다. 옵션 창에서 변환행렬을 선택하면 이 변환행렬을 출력할 수 있다. 예를 들어, 네 개의 종속변수와 네 가지 수준의 개체-내 요인이 있고 다항대비(디폴트)가 개체-내 요인에 대해 사용되는 경우 M 행렬은 (0.5 0.5 0.5 0.5)이 된다. 대비가 지정되면 SPSS에서는 개체-간 요인에 해당하는 여러 열이 대비에 일치하는 L 행렬이 작성된다. 나머지 열은 L 행렬 추정이 가능하도록 수정된다.

사용할 수 있는 대비는 편차, 단순, 차분, Helmert, 반복 및 다항이며, 편차대비와 단순 대비의 경우 참조범주가 마지막 범주인지 또는 처음 범주인지 여부를 선택할 수 있다.

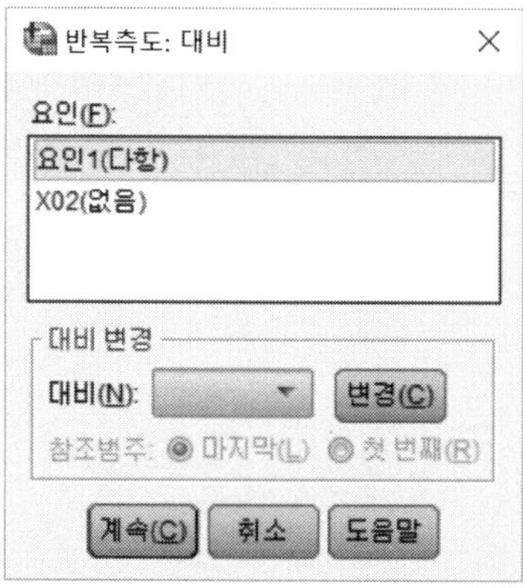

그림 8-22 • 반복측정 분산분석: 대비 창

⑦ 다음으로 수준 간의 평균 선도표를 출력하기 위해 [도표(T)...]을 클릭한다. 이는 상호작용의 여부를 그림을 통하여 볼 수 있다. 도표에서 **수평축 변수(H)**에 넣을 요인(요인1)을 선택하고, **선구분 변수(S)**에 넣을 변수(X02)를 선택하여 등록하고, [추가(A)]를

클릭하면 아래 **도표(T)**에 **요인1*X02**이 등록된다.

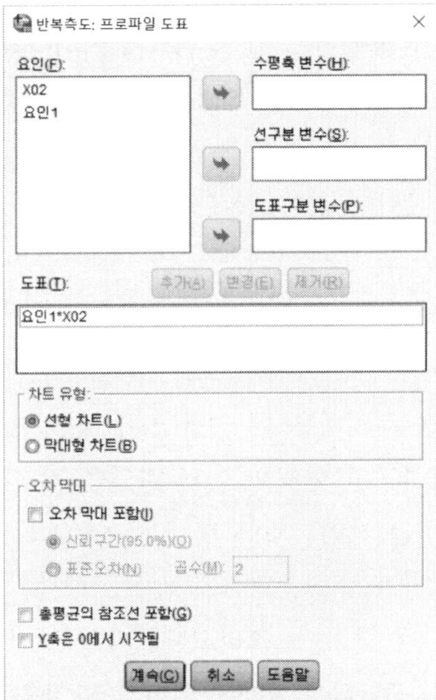

그림 8-23 • 반복측정 분산분석: 프로파일 도표 창

⑧ 사후검정을 위해 사후분석(H)...을 클릭하면 **사후분석-다중비교 창**이 나오는데, 이것은 사후검정에 관한 것이다. 여기서는 Tukey **방법(T)**을 선택하였다.

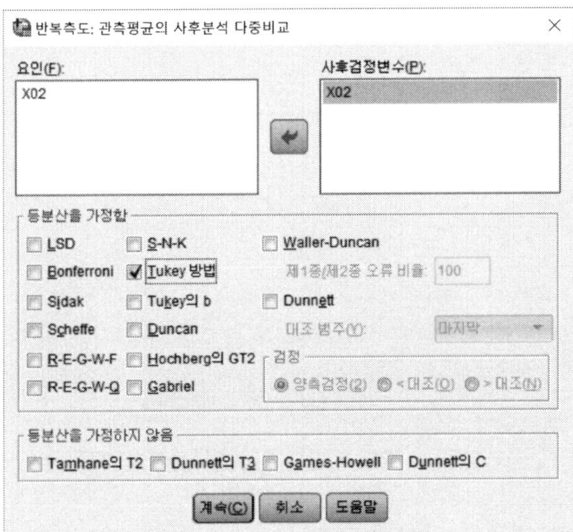

그림 8-24 • 반복측정 분산분석: 사후분석-다중비교 창

여기서 **등분산을 가정**함은 요인에서 수준들 간에 평균의 차이를 사후검정하는 것으로 분산분석표에서는 단지 수준들 간에 평균의 차이가 있는지의 여부만 알 수 있고, 어떤 수준들 간에 차이가 있는지를 알 수 있다. 여러 가지 방법이 있으나, 초심자에게는 큰 차이가 없으며, 보통은 LSD, Scheffe, Turkey, Duncan의 방법을 많이 사용하며, 방법의 차이는 다변량 분산분석을 참고하기 바란다. 그리고 **등분산을 가정하지 않음**에서는 기본가정인 등분산성이 만족되지 않을 때 사용하며, 유의수준은 보통 0.05를 많이 사용한다.

⑨ 모형, 잔차, 관련 측도에 의해 예측된 값을 데이터 편집기에 새로운 변수로 저장하기 위해 저장(S)... 을 선택한다. 여기서는 별도로 선택하지는 않았다. 이들 변수 중 다수는 데이터에 관한 가정을 검토하는 데 사용할 수 있으며, 다른 SPSS 세션에서 사용할 수 있도록 값을 저장하려면 현재 데이터 파일을 저장해야 한다. 진단은 독립변수 값의 특수 조합을 포함하는 케이스와 모형에 큰 영향력을 미칠 수 있는 케이스를 구분하기 위한 측도이다. 잔차는 표준화하지 않은 잔차는 종속변수의 실제 값에서 모형에 의해 예측된 값을 뺀 값이다. 그리고 새 파일로 저장은 모형의 모수 추정값에 대한 분산-공분산행렬을 포함하는 SPSS 데이터 파일을 기록한다.

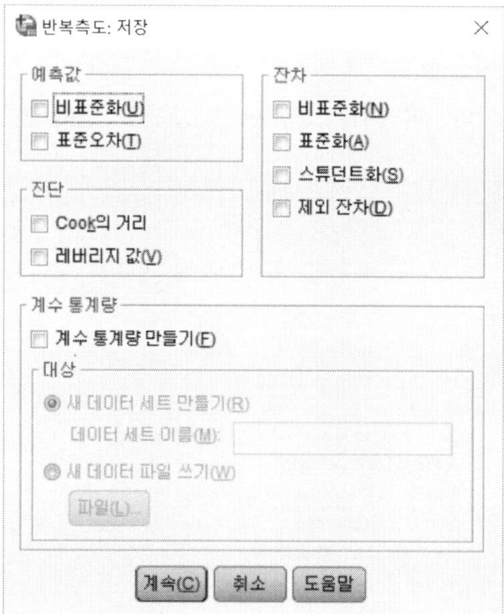

그림 8-25 • 반복측정 분산분석: 저장 창

저장에 대한 자세한 내용은 다음과 같다.

종류	구분	내용
예측값		각 케이스에 대한 모형 예측값이며, 표준화하지 않은 예측값과 예측값의 표준오차를 사용할 수 있다.
진단	Cook의 거리	특정 케이스를 회귀 상관계수 계산에서 제외할 때 모든 케이스의 잔차가 얼마나 변경될 수 있는지에 측도이며, Cook의 D가 크면 회귀분석 통계량 계산에서 케이스를 제외하면 상관계수가 크게 변경된다는 사실을 나타낸다.
	레버리지 값	각 관측값이 모형의 적합도에 미치는 상대적인 영향을 나타낸다.
잔차	비표준화	관측값과 모형에 의한 예측값 간 차이이다.
	표준화	표준오차 추정값으로 나눈 잔차이며, Pearson 잔차라고도 한다.
	스튜던트화 잔차	케이스에 따라 다양한 표준편차의 추정값으로 나눈 잔차로서 독립변수 평균으로부터의 독립변수의 케이스 값들의 거리에 따라 달라진다.
	제외 잔차	회귀 상관계수 계산에서 케이스를 제외할 때의 케이스에 대한 잔차로, 종속변수 값과 조정된 예측값 간 차이이다.

⑩ 선택적 통계량을 사용하기 위해 EM 평균... 을 클릭하면 추정 주변 평균 창이 나온다. 여기서는 **평균 출력 기준(M)**은 X02으로 하고, 옵션(O)... 을 클릭하여 **기술통계량(D)**만 선택하였다.

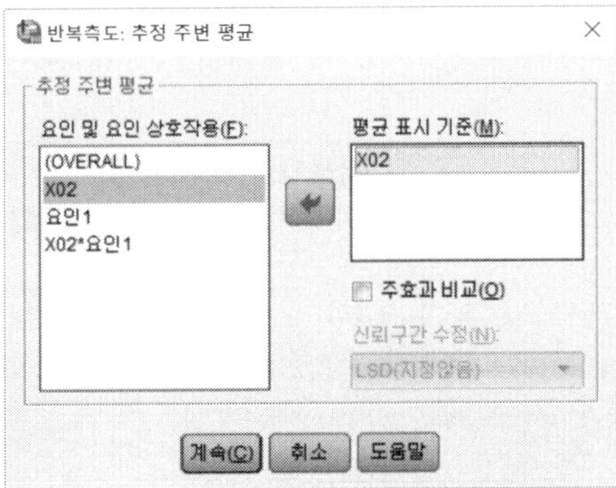

그림 8-26 • 반복측정 분산분석: 추정 주변 평균 창

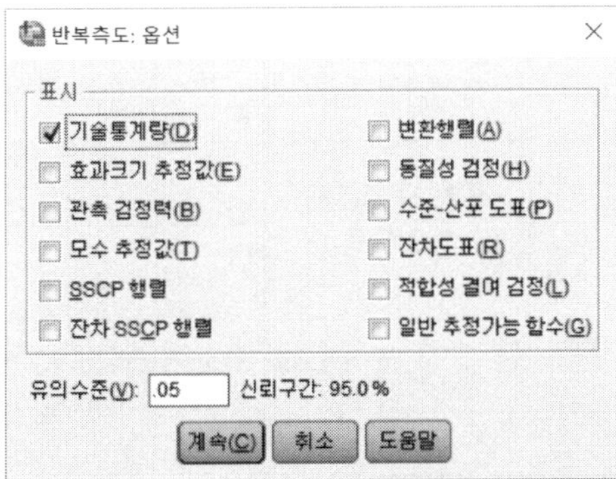

그림 8-27 • 반복측정 분산분석: 옵션 창

여기서 선택은 추가적인 통계량과 요약하면 다음과 같다.

<table>
<tr><th colspan="2">구분</th><th>내용</th></tr>
<tr><td colspan="2">추정 주변 평균</td><td>셀 내의 모집단 주변 평균들의 추정값이 필요한 경우 해당 요인과 상호작용을 선택하며, 이들 평균은 공변량에 따라 수정된다. 개체-내 요인과 개체-간 요인을 모두 선택할 수 있다.</td></tr>
<tr><td colspan="2">주효과 비교</td><td>개체-간 요인과 개체-내 요인 모두에 모형 내 주효과의 추정된 주변평균 간 수정되지 않은 대응별 비교를 제공하며, 이 항목은 평균 출력 기준 목록에서 주효과를 선택한 경우에만 사용할 수 있다.</td></tr>
<tr><td colspan="2">신뢰구간 조정</td><td>신뢰구간과 유의수준에 최소유의차(LSD), Bonferroni, Sidak 조정을 선택하며, 이 항목은 주효과 비교가 선택되어 있을 때만 사용할 수 있다.</td></tr>
<tr><td rowspan="10">출력</td><td>효과크기 추정값</td><td>각 효과와 각 모수 추정값에 대한 부분 에타-제곱 값을 제공하며, 에타-제곱 통계량은 요인에서 기인하는 전체 변동의 비율에 대해 설명한다.</td></tr>
<tr><td>관측 검정력</td><td>대립가설을 관측값 기준으로 설정한 경우에 검정력을 구한다.</td></tr>
<tr><td>모수 추정값</td><td>각 검정에 대한 모수 추정값, 표준오차, t 검정, 신뢰구간, 관측 검정력을 생성한다.</td></tr>
<tr><td>SSCP 행렬</td><td>가설과 오차 SSCP 행렬을 출력한다.</td></tr>
<tr><td>잔차 SSCP 행렬</td><td>잔차 공분산행렬에 대한 Bartlett의 구형성 검정과 더불어 잔차 SSCP 행렬을 출력할 수 있다.</td></tr>
<tr><td>동질성 검정</td><td>개체-간 요인에 대해서만 개체-간 요인수준의 모든 조합에서의 각 종속변수에 대해 분산의 동질성에 대한 Levene의 검정을 생성하며, 개체-간 요인수준의 모든 조합에서의 종속변수들의 공분산행렬에 대한 Box의 M 동질성 검정도 포함된다. 평균-산포 도표와 잔차도표 옵션은 데이터에 대한 가정을 진단하는 데 유용하다.</td></tr>
<tr><td>잔차도표</td><td>이 항목은 요인이 없을 경우에는 사용할 수 없으며, 각 종속변수에 대한 관측-예측-표준화 잔차도표를 작성한다.</td></tr>
<tr><td>적합결여 검정</td><td>종속변수와 독립변수 간 관계를 해당 모형으로 충분히 설명할 수 있는지 확인한다.</td></tr>
<tr><td>일반 추정가능 함수</td><td>사용하여 일반 추정가능 함수를 기준으로 사용자 정의 가설검정을 작성할 수 있으며, 대비 계수 행렬의 행은 일반 추정가능 함수의 선형결합이다.</td></tr>
<tr><td colspan="1" style="display:none"></td><td style="display:none"></td></tr>
<tr><td colspan="2">유의수준</td><td>사후분석 검정에 사용되는 유의수준과 신뢰구간 형성에 사용되는 신뢰수준을 조정할 수 있으며, 지정된 값은 해당 검정에 대한 관측 검정력을 계산하는 데에도 사용할 수 있다. 유의수준을 지정할 때 신뢰구간의 관련된 수준이 대화상자에 출력된다.</td></tr>
</table>

⑪ 옵션을 선택하고 난 후 [계속(C)]을 클릭하면 다시 반복측정 분산분석 창이 나온다. 여기서 [확인]을 클릭하면 출력결과가 나온다.

명령문

```
GLM X35 XX35 XXX35 BY X02
  /WSFACTOR=요인1 3 Polynomial
  /METHOD=SSTYPE(3)
  /POSTHOC=X02(TUKEY)
  /PLOT=PROFILE(요인1*X02) TYPE=LINE ERRORBAR=NO
        MEANREFERENCE=NO YAXIS=AUTO
  /EMMEANS=TABLES(X02)
  /PRINT=DESCRIPTIVE
  /CRITERIA=ALPHA(.05)
  /WSDESIGN=요인1
  /DESIGN=X02.
```

개체-내 요인

측도: MEASURE_1

요인1	종속변수
1	X35
2	XX35
3	XXX35

개체-간 요인

		값 레이블	N
전공계열	1	인문계열	86
	2	사회계열	289
	3	교육계열	61
	4	공학계열	410
	5	자연계열	115

그림 8–28 • 반복측정 분산분석 결과(1)

결과분석

위 결과는 개체–내 요인에 대한 설명과 개체–간 요인의 표본 수를 제시하고 있다. 각 전공계열에 대한 기술 통계량(평균, 표준편차, 인원수)은 생략하였다.

다변량 검정[a]

효과		값	F	가설 자유도	오차 자유도	유의확률
요인1	Pillai의 트레이스	.226	139.567[b]	2.000	955.000	.000
	Wilks의 람다	.774	139.567[b]	2.000	955.000	.000
	Hotelling의 트레이스	.292	139.567[b]	2.000	955.000	.000
	Roy의 최대근	.292	139.567[b]	2.000	955.000	.000
요인1 * X02	Pillai의 트레이스	.008	.950	8.000	1912.000	.474
	Wilks의 람다	.992	.950[b]	8.000	1910.000	.474
	Hotelling의 트레이스	.008	.950	8.000	1908.000	.473
	Roy의 최대근	.007	1.719[c]	4.000	956.000	.144

a. Design: 절편 + X02
개체-내 계획: 요인1

b. 정확한 통계량

c. 해당 유의수준에서 하한값을 발생하는 통계량은 F에서 상한값입니다.

그림 8-29 • 반복측정 분산분석 결과(2)

결과분석

위 결과는 다변량 검정의 결과로서 Pillai의 트레이스, Wilks의 람다 등의 모든 유의확률이 요인1에서 유의확률 0.000으로 유의수준 α=0.01에서 귀무가설 'H_0: 시간의 변화에 따라 월평균 소득의 차이가 없다.'를 기각하여 시간의 변화에 따라 월평균 소득은 차이가 있음을 알 수 있다. 일반적으로 Wilks의 람다를 많이 본다.

두 번째로 요인1과 X02(전공계열)의 상호작용에서 시간에 따른 월평균 소득과 전공계열(X02)의 변화에서 유의확률 0.05 이상으로 유의수준 α=0.05에서 귀무가설 'H_0: 시간의 변화와 전공계열(X02)에 따라 월평균 소득의 차이가 없다.'를 기각할 수 없어 상호작용이 존재하지 않는다. 상호작용이 존재하지 않으면 전공계열과 관계없이 모든 계열에서 시간에 따라 동일하게 변한다는 의미이다.

Mauchly의 구형성 검정[a]

측도: MEASURE_1

					엡실런[b]		
개체-내 효과	Mauchly의 W	근사 카이제곱	자유도	유의확률	Greenhouse-Geisser	Huynh-Feldt	하한
요인1	.946	53.502	2	.000	.948	.954	.500

정규화된 변형 종속변수의 오차 공분산 행렬이 항등 행렬에 비례하는 영가설을 검정합니다.

a. Design: 절편 + X02
개체-내 계획: 요인1

b. 유의성 평균검정의 자유도를 조절할 때 사용할 수 있습니다. 수정된 검정은 개체내 효과검정 표에 나타납니다.

그림 8-30 • 반복측정 분산분석 결과(3)

결과분석

구형성 가정은 실험 관리상 처리 간 충분한 시간 간격을 둘 수 없는 경우에는, 이미 가한 처리의 이월 효과가 다음 처리에 미치는 영향을 배제하기 어렵다. 이 같은 경우에는 각 피실험자가 받는 처리들의 순서열, 즉 라틴정방 설계에서와 같은 형식으로, 정교하게 조절하거나, 또는 단순히 피실험자마다 받는 처리들의 순서를 독립적으로 랜덤하게 결정하여 이월 효과를 상쇄토록 해야 한다. 그리고 반복측정 실험에서는 반복측정들 간에 상관이 존재함을 가정해야 한다. 특히 복합대칭성(compound symmetry)의 가정을 만족해야 하는데 복합대칭성이란 각 처리쌍 간의 상관이 동일함을 의미하는 말이다.

즉, 처리 간의 상관이 서로 같아야 함을 의미한다. 그러나 이러한 가정은 현실적으로 달성되기 어렵다. 그리고 일반 선형 모형에서의 가정과 같이 각 처리마다 처리 내 분산들이 모두 동일하다는 등분산 가정을 해야 한다. 이러한 두 가지 가정을 함께 일컬어 구형성(sphericity) 가정이라 한다. 이 가정은 반복측정 실험의 근본적인 가정이며 이 가정이 성립되지 않으면 처리 효과 차이에 대한 검정 결과는 신뢰할 수 없게 된다. 그러한 구형성 가정을 완전히 만족하는 데이터는 현실적으로 매우 드물어 구형성 가정이 필요치 않는 통계적 방법이 필요하게 되었으며 그 대안이 바로 호텔링의 T^2을 이용한 다변량 해석이다. (결과(2) 참고)

결과(3)에서는 구형성 검정에 대한 결과를 구형성 검정에 대한 결과 유의확률 0.000으로 유의수준 α=0.05에서 귀무가설 'H_0: 각 값들은 구형성을 따른다.'를 기각하여 구형성 가정을 따르지 않음을 알 수 있고 다변량적인 해석이 진행될 수 있음을 알 수 있다.

개체-내 효과 검정

측도: MEASURE_1

소스		제 III 유형 제곱합	자유도	평균제곱	F	유의확률
요인1	구형성 가정	293058.675	2	146529.337	148.936	.000
	Greenhouse-Geisser	293058.675	1.897	154512.631	148.936	.000
	Huynh-Feldt	293058.675	1.908	153572.275	148.936	.000
	하한	293058.675	1.000	293058.675	148.936	.000
요인1 * X02	구형성 가정	7120.100	8	890.012	.905	.512
	Greenhouse-Geisser	7120.100	7.587	938.503	.905	.508
	Huynh-Feldt	7120.100	7.633	932.791	.905	.508
	하한	7120.100	4.000	1780.025	.905	.461
오차(요인1)	구형성 가정	1881105.447	1912	983.842		
	Greenhouse-Geisser	1881105.447	1813.212	1037.444		
	Huynh-Feldt	1881105.447	1824.314	1031.130		
	하한	1881105.447	956.000	1967.684		

그림 8-31 • 반복측정 분산분석 결과(4)

결과분석

위 결과는 개체-내 효과 검정으로 유의확률 0.000으로 유의수준 α=0.05에서 귀무가설 'H_0 : 각 값들은 구형성을 따른다.'를 기각하여 구형성 가정을 따르지 않음을 알 수 있고 개체-내에서의 효과에서 통계적으로 유의함을 알 수 있다.

개체-내 대비 검정

측도: MEASURE_1

소스	요인1	제 III 유형 제곱합	자유도	평균제곱	F	유의확률
요인1	선형	291499.544	1	291499.544	259.550	.000
	이차	1559.131	1	1559.131	1.846	.175
요인1 * X02	선형	5850.891	4	1462.723	1.302	.267
	이차	1269.208	4	317.302	.376	.826
오차(요인1)	선형	1073680.356	956	1123.097		
	이차	807425.092	956	844.587		

그림 8-32 • 반복측정 분산분석 결과(5)

결과분석

위 결과는 요인 1의 2차 모형에서 '2차 모형이다'라는 귀무가설을 기각할 수 없어 개체-내 대비 검정으로 2차형임을 알 수 있다. 결과(9)에서 시점5의 경우 다시 올라감을 볼 수 있다.

개체-간 효과 검정

측도: MEASURE_1
변환된 변수: 평균

소스	제 III 유형 제곱합	자유도	평균제곱	F	유의확률
절편	69777546.72	1	69777546.72	5672.509	.000
X02	424859.037	4	106214.759	8.635	.000
오차	11759757.97	956	12301.002		

그림 8-33 • 반복측정 분산분석 결과(6)

결과분석

위 결과는 개체-간 효과 검정으로 시간 변화의 영향을 보정한 상태에서 볼 때는 전공계열별 유의확률 값은 0.000으로 유의수준 α=0.05에서 귀무가설 'H_0: 전공계열(X02)에 따른 월평균 소득의 유의한 변화는 없다.'를 기각하여 전공계열(X02)에 따른 월평균 소득의 유의한 변화가 있다는 해석을 내릴 수 있다.

다중비교

측도: MEASURE_1
Tukey HSD

(I) 전공계열	(J) 전공계열	평균차이(I-J)	표준오차	유의확률	95% 신뢰구간 하한	95% 신뢰구간 상한
인문계열	사회계열	-3.1085	7.86551	.995	-24.6048	18.3879
	교육계열	28.0363	10.71900	.068	-1.2587	57.3312
	공학계열	-9.6252	7.59468	.711	-30.3814	11.1310
	자연계열	21.5376	9.12871	.128	-3.4110	46.4863
사회계열	인문계열	3.1085	7.86551	.995	-18.3879	24.6048
	교육계열	31.1447*	9.02256	.005	6.4862	55.8033
	공학계열	-6.5167	4.91821	.676	-19.9582	6.9247
	자연계열	24.6461*	7.05996	.005	5.3513	43.9409
교육계열	인문계열	-28.0363	10.71900	.068	-57.3312	1.2587
	사회계열	-31.1447*	9.02256	.005	-55.8033	-6.4862
	공학계열	-37.6615*	8.78746	.000	-61.6775	-13.6454
	자연계열	-6.4986	10.14267	.968	-34.2184	21.2212
공학계열	인문계열	9.6252	7.59468	.711	-11.1310	30.3814
	사회계열	6.5167	4.91821	.676	-6.9247	19.9582
	교육계열	37.6615*	8.78746	.000	13.6454	61.6775
	자연계열	31.1628*	6.75691	.000	12.6963	49.6294
자연계열	인문계열	-21.5376	9.12871	.128	-46.4863	3.4110
	사회계열	-24.6461*	7.05996	.005	-43.9409	-5.3513
	교육계열	6.4986	10.14267	.968	-21.2212	34.2184
	공학계열	-31.1628*	6.75691	.000	-49.6294	-12.6963

관측평균을 기준으로 합니다.
오차항은 평균제곱(오차) = 4100.334입니다.
*. 평균차이는 .05 수준에서 유의합니다.

그림 8-34 • 반복측정 분산분석 결과(7)

결과분석

위 결과는 Tukey의 다중비교로서 유의확률 값이 유의수준 α=0.05보다 크면 귀무가설 'H_0: 전공계열(X02)에 따른 월평균 소득의 유의한 차이는 없다.'를 기각할 수 없어 전공계열(X02)에 따른 월평균 소득의 유의한 변화는 없다는 해석을 내릴 수 있고, 유의확률 값이 유의수준 α=0.05보다 작으면 귀무가설 'H_0: 전공계열(X02)에 따른 월평균 소득의 유의한 차이는 없다.'를 기각하여 전공계열(X02)에 따른 월평균 소득의 유의한 변화는 있다는 해석을 내릴 수 있다.

동질적 부분집합

MEASURE_1

Tukey HSD[a,b,c]

전공계열	N	부분집합 1	2	3
교육계열	61	178.4517		
자연계열	115	184.9503	184.9503	
인문계열	86		206.4880	206.4880
사회계열	289			209.5965
공학계열	410			216.1132
유의확률		.937	.076	.779

동질적 부분집합에 있는 집단에 대한 평균이 표시됩니다.
관측평균을 기준으로 합니다.
오차항은 평균제곱(오차) = 4100.334입니다.

a. 조화평균 표본크기 117.326을(를) 사용합니다.

b. 집단 크기가 동일하지 않습니다. 집단 크기의 조화평균이 사용됩니다. I 유형 오차 수준은 보장되지 않습니다.

c. 유의수준 = .05.

그림 8-35 • 반복측정 분산분석 결과(8)

결과분석

집단별 평균값으로 Tukey의 다중비교로서 교육계열-자연계열은 월평균 소득의 변화가 동일하고, 자연계열-인문계열, 인문계열-사회계열-공학계열은 동일한 그룹으로 볼 수 있다.

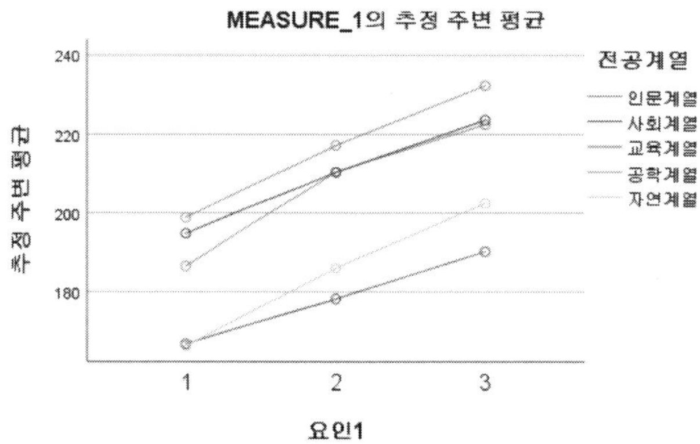

그림 8-36 • 반복측정 분산분석 결과(9)

결과분석

요인에 대한 프로파일 도표는 추정된 주변 평균이 여러 수준에서 증가하는지 또는 감소하는지를 보여 주며, 여기에서와같이 둘 이상의 요인의 경우 평행선은 두 요인 간 상호작용이 없음을 의미한다. 최종 결론인 시간의 경과에 따라 전체적으로 비슷한 비율로 월평균 소득의 증가가 있으며, 자연계열과 교육계열은 전반적으로 월평균 소득이 낮음을 볼 수 있다.

09

상관분석

9.1 이론적 근거

9.1.1 상관계수

통계적 자료분석 문제에서는 여러 개의 변수를 동시에 고려해야 하는 경우가 많다. 이 장에서는 둘 이상의 변수로 이루어진 자료를 분석하는 기법에 대해 알아보고자 한다. 여기서는 주로 두 변수에 중점을 두지만, 둘 이상의 변수에 대해서도 이 방법을 확장할 수 있다.

어떤 통계적 문제에 있어서는 여러 개의 변수가 동시에 서로 어떻게 관련되어 있는가를 알아보려고 하고, 또 다른 문제에서는 관심 있는 한 변수가 여러 가지 변수들에 의해 어떻게 설명되는가를 알고자 한다. 이와 같은 두 종류의 문제를 각각 상관(correlation)과 회귀(regression)라고 하는데 9장에서 상관에 대하여 먼저 알아보고, 10장에서 회귀에 관한 문제를 알아보고자 한다.

상관에 관한 문제는 쌍으로 이루어진 변수들 간에 어떤 관계가 있는지를 조사하고자 할 때 주로 나타난다. 즉, 사람의 키와 몸무게, 흡연과 심장병, 수학점수와 지능지수(IQ) 등 두 변수 간에 관련성을 알아보고자 할 때 상관분석을 한다. 일반적으로 상관분석에서 자료의 구조는 다음과 같다. 크기가 n인 확률표본을 취했을 때 n개의 자료를 $(x_1,\ y_1),(x_2,\ y_2),\cdots,(x_n,\ y_n)$이라 표현하고, $(x_i,\ y_i)\ (i=1,\ 2,\ \cdots,\ n)$은 동일한 이변량분포(bivariate distribution)를 따르고, 또한 $(x_i,\ y_i)$들은 서로 독립이다.

두 변수 간의 관계를 규명하기 위해서는 먼저 산점도(scatter diagram)를 그려보아야 한다. 산점도란 X와 Y값의 n개의 쌍으로 구성된 자료를 좌표상에 옮겨 그린 그림으로서 이 산점도를 작성해 보면 두 변수 간에 어떤 연관성이 존재하는지를 대략적으로 짐작할 수 있다. 만약 관계가 있다면 그 관계가 선형관계로 다룰 수 있는지를 쉽게 알아볼 수 있다. 예를 들어 어떤 고등학생집단에서 이들의 수학점수와 지능지수와의 관련성을 알아보기 위해 임의로 15명의 학생을 뽑아 조사해 본 결과 다음과 같은 자료를 얻었다.

번호	1	2	3	4	5	6	7	8	9	10	11	12	13	14	15
IQ(x)	100	120	110	150	89	136	90	105	126	95	118	130	86	75	98
수학점수(y)	80	88	90	98	70	96	72	82	92	75	88	95	70	65	78

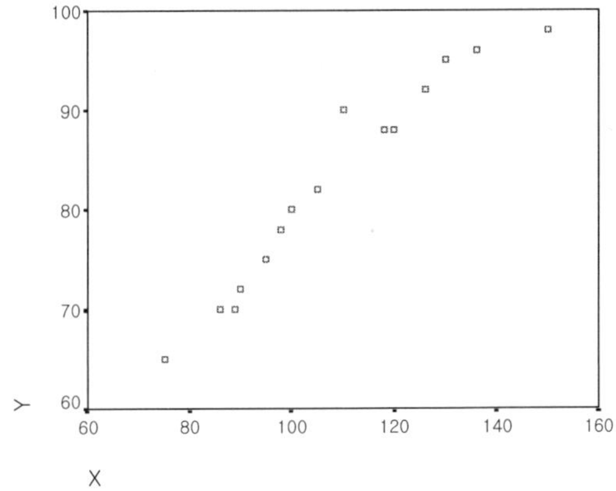

그림 9-1 • 산점도

이와 같이 지능지수가 높으면 수학함수가 좋아지는 것을 위의 산점도로부터 쉽게 알 수 있으며, 두 변수가 대략적으로 직선적인 관계를 가지고 변화하는 것을 알 수 있다.

이제 두 변수 X와 Y간의 선형관계의 정도를 나타내는 척도를 구해 보자. 먼저 직선적으로 관련된 정도를 측정하기 위한 척도의 성질 중의 하나는 분명히 변수들에 대해 원점을 선택하는 것과는 무관해야 한다는 것이다. 이러한 성질은 변수 자체보다 표준편차를 정의할 때처럼 오히려 변수들의 평균으로부터의 편차를 사용함으로써 충족될 수 있다. 따라서 (x_i, y_i) 대신 $(x_i - \overline{x}\ ,\ y_i - \overline{y})$를 사용하는 것이 바람직하다. 또 다른 성질은 관계를 나타내는 척도가 X와 Y의 측정에 사용되는 단위와 무관해야 한다는 것이다. 즉, 신장이 cm 로 측정되느냐 inch 로 측정되느냐에 따라 척도의 값이 변해서는 안 된다는 것이다. 또한 X와 Y의 값이 두 배가 되더라도 변수들 간의 관련성은 변하지 않아야 한다. 이와 같은 성질을 만족시키기 위해서는 변수 X와 Y에 같은 단위를 갖는 척도로 나누어주면 된다. 이러한 이유로 선택된 변량이 각각의 표준편차 s_x와 s_y이다. 따라서 변수 x_i와 y_i를 다음과 같이 u_i와 v_i로 변형하여 관계식을 구하면 위에서 논의한 성질이 만족된다.

$$u_i = \frac{x_i - \overline{x}}{s_x}, \quad v_i = \frac{y_i - \overline{y}}{s_y}$$

그러므로 이들을 곱하여 합한 값인 $\sum u_i v_i$를 관련성의 정도를 나타내는 척도로 이용한다. 이 합계에서 제1상한과 제3상한의 점은 양의 값을 나타내고, 제2상한과 제4상한의 점은 음의 값을 나타내므로 이 합의 절댓값이 크면 산점도에서 강한 직선의 경향을 나타낸다. 그러나 산포의 정도를 변화시키지 않더라도 점의 개수를 2배로 하면 이 합계값도 근사적으로 2배가 되므로 이를 점의 개수 n 으로 나누어 줄 필요가 있다. 이 합계를 표준편차의 경우와 같이 n 대신 $(n-1)$ 로 나누어주면 두 변수 간의 직선적인 관련성을 나타내는 바람직한 척도가 되며, 이를 표본상관계수(sample correlation coefficient)라 하고 r 로 표기한다.

$$r = \frac{\sum u_i v_i}{n-1} = \frac{\sum (x_i - \bar{x})(y_i - \bar{y})}{\sqrt{\sum (x_i - \bar{x})^2} \sqrt{\sum (y_i - \bar{y})^2}}$$

여러 가지 r 값에 대응하는 산점도를 나타내면 다음과 같다.

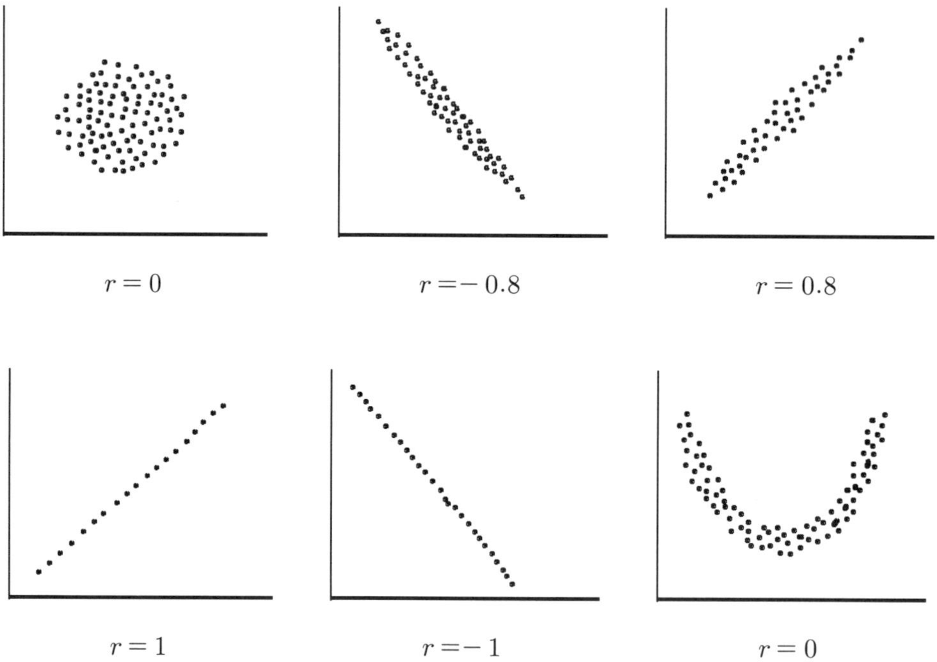

그림 9-2 • 여러 가지 r 값

모집단의 상관계수는 다음과 같이 정의된다.

$$\rho = \frac{Cov(X,Y)}{\sqrt{Var(X)}\sqrt{Var(Y)}}$$

상관계수는 항상 -1과 1 사이의 값을 가지며, r의 값은 두 변수 X와 Y간의 선형관계를 나타내는 척도이고, r의 부호는 상관관계의 영향을 나타낸다. 즉, r이 양의 값을 가지면 두 변수 X와 Y는 양의 상관관계가 있다고 하고, 반대로 r이 음의 값을 가지면 두 변수 X와 Y는 음의 상관관계가 있다고 한다. 또한 a, b, c 그리고 d가 상수일 때 X는 $aX+b$가 되고, Y는 $cy+d$가 되더라도 a와 c의 부호가 같으면 r의 값에는 변함이 없다. 상관계수 r은 단지 두 변수 간의 공통적으로 변하는 정도를 직선적으로 나타내 주는 측도일 뿐 곡선적인 관계나 두 변수 간의 인과 관계를 설명해 주지는 못하므로 어떤 원인이나 결과에 관한 의미는 완전히 배제되어야 한다.

상관계수를 언어적으로 설명하기는 매우 어려우나 대략적으로 표현하면 다음과 같다.

상관계수	언어적 표현
±0.00 ~ ±0.2	상관이 거의 없다
±0.21 ~ ±0.4	상관이 있으나 낮다
±0.41 ~ ±0.6	상관이 있다
±0.61 ~ ±0.8	상관이 높다
±0.81 ~ ±1.0	상관이 아주 높다

9.1.2 모상관계수의 검정

모상관계수에 관한 검정을 하고자 할 경우는 모집단에 대한 가정이 필요한데, 일반적으로 모집단은 이변량 정규분포(bivariate normal distribution)를 한다고 가정한다. 이변량 정규분포의 확률밀도함수는 다음과 같다.

$$f(x,y) = \frac{1}{2\pi\sigma_x\sigma_y\sqrt{1-\rho^2}} exp\left[-\frac{1}{2(1-\rho^2)}(Z_x^2 - 2\rho Z_x Z_y + Z_y^2)\right]$$

여기서 Z_x와 Z_y는 다음과 같다.

$$Z_x = \frac{x-\mu_x}{\sigma_x}, \quad Z_y = \frac{y-\mu_y}{\sigma_y}$$

모집단이 이변량 정규분포를 하고 $\rho=0$이면 다음과 같은 통계량 T는 자유도가 $(n-2)$인 t분포를 따른다.

$$T = \frac{r\sqrt{n-2}}{\sqrt{1-r^2}} \quad \sim \quad t_{(n-2)}$$

따라서 모상관계수에 대한 가설검정의 절차는 다음과 같다.

① 귀무가설 H_0: $\rho = 0$
② 대립가설 H_1: $\rho \neq 0$ ($\rho > 0$ 또는 $\rho < 0$)
③ 검정통계량의 계산 :

$$T = \frac{r\sqrt{n-2}}{\sqrt{1-r^2}}$$

④ 유의수준 α의 결정
⑤ 기각역 : $|T| \geq t_{\alpha/2(n-2)}$ ($T > t_{\alpha(n-2)}$ 또는 $T < -t_{\alpha(n-2)}$)
⑥ 결론 : 검정통계량의 값이 기각역에 포함되면 귀무가설을 기각한다.

만약 ρ의 값이 0이 아닌 다른 값에 대한 검정을 하고자 할 경우에는 피셔(R. A. Fisher)가 고안한 다음의 방법을 이용한다. n이 크면 $\frac{1}{2}ln\left(\frac{1+r}{1-r}\right)$이 근사적으로 정규분포 $N\left(\frac{1}{2}ln\left(\frac{1+\rho}{1-\rho}\right), \frac{1}{n-3}\right)$를 따르므로 이를 표준화시킨 표준화변수는 근사적으로 정규분포 $N(0,1)$을 따른다.

$$Z = \sqrt{n-3}\left\{\frac{1}{2}ln\left(\frac{1+r}{1-r}\right) - \frac{1}{2}ln\left(\frac{1+\rho_0}{1-\rho_0}\right)\right\} \quad \sim \quad N(0,1)$$

이 검정통계량을 이용하면, 귀무가설 H_0 : $\rho = \rho_0$에 대한 검정을 행할 수 있게 된다.

9.2 SPSS를 이용한 상관분석

여기서는 상관분석을 SPSS를 이용하여 분석한다. 두 개의 변수 간에 상호 관련성의 유무 즉, 두 개의 변수가 독립인지를 알아본다. 연습2 자료에서 (1차년도)월평균 소득(X35), (2차년도)월평균 소득(XX35), (3차년도)월평균 소득(XXX35), (1차년도)수면시간(X32), 연령(X04)의 변수가 서로 간의 관계가 있는지의 여부를 알아본다.

첫 번째는 단순 상관계수를 알아보고, 두 번째는 순위형 자료에 사용하는 순위상관계수를 살펴보고, 세 번째는 연령을 통제한, 즉 연령 변수의 영향을 배제한 부분상관계수를 알아본다. 거리(distances)로 유클리디안 거리를 비롯한 몇 가지 측도의 방법이 나오나 여기서는 생략한다.

9.2.1 단순상관계수

예제 (1차년도)월평균 소득(X35), (2차년도)월평균 소득(XX35), (3차년도)월평균 소득(XXX35), (1차년도)수면시간(X32), 연령(X04) 간에 관련성이 있는가?

① 먼저 SPSS를 시작하고 저장한 파일 '연습2.sav'를 불러온다(파일(F) → 열기(O) → 데이터(A) → 연습2 → 열기).

② '연습2.sav' 자료가 나오면 메뉴에서 분석(A) → 상관분석(C) → 이변량 상관(B)으로 마우스로 클릭하면 이변량 상관계수 창이 열린다.

③ 이변량 상관계수 창에서 분석하고자 하는 변수((1차년도)월평균 소득(X35) 등)를 선택하고, 변수에 등록하기 위해 ➡를 클릭한다. 그리고 일반적으로 상관계수는 Pearson의 상관계수를 이용하고, 유의성 검정의 방법은 양쪽(T)을 하고, 상관관계가 유의한 수준에 따라 * 표시를 하는 것이 좋기 때문에 유의한 상관계수 플래그(F)를 선택한다.

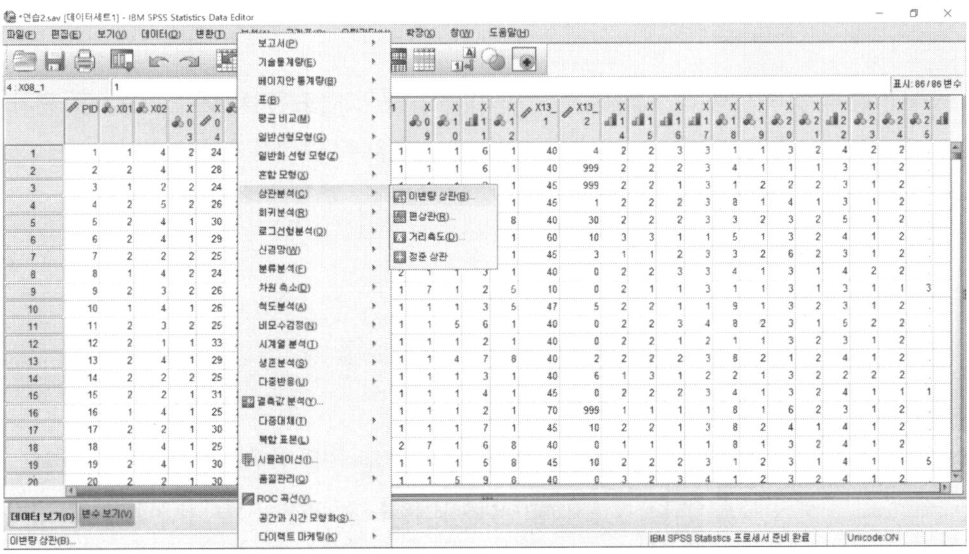

그림 9-3 • 상관분석의 선택

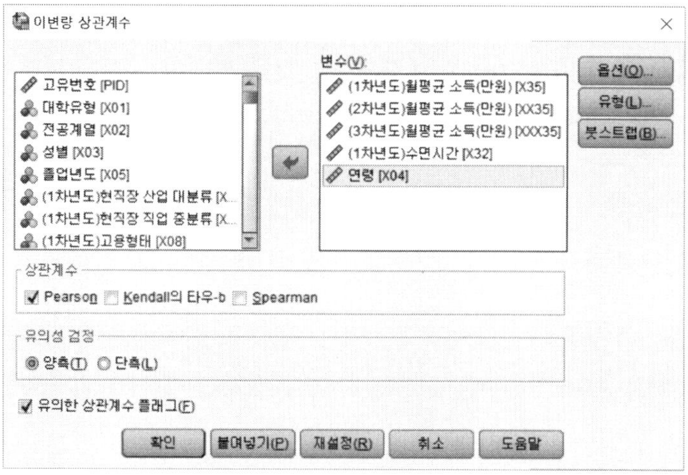

그림 9-4 • 이변량 상관계수 창

여기서 부수적인 선택을 요약하면 다음과 같다.

구분	종류	내용
상관계수	Pearson	피어슨의 상관계수
	Kendall's 타우-b	캔달의 상관계수
	Spearman	스피어만의 상관계수
유의성검정	양쪽	양측검정
	한쪽	단측검정
	유의한 상관계수 플래그	유의수준 0.05에서는 *를, 유의수준 0.01에서는 **를 표시

④ 고급 분석을 하기 위해 옵션(O)... 을 클릭한다. **평균과 표준편차(M)** 및 **교차곱 편차와 공분산(C)**의 출력 여부를 나타내는 것이고, 결측값은 앞에서와 동일하다.

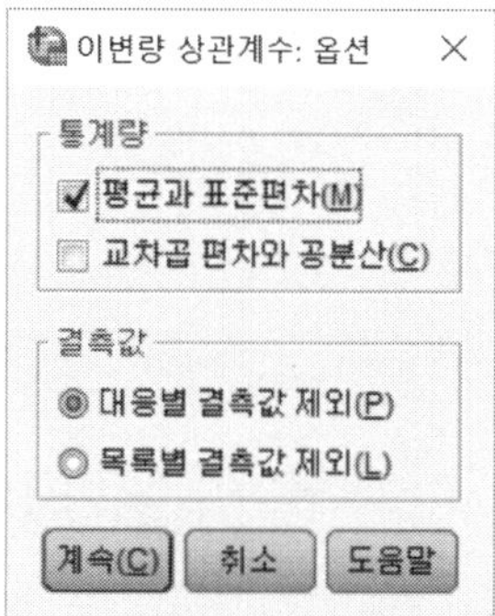

그림 9-5 • 이변량 상관계수: 옵션 창

⑤ 계속(C) 을 클릭하면 [그림 9-4]가 다시 나타난다. 여기서 확인 을 클릭하면 출력결과가 나타난다.

명령문

```
CORRELATIONS
  /VARIABLES=X35 XX35 XXX35 X32 X04
  /PRINT=TWOTAIL NOSIG
  /STATISTICS DESCRIPTIVES
  /MISSING=PAIRWISE.
```

기술통계량

	평균	표준화 편차	N
(1차년도)월평균 소득(만원)	186.47	61.414	1335
(2차년도)월평균 소득(만원)	205.2247	70.85658	1133
(3차년도)월평균 소득(만원)	220.70	76.176	1040
(1차년도)수면시간	6.44	.986	1131
연령	27.30	2.442	1335

그림 9-6 • 이변량 상관계수 결과(1)

상관관계

		(1차년도)월평균 소득(만원)	(2차년도)월평균 소득(만원)	(3차년도)월평균 소득(만원)	(1차년도)수면시간	연령
(1차년도)월평균 소득(만원)	Pearson 상관	1	.827**	.777**	-.109**	.451**
	유의확률 (양측)		.000	.000	.000	.000
	N	1335	1133	1040	1131	1335
(2차년도)월평균 소득(만원)	Pearson 상관	.827**	1	.806**	-.102**	.421**
	유의확률 (양측)	.000		.000	.001	.000
	N	1133	1133	961	1022	1133
(3차년도)월평균 소득(만원)	Pearson 상관	.777**	.806**	1	-.122**	.400**
	유의확률 (양측)	.000	.000		.000	.000
	N	1040	961	1040	1040	1040
(1차년도)수면시간	Pearson 상관	-.109**	-.102**	-.122**	1	-.055
	유의확률 (양측)	.000	.001	.000		.066
	N	1131	1022	1040	1131	1131
연령	Pearson 상관	.451**	.421**	.400**	-.055	1
	유의확률 (양측)	.000	.000	.000	.066	
	N	1335	1133	1040	1131	1335

**. 상관관계가 0.01 수준에서 유의합니다(양측).

그림 9-7 • 이변량 상관계수 결과(2)

결과분석

결과(1)은 각 변수에 대한 평균과 표준편차와 사례 수를 나타낸 것이다. 결과(2)는 각 변수 상호 간의 상관계수를 표현하였다. (1차년도)월평균 소득(X35)과 (2차년도)월평균 소득(XX35)은 상관계수가 0.827로 아주 높게 나왔다.

그리고 밑의 칸에 '두 변수의 상관계수가 0이다.'라는 귀무가설에 대한 유의확률과 사례수가 나와 있다. * 표시는 유의수준 0.05에서 귀무가설을 기각한다는 뜻이며, 분석은 상관계수가 0인지의 여부만을 알 수 있을 뿐이지 상관관계가 높은지를 검정하는 것은 아니다. (1차년도)월평균 소득(X35)과 (1차년도)수면시간(X32)에서는 -0.109로 상관이 거의 없으나, ** 표시가 있음을 유의하여야 한다. 또한 부호가 음수(-)로 서로 반비례하는 관계가 있다. 이는 월평균 소득(X35)가 높을수록 수면시간(X32)이 적게 나왔다는 뜻이다.

상관계수는 변수 간의 영향을 주고받는 것으로 해석하여서는 안 된다. 즉, 화재 규모와 소방차의 출동 대수는 상관계수는 높으며, 화재 규모를 줄이기 위해 소방차의 출동 대수를 줄여야 한다는 이상한 분석이 될 수도 있기 때문이다.

아래와 같이 상관계수가 r=0.827에 비해 r=0.777, r=0.451, r=-0.109로 상관계수가 0에 가까워질수록 대각선의 점들이 원형에 가깝게 두꺼운 것을 확인할 수 있다.

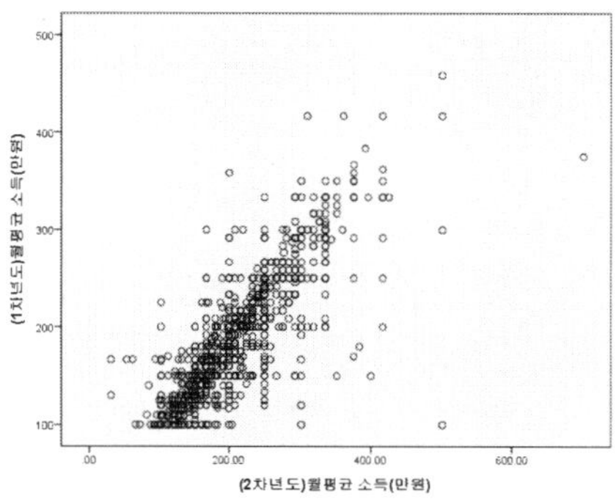

그림 9-8 • 상관계수 r=0.827

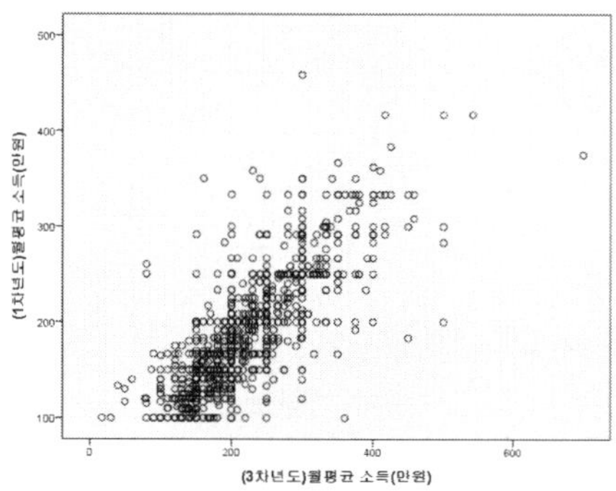

그림 9-9 • 상관계수 r=0.777

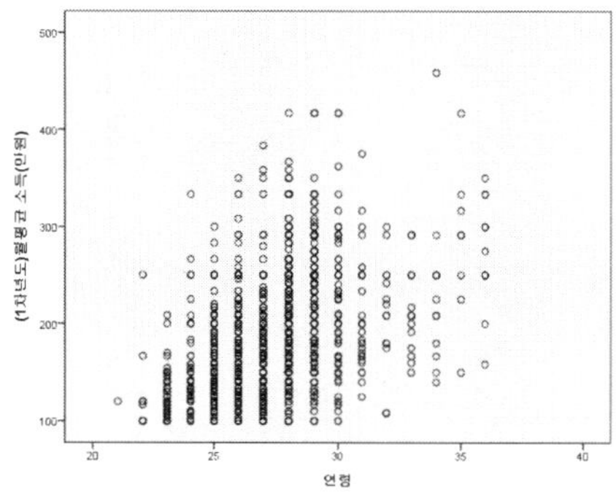

그림 9-10 • 상관계수 r=0.451

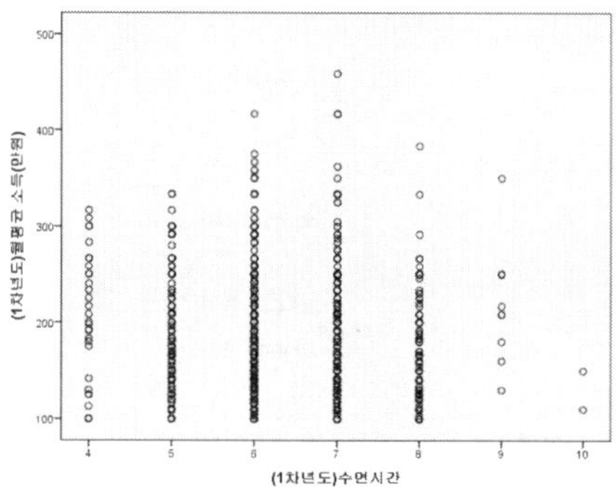

그림 9-11 • 상관계수 r=-0.109

9.2.2 순위상관계수

예제 순위형 변수인 종사자 수(X11), 졸업학점 등급(X22), 현재 건강상태(X30), 전반적 만족도(X36), 임금 만족도(X37) 간에 관련성이 있는가?

① 먼저 SPSS를 시작하고 저장한 파일 '연습2.sav'를 불러온다(파일(F) → 열기(O) → 데이터(A) → 연습 → 열기).

② '연습2.sav' 자료가 나오면 메뉴에서 분석(A) → 상관분석(C) → 이변량 상관(B)을 마우스로 클릭하면 이변량 상관계수 창이 열린다.

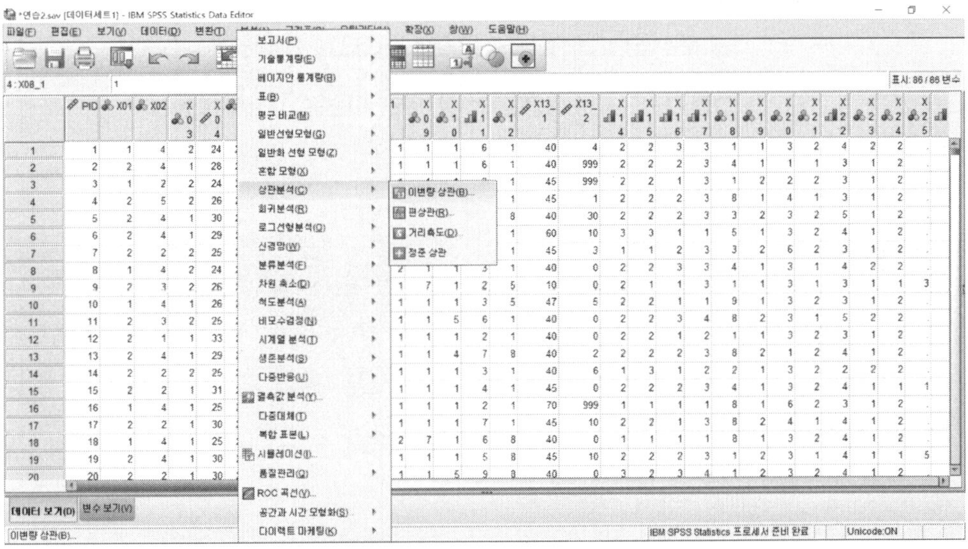

그림 9-12 • 상관분석의 선택

③ 이변량 상관계수 창에서 변수(V)에는 분석하고자 하는 변수(종사자 수(X11) 등)를 선택하고, 변수에 등록하기 위해 ➡를 클릭한다. 그리고 순서형 자료이기에 Spearman의 상관계수를 이용하고, 검정의 방법은 유의성 검정에서 양쪽(T)을 선택하고, 유의수준에 따라 * 표시를 하는 것이 좋기 때문에 그림과 같이 유의한 상관계수 플래그(F)를 선택한다.

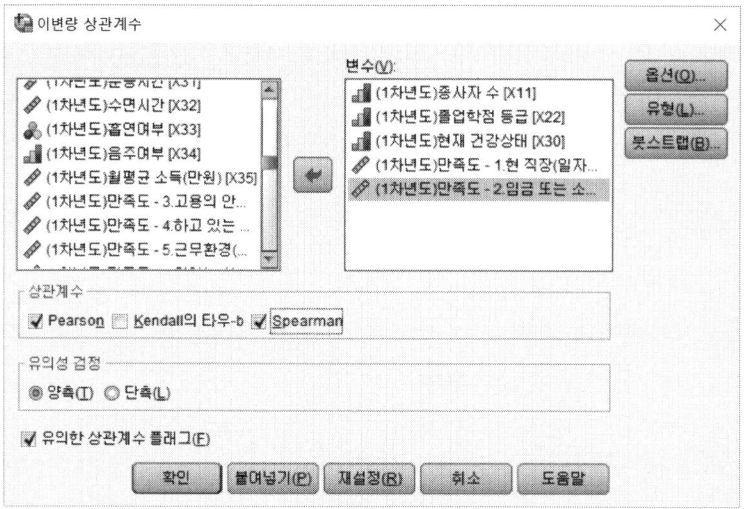

그림 9-13 • 순위상관계수를 위한 이변량 상관계수 창

④ 나머지는 단순상관계수인 Pearson의 상관계수와 동일하다.

명령문

```
NONPAR CORR
  /VARIABLES=X11 X22 X30 X36 X37
  /PRINT=SPEARMAN TWOTAIL NOSIG
  /MISSING=PAIRWISE.
```

상관관계

			(1차년도)종사자 수	(1차년도)졸업학점 등급	(1차년도)현재 건강상태	(1차년도)만족도 - 1.현 직장(일자리)에 대한 전반적인 만족 여부	(1차년도)만족도 - 2.임금 또는 소득
Spearman의 rho	(1차년도)종사자 수	상관계수	1.000	.096**	-.036	.057*	.160**
		유의확률 (양측)	.	.000	.230	.036	.000
		N	1335	1335	1131	1335	1335
	(1차년도)졸업학점 등급	상관계수	.096**	1.000	.002	.092**	.076**
		유의확률 (양측)	.000	.	.934	.001	.005
		N	1335	1335	1131	1335	1335
	(1차년도)현재 건강상태	상관계수	-.036	.002	1.000	-.028	-.043
		유의확률 (양측)	.230	.934	.	.346	.149
		N	1131	1131	1131	1131	1131
	(1차년도)만족도 - 1.현 직장(일자리)에 대한 전반적인 만족 여부	상관계수	.057*	.092**	-.028	1.000	.526**
		유의확률 (양측)	.036	.001	.346	.	.000
		N	1335	1335	1131	1335	1335
	(1차년도)만족도 - 2.임금 또는 소득	상관계수	.160**	.076**	-.043	.526**	1.000
		유의확률 (양측)	.000	.005	.149	.000	.
		N	1335	1335	1131	1335	1335

**. 상관관계가 0.01 수준에서 유의합니다(양측).

*. 상관관계가 0.05 수준에서 유의합니다(양측).

그림 9-14 • 순위상관계수 결과

결과분석

순위상관계수이기에 Spearman의 rho로 표기되어 있음을 확인할 수 있다. 결과의 해석 방법은 단순상관계수인 Pearson의 상관계수와 동일하다.

9.2.3 부분상관계수

예제 연령(X04)을 통제하고 (1차년도)월평균 소득(X35), (2차년도)월평균 소득(XX35), (3차년도)월평균 소득(XXX35) 간에 관련성이 있는가?

이번에는 연령이란 요소를 제거하고 상관계수를 구하여 보겠다. 이는 연령에 따라 월평균 소득 등이 영향을 미치기 때문이다. 이는 같은 연령끼리의 상관계수를 구하여 평균을 내는 방법이다.

① 먼저 SPSS를 시작하고 저장한 '연습2.sav'를 불러온다(파일(F) → 열기(O) → 데이터(A) → 연습 → 열기).

② '연습2.sav' 자료가 나오면 메뉴에서 분석(A) → 상관분석(C) → 편상관(R)을 마우스로 클릭하면 편상관계수 창이 열린다.

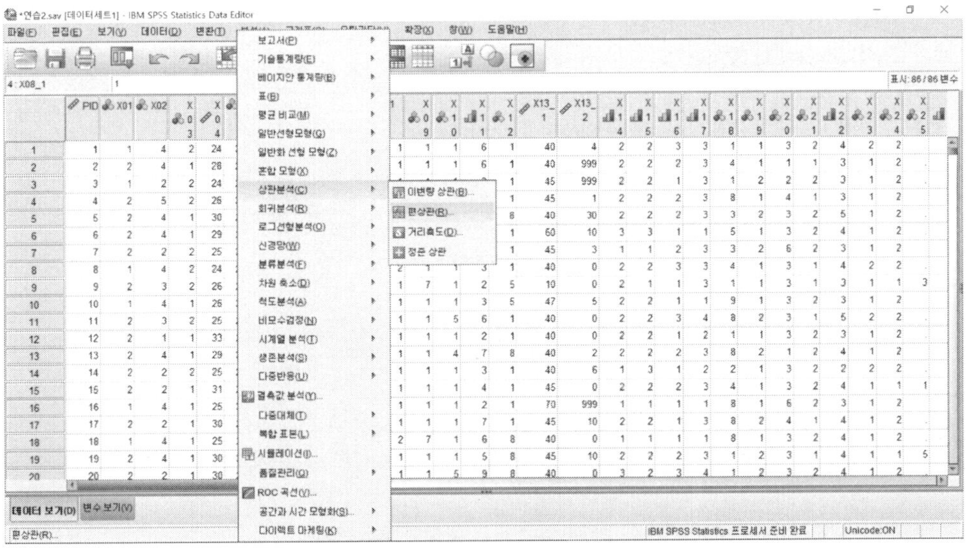

그림 9–15 • 부분상관분석의 선택

③ 편상관계수 창에서 분석하고자 하는 변수((1차년도)월평균 소득(X35) 등)를 선택하고,

변수에 등록하기 위해 ▶를 클릭한다. 그리고 연령을 통제하기 때문에 **제어변수(C)**에 **연령(X04)**을 선택한다. 나머지 부분은 앞과 동일하다.

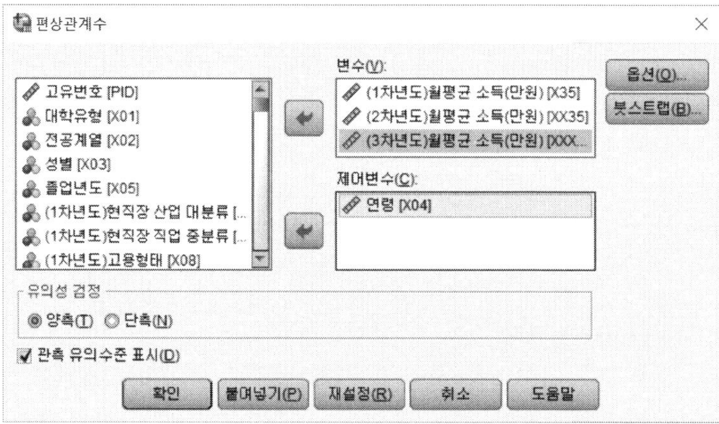

그림 9-16 • 편상관계수 창

명령문

```
PARTIAL CORR
  /VARIABLES=X35 XX35 XXX35 BY X04
  /SIGNIFICANCE=TWOTAIL
  /MISSING=LISTWISE.
```

상관관계

대조변수			(1차년도)월평균 소득(만원)	(2차년도)월평균 소득(만원)	(3차년도)월평균 소득(만원)
연령	(1차년도)월평균 소득(만원)	상관관계	1.000	.796	.738
		유의확률(양측)	.	.000	.000
		자유도	0	958	958
	(2차년도)월평균 소득(만원)	상관관계	.796	1.000	.766
		유의확률(양측)	.000	.	.000
		자유도	958	0	958
	(3차년도)월평균 소득(만원)	상관관계	.738	.766	1.000
		유의확률(양측)	.000	.000	.
		자유도	958	958	0

그림 9-17 • 편상관계수 결과

결과분석

결과에 대한 분석방법은 이변량 상관계수와 동일하며, 각 변수에 대한 상관계수가 이변량 상관계수의 값과 차이가 있음을 유의하기 바란다.

10

회귀분석

10.1 이론적 근거

10.1.1 서론

사회현상이나 자연현상에서 둘 또는 그 이상의 변수들이 서로 관계를 가지고 변화할 때, 그 변수들 간의 상호 관련성을 규명하고자 하는 경우가 종종 있다. 예를 들어 연령과 신장 간의 관계, 고혈압을 치료하는 처방에 대한 환자의 반응, 온도에 따른 화학제품의 생산량, 상품의 수요량과 상품의 가격 및 소비자의 소득과의 관계, 그리고 광고비에 따른 매출액의 증감 등이 있다. 위의 예에서 연령, 온도, 상품의 가격, 소비자의 소득, 그리고 광고비 등과 같이 다른 변수에 영향을 주는 변수를 독립변수(independent variable) 또는 설명변수(explanatory variable)라고 하고, 신장, 생산량, 매출액 등과 같이 독립변수에 의해 영향을 받는 변수를 종속변수(dependent variable) 또는 반응변수(response variable)라고 한다. 이러한 경우 적용 가능한 통계적 분석방법이 회귀분석(regression analysis)이다. 회귀분석이란 독립변수들과 종속변수간의 함수적인 관련성을 수학적 모형을 이용하여 측정된 변수들의 자료를 근거로 하여 추정하고 분석하는 통계적 방법을 말한다. 일반적으로 이 추정된 모형을 이용하여 종속변수와 독립변수들 간의 관계를 규명하고 필요한 예측을 하며, 관심 있는 통계적 추정과 검정을 실시한다. 예를 들면 상품의 수요량에 영향을 미치는 요인에는 가격, 디자인, 서비스, 브렌드명 등 여러 가지가 있는데, 이러한 요인들과 상품수요량과의 관계를 규명하고, 이들 요인 중 어떤 요인이 상품수요량에 가장 많은 영향을 주고 있는가를 파악하는 통계적 방법이 회귀분석이다.

'회귀'라는 용어는 영국의 우생학자인 갈톤(F.Galton)이 처음 사용하였다. 그는 아버지와 아들의 신장 간의 관계식을 구하여 아버지의 신장이 아들의 신장에 미치는 영향을 조사하였는데, 그는 이 조사에서 태어난 아들의 신장은 집단전체의 평균 신장보다는 작으나(또는 크나) 아버지의 신장보다는 커서(또는 작아서) 평균 신장으로 회귀하려는 경향이 있다는 것을 발견하였다.

많은 경우에 있어서 반응변수 y를 설명변수 x에 의한 함수 관계로 표시할 수 있는데, 반응변수 y는 확률변수로서 x의 함수 $g(x)$와 확률오차 ϵ의 합으로 나타낸다. 즉, 함수식은 $y = g(x) + \epsilon$과 같은 형태를 갖는다. 반응변수 y와 설명변수 x 간의 상호 관련성을 식으로 나타낸 것을 회귀식(regression equation)이라 하고, 회귀식의 형태를 일반화하여 표현한 것을 회귀모형(regression model)이라 한다.

회귀분석을 하는 데 있어서 그 순서는 다음과 같다. 먼저 관심 있는 반응변수를 규정하고 반응변수에 영향을 주는 설명변수에는 어떠한 것들이 있는지를 알아본 후 자료를 수집한다. 다음에는 두 변수 간의 수학적 모형을 가정하기 위해 산점도를 작성한다. 이 산점도를 작성해 보면 어떤 수학적 모형을 가정할 것인지를 결정할 수 있다. 마지막으로 회귀식을 구한 후 그 회귀식이 반응변수를 어느 정도로 정확하게 예측해 줄 수 있으며, 또한 회귀식에 포함된 설명변수들 중에서 어느 설명변수가 가장 설명력이 높은지를 검정하게 된다.

일반적으로 회귀분석에서 취급되는 모형은 반응변수와 설명변수들 간의 상호관계에 의해 다음과 같이 분류할 수 있다. 단순회귀모형(simple regression model)은 설명변수가 1개이고, 반응변수와의 관계가 직선인 회귀모형으로 이를 수식으로 표현하면 다음과 같다.

$$y = \beta_0 + \beta_1 x + \epsilon$$

곡선회귀모형(curvilinear regression model)은 설명변수가 1개이고, 반응변수와의 관계가 곡선인 회귀모형으로 이를 수식으로 표현하면 다음과 같다.

$$y = \beta_0 + \beta_1 x + \beta_2 x^2 + \beta_3 x^3 + \cdots + \epsilon$$

중(선형)회귀모형(multiple (linear) regression model)은 설명변수가 k개이고, 반응변수와의 관계가 1차 함수 이상인 회귀모형으로 수식으로 표현하면 다음과 같다.

$$y = \beta_0 + \beta_1 x_1 + \beta_2 x_2 + \beta_3 x_3 + \cdots + \beta_n x_n + \epsilon$$

다항회귀모형(polynomial regression model)은 설명변수가 k개이고, 관계식이 2차 함수 이상인 회귀모형으로 이를 수식으로 표현하면 다음과 같다.

$$y = \beta_0 + \beta_1 x_1 + \beta_2 x_2 + \beta_{11} x_1^2 + \beta_{22} x_2^2 + \beta_{12} x_1 x_2 + \epsilon$$

비선형회귀모형(nonlinear regression model)은 미지의 모수 β_i들이 선형관계로 이루어져 있지 않은 회귀모형으로 이를 수식으로 표현하면 다음과 같다.

$$y = \beta_0 e^{-\beta_1 x} + \epsilon$$

10.1.2 단순회귀 모형

반응변수 y와 하나의 설명변수 x에 직선회귀모형을 적합 시킬 때 일반적으로 필요한 가정은 다음과 같다.

1) 오차항 ϵ은 정규분포를 따른다.
2) 오차항 ϵ의 평균은 0이다.
3) 서로 다른 두 오차는 서로 독립이다.
4) 오차항 ϵ은 모든 x에 대해 동일한 분산을 갖는다.
5) 설명변수 x는 수학적 변수이다.

위의 가정하에서 단순회귀모형은 다음과 같이 표현된다.

$$y_i = \beta_0 + \beta_1 x_i + \epsilon_i \quad (i = 1, 2, \cdots, n)$$

여기서 y_i는 i번째 측정된 반응변수 y의 값이고, β_0와 β_1은 모집단의 회귀계수인데 β_0는 회귀직선의 절편이고, β_1는 회귀직선의 기울기이다. x_i는 i번째 주어진 설명변수 x의 고정된 값이고, ϵ_i는 i번째 측정된 y_i의 오차항으로써 서로 독립이며, 평균은 0이고 분산이 σ^2인 정규분포를 따르는 확률변수이다.

단순회귀모형을 다음과 같이 변형하여 대체모형(alternative model)으로 사용하면 편리한 경우가 있다.

$$\begin{aligned} y_i &= \beta_0 + \beta_1 x_i + \epsilon_i \\ &= (\beta_0 + \beta_1 \overline{x}) + \beta_1 (x_i - \overline{x}) + \epsilon_i \\ &= \beta_0' + \beta_1 (x_i - \overline{x}) + \epsilon_i \end{aligned}$$

여기서 $\beta_0' = \beta_0 + \beta_1 \overline{x}$ 이다.

오차항이 정규분포를 따르므로 관찰값 y도 정규분포를 따른다는 것을 알 수 있는데, 주어진 x에 대해 y의 평균과 분산을 구하면 다음과 같다.

$$
\begin{aligned}
E[y] &= E[\beta_0 + \beta_1 x + \epsilon] \\
&= \beta_0 + \beta_1 x + E[\epsilon] \\
&= \beta_0 + \beta_1 x \\
Var[y] &= Var[\beta_0 + \beta_1 x + \epsilon] \\
&= Var[\epsilon] \\
&= \sigma^2
\end{aligned}
$$

따라서 오차항 ϵ 이 정규분포 $N(0,\ \sigma^2)$를 따르면 y는 정규분포 $N(\beta_0 + \beta_1 x,\ \sigma^2)$를 따른다.

단순회귀모형에서 회귀계수 β_0와 β_1이 알려져 있지 않으므로 n개의 표본 $(x_1,\ y_1)$, $(x_2,\ y_2)$, $\cdots$, $(x_n,\ y_n)$을 이용하여 β_0와 β_1을 추정하여 다음과 같은 표본회귀식 또는 추정된 회귀직선을 얻는 것이 단순회귀분석의 일차적인 작업이다.

$$\hat{y} = b_0 + b_1 x$$

표본자료로부터 회귀계수를 추정하는 방법에는 최소제곱법(method of least squares)과 최우추정법(method of maximum likelihood estimation) 등이 있는데, 여기서는 가장 널리 적용되고 있는 최소제곱법에 대해서만 알아보고자 한다.

10.1.3 최소제곱법

최소제곱법이란 단순회귀모형에서 오차의 제곱합이 최소가 되도록 β_0와 β_1을 추정하는 방법이다. 즉, 이 방법은 단순회귀모형으로부터의 모든 관찰점 $(x_i,\ y_i)$ $(i = 1,\ 2,\ \cdots, n)$에 대해 오차 $\epsilon_i = y_i - \beta_0 - \beta_1 x_i$의 제곱합 S를 최소로 하는 β_0와 β_1의 값을 추정값으로 하는 방법이다.

$$S = \sum_{i=1}^{n} \epsilon_i^2 = \sum_{i=1}^{n} (y_i - \beta_0 - \beta_1 x_i)^2$$

오차제곱합 S를 최소화하는 β_0와 β_1을 구하기 위해 먼저 S를 β_0와 β_1에 대해 편미분하면 다음의 결과를 얻는다.

$$\frac{\partial S}{\partial \beta_0} = -2\sum_{i=1}^{n}(y_i - \beta_0 - \beta_1 x_i)$$

$$\frac{\partial S}{\partial \beta_1} = -2\sum_{i=1}^{n}x_i(y_i - \beta_0 - \beta_1 x_i)$$

위의 식을 0으로 하는 β_0와 β_1의 추정값을 b_0와 b_1으로 놓고 다시 정리하면 다음과 같다.

$$nb_0 + b_1\sum x_i = \sum y_i$$

$$b_0\sum x_i + b_1\sum x_i^2 = \sum x_i y_i$$

이 식을 정규방정식(normal equation)이라 하며, 이를 b_0와 b_1에 대해서 풀면 다음과 같다.

$$b_1 = \frac{\sum(x_i - \overline{x})(y_i - \overline{y})}{\sum(x_i - \overline{x})^2}$$

$$b_0 = \overline{y} - b_1\overline{x}$$

이러한 방법으로 β_0와 β_1을 추정하는 방법을 최소제곱법이라 하고, b_0와 b_1를 각각 회귀계수 β_0와 β_1의 최소제곱추정량(least square estimator)이라 한다. 이와 같이 구한 최소제곱 추정량은 최소분산선형불편추정량(minimum variance linear unbiased estimator)이 된다. 여기서 최소분산선형불편추정량이란 관찰값들의 선형결합으로 이루어져 있고 불편성을 만족하며, 모든 추정량 중에서 분산이 최소인 추정량을 의미한다.

10.1.4 잔차의 검토

단순회귀모형에서 관찰값 y_i와 추정량 $\hat{y_i} = b_0 + b_1 x_i$의 차를 잔차(residual)라 하며, 이를 e_i라 표기한다.

$$e_i = y_i - \hat{y_i}$$

잔차는 다음과 같은 성질을 갖고 있다.

1) 잔차의 합은 0이다.

$$\sum_{i=1}^{n} e_i = 0$$

2) 잔차들의 x_i에 대한 가중합(weighted sum)은 0이다.

$$\sum e_i x_i = 0$$

3) 잔차들의 $\hat{y_i}$에 대한 가중합은 0이다.

$$\sum e_i \hat{y_i} = 0$$

4) 잔차의 제곱합은 최소가 된다.

오차항 ϵ_i의 분산 σ^2은 회귀모형을 분석하는 과정에서 매우 중요한 역할을 하고 있지만, 실제로는 알려져 있지 않은 경우가 많으므로 σ^2을 추정하는 방법을 고려해 보자. 오차항의 분산은 관찰값 y의 분산과 동일하므로 y의 분산을 추정하는 절차를 고려해 보면 된다. 회귀모형에서 오차항의 분산이 작을수록 잔차는 0에 가깝고, 클수록 잔차는 큰 값으로 나타날 것이다. 따라서 분산은 관찰값 y와 이에 대응하는 회귀직선의 값인 $\beta_0 + \beta_1 x$와의 차의 함수로 표시될 수 있으므로 분산 σ^2의 추정량으로 잔차의 제곱합(residual sum of squares)을 고려할 수 있다. 잔차의 제곱합을 SSE라 하면 SSE는 다음과 같다.

$$\begin{aligned} SSE &= \sum (y_i - \hat{y_i})^2 \\ &= \sum (y_i - b_0 - b_1 x_i)^2 \end{aligned}$$

잔차의 제곱합을 이용하여 σ^2를 추정하면 불편추정량을 얻을 수 있는데, 잔차의 제곱합 SSE를 자유도 $n-2$로 나눈 값을 잔차의 제곱평균(residual mean squares)이라 하고, 이를 MSE로 표기한다. MSE는 σ^2의 불편추정량이 된다.

$$\begin{aligned} MSE &= \frac{SSE}{n-2} \\ &= \frac{\sum (y_i - b_0 - b_1 x_i)^2}{n-2} \end{aligned}$$

표준편차 σ 의 추정량은 다음과 같다.

$$\hat{\sigma} = \sqrt{MSE}$$

10.1.5 회귀모형에 관한 추론

이 절에서는 β_0 와 β_1, 그리고 평균 반응량 $E[y]$ 에 관한 구간 추정과 가설검정에 관하여 알아보고자 한다. 이들 모수들에 대한 통계적 추론을 하기 위해서는 각각의 추정량인 b_0 와 b_1, 그리고 $\hat{y}$ 의 분포형태를 먼저 파악해야 한다.

[1] β_1 의 추정과 검정

앞 절에서 본 바와 같이 단순회귀모형에서 회귀계수 β_1 의 추정량은 다음과 같다.

$$b_1 = \frac{\sum(x_i - \overline{x})(y_i - \overline{y})}{\sum(x_i - \overline{x})^2}$$

이제 b_1 의 기댓값과 분산을 구해 보자. 기댓값을 구하기 전에 b_1 의 분자를 정리하면 다음과 같이 된다.

$$\begin{aligned}\sum(x_i - \overline{x})(y_i - \overline{y}) &= \sum(x_i - \overline{x})y_i - \overline{y}\sum(x_i - \overline{x}) \\ &= \sum(x_i - \overline{x})y_i\end{aligned}$$

여기서 w_i 를 다음과 같이 정의하자.

$$w_i = \frac{x_i - \overline{x}}{\sum(x_i - \overline{x})^2}$$

그러면 b_1 은 다음과 같이 된다.

$$b_1 = \frac{\sum(x_i - \overline{x})(y_i - \overline{y})}{\sum(x_i - \overline{x})^2} = \sum w_i y_i$$

여기서 w_i는 고정된 상수이므로 b_1은 y_i의 선형결합(linear combination)으로 주어진다. y_i가 정규분포를 따르므로 이들의 선형결합인 b_1도 정규분포를 따르며, b_1의 기댓값은 다음과 같이 계산된다.

$$
\begin{aligned}
E[b_1] &= E[\sum w_i y_i] \\
&= \sum w_i E[y_i] \\
&= \sum w_i E[\beta_0' + \beta_1(x_i - \bar{x}) + \epsilon_i] \\
&= \beta_0' \sum w_i + \beta_1 \sum w_i (x_i - \bar{x}) \\
&= \beta_1
\end{aligned}
$$

위의 식에서 보는 바와 같이 b_1은 β_1의 불편추정량이 된다. 다음으로 분산을 구해보자. 회귀모형에서 오차항의 분산을 σ^2이라고 가정하였으므로 y_i의 분산은 σ^2이 되는 것을 위에서 살펴보았다. 따라서 b_1의 분산은 다음과 같다.

$$
\begin{aligned}
Var(b_1) &= Var(\sum w_i y_i) \\
&= \sum w_i^2 Var(y_i) \\
&= \sum \frac{(x_i - \bar{x})^2}{\{\sum (\mathrm{x_i} - \bar{\mathrm{x}})^2\}^2} \sigma^2 \\
&= \frac{\sigma^2}{\sum (x_i - \bar{x})^2}
\end{aligned}
$$

따라서 σ^2를 알고 있는 경우 b_1의 분포는 다음과 같다.

$$
b_1 \sim N\left(\beta_1, \frac{\sigma^2}{\sum (x_i - \bar{x})^2}\right)
$$

그러나 실제 문제에 있어서는 σ^2가 알려져 있지 않은 경우가 대부분이므로 σ^2 대신 σ^2의 불편추정량인 MSE를 사용한다. 그러면 b_1의 분산에 관한 추정량은 다음과 같다.

$$\widehat{Var}(b_1) = \frac{MSE}{\sum(x_i - \overline{x})^2}$$

따라서 σ^2가 알려져 있지 않는 경우 통계적 분포이론으로부터 다음이 성립함을 알 수 있다.

$$\frac{b_1 - \beta_1}{\sqrt{\frac{MSE}{\sum(x_i - \overline{x})^2}}} \sim t_{(n-2)}$$

그러므로 β_1의 $(1-\alpha)\times 100\%$의 신뢰구간은 다음과 같다.

1) σ^2가 알려져 있는 경우

$$b_1 \pm Z_{\alpha/2}\frac{\sigma}{\sqrt{\sum(x_i - \overline{x})^2}}$$

2) σ^2가 알려져 있지 않는 경우

$$b_1 \pm t_{\alpha/2(n-2)}\sqrt{\frac{MSE}{\sum(x_i - \overline{x})^2}}$$

다음으로 β_1에 대한 가설검정문제를 고려해 보자. σ^2가 알려져 있지 않는 경우가 대부분이므로 검정통계량은 다음과 같다.

$$T = \frac{b_1 - \beta_1}{\sqrt{\frac{MSE}{\sum(x_i - \overline{x})^2}}}$$

그리고 대립가설의 형태에 따라 기각역은 다음과 같이 결정된다.

1) $\begin{cases} H_0: \beta_1 = \beta_{10} \\ H_1: \beta_1 \neq \beta_{10} \end{cases}$

기각역 : $|T| \geq t_{\alpha/2\,(n-2)}$

2) $\begin{cases} H_0: \beta_1 = \beta_{10} \\ H_1: \beta_1 > \beta_{10} \end{cases}$

기각역 : $T \geq t_{\alpha(n-2)}$

3) $\begin{cases} H_0: \beta_1 = \beta_{10} \\ H_1: \beta_1 < \beta_{10} \end{cases}$

$$\text{기각역 : } T \leq -t_{\alpha(n-2)}$$

만약 σ^2가 알려져 있는 경우에는 다음 식을 검정통계량으로 이용하면 된다.

$$Z = \frac{b_1 - \beta_1}{\dfrac{\sigma}{\sqrt{\sum (x_i - \overline{x})^2}}}$$

[2] β_1의 추정과 검정

단순회귀모형에서 β_0의 최소제곱추정량 b_0는 다음과 같다.

$$\begin{aligned} b_0 &= \overline{y} - b_1 \overline{x} \\ &= \sum \left\{ \frac{1}{n} - \frac{\overline{x}(x_i - \overline{x})}{\sum (x_i - \overline{x})^2} \right\} y_i \end{aligned}$$

b_0는 b_1과 마찬가지로 y_i의 선형결합으로 주어지므로 b_0도 정규분포를 따른다. 그리고 b_0의 기댓값은 다음과 같이 계산되므로 b_0는 β_0의 불편추정량이다.

$$\begin{aligned} E[b_0] &= E[\overline{y} - b_1 \overline{x}] \\ &= E[\overline{y}] - \overline{x}\, E[b_1] \\ &= \beta_0 + \beta_1 \overline{x} - \beta_1 \overline{x} \\ &= \beta_0 \end{aligned}$$

b_0의 분산은 다음과 같이 얻을 수 있다.

$$\begin{aligned} Var[b_0] &= Var[\overline{y} - b_1 \overline{x}] \\ &= Var[\overline{y}] + (\overline{x})^2 Var[b_1] - 2\,Cov(\overline{y}, b_1 \overline{x}) \\ &= \frac{\sigma^2}{n} + \frac{(\overline{x})^2}{\sum (x_i - \overline{x})^2} \sigma^2 - 0 \\ &= \sigma^2 \left\{ \frac{1}{n} + \frac{(\overline{x})^2}{\sum (x_i - \overline{x})^2} \right\} \end{aligned}$$

여기서 $Cov(\bar{y}, b_1\bar{x}) = 0$ 이 되는 이유를 알아보기로 한다. 먼저 다음과 같이 정의하자.

$$a_i = \frac{1}{n}$$

$$c_i = \frac{x_i - \bar{x}}{\sum(x_i - \bar{x})^2}$$

그러면 다음과 같이 됨을 알 수 있다.

$$\begin{aligned} Cov(\bar{y}, b_1\bar{x}) &= Cov\left(\sum\frac{1}{n}y_i, \bar{x}\sum\frac{(x_i-\bar{x})y_i}{(x_i-\bar{x})^2}\right) \\ &= Cov(\sum a_i y_i, \bar{x}\sum c_i y_i) \\ &= \bar{x}\sum a_i c_i Var(y_i) \\ &= \frac{\bar{x}}{n}\frac{\sum(x_i-\bar{x})}{\sum(x_i-\bar{x})^2}\sigma^2 \\ &= 0 \end{aligned}$$

따라서 b_0 는 다음과 같은 정규분포를 따른다.

$$b_0 \sim N\left(\beta_0, \sigma^2\left\{\frac{1}{n} + \frac{(\bar{x})^2}{\sum(x_i-\bar{x})^2}\right\}\right)$$

오차항의 분산이 알려져 있지 않는 경우에는 σ^2 의 추정량으로 MSE 를 이용하면 b_0 의 분산에 관한 추정량은 다음과 같다.

$$\widehat{Var}[b_0] = MSE\left\{\frac{1}{n} + \frac{(\bar{x})^2}{\sum(x_i-\bar{x})^2}\right\}$$

따라서 다음과 같이 정의되는 통계량 T 는 자유도가 $n-2$ 인 t 분포를 따르게 된다.

$$T = \frac{b_0 - \beta_0}{\sqrt{\widehat{Var}(b_0)}} \sim t_{(n-2)}$$

그러므로 β_0 의 $(1-\alpha)\times 100\%$ 의 신뢰구간을 구하면 다음과 같다.

1) σ^2 가 알려져 있는 경우

$$b_0 \pm Z_{\frac{\alpha}{2}} \sqrt{\sigma^2\left\{\frac{1}{n}+\frac{(\bar{x})^2}{\sum(x_i-\bar{x})^2}\right\}}$$

2) σ^2 가 알려져 있지 않는 경우

$$b_0 \pm t_{\alpha/2\,(n-2)} \sqrt{MSE\left\{\frac{1}{n}+\frac{(\bar{x})^2}{\sum(x_i-\bar{x})^2}\right\}}$$

다음으로 β_0 에 관한 가설검정문제를 다루어 보자. σ^2 이 알려져 있지 않는 경우가 대부분이므로 검정통계량은 다음과 같다.

$$T=\frac{b_0-\beta_0}{\sqrt{MSE\left\{\frac{1}{n}+\frac{(\bar{x})^2}{\sum(x_i-\bar{x})^2}\right\}}}$$

그리고 대립가설의 형태에 따라 기각역은 다음과 같이 주어진다.

1) $\begin{cases} H_0: & \beta_0=\beta_{00} \\ H_1: & \beta_0\neq\beta_{00} \end{cases}$

기각역 : $|T|\geq t_{\alpha/2\,(n-2)}$

2) $\begin{cases} H_0: & \beta_0=\beta_{00} \\ H_1: & \beta_0>\beta_{00} \end{cases}$

기각역 : $T\geq t_{\alpha(n-2)}$

3) $\begin{cases} H_0: & \beta_0=\beta_{00} \\ H_1: & \beta_0<\beta_{00} \end{cases}$

기각역 : $T\leq -t_{\alpha(n-2)}$

만약 σ^2 가 알려져 있다면 다음 식을 검정통계량으로 이용하면 된다.

$$Z=\frac{b_0-\beta_0}{\sqrt{\sigma^2\left\{\frac{1}{n}+\frac{(\bar{x})^2}{\sum(x_i-\bar{x})^2}\right\}}}$$

[3] $E[y]$에 관한 추정 및 검정

단순회귀모형에서 주어진 x값에서의 평균반응량인 $E[y]=\beta_0+\beta_1 x$의 추정량은 다음과 같다.

$$\hat{y}=b_0+b_1 x$$

앞에서 살펴본 바와 같이 b_0와 b_1이 각각 정규분포를 따르므로 이들의 선형결합인 $\hat{y}$도 정규분포를 따른다. $\hat{y}$의 기댓값은 다음과 같이 구해진다.

$$\begin{aligned} E[\hat{y}] &= E[b_0+b_1 x] \\ &= \beta_0+\beta_1 x \end{aligned}$$

따라서 $\hat{y}$은 평균반응량 $E[y]$의 불편추정량이 된다. $\hat{y}$의 분산은 다음과 같이 구할 수 있다.

$$\begin{aligned} Var[\hat{y}] &= Var[\overline{y}-b_1(x-\overline{x})] \\ &= Var[\overline{y}]+(x-\overline{x})^2 Var[b_1]-2Cov(\overline{y},(x-\overline{x})b_1) \\ &= \frac{\sigma^2}{n}+(x-\overline{x})^2\frac{\sigma^2}{\sum(x_i-\overline{x})^2} \\ &= \sigma^2\left[\frac{1}{n}+\frac{(x-\overline{x})^2}{\sum(x_i-\overline{x})^2}\right] \end{aligned}$$

이러한 사실로부터 $\hat{y}$은 다음과 같은 정규분포를 따르게 된다.

$$\hat{y} \sim N\left(E[y],\ \sigma^2\left[\frac{1}{n}+\frac{(x-\overline{x})^2}{\sum(x_i-\overline{x})^2}\right]\right)$$

σ^2가 알려져 있지 않는 경우 불편추정량 MSE를 사용하면 $\hat{y}$의 분산에 관한 추정량은 다음과 같다.

$$\widehat{Var}[\hat{y}]=MSE\left\{\frac{1}{n}+\frac{(x-\overline{x})^2}{\sum(x_i-\overline{x})^2}\right\}$$

이러한 사실로부터 다음과 같이 정의되는 통계량 T는 자유도가 $n-2$인 t분포를 따르게 된다.

$$T = \frac{\hat{y} - E[y]}{\sqrt{MSE\left\{\frac{1}{n} + \frac{(x-\overline{x})^2}{\sum(x_i-\overline{x})^2}\right\}}} \quad \sim \quad t_{(n-2)}$$

그러므로 $E[y]$의 $(1-\alpha)\times 100\%$의 신뢰구간은 다음과 같다.

1) σ^2가 알려져 있는 경우

$$\hat{y} \pm Z_{\frac{\alpha}{2}}\sqrt{\sigma^2\left\{\frac{1}{n} + \frac{(x-\overline{x})^2}{\sum(x_i-\overline{x})^2}\right\}}$$

2) σ^2가 알려져 있지 않는 경우

$$\hat{y} \pm t_{\alpha/2\,(n-2)}\sqrt{MSE\left\{\frac{1}{n} + \frac{(x-\overline{x})^2}{\sum(x_i-\overline{x})^2}\right\}}$$

다음으로 $E[y] = \mu_y$에 관한 가설검정문제를 고려해 보자. σ^2가 알려져 있지 않는 경우가 대부분이므로 검정통계량은 다음과 같다.

$$T = \frac{\hat{y} - \mu_y}{\sqrt{MSE\left\{\frac{1}{n} + \frac{(x-\overline{x})^2}{\sum(x_i-\overline{x})^2}\right\}}}$$

그리고 대립가설의 형태에 따라 기각역은 다음과 같이 결정된다.

1) $\begin{cases} H_0: & \mu_y = \mu_y^{\circ} \\ H_1: & \mu_y \neq \mu_y^{\circ} \end{cases}$

기각역 : $|T| \geq t_{\alpha/2\,(n-2)}$

2) $\begin{cases} H_0: & \mu_y = \mu_y^{\circ} \\ H_1: & \mu_y \geq \mu_y^{\circ} \end{cases}$

기각역 : $T \geq t_{\alpha(n-2)}$

3) $\begin{cases} H_0: \ \mu_y = \mu_y^{\circ} \\ H_1: \ \mu_y \leq \mu_y^{\circ} \end{cases}$

기각역 : $T \leq \ -t_{\alpha(n-2)}$

만약 σ^2가 알려져 있는 경우에는 다음 식을 검정통계량으로 이용하면 된다.

$$Z = \frac{\hat{y} - \mu_y}{\sigma^2 \sqrt{\frac{1}{n} + \frac{(x-\overline{x})^2}{\sum (x_i - \overline{x})^2}}}$$

10.1.6 분산분석

위에서 β_1에 대한 가설검정의 절차를 다루었다. 이 절에서는 분산분석(ANalysis Of VAriance)을 통하여 $H_0: \ \beta_1 = 0$를 검정하는 방법에 관하여 알아보고자 한다. 이 분산분석은 회귀분석에서 많이 이용되는 기법으로써 주어진 자료들이 추정된 회귀직선에 의해 어느 정도 잘 적합하는지를 알 수 있다.

관찰값 y_i와 y_i들의 평균인 $\overline{y}$와의 총편차(total deviation) $y_i - \overline{y}$는 다음과 같이 두 개의 편차로 분해할 수 있다.

$$y_i - \overline{y} = (y_i - \hat{y_i}) + (\hat{y_i} - \overline{y})$$

여기서 $e_i = y_i - \hat{y_i}$는 회귀선에 의해 설명되지 않는 편차 즉, 잔차이고 $\hat{y_i} - \overline{y}$는 회귀직선에 의해 설명되는 편차이다. 이를 그림으로 나타내면 다음과 같다.

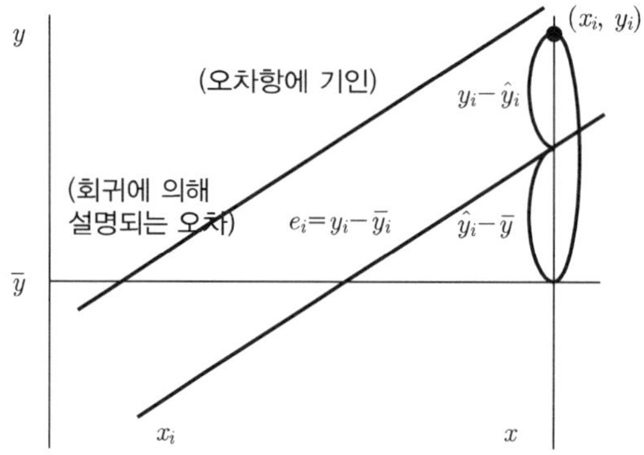

그림 10-1 • 회귀직선

위 식의 양변을 제곱하고, 모든 i에 대해 합하면 다음과 같이 된다.

$$\sum(y_i-\overline{y})^2=\sum(y_i-\hat{y_i})^2+\sum(\hat{y_i}-\overline{y})^2+2\sum(y_i-\hat{y_i})(\hat{y_i}-\overline{y})$$

그런데 우변의 마지막 항은 다음과 같이 0이 된다.

$$\begin{aligned}\sum(y_i-\hat{y_i})(\hat{y_i}-\overline{y}) &= \sum e_i(\hat{y_i}-\overline{y}) \\ &= \sum e_i\hat{y_i}-\overline{y}\sum e_i \\ &= 0\end{aligned}$$

따라서 총편차의 제곱합 즉, 총변동(total variation) 또는 총제곱합(total sum of squares; SST)과 회귀변동(regression sum of squares; SSR)과 잔차제곱합(error sum of square; SSE)으로 분할된다.

$$\underset{(\text{ SST })}{\sum(y_i-\overline{y})^2}=\underset{(\text{ SSE })}{\sum(y_i-\hat{y_i})^2}+\underset{(\text{ SSR })}{\sum(\hat{y_i}-\overline{y})^2}$$

다음으로 각 변동에 대응되는 자유도를 구해 보자. 총변동의 자유도는 $n-1$이 되는 것은 명백하고, SSE의 자유도는 $n-2$가 되는데 그 이유는 잔차 $y_i-\hat{y_i}$가 모수 β_0와 β_1을 추정하기 위한 정규방정식으로부터 다음과 같은 두 개의 제약식을 갖게 되므로 2개의 자유도를 상실하기 때문이다.

$$\sum(y_i-\hat{y_i})=0$$
$$\sum x_i(y_i-\hat{y_i})=0$$

따라서 SSR의 자유도는 $n-1-(n-2)=1$이 된다. 그리고 각각의 변동에 대응하는 자유도로 나눈 것을 제곱평균(mean square)이라고 한다.

$$MSR=\frac{SSR}{df_R}=\frac{SSR}{1}=SSR$$
$$MSE=\frac{SSE}{df_E}=\frac{SSE}{n-2}$$

위에서 구한 제곱합과 자유도, 그리고 제곱평균을 분산분석표(analysis of variance table)로 작성하면 다음과 같다.

요인	제곱합	자유도	제곱평균	F_0
회귀	SSR	1	MSR	$\frac{MSR}{MSE}$
잔차	SSE	$n-2$	MSE	
합계	SST	$n-1$		

추정된 회귀직선이 유의한가를 검정하기 위한 가설은 다음과 같다.

$$H_0:\ \beta_1 = 0 \text{(회귀 관계가 없다)}$$

$$H_1:\ \beta_1 \neq 0 \text{(회귀 관계가 있다)}$$

만약 대립가설 H_1이 사실이라면 MSR이 MSE보다 상대적으로 클 것이므로 $F_0 > F_{(1,n-2;\alpha)}$이면 귀무가설 H_0를 기각하게 되어 회귀직선 관계가 있는 것으로 결론을 내린다.

10.1.7 결정계수

분산분석을 하지 않고 결정계수(coefficient of determination)를 이용하여 추정된 회귀직선의 유의성을 검정할 수도 있다. 결정계수(R^2)는 회귀변동(SSR)을 총변동(SST)으로 나눈 값으로 정의되는데, 총변동에 비해 회귀변동이 클수록 그 값이 증가하므로 추정된 회귀직선이 표본관찰값에 어느 정도 적합한가를 나타내는 척도이다. 결정계수는 총변동을 설명하는 데 있어서 회귀변동이 기여하는 비율을 의미하므로 결정계수를 회귀직선의 기여율이라고도 한다.

$$R^2 = \frac{SSR}{SST}$$

예를 들어 $R^2 = 0.80$은 반응변수 y_i의 변동에 대해 회귀직선을 사용하면 80% 정도를 설명변수 x_i에 의해 설명할 수 있는 변동이고, 20% 정도는 설명변수 x_i 이외의 우연변동인 것으로 해석하면 된다. 그러나 결정계수는 설명변수의 수가 증가할수록 그 값이 증가하게 되는 단점이 있는데, 이러한 단점을 제거하기 위해 R^2 를 자유도로 조정해 준 수정결정계수(adjusted R square) $\overline{R}^2$ 를 이용한다.

$$\overline{R^2} = 1 - \frac{n-1}{n-p}(1-R^2)$$

여기서 n 은 표본의 크기이고, p 는 추정해야 할 모수의 수이다.

10.1.8 잔차분석

단순회귀모형에서 가정한 오차항에 대한 가정, 즉 선형성, 정규성, 등분산성 그리고 독립성에 대한 가정이 옳은가를 검토하고자 하는 경우 가장 많이 이용되는 분석방법이 잔차분석(residual analysis)이다.

일반적으로 오차항에 대한 가정을 검토하기 위해서는 잔차(residual)를 이용하게 되는데, 잔차 e_i 는 $y_i - \hat{y_i}$ 로 정의된다. 잔차분석을 하고자 할 경우에는 표준화 잔차(standardized residual)와 스튜던트화 잔차(studentized residual)를 먼저 구분할 수 있어야 된다. 표준화 잔차는 잔차를 잔차의 표준오차인 MSE 의 제곱근으로 나눈 값으로 다음과 같이 정의된다.

$$Z_i = \frac{e_i}{\sqrt{MSE}}$$

스튜던트화 잔차는 잔차를 잔차의 표준오차의 추정값으로 나눈 값이다. 일단 추출된 표본에 대하여 잔차의 표준오차는 그 값이 일정하나, 잔차의 표준오차의 추정량은 독립변수의 값에 따라 그 값이 변한다. 독립변수 x 에 대한 i 번째 스튜던트화 잔차는 다음과 같이 정의한다.

$$t_i = \frac{e_i}{\sqrt{MSE(1-h_{ii})}}$$

여기서,

$$h_{ii} = \frac{1}{n} + \frac{(x_i - \bar{x})^2}{\sum(x_i - \bar{x})^2}$$

이다. 또한 스튜던트화 제거된 잔차(studentized deleted residual)는 다음과 같이 정의된다.

$$t_{(-i)} = \frac{e_i}{\sqrt{MSE_{(-i)}(1 - h_{ii})}}$$

여기서 $MSE_{(-i)}$는 i 번째 관찰값 $(x_i,\ y_i)$를 제외한 관측값들의 MSE를 의미한다. 일반적으로 스튜던트화 잔차는 독립변수 x의 값이 주어진 경우의 표준오차라고도 하는데, 스튜던트화 잔차가 잔차의 분산정도를 좀 더 잘 반영한다고 볼 수 있어서 표준화 잔차보다는 더 유용하다고 할 수 있으나 그 차이는 미미하다. 또한 잔차 e_i 보다는 스튜던트화 잔차 t_i가 더 유용한 정보를 제공하고, 스튜던트화 잔차보다는 스튜던트화 제거된 잔차 $t_{(-i)}$가 더 유용하다. 특히 이상점 유무를 확인할 경우에는 $t_{(-i)}$를 이용하는 것이 바람직하다.

[1] 선형성 검토

독립변수를 x축으로 하고 잔차를 y축으로 하여 산점도를 작성하였을 때 평균 0을 중심으로 랜덤하게 분포되어 있으면 선형성의 가정에 만족된다. 만약 그렇지 않은 경우에는 선형회귀식이 부적당하므로 적절한 변수변환을 함으로써 선형성의 가정이 만족되도록 하여야 한다. 만약 이러한 경우에도 선형성의 가정이 만족되지 않으면 비선형회귀분석이나 가중회귀분석 등 다른 회귀모형을 이용하여야 한다.

[2] 정규성 검토

오차항의 정규성의 가정에 대한 검토방법은 다음과 같은 두 가지 방법이 있다.

① 표준화 잔차들의 히스토그램을 작성하여 정규분포를 따르는지를 점검할 수 있다.

② 표준화 잔차들을 누적 정규확률지에 나타내었을 때 원점을 지나고 대각선을 따라가는 직선의 형태가 되면 정규성의 가정을 만족한다고 할 수 있다. 정규성의 가정이 충족되지 않는 경우에는 로버스트 회귀분석(robust regression analysis) 등의

방법을 이용하여야 한다.

[3] 등분산성 검토

표준화 예측값을 x축으로 하고 표준화 잔차를 y축으로 하여 산점도를 작성하였을 때 평균 0을 중심으로 랜덤하게 분포되어 있으면 등분산성의 가정을 만족한다고 할 수 있다. 등분산성의 가정이 충족되지 않으면 적절한 변수변환을 통하여 가정이 만족되도록 하여야 한다.

[4] 독립성 검토

독립변수 x가 시계열 자료인 경우 독립변수와 잔차와의 산점도를 작성하였을 때 랜덤하게 분포되어 있으면 오차항의 독립성의 가정을 만족한다고 할 수 있다. 만약 그렇지 않고 일정한 체계적인 형태로 분포되어 있는 경우에는 잔차들 간의 자기상관관계(auto- correlation)가 존재한다고 볼 수 있다. 더빈-왓슨(Durbin-Watson)은 자기상관에 관한 검정을 위해 다음과 같은 통계량을 제안하였다.

$$D = \frac{\sum_{i=1}^{n} (e_i - e_{i-1})^2}{\sum_{i=1}^{n} e_i^2}$$

D 통계량에 대한 기각역은 독립변수의 수와 유의수준에 따라 달라지는데 일반적으로 양의 자기상관관계를 가지는 경우에는 D 통계량의 값이 작아지고, 음의 자기상관관계를 가지는 경우에는 D 통계량의 값이 커진다. 그리고 자기상관관계가 없는 경우에는 D 통계량의 값은 2.0에 가까운 값이 된다.

10.2 SPSS를 이용한 회귀분석

앞장에서 상관분석을 통하여 두 개의 변수 간에 관련성이 있다는 결론이 났다면, 두 개의 변수, 혹은 여러 개의 변수 간에 어떠한 관계가 있는지 하나의 식으로 표현하고자 하는 것이 회귀분석이다. 여기서는 예제 자료(연습2)를 이용하여 회귀분석을 연습하고자 한다. 첫째로 전반적 만족도(X36)를 종속변수로 하고, 임금 또는 소득에 대한 만족도(X37)를 독립변수로 한 단순회귀분석을 알아보고, 두 번째로 전반적 만족도(X36)를 종속변수로 하고 각종 만족도(X37 ~ X46)를 독립변수로 한 중회귀분석을 실시한다.

회귀분석에서는 종속변수와 독립변수 모두 연속형 자료를 이용해야 한다. 여기서는 각종 만족도는 5점 척도(등간자료)로 연속형으로 가정한다.

10.2.1 SPSS를 이용한 단순회귀분석

예제 전반적 만족도(X36)는 임금 또는 소득에 대한 만족도(X37)에 따라 어떤 관계가 있는가?

전반적 만족도(X36)를 종속변수로 하고, 임금 또는 소득에 대한 만족도(X37)를 독립변수로 한 단순회귀분석을 알아보기 전에 먼저 전반적 만족도(X36)와 임금 또는 소득에 대한 만족도(X37)에 대해 산점도를 그리기 위해 단순 산점도를 실시하고, 단순회귀분석을 위해 선형 회귀분석을 실시한다.

① 먼저 SPSS를 시작하고 저장한 파일 '연습2.sav'를 불러온다(파일(F) → 열기(O) → 데이터(A) → 연습2 → 열기).

② '연습2.sav' 자료가 나오면 산점도를 그리기 위해 메뉴에서 그래프(G) → 레거시 대화 상자(L) → 산점도/점도표(S)를 선택하면 산점도의 종류가 나온다. 여기서 단순 산점도를 선택한다.

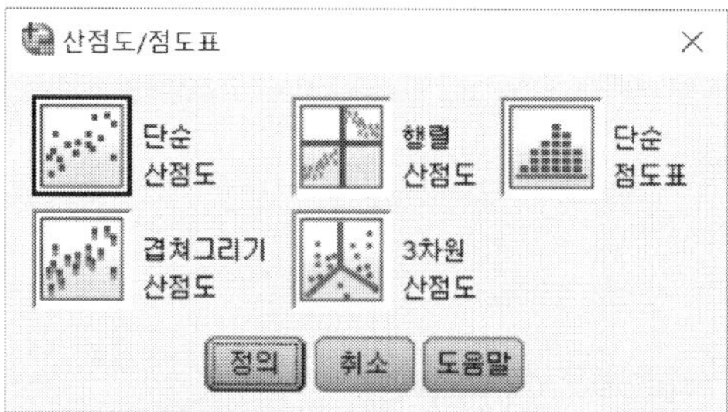

그림 10-2 • 산점도의 종류

③ 단순 산점도 창에서 *Y*축(Y)에 전반적 만족도(X36)를 등록하고, *X*축(X)에 임금 또는 소득에 대한 만족도(X37)을 등록하고 [확인]을 클릭하면 결과가 나온다.

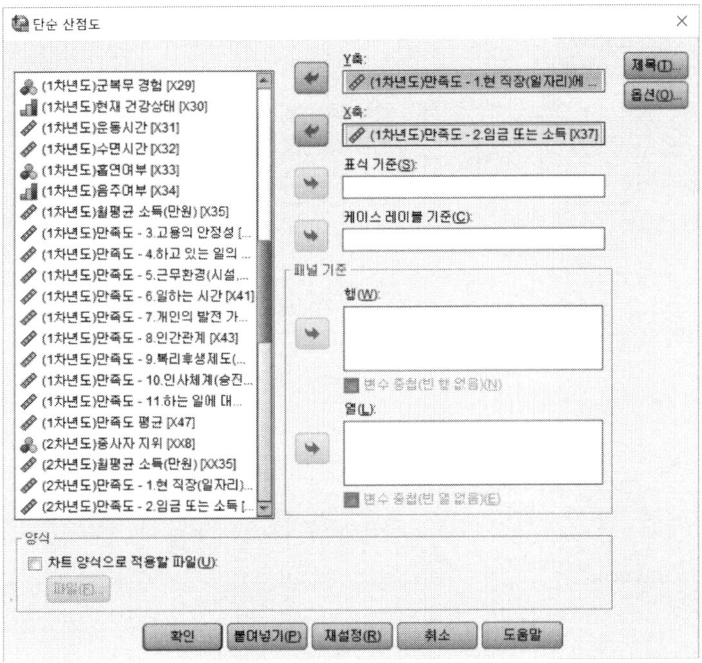

그림 10-3 • 단순 산점도 창

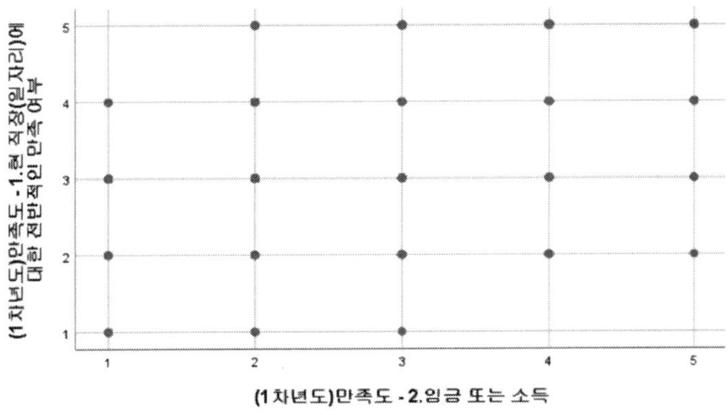

그림 10-4 • 단순 산점도 결과

결과분석

위 결과에서 전반적 만족도(X36)와 임금 또는 소득에 대한 만족도(X37)는 비례하는 직선적인 관계에 있기 때문에 회귀모형에서 선형모형으로 적용하는 것이 타당하다.

④ 본격적인 회귀분석을 하기 위해 메뉴에서 분석(A) → 회귀분석(R) → 선형(L)을 선택

한다.

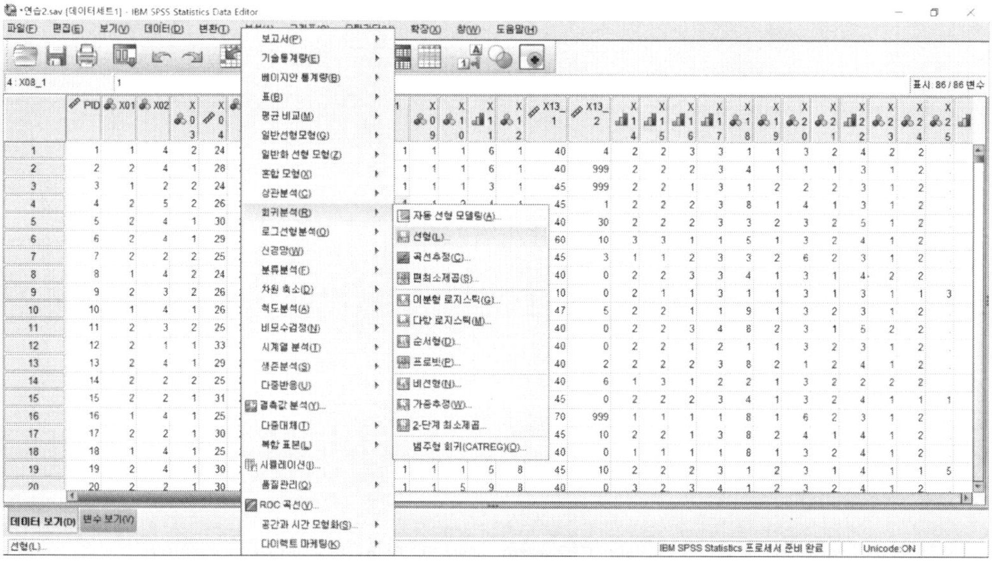

그림 10–5 • 회귀분석 메뉴

⑤ 선형 회귀분석 창에서 전반적 만족도(X36)는 종속변수(D)에 등록하고, 임금 또는 소득에 대한 만족도(X37)는 독립변수(I)에 등록한다.

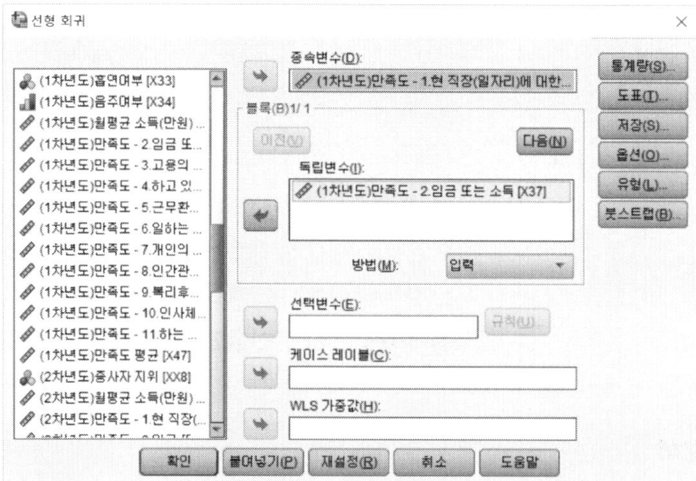

그림 10–6 • 선형 회귀분석 창

⑥ 각종 통계량의 출력과 관계하는 [통계량(S)...]을 클릭한다.

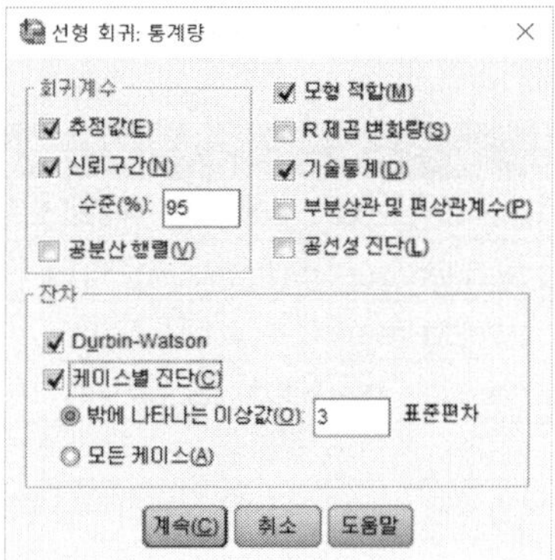

그림 10–7 • 선형 회귀분석: 통계량 창

이는 통계량의 출력을 선택하는 것으로 요약하면 다음과 같다.

종류	내용
추정값	회귀계수의 추정값
신뢰구간	회귀계수에 대한 95% 신뢰구간을 표시
공분산 행렬	분산–공분산 행렬 (대각선 아래는 공분산, 대각선상에 분산을 가진 행렬)
기술통계	평균, 표준편차, 단측검정 유의수준을 가진 상관행렬
모형적합	R, R^2, 조정된 R^2, 그리고 표준추정오차, 분산분석표는 자유도, 제곱합, 평균제곱, F값, 그리고 F의 관찰확률을 표시
Durbin–Watson	잔차의 독립성에 대한 검정을 표시
공선성 진단	다공선성 여부에 대한 통계량

⑦ 통계량을 선택한 후 계속(C)을 클릭하면 다시 [그림 10-6]이 나오고, 여기서 도표를 그리기 위해 도표(T)...를 클릭한다.

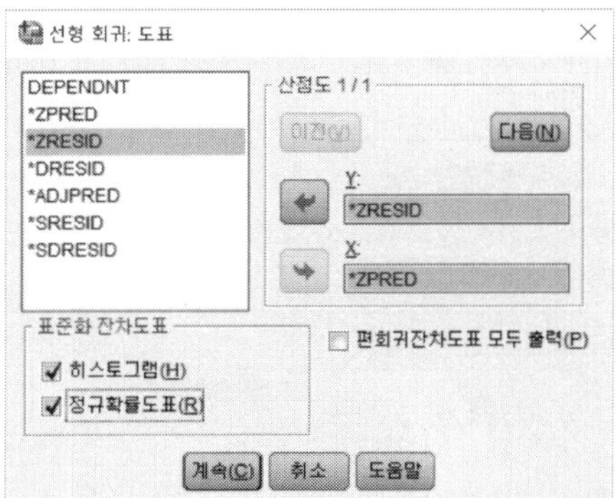

그림 10–8 • 선형 회귀분석: 도표 창

여기서 선형 회귀분석: 도표 창의 선택에 대하여 요약하면 다음과 같다.

종류	내용
ZPRED	Standardized predicted values(표준화된 예측값)
ZRESID	Standardized residuals(표준화된 잔차)
DRESID	deleted residuals(삭제된 잔차)
ADJPRED	Adjusted predicted values(조정 예측값)
SRESID	Studentized residuals(표준화된 잔차)
SDRESID	Cook's distances(쿡의 거리: 표준화된 삭제 잔차)
히스토그램	표준잔차의 임시변수에 대한 히스토그램을 출력
정규확률도표	지정한 임시변수의 정규확률(P-P) 산포도를 출력
Outliers outside n std. deviations	명시값보다 더 큰 표준잔차를 가진 경우에 한정(기본설정은 3). 이 값을 무시하려면 표준편차 값을 등록. 어떠한 경우라도 명시값보다 큰 표준잔차 절댓값을 가지지 않는다면 점 그래프는 그려지지 않는다.
All Cases	Casewise plot에서 모든 경우를 포함
Produce all partial plots	편잔차 점그래프는 종속변수와 독립변수의 잔차 산포도

⑧ 도표를 선택한 후 계속(C)을 클릭하면 다시 [그림 10-6]이 나오고, 여기서 변수의 저장을 위해 저장(S)...을 클릭한다.

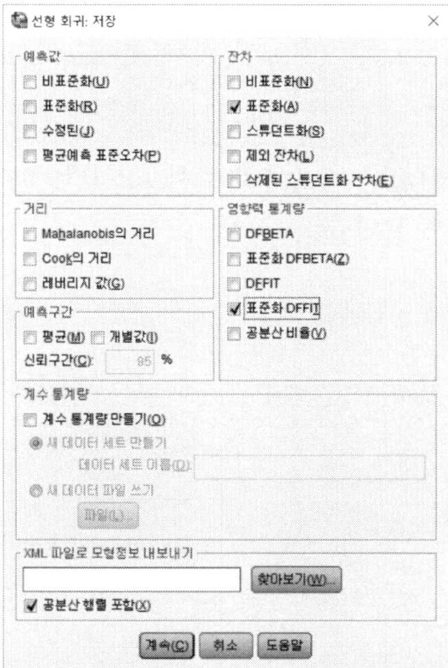

그림 10-9 • 선형 회귀분석 : 저장 창

다음 분석을 위해 변수를 저장해야 될 필요성이 있을 때 사용하는 것으로 요약하면 다음과 같다.

구분	종류	내용
예측값	비표준화	표준화되지 않은 예측값
	표준화	표준화된 예측값
	수정된	조정된 예측값
	평균예측 표준오차	예측값의 표준오차
거리	Mahalanobis의 거리	마할라노비스 거리: 독립변수의 평균 간에서 개개의 관측값이 어느 정도 떨어져 있는가를 나타내는 척도
	Cook의 거리	쿡의 거리: 특정 케이스를 제외하였을 경우 잔차에 미치는 영향력
	레버리지 값	중심화된(centered) 레버리지 값
예측구간	평균	평균예측응답에 대한 예측구간 상/하한 한계
	개별	단일관찰에 대한 예측구간의 상/하한 한계
	신뢰구간	평균, 개별 신뢰구간(기본값은 95%)
잔차	비표준화	표준화되지 않은 잔차
	표준화	표준화된 잔차
	스튜던트화	스튜던트화된 잔차
	제외 잔차	삭제잔차
	삭제된 스튜던트화 잔차	스튜던트화된 삭제잔차
영향력 통계량	DFBETA	특정 사례의 제외로 인해 발생할 수 있는 회귀계수의 변화
	표준화 DFBETA	표준화된 DfBeta 값, 절댓값이 2보다 큰 케이스를 N 제곱근(N은 케이스 수)으로 나누어 결괏값을 확인하며, 모형에서 상수항을 포함하는 각 항에 대해 값이 계산된다.
	DFFIT	특정 사례가 제외될 때 예측값의 변화값
	표준화 DFFIT	표준화된 DfFit 값, 절댓값이 2보다 큰 표준화 값을 p/N 제곱근(p는 방정식에서 독립변수의 수이고 N은 케이스 수)으로 나누어 결괏값을 확인한다.
	공분산 비율	특정사례의 제외 시 공분산 행렬식과 제외되지 않았을 때 공분산행렬식과의 비율
새 파일로 저장	계수 통계량	회귀계수를 지정한 파일에 저장한다.

⑨ 저장을 선택한 후 [계속(C)]을 클릭하면 다시 [그림 10-6]이 나오고, 여기서 변수들의 회귀모형에서 선택 또는 제거되는 범주를 통제하거나 절편 항을 억제하거나 또는 무응답값(결측값)을 지닌 사례를 처리변수의 저장을 위해 [옵션(O)...]을 클릭한다.

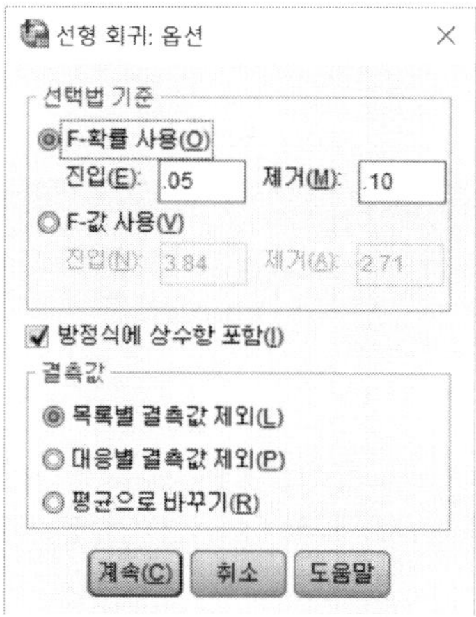

그림 10-10 • 선형 회귀분석: 옵션 창

창은 변수들의 회귀모형에서 선택 또는 제거되는 범주를 통제하거나 절편 항을 억제하거나 또는 무응답값을 지닌 사례를 처리할 때 사용하는 것으로 요약하면 다음과 같다.

구분	종류	내용
선택법 기준	F-확률 사용	등록 및 제거범주로서 PIN 확률 및 POUT 확률을 사용
	F-값 사용	F값(F값은 등록값 3.84, 제거값(FOUT) 2.71)
결측값	목록별 결측값 제외	상관관계에 있는 변수 쌍에 대해서 완전한 자료를 가진 사례들이 상관계수를 계산하는 데 사용
	대응별 결측값 제외	결측값을 변수의 평균으로 대체
방정식에 상수항 포함		회귀모형은 상수항에 포함(기본설정)

⑩ 옵션을 선택한 후 계속(C)을 클릭하면 다시 [그림 10-6]이 나오고, 여기서 확인을 클릭하면 단순회귀분석 결과가 나온다.

| 명령문 및 결과 |

명령문

```
REGRESSION
  /DESCRIPTIVES MEAN STDDEV CORR SIG N
  /MISSING LISTWISE
  /STATISTICS COEFF OUTS CI(95) R ANOVA
  /CRITERIA=PIN(.05) POUT(.10)
```

```
/NOORIGIN
/DEPENDENT X36
/METHOD=ENTER X37
/SCATTERPLOT=(*ZRESID ,*ZPRED)
/RESIDUALS DURBIN HISTOGRAM(ZRESID) NORMPROB(ZRESID)
/CASEWISE PLOT(ZRESID) OUTLIERS(3)
/SAVE ZRESID SDFIT.
```

기술통계량

	평균	표준화 편차	N
(1차년도)만족도 - 1.현 직장(일자리)에 대한 전반적인 만족 여부	3.57	.795	1335
(1차년도)만족도 - 2.임금 또는 소득	3.14	.961	1335

상관계수

		(1차년도)만족도 - 1.현 직장(일자리)에 대한 전반적인 만족 여부	(1차년도)만족도 - 2.임금 또는 소득
Pearson 상관	(1차년도)만족도 - 1.현 직장(일자리)에 대한 전반적인 만족 여부	1.000	.543
	(1차년도)만족도 - 2.임금 또는 소득	.543	1.000
유의확률 (단측)	(1차년도)만족도 - 1.현 직장(일자리)에 대한 전반적인 만족 여부	.	.000
	(1차년도)만족도 - 2.임금 또는 소득	.000	.
N	(1차년도)만족도 - 1.현 직장(일자리)에 대한 전반적인 만족 여부	1335	1335
	(1차년도)만족도 - 2.임금 또는 소득	1335	1335

그림 10–11 • 단순회귀분석 결과 (1)

결과분석

결과(1)은 분석에 필요한 두 개의 변수 전반적 만족도(X36)와 임금 또는 소득에 대한 만족도(X37)의 평균과 표준편차, 그리고 상관계수가 나와 있으며, '상관계수가 0이다.'라는 귀무가설에 대한 검정의 결과도 나와 있다. 상관계수가 0.543으로 상관관계가 있는 것으로 나왔으며, 유의 확률이 0.00으로 유의수준 0.05보다 작기에 귀무가설은 기각되어 상관관계가 0은 아닌 것으로 볼 수 있다.

모형 요약[b]

모형	R	R 제곱	수정된 R 제곱	추정값의 표준오차	Durbin-Watson
1	.543[a]	.294	.294	.668	1.931

a. 예측자: (상수), (1차년도)만족도 - 2.임금 또는 소득

b. 종속변수: (1차년도)만족도 - 1.현 직장(일자리)에 대한 전반적인 만족 여부

그림 10–12 • 단순회귀분석 결과 (2)

결과분석

결과(2)는 다음에 나오는 적합된 회귀직선으로 설명할 수 있는 비율을 말한다. 즉, 결정계수 $R^2 = 0.294$로 임금 또는 소득에 대한 만족도(X37)로써 전반적 만족도(X36)를 29.4%를 설명할 수 있다는 뜻이며, 조정된 R^2는 회귀분석이 단계적으로 전개될 때 자유도를 고려한 설명력이 29.4%라는 의미이다. 단순회귀분석처럼 독립변수의 개수가 하나일 때는 R^2과 조정된 R^2은 동일하게 나온다. 본 예제에서는 설명력이 29.4%로 조금 부족하며, 보통 60% 정도는 되어야 만이 설명력이 있다고 한다. 그리고 Durbin– Watson 통계량에서는 일반적으로 2에 가까운 값(1.45에서 2.65 사이)이면 자기상관이 없다고 볼 수 있으므로, 여기서는 1.931이므로 잔차들은 서로 독립이라고 볼 수 있다.

ANOVA[a]

모형		제곱합	자유도	평균제곱	F	유의확률
1	회귀	247.995	1	247.995	556.070	.000[b]
	잔차	594.488	1333	.446		
	전체	842.482	1334			

a. 종속변수: (1차년도)만족도 - 1.현 직장(일자리)에 대한 전반적인 만족 여부

b. 예측자: (상수), (1차년도)만족도 - 2.임금 또는 소득

그림 10–13 • 단순회귀분석 결과 (3)

결과분석

결과(3)은 적용된 회귀식에 대한 분산분석표로 귀무가설은 '회귀계수 β_1이 0이다.'로써 유의수준이 0.000으로 0.05보다 작기 때문에 귀무가설은 기각되어 적용된 회귀식은 적당하다란 뜻이다. 그러나 이것이 설명력을 뜻하는 R^2와는 별개의 것으로 단지 회귀계수가 0이 아니란 뜻이며, 설명력이 낮으면 적용된 모형이 잘못되었다고 볼 수 있다.

계수[a]

모형		비표준화 계수		표준화 계수			B에 대한 95.0% 신뢰구간	
		B	표준화 오류	베타	t	유의확률	하한	상한
1	(상수)	2.164	.063		34.596	.000	2.041	2.286
	(1차년도)만족도 - 2.임금 또는 소득	.449	.019	.543	23.581	.000	.411	.486

a. 종속변수: (1차년도)만족도 - 1.현 직장(일자리)에 대한 전반적인 만족 여부

그림 10–14 • 단순회귀분석 결과 (4)

결과분석

이 결과로써 적용된 회귀식은

$$\text{전반적 만족도} = 2.164 + 0.449 \times \ (\text{임금 또는 소득에 대한 만족도})$$

즉, $y = 2.164 + 0.449x$ 이다. 회귀계수에 대한 검정 즉, 귀무가설 $H_0 : \beta_0 = 0, \ \beta_1 = 0$는 모두 유의수준 0.05보다 적기 때문에 귀무가설이 기각되어 적용된 모형은 타당하다고 볼 수 있으며, 회귀계수에 대한 95% 신뢰구간이 마지막 칸에 나와 있다.

케이스별 진단[a]

케이스 번호	표준화 잔차	(1차년도)만족도 - 1.현 직장(일자리)에 대한 전반적인 만족 여부	예측값	잔차
437	-3.603	2	4.41	-2.406
579	-3.086	1	3.06	-2.061
691	-3.086	1	3.06	-2.061
986	-3.086	1	3.06	-2.061
1237	-3.757	1	3.51	-2.509

a. 종속변수: (1차년도)만족도 - 1.현 직장(일자리)에 대한 전반적인 만족 여부

그림 10-15 • 단순회귀분석 결과 (5)

결과분석

결과(5)는 통계량 선택에서 **밖에 나타나는 이상값(O) 3 표준편차**를 선택하였을 때의 결과이다. 일반적으로 여기서 잔차가 ±3보다 크다면 이상값으로 본다. 여기서는 5개의 값이 이상값으로 볼 수 있다는 의미이다.

잔차 통계량[a]

	최소값	최대값	평균	표준화 편차	N
예측값	2.61	4.41	3.57	.431	1335
표준화 예측값	-2.230	1.931	.000	1.000	1335
예측값의 표준오차	.018	.045	.025	.007	1335
수정된 예측값	2.61	4.42	3.57	.431	1335
잔차	-2.509	1.939	.000	.668	1335
표준화 잔차	-3.757	2.904	.000	1.000	1335
스튜던트화 잔차	-3.759	2.907	.000	1.000	1335
삭제된 잔차	-2.511	1.943	.000	.669	1335
스튜던트화 삭제된 잔차	-3.778	2.915	.000	1.001	1335
Mahal. 거리	.022	4.975	.999	1.254	1335
Cook의 거리	.000	.023	.001	.002	1335
중심화된 레버리지 값	.000	.004	.001	.001	1335

a. 종속변수: (1차년도)만족도 - 1.현 직장(일자리)에 대한 전반적인 만족 여부

그림 10-16 • 단순회귀분석 결과 (6)

결과분석

결과(6)은 잔차에 대한 각종 통계량이 나와 있으며, 이것에 대한 자세한 해석은 생략한다. 잔차는 평균이 0이고 표준편차는 0.668이다.

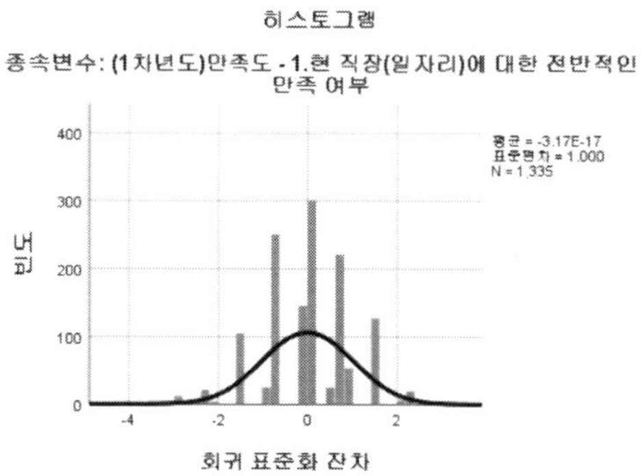

그림 10–17 • 단순회귀분석 결과(7)

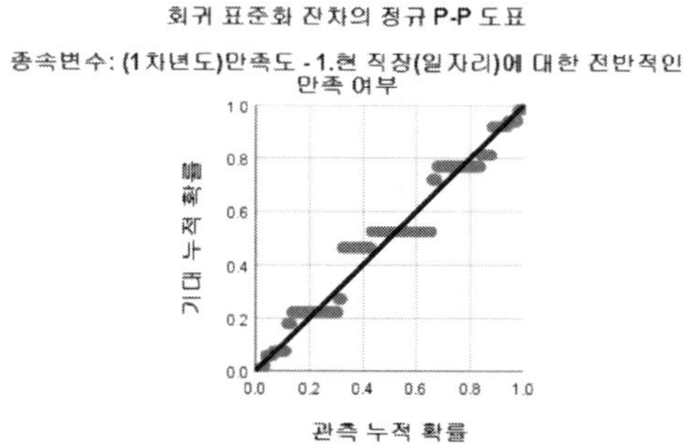

그림 10–18 • 단순회귀분석 결과(8)

결과분석

결과(7)과 결과(8)은 잔차에 대한 정규성의 검정이며, 결과(7)은 히스토그램에 정규분포의 선을 그어 비교할 수 있도록 하였고, 결과(8)은 점들이 대각선상에 위치하면 정규분포를 따른다고 볼 수 있으며, 여기서는 대각 직선에 거의 일치하기 때문에 잔차는 정규분포를 따른다는 가정을 만족하고 있다.

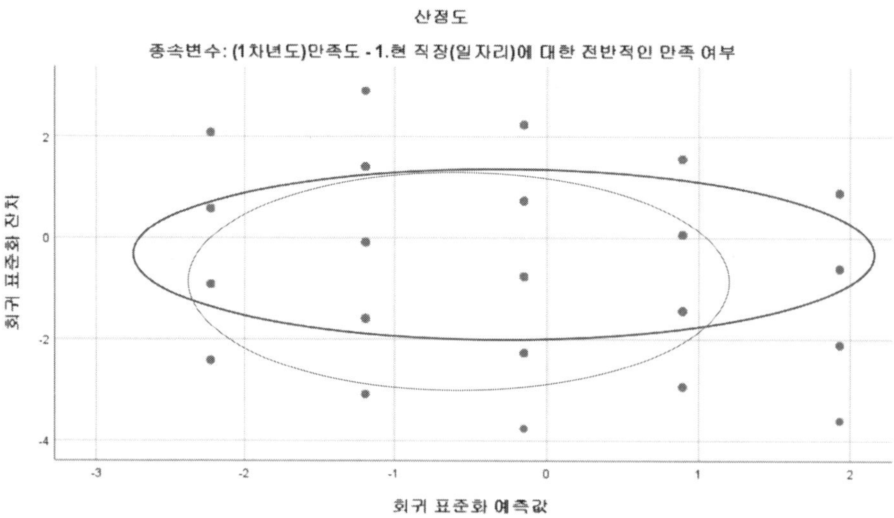

그림 10–19 • 단순회귀분석 결과(9)

결과분석

결과(9)는 잔차들이 분산이 동질성을 가지는가에 대한 것으로 만일 점들이 0을 중심으로 특정한 형식이 없이 원형을 이루고 있다면, 분산이 동질적이라 할 수 있다는 것인데, 여기서는 하나의 값을 제외한 나머지는 원형을 이루고 있으므로 등분산성을 만족한다고 볼 수 있으며, 하나의 점은 이상값이라고 볼 수 있다.

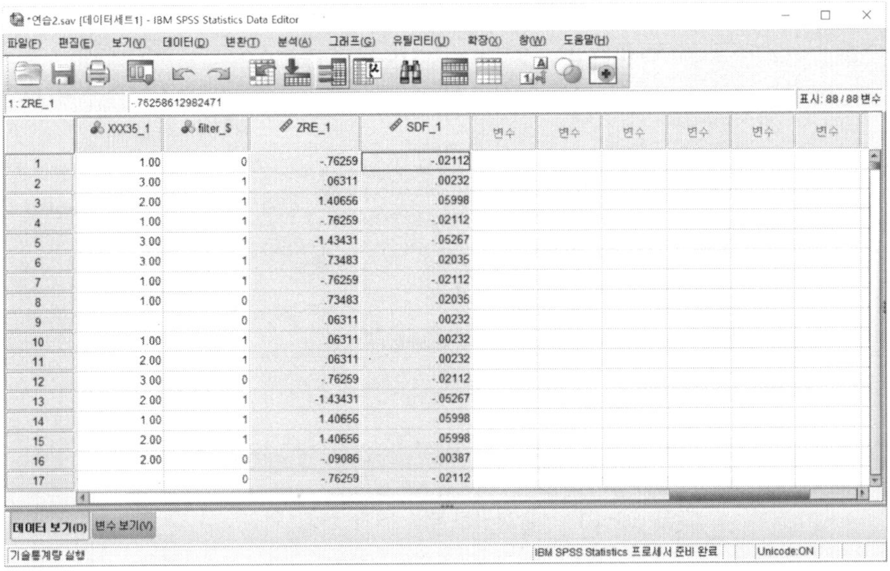

그림 10-20 • 단순회귀분석 결과(10)

결과분석

결과(10)은 저장에 의한 결과로서, 표준화 잔차(ZRE_1)와 영향력 관찰값으로 표준화 DFFIT(SDF_1), 표준화 DEBETA(SDB0_1, SDB1_1))이다. 영향력 관찰값은 각각의 케이스가 제외되었을 때의 회귀 상관계수의 변화량의 표준화 값(표준화 DEBETA)이나, 예측값의 변화량의 표준화값(표준화 DFFIT)으로 이들 값이 절댓값 2보다 크다면 모형에 많은 영향을 끼치는 케이스란 의미이다. 즉, 이는 이상값으로 분류될 가능성이 있다.

10.2.2 SPSS를 이용한 중회귀분석

이번에는 중회귀분석을 다루게 되는데, 편의상 이론 부분은 생략하지만 실제로는 많이 사용하기 때문에 SPSS를 이용한 중회귀분석을 다루기로 한다. 전반적 만족도(X36)를 종속변수로 하고 각종 만족도(X37 ~ X46)를 독립변수로 한 중회귀분석을 실시한다. 변수를 등록하는 것을 제외하고는 분석 방법이나 선택사항은 단순회귀분석과 동일하기 때문에 차이가 있는 부분만 살펴보기로 한다.

예제 각종 만족도(X37 ~ X46)는 전반적 만족도(X36)와 어떤 관계를 가지는가?

① 선형 회귀분석 창에서 종속변수인 **전반적 만족도(X36)는 종속변수(D)**에 투입하고, 각종 만족도(X37 ~ X46)는 **독립변수(I)**에 투입한다.

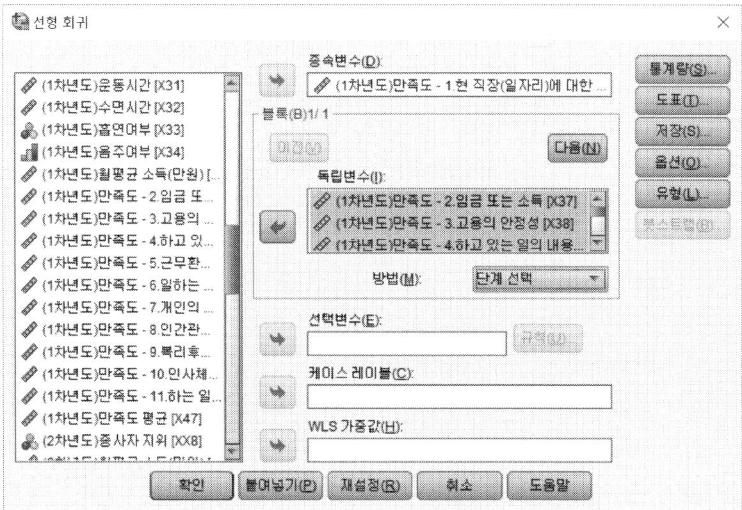

그림 10-21 • 중회귀분석을 위한 선형 회귀분석 창

② 독립변수의 방법을 선택한다. 방법은 다음에 요약되어 있고, WLS **가중값(H)**은 가중최소제곱모형을 산출하는 것으로 가중값 변수를 선택할 수 있다.

변수투입 방법	내용
입력	지정한 변수를 한꺼번에 모두 투입
단계 선택	각각의 단계마다 변수들을 유의도에 따라 투입. 가장 일반적으로 사용.
제거	지정한 변수를 한 번에 탈락
후진	모든 변수를 투입한 다음 기준에 따라 하나씩 탈락
전진	기준에 따라 하나씩 변수를 투입

③ 나머지 선택사항은 단순회귀에서와 같은 방법으로 실시하고 확인 을 클릭하면 결과가 나온다.

명령문

```
REGRESSION
  /DESCRIPTIVES MEAN STDDEV CORR SIG N
  /MISSING LISTWISE
```

```
/STATISTICS COEFF OUTS CI(95) R ANOVA
/CRITERIA=PIN(.05) POUT(.10)
/NOORIGIN
/DEPENDENT X36
/METHOD=STEPWISE X37 X38 X39 X40 X41 X42 X43 X44 X45 X46
/SCATTERPLOT=(*ZRESID ,*ZPRED)
/RESIDUALS DURBIN HISTOGRAM(ZRESID) NORMPROB(ZRESID)
/CASEWISE PLOT(ZRESID) OUTLIERS(3)
/SAVE ZRESID SDFIT.
```

입력/제거된 변수[a]

모형	입력된 변수	제거된 변수	방법
1	(1차년도)만족도 - 4.하고 있는 일의 내용(직무내용)	.	단계선택 (기준: 입력에 대한 F의 확률 <= .050, 제거에 대한 F의 확률 >= .100).
2	(1차년도)만족도 - 2.임금 또는 소득	.	단계선택 (기준: 입력에 대한 F의 확률 <= .050, 제거에 대한 F의 확률 >= .100).
3	(1차년도)만족도 - 6.일하는 시간	.	단계선택 (기준: 입력에 대한 F의 확률 <= .050, 제거에 대한 F의 확률 >= .100).
4	(1차년도)만족도 - 7.개인의 발전 가능성	.	단계선택 (기준: 입력에 대한 F의 확률 <= .050, 제거에 대한 F의 확률 >= .100).
5	(1차년도)만족도 - 3.고용의 안정성	.	단계선택 (기준: 입력에 대한 F의 확률 <= .050, 제거에 대한 F의 확률 >= .100).
6	(1차년도)만족도 - 8.인간관계	.	단계선택 (기준: 입력에 대한 F의 확률 <= .050, 제거에 대한 F의 확률 >= .100).
7	(1차년도)만족도 - 9.복리후생제도(사회보험 및 부가급부)	.	단계선택 (기준: 입력에 대한 F의 확률 <= .050, 제거에 대한 F의 확률 >= .100).
8	(1차년도)만족도 - 5.근무환경(시설,안전,근무시간)	.	단계선택 (기준: 입력에 대한 F의 확률 <= .050, 제거에 대한 F의 확률 >= .100).

a. 종속변수: (1차년도)만족도 - 1.현 직장(일자리)에 대한 전반적인 만족 여부

그림 10–22 • 중회귀분석 결과(1)

결과분석

중회귀분석은 여러 가지의 독립변수 중에서 유의한 것만 선택적으로 독립변수로 투입되는데, 여기서는 처음에 하고 있는 일의 내용(직무내용)이 투입되었고, 두 번째에 임금 또는 소득, 세 번째는 일하는 시간의 순으로 8개의 변수가 투입되었다.

모형 요약[i]

모형	R	R 제곱	수정된 R 제곱	추정값의 표준오차	Durbin-Watson
1	.556[a]	.309	.309	.661	
2	.675[b]	.456	.455	.587	
3	.713[c]	.509	.508	.558	
4	.736[d]	.542	.541	.539	
5	.747[e]	.558	.556	.530	
6	.754[f]	.569	.567	.523	
7	.756[g]	.571	.569	.522	
8	.757[h]	.573	.570	.521	2.080

a. 예측자: (상수), (1차년도)만족도 - 4.하고 있는 일의 내용(직무내용)

b. 예측자: (상수), (1차년도)만족도 - 4.하고 있는 일의 내용(직무내용), (1차년도)만족도 - 2.임금 또는 소득

c. 예측자: (상수), (1차년도)만족도 - 4.하고 있는 일의 내용(직무내용), (1차년도)만족도 - 2.임금 또는 소득, (1차년도)만족도 - 6.일하는 시간

d. 예측자: (상수), (1차년도)만족도 - 4.하고 있는 일의 내용(직무내용), (1차년도)만족도 - 2.임금 또는 소득, (1차년도)만족도 - 6.일하는 시간, (1차년도)만족도 - 7.개인의 발전 가능성

그림 10–23 • 중회귀분석 결과(2)

결과분석

첫 번째 모형은 하고 있는 일의 내용(직무내용)만 독립변수에 투입되었을 때는 R제곱이 0.309이고, 두 번째 모형은 독립변수에 하고 있는 일의 내용(직무내용)과 임금 또는 소득 두 가지가 투입되어 R 제곱이 0.456으로 증가된 것을 볼 수 있다. 그리고 마지막 모형인 여덟 번째는 하고 있는 일의 내용(직무내용), 임금 또는 소득, 일하는 시간 등이 투입되었으며 R 제곱이 0.570으로 증가되었다. 투입된 변수에 대해서는 출력 결과 아래부분에 정리가 되어있다(여기서는 지면 관계로 생략). Durbin Watson 통계량은 2.080으로 2에 가까워 잔차들이 서로 독립이라 볼 수 있다.

ANOVA[a]

모형		제곱합	자유도	평균제곱	F	유의확률
1	회귀	260.584	1	260.584	596.941	.000[b]
	잔차	581.898	1333	.437		
	전체	842.482	1334			
2	회귀	383.812	2	191.906	557.304	.000[c]
	잔차	458.670	1332	.344		
	전체	842.482	1334			
3	회귀	428.497	3	142.832	459.219	.000[d]
	잔차	413.985	1331	.311		
	전체	842.482	1334			
4	회귀	456.697	4	114.174	393.618	.000[e]
	잔차	385.785	1330	.290		
	전체	842.482	1334			
5	회귀	469.863	5	93.973	335.166	.000[f]
	잔차	372.620	1329	.280		
	전체	842.482	1334			
6	회귀	478.953	6	79.825	291.608	.000[g]
	잔차	363.530	1328	.274		
	전체	842.482	1334			
7	회귀	481.213	7	68.745	252.511	.000[h]
	잔차	361.269	1327	.272		
	전체	842.482	1334			
8	회귀	482.606	8	60.326	222.276	.000[i]
	잔차	359.877	1326	.271		
	전체	842.482	1334			

a. 종속변수: (1차년도)만족도 - 1.현 직장(일자리)에 대한 전반적인 만족

그림 10-24 • 중회귀분석 결과(3)

결과분석

변수투입 종류에 따라 8개의 모형이 만들어졌으나, 일반적으로 가장 마지막 모형을 사용하면 된다. 8번째 모형에서 유의확률이 0.000으로 모든 회귀계수가 0이라는 귀무가설을 기각하여 회귀모형으로 적합한 것으로 나타났다.

계수[a]

모형		비표준화 계수 B	비표준화 계수 표준화 오류	표준화 계수 베타	t	유의확률	B에 대한 95.0% 신뢰구간 하한	B에 대한 95.0% 신뢰구간 상한
1	(상수)	1.594	.083		19.205	.000	1.431	1.757
	(1차년도)만족도 - 4.하고 있는 일의 내용(직무내용)	.540	.022	.556	24.432	.000	.497	.583
2	(상수)	1.011	.080		12.654	.000	.854	1.168
	(1차년도)만족도 - 4.하고 있는 일의 내용(직무내용)	.412	.021	.425	19.860	.000	.372	.453
	(1차년도)만족도 - 2.임금 또는 소득	.334	.018	.404	18.917	.000	.300	.369
8	(상수)	.216	.088		2.468	.014	.044	.388
	(1차년도)만족도 - 4.하고 있는 일의 내용(직무내용)	.222	.022	.228	10.126	.000	.179	.265
	(1차년도)만족도 - 2.임금 또는 소득	.215	.018	.260	12.112	.000	.180	.250
	(1차년도)만족도 - 6.일하는 시간	.130	.016	.169	8.124	.000	.099	.162
	(1차년도)만족도 - 7.개인의 발전 가능성	.127	.019	.159	6.799	.000	.091	.164
	(1차년도)만족도 - 3.고용의 안정성	.088	.017	.107	5.136	.000	.054	.122
	(1차년도)만족도 - 8.인간관계	.099	.020	.105	5.038	.000	.061	.138
	(1차년도)만족도 - 9.복리후생제도(사회보험 및 부가급부)	.041	.017	.054	2.372	.018	.007	.075
	(1차년도)만족도 - 5.근무환경(시설,안전,근무시간)	.044	.019	.051	2.265	.024	.006	.082

a. 종속변수: (1차년도)만족도 - 1.현 직장(일자리)에 대한 전반적인 만족 여부

그림 10-25 • 중회귀분석 결과(4)

결과분석

위의 결과는 2번째에서 7번째는 생략한 결과이며, 마지막 모형인 8번째 모형에서 회귀 계수를 이용하여 다음의 식을 산출할 수 있다.

전반적 만족도 = 0.216 + 0.222 × 하고 있는 일의 내용(직무내용)
+ 0.215 × 임금 또는 소득 + 0.130 × 일하는 시간
+ 0.127 × 개인의 발전 가능성 + 0.088 × 고용의 안정성
+ 0.099 × 인간관계 + 0.041 × 복리후생제도(사회보험 및 부가급부)
+ 0.044 × 근무환경(시설, 안전, 근무시간)

분석방법은 단순회귀분석과 동일하나 독립변수의 수가 증가되는 것이다.

여기서 유의확률은 8번째 모형에서 모든 회귀계수가 유의수준 5%일 때의 0.05보다 작아서 '회귀계수가 0이다.'라는 귀무가설을 기각하여 0이 아니라는 의미이다. 즉, 각각의 회귀계수(비표준화 계수 B)를 사용한다.

표준화 계수 베타는 회귀계수들 끼리의 크기 비교 즉, 어떠한 독립변수가 종속변수에 영향을

많이 끼치는지를 판단할 때 사용하며, 여기서는 하고 있는 일의 내용이 전반적 만족도에 가장 영향을 많이 끼친다.

제외된 변수[a]

모형		베타 입력	t	유의확률	편상관계수	공선성 통계량 공차
1	(1차년도)만족도 - 2.임금 또는 소득	.404[b]	18.917	.000	.460	.894
	(1차년도)만족도 - 3.고용의 안정성	.287[b]	12.642	.000	.327	.900
	(1차년도)만족도 - 5.근무환경(시설,안전,근무시간)	.277[b]	11.576	.000	.302	.820
	(1차년도)만족도 - 6.일하는 시간	.320[b]	14.356	.000	.366	.901
	(1차년도)만족도 - 7.개인의 발전 가능성	.361[b]	14.439	.000	.368	.716
	(1차년도)만족도 - 8.인간관계	.264[b]	11.346	.000	.297	.875
	(1차년도)만족도 - 9.복리후생제도(사회보험 및 부가급부)	.323[b]	14.827	.000	.376	.939
	(1차년도)만족도 - 10.인사체계(승진제도)	.295[b]	12.911	.000	.334	.880
	(1차년도)만족도 - 11.하는 일에 대한 사회적 평판	.220[b]	9.181	.000	.244	.851
2	(1차년도)만족도 - 3.고용의 안정성	.192[c]	8.926	.000	.238	.835
	(1차년도)만족도 - 5.근무환경(시설,안전,근무시간)	.187[c]	8.365	.000	.223	.774
	(1차년도)만족도 - 6.일하는 시간	.248[c]	11.986	.000	.312	.863
7	(1차년도)만족도 - 5.근무환경(시설,안전,근무시간)	.051[h]	2.265	.024	.062	.640
	(1차년도)만족도 - 10.인사체계(승진제도)	.037[h]	1.558	.120	.043	.586
	(1차년도)만족도 - 11.하는 일에 대한 사회적 평판	.016[h]	.751	.453	.021	.713
8	(1차년도)만족도 - 10.인사체계(승진제도)	.033[i]	1.426	.154	.039	.584
	(1차년도)만족도 - 11.하는 일에 대한 사회적 평판	.012[i]	.566	.571	.016	.709

a. 종속변수: (1차년도)만족도 - 1.현 직장(일자리)에 대한 전반적인 만족 여부

b. 모형내의 예측자: (상수), (1차년도)만족도 - 4.하고 있는 일의 내용(직무내용)

c. 모형내의 예측자: (상수), (1차년도)만족도 - 4.하고 있는 일의 내용(직무내용), (1차년도)만족도 - 2.임금 또는 소득

d. 모형내의 예측자: (상수), (1차년도)만족도 - 4.하고 있는 일의 내용(직무내용), (1차년도)만족도 - 2.임금 또는 소득, (1차년도)만족도 - 6.일하는 시간

그림 10-26 • 중회귀분석 결과(5)

결과분석

결과(5)는 회귀계수가 0이라는 귀무가설을 기각할 수 없어 분석에서 제외된 변수들이다. 마지막 모형인 8에서는 인사체계(승진제도)와 하는 일에 대한 사회적 평판 2개의 변수가 유의확률에서 유의수준 α=0.05로 할 때, 모두 0.05보다 크기 때문에 회귀계수가 0으로 판단하여 제거된 것이다.

11

로지스틱 회귀분석

11.1 이론적 근거

11.1.1 서론

앞 장에서 설명한 회귀분석은 독립변수(설명변수)와 종속변수(반응변수) 사이의 인과관계가 있을 경우에 사용하는 대표적인 인과관계 분석 모형이다. 독립변수는 등간자료와 비율자료 같은 연속형(continuous type)을 주로 사용한다. 만일 명목자료가 독립변수라면, 그대로 사용하지 않고 가변수(dummy variable)로 변환하여 사용한다. 서열자료가 독립변수일 경우에는 연속형처럼 그대로 사용할 수도 있고 명목자료처럼 가변수로 바꾸어서 사용할 수도 있다. 그런데 종속변수는 신장, 매출액 등과 같은 연속형 자료이어야만 한다. 그러나 실제 분석을 하다 보면 여러 가지 사회현상이나 자연현상에서 수술성공여부, 취업여부, 기관유형 등을 판단할 수 있는 원인이 되는 변수를 파악하고자 하는 경우가 있다. 즉, 종속변수가 둘 또는 그 이상의 범주로 구성된 경우에는 앞 장의 회귀분석을 그대로 실시할 수 없다. 따라서 종속변수가 연속형 또는 이산형(discrete type) 자료와 관계없이 회귀분석을 실시할 수 있는 광범위한 모형인 일반화선형모형(GLM; Generalized Linear Model)을 통해 살펴보기로 한다.

일반화선형모형에서는 중요한 세 개의 성분(component)인 랜덤성분(random component), 체계적 성분(systematic component), 연결함수(link function)에 대해 알아야 한다.

먼저 랜덤성분에 대해 살펴보자. 반응변수 y가 n개의 표본인 $y_1, y_2, \cdots, y_n$으로 구성되어 있을 때, 이 관측값들은 독립이다. 이때 반응변수 y가 무엇이며, $y_1, y_2, \cdots, y_n$에 대한 확률분포를 가정하는 것이 바로 랜덤성분이다. 따라서 반응변수 y가 '성공'과 '실패' 또는 동전의 '앞면'과 '뒷면'처럼 두 가지의 가능한 결과만을 갖는 자료라면 베르누이 시행의 독립적 반복을 의미하는 이항분포가 되기 때문에 이항랜덤성분이라고 가정하면 된다. 그리고 반응변수 y가 10개 만족도 문항의 평균값을 갖는 만족도 평균이라면, y가 정규분포를 따를 것이므로 정규랜덤성분을 가정하면 된다. 전자의 경우에는 로지스틱 회귀모형으로, 후자의 경우에는 회귀모형으로 분석할 수 있게 된다. 이렇듯 일반화선형모형은 범용적 모형분석을 다룰 수 있는 방법이다.

이번에는 체계적 성분에 대해 살펴보자. 랜덤성분이 반응변수 y를 명시하는 것이라면, 체계적 성분은 설명변수 x를 명시하는 것이다. 즉, 설명변수들의 선형결합을 식으로 나타내는 과정에서 각 설명변수를 정의하는 것인데, 이때 설명변수는 단독으로 일차함수일 수도 있고, 이차함수일 수도 있으며, 때로는 다른 변수들과의 교호작용 형태로 나타날 수도 있다. 예를 들어 사회과학에서 연령이 임금에 미치는 효과를 분석할 때, 설명변수에 연령 뿐만 아니라 연령의 제곱항을 포함한다.

마지막으로 연결함수에 대해 살펴보자. 연결함수는 설명변수를 명시하는 체계적성분과 반응변수를 명시하는 랜덤성분을 연결해 주는 역할을 명시하는 것이다. 우리가 앞장에서 배운 회귀분석처럼 $g(y) = y$ 형태의 항등관계로 연결된 경우가 가장 일반적인 방법이다. 항등관계로 체계적성분과 랜덤성분을 연결해 주는 함수를 항등연결함수(identity link function)라고 한다. 만일 로그변환값을 사용하는 $g(y) = \ln(y)$ 형태의 로그연결함수를 사용하면 로그선형모형(log linear model)이 되고, 오즈(odds)의 로그값인 로짓(logit) $g(y) = \ln\{y/(1-y)\}$ 형태의 연결함수를 사용하면 로짓모형(logit model)이 되며, 정규분포의 역함수에 대한 누적분포함수를 연결함수로 사용하면 프로빗모형(probit model)이 되는 것이다. 이 책에서는 GLM에서 사용하는 체계적 성분과 랜덤성분이라는 용어 대신에 주로 사용하는 용어인 독립변수와 종속변수를 사용하기로 한다.

11.1.2 로지스틱 회귀모형

종속변수 y와 하나 이상의 독립변수 x를 연결하는 함수로 로짓을 사용하는 모형을 로지스틱 회귀모형(로짓모형)이라고 하며, 다음과 같이 표현된다.

$$\ln\left(\frac{y_i}{1-y_i}\right) = \beta_0 + \beta_1 x_i$$

여기서 y_i는 이진자료(binary data)로서 0 또는 1의 값을 갖는 종속변수이고, β_0와 β_1은 회귀계수이고 x_i는 독립변수를 의미한다.

이때 비성공을 ‘0’, 성공을 ‘1’이라 한다면 성공확률(y_i)은 다음과 같이 구할 수 있다.

$$y_i = \frac{\exp(\beta_0 + \beta_1 x_i)}{1 + \exp(\beta_0 + \beta_1 x_i)}$$

또한 회귀분석에서 독립변수의 개수가 늘어나면 중회귀분석을 실시하듯이 로짓모형에서도 독립변수 여러 개(k)가 모형에 포함되면 다음과 같이 표현할 수 있다.

$$\ln\left(\frac{y_i}{1-y_i}\right)=\beta_0+\beta_1 x_{1i}+\cdots+\beta_k x_{ki}$$

마찬가지로 성공확률(y_i) 역시 다음과 같이 구할 수 있다.

$$y_i=\frac{\exp(\beta_0+\beta_1 x_{1i}+\cdots+\beta_k x_{ki})}{1+\exp(\beta_0+\beta_1 x_{1i}+\cdots+\beta_k x_{ki})}$$

한편, 종속변수 y와 하나 이상의 독립변수 x를 연결하는 함수로 로짓 대신에 프로빗 연결함수를 사용하는 모형을 프로빗모형이라고 하며, 다음과 같이 표현된다.

$$\text{probit}(y_i)=\beta_0+\beta_1 x_i$$

이때 y_i는 표준정규분포의 역함수에 대한 누적분포함수로서 다음과 같다.

$$y_i=\Phi^{-1}(y)$$

단, Φ는 표준정규분포의 누적분포함수를 의미한다.

한편, 종속변수가 서열척도로 구성되어 있는 범주로 구성되어 있을 때는 순위로지스틱모형(ordered logit model)이나 순위프로빗모형(ordered probit model)을 이용할 수 있다. 반면에 종속변수가 명목척도처럼 순위가 없고 범주의 개수가 세 개 이상인 이산형 자료로 구성되어 있는 경우에는 다항 로지스틱모형(multinomial logistic model)을 사용해야 한다.

11.2 SPSS를 이용한 로짓분석

앞장에서 연속형 자료인 종속변수에 영향을 주는 독립변수들을 통해 인과관계를 살펴보고 하나의 식으로 표현하였다. 이 장에서는 이산형 자료인 종속변수(랜덤성분)에 영향을 주는 독립변수들(체계적 성분)을 투입하여 인과관계를 살펴보고자 한다.

앞에서 사용했던 예제2를 이용하여 로짓분석을 실시하고자 하는데, 종속변수는 고소득여부이다. 즉 평균보다 소득이 높으면 고소득, 평균보다 소득이 낮으면 저소득으로 분류하여 고소득여부에 영향을 미치는 독립변수들을 살펴보기로 한다.

konwhow

연속형 자료를 이산형 자료로 바꾸는 방법 중에서 평균을 중심으로 분류하는 것은 상당히 위험한 방법이 될 수 있다. 예를 들어 평균이 200이고 표준편차가 80인 자료에서 199만 원인 케이스와 201만 원인 케이스는 '2'의 차이밖에 없지만 다른 집단으로 분류되는데, 119만 원인 케이스와 199만 원인 케이스는 '80'의 차이가 나는데도 같은 집단으로 분류되기 때문이다. 그래서 평균을 중심으로 1 표준편차 내에 있는 값은 버리고 평균+1표준편차보다 큰 집단을 '1', 평균−1표준편차보다 작은 집단을 '2'로 분류하여 사용할 수 있다. 같은 방법으로 3사분위수보다 큰 집단을 '1', 1사분위수보다 작은 집단을 '2'로 분류하여 사용할 수도 있다.

11.2.1 SPSS를 이용한 로짓분석

예제 고소득여부에 영향을 미치는 변수들은 어떤 것들이 있는가?

먼저 종속변수를 고소득여부로 설정하기 위해서는 연속형 자료(비율자료)인 소득 변수를 범주형 자료(명목형 자료)로 변환하여야 한다. 고소득여부를 판단하기 위한 여러 가지 방법이 있는데, 이해를 돕기 위해 가장 쉬운 방법인 평균을 중심으로 평균보다 크면 고소득, 평균보다 작으면 저소득으로 분류하는 방법을 사용하기로 한다. 1차년도 월평균소득 변수인 X35에 대해 평균을 구하기 위해서는 다음과 같은 방법을 사용한다.

① 먼저 SPSS를 시작하고 저장한 파일 '연습2.sav'를 불러온다(파일(F) → 열기(O) → 데이터(A) → 연습2 → 열기).

② '연습2.sav' 자료가 나오면 평균을 구하기 위해 메뉴에서 분석(A) → 기술통계량(E) → 기술통계(D)를 선택한다.

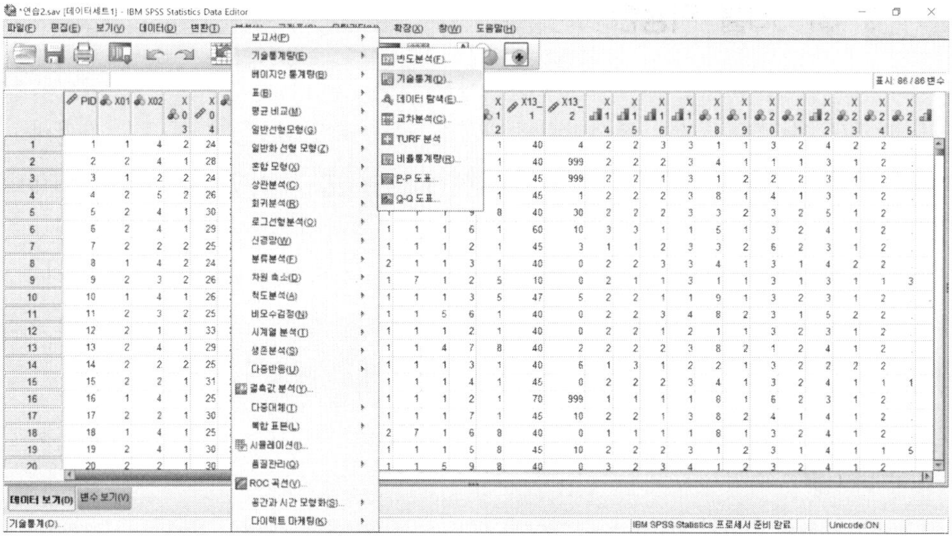

그림 11-1 • 기술통계 선택

③ [그림 11-2]와 같은 기술통계 창에 있는 왼쪽의 변수들 중에서 **월평균소득(X35)**을 선택한 후 ➡를 클릭하고 확인 을 클릭하면 결과가 나온다. [그림 11-3]과 같이 월평균소득의 평균은 186.47만 원임을 알 수 있다.

그림 11-2 • 기술통계 입력 창

기술통계량

	N	최소값	최대값	평균	표준편차
(1차년도)월평균 소득(만원)	1335	100	458	186.47	61.414
유효 N(목록별)	1335				

그림 11-3 • 기술통계 결과

④ 2장에서 설명했던 **다른 변수로 코딩변경**을 이용하기 위해 메뉴에서 **변환(T)** → **다른 변수로 코딩변경(R)**을 선택한다. [그림 11-4]와 같은 화면이 나오면 왼쪽의 변수들 중에서 **월평균소득(X35)**을 선택한 후 [→]를 클릭한다. 그리고 **출력변수 이름(N)**에 X35_2를 입력하고, 레이블에 '**(1차년도)고소득여부**'로 입력한 후 [변경(H)]를 클릭하고 [기존값 및 새로운 값(O)...]을 클릭한다.

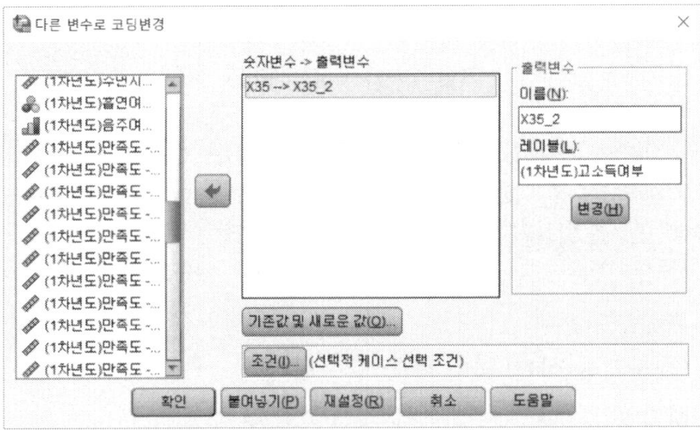

그림 11-4 • 다른 변수로 코딩변경

⑤ [그림 11-5]와 같이 먼저 **시스템 또는 사용자 결측값(U)**을 **시스템 결측값(Y)**로 추가한다. 다음은 **최저값에서** 186.47까지의 범위를 '1'로 하고, 기타 모든 값은 '2'로 변경하고 [계속(C)]을 클릭하면 된다. 변경된 후에 변수보기 탭에서 [그림 11-6]과 같이 각 범주의 값을 부여한다.

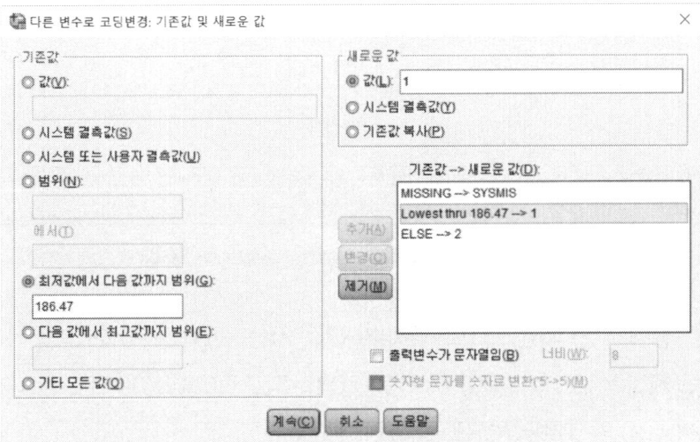

그림 11-5 • 기존값을 새로운 값으로 바꾸는 창

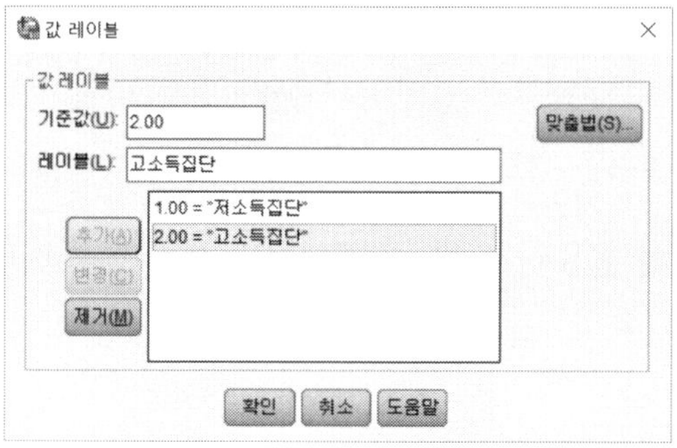

그림 11-6 • 값 레이블 설정

> 임금에 영향을 미치는 변수들 중에서 정규직여부(X09_1)는 중요한 변수이다. 따라서 (1차년도)근로형태인 X09 변수를 이용하여 정규직이라고 응답한 사람은 '1', 나머지는 '2'의 값을 갖는 정규직 여부 변수를 만들기 위해 2장의 코딩변경 방법을 이용하여 독자들 스스로 생성하라. 1.00으로 나타나는 것은 소수점을 0으로 변경하면 되며, 결과에는 영향을 끼치지 않는다.

⑥ 본격적인 로짓분석을 하기 위해 메뉴에서 분석(A) → 회귀분석(R) → 이분형 로지스틱(G)을 선택한다.

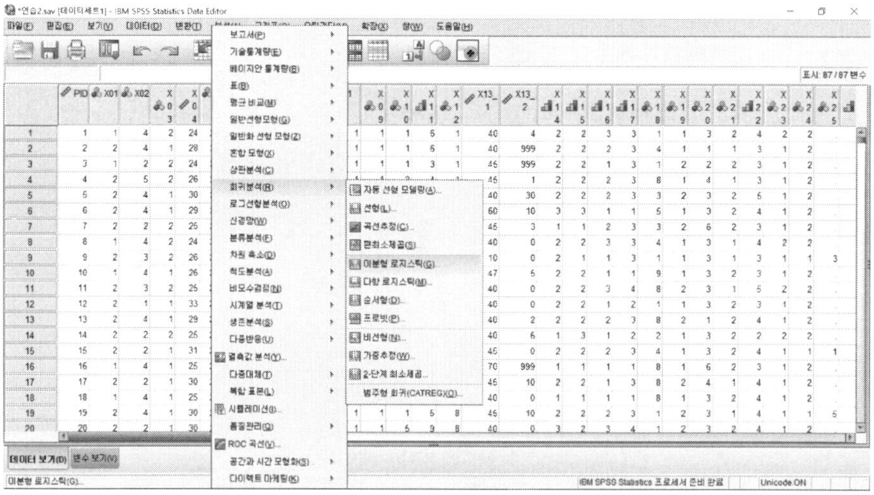

그림 11-7 • 이분형 로지스틱 선택

⑦ 로짓분석 창에서 (1차년도)고소득여부(X35_2)는 종속변수(D)에 등록하고, 대학유형(X01), 전공계열(X02), 성별(X03), 연령(X04), 정규직여부(X09_1), 종사자수(X11), 주당총근로시간(X13)은 공변량(C)에 등록한다.

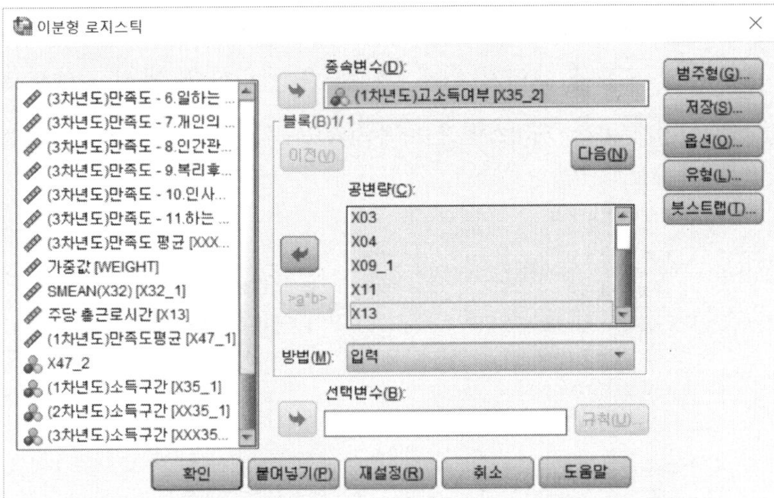

그림 11-8 • 이분형 로지스틱 창

⑧ 범주형 변수를 정의할 수 있도록 도와주는 범주형(G)... 을 클릭한다. 왼쪽에 있는 공변량 중에서 범주형 변수만을 선택하고 ➡를 클릭한다. 그 다음에 [그림 11-9]의 오른쪽 아래에 있는 **대비 변경**을 보면, 참조범주를 바꿀 수 있도록 되어 있다. 디폴트는 **참조범주(R)**가 **마지막(L)**으로 되어 있는데, 이는 성별에서 **남성**이 '1', **여성**이 '2'이므로 마지막 범주인 여성이 참조범주가 된다는 뜻(**여성**이 '0', **남성**이 '1'의 값을 갖는 가변수 생성)이다. 만약 남성을 참조범주로 하려면 오른쪽 상단에 있는 **범주형 공변량(T)**에서 **성별 변수**인 X01을 선택하고 **참조범주(R)**를 **처음(F)**으로 설정한다. 본 절에서는 디폴트 상태 그대로 하고 변경(H) 을 클릭한다.

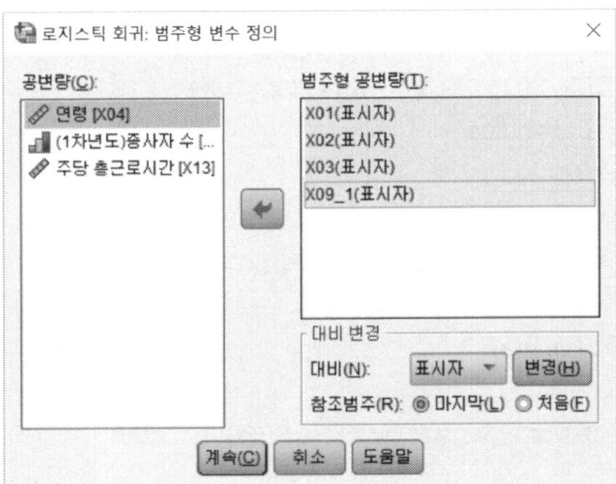

그림 11-9 • 로지스틱 회귀: 범주형 변수 정의 창

⑨ 모든 선택과 처리가 끝난 후 계속(C)을 클릭하면 다시 [그림 11-8]이 나오고, 여기서 출력 통계량 및 도표를 그리기 위해 옵션(O)...을 클릭한다. **옵션** 창에서 **분류도표(C), 추정값들의 상관계수(R), 케이스별 잔차목록(W)**을 선택하고 계속(C)을 클릭한다.

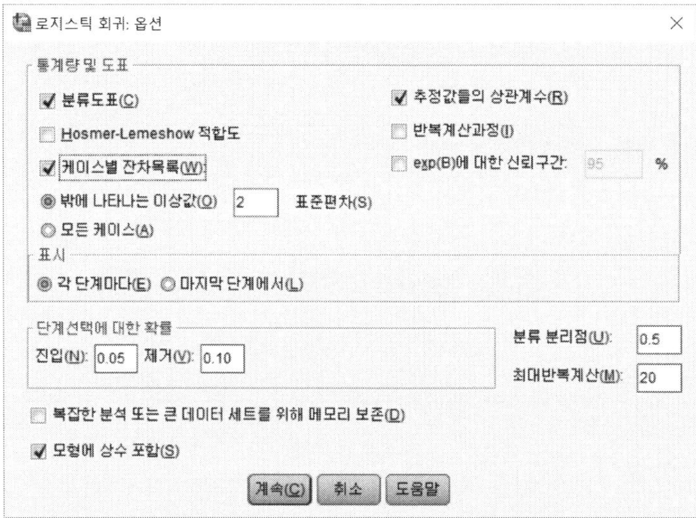

그림 11-10 • 로지스틱 회귀: 옵션 창

⑩ 다시 나온 [그림 11-8]에서 확인을 클릭하면 분석결과가 결과창에 제시된다.

| 명령문 및 결과 |

명령문

```
LOGISTIC REGRESSION VARIABLES X35_2
  /METHOD=ENTER X01 X02 X03 X04 X09_1 X11 X13
  /CONTRAST (X01)=Indicator
  /CONTRAST (X02)=Indicator
  /CONTRAST (X03)=Indicator
  /CONTRAST (X09_1)=Indicator
  /CLASSPLOT
  /CASEWISE OUTLIER(2)
  /PRINT=CORR
  /CRITERIA=PIN(0.05) POUT(0.10) ITERATE(20) CUT(0.5).
```

케이스 처리 요약

가중되지 않은 케이스[a]		N	퍼센트
선택 케이스	분석에 포함	1252	93.8
	결측 케이스	83	6.2
	전체	1335	100.0
비선택 케이스		0	.0
전체		1335	100.0

a. 가중값을 사용하는 경우에는 전체 케이스 수의 분류표를 참조하십시오.

그림 11-11 • 로짓분석 결과(1)

결과분석

결과(1)은 분석에 포함된 케이스에 대한 처리를 요약한 것이다. 전체 1,335 케이스 중에서 분석에 포함된 케이스는 1,252 케이스이고 결측 케이스는 83 케이스임을 보여 주고 있다.

종속변수 인코딩

원래 값	내부 값
저소득집단	0
고소득집단	1

그림 11-12 • 로짓분석 결과(2)

결과분석

결과(2)는 종속변수를 가변수로 변환해주었음을 의미하는 것이다. 앞 장의 회귀분석에서 범주형 자료는 우리가 미리 가변수로 설정해 주어야 하지만, 로지스틱 회귀분석에서는 자동으로 변환해준다. 여기서는 저소득집단을 '0', 고소득집단을 '1'로 설정해 주었다.

범주형 변수 코딩

			모수 코딩			
		빈도	(1)	(2)	(3)	(4)
전공계열	인문계열	125	1.000	.000	.000	.000
	사회계열	376	.000	1.000	.000	.000
	교육계열	72	.000	.000	1.000	.000
	공학계열	532	.000	.000	.000	1.000
	자연계열	147	.000	.000	.000	.000
정규직여부	비정규직	93	1.000			
	정규직	1159	.000			
성별	남	781	1.000			
	여	471	.000			
대학유형	전문대	383	.000			
	4년제	869	1.000			

그림 11-13 • 로짓분석 결과(3)

결과분석

결과(3)은 독립변수를 앞에서 설정한 범주형 코딩 방법에 따라 적용한 결과를 보여주는 것이다. 전공계열(X02)은 5개의 범주로 구성되어 있으므로 각각에 대해 코딩을 설정하여 4개의 가변수를 생성하였음을 보여주고 있다. 또한 각 범주별 빈도를 제시하고 있다.

블록 **0:** 시작 블록

분류표[a,b]

관측됨			예측: (1차년도)고소득여부 저소득집단	예측: (1차년도)고소득여부 고소득집단	분류정확 %
0 단계	(1차년도)고소득여부	저소득집단	698	0	100.0
		고소득집단	554	0	.0
	전체 퍼센트				55.8

a. 모형에 상수항이 있습니다.

b. 절단값은 .500입니다.

그림 11-14 • 로짓분석 결과(4)

결과분석

결과(4)는 로짓모형을 적용하기 이전에 각 집단이 어느 집단으로 분류할 수 있는지를 예측하는 것이다. 통상 가장 범주의 수가 많은 쪽으로 분류하여 분류정확률을 제시하는데, 여기서는 총 1,252 케이스 중에서 698개를 저소득집단으로 분류하여 55.8%의 정확도를 보여주고 있다.

블록 **1:** 방법 **=** 입력

모형 계수의 총괄 검정

		카이제곱	자유도	유의확률
1 단계	단계	460.546	10	.000
	블록	460.546	10	.000
	모형	460.546	10	.000

모형 요약

단계	-2 로그 우도	Cox와 Snell의 R-제곱	Nagelkerke R-제곱
1	1258.495[a]	.308	.412

a. 모수 추정값이 .001보다 작게 변경되어 계산반복 수 6에서 추정을 종료하였습니다.

그림 11-15 • 로짓분석 결과(5)

결과분석

결과(5)는 모형 계수 전체 테스트에 대한 결과와 모형 요약표를 나타낸 것이다. χ^2 검정통계량은 460.546으로 유의수준 0.01하에서 유의한 것으로 나타나, 로짓모형은 유의한 것으로 볼 수 있다. Cox와 Snell의 R-제곱과 Nagelkerke의 R-제곱은 회귀분석에서 결정계수인 r^2과 유사한 것으로 설정한 모형의 설명력으로 볼 수 있다. 따라서 고소득 여부에 영향을 주는 로짓모형에서 독립변수로 투입된 대학유형, 전공계열, 성별, 연령, 정규직여부, 종사자수, 주당 총근로시간 등이 약 41.2% 정도 설명한다고 할 수 있다.

분류표[a]

관측됨			예측 (1차년도)고소득여부 저소득집단	고소득집단	분류정확 %
1 단계	(1차년도)고소득여부	저소득집단	542	156	77.7
		고소득집단	161	393	70.9
	전체 퍼센트				74.7

a. 절단값은 .500입니다.

그림 11-16 • 로짓분석 결과(6)

결과분석

결과(6)은 독립변수로 투입된 모형으로 분류를 실시할 경우 74.7%의 정확도를 보여주는 것으로, 결과(4)와 비교했을 때 분류정확도가 상승했음을 보여준다.

방정식의 변수

		B	S.E.	Wald	자유도	유의확률	Exp(B)
1 단계[a]	대학유형(1)	-1.227	.167	53.661	1	.000	.293
	전공계열			26.582	4	.000	
	전공계열(1)	-.200	.305	.429	1	.513	.819
	전공계열(2)	.275	.245	1.260	1	.262	1.316
	전공계열(3)	1.545	.348	19.661	1	.000	4.687
	전공계열(4)	.261	.244	1.145	1	.285	1.298
	성별(1)	.407	.193	4.464	1	.035	1.502
	연령	.282	.038	54.942	1	.000	1.325
	정규직여부(1)	-2.095	.440	22.648	1	.000	.123
	(1차년도)종사자 수	.328	.030	117.994	1	.000	1.388
	주당 총근로시간	.012	.007	2.905	1	.088	1.012
	상수항	-10.339	1.100	88.398	1	.000	.000

a. 변수가 1: 대학유형, 전공계열, 성별, 연령, 정규직여부, (1차년도)종사자 수, 주당 총근로시간 단계에 입력되었습니다.

그림 11-17 • 단순회귀분석 결과(7)

결과분석

결과(7)은 로짓모형에 투입된 각 독립변수들의 계수(B), 표준오차(S.E.), Wald 통계량, 자유도, 유의확률, 한계효과(Exp(B)) 등을 보여주고 있다. 계수인 B는 회귀분석에서의 회귀계수와 같은 의미로, 모형을 세운다면 $\ln\left(\frac{\text{고소득여부}}{1-\text{고소득여부}}\right)=-10.339-1.227\times$대학유형$-0.2\times$인문계열$+\cdots+0.012\times$주당총근로시간으로 표현할 수 있다. Wald 통계량은 $(\mathrm{B/S.E.})^2$ 으로 계산할 수 있다. 따라서 X01(성별) 변수에 대한 Wald 통계량은 $(-1.227/0.167)^2 \simeq 53.7$ 이 된다. 이 통계량은 회귀분석에서 t 통계량과 같은 역할을 하는 것으로 보면 된다. 유의확률은 Wald 통계량에 대한 값으로 각 독립변수가 모형 내에서 유의한 영향변수인지를 판단할 수 있는데, 유의수준 0.05를 기준으로 했을 때, X1(대학유형), X02(3)(교육계열), X03(성별), X04(연령), X09_1(정규직여부), X11(종사자수) 등이 유의한 변수인 것으로 나타났다. 한계효과인 Exp(B)는 연속형 자료인 X가 한 단위 변할 때의 종속변수 변화량이며, 가변수인 경우에는 참조범주 대비 다른 범주의 변화량으로 볼 수 있다. 그림 [11-17]에서 X01(대학유형)의 한계효과인 0.293은 $e^{-1.227}=0.293$과 같은 식을 통해 산출된다. 이에 대한 해석은 다음과 같다. 예를 들어 [그림 11-13]을 보면, X01(대학유형) 변수에서 참조범주는 4년제이므로 전문대는 4년제 대비 고소득일 가능성이 29.3%에 불과하다고 볼 수 있다. 최종적으로 보면, 4년제일수록, 자연계열에 비해 교육계열일수록, 남성일수록, 연령이 높을수록, 정규직일수록, 기업체규모가 클수록 고임금을 받을 가능성이 높다고 볼 수 있다.

상관행렬

		상수항	대학유형(1)	전공계열(1)	전공계열(2)	전공계열(3)	전공계열(4)	성별(1)	연령	정규직 여부(1)	(1차년도) 종사자 수	주당 총 근로시간
1 단계	상수항	1.000	-.014	-.073	-.063	-.166	-.116	.414	-.920	-.044	-.248	-.350
	대학유형(1)	-.014	1.000	.027	-.042	-.078	-.125	-.020	.041	-.015	-.005	-.136
	전공계열(1)	-.073	.027	1.000	.575	.395	.570	.031	-.061	-.004	-.045	.018
	전공계열(2)	-.063	-.042	.575	1.000	.482	.745	-.026	-.080	-.014	-.059	-.032
	전공계열(3)	-.166	-.078	.395	.482	1.000	.452	.157	.033	-.047	.093	.004
	전공계열(4)	-.116	-.125	.570	.745	.452	1.000	-.234	.000	-.002	-.105	-.021
	성별(1)	.414	-.020	.031	-.026	.157	-.234	1.000	-.498	-.017	.053	-.128
	연령	-.920	.041	-.061	-.080	.033	.000	-.498	1.000	.018	.101	.049
	정규직여부(1)	-.044	-.015	-.004	-.014	-.047	-.002	-.017	.018	1.000	-.060	.096
	(1차년도)종사자 수	-.248	-.005	-.045	-.059	.093	-.105	.053	.101	-.060	1.000	.060
	주당 총근로시간	-.350	-.136	.018	-.032	.004	-.021	-.128	.049	.096	.060	1.000

그림 11-18 • 로짓분석 결과(9)

결과분석

결과(9)는 투입된 독립변수들 사이의 상관계수를 나타낸 것이다. 연속형 자료인 연령(X04), 종사자수(X11), 주당총근로시간(X13)만을 비교해 보면, 연령과 종사자수 사이의 상관계수는 0.101로 가장 높고, 연령과 주당총근로시간은 0.049로 가장 낮은 것으로 나타났다.

11.2.2 SPSS를 이용한 로짓모형에서 위계적 회귀분석

위계적 회귀모형(hierarchical regression model)은 연구자가 중요하다고 생각하는 변수 또는 상위 요인들의 투입순서를 결정하여 모형을 분석함으로써 각 모형에서 변수의 유의한 정도와 방향성을 판단하는 방법이다. 앞 장에서 배운 중회귀분석에서 변수선택 방법에서 변수 투입의 순서와 기준은 철저하게 통계적 유의성에 기반하는 반면에 위계적회귀모형에서 변수의 투입과 제거는 철저하게 연구자가 상위요인의 동질특징과 집단화, 그리고 개인적인 판단과 기준에 근거하는 방법이다. 여기서는 바로 앞 절에서 실시한 고소득여부 변수에 미치는 영향관계에서 독립변수를 추가로 투입하는 방법을 통해 설명하도록 하겠다.

예제 고소득여부에 추가적으로 영향을 미치는 요인(업무수준, 스펙, 만족도)은 어떤 것들이 있는가?

① 분석 방법은 바로 앞 절과 동일하기 때문에 [그림 11-7]과 [그림 11-8]은 똑같이 진행하면 된다. [그림 11-8]에서 다음 블록을 지정하는 다음(N)을 클릭한다. 왼쪽에 있는 로짓분석 창에서 업무내용과 교육수준 비교(X14), 업무내용과 기술수준 비교(X15), 업무내용과 전공(X16), 졸업학점 등급(X22), 어학연수 경험(X24), 직업훈련 받은 경험(X27), 자격증 유무(X28), 만족도평균(X47)을 공변량(C)에 추가 등록한다. 이때 종속변수 아래쪽이 '블록(B)2/2'로 바뀌어 있음을 확인해야 한다.

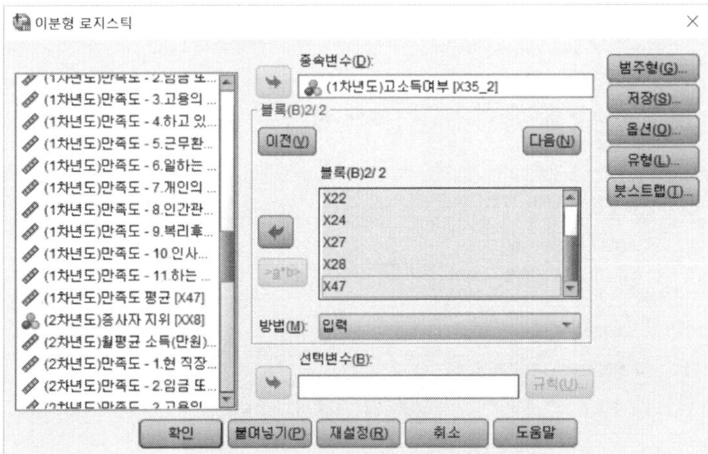

그림 11-19 • 이분형 로지스틱 창

② 범주형 변수를 정의할 수 있도록 도와주는 [범주형(G)...]을 클릭한다. 왼쪽에 있는 공변량(C) 중에서 범주형 변수인 X24, X27, X28을 선택하고 [➡]를 클릭한다.

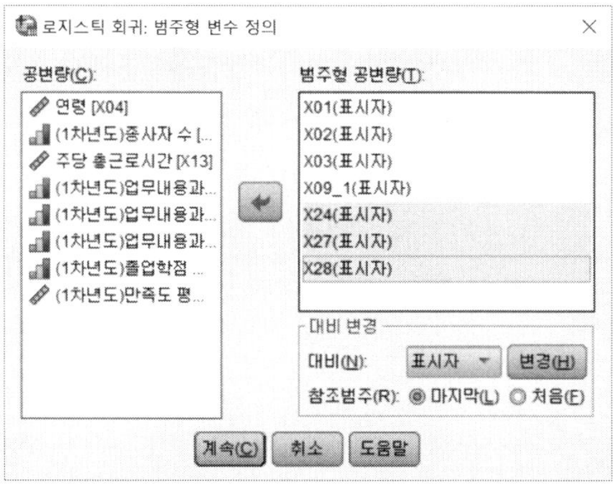

그림 11-20 • 로지스틱 회귀: 범주형 변수 정의 창

③ [그림 11-20]에서 [계속(C)]을 클릭하면 다시 [그림 11-19]가 나오고, 여기서 [옵션(O)...]을 클릭하여 분류도표(C), 추정값들의 상관계수(R), 케이스별 잔차목록(W)을 선택하고 [계속(C)]을 클릭한다. 이 단계는 앞 절의 [그림 11-10]과 동일하다.

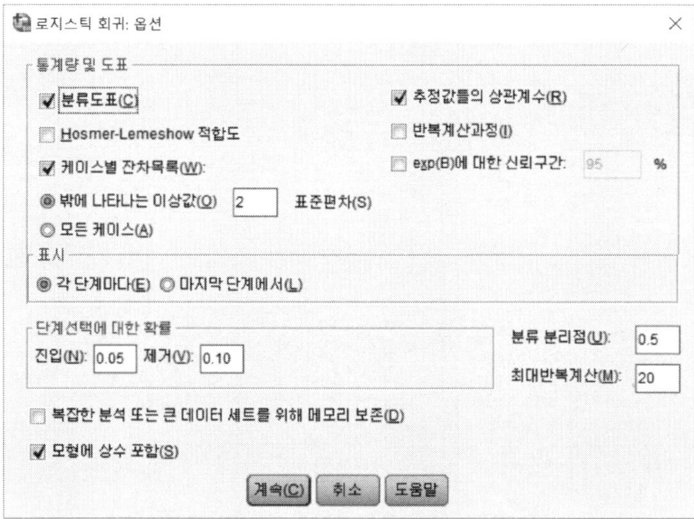

그림 11-21 • 로지스틱 회귀: 옵션 창

④ 다시 나온 [그림 11-19]에서 [확인]을 클릭하면 분석결과가 결과창에 제시된다.

| 명령문 및 결과 |

명령문

```
LOGISTIC REGRESSION VARIABLES X35_2
  /METHOD=ENTER X01 X02 X03 X04 X09_1 X11 X13
  /METHOD=ENTER X14 X15 X16 X22 X24 X27 X28 X47
  /CONTRAST (X01)=Indicator
  /CONTRAST (X02)=Indicator
  /CONTRAST (X03)=Indicator
  /CONTRAST (X09_1)=Indicator
  /CONTRAST (X24)=Indicator
  /CONTRAST (X27)=Indicator
  /CONTRAST (X28)=Indicator
  /CLASSPLOT
  /CASEWISE OUTLIER(2)
  /PRINT=CORR
  /CRITERIA=PIN(0.05) POUT(0.10) ITERATE(20) CUT(0.5).
```

케이스 처리 요약

가중되지 않은 케이스[a]		N	퍼센트
선택 케이스	분석에 포함	1252	93.8
	결측 케이스	83	6.2
	전체	1335	100.0
비선택 케이스		0	.0
전체		1335	100.0

a. 가중값을 사용하는 경우에는 전체 케이스 수의 분류표를 참조하십시오.

그림 11-22 • 로짓분석 결과(1)

결과분석

결과(1)은 분석에 포함된 케이스에 대한 처리를 요약한 것이다. 전체 1,335 케이스 중에서 분석에 포함된 케이스는 1,252 케이스이고 결측 케이스는 83 케이스임을 보여주고 있는데, 앞 절의 결과와 동일하다.

종속변수 인코딩

원래 값	내부 값
저소득집단	0
고소득집단	1

그림 11-23 • 로짓분석 결과(2)

결과분석

결과(2)는 종속변수를 가변수로 변환해주었음을 의미하는 것이다. 앞 장의 회귀분석에서 범주형 자료는 우리가 미리 가변수로 설정해 주어야 하지만, 로지스틱 회귀분석에서는 자동으로 변환해준다. 여기서는 저소득집단을 '0', 고소득집단을 '1'로 설정해 주었는데, , 앞 절의 결과와 동일하다.

범주형 변수 코딩

		빈도	모수 코딩 (1)	(2)	(3)	(4)
전공계열	인문계열	125	1.000	.000	.000	.000
	사회계열	376	.000	1.000	.000	.000
	교육계열	72	.000	.000	1.000	.000
	공학계열	532	.000	.000	.000	1.000
	자연계열	147	.000	.000	.000	.000
(1차년도)자격증 유무	예	868	1.000			
	아니오	384	.000			
성별	남	781	1.000			
	여	471	.000			
정규직여부	비정규직	93	1.000			
	정규직	1159	.000			
(1차년도)어학연수 경험	있다	183	1.000			
	없다	1069	.000			
(1차년도)직업훈련 받은 경험	예	229	1.000			
	아니오	1023	.000			
대학유형	전문대	383	1.000			
	4년제	869	.000			

그림 11-24 • 로짓분석 결과(3)

결과분석

결과(3)은 독립변수를 앞에서 설정한 범주형 코딩 방법에 따라 적용한 결과를 보여주는 것이다. 추가로 투입된 어학연수경험(X24), 직업훈련 받은 경험(X27), 자격증 유무(X28) 각각은 경험이 있으면 '1', 없으면 '0'으로 설정되어 있음을 알 수 있다. 결과에서 보듯이 자격증만 있는 경우가 더 많고, 어학연수와 직업훈련은 경험이 없는 경우가 훨씬 많음을 알 수 있다.

블록 0: 시작 블록

분류표[a,b]

관측됨			예측 (1차년도)고소득여부 저소득집단	고소득집단	분류정확 %
0 단계	(1차년도)고소득여부	저소득집단	698	0	100.0
		고소득집단	554	0	.0
	전체 퍼센트				55.8

a. 모형에 상수항이 있습니다.

b. 절단값은 .500입니다.

그림 11-25 • 로짓분석 결과(4)

결과분석

결과(4)는 로짓모형을 적용하기 이전에 각 집단이 어느 집단으로 분류할 수 있는지를 예측하는 것으로 총 1,252 케이스 중에서 698개를 저소득집단으로 분류하여 55.8%의 정확도를 보여주고 있는데 이는 앞 절의 결과와 동일하다.

블록 2: 방법 = 입력

모형 계수의 총괄 검정

		카이제곱	자유도	유의확률
1 단계	단계	40.440	8	.000
	블록	40.440	8	.000
	모형	500.986	18	.000

모형 요약

단계	-2 로그 우도	Cox와 Snell의 R-제곱	Nagelkerke R-제곱
1	1218.055[a]	.330	.442

a. 모수 추정값이 .001보다 작게 변경되어 계산반복수 6에서 추정을 종료하였습니다.

그림 11-26 • 로짓분석 결과(5)

결과분석

결과(5)에서 χ^2 검정통계량은 40.440으로 모형은 유의한 것으로 나타났다. Nagelkerke의 R-제곱 0.442로 1단계 모형의 0.412보다 0.03만큼 커진 것으로 나타나, 설명력이 약 3% 정도 증가한 것으로 나타났다. 따라서 변수가 추가된 모형의 설명력은 44.2% 정도이다.

분류표[a]

관측됨			예측: (1차년도)고소득여부 저소득집단	고소득집단	분류정확 %
1 단계	(1차년도)고소득여부	저소득집단	561	137	80.4
		고소득집단	149	405	73.1
	전체 퍼센트				77.2

a. 절단값은 .500입니다.

그림 11-27 • 로짓분석 결과(6)

결과분석

결과 (6)은 이 모형의 분류정확도가 77.2%로 바로 앞 절에서 분석한 모형의 분류정확도인 74.7%보다 상승했음을 보여준다. 즉, 로짓모형을 통해 저소득집단이 저소득집단으로 고소득집단이 고소득집단으로 정확하게 분류될 확률은 각각 80.4%와 73.1%이다.

방정식의 변수

		B	S.E.	Wald	자유도	유의확률	Exp(B)
1 단계[a]	대학유형(1)	-1.179	.175	45.450	1	.000	.308
	전공계열			22.086	4	.000	
	전공계열(1)	-.314	.320	.961	1	.327	.731
	전공계열(2)	.247	.252	.957	1	.328	1.280
	전공계열(3)	1.415	.362	15.255	1	.000	4.118
	전공계열(4)	.235	.252	.873	1	.350	1.265
	성별(1)	.443	.198	5.010	1	.025	1.557
	연령	.293	.039	55.683	1	.000	1.341
	정규직여부(1)	-1.952	.443	19.457	1	.000	.142
	(1차년도)종사자 수	.308	.031	99.402	1	.000	1.361
	주당 총근로시간	.016	.007	4.438	1	.035	1.016
	(1차년도)업무내용과 교육수준 비교	.048	.197	.058	1	.809	1.049
	(1차년도)업무내용과 기술수준 비교	.258	.198	1.697	1	.193	1.294
	(1차년도)업무내용과 전공	.043	.103	.172	1	.679	1.043
	(1차년도)졸업학점 등급	.260	.098	7.006	1	.008	1.297
	(1차년도)어학연수 경험(1)	.574	.210	7.501	1	.006	1.775
	(1차년도)직업훈련 받은 경험(1)	.213	.182	1.379	1	.240	1.238
	(1차년도)자격증 유무(1)	-.225	.157	2.038	1	.153	.799
	(1차년도)만족도 평균	.383	.129	8.789	1	.003	1.466
	상수항	-13.621	1.347	102.300	1	.000	.000

a. 변수가 1: (1차년도)업무내용과 교육수준 비교, (1차년도)업무내용과 기술수준 비교, (1차년도)업무내용과 전공, (1차년도)졸업학점 등급, (1차년도)어학연수 경험, (1차년도)직업훈련 받은 경험, (1차년도)자격증 유무, (1차년도)만족도 평균 단계에 입력되었습니다.

그림 11-28 • 로짓분석 결과(7)

결과분석

결과(7)은 로짓모형에 투입된 각 독립변수들의 계수(B), 표준오차(S.E.), Wald 통계량, 자유도, 유의확률, 한계효과(Exp(B)) 등을 보여주고 있다. 앞 절의 분석에서 유의수준 0.05를 기준으로 했을 때 유의한 변수였던 X1(대학유형), X02(3)(교육계열), X03(성별), X04(연령), X09_1(정규직여부), X11(종사자수) 등은 여전히 유의한 것으로 나타났다. 추가로 투입된 변수 중에서는 X22(졸업학점), X24(어학연수 경험), X47(만족도)가 유의한 것으로 나타났다. 따라서 4년제일수록, 자연계열에 비해 교육계열일수록, 남성일수록, 연령이 높을수록, 정규직일수록, 기업체규모가 클수록, 졸업학점이 높을수록, 어학연수를 다녀올수록, 만족도가 높을수록 고임금을 받을 가능성이 높다고 볼 수 있다.

[그림 11-29]는 실제 논문에서 작성하는 예시로서, 위의 [그림 11-11]~[그림 11-18]과 [그림 11-22]~[그림 11-28]을 바탕으로 작성한 것이다.

	모형 1				모형 2			
	B	S.E	Wals	Exp(B)	B	S.E	Wals	Exp(B)
X01(대학유형)	-1.227^{***}	.167	53.66	.293	-1.179^{***}	.175	45.45	.308
X02(전공계열)			26.58				22.09	
X02(인문계열)	-.200	.305	.43	.819	-.314	.320	.96	.731
X02(사회계열)	.275	.245	1.26	1.316	.247	.252	.96	1.280
X02(교육계열)	1.545^{***}	.340	19.66	4.607	1.415^{***}	.362	15.26	4.118
X02(공학계열)	.261	.244	1.15	1.298	.235	.252	.87	1.265
X03(성별)	$.407^{*}$	.193	4.46	1.502	$.443^{*}$	.198	5.01	1.557
X04(연령)	$.282^{***}$	.038	54.94	1.325	$.293^{***}$	.039	55.68	1.341
X09_1(정규직여부)	2.095^{***}	.440	22.65	8.127	1.952^{***}	.443	19.46	7.042
X11(종사자수)	$.328^{***}$	.030	117.99	1.388	$.308^{***}$	.031	99.40	1.361
X13(총근로시간)	.012	.007	2.91	1.012	$.016^{*}$	.007	4.44	1.016
X14(교육수준)					.048	.197	.06	1.049
X15(기술수준)					.258	.198	1.70	1.294
X16(전공일치)					.043	.103	.17	1.043
X22(졸업학점등급)					$.260^{**}$	.098	7.01	1.297
X24(어학연수경험)					$.574^{**}$	.210	7.50	1.775
X27(직업훈련경험)					.213	.182	1.38	1.238
X28(자격증유무)					-.225	.157	2.04	.799
X47(만족도)					$.383^{**}$	.129	8.79	1.466
상수항	-12.435	1.166	113.66	.000	-15.573	1.385	126.50	.000
n	1,252				1,252			
χ^2	460.546				40.44			
r^2	0.412				0.442			
분류정확도	74.7				77.2			

그림 11-29 • 논문 표작성 예시

11.3 SPSS를 이용한 다항 로지스틱 분석

다항 로지스틱 분석은 종속변수가 이산형일 뿐만 아니라 범주의 개수가 3개 이상인 경우에 사용하는 분석이다. 물론 서열 자료일 때도 사용할 수 있지만 이럴 때는 순위형 로짓모형이나 순위형 프로빗모형을 통해 분석하는 것이 더 일반적이다. 또한 범주의 수가 2개일 때는 앞에서 설명한 로짓모형이나 프로빗모형을 이용하는 것이 가능하므로 특별한 경우가 아니라면 보통은 범주의 개수가 3개 이상인 경우에 사용하는 것이 타당하다.

11.3.1 SPSS를 이용한 다항 로지스틱 분석

예제 고소득여부와 만족도에 영향을 미치는 변수들은 어떤 것들이 있는가?

먼저 종속변수를 고소득 여부와 만족도 고저에 따라 네 가지 집단으로 분류하기로 한다. 즉, 새로운 변수의 이름을 multi로 하는 네 가지 값(1: 저소득·저만족, 2: 저소득·고만족, 3: 고소득·저만족, 4: 고소득·고만족)을 설정해 주기 위해 다음과 같은 방법을 사용한다. 단, 이때 만족도 집단을 나누기 위해서는 기술통계를 통해 평균을 구해야 한다. 평균을 중심으로 평균보다 낮으면 저만족(1), 높으면 고만족(2)으로 분류하는 코딩변경을 미리 시행해야 한다. 실제 만족도 평균을 구한 결과 평균은 3.4792이었고, 이를 통해 새로운 변수 X47_2(만족도집단)는 3.4792를 기준으로 새로 생성하여 사용하였다.

① 먼저 SPSS를 시작하고 저장한 파일 '연습2.sav'를 불러온다(파일(F) → 열기(O) → 데이터(A) → 연습2 → 열기).

② '연습2.sav' 자료가 나오면 2장에서 설명한 변수 계산을 하기 위해 메뉴에서 변환(T) → 변수 계산(C)를 선택한다.

③ [그림 11-30]과 같은 변수 계산 창이 나타나면 목표변수(T)에 새로이 만들고자 하는 변수 이름인 multi를 입력한다. 그리고 오른쪽의 숫자표현식(E)에 숫자 '1'을 입력한 후에 아래쪽에 있는 [조건(I)...]을 마우스 왼쪽으로 클릭하면 [그림 11-31]과 같은 화면이 나온다.

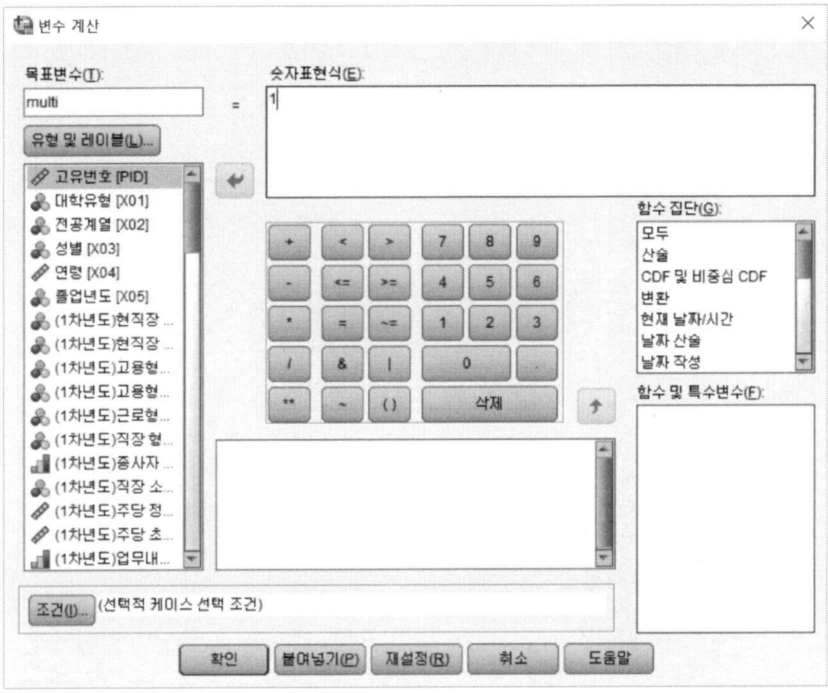

그림 11-30 • 변수 계산 입력 창

④ 상단에 있는 **다음 조건을 만족하는 케이스 포함(I)**을 선택한 후, 왼쪽에서 **고소득여부**(X35_2)를 선택한 후 [➡]를 클릭하고 **동등 연산자**인 [=]를 클릭한다. 그다음에 1과 가운데에 있는 연산자 중에서 AND 연산자인 [&]를 클릭하고 다시 왼쪽에 있는 변수들 중에서 **만족도집단**(X47_2)을 선택한 후에 [➡]를 클릭한 후에 **동등 연산자**인 [=]를 클릭한다. 이때 입력칸에 직접 "X35_2 = 1 & X47_2 = 1"을 입력해도 된다. 모든 선택이 끝난 후 [계속(C)]을 클릭하고 나면 [그림 11-30]이 [그림 11-32]과 같이 바뀌었음을 확인할 수 있다.

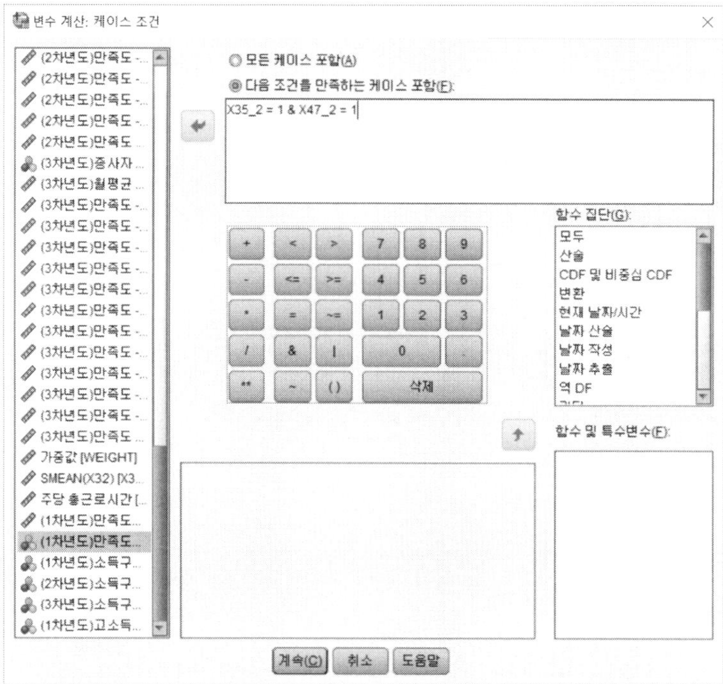

그림 11-31 • 변수 계산: 케이스 조건 창

그림 11-32 • 변수 계산

⑤ [그림 11-32]에서 확인 을 클릭하고 데이터 창에 가면 multi라는 변수가 생성되어 있음을 확인할 수 있다. 같은 방법으로 다음 <표11-1>을 참고하여 [그림 11-30]부터 [그림 11-32]을 세 차례 반복해서 새로운 변수를 생성하면 된다. 이때 [그림 11-33]과 같은 경고창이 뜨면 확인을 클릭한다.

표 11-1

대상변수(T)	숫자표현식(E)	조건(I)	의미
multi	1	X35_2=1 & X47_2=1	저소득 저만족
multi	2	X35_2=1 & X47_2=2	저소득 고만족
multi	3	X35_2=2 & X47_2=1	고소득 저만족
multi	4	X35_2=2 & X47_2=2	고소득 고만족

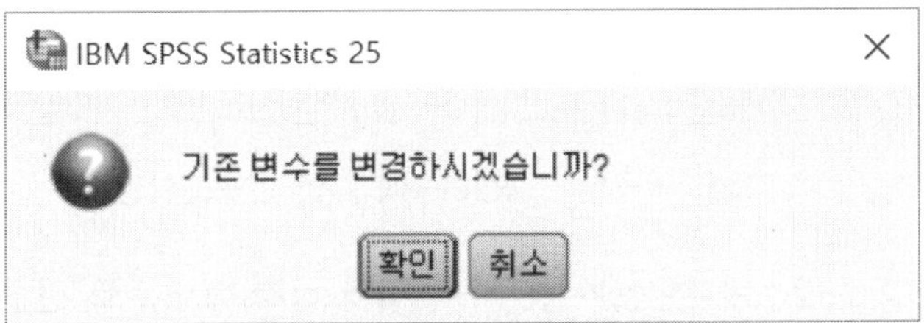

그림 11-33 • 기존 변수 덮어쓰기

명령문

```
IF  ( X35_2 = 1 & X47_2 = 1) multi=1.
EXECUTE.
IF  ( X35_2 = 1 & X47_2 = 2) multi=2.
EXECUTE.
IF  ( X35_2 = 2 & X47_2 = 1) multi=3.
EXECUTE.
IF  ( X35_2 = 2 & X47_2 = 2) multi=4.
EXECUTE.
```

konwhow

변수 계산이 모두 끝나고 나면 **변수 보기(V)** 탭에서 multi 변수에 대한 값 설정을 실시하고, 변수 계산이 잘 되었는지 확인하는 것이 필요하다. 이를 확인하기 위해서는 고소득여부(X35_2)와 만족도집단(X47_2)을 이용한 교차분석을 실시한 후에 새로 생성한 변수인 multi에 대한 빈도분석을 실시하여 [그림 11-34]와 [그림 11-35]처럼 동일한 결과가 나왔는지를 확인하는 과정이 필요하다.

(1차년도)만족도집단 * (1차년도)고소득여부 교차표

빈도

		(1차년도)고소득여부		
		저소득집단	고소득집단	전체
(1차년도)만족도집단	저집단	453	240	693
	고집단	309	333	642
전체		762	573	1335

그림 11-34 • 기존 변수에 대한 교차분석 결과

multi

		빈도	퍼센트	유효 퍼센트	누적 퍼센트
유효	저소득 저만족	453	33.9	33.9	33.9
	저소득 고만족	309	23.1	23.1	57.1
	고소득 저만족	240	18.0	18.0	75.1
	고소득 고만족	333	24.9	24.9	100.0
	전체	1335	100.0	100.0	

그림 11-35 • 생성변수에 대한 빈도분석 결과

⑥ 본격적인 다항 로지스틱 분석을 실시하기 전에 각각의 범주형 변수에 대한 가변수생성을 위한 코딩변경을 실시해서 새로운 변수를 생성하고 시작하도록 한다. 그 후에 메뉴에서 분석(A) → 회귀분석(R) → 다항 로지스틱(M)을 선택한다.

그림 11-36 • 다항 로지스틱 선택

⑦ 다항 로지스틱 분석 창에서 multi는 **종속변수(D)**에 등록하고, **대학유형가변수(X01_1)**, **전공계열가변수(X02_1~X02_4)**, **성별가변수(X03_1)**, **연령(X04)**, **정규직가변수(X09_2)**, **종사자수(X11)**, **주당총근로시간(X13)**은 **공변량(C)**에 등록한다.

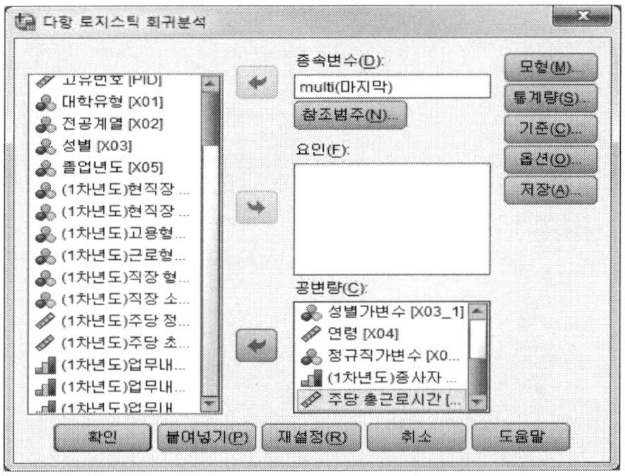

그림 11-37 • 다항 로지스틱 회귀분석 창

⑧ 범주형 변수에 대한 참조범주를 정의할 수 있도록 도와주는 [참조범주(N)...]를 클릭하면 [그림 11-38]이 나오는데, 디폴트는 **참조범주(R)**가 **마지막(L)**으로 되어 있다. 만일 첫 번째 범주로 선택하고 싶으면 **첫 범주(F)**, 특정 값을 기준으로 하고 싶으면 **사용자 정의(C)**를 선택하면 된다. 여기서는 디폴트 상태 그대로 설정한다.

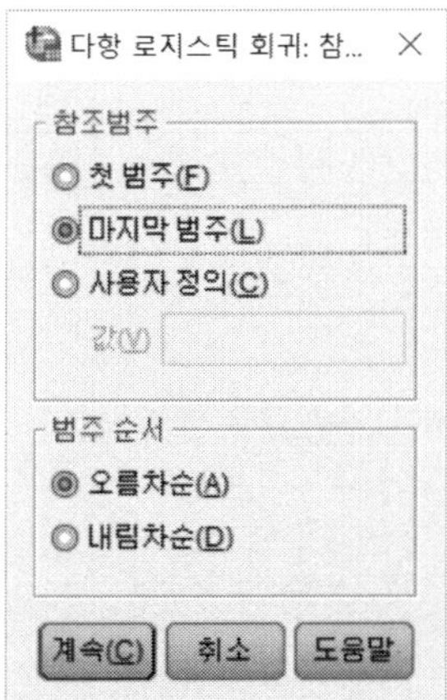

그림 11-38 • 다항 로지스틱 회귀: 참조범주 정의 창

⑨ 모든 선택과 처리가 끝난 후 [계속(C)]을 클릭하면 다시 [그림 11-37]이 나오고, 여기서

출력 통계량을 선택하기 위해 [통계량(S)...]을 클릭한다. 모형에서는 케이스 처리 요약(S), 유사 R-제곱(P), 단계 요약(M), 분류표(T), 모형 적합 정보(D)를 선택하고, 모수에서는 추정값(E), 우도비 검정(L)을 선택하고 [계속(C)]을 클릭한다.

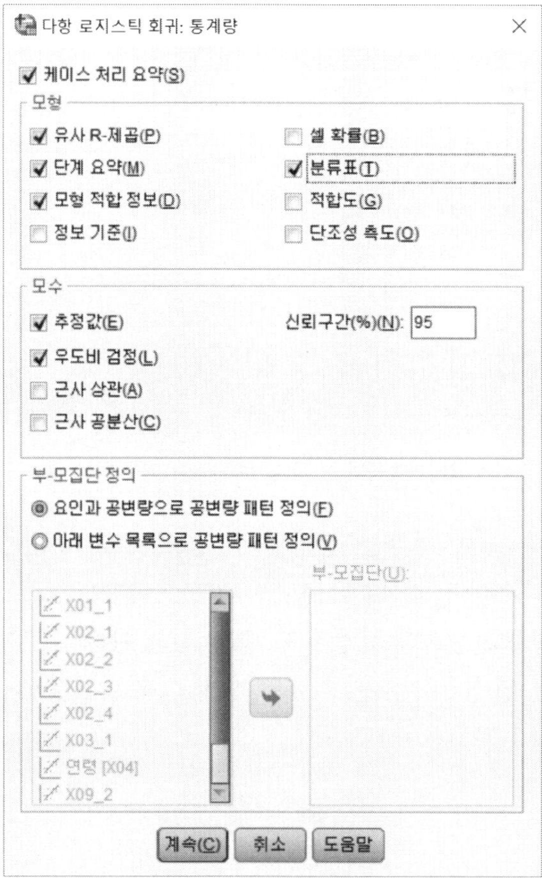

그림 11-39 • 다항 로지스틱 회귀: 통계량 창

⑩ 다시 나온 [그림 11-37]에서 [확인]을 클릭하면 분석결과가 결과창에 제시된다.

| 명령문 및 결과 |

명령문

```
NOMREG multi (BASE=LAST ORDER=ASCENDING) WITH X01_1 X02_1 X02_2
X02_3 X02_4 X03_1 X04 X09_2 X11 X13
  /CRITERIA CIN(95) DELTA(0) MXITER(100) MXSTEP(5) CHKSEP(20)
```

```
LCONVERGE(0) PCONVERGE(0.000001) SINGULAR(0.00000001)
  /MODEL
  /STEPWISE=PIN(.05) POUT(0.1) MINEFFECT(0) RULE(SINGLE) ENTRYMETHOD(LR)
REMOVALMETHOD(LR)
  /INTERCEPT=INCLUDE
  /PRINT=CLASSTABLE PARAMETER SUMMARY LRT CPS STEP MFI.
```

케이스 처리 요약

		N	주변 퍼센트
multi	저소득 저만족	414	33.1%
	저소득 고만족	284	22.7%
	고소득 저만족	235	18.8%
	고소득 고만족	319	25.5%
유효		1252	100.0%
결측		83	
합계		1335	
부모집단		1070[a]	

a. 종속변수에는 979 (91.5%) 부모집단에 관측된 값이 하나만 있습니다.

그림 11-40 • 다항 로지스틱 분석 결과(1)

결과분석

결과(1)은 분석에 포함된 케이스에 대한 처리를 요약한 것이다. 전체 1,335 케이스 중에서 분석에 포함된 케이스는 1,252 케이스이고 결측 케이스는 83 케이스임을 보여주고 있다. 각 범주별 비율을 보면 크게 치우치지 않게 분포되어 있음을 알 수 있다.

모형 적합 정보

	모델 맞춤 기준	우도비 검정		
모형	-2 로그 우도	카이 제곱	자유도	유의확률
절편 만	3229.817			
최종모형	2702.272	527.545	30	.000

Pseudo R-제곱

Cox 및 Snell	.344
Nagelkerke	.368
McFadden	.154

그림 11-41 • 다항 로지스틱 분석 결과(2)

결과분석

결과(2)는 모형의 적합정보와 설명력을 나타낸 것이다. −2로그우도(−2 Log Likelihood) 값은 절편만이 3229.8, 최종모형이 2702.27로 나타났는데, 최종모형의 값이 작으면 작을수록 모형이 잘 적합되었음을 의미한다. 우도비 검정의 χ^2 검정통계량은 527.545로 유의하였고, Nagelkerke의 R−제곱이 0.368이어서 모형의 설명력은 약 36.8% 정도라고 할 수 있다.

모수 추정값

multi[a]		B	표준오차	Wald	자유도	유의확률	Exp(B)	Exp(B)에 대한 95% 신뢰구간	
								하한값	상한값
저소득 저만족	절편	10.876	1.428	58.015	1	.000			
	X01_1	1.225	.213	33.078	1	.000	3.405	2.243	5.170
	X02_1	-.082	.367	.050	1	.823	.921	.449	1.890
	X02_2	-.269	.302	.791	1	.374	.764	.423	1.382
	X02_3	-2.342	.435	28.964	1	.000	.096	.041	.226
	X02_4	-.174	.298	.341	1	.559	.840	.468	1.507
	X03_1	-.554	.241	5.287	1	.021	.574	.358	.921
	X04	-.234	.047	25.176	1	.000	.791	.722	.867
	X09_2	-2.651	.573	21.378	1	.000	.071	.023	.217
	X11	-.372	.038	98.463	1	.000	.689	.640	.742
	X13	.012	.009	1.914	1	.167	1.013	.995	1.031
저소득 고만족	절편	11.820	1.556	57.680	1	.000			
	X01_1	1.294	.225	32.971	1	.000	3.646	2.344	5.669
	X02_1	.307	.387	.631	1	.427	1.360	.637	2.902
	X02_2	.108	.323	.112	1	.738	1.114	.591	2.100
	X02_3	-1.372	.427	10.338	1	.001	.254	.110	.585
	X02_4	-.212	.325	.426	1	.514	.809	.428	1.529
	X03_1	-.186	.259	.515	1	.473	.831	.500	1.379
	X04	-.293	.052	31.742	1	.000	.746	.673	.826
	X09_2	-1.835	.593	9.568	1	.002	.160	.050	.511
	X11	-.358	.040	80.682	1	.000	.699	.646	.756
	X13	-.008	.010	.617	1	.432	.993	.974	1.011
고소득 저만족	절편	-2.660	1.477	3.245	1	.072			
	X01_1	.055	.243	.052	1	.820	1.057	.656	1.702
	X02_1	-.362	.456	.629	1	.428	.696	.285	1.703
	X02_2	.363	.345	1.105	1	.293	1.437	.731	2.826
	X02_3	-1.281	.584	4.802	1	.028	.278	.088	.874
	X02_4	.167	.341	.241	1	.624	1.182	.606	2.308
	X03_1	.037	.264	.020	1	.887	1.038	.618	1.743
	X04	.052	.043	1.429	1	.232	1.053	.967	1.146
	X09_2	-.509	.789	.417	1	.519	.601	.128	2.821
	X11	-.087	.037	5.504	1	.019	.916	.852	.986
	X13	.036	.009	14.512	1	.000	1.036	1.018	1.056

a. 참조 범주는\ 고소득 고만족입니다. 고소득 고만족.

그림 11−42 • 다항 로지스틱 분석 결과(3)

결과분석

결과(3)은 다항 로지스틱모형에 투입된 각 독립변수들의 계수(B), 표준오차(S.E.), Wald 통계량, 자유도, 유의확률, 한계효과(Exp(B)) 등을 보여주고 있다. 계수 B는 회귀분석에서의 회귀계수와 같은 의미이며, Wald 통계량은 $(\mathrm{B/S.E.})^2$ 으로 계산할 수 있는데, 이 통계량은 회귀분석에서 t 통계량과 같은 역할을 하는 것이다. 유의확률은 Wald 통계량에 대한 값으로 각 독립변수가 모형 내에서 유의한 영향변수인지를 판단할 수 있도록 한다. 한계효과인 Exp(B)

는 연속형 자료인 X가 한 단위 변할 때의 종속변수 변화량이며, 가변수인 경우에는 참조범주 대비 다른 범주의 변화량으로 볼 수 있다.

한편, 모수추정값에 대한 결과표가 모두 세 가지가 출력되었는데, 이는 종속변수의 참조범주가 고소득고만족인 경우와 비교하였을 때, 나머지 범주들과의 일대일 관계에서 파악할 수 있는 분석결과로 해석하면 된다.

따라서 첫 번째에 제시된 저소득 · 저만족에 대한 모수추정값 결과를 살펴보면, X1(대학유형), X02_3(교육계열), X03_1(성별), X04(연령), X09_2(정규직여부), X11(종사자수) 등이 유의한 변수인 것으로 나타났다. 이에 대한 해석은 다음과 같다. 전문대가 '1', 4년제가 '0'으로 코딩되어 있으며, 종속변수의 참조범주는 고소득 · 고만족이고 비교대상은 저소득 · 저만족이다. 따라서 X01_1(대학유형가변수)이 유의하고 B(계수)의 부호가 '+'이므로 정의 관계가 있다고 말할 수 있다. 그러므로 4년제에 비해 전문대일수록 저소득 · 저만족일 가능성이 높다고 말할 수 있다. 같은 방법으로 교육계열 전공이 아닌 자연계열일수록, 남성에 비해 여성일수록, 연령이 낮을수록, 정규직에 비해 정규직이 아닐수록, 기업체규모가 작을수록 저소득 · 저만족일 가능성이 높다고 할 수 있다. 이 결과는 실제로 앞 절에서 실시한 로짓분석의 결과와 동일하다. 그러나 이 분석에서는 저소득 · 고만족인 경우와 고소득 · 저만족인 경우가 각각 고소득 · 고만족에 비해 어떤 결과를 보여주는지를 비교할 수 있다. 저소득 · 고만족에 대한 모수추정값에서는 고소득 · 고만족과 비교할 때, 만족도는 동일하지만 소득만 다른 집단을 비교하는 것이다. 이 때 유의한 변수는 X1(대학유형), X02_3(교육계열), X04(연령), X09_2(정규직여부), X11(종사자수) 등이었다. 이들의 부호는 동일했지만 교육계열과 정규직 여부의 유의한 정도는 약해졌음을 알 수 있고, 특히 X03_1(성별) 변수의 유의성은 사라진 것을 알 수 있다. 만족도가 같은 집단 내에서 소득 차이는 성별은 중요하지 않고 교육계열과 정규직의 중요도는 낮아진다고 볼 수 있다. 한편 고소득 · 저만족에 대한 모수추정값에서는 고소득 · 고만족과 비교할 때, 소득수준은 동일하지만 만족도만 다른 집단을 비교하는 것이다. 이때 유의한 변수는 X02_3(교육계열), X11(종사자수), X13(총근로시간) 등이었다. 교육계열과 종사자수의 부호는 동일했지만 유의한 정도는 약해졌음을 알 수 있고, 특히 X13(총근로시간) 변수가 유의한 것으로 나타났다. 이는 동일 소득 집단 내에서 만족도 차이는 총근로시간이 주는 영향이 큼을 알 수 있었다. 이를 요약 정리한 것이 다음 표이다.

기준:고소득 고만족	저소득 저만족	저소득 고만족	고소득 저만족	비교: 로짓결과
X01_1(대학유형)	(+)***	(+)***		(+)***
X02_3(교육계열)	(–)***	(–)**	(–)*	(–)***
X03_1(성별)	(–)*			(–)*
X04(연령)	(–)***	(–)***		(–)***
X09_2(정규직여부)	(–)***	(–)**		(–)***
X11(종사자수)	(–)***	(–)***	(–)*	(–)***
X13(총근로시간)			(+)***	

주) 로짓분석과 다항 로지스틱 분석의 종속변수 코딩이 달라 로짓 부호를 반대로 정리함

분류

감시됨	예측				
	저소득 저만족	저소득 고만족	고소득 저만족	고소득 고만족	정확도(%)
저소득 저만족	289	29	24	72	69.8%
저소득 고만족	183	35	13	53	12.3%
고소득 저만족	73	2	49	111	20.9%
고소득 고만족	77	11	36	195	61.1%
전체 퍼센트	49.7%	6.2%	9.7%	34.4%	45.4%

그림 11-43 • 로짓분석 결과(4)

결과분석

결과(4)는 다항 로지스틱 모형으로 분류를 실시할 경우에 분류정확도가 45.4%임을 보여주고 있다. 4가지 가능한 경우에 확률적으로 25%의 분류능력을 갖는다고 봤을 때 분류능력이 향상되었음을 보여주고 있다. 그러나 앞 절에서 분석한 로짓모형의 분류정확도인 74.7%보다는 낮게 나타났는데, 이는 로짓모형의 경우 범주가 두 개이었기 때문이다. 한편 저소득 · 저만족 집단과 고소득 · 고만족 집단의 분류정확도는 각각 69.8%와 61.1%로 상대적으로 높음을 확인할 수 있었다.

12

요인분석

12.1 이론적 근거

12.1.1 서론

요인분석(factor analysis)은 인자분석이라 불리기도 하며, 자연현상을 간결한 방법으로 파악하여 주어진 현상에 대한 설명을 작은 수의 요인을 통해서 설명하는 간결의 원리이다. 자연현상과 사회현상의 상호관계 밑에 놓여있는 변수 간의 상호관련성을 유형화시켜 판단해 본다든가, 어떤 복잡한 현상의 구조를 간단하게 파악하고자 할 때 쓰이고 있다. 즉, 상호 연관된 여러 개의 다변량 변수들 간의 공분산관계로부터 적은 수(보통 2~3개)의 잠재적(latent)이고 가상적(hypothetical)이며 관측 불가능한(unobservable) 요인(factor)을 추출해 내는 다변량 분석법으로 변수들 간의 상관관계를 이용하여 서로 유사한 변수들끼리 묶어주는 방법이다. 상관관계가 높은 변수들끼리 묶어 준다는 점에서 다음과 같은 목적에 사용된다.

① 여러 개의 변수로 측정된 자료를 변수들 간에 공분산관계 및 상관관계를 이용하여 이해하기 쉬운 형태로 축소/요약을 하는 데 사용된다.
② 타당성(Validity)검정의 일부로서 많은 항목들이 어떠한 개념이나 현상을 측정하였을 때 각 변수들이 모두 동일한 개념을 측정하였는가를 확인하는 데 사용한다.
③ 측정한 개념의 타당성을 저해하는 변수들을 추출하는 데 사용한다.

12.1.2 자료의 구조

요인분석에서 표본의 수는 변수의 4~5배 정도 마련하며, 다음과 같은 전제조건을 만족하여야 한다.

① 모든 변수는 등간척도나 비율척도로 측정되어야 한다.
② 모든 변수는 서로 직선적 관계(linear relationship)에 있어야 한다.
③ 모든 변수는 정규분포이어야 한다.

변수들 간의 직선적 관계와 정상분포는 서로 연관되어 있다. 즉 정규분포는 두 가지 경우가 있는데 하나는 변수 하나하나가 정규분포인 경우고, 다른 하나는 두 변수 간의 분포가 정규분포인 경우이다. 전자를 일원정규성(univariate normality)라고 하고, 후자를 이원정규성(bivariate normality)라고 한다. 두 변수의 관계가 직선적이 되기 위해서는 이원정규분포 조건이 만족되어야 한다. 일원정규분포는 이원정규분포가 되게 하는 충분조건은 아니지만, 그렇게 될 가능성을 높여준다. 그러므로 변수 하나하나가 정규분포이면 변수 간의 분포도 정규분포에 가까워지고, 그 결과 변수들 간의 직선적 관계도 높아지게 된다.

일반적으로 요인분석에 적합한 자료의 목측검사로서 다변량의 표본상관행렬 R 의 비대각선 원소들이 거의 0에 가까울 때는 자료의 요인분석은 적합하지 않다.

12.1.3 요인분석의 기본 모형

요인분석은 p개의 원래 변수 X_1, X_2, ⋯, X_p 를 m개($p > m$)의 요인 F_1, F_2, ⋯, F_m 으로 변환하는 것이다. m개의 공통요인을 갖는 직교요인(orthogonal factor)모형은 다음과 같다.

$$\begin{cases} X_1 = \mu_1 + \ l_{11}F_1 + \ l_{12}F_2 + \ \cdots + \ l_{1m}F_m + \ \epsilon_1 \\ X_2 = \mu_2 + \ l_{21}F_1 + \ l_{22}F_2 + \ \cdots + \ l_{2m}F_m + \ \epsilon_2 \\ \quad \vdots \\ X_p = \mu_p + \ l_{p1}F_1 + \ l_{p2}F_2 + \ \cdots + \ l_{pm}F_m + \ \epsilon_p \end{cases}$$

여기서, X_i는 i번째 원래 변수, F_j는 j번째 공통요인(common factor), μ_i는 변수 X_i 의 평균 $E(X_i)$이며, ϵ_i는 변수 X_i 에 관련된 특수요인(specific factor)이고, l_{ij}는 변수X_i 에서 요인F_j 에 부하된 요인 부하량(factor loading)이다. 그리고 모형은 다음과 같이 표현할 수 있다.

$$\underline{X}_{p\times 1} = \underline{\mu}_{p\times 1} + L_{p\times m}\ F_{m\times 1} + \underline{\epsilon}_{p\times 1}$$

여기서 가정은 다음과 같다.

$$\underline{F}_{m\times 1} = (F_1, F_2, \cdots, F_m)' \sim (\underline{0}_{m\times 1}, \underline{I}_{m\times m})$$

$$\underline{\epsilon}_{p\times 1} = (\epsilon_1, \epsilon_2, \cdots, \epsilon_p)' \sim (\underline{0}_{p\times 1}, \Psi_{p\times p} = diag\{\psi_i\})$$

$$Cov(\underline{\epsilon}\ , \underline{F}) = 0$$

$$\underline{X}_{p\times 1} = (X_1, X_2, \cdots, X_p)' \sim (\underline{\mu}_{p\times 1}, \Sigma_{p\times p})$$

이고

$$L_{p\times m}=\begin{pmatrix} l_{11}\, l_{12}\cdots l_{1m}\\ l_{21}\, l_{22}\cdots l_{2m}\\ l_{31}\, l_{32}\cdots l_{3m}\\ \vdots \quad \vdots \quad \vdots \quad \vdots\\ l_{p1}\, l_{p2}\cdots l_{pm}\end{pmatrix}$$

이며, 요인패턴 행렬(factor pattern matrix) 이다.

12.1.4 직교요인모형의 중요한 성질

변수들의 공분산, 즉 Σ로부터 얻어지는 요인과 요인적재와의 관계는 다음과 같다.

$$\Sigma = Cov(\underline{X}) = LL' + \Psi \rightarrow \begin{cases} Var(X_i) = \sum_{j=1}^{m} l_{ij}^2 + \psi_i \\ Cov(X_i, X_k) = \sum_{j=1}^{m} l_{ij}\, l_{kj} \end{cases}$$

$h_i^2 = \sum_{j=1}^{m} l_{ij}^2$는 m개의 공통요인$(F_1, F_2, \cdots, F_m)$에 근거한 변량 X_i의 분산(공통성, communality)이고, ψ_i는 변량 X_i에만 관련된 특수 분산(specific variance)이며, j 번째 요인에 의해 설명되는 분산은 $\sum_{i=1}^{p} l_{ij}^2$이다.

요인적재의 의미는 다음과 같다.

$$Cov(\underline{X}, \underline{F}) = L_{p\times m} \rightarrow Cov(X_i, F_j) = l_{ij}$$

그리고 표준화된 변수들의 공분산, 즉 상관행렬 ρ로부터 얻어지는 요인과 요인적재와의 관계는 다음과 같다. $\underline{X} \sim (\underline{\mu}, \Sigma)$, $Var(X_i) = \sigma_{ii}$, $E(X_i) = \mu_i$이고, $Z_i = \frac{X_i - \mu_i}{\sqrt{\sigma_{ii}}}$, $i = 1, 2, \cdots, p$이면 $\underline{Z} = V^{-\frac{1}{2}}(\underline{X} - \underline{\mu})$이고, $V = diag\{\sigma_{ii}\}$이므로 $\underline{Z} \sim (\underline{0}, \rho)$이다.

$$\rho = Cov(\underline{Z}) = LL' + \Psi$$

$$Var(Z_i) = \sum_{j=1}^{m} l_{ij}^2 + \psi_i = 1$$

따라서 j번째 요인에 의해 설명되는 분산은 $\sum_{i=1}^{p} l_{ij}^2$이다. 공분산은 다음과 같다.

$$Cov(Z_i, Z_k) = \sum_{j=1}^{m} l_{ij} l_{kj} = Corr(X_i, X_k)$$

$$Cov(Z, F) = L$$

$$Cov(Z_i, F_j) = l_{ij} = Corr(X_i, F_j)$$

12.1.5 요인적재 추정 방법

요인분석의 목적은 $\frac{p(p-1)}{2}$개의 모수로 이루어진 Σ를 $mp+p$개의 모수로 이루어진 L과 Ψ로 표현하는 데 있다. 따라서 요인분석은 L과 Ψ를 추정하는 문제로 귀결된다. 이 추정을 위해서는 일반적으로 다음의 세 가지 방법이 있으며, 여기서는 본 교재의 수준을 넘어서므로 생략한다.

① 주성분 방법(Principal Component Method)
② 주요인 방법(Principal Factor Method)
③ 최대우도 방법(Maximum Likelihood Method)

이외에도 SPSS에서는 가중치를 사용하지 않는 최소제곱법(unweighted least squares method), 일반화 최소제곱법(generalized least squares method), 공통성의 반복 추정에 의한 주축요인추출법(principal factoring with iteration), Kaiser의 요인추출(Kaiser's alpha factoring)과 Guttman의 이미지 요인추출(Guttman's image factoring)방법 등을 제공하고 있다.

12.1.6 요인회전

[1] 요인회전의 의미

$$\rho = LL' + \Psi = L(TT')L' + \Psi = (LT)(LT)' + \Psi = L^*(L^*)' + \Psi \ ,$$

여기서 $T_{m \times m} \sim$ 직교행렬, $L^*_{p \times m} = LT \sim$ 행렬 L의 직교변환

공통성과 특수 분산은 요인회전에 영향을 받지 않는다. 이는 요인패턴행렬 L의 비유

일성(non uniqueness)을 의미하는 것으로 요인회전 방법에 따라 다른 요인이 추출될 수 있다. 요인회전의 전략은 “ease of interpretation”이다. 즉, 요인분석 결과 요인들이 뚜렷한 의미를 갖지 못한 경우 요인의 개념상 해석이 가능한 단순한 구조(즉, 요인부하량이 0 혹은 ± 1에 가깝도록 하고 각 변수그룹들이 각 요인에 배타적으로 포함되도록 하는 구조)로 변경시키기 위한 방법으로 여러 요인회전(factor rotation)을 시도한다.

[2] 요인회전의 종류

① 직교회전(orthogonal rotation): 원래 요인좌표축 (F_1, F_2)을 θ만큼 회전시켜 회전된 좌표축 (F_1^*, F_2^*)가 직교(90도)하도록 회전시키는 방법이다. 직교요인모형의 가정에 적합하다. 예를 들어 VARIMAX 회전 등이다.

② 사각회전(oblique rotation): 직교요인모형의 가정에 위배되지만 사회과학 자료에서는 요인들의 비 직교성이 오히려 현실적인 경우가 많으므로 용이한 요인해석의 측면에서 이용된다. 예를 들어 OBLIMAX, OBLIMIN, PROMAX 회전 등이다.

12.1.7 요인점수

요인점수(factor score)는 관측 불가능하고 가상적인 요인의 추정값 혹은 확률변수 F의 예측값 $\hat{F}$를 의미하며, 요인점수의 용도는 자료의 축약과 이상값 발견, 자료의 쉬운 해석을 가능하게 하며, 새로운 개념에 의한 회귀분석 등의 추후분석을 가능하게 한다.

요인점수 F의 추정은 가중치최소자승법과 X가 주어졌을 경우 F의 조건부 분포를 이용한 회귀분석법 등이 있다. 하지만 요인분석의 목적이 근본적으로 p개의 변수에 대한 정보를 m개의 요인으로 표현한다는 점에서 변수의 축약이라고 볼 수 있다. 따라서 요인분석의 실질적 응용에 있어서는 잠재변수(Latent Variable)인 요인 F를 점수화하는 것 보다는 요인분석의 결과를 토대로 새로운 명목변수(Manifest Variable)를 정의하는 것이 일반적이다. 새로운 명목변수의 정의는 특정한 요인에 걸리는 요인적재의 비중이 상대적으로 큰 변수들로서 그 요인의 특성이 결정된다고 간주하고 그 요인을 나타내는 명목변수를 일반적으로 상대적 비중이 큰 변수들의 부호를 고려한 합계로서 정의한다.

12.1.8 요인수를 결정하는 방법

요인의 수를 결정하는 방법으로는 일반적으로 다음의 4가지 방법이 많이 사용된다.

① 총변동에 대한 m개 요인에 의한 누적 기여율이 80~90%가 되도록 결정

$$\text{누적기여율} = \begin{cases} \dfrac{\widehat{\lambda_1} + \widehat{\lambda_2} + \cdots + \widehat{\lambda_m}}{\widehat{\lambda_1} + \widehat{\lambda_2} + \cdots + \widehat{\lambda_p}} & (S = \widehat{\Sigma}\text{ 사용시}) \\ \dfrac{\widehat{\lambda_1} + \widehat{\lambda_2} + \cdots + \widehat{\lambda_m}}{p} & (\hat{\rho} = R\text{ 사용시}) \end{cases}$$

② 큰 값의 고유값에 의해 결정

표본상관행렬의 고유근(Characteristic Value)의 값을 구하여 1보다 큰 고유근의 수만큼을 요인의 수로 정한다.

$$S\text{ 사용시} \rightarrow \lambda_i > \overline{\lambda}\text{ (Kaiser)}, \quad \lambda_i > 0.7\overline{\lambda}\text{ (Joliffe)}$$

$$R\text{ 사용시} \rightarrow \lambda_i > 1\text{ (Kaiser)}, \quad \lambda_i > 0.7\text{ (Joliffe)}$$

③ 스크리 도표(Scree plot) 이용

스크리 도표는 표본상관행렬 또는 표본공분산행렬의 고유근을 크기가 큰 순서대로 나열한 $\lambda_1 \geq \lambda_2 \geq \cdots \geq \lambda_p$을 2차원상의 좌표$(i, \lambda_i)$, $i = 1,2,\cdots,p$로 나타낸 그림을 의미하며, 특정의 i지점부터 평평한 지점을 이루게 되며 적절한 요인의 수는 $m = i - 1$로 결정한다. 일반적으로 어느 고유값이 급강하를 보이기 바로 직전의 고유치에 해당하는 요인 수를 선택한다. (다음 그림에서는 2)

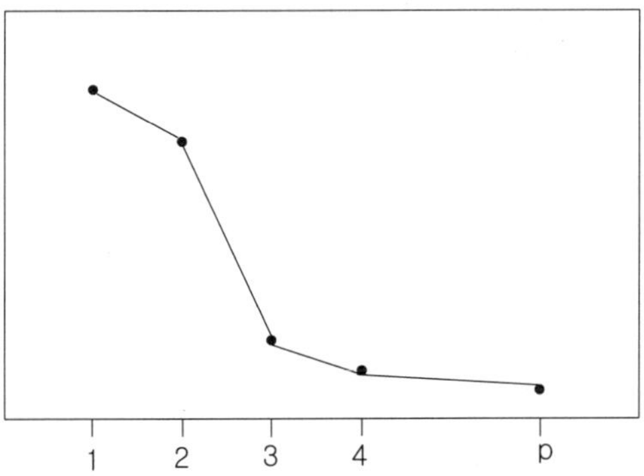

그림 12-1 ◦ 스크리 도표

④ 최우추정을 사용하는 경우

대표본의 가정하에서 변수들이 근사적으로 정규분포를 따를 경우 사용할 수 있는 방법으로 χ^2검정에 의해 선택한다.

그 외 최소 AIC(Akaikes's Information Criterion), 최소SBC(Schwarz's Bayesian Criterion) 등도 사용한다.

12.1.9 요인분석과 주성분분석과의 차이

요인분석과 주성분 분석의 차이점은 다음과 같다.

① 요인분석은 확률오차와 유사한 특수요인을 고려하는 확률통계모형을 가정하는 반면 주성분분석은 단순히 다변량들의 선형직교결합인 수학적 모형에 근거한다. 따라서 확률 통계적 모형을 갖지 않은 주성분분석은 어떠한 자료에 대하여도 적용할 수 있으나 요인분석은 가정된 통계적 모형에 맞는 현상에 대해서만 적용할 수 있고 통계적 추론이 가능하다.

② 주성분분석은 분산중심기법인 반면 요인분석은 다변량의 상관도까지 고려한 공분산 기법이다.

③ 분산이 다음과 같이 차이가 난다.

$$Var(\text{주성분 } i) = \lambda_i \ , \quad Var(\text{인자} i) = 1$$

④ 표준화된 변수를 사용한 경우

주성분계수와 주성분분석방법에 의한 요인적재의 비교

변수 i	주성분 j의 계수	요인 j의 적재
X_1	e_{1j}	$\sqrt{\lambda_j}e_{1j}$
X_2	e_{2j}	$\sqrt{\lambda_j}e_{2j}$
$\vdots$	$\vdots$	$\vdots$
X_p	e_{pj}	$\sqrt{\lambda_j}e_{pj}$
제곱합	1	λ_j
기여율	$\frac{\lambda_j}{p}$	$\frac{\lambda_j}{p}$

⑤ 두 가지 분석에서 각 계수 e_{ij} (혹은 $\sqrt{\lambda_j}e_{ij} = l_{ij}$)는 변량 X_i 에서 주성분(혹은 요인) j의 중요도(관련 정도)를 나타내며 주성분분석에서 주성분계수 e_{ij}, $i = 1, 2, \cdots, p$는 고유치가 다른 경우 유일하나 요인분석에서 요인적재 $l_{ij} = \sqrt{\lambda_j}e_{ij}$,

$i = 1, 2, \cdots, p$는 유일하지 않다.

12.1.10 요인분석의 문제점

① 직교요인모형은 매우 제한적(restrictive)이며 때로는 비현실적일 수 있다.
② 요인적재 l_{ij} 는 요인의 수에 따라 민감하게 변하여 요인해석이 다를 수 있다.
③ 똑같은 요인의 수에 대해서도 요인회전에 따라 요인해석을 다르게 할 수 있다. 즉, 요인의 수 선택과 요인회전선택은 분석자의 주관적인 면이 개입될 수 있다.
④ 변수들의 grouping(새로운 개념설정 및 기존 개념 확인)이 목적이라면 복잡한 통계적 이론에 따른 요인분석 결과와 다변량 자료의 상관행렬분석에 따른 결과가 거의 비슷한 결과를 주는 경우가 많다.

12.1.11 요인분석의 단계적 분석법

(단계 1) 주요인분석방법 혹은 주성분분석방법에 의한 요인분석을 수행한다.
(최우추정 방법은 S 혹은 R이 반드시 정칙(nonsingular)행렬이어야 하나 위의 두 방법은 비 정칙행렬인 경우도 가능)
① factor score의 plotting에 의해 전체적인 경향에서 벗어난 관측치인 이상값을 찾아낸다.
② VARIMAX 회전을 수행해 본다.
③ 요인의 수를 정하는 법, 요인해석의 합리성, 그리고 해당분야 전문가의 주관적인 지식과 경험에 의해 요인의 수를 정한다.

(단계 2) 최우추정법을 수행하여보며 VARIMAX 회전을 시행한다.

(단계 3) 위의 두 방법을 서로 비교하여본다.
① 요인적재의 비교
② 추출된 요인의 비교
③ 두 방법에 의한 요인점수를 평면상에 plotting하여 비교

(단계 4) 타당성 있는 다른 요인 개수를 가지고 위의 (단계 1)~(단계 3)을 반복 시행해 본다. 또 다른 요인이 자료구조의 해석에 도움이 되는지를 검토한다.

(단계 5) 대 표본의 경우 자료를 랜덤하게 두 그룹으로 나누어서 각 그룹에서 인자분석을 수행하여 그 결과가 서로 비슷한지를 검토하는 요인분석결과의 안정성 검사(stability check)를 한다.

12.2 SPSS를 이용한 요인분석

요인분석에서 사용할 자료는 '연습3.sav'이며, 이는 고등학생을 대상으로 일련번호(id), 신장(X1), 체중(X2), 가슴둘레(X3), 앉은키(X4), 50m 달리기(X5), 팔굽혀펴기(X6), 윗몸 일으키기(X7), 멀리뛰기(X8), 앞으로 굽히기(X9), 오래달리기(X10), 성별(X11), 학년(X12)을 조사한 것이다.

```
  1 168 70 98 877.00 32 58 250 20 6.3 1 2
  2 177 75 95 907.80 32 39 225 26 6.4 1 2
  3 175 65 91 867.60 32 53 265 17 5.2 1 2
  4 168 53 90 906.50 32 35 255 26 5.3 1 2
  5 173 62 89 866.80 29 45 245 21 6.4 1 2
  6 176 65 90 887.30 22 34 255 10 6.5 1 2
  7 161 47 85 867.40 32 55 235 12 6.5 1 2
  8 160 45 80 857.80 32 50 245 21 5.2 1 2
  9 170 55 90 887.80 32 40 240 15 8.0 1 2
 10 180 65100 946.30 32 65 310 15 8.1 1 2
 11 178 65105 9210.1 32 25 225 47 6.5 1 2
 12 185 91100 9010.3 21 29 260 29     1 2
 13 172 60 90 889.10 29 33 225 24 4.5 1 2
 14 171 54 88 876.20 32 57 244 22 6.2 1 2
 15 169 53 89 856.90 32 52 295 19 6.4 1 2
 16 183 63 97 908.30 20 32 220 15 8.1 1 2
 17 172 68 94 868.30 20 34 240 18 7.1 1 2
 18 180 58 95 957.20 28 27 270 75     1 2
 19 178 68 95 928.10 32 41 255 19 6.2 1 2
 20 175 61 95 957.80 35 44 255 17 6.5 1 2
 20 160 62 85 8312.2 26 38 245 30 4.2 1 2
 21 175 68 90 909.00 30 35 230 20 7.0 1 2
 22 175 72100 907.30 32 40 270 16 7.0 1 2
 23 170 59 87 858.20 29 48 205 26 4.4 1 2
 24 177 68 95 907.10 28 27 250 19 8.1 1 2
 25 175 60 88 886.50 32 55 255 17 5.5 1 2
 26 173 65 90 887.60 21 37 220 20 7.2 1 2
 27 167 53 88 857.80 32 63 260 26 6.5 1 2
 28 176 64 88 887.10 32 60 250 26 7.2 1 2
 29 170 53 85 9010.7 26 21 205 21 4.5 1 2
 31 174 78 99 889.70 27 25 240 28 8.1 1 2
 32 178 62 93 917.40 32 50 240 25 6.4 1 2
 33 173 70 93 877.70 32 43 240 18 6.5 1 2
 34 180 80100 947.40 32 50 265 25 6.4 1 2
 35 184 68 98 957.40 32 38 260 20 6.0 1 2
 36 173 55 90 916.80 22 29 250 19 4.1 1 2
 37 175 61 90 888.40 24 47 220 13 7.1 1 2
 38 177 56 90 857.20 30 35 265 19 7.2 1 2
 39 178 65 95 886.90 32 40 250 13 8.0 1 2
 40 176 55 90 898.90 30 47 230 10 6.2 1 2
 41 175 59110 907.90 32 53 250 12 5.0 1 2
 42 181 70 97 956.90 32 44 300 12 6.2 1 2
 43 180 65 95 947.50 32 52 250 24 6.5 1 2
 44 173 69 92 906.80 28 34 230 22 8.2 1 2
 45 173 58 92 907.50 32 61 275 17 5.2 1 2
 46 170 60 90 877.80 32 36 235 17 8.0 1 2
 47 172 61 82 887.90 32 50 225 18 7.1 1 2
 48 175 80105 887.20 32 49 270 26 4.1 1 2
 49 170 58 84 8510.8 14 40 210 15 7.0 2 2
 50 168 58 87 959.70 12 41 184  9 9.0 2 2
 51 159 46 85 878.90 32 40 205 15 6.5 2 2
 52 165 55 85 929.50 35 40 203 23 8.3 2 2
 53 170 54 84 899.50    40 178 20 8.6 2 2
 54 161 44 80 9111.2 38 35 171 20 7.1 2 2
 55 165 52 87 9210.4 13 38 195 15 7.5 2 2
 56 167 50 80 9011.0  6 39 183 23 7.1 2 2
 57 163 53 84 899.60 20 38 198 23 7.1 2 2
 58 170 54 88 9811.6  5 45 202 17 6.1 2 2
 59 160 58 85 8710.8 15 35 189 18 6.5 2 2
 60 150 40 75 8313.5 12 30 207 15 7.2 2 2
 61 168 50 89 958.50  6 30 205 10 6.0 2 2
 62 163 52 84 8910.5  7 30 170 14 6.4 2 2
 63 163 48 79 9010.5  9 41 187 25 9.3 2 2
 64 162 49 85 8310.2 22 40 198 21 6.1 2 2
 65 162 50 78 8510.2 33 48 198 19 6.3 2 2
 66 164 59 88 9111.8  5 33 150 14 9.4 2 2
 67 165 49 77 9310.6 42 42 180 25 8.0 2 2
 68 159 47 74 8610.2 18 39 185 20 8.1 2 2
 69 160 56 85 899.60 17 40 191 27 7.0 2 2
 70 159 48 80 8711.1 10 40 187 21 7.1 2 2
 71 159 48 74 8910.0  2 35 170 18 6.5 2 2
 72 156 45 84 8810.0 20 48 202 23 6.3 2 2
 73 164 50 83 9210.4  7 25 151 19 8.0 2 2
 74 159 45 80 8010.0 15 39 197 19 7.1 2 2
 75 162 45 82 8912.0 24 35 190 17 6.1 2 2
 76 163 50 85 8912.0  9 31 200 24 6.1 2 2
 77 164 55 87 8810.5  3 35 166 20 8.1 2 2
 78 170 54 89 9812.0 12 31 175 19 6.1 2 2
 79 162 46 78 9011.2  8 44 194 24 8.3 2 2
 80 160 47 83 889.80 15 44 196 15 6.4 2 2
 81 150 43 79 8511.4  4 20 150 18 9.5 2 2
 82 162 49 76 909.50  5 31 180 24 8.1 2 2
 83 151 44 76 859.70 30 41 185 16 9.0 2 2
 84 162 50 76 9110.4 15 28 185 15 9.3 2 2
 85 164 46 75 869.00 26 32 213 17 9.3 2 2
 86 160 52 88 8912.0 10 40 185 19 7.4 2 2
 87 168 51 80 939.00 15 33 205 19 7.3 2 2
 88 160 59 87 9110.4  4 30 185 25 9.1 2 2
 89 153 54 90 828.10  2 30 187 25 7.5 2 2
 90 168 52 82 839.40  5 29 180 18 7.3 2 2
 91 147 36 70 8510.2 40 43 165 13 8.2 2 2
 92 162 46 80 9012.0  2 31 155 12 9.2 2 2
 93 171 58 91 926.70 38 60 280 25 7.2 1 3
 94 170 65 90 936.60 47 60 276 27 6.0 1 3
 95 171 70 92 897.20 44 48 210 25 6.3 1 3
 96 173 70 93 957.40 45 59 270 21 7.1 1 3
 97 172 70 97 937.20 30 50 260 23 8.4 1 3
 98 177 64 92 947.40 46 57 276  8 6.1 1 3
 99 168 64 92 887.10 50 50 270 18 7.2 1 3
100 171 59 83 897.10 42 51 280 13 7.3 1 3
101 183 73 90 977.50 73 57 245 22 7.3 1 3
102 164 49 80 888.60 45         1 7.0 1 3
103 176 75 95 978.00 43 57 260 30 7.1 1 3
104 172 58 87 936.80 46 57 268 26 7.1 1 3
105 172 64 88 938.30 42 43 240 17 7.3 1 3
106 175 59 87 847.50 35 51 267  9 6.4 1 3
```

```
107 180 61 90 886.80 50 52       1 6.0 1 3
108 173 56 90 897.90 50 55 258 11 6.3 1 3
109 180 64 90 907.40 40 53 280 10 7.4 1 3
110 180 58 90 906.70 11 58 285 13 7.4 1 3
111 170 60 90 938.40 50 50 245 14 8.0 1 3
112 178 90105 878.40 32 43 253  4 7.0 1 3
113 178 62 95 947.40 40 55 259 15 6.1 1 3
114 172 60 93 916.40 45 57 260 21 6.2 1 3
115 175 59 88 867.20 45 50 280 15 7.1 1 3
116 172 65 84 917.00 48 54 219    7.0 1 3
117 178 86100 947.60 33 58 254 14 6.4 1 3
118 173 61 85 907.20 42 56 258 19 6.2 1 3
119 175 55 77 926.90 39 50 280 12 7.1 1 3
120 180 67 96 926.50 40 50 265 19 6.5 1 3
121 193 94 97 967.40 37          6 6.0 1 3
122 179 65 92 927.80 38 50 280 15 6.2 1 3
123 180 74 95 966.90 43 58 276 23 6.5 1 3
124 175 65 92 896.70 40 57 277 14 6.0 1 3
125 177 61 89 906.70 30 58 276 21 6.1 1 3
126 170 68 87 936.30 48 54 277 19 6.1 1 3
127 177 84 96 957.30 60          2 7.0 1 3
128 177 69 88 897.30 45 53 258 20 6.5 1 3
129 182 70 92 966.70 42 51 256 17 7.1 1 3
130 181 60 80 967.10 40 48 277  9 6.5 1 3
131 167 49 82 898.00 44 57 251 22 6.5 1 3
132 172 64 94 888.00 40 55 245 20 6.5 1 3
133 170 61 89 887.10 44 49 276 25 6.3 1 3
134 165 50 80 857.90 42 61 255 17 6.5 1 3
135 178 67    897.90 41 52 277 13 6.4 1 3
136 181 69100 917.20 40 58 260 19 6.1 1 3
137 181 60100 977.90 41 52 270 23 6.5 1 3
138 164 56 80 896.60 45 53 270 17 7.0 1 3
139 172 52 84 917.20 32 54 254 22 6.4 1 3
140 184 70 90 966.70 45 57 280  7 7.5 1 3
141 173 54 88 907.20 40 40 267 26 7.0 1 3
142 168 63 90 907.20 42 50 243 11 7.0 1 3
143 170 55 86 918.30 32 62 268 19 6.2 1 3
144 174 67 90 958.30 16 20 231  0 8.0 1 3
145 173 64 97 886.40 50 71 275 27 6.4 1 3
146 167 62 84 9010.4 43 51  80  4 7.0 2 3
147 160 42 77 858.70 30 35 200 19 8.1 2 3
148 165 51 82 869.60 30 40 183 20 6.3 2 3
149 165 52 86 859.40 52  6 200 12 7.4 2 3
150 153 55 88 869.40 62  1 187 22 7.5 2 3
151 161 55 90 8411.0 13  3 140 13 6.5 2 3
152 161 47 83 8410.5 15 41 187 11 7.4 2 3
153 161 41 75 838.80 30 31 198 11 8.1 2 3
154 161 56 82 869.60 11 29 187 19 6.1 2 3
155 171 60 89 9014.8  9 36 195 27 8.0 2 3
156 164 65 94 8514.8  8 26 176 22 7.3 2 3
157 164 55 85 869.80 10 31 200 26 8.0 2 3
158 160 48 81 849.60 19 33 200 13 7.4 2 3
159 163 53 87 869.50  8 29 170 27 7.1 2 3
160 160 59 87 8210.0 23 15 211    6.2 2 3
161 164 49 80 8711.2 32  5 167 19 7.1 2 3
162 163 51 85 8611.2 32  1 151 20 7.5 2 3
163 158 52 86 8510.9 32  0 155 19 7.3 2 3
164 154 45 78 819.30 43  2 190 17 6.3 2 3
165 164 53 85 869.10 22 31 203 15 6.2 2 3
166 161 52 87 859.70 13  0 171 19 7.4 2 3
167 164 45 76 8310.0 17 37 183 22 7.2 2 3
168 160 62 93 8710.0 32  1 179  9 6.3 2 3
169 157 41 78 8210.2  9 42 162 10 7.2 2 3
170 166 53 83 879.10 13 41 195 15 6.4 2 3
171 148 40 76 8210.7 11 21 152  5 7.2 2 3
172 163 46 79 898.90 30 37 205  0 6.4 2 3
173 167 46 80 879.70 15 41 205 17 6.2 2 3
174 165 63 91 8710.3 33  9 161 21 8.1 2 3
175 170 58 86 889.60 43  7 190  0 5.5 2 3
176 167 52 81 9110.0 11 20 195  0 7.3 2 3
177 164 53 84 869.80 33  2 160  9 7.1 2 3
178 149 56 96 799.80  9 30 185 17 7.3 2 3
179 157 50 82 8610.7  0 32 162 20 6.3 2 3
180 157 50 88 8310.6  3 31 175 24 7.5 2 3
181 167 52 82 8510.6 30 21 183 18 6.5 2 3
182 160 48 86 829.60 23 21 164 13 6.5 2 3
183 165 53 84 8610.0 30 43 184  0 8.4 2 3
184 165 48 79 8811.9 11  7 167 27 6.4 2 3
185 162 50 79 8610.6 12  4 183 27 7.1 2 3
186 169 48 82 989.40 13 37 205 13 6.4 2 3
187 157 45 75 849.30 30 34 188 22 7.2 2 3
188 164 58 91 879.40  3 27 200 15 6.3 2 3
189 157 58 90 839.40  3 27 164 12 7.1 2 3
190 158 47 80 8212.8  1 18 140 27 9.2 2 3
191 169 61 87 9010.6  2 27 152 26 6.3 2 3
192 172 57 82 9110.0  2 31 165 10 7.1 2 3
193 157 45 79 8210.0  8 28 170 18 7.1 2 3
194 170 50 77 929.60 21 29 193 15 7.0 2 3
195 162 69 98 8810.7  1 29 150 22 6.4 2 3
196 166 48 79 8610.1 16 26 167 22 6.5 2 3
197 161 57 89 8510.5  1 23 180 25 6.3 2 3
198 171 56 84 927.70 32 51 251 19 5.5 1 1
199 181 60 81 937.90 32 50 249 21 6.5 1 1
200 167 51 81 878.70 20 29 237 19 6.5 1 1
201 176 54 78 928.70 32 34 222 23 6.4 1 1
202 176 96106 937.90 32 48 237 27 6.4 1 1
203 159 63 90 8710.5 26 35 243 29 5.3 1 1
204 173 64 87 919.80 30 43 227 15 6.2 1 1
205 167 49 80 8710.6 29 30 223 25 4.0 1 1
206 165 55 82 868.80 32 32 232 19 7.5 1 1
207 178 64 87 968.60 32 39 251 24 6.2 1 1
208 167 62 91 897.90 32 58 273 19 5.2 1 1
209 174 84100 907.90 32 57 245 29 7.2 1 1
210 165 48 78 878.40 29 43 201 27 4.3 1 1
211 171 65 91 928.30 32 51 264 19 5.2 1 1
212 162 59 86 877.50 32 32 251 25 5.1 1 1
213 176 53 83 898.30 28 25 247 24 8.1 1 1
214 171 58 84 938.50 35 42 252 21 6.5 1 1
215 163 51 78 8810.7 26 21 201 19 4.2 1 1
216 161 42 73 858.50 32 48 234 10 6.3 1 1
217 167 57 82 887.60 22 26 248 21 4.1 1 1
218 169 56 84 927.80 21 35 216 22 6.9 1 1
219 165 56 82 877.90 32 54 242 25 6.1 1 1
220 167 62 86 897.60 29 41 241 24 6.4 1 1
220 169 71 94 918.50 32 41 236 20 6.2 1 1
221 171 76 92 9110.5 30 32 229 24 6.8 1 1
222 175 53 81 947.80 22 32 251 17 6.5 1 1
223 163 65 89 898.60 32 38 237 17 7.5 1 1
224 178 65 88 947.90 32 64 309 19 6.3 1 1
225 172 71 89 927.90 32 38 264 19 6.5 1 1
226 159 52 80 888.80 32 47 241 20 6.4 1 1
227 178 64 84 957.70 28 26 267 18 5.0 1 1
228 173 56 86 898.70 32 48 268 29 4.1 1 1
229 163 45 80 907.80 32 49 243 19 6.2 1 1
231 170 54 84 8810.5 27 22 239 28 7.1 1 1
232 171 63 82 918.90 24 45 217 16 6.4 1 1
233 177 58 88 9310.8 32 22 221 25 7.5 1 1
234 162 51 82 898.50 32 59 257 24 6.3 1 1
235 170 54 81 918.20 32 52 245 16 5.0 1 1
236 169 61 87 887.50 28 32 229 23 7.4 1 1
237 176 51 78 937.80 30 32 262 22 7.2 1 1
238 177 71 94 957.70 32 38 246 21 8.0 1 1
239 163 46 76 857.80 32 49 291 17 6.2 1 1
240 167 50 84 888.40 32 43 221 19 6.0 1 1
241 160 53 85 859.80 25 43 170 22 8.5 2 1
242 165 51 80 869.60  3 22 185 18 8.3 2 1
243 152 37 69 748.80  2 25 180 21 9.4 2 1
244 163 49 78 869.10  3 27 170 29 9.5 2 1
245 163 48 78 849.20  5 27 165 25 8.3 2 1
246 155 41 73 809.50  2 31 185 1410.0 2 1
```

```
247 160 40 72 849.90  2 35 160 18 9.0 2 1
248 170 48 73 878.80  4 28 200 19 8.3 2 1
249 158 51 84 858.90  3 34 175 2510.0 2 1
250 160 44 77 838.70  2 33 190 24 9.4 2 1
251 155 45 79 859.40  3 30 185 18 9.4 2 1
252 162 48 80 8410.0  3 28 190 2510.0 2 1
253 152 45 79 819.00 11 42 190 24 7.2 2 1
254 155 48 82 8314.0 15 17 145 2610.0 2 1
255 170 57 87 918.20  7 40 210 31 8.0 2 1
256 155 49 85 8310.2  2 32 175 29 7.4 2 1
257 160 49 79 8610.2  2 32 185 18 9.1 2 1
258 161 47 77 8710.2  5 23 190 2410.0 2 1
259 148 43 79 789.60 25 20 185 25 8.4 2 1
260 162 52 80 869.80  6 25 175 1810.0 2 1
261 155 50 82 849.70  5 21 165 21 9.1 2 1
262 160 43 78 839.70 12 38 175 22 9.0 2 1
263 155 51 80 859.50  1 25 185 21 7.5 2 1
264 157 46 80 8110.4  3 43 150 1310.0 2 1
265 165 52 85 8710.3  7 35 200 29 8.4 2 1
266 161 50 80 8210.3  4 26 195 2210.0 2 1
267 159 41 73 8110.3  7 38 160 2610.0 2 1
268 158 42 78 869.60  6 30 190 26 9.6 2 1
269 156 49 83 859.90  3 21 180 24 9.0 2 1
270 155 39 79 819.30 25 40 190 29 8.5 2 1
271 164 48 78 879.40 15 39 195 27 8.3 2 1
272 163 49 81 8210.1  3 27 170 2110.0 2 1
273 160 45 78 839.80  3 28 175 24 9.0 2 1
274 152 51 84 8210.0  6 22 185 24 8.4 2 1
275 158 48 83 8610.2  3 25 155 2910.0 2 1
276 165 53 80 829.20  6 45 195 24 8.5 2 1
277 160 52 84 859.20  2 34 195 19 8.5 2 1
```

12.2.1 SPSS를 이용한 기초 요인분석

앞 절에서 언급한 바와 같이 요인분석은 등간척도나 비율척도를 이용하며, 종속변수와 독립변수의 구분이 없다. 여기서는 X1에서 X10까지를 이용하여 요인분석을 하고자 한다.

예제 X1에서 X10을 이용하여 비슷한 변수를 그룹으로 나누시오.

① 먼저 SPSS를 시작하고 저장한 파일 '연습3.sav'를 불러온다(파일(F) → 열기(O) → 데이터(A) → 연습3 → 열기).

② '연습3.sav' 자료가 나오면 본격적인 요인분석을 하기 위해 메뉴에서 분석(A) → 차원 축소(D) → 요인분석(F)을 선택한다.

그림 12-2 • 요인분석의 선택

③ 요인분석 창에서 분석하고자 하는 변수인 X1에서 X10을 **변수(V)**에 등록한다.

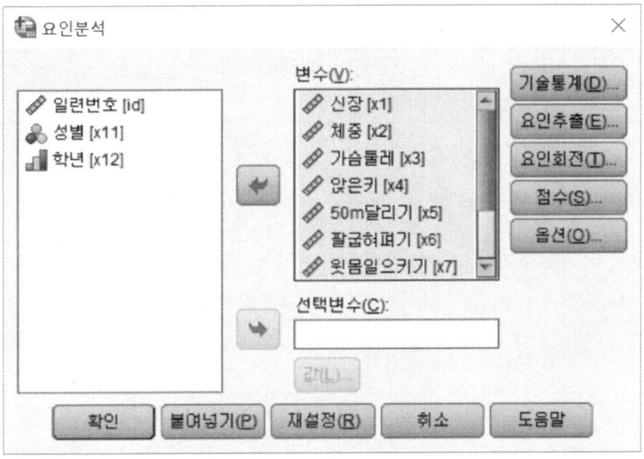

그림 12-3 • 요인분석 창

④ 각종 통계량의 출력과 관계하는 기술통계(D)...을 클릭한다. 여기서는 **일변량 기술통계(U), 초기해법(I), 상관행렬의 계수(C), 행렬식(D), KMO와 Bartlett의 구형성 검정(K)**을 선택하였다.

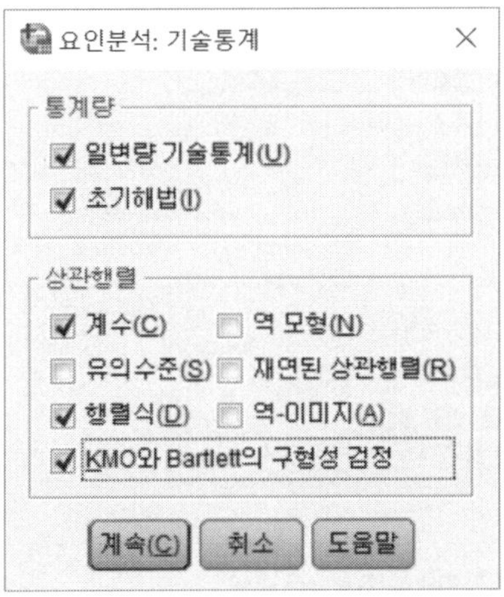

그림 12-4 • 요인분석: 기술통계 창

이는 통계량의 출력을 선택하는 것으로 요약하면 다음과 같다.

선택사항		설명
기술통계		기술 통계량에 대해 처리할 내용을 지정한다.
통계량	일변량 기술통계	각 변수에 대한 평균, 표준편차, 유효 케이스 수 등이 포함된다.
	초기해법 (Initial solution)	초기 해법에서는 공분산, 고유값, 설명된 분산 비율 등을 제시한다.
상관 행렬	상관계수	지정된 변수의 상관행렬을 출력한다.
	유의수준	상관행렬에서 단측 유의수준을 출력한다.
	행렬식	상관계수 행렬의 행렬식을 출력한다.
	역모형	상관계수의 역행렬을 출력한다.
	재연된 상관행렬	요인 해법으로부터 추정한 상관행렬과 잔차를 출력한다.
	역이미지	변수에 대한 표본 추출 적합도 측도는 역이미지 상관행렬의 대각에 표시된다.
	KMO와 Bartlett의 구형성 검정	변수 간의 편상관계수가 적은지와 해당 상관행렬이 요인모형의 부적절함을 나타내는 단위행렬인지를 검정한다.

⑤ 통계량을 선택한 후 [계속(C)]을 클릭하면 다시 [그림 12-3]이 나오고, 여기서 요인을 추출하기 위해 [요인추출(E)...]을 클릭한다. 여기서는 **요인추출방법(M)**으로 **주성분** 방법을 선택하고, **표시**에서 추가로 **스크리 도표(S)**를 선택하였다.

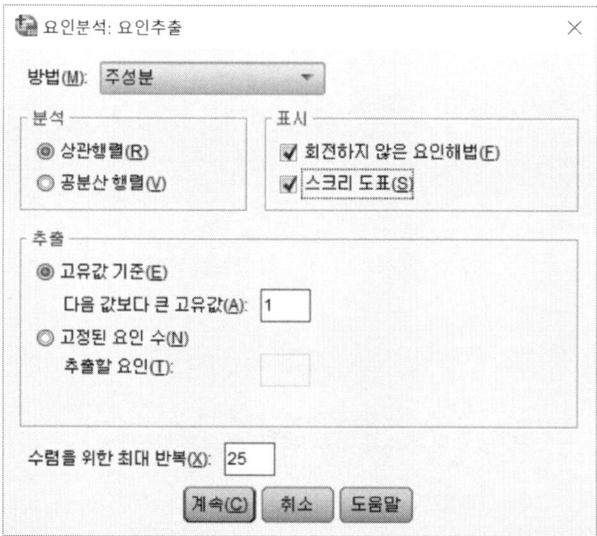

그림 12-5 • 요인분석: 요인추출 창

선택사항		설명
요인추출(Extraction)		분석에서 사용하는 변수를 대상으로 요인의 상관관계를 나타내 주는 회전되기 이전의 요인 적재량 행렬을 추출하는 방법과 기준을 제시
방법	주성분 (Principal component)	변수의 요인들의 선형 결합을 가정하는 주성분법 정보의 손실을 최소화하면서 보다 적은 요인을 구할 때 사용(가장 많이 사용)
	가중되지 않은 최소제곱법	대각선을 무시하는 관측 상관행렬과 재연된 상관행렬 간의 차이 제곱합을 최소화하는 요인추출방법
	일반화 최소제곱법 (Generalized Least Square)	관측된 상관행렬과 재연된 상관행렬 간의 차이 제곱합을 최소화하는 요인추출 방법. 상관관계는 역으로 가중되므로 고유성이 높은 변수는 고유성이 낮은 변수보다 가중값이 적음
	최대우도 (Maximum Likelihood)	공통 인수에 대한 카이제곱 검정이 가능하나 시간이 오래 걸리는 단점이 있다.
	주축요인추출	공통성의 초기 추정값으로서 대각으로 배치된 제곱 다중 상관계수를 이용하여 원래의 상관행렬로부터 요인을 추출하는 방법.
	알파요인추출	분석할 변수를 잠재변수의 표본으로 간주하는 요인 추출방법으로 알파의 신뢰도를 최대화한다.
	이미지 요인추출	편이미지라는 공통 부분은 가설 요인의 함수보다는 남아있는 변수에서 선형회귀로 정의된다.
분석	상관행렬	상관행렬을 분석하며, 변수가 다른 측도에 의해 측정되는 경우 유용.
	공분산행렬	공분산 행렬을 분석하며, 각 변수에 대해 다른 분산을 가지는 다중 집단의 요인분석에 적합
출력	회전하지 않은 요인해법	회전하지 않는 요인 적재값, 공분산, 고유값 등을 표시
	스크리 도표	요인이 여러 개인 경우 요인1과 요인 2에 대한 적재치를 보여주는 그래프
추출	고유값 기준	보통의 경우 고유값이 1보다 큰 경우 요인이 추출.
	요인의 수	사용자가 요인의 수를 지정하는 경우 사용
수렴에 대한 최대 반복 계산수		회전을 위해 수행할 알고리즘의 반복수를 지정하는 것으로 디폴트는 25이다.

⑥ 옵션(O)... 을 클릭하고, 결과를 크기 순서로 정렬하여 보기 위해 크기순 정렬(S)을 선택한다.

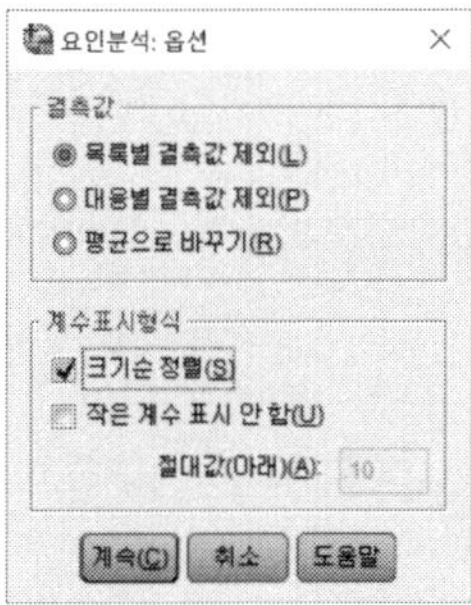

그림 12-6 • 요인분석: 옵션 창

옵션에 대한 자세한 설명은 다음과 같다.

선택사항		설명
옵션(Options)		요인점수에 관련된 사항을 지정
결측값	목록별 결측값 제외	모든 변수에 대해 자료가 유효한 사례만을 사용한다.
	대응별 결측값 제외	대응 변수에 대해 하나 혹은 두 개 모두에 대해 결측값이 있는 경우 분석에서 제외
	평균으로 대체	결측값을 해당변수의 평균값을 대신 넣는다.
계수 출력 형식	크기순 정렬	변수를 요인의 크기 순서로 출력한다.
	보다 작은 출력값 출력 않음	입력한 고유치보다 작은 값의 변수는 출력하지 않는다. (보통은 0.1로 사용)

⑦ 기술통계, 요인추출, 옵션을 선택한 후 확인 을 선택하면 결과가 나타난다.

12.2.2 요인분석 결과

| 명령문 및 결과 |

명령문

```
FACTOR
  /VARIABLES x1 x2 x3 x4 x5 x6 x7 x8 x9 x10
  /MISSING LISTWISE
  /ANALYSIS x1 x2 x3 x4 x5 x6 x7 x8 x9 x10
  /PRINT UNIVARIATE INITIAL CORRELATION DET KMO EXTRACTION
  /FORMAT SORT
  /PLOT EIGEN
  /CRITERIA MINEIGEN(1) ITERATE(25)
  /EXTRACTION PC
  /ROTATION NOROTATE
  /METHOD=CORRELATION.
```

기술통계량

	평균	표준편차	분석수
신장	167.03	7.934	267
체중	56.09	9.601	267
가슴둘레	85.74	7.046	267
앉은키	88.23	4.054	267
50m달리기	8.9768	1.58638	267
팔굽혀펴기	24.15	14.353	267
윗몸일으키기	37.97	13.907	267
멀리뛰기	216.92	40.845	267
앞으로굽히기	19.34	6.192	267
오래달리기	7.081	1.2857	267

상관행렬[a]

		신장	체중	가슴둘레	앉은키	50m달리기	팔굽혀펴기	윗몸일으키기	멀리뛰기	앞으로굽히기	오래달리기
상관관계	신장	1.000	.720	.614	.721	-.595	.524	.470	.710	-.070	-.372
	체중	.720	1.000	.840	.544	-.457	.453	.348	.552	.032	-.318
	가슴둘레	.614	.840	1.000	.440	-.395	.377	.300	.487	.046	-.330
	앉은키	.721	.544	.440	1.000	-.342	.411	.376	.494	-.067	-.303
	50m달리기	-.595	-.457	-.395	-.342	1.000	-.588	-.595	-.782	.082	.304
	팔굽혀펴기	.524	.453	.377	.411	-.588	1.000	.455	.659	-.109	-.447
	윗몸일으키기	.470	.348	.300	.376	-.595	.455	1.000	.668	-.007	-.279
	멀리뛰기	.710	.552	.487	.494	-.782	.659	.668	1.000	-.003	-.461
	앞으로굽히기	-.070	.032	.046	-.067	.082	-.109	-.007	-.003	1.000	.037
	오래달리기	-.372	-.318	-.330	-.303	.304	-.447	-.279	-.461	.037	1.000

a. 행렬식 = .002

그림 12-7 • 요인분석 결과(1)

결과분석

결과(1)은 분석에 필요한 10개의 변수에 대한 기술통계량과 상관행렬이다. 이는 기술통계 창에서 기술통계와 상관계수를 선택하였기 때문이다. 50m 달리기와 오래달리기는 다른 변수들과 음의 상관관계가 있다. 이는 다른 변수와 달리 시간이기에 적은 숫자가 좋은 기록이기 때문이다. 또한 앞으로 굽히기도 음의 상관관계에 있다. 변수들에 대한 기술 통계량을 확인한다. 또한 표준 편차가 너무 큰 것은 이상치가 있는지 확인하고 제거하는 것이 좋다.

KMO와 Bartlett의 검정

표본 적절성의 Kaiser-Meyer-Olkin 측도.		.847
Bartlett의 구형성 검정	근사 카이제곱	1580.257
	자유도	45
	유의확률	.000

그림 12-8 • 요인분석 결과(2)

결과분석

결과(2)의 Bartlett의 구형성 검정은 기술통계 창에서 선택하였기 때문에 나타난 결과로서 변수 간의 편상관계수가 적은지와 해당 상관행렬이 요인모형의 부적절함을 나타내는 단위행렬인지를 검정한다. 위 결과는 KMO에서 0.847로 비교적 높게 나타나고, Bartlett의 구형성 검정의(귀무가설 H_0 : 상관 행렬이 단위행렬이다) 결과를 본다. 만일 단위행렬이면 분석이 불가능하다.(일반적으로 많이 생략) 여기서는 유의확률이 0.000으로 유의수준 5%보다 적기 때문에 귀무가설을 기각하여 단위행렬이 아니므로 요인분석이 적합한 것으로 볼 수 있다.

공통성

	초기	추출
신장	1.000	.780
체중	1.000	.849
가슴둘레	1.000	.783
앉은키	1.000	.524
50m달리기	1.000	.711
팔굽혀펴기	1.000	.627
윗몸일으키기	1.000	.578
멀리뛰기	1.000	.825
앞으로굽히기	1.000	.214
오래달리기	1.000	.308

추출 방법: 주성분 분석.

그림 12-9 • 요인분석 결과(3)

결과분석

공통성(communality)은 추출한 요인에 의해 각 변수의 설명 정도를 제시하는 것으로 앞으로 굽히기와 오래 달리기를 제외하고는 비교적 높게 나타나고 있다.

설명된 총분산

	초기 고유값			추출 제곱합 적재량		
성분	전체	% 분산	누적 %	전체	% 분산	누적 %
1	5.019	50.187	50.187	5.019	50.187	50.187
2	1.181	11.813	62.000	1.181	11.813	62.000
3	1.000	9.997	71.997			
4	.803	8.033	80.031			
5	.646	6.462	86.493			
6	.482	4.815	91.308			
7	.376	3.759	95.067			
8	.196	1.961	97.029			
9	.162	1.615	98.644			
10	.136	1.356	100.000			

추출 방법: 주성분 분석.

그림 12-10 • 요인분석 결과(4)

결과분석

결과(4)에 따르면 고유값이 1 초가인 것으로 요인을 2가지로 나눌 수 있다. 두 가지의 요인으로 전체 자료의 설명력은 62%로 설명력이 조금 떨어짐을 볼 수 있다. 일반적으로 자연과학에서는 95% 이상, 사회과학에서는 60% 이상 되어야 좋은 것으로 알려져 있다. 여기서는 예제 자료이므로 계속 분석을 하기로 한다. 만일 요인을 3개로 한다면 71.997%의 설명력을 가진다.

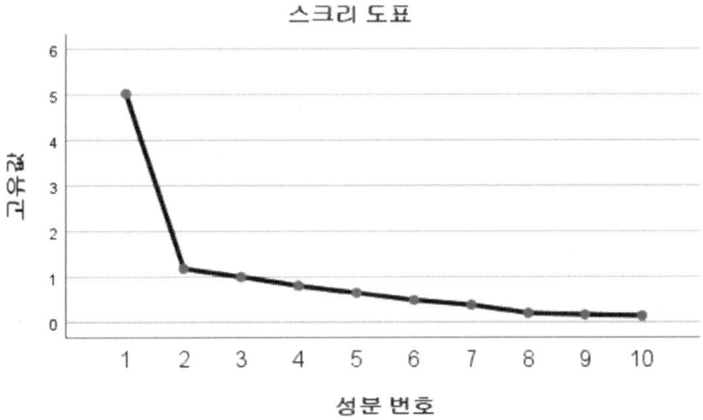

그림 12-11 • 요인분석 결과(5)

결과분석

스크리 도표는 요인 추출에서 스크리 도표를 선택하였기 때문에 나타난 결과로서 요인의 수를 결정하는 데 도움을 준다. 결과(5)로만 본다면 성분번호 1 다음에서 급격히 떨어졌기 때문에 요인의 수가 1개가 적당한 것으로 보이나, 요인의 수가 1개인 것은 분석에서 이상하기 때문에 결과(4)에 의해 요인의 수는 2개로 한다.

성분행렬[a]

	성분	
	1	2
멀리뛰기	.877	-.234
신장	.869	.158
체중	.790	.474
50m달리기	-.767	.350
팔굽혀펴기	.734	-.296
가슴둘레	.718	.517
앉은키	.694	.206
윗몸일으키기	.669	-.362
오래달리기	-.541	.123
앞으로굽히기	-.055	.460

추출 방법: 주성분 분석.
a. 추출된 2 성분

그림 12-12 • 요인분석 결과(6)

결과분석

결과(6)은 요인의 수를 2개로 하였을 때 각 성분에 관한 것으로 앞으로 굽히기를 제외하고는 모두 같은 성분으로 묶인 것을 볼 수 있다. 여기서 크기순으로 정렬이 되어 결과가 나온 것은 옵션에서 크기순으로 정렬을 선택하였기 때문이다. 가슴둘레 등은 성분 1과 성분 2의 차이가 별로 나지 않은 것으로 현재의 결과가 좋은 것은 아니다. 현재의 결과로는 만족스럽지 못하기 때문에 요인을 회전하는 것이 타당한 것으로 보인다. 즉, 성분 간에 차이가 명확하지 않을 때는 회전을 해본 뒤, 더 좋은 결과가 나오는지 비교하여야 한다.

12.2.3 요인회전을 한 요인분석

보다 좋은 결과를 얻기 위해 요인회전을 하기로 한다.

① 요인회전은 [그림 12-13]에서 요인회전(T)... 을 선택한다. 여기서는 **베리멕스 방법(V)**을 선택하고, **적재값 도표(L)**를 선택하였다.

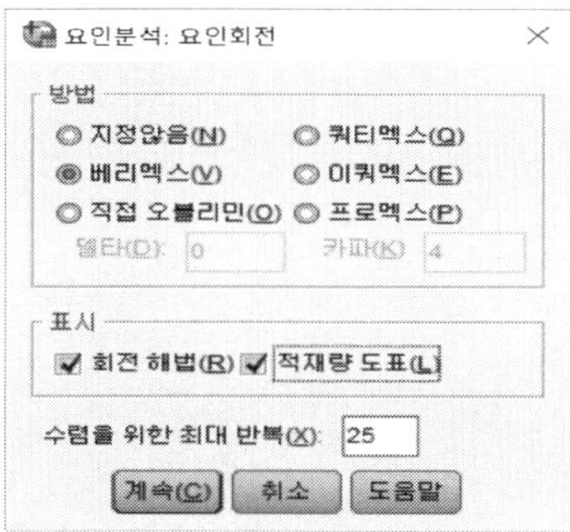

그림 12-13 • 요인분석: 요인회전 창

선택사항에 대한 자세한 설명은 다음과 같다.

선택사항		설명
요인회전(Rotation)		요인 행렬을 회전시키는 방법을 결정
방법	지정하지 않음	회전을 하지 않는다.
	베리맥스 (VARIMAX)	각 요인이 서로 독립성을 유지하도록 하는 직각회전(orthogonal rotation)의 방법으로 요인 행렬에서 각 열의 요인 적재량을 제곱한 값의 분산을 최대화시켜 각 요인을 쉽게 설명하는 방법으로 가장 일반적으로 사용한다.
	직접오블리민 (OBLIMIN)	사각 회전의 하나로 회전에서의 직각회전이 요인 간에 서로 독립이라는 가정을 하고 있는 것인 반면 이러한 가정을 하지 않는 방법

선택사항		설명
방법	쿼티멕스 (QUARTIMAX)	직각 회전의 하나이며, 요인 행렬에서 각 행의 요인 적재량이 높은 요인의 수를 최소화시키는 방법
	이쿼멕스 (EQUIMAX)	직각 회전의 하나이며, 베리멕스와 쿼티멕스를 절충한 방법으로 각 열마다 요인 적재량이 높은 변수의 수와 각 행마다 적재량이 높은 요인의 수를 최소화시키는 방법
	프로멕스	비직교 회전방법
출력	회전해법	직교 회전의 경우회전 패턴 행렬과 요인 변환 행렬이 표시되고, 오블리크 회전시 패턴, 구조, 요인 상관 행렬이 표시
	적재값도표	회전을 요구하면 도표에서 회전된 해법을 볼 수 있다.
수렴에 대한 최대 반복 계산수		회전을 위해 수행할 알고리즘의 반복수를 지정하는 것으로 디폴트는 25이다.

② 요인점수를 저장하기 위해 점수(S)... 를 선택한다. 여기서 **변수로 저장(S)**을 선택하고, 방법은 **회귀분석(R)**을 선택하였다. 이는 차후에 요인점수를 독립변수로 선택할 수 있다.

그림 12-14 • 요인분석: 요인점수 창

선택사항에 대한 자세한 설명은 다음과 같다.

선택사항		설명
요인점수(Scores)		요인점수에 관련된 사항을 지정
방법	회귀분석	회귀방법을 이용하여 요인점수를 계산
	Bartlett	요인점수 계수의 추정변수의 범위에서 고유한 방법으로 작성된 점수의 평균은 0이고, 변수 범위에서 고유한 요인의 제곱합이 최소화된다.
	Anderson-Rubin 방법	추정된 요인의 직교성을 확인하는 Bartlett를 수정한 것으로, 점수는 평균은 0이고 표준 편차가 1이며, 서로 독립이다.
요인점수 계수 행렬 출력		요인점수를 얻기 위해 각 변수들에 곱해지는 계수 행렬을 보여준다.

12.2.4 요인회전을 한 요인분석 결과

명령문

```
FACTOR
  /VARIABLES x1 x2 x3 x4 x5 x6 x7 x8 x9 x10
  /MISSING LISTWISE
  /ANALYSIS x1 x2 x3 x4 x5 x6 x7 x8 x9 x10
  /PRINT UNIVARIATE INITIAL CORRELATION DET KMO EXTRACTION ROTATION
  /FORMAT SORT
  /PLOT EIGEN ROTATION
  /CRITERIA MINEIGEN(1) ITERATE(25)
  /EXTRACTION PC
  /CRITERIA ITERATE(25)
  /ROTATION VARIMAX
  /SAVE REG(ALL)
  /METHOD=CORRELATION.
```

회전된 성분행렬[a]

	성분	
	1	2
멀리뛰기	.810	.411
50m달리기	-.805	-.251
팔굽혀펴기	.745	.269
윗몸일으키기	.740	.176
오래달리기	-.486	-.269
앞으로굽히기	-.347	.306
체중	.273	.880
가슴둘레	.191	.864
신장	.543	.697
앉은키	.380	.616

추출 방법: 주성분 분석.
회전 방법: 카이저 정규화가 있는 베리멕스.

a. 3 반복계산에서 요인회전이 수렴되었습니다.

그림 12-15 • 요인분석 결과(7)

결과분석

결과(7)은 베리멕스 방법으로 회전을 한 후의 결과로서 멀리뛰기, 50m 달리기, 팔굽혀펴기, 윗몸일으키기, 오래달리기, 앞으로 굽히기는 성분 1에 포함되고, 체중, 가슴둘레, 신장, 앉은키는 성분 2에 포함된다. 회전을 하고 나니 성분 1은 체력, 성분 2는 신체 조건으로 명확히 구분이 된다. 요인분석은 이와 같이 10개의 변수가 2개의 변수로 축약됨을 볼 수 있다. 그러나 앞으로 굽히기는 양쪽의 성분을 모두 가짐을 볼 수 있다.

위의 결과에 의한 요인점수를 구하는 식은 다음과 같다.

성분 1 = 0.810×(멀리뛰기)−0.805×(50m 달리기)+0.745×(팔굽혀펴기)+0.740×(윗몸일으키기)−0.468×(오래달리기)−0.347×(앞으로 굽히기)+0.273×(체중)+0.191×(가슴둘레)+0.543×(신장)+0.380×(앉은키)

성분 2 = 0.411×(멀리뛰기)−0.251×(50m 달리기)+0.269×(팔굽혀펴기)+0.176×(윗몸일으키기)−0.269×(오래달리기)−0.306×(앞으로 굽히기)+0.880×(체중)+0.864×(가슴둘레)+0.697×(신장)+0.616×(앉은키)

※ 단 여기서 각 변수의 값은 표준화된 값을 대입하여야 함.

성분 변환행렬

성분	1	2
1	.745	.667
2	-.667	.745

추출 방법: 주성분 분석.
회전 방법: 카이저 정규화가 있는 베리멕스.

그림 12-16 • 요인분석 결과(8)

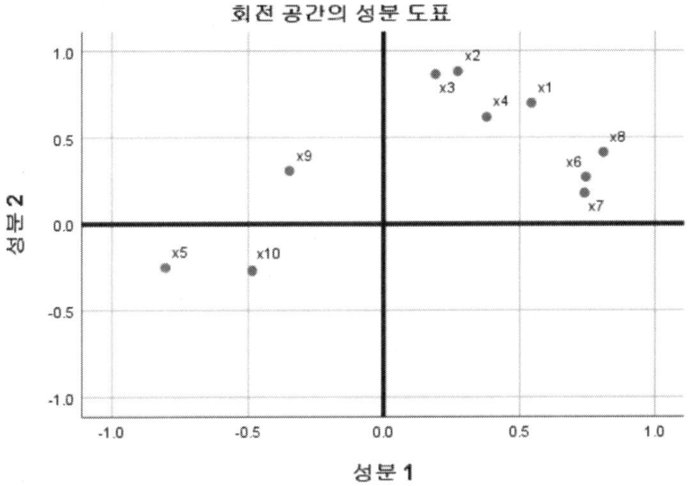

그림 12-17 • 요인분석 결과(9)

결과분석

결과(9)는 두 성분에 다른 각 변수들의 위치를 표시하고 있으며, X5와 X10, X9는 성분 1에 대해 음의 값을 가지며, 나머지 변수들은 성분 1과 성분 2에 대해 양의 값을 가지며, 다른 위치를 보이고 있다. 요인의 수를 결정하는 것은 절대적 방법보다는 선행 연구를 따르는 것이 좋은 경우가 많이 있다.

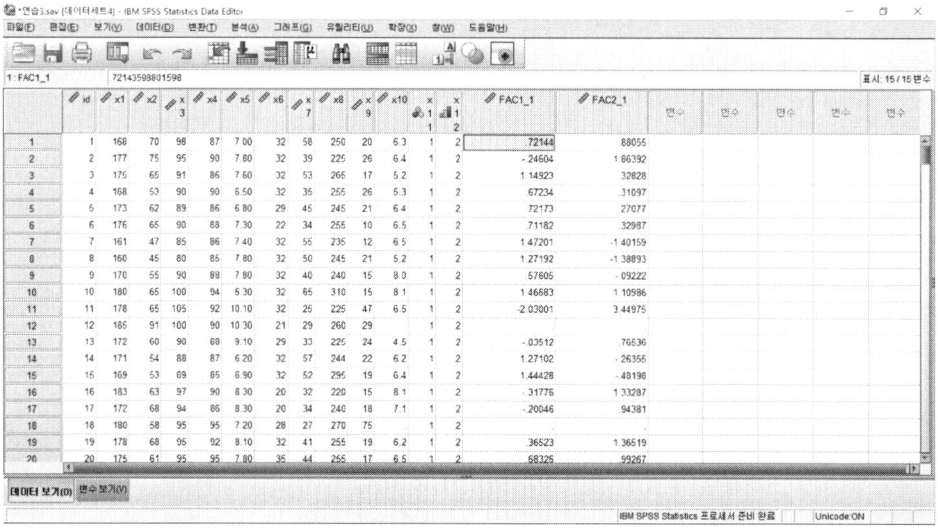

	id	x1	x2	x3	x4	x5	x6	x7	x8	x9	x10	x11	x12	FAC1_1	FAC2_1	변수	변수	변수	변수	변수
1	1	168	70	98	87	7.00	32	58	250	20	6.3	1	2	.72144	88055					
2	2	177	75	95	90	7.80	32	39	225	26	6.4	1	2	-.24604	1.66392					
3	3	175	65	91	86	7.60	32	53	265	17	5.2	1	2	1.14923	32828					
4	4	168	53	90	90	6.50	32	35	255	26	5.3	1	2	.67234	.31097					
5	5	173	62	89	86	6.80	29	45	245	21	6.4	1	2	72173	27077					
6	6	176	65	90	88	7.30	22	34	255	10	6.5	1	2	.71182	.32987					
7	7	161	47	85	86	7.40	32	55	235	12	6.5	1	2	1.47201	-1.40159					
8	8	160	45	80	85	7.80	32	50	245	21	5.2	1	2	1.27192	-1.38893					
9	9	170	55	90	88	7.80	32	40	240	15	8.0	1	2	.57605	-.09222					
10	10	180	65	100	94	6.30	32	65	310	15	8.1	1	2	1.46683	1.10986					
11	11	178	65	105	92	10.10	32	25	225	47	6.5	1	2	-2.03001	3.44975					
12	12	185	91	100	90	10.30	21	29	260	29		1	2							
13	13	172	60	90	68	9.10	29	33	225	24	4.5	1	2	-.03512	.76536					
14	14	171	54	88	87	6.20	32	57	244	22	6.2	1	2	1.27102	-.26355					
15	15	169	53	69	65	6.90	32	52	295	19	6.4	1	2	1.44428	-.48196					
16	16	183	63	97	90	8.30	20	32	220	15	8.1	1	2	-.31776	1.33287					
17	17	172	68	94	86	8.30	20	34	240	18	7.1	1	2	-.20046	.94381					
18	18	180	58	95	95	7.20	28	27	270	75		1	2	.	.					
19	19	178	68	95	92	8.10	32	41	255	19	6.2	1	2	.36523	1.36519					
20	20	175	61	95	95	7.80	35	44	255	17	6.5	1	2	.68326	.99267					

그림 12-18 • 저장된 요인점수

결과분석

[그림 12-18]은 데이터 창에 저장된 요인점수이다. 이는 요인점수 저장을 선택하였기 때문에 나타난 결과이며, 차후의 회귀분석 등의 분석에서 10개의 독립변수 대신 2개의 독립변수로 축약하여 사용할 수 있다.

13

판별분석

13.1 이론적 근거

13.1.1 서론

판별분석(Discriminant Analysis)은 여러 개의 모집단으로부터 추출된 표본들이 지니고 있는 정보를 이용하여 이 표본들이 어느 모집단에서 추출된 것인지를 결정해 줄 수 있는 기준을 찾고, 그 설정된 기준에 의하여 새로운 관측값을 특정 집단에 할당할 수 있는 분석 방법이다.

예를 들어 이산가족 찾기에서 그 당시 수십 년 만에 가족들을 찾아 만났을 때 흉터나 신체상의 특징을 서로 묻는 것을 보았다. 만약에 잃어버린 자식이 머리에 쌍가마가 있다는 것만으론 동일 조건을 가진 사람이 여럿 나타나 헷갈릴 수가 있겠지만 자식이 배꼽이 두 개였다면 쉽게 자식을 구별해낼 수가 있을 것이다. 바로 두 개의 배꼽이 판별의 핵심요인인 것과 마찬가지로 집단 간에서 차이를 설명해줄 수 있는 기준을 찾아내는 분석이다.

사용되는 명목척도로 이루어진 여러 개의 서로 상관된 반응변수(판별변수라고 부름, 종속변수)와 각 개체가 소속되어 있는 집단을 나타내는 하나의 집단(분류) 변수를 가진 다변량 자료를 그 대상으로 하며 주어진 관찰값들로부터 전체 집단을 특성에 따라 부분 집단으로 분류하는 기준이 되는 판별 함수가 필요하다.

이러한 판별함수를 구하기 위해선 표본들이 어느 집단에서 추출되었는지 사전에 알고 있어야 한다. 그리고 새로운 표본이 관측되었을 때 어느 집단으로 분류하기 위해선 판별함수라고 하는 분류함수를 사용한다.

판별분석의 본질을 보다 더 명확하게 이해하기 위해서는 판별분석의 수행 목적은 다음과 같이 나누어 검토할 수 있다.

1) 사전에 정의된 집단들을 가장 잘 판별할 수 있도록 독립변수들의 선형결합(판별함수)을 도출한다. 판별에 영향을 주는 설명변수가 어떤 것인가를 알기 위해서 사용
2) 새로운 데이터가 주어졌을 때, 그 데이터가 어느 그룹에 속하는지를 알기 위해서 사용
3) 사전에 정의된 집단들에 대해 집단별 평균점(다차원상의 평균, centroid) 사이에 유의적인 차이가 있는지의 여부를 검토한다. 즉 판별분석은 각 대상에 대해 단 하나의 복합적인 판별점수를 산출해 주며, 특정한 집단에 속하는 모든 대상들의 판별점수를 평균하면 판별점수의 집단평균(group mean, centroid)에 이른다. 따라서 판별분석은 "두 개 이상의 집단에 있어서 판별점수의 집단평균들이 같다."는 귀무

가설을 검증하기에 적합한 통계적 기법이다.

4) 독립변수들의 구체적인 값을 근거로 하여 대상들의 집단소속을 예측하기 위한 모델을 마련한다. 일단 판별점수를 계산하기 위한 독립변수들의 선형결합(판별함수)이 도출되고 나면, 새로운 대상의 구체적인 값들을 판별함수에 대입함으로써 그들의 판별점수를 구할 수 있다. 이때 조사자는 이러한 판별점수로 각 집단을 판별하는 최적경계점수와 비교하여 새로운 대상의 집단소속을 예측할 수 있다.
5) 집단들을 판별하는 데 있어서 독립변수들의 상대적인 기여도를 평가한다. 회귀분석에서와 마찬가지로 판별분석에서도 각 독립변수가 판별점수에 어떻게 관련되어 있는지, 나가서는 판별점수를 근거로 한 집단소속에 어떻게 관련되는지를 평가하거나 또는 회귀분석의 Beta 계수에서처럼 상대적인 기여도도 검토할 수 있다.

이상에서 알 수 있듯이 판별분석은 조사자가 집단차이들을 이해하거나 또는 대상들의 여러 집단소속을 정확하게 예측하는 데 유용하다. 따라서 판별분석은 일종의 프로파일 분석 또는 분석적 예측기법으로 간주될 수 있다.

판별분석은 주어진 관찰값들로부터 전체 집단을 어떤 특성에 따라 상호배반적인 부분집단으로 분류하기 위해 기준이 되는 판별 함수의 구축 및 이외 해석을 포함하는 판별과정과 소속집단이 알려지지 않은 새로운 개체를 판별과정에서 유도된 기준을 활용하여 어느 부분집단으로 분류하는 분류과정의 두 과정으로 나눌 수 있다. 판별분석은 사전에 소속집단에 관한 정보가 주어진다는 점에서 13장의 군집분석과 구별된다.

13.1.2 선형판별분석

선형 판별분석(Linear Discriminant Analysis)은 R. A. Fisher라는 통계학자가 제안한 방법으로 설명변수에 대한 특정분포를 가정하지 않는다는 점에서 널리 사용되어온 판별분석법이다. 선형판별분석에 의한 판별방법이 적절한 경우에는 다른 판별방법에 비해 그 계산 속도가 빠르고 해석이 용이하다는 장점을 가지고 있으며 이 방법을 기본으로 하여 여러 다른 판별방법이 개발되고 있다. 데이터 마이닝에서도 대용량의 데이터를 처리해야 한다는 점에서 판별분석의 기본 분석 단계에서 필수적으로 수행해야 하는 분석기법이다.

[1] 두 모집단의 분류($g=2, q=1$)

판별분석에서 가장 간단한 경우로 변수의 수가 1이고 집단의 수가 2인 경우이다. 여기서 관측값(개체)의 수는 일반적으로 n 이지만 이해의 편의를 위해서 1이라고 생각하자.

① 기본 가정

변수는 X이고 분석하고자 하는 자료는 두 집단으로 이루어져 있으며 집단 1에 속하는 개체는 평균이 μ_1 이고 분산이 σ_1^2 인 정규분포를 따르고, 집단 2에 속하는 개체는 평균이 μ_2 이고 분산이 σ_2^2 인 정규분포를 따른다고 하자. 즉,

$$\text{집단 1 } (G_1) : X \sim N(\mu_1, \sigma_1^2), \quad f_1(x) = \frac{1}{\sigma_1 \sqrt{2\pi}} e^{-\frac{(x-\mu_1)^2}{2\sigma_1^2}}$$

$$\text{집단 2 } (G_2) : X \sim N(\mu_2, \sigma_2^2), \quad f_2(x) = \frac{1}{\sigma_2 \sqrt{2\pi}} e^{-\frac{(x-\mu_2)^2}{2\sigma_2^2}}$$

② 사전확률(Prior Probabilities)

특정한 관측값이 특정 집단에 속하는 확률을 사전확률이라고 하며, 한 관측값이 집단 1에 속하는 확률은 $\pi_1 = \Pr(X \in G_1)$이라고 하고 p_1으로 추정한다. 또한 한 관측값이 집단 2에 속하는 확률은 $\pi_2 = \Pr(X \in G_2)$이라고 하고 p_2로 추정한다. p_1과 p_2는 일반적으로 지금까지의 경험적으로 얻은 사전정보인 경우가 많다. 사전정보가 없을 경우에는 일반적으로 각 군집에 동일한 사전확률을 부여한다.

③ 조건부 확률(Conditional Probabilities)

조건부 확률이란 특정한 관측값이 특정한 집단에 속하지만 다른 집단에 속한다고 판단할 확률을 의미한다. 구체적으로 한 관측값이 집단 1에 속하지만 집단 2에 속한다고 판단할 확률은

$$P(2|1) = \Pr(X \in G_2 \mid X \in G_1) = \int_{G_2} f_1(x)$$

와 같이 표기하고, 한 관측값이 집단 2에 속하지만 집단 1에 속한다고 판단할 확률은

$$P(1|2) = \Pr(X \in G_1 \mid X \in G_2) = \int_{G_1} f_2(x)$$

와 같이 표기한다.

④ 의사결정 확률표

특정한 집단에 속하는 관측값을 그 집단에 속한다고 판정하거나 아니면 다른 집단에 속한다고 판정할 수 있다. 따라서 전체가 두 집단으로 이루어져 있는 경우의 가능한 의사결정은 네 가지이며 각 경우의 확률은 다음과 같다.

		실제상태(True State) G_1	G_2	합계
의사결정 (Decision)	G_1	$P(1\|1)\pi_1$	$P(1\|2)\pi_2$	$P(1,\cdot)$
	G_2	$P(2\|1)\pi_1$	$P(2\|2)\pi_2$	$P(2,\cdot)$
	합계	$P(\cdot,1)$	$P(\cdot,2)$	1

⑤ 오분류 확률(TPM : Total Probability of Misclassification)

의사결정 확률표를 토대로 관측값이 속하는 집단에 대하여 그릇된 의사결정을 내릴 확률을 오분류 확률이라고 하며 그 값은 다음과 같다.

$$TPM = P(1|2)\pi_2 + P(2|1)\pi_1$$

⑥ 오분류 비용(Cost of Misclassification)

잘못된 의사결정을 함으로서 야기되는 손실을 오분류 비용이라고 하며 그 값은 다음과 같이 나타낸다.

		실제상태(True State) G_1	G_2
의사결정 (Decision)	G_1	0	$c(1\|2)$
	G_2	$c(2\|1)$	0

⑦ 오분류 비용의 기댓값(ECM : Expected Cost of Misclassification)

의사결정을 내림에 있어서 기대되는 오분류 비용의 기대치는 모든 가능한 오분류 비용과 그에 해당하는 오분류 확률의 곱을 더한 값이며 그 공식은 다음과 같다.

$$ECM = c(1|2)P(1|2)\pi_2 + c(2|1)P(2|1)\pi_1$$

⑧ 최적의 분류방법

판별분석에서의 최적의 분류방법은 일반적으로 오분류 비용의 기댓값(ECM)을 최소화하는 의사결정이며 그러한 의사결정은 다음과 같다.

$$\frac{f_1(x_0)}{f_2(x_0)} \geq \frac{c(1|2)}{c(2|1)} \text{ 이면 } x_0 \in G_1 \text{으로 할당하고}$$

$$\frac{f_1(x_0)}{f_2(x_0)} < \frac{c(1|2)}{c(2|1)} \text{ 이면 } x_0 \in G_2 \text{으로 할당한다.}$$

⑨ 간단한 예제($c(1|2) = c(2|1)$, $p_1 = p_2$인 경우)

두 집단의 확률밀도함수가 다음과 같다.

집단 1 (G_1) : $X \sim N(\mu_1, \sigma_1^2)$

$$f_1(x) = \frac{1}{\sigma_1 \sqrt{2\pi}} e^{-\frac{(x-\mu_1)^2}{2\sigma_1^2}}$$

집단 2 (G_2) : $X \sim N(\mu_2, \sigma_2^2)$

$$f_2(x) = \frac{1}{\sigma_2 \sqrt{2\pi}} e^{-\frac{(x-\mu_2)^2}{2\sigma_2^2}}$$

그러면, 두 밀도함수의 비는 (이를 $\Lambda(x)$로 표기하자)

$$\Lambda(x) = \frac{f_1(x)}{f_2(x)} = \frac{\frac{1}{\sigma_1 \sqrt{2\pi}} e^{-\frac{(x-\mu_1)^2}{2\sigma_1^2}}}{\frac{1}{\sigma_2 \sqrt{2\pi}} e^{-\frac{(x-\mu_2)^2}{2\sigma_2^2}}}$$

와 같다. 따라서

$$\Lambda(x_0) \geq 1 \text{이면 } x_0 \in G_1 \text{으로 할당하고}$$

$$\Lambda(x_0) < 1 \text{이면 } x_0 \in G_2 \text{으로 할당한다.}$$

위 규칙의 양변에 자연로그를 취하면

$$\ln\Lambda(x) = -\frac{(x-\mu_1)^2}{2\sigma_1^2} + \frac{(x-\mu_2)^2}{2\sigma_2^2} + \frac{1}{2} ln \frac{\sigma_2^2}{\sigma_1^2}$$

이기 때문에

$$\frac{(x-\mu_2)^2}{\sigma_2^2} - \frac{(x-\mu_1)^2}{\sigma_1^2} + \ln\frac{\sigma_2^2}{\sigma_1^2} \geq 0 \text{이면 } x_0 \in G_1$$

으로

$$\frac{(x-\mu_2)^2}{\sigma_2^2} - \frac{(x-\mu_1)^2}{\sigma_1^2} + \ln\frac{\sigma_2^2}{\sigma_1^2} < 0 \text{이면 } x_0 \in G_2$$

으로 할당한다. 이는

$$d_1^Q(x_0) = -\frac{(x_0-\mu_1)^2}{\sigma_1^2} - \ln(\sigma_1^2)$$

로 놓고

$$d_2^Q(x_0) = -\frac{(x_0-\mu_2)^2}{\sigma_2^2} - \ln(\sigma_2^2)$$

로 놓았을 때,

$$d_1^Q(x_0) \geq d_2^Q(x_0) \text{이면 } x_0 \in G_1$$

으로 할당하고

$$d_1^Q(x_0) < d_2^Q(x_0) \text{이면 } x_0 \in G_2$$

으로 할당하는 것과 같다.

위의 규칙은 x_0에 대한 2차 함수에 의한 규칙이다. 반면에, $\sigma_1 = \sigma_2$인 경우

$$\ln\Lambda(x) = 2(\mu_1 - \mu_2)x_0 - (\mu_1^2 - \mu_2^2)$$

이 된다. 따라서 $d_1(x_0) = 2\mu_1 x_0 - \mu_1^2$로 놓고 $d_2(x_0) = 2\mu_2 x_0 - \mu_2^2$로 놓았을 때,

$$d_1(x_0) \geq d_2(x_0) \text{ 이면 } x_0 \in G_1$$

으로 할당하고

$$d_1(x_0) < d_2(x_0) \text{ 이면 } x_0 \in G_2\text{C}$$

으로 할당하며, 이는 x_0에 대한 1차 함수에 대한 규칙이다. 여기서 두 모집단의 평균 μ_1과 μ_2를 모를 경우 표본평균 $\overline{x}_1$과 $\overline{x}_2$를 이용하고, 모집단의 분산 σ_1^2과 σ_2^2을 모를 경우 표본분산 s_1^2과 s_2^2을 이용하면 된다.

결론적으로 두 집단의 분산이 동일하면 판별규칙은 1차 함수 규칙으로 표현되며, 두 집단의 분산이 동일하지 않으면 판별규칙은 2차 함수 규칙으로 표현된다. 이는 변수의 수가 다변량이거나 집단의 수가 3 이상인 경우에도 동일한 결론을 얻게 된다.

[2] 두 개의 다변량 정규모집단의 분류($g = 2$, $p \geq 2$)

① 모집단에 대한 가정

변수의 수는 2 이상이고 집단의 수는 2인 경우를 살펴보자. 이 경우의 판별분석은 단순히 변수의 수가 1인 경우를 다변량인 경우로 확장시킨 것에 불과하다. 집단 1과 집단 2에 속하는 개체의 분포는 다음과 같은 다변량 정규분포를 가정한다.

$$\text{집단 1 } (G_1) : X \sim N(\mu_1, \Sigma_1)$$
$$\text{집단 2 } (G_2) : X \sim N(\mu_2, \Sigma_2)$$

② 표본평균과 표본공분산행렬

$\overline{X}_1$, $\overline{X}_2$, 공분산행렬 Σ_1, Σ_2는 표본공분산행렬 S_1, S_2로 추정한다.

③ 최적의 분류방법

주지하는 바와 같이 판별분석에서의 최적의 분류방법은 오분류 비용의 기댓값(ECM)을 최소화하는 의사결정이다. 또한 모집단의 모평균과 모분산도 모르는 경우가 일반적이다. 이러한 경우 최적의 분류방법은 다음과 같다.

i) 두 집단의 분산이 동일한 경우

이 경우 두 집단의 모분산이 같기 때문에 공통된 모분산 Σ을 추정한 공통된 표본분산 S_p을 이용하여 다음과 같은 판별규칙이 구해진다.

$$(\overline{X}_1 - \overline{X}_2)' S_p^{-1} x_0 - \frac{1}{2}(\overline{X}_1 - \overline{X}_2)' S_p^{-1}(\overline{X}_1 + \overline{X}_2) \geq \ln\left[\frac{c(1|2)}{c(2|1)} \cdot \frac{p_2}{p_1}\right]$$

이면 x_0를 G_1으로 할당하고 그렇지 않으면 x_0를 G_2로 할당한다.

여기서, 공통된 표본분산은

$$S_p = \frac{(n_1 - 1)S_1 + (n_2 - 1)S_2}{n_1 + n_2 - 2}$$

이다.

ii) 두 집단의 분산이 동일하지 않을 경우

최적의 판별규칙은 다음과 같다.

$$(\overline{X}_1 S_1^{-1} - \overline{X}_2 S_2^{-1})\, x_0 - \frac{1}{2} x_0 (S_1^{-1} - S_2^{-1})\, x_0 - k \geq \ln\left[\frac{c(1|2)}{c(2|1)} \cdot \frac{p_2}{p_1}\right]$$

x_0를 G_1으로 할당하고 그렇지 않으면 x_0를 G_2로 할당한다. 여기서

$$k = \frac{1}{2}\ln\left(\frac{|S_1|}{|S_2|}\right) + \frac{1}{2}(\overline{X}_1 S_1^{-1}\overline{X}_1 - \overline{X}_2 S_2^{-1}\overline{X}_2)$$

이다.

[3] 여러 모집단의 분류($g \geq 3, p \geq 2$)

변수의 수가 2 이상이고 집단의 수가 3 이상인 경우를 살펴보자. 이 경우의 판별분석 역시 단순히 변수의 수가 1이고 집단의 수가 2인 경우를 확장시킨 것에 불과하며 분산의 동일성 여부에 따라서 1차 판별함수 또는 2차 판별함수로 판별규칙이 구해진다.

① 가정

집단 i (G_i) : $X \sim N(\mu_i, \Sigma_i), \quad i = 1, 2, \cdots, g$

② 용어의 정의

특정한 관측값이 특정 집단에 속하는 확률인 사전확률과 특정한 집단에 속하는 관측 치를 다른 집단에 속한다고 판정하는 경우의 오분류 비용은 다음과 같다.

p_i : 사전확률 π_i의 추정치

$c(k|i)$: G_i의 관측값을 G_k로 분류할 때의 비용

③ 최적의 의사결정

주지하는 바와 같이 판별분석에서의 최적의 분류방법은 오분류 비용의 기댓값(ECM)을 최소화하는 의사결정이며 그러한 의사결정은

$$\sum_{i \neq k}^{g} p_i f_i(x_0)\, c(k|i), \quad k = 1,\ 2,\ \cdots,\ g$$

가 최소가 되는 집단 G_k에 x_0를 할당하는 것이다.

④ 일반적인 경우의 최적 판별규칙

일반적으로 $c(i|i) = 0$, $c(k|i) = constant$, $(k \neq i)$이다. 이러한 경우의 판별규칙은 모집단 분산의 동일성 여부에 따라서 다음과 같이 판별규칙이 정해진다.

i) 집단의 분산이 동일한 경우

$\hat{d}_i(x_0) = \overline{X}_i{}' S_p^{-1} x_0 - \frac{1}{2} \overline{X}_i{}' S_p^{-1} \overline{X}_i + \ln p_i$라고 할 때,

$\hat{d}_k(x_0) = \max(\hat{d}_i(x_0)), \quad i = 1,\ 2,\ \cdots\ ,\ g$이면

x_o를 집단 G_k에 할당한다. 여기서

$$S_p = \frac{(n_1 - 1)S_1 + (n_2 - 1)S_2 + \cdots + (n_g - 1)S_g}{n_1 + n_2 + \cdots + n_g}$$

이다.

ii) 집단의 분산이 동일하지 않은 경우

$\hat{d}_i^Q(x_0) = -\frac{1}{2} ln|S_i| - \frac{1}{2}(x_0 - \overline{X}_i)' S_i^{-1}(x_0 - \overline{X}_i) + \ln p_i$라고 할 때,

$\hat{d}_k^Q(x_0) = \max(\hat{d}_i^Q(x_0)),\ i = 1,\ 2,\ \cdots\ ,\ g$이면

x_0를 집단 G_k에 할당한다.

⑤ **사후확률을 이용한 판별분석**

집단 i의 사후확률(Posterior Probability)이란 관측값이 주어졌을 때 그 관측값이 집단 i에 속할 확률 $\Pr(X_0 \in G_i | x_0)$을 의미한다. 이 사후확률은 g개 집단의 모분산이 동일한 경우

$$\frac{\exp(\hat{d}_i(x_0))}{\sum_{i=1}^{g}\exp(\hat{d}_i(x_0))}$$

으로 추정되고, g개의 집단의 모분산이 동일하지 않은 경우

$$\frac{\exp(\hat{d}_i^Q(x_0))}{\sum_{i=1}^{g}\exp(\hat{d}_i^Q(x_0))}$$

으로 추정된다. 최적의 판별규칙은 사후확률이 가장 큰 집단에 관측값 x_0을 할당하는 것이다. 사후확률을 이용한 판별분석의 결과는 판별함수를 이용한 판별분석의 결과와 같다.

[4] 가설검정

실질적인 판별분석의 적용은 분산의 동일성 여부에 따라서 판별규칙이 다르다. 다시 말해서, 분산이 동일한 경우에는 1차 판별함수를 이용하고 분산이 동일하지 않은 경우에는 2차 판별함수로서 판별분석을 수행한다. 따라서 분산의 동일성 여부를 검정하는 것은 판별규칙의 선택을 위하여 필요하다. 다음은 g개 집단의 모분산의 동일성 여부를 검정하기 위한 귀무가설과 검정통계량, 그리고 그 근사분포이다.

① **귀무가설**

g개의 집단의 모분산이 동일하다는 귀무가설은 다음과 같다.

$$H_0:\ \Sigma_1 = \Sigma_2 = \cdots = \Sigma_g = \Sigma$$

② **검정통계량과 그 근사분포(Morrison, 1976)**

위의 귀무가설을 검정하기 위한 검정통계량과 그 근사분포는 다음과 같다.

$$[\sum_{i=1}^{g}(n_i-1)\ln|S_p|-\sum_{i=1}^{g}(n_i-1)\ln|S_i|]C^{-1} \sim \chi^2\left(\frac{(g-1)(p+1)}{2}\right)$$

$$S_p=\frac{\sum_{i=1}^{g}(n_i-1)S_i}{\sum_{i=1}^{g}(n_i-1)}$$

이다.

따라서 검정통계량의 값에 해당하는 자유도가 $\frac{(g-1)(p+1)}{2}$인 χ^2 분포에서의 p 값과 유의수준 α의 값을 비교하여 귀무가설의 기각 여부를 결정한다. 즉, $p-value<\alpha$이면 귀무가설을 기각하고 그렇지 않으면 귀무가설을 채택한다.

13.1.3 정준판별분석

앞에서 다룬 판별분석에서는 g개 집단의 분산의 동일성 여부에 따라서 다른 형태의 판별규칙이 설정되었다. 여기서는 모집단의 분산이 동일한 경우 확률밀도함수의 비를 이용하는 고전적인 방법이 아닌 다른 형태의 분석 방법인 정준판별분석을 소개하고자 한다.

① 가정

집단 i에 속하는 개체의 분포는 임의의 분포를 가정한다.

$$\text{집단 } i(G_i) : X \sim (\mu_i, \Sigma), \quad i=1, 2, \cdots, g$$

② 선형결합함수

p개의 변수로 이루어진 다변량벡터 X에 대한 선형결합함수 Y는 다음과 같이 정의하자.

$$Y=l'X$$

이때 관측값 X 가 집단 i 에 속하는 경우 선형결합함수 Y 의 평균은

$$E(Y)=l'\mu_i$$

이고 분산은

$$Var(Y) = l'\Sigma l$$

이다.

③ 목적

정준판별분석의 목적은 다음과 같은 목적함수를 최대화시키는 선형계수 l'을 구하고자 하는 것이다.

$$\frac{\sum_{i=1}^{g}(l'\mu_i - l'\overline{\mu})^2}{l'\Sigma l} = \frac{l'[\sum_{i=1}^{g}(\mu_i - \overline{\mu})(\mu_i - \overline{\mu})']l}{l'\Sigma l}$$

여기서 $\overline{\mu} = \frac{1}{g}\sum_{i=1}^{g}\mu_i$으로 전체집단의 평균이다.

위의 목적함수는 각 관측값을 선형결합함수를 이용하여 g개의 집단으로 분리시킬 경우 각 집단의 평균과 전체집단의 전체평균과의 차이의 제곱합과 선형결합함수의 분산의 비이다. 상식적으로 볼 때, 집단의 구분이 잘 이루어지는 선형결합함수는 각 집단의 평균과 전체집단의 전체평균과의 차이가 제곱합을 크게 하는 함수이다. 따라서, 정준판별분석의 목적은 위의 목적함수를 최대화시키는 l'을 선택하는 것이다.

④ Fisher의 선형판별함수

위의 목적함수에서 각 집단의 평균과 분산을 모를 경우 그를 추정한 각 집단의 표본 평균과 표본분산을 이용하면 목적함수는 다음과 같이 된다.

$$\frac{l'Hl}{l'El} = \frac{l'[\sum_{i=1}^{g}(\overline{X}_i - \overline{X})(\overline{X}_i - \overline{X})']l}{l'[\sum_{i}^{g}\sum_{j=1}^{n_i}(\overline{X}_{ij} - \overline{X}_i)(\overline{X}_{ij} - \overline{X}_i)']l}$$

이때 위의 목적함수를 최대화시키는 l을 $\hat{l}$이라고 하자. 또한

$$\hat{\lambda}_1, \hat{\lambda}_2, \cdots, \hat{\lambda}_s > 0, \; s \le \min(g-1, p)$$

를 행렬 $E^{-1}H$의 고유근 중 양수인 고유근이라 하고

$$\hat{e}_1, \cdots, \hat{e}_s$$

를 그에 대응하는 고유벡터라고 하면, $\hat{l} = \hat{e}_1$ 이다. 이때

$$Y_k = \hat{e}_k x_0 = \hat{l}_k x_0$$

를 Fisher의 $k(k \leq s)$번째 선형판별함수라고 부른다.

⑤ Fisher의 선형결합함수를 이용한 할당 규칙

정준판별분석에서 Fisher의 선형판별함수를 이용한 할당 규칙은 다음과 같다.

$$\sum_{j=1}^{s}[l_j'(x_0 - \overline{X}_k)]^2 \leq \sum_{j=1}^{s}[l_j'(x_0 - \overline{X}_i)]^2, \quad \forall\ i \neq k$$

이면 x_o를 집단 G_k에 할당한다. 이는 앞에서 다룬 일반적인 판별분석에서 정규분포를 가정하고

$$\Sigma_1 = \Sigma_2 = \cdots = \Sigma_g = \Sigma$$

를 가정한 경우의 판별규칙과 같게 됨을 보일 수 있다. 따라서 일반적인 각 집단의 분산이 동일한 경우 일반적인 판별분석을 이용하건 정준판별분석을 이용하건 동일한 결과를 얻게 된다.

⑥ 정준상관분석과의 관계

정준판별분석은 정준상관분석과 다음과 같은 점에서 밀접한 관계가 있다.
g개의 집단을 나타내는 가변수(dummy variable) 집단

$$D = (D_1,\ D_2,\ \cdots,\ D_g)'$$

와 p개의 변수로 이루어진 다변량 자료

$$X = (X_1,\ X_2,\ \cdots,\ X_p)'$$

사이의 표본정준상관계수 r_i 는 행렬 $E^{-1}H$의 고유근 $\hat{\lambda}_i$ 와 다음과 같은 관계가 있다.

$$r_i^2 = \frac{\hat{\lambda}_i}{1+\hat{\lambda}_i} \quad 즉,\ \hat{\lambda}_i = \frac{r_i^2}{1-r_i^2}$$

13.1.4 단계적 판별분석

판별분석에서 변수의 수 p가 큰 경우 집단을 특성화시키는 데 효과적인 변수의 선택은 정보의 손실 없이 간결하게 판별함수를 작성할 수 있는 규칙을 확보하는 면에서 필요하다. 이러한 목적으로 단계적 판별분석이 사용되며 이는 변수를 선택하는 방법과 기준에 따라서 그 방법이 다양하다. 변수를 선택하는 방법은 다음과 같다.

① **전방선택법**(Forward Selection)
독립변수의 수를 단계별로 증가시켜 가는 방법이다.
② **후방선택법**(Backward Selection)
독립변수의 수를 단계별로 줄여나가는 방법이다.
③ **단계별 변수증감법**(Stepwise Method)
독립변수의 수를 단계별로 증감하는 방법이다.

판별분석은 p개의 변수로 이루어진 다변량 관측값이 g개의 집단으로 군집화되어 있을 때 그 집단을 구분할 수 있는 판별규칙을 다변량 자료 X를 이용하여 설정하는 데 있다. 하지만 원래의 자료가 집단으로 이미 설정되어 있을 경우 판별규칙에 의하여 각 관측값을 집단으로 분류한 결과는 원래의 분류와 반드시 일치하지는 않고 오분류가 일어나는 것이 일반적이다. 문제는 어느 정도의 정확도를 가지고 각 개체를 집단으로 분류하느냐이다. 원래의 자료가 집단으로 이미 설정되어 있을 경우 판별분석의 정확성에 대한 평가는 가능하며 그 평가방법에 따라 다음과 같은 방법이 있다.

① Resubstituition 방법
② Set Aside 방법
③ Jackknife 방법(Lachenbruch's Holdout Method)

13.2 SPSS를 이용한 판별분석

판별분석에서 사용할 자료는 '연습3.sav'이며, 이는 고등학생을 대상으로 일련번호(id), 신장(X1), 체중(X2), 가슴둘레(X3), 앉은키(X4), 50m 달리기(X5), 팔굽혀펴기(X6), 윗몸 일으키기(X7), 멀리뛰기(X8), 앞으로 굽히기(X9), 오래달리기(X10), 성별

(X11), 학년(X12)을 조사한 것이다.

13.2.1 SPSS를 이용한 선형판별분석

판별분석에서 독립변수는 등간척도나 비율척도를 이용하며, 종속변수는 명목척도를 사용한다. 여기서는 독립변수로는 X1에서 X10까지를 이용하고, 종속변수는 성별을 사용하고자 한다.

예제 신장(X1), 체중(X2), 가슴둘레(X3), 앉은키(X4), 50m 달리기(X5), 팔굽혀펴기(X6), 윗몸 일으키기(X7), 멀리뛰기(X8), 앞으로 굽히기(X9), 오래달리기(X10)를 이용하여 성별을 분류할 수 있는 판별식을 만드시오.

① 먼저 SPSS를 시작하고 저장한 파일 '연습3.sav'를 불러온다(파일(F) → 열기(O) → 데이터(A) → 연습3 → 열기).

② '연습3.sav' 자료가 나오면 본격적인 판별분석을 하기 위해 메뉴에서 분석(A) → 분류분석(F) → 판별분석(D)을 선택한다.

③ 판별분석 창에서 집단변수(G)에는 집단을 분류하고자 하는 X11(성별)을 투입하고, 독립변수(I)에는 X1에서 X10을 등록한다.

그림 13-1 • 판별분석 선택

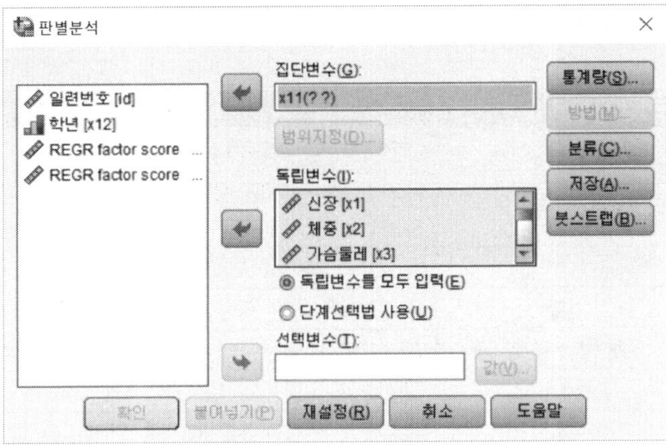

그림 13-2 • 판별분석 창

④ 집단변수는 성별로서 1과 2로 이루어졌기 때문에 이를 지정하기 위해 [범위지정(D)..]을 선택한다. 범위지정 창이 나타나면 **최소값**(N)인 1과 **최대값**(X)인 2를 입력하고 [계속]을 선택하면 [그림 13-2]가 나온다.

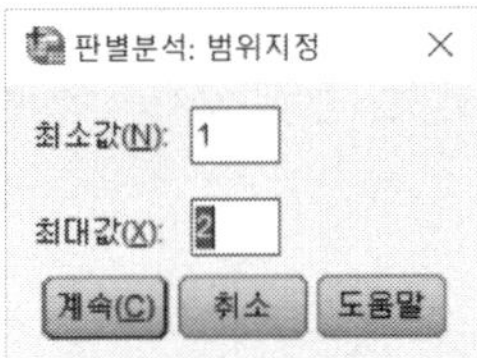

그림 13-3 • 판별분석: 범위지정

⑤ 각종 통계량의 출력과 관계하는 [통계량(S)..]을 선택한다. 여기서는 **평균**(M), Box의 M(B), Fisher의 **방법**(F), **비표준화**(U)를 선택하였다.

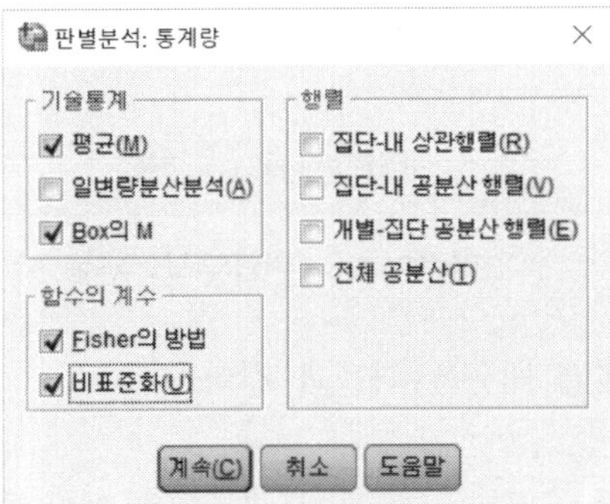

그림 13-4 • 판별분석: 통계량

선택사항에 대한 자세한 내용은 다음과 같다.

선택사항		설명
독립변수 모두 강제 선택		모든 변수를 독립변수로 사용
단계선택법 사용		유의한 변수만 독립변수로 사용(이것을 선택하여야만 방법이 활성화된다.)
통계량		통계량의 출력 여부를 선택
기술 통계	평균	각 변수에 대한 평균을 출력
	일변량 분산분석	집단별로 독립변수에 대한 평균의 동일성 검정 여부
	Box의 M	집단별로 공분산의 동일성 검정 여부
함수의 계수	Fisher의 방법	비표준화 분류계수를 이용한 판별점수 계산 후 집단 분류
	비표준화	비 표준화된 판별함수
행렬	집단-내 상관행렬	전체 집단별 상관행렬을 출력
	집단-내 공분산행렬	전체 집단별 공분산행렬을 출력
	개별-집단 공분산행렬	각 개별적인 집단의 공분산행렬을 출력
	전체공분산	표본 전체에 대한 총 공분산행렬을 출력

⑥ **사전확률**과 **요약표** 등을 출력하기 위해 분류(C)...를 선택한다. 여기서 각 케이스에 대한 결과(E), 요약표(U)를 선택하고, 도표에서는 **결합-집단(O)**, **개별-집단(S)**, **영역도(T)**를 선택한다.

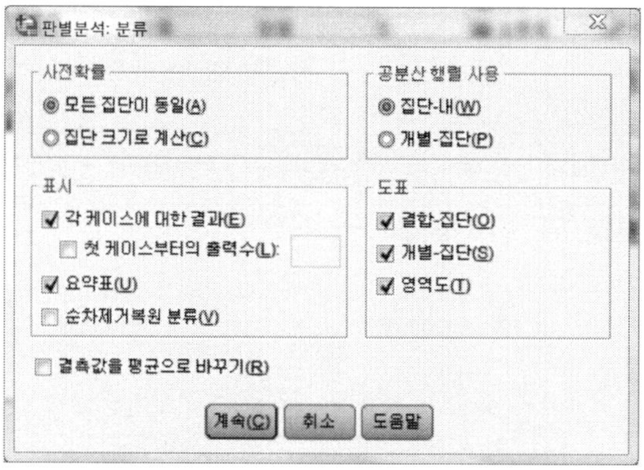

그림 13-5 • 판별분석: 분류 창

선택사항에 대한 자세한 내용은 다음과 같다.

선택사항		설명
분류		판별함수에 포함되는 독립변수의 평가기준 (단계선택법 사용 시에만 활성화)
사전 확률	모든 집단이 동일	모든 집단에 속할 사전확률이 동일하다고 가정
	집단 표본 크기로 계산	각 집단에 속할 사례의 비율에 따라 사전확률 계산
공분산행렬 사용	집단-내	집단내의 공분산을 사용하여 계산
	개별-집단	각 사례별 공분산행렬을 사용하여 계산
출력	각 케이스에 대한 결과	각 사례에 대한 실제 집단, 확률, 그리고 판별점수를 출력
	첫 케이스부터 출력 수	출력 결과를 처음 n개만큼 제한
	요약표	실제 및 예측된 집단을 표로 출력
	순차제거복원 분류	분석에서 각 케이스는 자신을 제외한 다른 모든 케이스로부터 유도된 함수에 의해 분류
도표	결합-집단	산포도나 막대그래프를 출력
	개별-집단	각 집단별 산포도, 히스토그램을 출력
	영역도	두 판별함수에 대한 점수를 나타내며, 그래프를 출력

⑦ 예측집단과 판별점수 등을 저장하기 위해 저장(A)...을 선택한 후 저장 창에서 **예측 소속집단(P)**과 **판별점수(D)**를 선택하고, 계속(C)을 선택하고, [그림 13-2]에서 확인을 선택하면 결과가 나타난다.

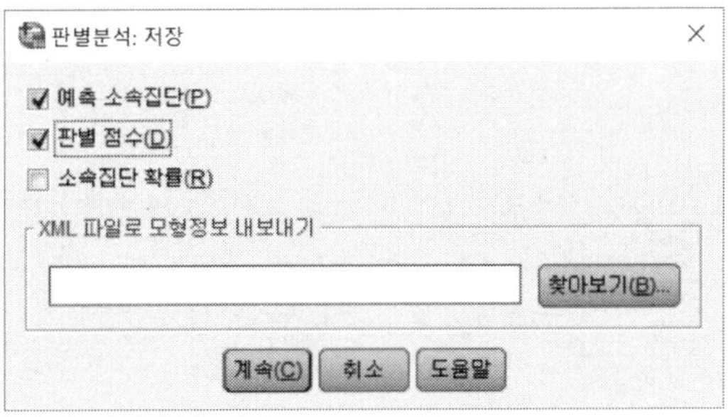

그림 13-6 • 판별분석: 저장 창

선택사항에 대한 자세한 내용은 다음과 같다.

선택사항		설명
저장		최종 결과를 저장 시 선택사항
저장	예측소속 집단	실제 파일에 예측된 그룹을 저장
	판별점수	판별점수를 저장
	집단 소속확률	판별점수에 대해 확률을 저장

13.2.2 판별분석의 결과

| 명령문 및 결과 |

명령문

```
DISCRIMINANT
  /GROUPS=x11(1 2)
  /VARIABLES=x1 x2 x3 x4 x5 x6 x7 x8 x9 x10
  /ANALYSIS ALL
  /SAVE=CLASS SCORES
  /PRIORS EQUAL
  /STATISTICS=MEAN STDDEV BOXM COEFF RAW TABLE
  /PLOT=COMBINED SEPARATE
  /PLOT=CASES
  /CLASSIFY=NONMISSING POOLED.
```

분석 케이스 처리 요약

가중되지 않은 케이스		N	퍼센트
유효		267	96.4
제외	결측되었거나 범위를 벗어난 집단코드	0	.0
	적어도 하나 이상의 결측 판별변수	10	3.6
	결측되었거나 범위를 벗어난 집단코드와 적어도 하나 이상의 결측 판별변수	0	.0
	전체	10	3.6
전체		277	100.0

그림 13-7 • 판별분석 결과(1)

결과분석

위 결과는 전체 277명의 자료를 이용하여 결측값이 있는 자료 10명을 제외하고 267명의 자료를 이용하였다는 결과이다. 만일 [그림 13-5]의 분류에서 결측값을 평균으로 바꾸기를 선택하면 결측값 대신 평균이 투입되어 전체 자료가 분석에서 사용된다. 결측값의 대체는 신중히 결정하여야 한다. 자료의 수가 충분하다면 굳이 부정확한 결측값을 대체할 필요는 없다.

집단통계량

성별		평균	표준화 편차	유효 N(목록별)	
				가중되지 않음	가중됨
남학생	신장	172.6691	5.64775	136	136.000
	체중	61.9485	8.88721	136	136.000
	가슴둘레	89.3529	6.72478	136	136.000
	앉은키	90.1324	3.17352	136	136.000
	50m달리기	7.8426	1.05125	136	136.000
	팔굽혀펴기	33.6985	8.04922	136	136.000
	윗몸일으키기	45.8456	11.20309	136	136.000
	멀리뛰기	251.6912	21.38865	136	136.000
	앞으로굽히기	19.6029	6.01637	136	136.000
	오래달리기	6.4368	.98919	136	136.000
여학생	신장	161.1679	5.27133	131	131.000
	체중	50.0000	5.77128	131	131.000
	가슴둘레	81.9924	5.17761	131	131.000
	앉은키	86.2595	3.93327	131	131.000
	50m달리기	10.1542	1.12210	131	131.000
	팔굽혀펴기	14.2366	12.64232	131	131.000
	윗몸일으키기	29.8015	11.54418	131	131.000
	멀리뛰기	180.8244	18.99412	131	131.000
	앞으로굽히기	19.0687	6.38049	131	131.000
	오래달리기	7.7489	1.21759	131	131.000
전체	신장	167.0262	7.93413	267	267.000
	체중	56.0861	9.60087	267	267.000
	가슴둘레	85.7416	7.04581	267	267.000
	앉은키	88.2322	4.05396	267	267.000
	50m달리기	8.9768	1.58638	267	267.000
	팔굽혀펴기	24.1498	14.35296	267	267.000
	윗몸일으키기	37.9738	13.90689	267	267.000
	멀리뛰기	216.9213	40.84481	267	267.000
	앞으로굽히기	19.3408	6.19179	267	267.000
	오래달리기	7.0805	1.28569	267	267.000

그림 13-8 • 판별분석 결과(2)

결과분석

위 결과는 반응변수인 성별에 따라 독립변수들의 기초통계량을 제시하고 있다. 여기서 표준편차가 큰 값은 이상값으로 간주하고 제거하는 것이 보다 정확한 결과를 얻을 수 있다.

공분산 행렬의 동일성에 대한 **Box**의 검정

로그 행렬식

성별	순위	로그 행렬식
남학생	10	29.219
여학생	10	29.980
집단-내 통합값	10	30.712

인쇄된 판별값의 순위와 자연로그는 집단 공분산 행렬의 순위 및 자연로그를 나타냅니다.

검정 결과

Box의 M		296.690
F	근사법	5.181
	자유도1	55
	자유도2	226125.450
	유의확률	.000

모집단 공분산 행렬이 동일하다는 영가설을 검정합니다.

그림 13-9 • 판별분석 결과(3)

결과분석

판별분석은 다변량 정규분포를 가정하고 또한 각 집단의 공분산이 동일하다는 가정하에 성립된다. 로그 행렬식은 각 집단의 공분산행렬식의 차이를 제공해주는 것이며, 만일 각 집단의 공분산행렬이 서로 같다면 합동공분산행렬식을 사용하고, 같지 않다면 각 집단의 공분산행렬이 판별분석 계산에서 사용된다.
Box의 M에 의한 검정에서 유의확률이 0.000으로 유의수준 5%에서 공분산이 동일하다는 귀무가설을 기각하고 있다. 즉, 각 집단의 공분산이 다르므로 각 집단의 공분산행렬을 계산에서 사용한다.

정준 판별함수의 요약

고유값

함수	고유값	분산의 %	누적 %	정준 상관
1	4.725[a]	100.0	100.0	.908

a. 첫 번째 1 정준 판별함수가 분석에 사용되었습니다.

Wilks의 람다

함수의 검정	Wilks의 람다	카이제곱	자유도	유의확률
1	.175	453.661	10	.000

그림 13-10 • 판별분석 결과(4)

결과분석

정준 상관관계는 판별함수와 집단 간의 관련 정도(0.908)를 나타내는 것으로 이 값이 클수록 판별력이 우수하다고 할 수 있다. 또한 고유값(집단 간 분산을 집단 내 분산으로 나눈 비율)이 클수록 우수한 판별함수라고 할 수 있다. 여기서는 아주 판별력이 우수하다고 할 수 있다.
정준 상관은 판별함수의 판별능력을 나타내는 것으로 값이 1에 가까울수록 판별함수의 판별능력이 높다는 것을 의미하며, 집단의 수가 두 개일 때(집단 내 분산/총분산), 세 개 이상일 때((집단 내 분산/총분산)의 곱)의 비율을 나타낸다.
Wilks의 람다는 집단평균에 대한 동질성 검정으로 귀무가설은 'H_0 : 집단 간에 평균의 차이가 없다.'이다. Wilks의 람다 값이 작을수록 그 판별 함수의 설명력은 높아진다. 여기서는 χ^2 = 453.661의 유의확률값 0.000 < 0.05로 귀무가설은 기각되어 판별함수는 유의한 것으로 나타난다.

표준화 정준 판별함수 계수

	함수 1
신장	.323
체중	.388
가슴둘레	-.189
앉은키	-.189
50m달리기	-.184
팔굽혀펴기	.256
윗몸일으키기	-.007
멀리뛰기	.651
앞으로굽히기	.202
오래달리기	-.274

그림 13-11 • 판별분석 결과(5)

구조행렬

	함수 1
멀리뛰기	.808
50m달리기	-.491
신장	.486
팔굽혀펴기	.426
체중	.367
윗몸일으키기	.326
가슴둘레	.282
오래달리기	-.274
앉은키	.251
앞으로굽히기	.020

판별변수와 표준화 정준 판별함수 간의 집단-내 통합 상관행렬. 변수는 함수내 상관행렬의 절대값 크기순으로 정렬되어 있습니다.

그림 13-12 • 판별분석 결과(6)

결과분석

결과(5)의 표준화 정준 판별함수의 계수는 판별 함수에 대한 설명력을 제공하는 것으로 절댓값이 큰 것이 설명력이 높다는 의미이다. 여기서는 멀리뛰기가 가장 설명력이 높고, 윗몸일으키기가 성별을 결정하는데 가장 설명력이 낮은 것으로 나타났다.
결과(6)의 구조행렬은 판별함수와 변수들 간의 상관관계를 보여주고 있다. 상관관계가 높을수록 판별점수도 높아진다.

정준 판별함수 계수

	함수
	1
신장	.059
체중	.052
가슴둘레	-.031
앉은키	-.053
50m달리기	-.169
팔굽혀펴기	.024
윗몸일으키기	-.001
멀리뛰기	.032
앞으로굽히기	.033
오래달리기	-.248
(상수)	-10.288

비표준화 계수

그림 13–13 • 판별분석 결과(7)

함수의 집단 중심값

성별	함수 1
남학생	2.125
여학생	-2.207

표준화하지 않은 정준 판별 함수가 집단 평균에 대해 계산되었습니다.

그림 13–14 • 판별분석 결과(8)

결과분석

결과(7)의 정준판별함수 계수는 원시자료로 구하여진 판별점수이므로 독립변수가 상대적인 중요성을 판단하는 데 이용해서는 안 된다.

결과(8)의 정준판별함수이 판별식에 의해 구해진 판별점수가 분류 기준보다 크면 집단1(남)로 분류하고, 분류 기준보다 작으면 집단 2(여)로 분류한다. 두 집단의 중심점은 −0.041이다

분류 처리 요약

처리		277
제외	결측되었거나 범위를 벗어난 집단코드	0
	적어도 하나 이상의 결측 판별변수	10
출력시 사용됨		267

집단에 대한 사전확률

		분석에 사용된 케이스	
성별	사전확률	가중되지 않음	가중됨
남학생	.500	136	136.000
여학생	.500	131	131.000
전체	1.000	267	267.000

그림 13–15 • 판별분석 결과(9)

결과분석

결과(9)의 집단에 대한 사전확률은 [그림 13–5]의 분류에서 집단표본크기로 계산을 선택하였기 때문에 표본의 비를 사용하고 있다. 즉, 남학생이 50.9%이고, 여학생이 49.1%이다.

분류 함수 계수

	성별	
	남학생	여학생
신장	5.904	5.648
체중	-3.747	-3.970
가슴둘레	3.619	3.756
앉은키	2.431	2.661
50m달리기	16.161	16.893
팔굽혀펴기	.479	.374
윗몸일으키기	.024	.027
멀리뛰기	.494	.354
앞으로굽히기	1.043	.902
오래달리기	10.138	11.211
(상수)	-842.598	-798.207

Fisher의 선형 판별함수

그림 13-16 • 판별분석 결과(10)

결과분석

결과(10)의 분류함수 계수에 의해 다음과 같이 분류함수(판별함수)를 설정할 수 있다.

남학생 = −842.598+5.904×(신장)−3.747×(체중)+3.619×(가슴둘레)+2.431×(앉은키)+16.161×(50m달리기)+0.479×(팔굽혀펴기)+0.024×(윗몸일으키기)+0.494×(멀리뛰기)+1.043×(앞으로 굽히기)+10.138×(오래달리기)

여학생 = −798.207+5.648×(신장)−3.970×(체중)+3.756×(가슴둘레)+2.661×(앉은키)+16.893×(50m달리기)+0.374×(팔굽혀펴기)+0.027×(윗몸일으키기)+0.354×(멀리뛰기)+0.902×(앞으로 굽히기)+11.211×(오래달리기)

즉, 새로운 자료가 들어 왔을 때 위 식에 의해 성별을 판별할 수 있다. 기준점은 [그림 13-14]와 같다. 여기서 [그림 13-4]의 통계량에서 Fisher의 방법을 선택하였기 때문에 Fisher의 선형 판별함수가 제공되었다. 이를 선택하지 않으면 이 결과는 제공되지 않는다.

케이스별 통계량

				최대집단				두 번째로 큰 최대집단			판별 점수
				P(D>d | G=g)			중심값까지의 제곱 Mahalanobis 거리			중심값까지의 제곱 Mahalanobis 거리	
	케이스 번호	실제집단	예측집단	확률	자유도	P(G=g | D=d)		집단	P(G=g | D=d)		함수 1
원래값	1	1	1	.905	1	1.000	.014	2	.000	19.813	2.245
	2	1	1	.929	1	1.000	.008	2	.000	19.541	2.214
	3	1	1	.268	1	1.000	1.226	2	.000	29.583	3.233
	4	1	1	.969	1	1.000	.001	2	.000	19.101	2.164
	5	1	1	.877	1	1.000	.024	2	.000	20.132	2.280
	6	1	1	.968	1	1.000	.002	2	.000	19.112	2.165
	7	1	1	.060	1	.777	3.524	2	.223	6.026	.248
	8	1	1	.339	1	.995	.914	2	.005	11.396	1.169
	9	1	1	.172	1	.970	1.869	2	.030	8.789	.758
	10	1	1	.116	1	1.000	2.467	2	.000	34.839	3.696
	11	1	1	.612	1	.999	.258	2	.001	14.626	1.618
	13	1	1	.548	1	.999	.360	2	.001	13.926	1.525
	14	1	1	.857	1	1.000	.033	2	.000	17.234	1.945

그림 13-17 • 판별분석 결과(11)

결과분석

결과(11)의 케이스별 통계량은 [그림 13-5]의 분류에서 각 케이스에 대한 결과를 선택하였기 때문에 제공되고 있으며, **표시는 잘못 판별된 케이스를 표시하고, 최대집단은 판별식에 의해서 속할 확률이 높은 집단을 의미하며, 두 번째로 큰 최대집단은 그 다음으로 높은 집단이다. 판별점수는 분류기준 혹은 집단 중심점과 비교하여 판별하게 된다(예. 첫 번째 케이스는 판별점수 2.245로 -0.041보다 크므로 집단1로 판정). 집단 중심점과 비교할 때는 판별점수가 집단 1의 중심점에 가까우면 집단 1로, 집단 2의 중심점에 가까우면 집단 2로 판별된다.

개별집단 그래프

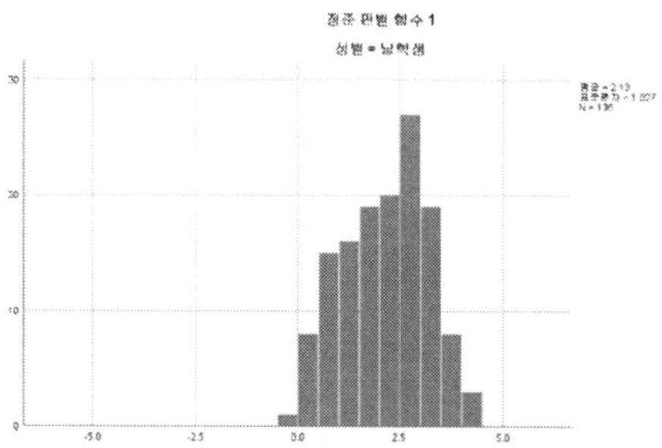

그림 13-18 • 판별분석 결과(12)

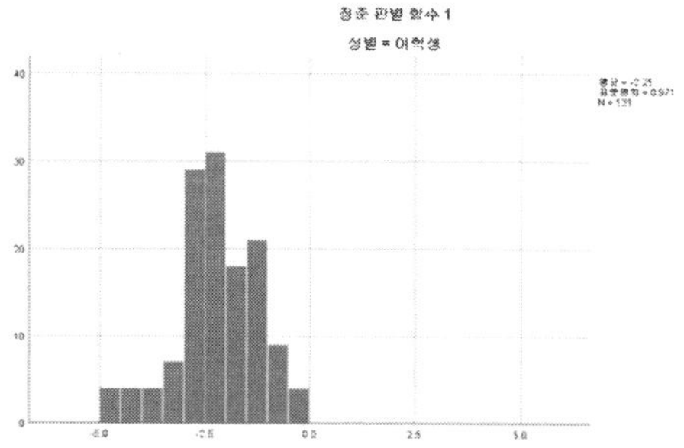

그림 13-19 • 판별분석 결과(13)

결과분석

결과(12)와 (13)의 도표는 [그림 13-5]의 분류에서 도표에서 개별 집단을 선택하였기 때문에 제공되고 있으며, 판별점수가 기준점인 -0.041을 두고 양분되어 분류가 잘되었음을 보인다.

분류 결과[a]

			예측 소속집단		
		성별	남학생	여학생	전체
원래값	빈도	남학생	135	1	136
		여학생	0	131	131
	%	남학생	99.3	.7	100.0
		여학생	.0	100.0	100.0

a. 원래의 집단 케이스 중 99.6%이(가) 올바로 분류되었습니다.

그림 13-20 • 판별분석 결과(14)

결과분석

결과(14)의 분류결과는 [그림 13-5]의 분류에서 요약표를 선택하였기 때문에 제공되고 있으며, 집단 1(남학생)에 속한 136명 중 135명이 남학생으로 판별되었고, 1명은 여학생으로 판별되었으므로 집단 1의 판별 적중률은 99.3%이다. 집단 2(여학생)에 속한 131명 중 131명 모두가 여학생으로 판별되어 집단 2의 판별 적중률은 100%이다. 전체적으로 99.6%가 올바르게 판별되었다.
판별분석에 있어 판별 적중률은 판별식이 관측대상을 얼마나 잘 판별하는가를 나타내는 정도라고 할 수 있다.

	x8	x9	x10	x11	x12	FAC1_1	FAC2_1	Dis_1	Dis1_1	변수	변수	변수
1	250	20	6.3	1	2	.72144	.88055	1	2.24473			
2	225	26	6.4	1	2	-.24604	1.86392	1	2.21403			
3	265	17	5.2	1	2	1.14923	.32828	1	3.23257			
4	255	26	5.3	1	2	.67234	.31097	1	2.16400			
5	245	21	6.4	1	2	.72173	.27077	1	2.28037			
6	255	10	6.5	1	2	.71182	.32987	1	2.16519			
7	235	12	6.5	1	2	1.47201	-1.40159	1	.24822			
8	245	21	5.2	1	2	1.27192	-1.38893	1	1.16928			
9	240	15	8.0	1	2	.57605	-.09222	1	.75812			
10	310	15	8.1	1	2	1.46683	1.10986	1	3.69594			
11	225	47	6.5	1	2	-2.03001	3.44975	1	1.61788			
12	260	29	.	1	2	.	.	.	.			
13	225	24	4.5	1	2	-.03512	.76536	1	1.52521			
14	244	22	6.2	1	2	1.27102	-.26355	1	1.94485			

그림 13-21 • 판별분석 결과(15)

결과분석

결과(15)의 판별 그룹과 판별점수는 분류결과는 [그림 13-6]의 저장에서 예측소속 집단과 판별점수를 선택하였기 때문에 제공되고 있다.

13.2.3 단계별 판별분석

독립변수의 수가 많을 때 어떠한 변수가 좋은 분류를 영향을 끼치는지 알기 어려울 때가 많다. 이러한 경우에 단계적으로 독립변수를 투입하여 유의한 독립변수를 이용한 판별함수를 찾는 방법이다.

① [그림 13-2]에서 독립변수(I) 밑의 단계선택법 사용(V)을 선택하면 방법(M)...이 활성화되며, 이를 선택하면 [그림 13-22]의 단계선택법이 나타난다.

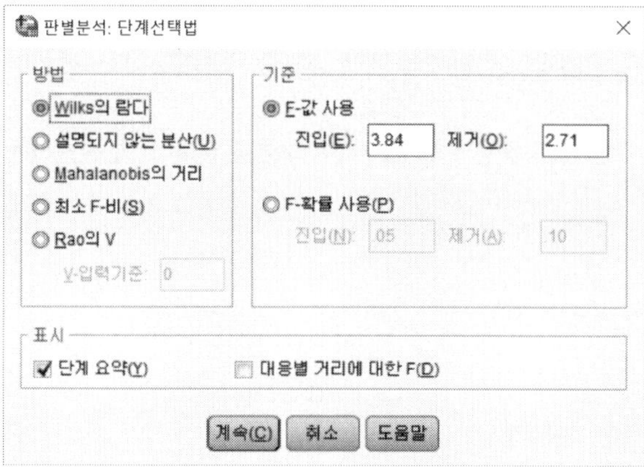

그림 13-22 • 판별분석: 단계선택법

단계선택법(V)의 선택사항에 대한 자세한 설명은 다음과 같다.

선택사항		설명
방법		판별함수에 포함되는 독립변수의 평가기준 (단계선택법 사용 시에만 활성화)
방법	Wilks의 람다	가장 중요한 변수가 먼저 판별식에 포함되는 방식으로 가장 일반적으로 사용
	설명되지 않는 분산	판별집단에 대하여 설명 안 되는 분산의 합을 최소화하는 방법
	Mahalanobis의 거리	가장 가까운 Mahalanobis의 거리 D2 통계량을 최대화하는 거리를 이용하는 방법
	최소 F-비	집단 간의 F비율이 최소인 것을 최대가 되는 변수를 선택하는 방법
	Rao의 V	Rao의 V를 최대화하는 전진 선택법 이때만 V-진입기준이 활성화됨
기준	F-값 사용	변수의 투입 및 탈락의 기준을 F-값으로 결정
	F-확률 사용	변수의 투입 및 탈락의 기준을 F-확률로 결정
출력	단계 요약	각 단계에 대한 요약을 출력
	대응별 거리에 대한 F	각 쌍의 F 비율 행렬을 출력

| 명령문 및 결과 |

명령문

```
DISCRIMINANT
  /GROUPS=x11(1 2)
  /VARIABLES=x1 x2 x3 x4 x5 x6 x7 x8 x9 x10
```

```
/ANALYSIS ALL
/SAVE=CLASS SCORES
/METHOD=WILKS
/FIN=3.84
/FOUT=2.71
/PRIORS EQUAL
/HISTORY
/STATISTICS=MEAN STDDEV BOXM COEFF RAW TABLE
/PLOT=COMBINED SEPARATE
/PLOT=CASES
/CLASSIFY=NONMISSING POOLED.
```

단계선택 통계량

입력/제거된 변수[a,b,c,d]

		Wilks의 람다							
						정확한 F			
단계	입력된	통계량	자유도1	자유도2	자유도3	통계량	자유도1	자유도2	유의확률
1	멀리뛰기	.245	1	1	265.000	817.260	1	265.000	.000
2	체중	.215	2	1	265.000	481.666	2	264.000	.000
3	팔굽혀펴기	.201	3	1	265.000	348.090	3	263.000	.000
4	오래달리기	.193	4	1	265.000	273.147	4	262.000	.000
5	50m달리기	.189	5	1	265.000	224.367	5	261.000	.000
6	앞으로굽히기	.184	6	1	265.000	191.773	6	260.000	.000
7	신장	.180	7	1	265.000	169.118	7	259.000	.000
8	앉은키	.177	8	1	265.000	150.247	8	258.000	.000

각 단계에서 전체 Wilks의 람다를 최소화하는 변수가 입력됩니다.

a. 최대 단계 수는 20입니다.

b. 입력에 대한 최소 부분 F는 3.84입니다.

c. 제거에 대한 최대 부분 F는 2.71입니다.

d. F 수준, 공차 또는 VIN 부족으로 계산을 더 수행할 수 없습니다.

그림 13-23 • 판별분석 결과(16)

결과분석

결과(16)에서는 단계별로 독립변수를 투입하고 있는 것을 보인다. 결과를 해석하는 방법은 최종적인 결과만 보면 되며 다른 것은 차이가 없다.

14

군집분석

14.1 이론적 근거

14.1.1 서론

군집분석(cluster analysis)은 집락분석이라 불리기도 하며, 대상들이 지니고 있는 다양한 속성의 유사성을 바탕으로 동질적인 집단으로 묶어주는 방법이다. 다수의 대상을 몇 개의 동질적인 집단으로 묶음으로써 동일집단 내에 속해 있는 공통된 특성들을 조사하기 위한 목적으로 이용된다. 즉, 사전정보가 없는 경우에 관측값들 사이의 거리(또는 유사성)를 이용하여 전체를 몇 개의 그룹 또는 군집(Cluster)으로 나누는 분석법이다.

예를 들어 소비자들의 생활 형태를 이용하여 몇 개의 동질적인 집단으로 나누어서 이들이 가지고 있는 공통된 특성들을 조사하거나 소비자행동의 유사성을 바탕으로 시장 세분화를 하는 데 이용될 수 있다.

N개의 사례들을 p개의 변수 각각에 대해 얻은 관찰결과가 크기 (N×p) 자료행렬로 주어졌다고 할 때, 각 사례의 관찰값에 대응되는 한 행벡터 (row vector)는 p-차원 공간에서 한 개의 점으로 생각될 수 있다. 이때 이 p-차원 공간에 N개의 점들이 전체 공간에 걸쳐 랜덤(random)하게 흐트러져 있는지, 혹은 어떤 의미의 조밀성을 가지고 군집(cluster)을 이루고 있는지에 관한 정보를 가진다는 것은 다변량 자료에 대한 구조적 단순화 내지 요약이라는 측면에서 매우 중요한 의미를 갖게 된다.

군집분석은 이용 목적에 따라 매우 다양한 의미를 지니고 있다. 우선 이는 자료의 구조에 관한 정보가 없이 출발한다는 점에서 '자료의 탐험'으로, 그리고 수적으로 많은 개별적 객체에 관한 정보를 이보다 훨씬 적은 개수의 동질적 집단으로 분류함으로써 최소의 정보손실을 통한 '자료의 집약 내지 단순화' 과정으로 고찰될 수 있다. 또한 군집화의 결과는 모집단의 구조적 특성에 관한 정보를 도출함으로써 이를 저변으로 하는 하나의 '가설의 형성' 단계와 연계된다.

군집분석을 사용한 예들로는

① **생물분류학** - 생물을 특성에 따라 분류
② **의학** - 증세에 따라 분류된 환자에 대한 처방의 결정
③ **심리학** - 성격유형에 따른 개인들의 분류
④ **인류학** - 석기나 화석 등에 근거한 문화발달과정

군집분석은 데이터 내에서 그룹을 찾아내는 다변량의 한 기법이다. 이 집단에서 대상

은 케이스나 변수들이다. 케이스의 군집분석은 조사자는 집단이나 분류에서 대상의 셋을 분류한다는 면에서 판별분석과 같다. 그러나 군집분석에서 집단의 수나 구성요소는 알려져 있지 않다. 군집분석은 집단 구성요소에 대한 지식이나 얼마나 많은 군집들이 있는지 모르는 상태에서 시작한다.

군집분석과 요인분석 모두 변수들의 관련된 집단으로 결부시키는 면에서 변수들의 군집분석은 요인분석과 같다. 요인분석은 이론적인 모형을 기반으로 하며, 표본이 동질적이지 않다고 의심되면, 군집화는 데이터 조사 분석에서 좋은 기술이다.

군집분석은 다음 4단계로 요약할 수 있다.

단계 1: N개의 사례에 대해 p개의 변수를 관찰하여 크기 (N×p)인 자료행렬을 구한다.
단계 2: N개의 사례 사이의 크기 (N×N)인 상사 (또는 비상사) 행렬을 계산한다.
단계 3: 상사 (또는 비상사)행렬에 근거하여 서로 배반적이거나, 계보적인 군집들을 형성한다.
단계 4: 각 군집의 성격이나 상호관계를 파악한다.

군집의 유형은 대체로 다음과 같이 나눌 수 있다.

(1) **상호배반적(disjoint) 군집**: 각 사례가 상호배반적인 여러 군집 중 어느 하나에만 속함.
(2) **계층적(hierarchical) 군집**: 한 군집이 다른 군집의 내부에 포함되나 군집간의 중복이 허용되지 않고 가계보 혹은 나무모양의 형식을 취함.
(3) **중복(overlapping) 군집**: 두 개 이상의 군집에 한 사례가 동시에 소속됨을 허용함.
(4) **fuzzy 군집**: 각 사례가 각 군집에 속할 확률이나 자격을 어떤 지표로 규정하는데, 이는 상호배반적, 계층적, 중복 등의 어느 형태를 취할 수 있음.

군집분석은 특성들의 유사성, 즉 특성자료가 얼마나 비슷한 값을 갖는지를 수학적 거리로 환산하여 거리가 가까운 대상들을 동일한 집단으로 편입시키게 된다. 즉 요인분석이나 판별분석 등은 자료의 분산, 즉 상관관계를 이용하여 유사한 집단분류를 하게 되지만, 군집분석은 상관관계를 바탕으로 하지 않고 단지 측정치의 차이를 이용하는 방법이다. 따라서 군집분석의 중심과제는

(1) 어떠한 특성에 대한 측정치의 차이를 비교할 것인가?
(2) 어떻게 유사성의 차이를 측정할 것인가?

(3) 어떻게 동질적인 집단으로 묶을 것인가?

라고 집약된다.

14.1.2 변수의 선정

변수 선정은 군집분석에서 가장 중요한 문제이다. 중요한 변수가 빠지거나 불필요한 변수가 추가되면 변수값들이 유사성 평가에 오류를 범하게 된다. 군집분석에서는 회귀분석, 판별분석 등에서와 같이 의미 없는 변수를 제거할 수 있는 메커니즘이 없기 때문에 선정된 변수는 모두가 동일한 비중으로 유사성평가에 투입된다. 따라서 변수의 선정이 잘못되면 엉뚱한 결과가 나타날 수 있다. 또한 군집분석에는 다른 분석방법들과는 달리 최종 해에 대한 통계적 유의성을 검증할 수 있는 장치가 없기 때문에 더욱 문제가 될 수 있다.

14.1.3 유사성의 측도

유사성은 대상이 지니고 있는 특성에 대한 측정치들을 하나의 거리로 환산하여 측정하게 된다. 거리의 측정방법에는 다음과 같은 방식들이 있다.

① **유클리디안 거리**(Euclidean distance): 변수값들의 차이를 제곱하여 합산한 거리, 다차원공간에서 직선최단거리를 말한다. 가장 일반적으로 사용되는 거리 측정방법이다.

$$Distance(X,\ Y) = \sqrt{\sum_{i=1}^{n}(X_i - Y_i)^2}$$

② **유클리디안 제곱거리**(Squared Euclidean distance): 유클리디안 거리를 제곱한 거리 측정방법이다.

$$Distance(X,\ Y) = \sum_{i=1}^{n}(X_i - Y_i)^2$$

③ **맨해튼 거리, 도시-블록거리**(Manhattan distance, City-block distance): 변수값들의 차이를 절대값화하여 합한 거리 측정방법이다.

$$Distance(X,\ Y) = \sum_{i=1}^{n} | X_i - Y_i |$$

④ 민코우스키 거리(Minkowski distance): 거리를 산정하는 일반식으로 함수에 포함된 지수들을 조정해 줌으로써 앞에서 언급된 거리뿐만 아니라 다양한 방식의 거리를 구해낼 수 있다.

$$Distance(X,\ Y) = \left(\sum_{i=1}^{n} (X_i - Y_i)^p \right)^{1/r}$$

거리의 계산 시 주의해야 할 점은 변수값을 표준화해야 한다는 것이다. 만약 표준화하지 않는다면 변수값의 단위에 따라 상이한 결과를 초래할 수 있기 때문이다. 예를 들어 자동차의 배기량과 가격을 기준으로 자동차를 군집화할 때 배기량은 1,000~2,000 정도의 편차가 있지만 가격은 1,000,000원 이상의 편차가 있을 것이다. 그러나 배기량에서는 1,000이란 차이는 매우 큰 차이지만 배기량에서 나타난 차이는 거의 무시되면 가격에서의 차이가 대상 간의 거리를 완전히 좌우하게 될 것이다. 그러나 배기량에서 1,000cc의 차이는 상당히 큰 차이이므로 무시되어서는 안 될 것이다. 따라서 자료의 표준화를 통하여 선정된 변수들의 가중치를 표준화해 주어야 한다.

14.1.4 군집화 방법

군집화 방법으로는 순차적으로 군집화해가는 계층적 군집화 방법과 비계층적 방법이 있는데 계층적인 방법이 널리 이용된다.

① 계층적(hierarchical) 방법
가까운 개체끼리 차례로 묶거나 멀리 떨어진 개체를 차례로 분리해 가는 군집방법으로서, 한 번 병합된 개체는 다시 분리되지 않는 것이 특징이다.

② 비계층적(nonhierarchical) 방법
사용하는 기법은 흔히 다변량 자료의 산포를 나타내는 여러 가지 측도를 이용하여 이들 판정 기준을 최적화시키는 방법으로 군집을 나누는 방법으로서, 한번 분리된 개체도 반복적으로 시행하는 과정에서 재분류될 수 있는 것이 특징이다.

[1] 최단거리법

단일연결법(Nearest Neighbor Method 혹은 Single Linkage Method)이라고도 하며,

두 군집 사이의 거리를 최단거리로 정의한다. 두 군집 C_1과 C_2의 유사도는 C_1과 C_2의 개체들 중 가장 높은 유사도를 갖는 개체의 유사도로 정의한다. 즉,

$$S(C_1,\ C_2) = \min\{S(x,y) \mid x \in C_1,\ y \in C_2\}$$

유사성 측도로서 유클리디안 제곱거리를 사용하면

$$d^2(C_1,\ C_2) = \min\left\{d^2(x,\ y) \mid x \in C_1,\ y \in C_2\right\}$$

이다.

[2] 최장거리법

완전연결법(Furthest Neighbor Method 혹은 Complete Linkage Method)이라고도 하며, 두 군집 사이의 거리를 최장거리로 정의한다. 두 군집 C_1 과 C_2 의 유사도는 C_1 과 C_2 의 개체들 중 가장 낮은 유사도를 갖는 개체의 유사도로 정의한다. 즉

$$S(C_1,\ C_2) = \max\{S(x,\ y) | x \in C_1,\ y \in C_2\}$$

유사성 측도로서 유클리디안 제곱거리를 사용하면

$$d^2(C_1,\ C_2) = \max\left\{d^2(x,\ y) | x \in C_1,\ y \in C_2\right\}$$

이다.

[3] 중심연결법(Centroid Linkage Method)

중심연결법(Centroid Linkage Method)은 두 군집 사이의 거리를 두 군집의 평균 사이의 거리로 정의한다. 두 cluster 간의 유사도로서 각 cluster의 대표점 간의 유사도를 사용한다. 각 크기가 n_1과 n_2인 군집 C_1과 C_2의 각 대표점을 $\overline{\underline{X}_1} = \frac{1}{n_1}\sum_{i=1}^{n_1}\underline{X}_{1i}$과 $\overline{\underline{X}_2} = \frac{1}{n_2}\sum_{i=1}^{n_2}\underline{X}_{2i}$라 하면

$$S(C_1,\ C_2) = S(\ \overline{\underline{X}_1},\ \ \overline{\underline{X}_2})$$

유사성 측도로서 유클리디안 제곱거리를 사용하면

$$d^2(C_1, C_2) = d^2(\overline{\underline{X}}_1, \overline{\underline{X}}_2)$$

이다.

[4] 중위수 연결법

중심연결법에서는 두 군집 C_1과 C_2의 크기가 상당히 다른 경우 대표점

$$\{N_1\overline{\underline{X}}_1 + N_2\overline{\underline{X}}_2\} / \{N_1 + N_2\}$$

은 크기가 훨씬 큰 군집에 속하기가 쉬워 크기가 작은 군집이 무시되는 경향이 있으므로, 중위수 연결법(Median Linkage Method)에서는 군집의 크기를 고려하지 않은

$$\{\overline{\underline{X}}_1 + \overline{\underline{X}}_2\}/2$$

를 대표점으로 사용한다.

[5] 평균연결법

평균연결법(Average Linkage Method)은 두 군집에 있는 모든 개체들 사이의 거리의 평균을 두 군집 사이의 거리로 정의한다. 군집 C_1의 n_1개 개체들과 군집 C_2의 n_2개 개체들 서로의 유사도들의 평균을 C_1과C_2 의 유사도로 정한다. 이때 모든 가능한 유사도는 모두 n_1n_2개 있을 수 있으므로

$$S(C_1, C_2) = \frac{1}{n_1n_2}\sum_{i=1}^{n_1}\sum_{j=1}^{n_2} S(x_i, y_j), \quad x_i \in C_1, \ x_j \in C_2.$$

유사성 측도로서 유클리디안 제곱거리를 사용하면

$$d^2(C_1, C_2) = \frac{1}{n_1n_2}\sum_{i=1}^{n_1}\sum_{j=1}^{n_2} d^2(x_i, y_j), \quad x_i \in C_1, \ x_j \in C_2.$$

이다.

[6] 워드법

워드법(Ward Method)은 실용적으로 가장 많이 쓰이는 방법으로 n_i개의 개체들로 구

성된 군집 C_i의 대표점을 군집의 평균값으로 사용하였을 때 평균값과 실제 개체들의 값의 편차들의 제곱합은

$$E = \sum_{i=1}^{g}\sum_{j=1}^{p}\sum_{k=1}^{n_i}\left(X_{ijk} - \overline{X}_{ij}\right)^2$$

이다. 처음에는 N개의 개체들 각각이 군집을 이루므로 $E = 0$가 된다. 단계별로 군집을 만들어 가는 과정에서 모든 가능한 병합(agglomeration) 중 두 군집의 병합으로 인한 E의 증분이 최소가 되도록 군집을 병합하는 방법이다. 크기가 N_1과 N_2인 두 군집 C_1과 C_2를 묶을 때 생기는 E의 증분은

$$E(C_1, C_2) = \frac{n_1 n_2}{n_1 + n_2} d^2\left(\overline{X}_1, \overline{X}_2\right)$$

과 같다. Ward의 방법은 $E(C_1, C_2)$를 두 군집 C_1과 C_2의 거리로 정한다. 이 방법은 최소분산법으로서 군집에 따른 정보의 손실을 최소할 수 있다는 장점을 가지고 있다.

14.1.5 군집수의 결정

군집분석에서 중요한 것은 사용된 개체들을 몇 개의 집단으로 분류하느냐 하는 것이다. 군집의 수를 결정하는 방법에는 여러 가지가 있는데, 가장 대표적인 것이 덴드로그램 (Dendrogram)을 이용하는 것이다. 수형도는 적당한 거리와 방법을 이용하여 군집화하는 순서를 그림으로 표시한 것이다. 예를 들어, 4개의 관찰치가 최단거리법에 의해 군집화된다면 나타나는 수형도는 다음과 같다.

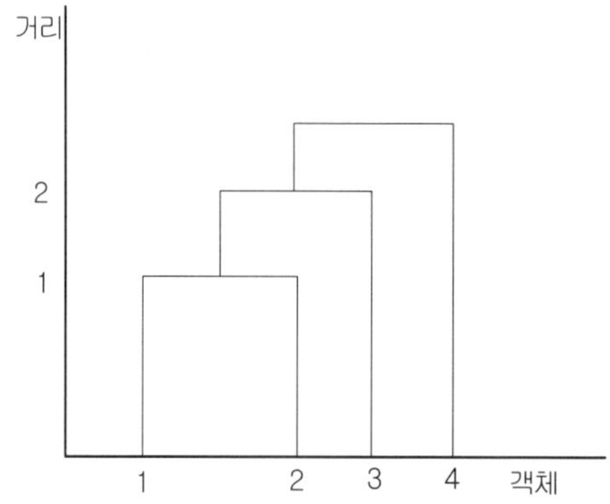

그림 14-1 • 군집분석의 덴드로그램

수형도를 사용하는 방법 이외에, 여러 가지 통계량을 이용하여 군집의 수를 결정할 수 있다.

14.1.6 계층적 군집분석

군집분석은 일반적으로 계층적 군집분석과 K-평균 군집분석으로 나누며, 계층적 군집분석은 케이스나 변수들을 군집화하고, K-평균 군집분석은 케이스만을 군집화한다.

$N \times N$ 거리행렬이 주어진 경우에 계층적 군집방법은 병합적(agglomerative) 방법과 분할적(division) 방법이 있다. 병합적 방법은 가까운 개체들끼리 묶어감으로써 군집을 만들어 가는 방법이며, 분할적 방법은 반대로 먼 개체들을 나누어 가는 방법이다.

병합적인 방법은 우선 가장 가까운 2개의 개체를 묶어서 하나의 군집을 만들고, 나머지(N-2)개의 개체는 각각 하나의 군집을 이루도록 한다. 다음은 (N-1)개의 군집 중에서 가장 가까운 2개의 군집을 묶어(N-2)개의 군집을 만든다. 이와 같은 방법으로(N-1) 단계를 반복하면 결국 N개의 개체가 모두 묶여서 하나의 군집을 만들게 된다. 병합적 방법을 이용하여 군집을 형성하는 과정을 정리하면 다음과 같다.

① 최초에 (N-1)개의 군집으로 시작하며, 거리행렬을 만든다.
② 군집 간의 거리가 가장 작은 두 군을 묶어 하나의 군집으로 만든다.
③ 2에서 형성된 새로운 군집과 나머지 군집들 간의 거리를 계산하여 새로운 거리행렬을 만든다.
④ 2와 3의 과정을 번 반복한다.

이와는 반대로 분할적인 방법은 먼저 (N-1)개의 개체를 2개의 군집으로 나누는 것으로부터 시작되어 병합적인 방법의 역순으로 진행된다. 군집들이 병합 또는 분리되는 과정은 덴드로그램(dendrogram)를 이용하여 간단히 표현될 수 있다.

14.1.7 K-평균 군집분석

K-평균 군집방법은 계층적 군집분석과는 달리 개체가 어느 한 군집에만 속하도록 하는 상호배반적 군집방법이다. 이 방법은 군집의 수를 미리 정하고, 각 개체가 어느 군집에 속하는지를 분석하는 방법으로서 대량의 데이터의 군집분석에 유용하게 이용되는 방법이다. 군집절차는 다음과 같다.

① 개체를 초기의 K 군집으로 분류한다. 이러한 군집의 초기 분류는 분석자가 지정할 수도 있고, 프로그램에서 제공할 수 있다.

② 각 군집의 각각의 변수에 대해서 중심점들을 계산한다.
③ 주어진 케이스에 대해서 중심점과의 거리를 계산한다. 만약 현재 속하고 있는 군집의 중심점과 가까우면 그대로 놔두고, 그렇지 않으면 다른 군집으로 배정한다.
④ 각 케이스에 대하여 ③번 절차를 시행한다.
⑤ 어느 케이스도 다른 군집에 재배정되지 않을 때까지 ②, ③, ④ 과정을 반복한다.

K-평균 군집방법을 사용하기 위해서는 초기에 군집의 수를 미리 제공해야 한다. 군집분석은 데이터를 분석하면서 결정하는 경험적 분석방법이므로 적절한 군집의 수를 안다는 것은 어려운 일이다. 따라서 군집의 수를 변화시켜 가면서 수행된 결과들을 비교하는 분석방법이 요구된다. 이러한 점에서 유용하게 이용될 수 있는 방법이 각 군집의 평균들이 동일하다는 가정을 검정하는 F-검정법을 이용할 수 있다. 이러한 방법은 단지 비교의 목적에서만 유용하게 이용되며, 또한 각 변수에 대한 F-값은 각 군집을 결정하는 데 있어서 상대적인 중요도의 의미를 나타내고 있다.

SPSS에서 제공하는 K-평균 군집분석 절차는 유클리드 거리를 이용하여 분석한다. 따라서 다른 거리를 이용하고자 할 때는 계층적 군집분석 절차를 이용하도록 한다. 계층적 군집분석 절차의 경우에는 변수의 표준화 기능을 제공하고 있으나, K-평균 군집분석 절차에는 이러한 기능을 제공하고 있지 않다. 따라서 변수의 측정 단위가 다른 경우에 표준화시켜 군집분석을 하고자 하는 경우에는 기술통계 분석 절차에서 표준화 변수를 생성하여 작업을 하면 된다. K-평균 군집분석은 계층적 군집분석에 비해 계산속도가 빠르므로 대량의 데이터의 군집분석에 유용하게 이용된다.

14.1.8 K-평균 군집분석과 계층적 군집분석의 차이점

K-평균 군집화 방법은 큰 문제(200개 이상 케이스)에서 보다 쉽게 다룬다. 계층적 군집화는 케이스(혹은 변수들)의 모든 쌍에 대한 요소를 가진 거리행렬을 계산하다. 그래서 큰 문제들은 다루기 어렵다. 또한 표본 크기가 클 때는 고드름 도표와 덴드로그램이 많은 페이지에 걸쳐 나타나기 때문에 읽고 해석하기가 어렵다. 작은 데이터 셋에서는 각 케이스가 다른 케이스와 결합할 때 적절한 고드름 도표와 덴드로그램은 알기 쉬운 그림으로 제공하고, 거리행렬은 정보를 제공할 수 있다.

군집의 중심과 각 케이스로부터 거리를 제공함으로, K-평균 군집화는 케이스가 군집 내에서 다른 케이스와 가까운지, 혹은 이상점인지 특징을 나타낸다. K-평균 일원배치 ANOVA에서 F-통계량의 크기는 군집화를 진행시키고 군집들에 사소한 차이를 가지는 변수를 지정하는 데 유용하다. K-평균 군집화 방법에서, 군집의 중심을 삽입하므로 새 케이스로 분류할 수 있다.

K-평균 군집분석 프로시저는 군집수를 미리 지정하여야 한다. 그래서 군집수에 맞는 여러 가지 분석들(예를 들면, 요구되는 세 가지, 네 가지, 다섯 가지 군집들)을 시도할 필요가 있다. 반복적으로 알맞은 군집수를 결정하기 위해 계층적 군집분석 프로시저에서 케이스의 서브셋을 움직이도록 고려해야 한다. 물론, 계층적 군집화에서, 군집수에 대해 지정할 수 있는 판단을 해야 한다.

계층적 군집분석 프로시저는 데이터를 표준화하고, 거리를 계산하고, 군집을 연결하는 많은 옵션을 가진다. K-평균 군집분석 프로시저에서, 군집분석을 요구하기 전에 데이터를 표준화할 필요가 있다. 유클리안 거리행렬은 자동으로 실행된다.

계층적 군집화는 분석에 사용된 변수들에 대해 결측값을 가진 모든 케이스들을 제거한다. K-평균 군집화는 결측값이 없는 모든 변수로부터 계산된 거리를 바탕으로 한 군집들에 케이스를 할당하도록 옵션을 가진다.

14.2 SPSS를 이용한 군집분석

사용 변수가 이분형이나 빈도일 경우 계층적 군집분석만 가능하고, K-평균 군집분석은 등간척도나 비율척도의 양적변수여야 한다. 군집분석에서 사용할 자료는 '연습3.sav'이며, 이는 고등학생을 대상으로 일련번호(id), 신장(X1), 체중(X2), 가슴둘레(X3), 앉은키(X4), 50m 달리기(X5), 팔굽혀펴기(X6), 윗몸 일으키기(X7), 멀리뛰기(X8), 앞으로 굽히기(X9), 오래달리기(X10), 성별(X11), 학년(X12)을 조사한 것이다. 여기서 X1에서 X10을 이용하고자 한다.

14.2.1 계층적 군집분석

계층적 군집분석(이후 군집분석으로 표현)은 독립변수와 종속변수의 구분이 없으며, 등간척도나 비율척도를 이용한다.

예제 신장(X1), 체중(X2), 가슴둘레(X3), 앉은키(X4), 50m 달리기(X5), 팔굽혀펴기(X6), 윗몸 일으키기(X7), 멀리뛰기(X8), 앞으로 굽히기(X9), 오래달리기(X10)를 이용하여 학생들을 비슷한 그룹으로 분류하시오.

① 먼저 SPSS를 시작하고 저장한 파일 '연습3.sav'를 불러온다(**파일(F)** → **열기(O)** → **데이터(A)** → **연습3** → **열기**).

② '연습3.sav' 자료가 나오면 본격적인 군집분석을 하기 위해 메뉴에서 **분석(A)** → **분류분석(Y)** → **계층적 군집(H)**을 선택한다.

③ 군집분석 창에서 **변수(V)**에는 분석하고자 하는 변수인 X1에서 X10을 투입한다. 본 예에서는 케이스(학생)를 분류하고자 하기 때문에 **수평누적**에는 **케이스**를 선택한다.

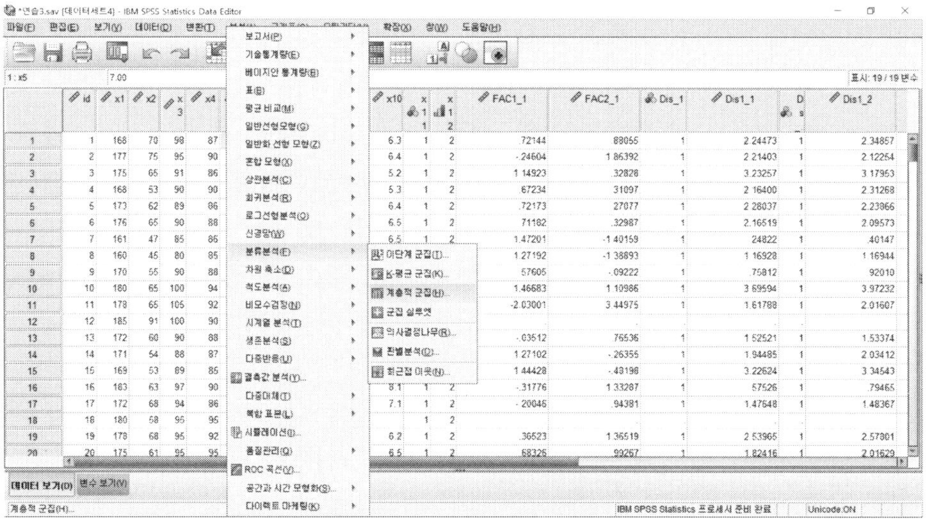

그림 14-2 • 계층적 군집 선택

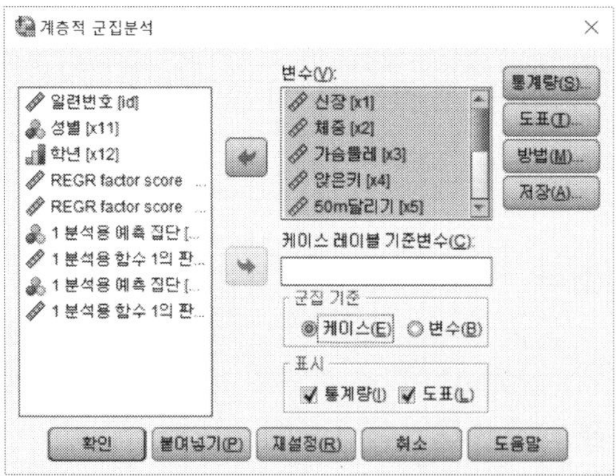

그림 14-3 • 계층적 군집 창

④ 근접행렬과 소속 군집 등을 출력하기 위해 [통계량(S)...]을 선택한다. **군집화 일정표(A)**와 **근접행렬(P)**을 선택하고 [계속(C)]을 선택한다.

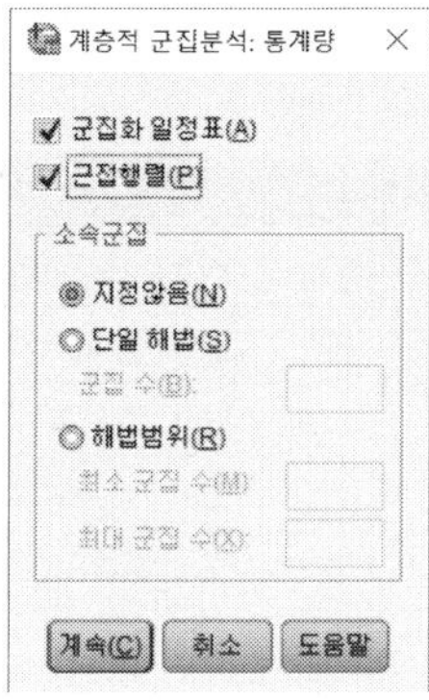

그림 14-4 • 계층적 군집분석: 통계량

초기화면과 통계량의 선택사항에 대한 자세한 내용은 다음과 같다.

선택사항		설명
군집	케이스	케이스별 군집분석을 실시, 케이스 간 거리를 이용
	변수	변수긴 군집분석을 실시, 변수 간 거리를 이용
출력	통계량	통계량을 출력
	도표	도표를 출력
통계량		군집분석에 관련된 통계량을 선택
군집화 일정표		사례들 간의 거리 계수를 제시
거리행렬		거리 유사성 행렬
소속 군집	지정 않음	군집 전체를 제거
	단일해	원하는 군집수를 정하여 입력
	해법범위	군집해의 범위를 지정

⑤ 도표의 출력과 관계하는 [도표(T)...]을 선택한다. 여기서는 **덴드로그램(D)**을 선택하였다.

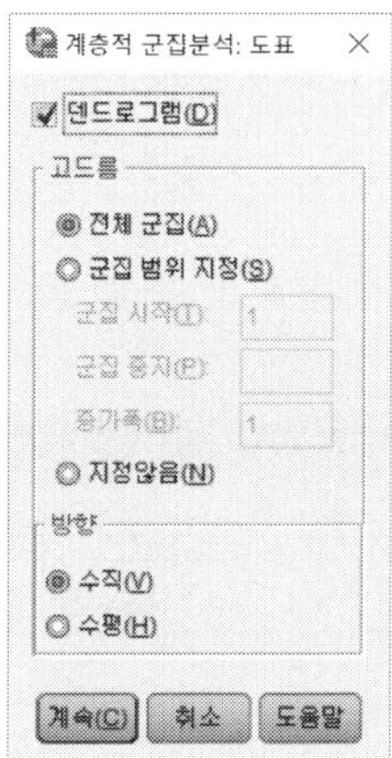

그림 14-5 • 계층적 군집분석: 도표

도표의 선택사항에 대한 자세한 내용은 다음과 같다.

선택사항		설명
도표		군집분석에 관련된 도표를 선택
덴드로그램		덴드로그램으로 군집화 상태를 출력
고드름	전체군집	모든 군집에 대해 고드름으로 출력
	군집범위지정	특정 군집에 대해 고드름의 형태를 제시, 시점과 종점, 간격을 입력
	지정 않음	고드름 그래프를 출력하지 않음
출력 방향	수직	수직 고드름을 출력
	수평	수평 고드름을 출력

⑥ 군집방법과 표준화를 위해 방법(M)... 을 선택하고, 일반적으로 많이 사용하는 **군집방법(M)**에는 Ward의 **방법**과 **측도**에는 **등간(N)**의 **제곱 유클리디안 거리** 그리고 **값변환**에는 **표준화(S)**의 Z점수를 선택하였다.

그림 14-6 • 계층적 군집분석: 방법

방법의 선택사항에 대한 자세한 내용은 다음과 같다.

선택사항		설명
방법		군집화하는 방법을 선택
군집 방법	집단-간 연결	집단 간 평균기준의 결합 방식(가장 일반적으로 사용)
	집단-내 연결	집단 내의 평균기준의 결합 방식

선택사항		설명
군집 방법	가장 가까운 항목 (single linkage)	기준의 군집에 속해있는 대상 중에서 어느 하나와 가장 가까운 대상부터 군집에 편입시키는 방법
	가장 먼 항목 (complete linkage)	기존의 군집에 포함되어 있는 모든 대상에 대하여 일정 거리 이내에 들어와야만 동일한 군집에 포함하는 방법
	중심점 군집화 (average linkage)	새로운 대상이 기존의 군집에 편입될 때 기존의 군집 내에 있는 모든 대상과의 평균거리가 가장 가까운 군집에 편입.
	중위수 군집화	중위수를 이용하는 방법
	Wald의 방법	각 단계에서 잔차제곱합의 증분을 최소화
측도		
간격	유클리디안 거리	변수값들의 차이를 제곱하여 합산한 거리, 다공간에서 직선최단거리이며, 가장 일반적으로 사용 $Distance(X, Y) = \sqrt{\sum_{i=1}^{n}(X_i - Y_i)^2}$
	제곱 유클리디안 거리	유클리디안 거리를 제곱한 거리 $Distance(X, Y) = \sum_{i=1}^{n}(X_i - Y_i)^2$
간격	코사인	변수들의 벡터 코사인을 이용 $Similarity(X, Y) = \frac{\sqrt{\sum_{i=1}^{n}(X_i - Y_i)}}{\sum_{i=1}^{n}X_i^2 \sum Y_i^2}$
	Pearson 상관	상관계수를 이용
	Chebychev	두 항목 간의 최소 절대차 $Distance(X, Y) = Max\vert X_i - Y_i \vert$
	블럭	도시블럭 또는 맨해튼 거리. 두 항목 간의 거리는 항목 값들 간의 절대값 차이의 합 $Distance(X, Y) = \sum_{i=1}^{n}\vert X_i - Y_i \vert$
	Minkowsky	거리를 산정하는 일반식으로 함수에 포함된 지수를 조정하여 다양한 거리를 제시 $Distance(X, Y) = \left(\sum_{i=1}^{n}(X_i - Y_i)^p\right)^{1/r}$
	사용자 정의	제곱과 제곱근을 이용하여 다양한 거리를 산출
빈도	카이제곱 측도	카이제곱 측정
	파이제곱 측도	비유사성 카이제곱 측정의 표준화
값변환		값에 대한 변환의 종류를 선택

선택사항		설명
표준화	지정 안 함	변환하지 않음
	Z점수	표준 정규분포로 변환
	−1부터 1까지 범위	−1에서 1 사이로 거리를 재측정
	0부터 1까지 범위	0에서 1 사이로 거리를 재측정
	최댓값 1	최댓값이 1이 되도록 최댓값으로 나누어 변환
	평균 1	평균이 1이 되도록 평균으로 나누어 변환
	표준편차 1	표준편차가 1이 되도록 표준편차로 나누어 변환
변수 기준		표준화시에 변수를 기준으로 표준화
케이스 기준		표준화시에 케이스를 기준으로 표준화
척도 변환	절대값	거리의 절대치를 가짐
	부호 바꾸기	비유사성을 유사성, 유사성을 비유사성으로 변환
	0–1 범위로 척도 조정	0과 1 사이의 범위에 대한 거리를 재측정

※ 척도에서 이분형은 간격과 유사한 점이 많고, 종류가 많아 생략하였음.(이분형에는 유클리디안 거리, 제곱 유클리디안 거리, 크기 차이, 패턴 차이, 분산, 산포, 형태, 단순 일치, 파이 4–점 상관, 람다, Anderberg의 D, dice, Hamann, Jaccard, Kulczynski 1, Kulczynski 2, Lance와 Williams, Ochiai, Rogers와 Tanimoto, Russel과 Rao, Sokal과 Sneath 1, Sokal과 Sneath 2, Sokal과 Sneath 3, Sokal과 Sneath 4, Sokal과 Sneath 5, Yule의 Y와 Yule의 Q등을 사용할 수 있다.)

⑦ 분류된 군집을 저장하기 위해 [저장(A)...]을 선택한 후 여기서는 **해법범위(R)**에서 3에서 5가지의 군집을 저장하기 위해 **최소 군집 수(M)**에 3, **최대 군집 수(X)**에 5를 입력하였다.

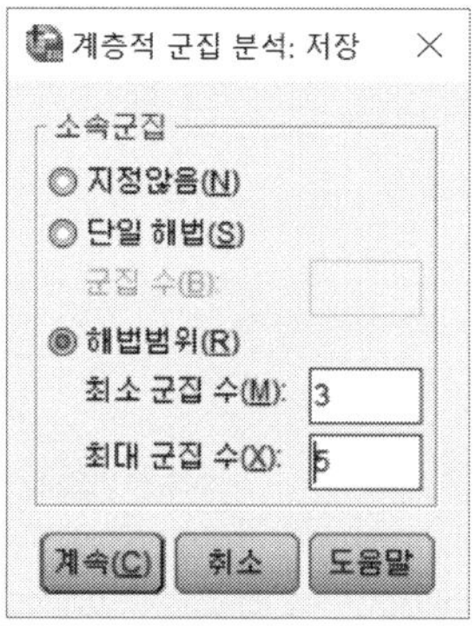

그림 14–7 • 계층적 군집분석: 저장

저장의 선택사항에 대한 자세한 내용은 다음과 같다.

선택사항		설명
저장		군집을 저장하는 방법을 선택
소속 군집	지정 않음	군집 전체를 저장하지 않은
	단일해	해당 숫자만큼 군집해를 저장
	해법범위	군집해 범위에 대한 전체 해를 저장하는 방법

14.2.2 계층적 군집분석 결과

| 명령문 및 결과 |

명령문

```
CLUSTER
  /MATRIX IN('c:₩temp₩spss3972₩spssclus.tmp')
  /METHOD WARD
  /PRINT SCHEDULE
  /PRINT DISTANCE
  /PLOT DENDROGRAM VICICLE
  /SAVE CLUSTER(3,5).
```

케이스 처리 요약[a]

케이스					
유효		결측		전체	
N	퍼센트	N	퍼센트	N	퍼센트
267	96.4%	10	3.6%	277	100.0%

a. 제곱 유클리디안 거리 사용됨

그림 14-8 • 군집분석 결과(1)

결과분석

결과(1)은 전체 277명의 자료를 이용하여 결측값이 있는 자료 10명을 제외하고 267명의 자료를 이용하였다는 결과이다.

근접행렬

케이스	제곱 유클리디안 거리										
	1:Case 1	2:Case 2	3:Case 3	4:Case 4	5:Case 5	6:Case 6	7:Case 7	8:Case 8	9:Case 9	10:Case 10	11:Case 11
1:Case 1	.000	5.727	3.471	9.366	3.764	8.785	11.921	15.925	8.244	10.839	33.231
2:Case 2	5.727	.000	7.417	9.067	5.305	9.785	22.126	22.797	10.710	16.330	17.983
3:Case 3	3.471	7.417	.000	7.669	2.399	5.028	9.604	11.131	7.857	13.745	38.276
4:Case 4	9.366	9.067	7.669	.000	4.310	11.116	11.259	7.800	8.852	21.219	26.507
5:Case 5	3.764	5.305	2.399	4.310	.000	4.689	7.933	8.954	4.011	14.639	32.160
6:Case 6	8.785	9.785	5.028	11.116	4.689	.000	10.950	17.115	4.576	14.325	45.837
7:Case 7	11.921	22.126	9.604	11.259	7.933	10.950	.000	4.012	5.566	23.829	57.916
8:Case 8	15.925	22.797	11.131	7.800	8.954	17.115	4.012	.000	11.449	34.296	49.286
9:Case 9	8.244	10.710	7.857	8.852	4.011	4.576	5.566	11.449	.000	13.947	39.078
10:Case 10	10.839	16.330	13.745	21.219	14.639	14.325	23.829	34.296	13.947	.000	47.410
11:Case 11	33.231	17.983	38.276	26.507	32.160	45.837	57.916	49.286	39.078	47.410	.000
12:Case 13	10.469	6.775	6.217	4.811	5.828	10.128	14.433	10.271	10.962	28.230	23.339
13:Case 14	5.326	10.241	4.192	4.300	1.821	9.436	5.667	6.236	5.927	14.890	37.345
14:Case 15	6.462	13.925	3.990	6.084	3.098	8.211	5.378	6.429	5.473	14.168	42.218

그림 14-9 • 군집분석 결과(2)

결과분석

결과(2)는 각 케이스와의 거리를 의미하며 일부만을 실은 것이며, 각 변수 간의 단위 등이 다르기 때문에 표준화하는 것이 좋다. 표준화는 [그림 14-6]의 Z 점수를 선택하면 된다. 위 결과에 의하면 케이스 1과 케이스 2의 거리는 5.727이며, 이는 케이스 1과 케이스 3의 거리인 3.471보다 크기 때문에 유사성에서 떨어진다고 볼 수 있다.

Ward 연결법

군집화 일정표

단계	결합 군집		계수	처음 나타나는 군집의 단계		다음 단계
	군집 1	군집 2		군집 1	군집 2	
1	251	259	.259	0	0	37
2	256	262	.520	0	0	9
3	9	44	.787	0	0	95
4	152	153	1.082	0	0	53
5	148	255	1.448	0	0	136
6	54	66	1.837	0	0	123
7	188	225	2.243	0	0	99
8	235	263	2.669	0	0	55
9	242	256	3.106	0	2	147
10	90	100	3.545	0	0	129
11	30	41	3.998	0	0	139
12	241	247	4.481	0	0	49

그림 14-10 • 군집분석 결과(3)

결과분석

결과(3)은 군집화 과정을 나타내는 것으로, 군집화 방법은 [그림 14-6]에서 Ward 연결법을 선택하였다. 1단계에서는 케이스 251은 케이스 259와 결합되며, 두 케이스 간의 거리는 0.259이다. 2단계에서는 케이스 256은 케이스 262와 결합되며, 두 케이스 간의 거리는 0.520이다. 그리고 다음 단계는 9단계에서 다시 케이스 242와 결합된다.

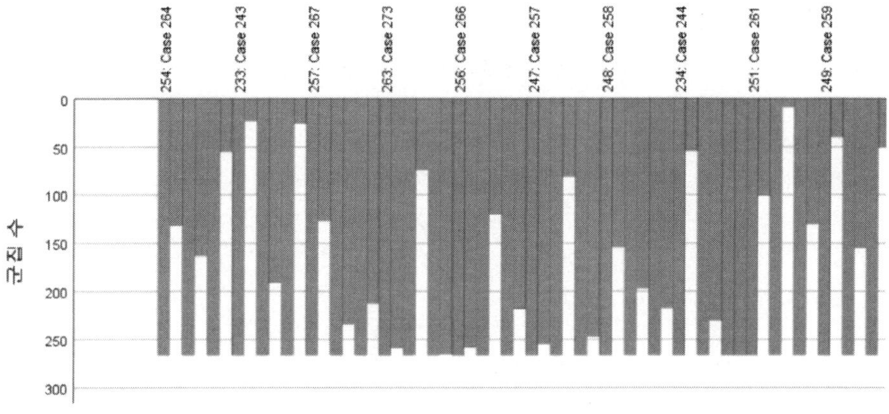

그림 14-11 • 군집분석 결과(4)

결과분석

결과(4)는 수직고드름의 일부로서 케이스를 군집으로 합치는 방법을 보여준다. 바닥에서는 (수평 도표의 오른쪽) 케이스가 합쳐지지 않는다. 도표를 위로 읽어 가면(수평 도표의 오른쪽에서 왼쪽으로) 합쳐진 케이스가 케이스 사이 열에서 ■(빈칸)으로 표시되며 서로 다른 군집들은 군집 간 공백으로 표시된다. 즉, 군집의 수를 24개로 할 때 케이스 264, 247,246, 243은 케이스 254, 190은 서로 다른 군집으로 나누어진다는 의미이다.

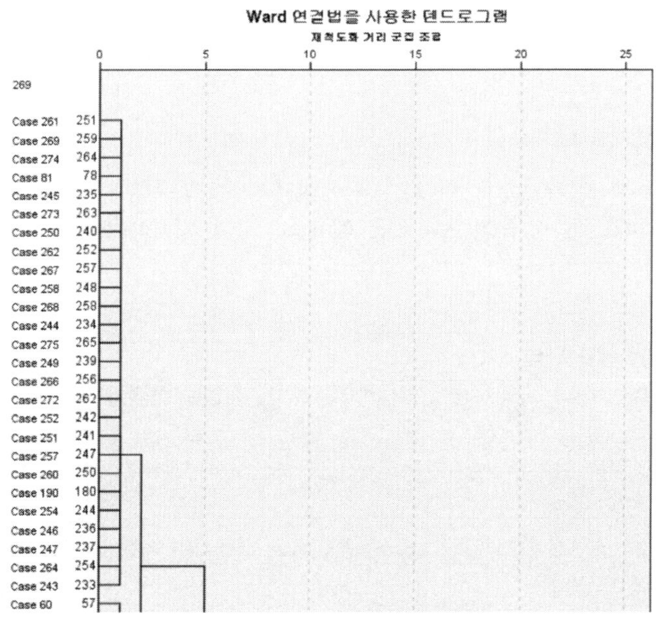

그림 14-12 • 군집분석 결과(5)

결과분석

결과(5)는 덴드로그램의 일부로서 맨 윗줄에 나타난 거리는 군집화 일정표에서의 계수와 크기가 다르다. – 여기서, 0에서 25 사이의 수로 다시 나눈 것이다.

0에 가까운 수직선은 이 케이스들이 첫 번째로 결합한다는 것을 가리킨다(이 거리는 크기에서 가장 유사하다). 수직선을 그렸을 때 선의 왼쪽 가지와 연결된 케이스는 같은 군집으로 볼 수 있다. 덴드로그램은 군집들이 어떻게 형성되는지 지시하고, 군집화의 연결 거리측도를 제공한다.

*연습3.sav [데이터세트4] - IBM SPSS Statistics Data Editor

파일(F) 편집(E) 보기(V) 데이터(D) 변환(T) 분석(A) 그래프(G) 유틸리티(U) 확장(X) 창(W) 도움말(H)

1 : x5 7.00 표시: 25 / 25 변수

		CLU5_1	CLU4_1	CLU3_1	CLU5_2	CLU4_2	CLU3_2	변수	변수	변수
1	4857	1	1	1	1	1	1			
2	2254	1	1	1	1	1	1			
3	7953	1	1	1	1	1	1			
4	1268	2	2	2	2	2	2			
5	3866	1	1	1	1	1	1			
6	9573	2	2	2	2	2	2			
7	0147	2	2	2	2	2	2			
8	6944	2	2	2	2	2	2			
9	2010	2	2	2	2	2	2			
10	7232	1	1	1	1	1	1			
11	1607	3	3	3	3	3	3			
12		.	.	.	.	.	.			
13	3374	2	2	2	2	2	2			
14	3412	1	1	1	1	1	1			

데이터 보기(D) 변수 보기(V)

IBM SPSS Statistics 프로세서 준비 완료 Unicode:ON

그림 14–13 • 군집분석 결과(6)

결과분석

결과(6)은 데이터 창의 일부로서 [그림 14–7]에서 최소 군집수를 3, 최대 군집수를 5로 저장하라고 지정하였기에 각 군집 수에 따른 케이스별 군집 집단을 보인다.

konwhow

■ **군집을 연결하는 방법**

군집을 연결하는 여러 가지 유용한 방법들이 있으며, 방법을 선택할 때는 다음을 고려하는 것이 좋다.

– 같은 분산, 표본 크기를 가진 구형 군집들에 대해서는 집단–간 연결이나 Ward의 방법을 사용하는 것이 좋다.

– 분산과 표본 크기가 같지 않은 늘어난 군집들에 대해서는 가장 가까운 항목(단순 연결)을 사용하는 것이 좋다.

– 분산과 표본 크기가 같지 않은 구형 군집들에 대해서는 가장 먼 항목(완전한 연결)을 사용하는 것이 좋다.

14.2.3 K-평균 군집분석

K-평균 군집분석은 데이터 파일에서 먼저 k개의 케이스의 평균을 임시적으로 추정하여 사용함으로 시작한다. 여기서, k는 사용자에 의해 지정된 군집의 번호이다. 처음 군집 중심은 가장 가까운 중심을 가진 군집들을 번갈아 가며 각 케이스를 평가하고 중심을 갱신하면서 형성된다. 반복적인 프로세서는 최종 군집 중심을 찾는다. 각 단계에서, 케이스는 가장 가까운 중심을 가진 군집으로 집단화하고, 군집 중심은 재계산된다. 더 이상 중심에서 변화가 일어나지 않거나, 최대반복수에 달할 때까지 이 프로세서는 계속된다. 사용자가 군집 중심을 지정할 수 있고, SPSS는 지정된 중심으로 케이스를 할당할 것이다. 이것은 더 빠른 결과를 근거로 하는 새 케이스들을 군집화할 수 있게 한다. K-평균 군집분석은 케이스가 클 때 유용하다.

군집분석은 독립변수와 종속변수의 구분이 없으며, 등간척도나 비율척도를 이용한다.

예제 신장(X1), 체중(X2), 가슴둘레(X3), 앉은키(X4), 50m 달리기(X5), 팔굽혀펴기(X6), 윗몸 일으키기(X7), 멀리뛰기(X8), 앞으로 굽히기(X9), 오래달리기(X10)를 이용하여 학생들을 K-평균 군집분석을 이용하여 3개의 그룹으로 분류하시오.

자세한 방법은 다음의 순서에 따라 하나씩 알아본다.

① 먼저 SPSS를 시작하고 저장한 파일 '연습3.sav'를 불러온다(파일(F) → 열기(O) → 데이터(A) → 연습3 → 열기).

② K-평균 군집분석을 하기 전에 먼저 각 변수들을 표준화하여야 한다. 방법은 **분석(A) → 기술통계량(E) → 기술통계(D)**에서 변수를 선택하고 **표준화 값을 변수로 저장(Z)**을 선택한다.

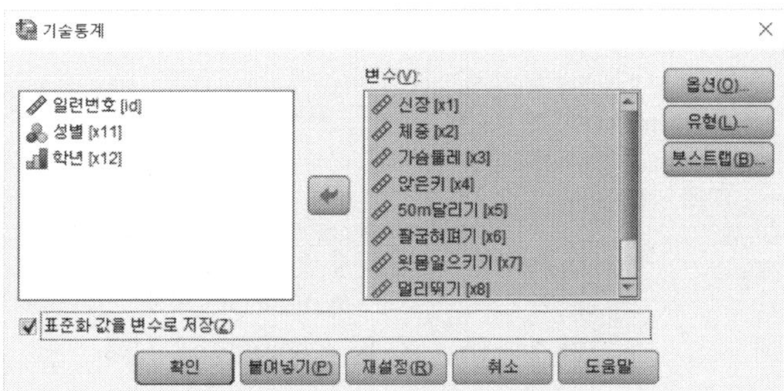

그림 14-14 • 변수의 표준화

표준화된 결과는 변수명 앞에 Z가 붙어 ZX1, …, ZX10으로 저장된다.

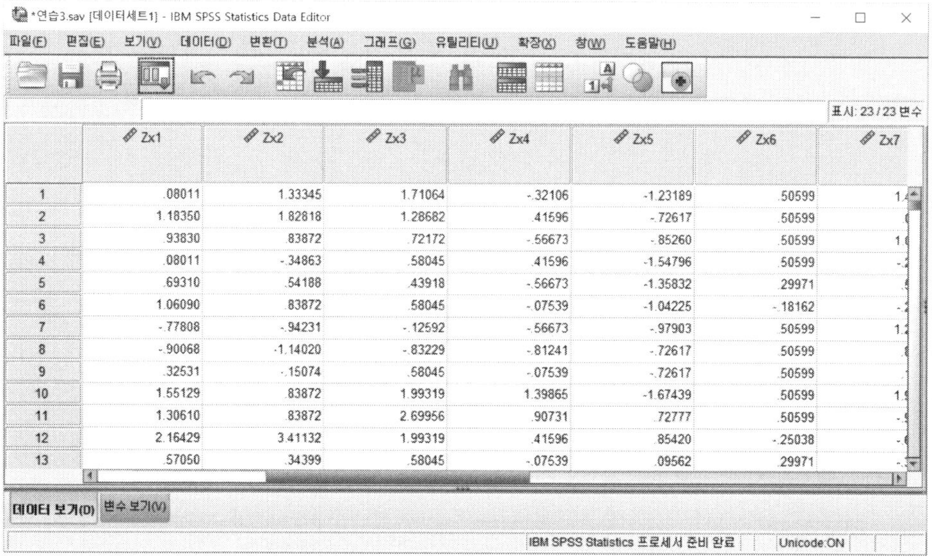

그림 14-15 • 표준화된 결과

③ 표준화 후 본격적인 K-평균 군집분석을 하기 위해 메뉴에서 **분석(A)** → **분류분석(F)** → **K-평균 군집(K)**을 선택한다.

그림 14-16 • K-평균 군집분석의 선택

④ K-평균 군집분석 창에서 **변수(V)**에는 분석하고자 하는 표준화된 변수인 ZX1에서

ZX10을 투입한다. 군집 수(U)에는 3으로 입력하였다.

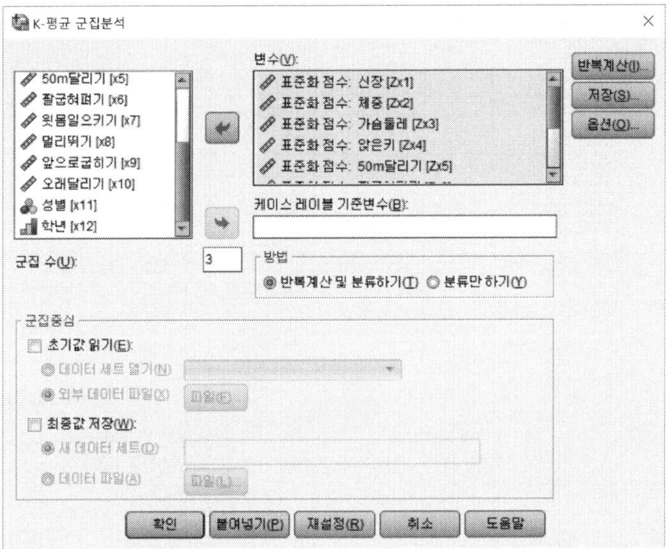

그림 14-17 • K-평균 군집분석 창

⑤ 반복수를 설정하기 반복계산(I)...을 선택한다. 여기서는 **최대반복계산수(M)**에 기본으로 주어지는 10을 그대로 두었다.

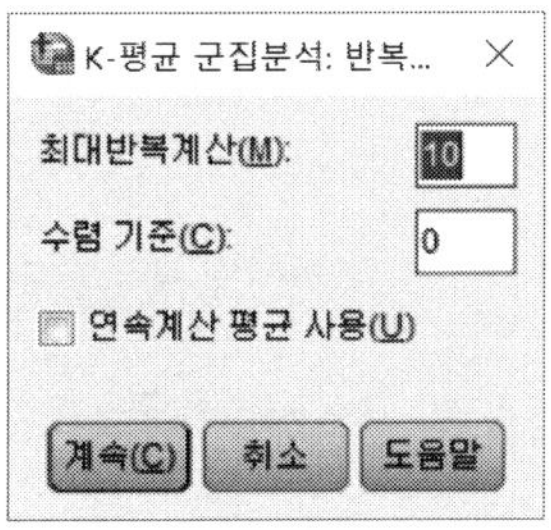

그림 14-18 • K-평균 군집분석: 반복계산

초기화면과 반복계산의 선택사항에 대한 자세한 내용은 다음과 같다.

선택사항		설명
군집 수		K–평균 군집분석은 사전에 군집수를 정해야 함
방법	반복계산 및 분류하기	처음 군집 중심은 가장 가까운 중심을 가진 군집들을 번갈아 가며 각 케이스를 평가하고 중심을 갱신하면서 형성하는데, 반복계산 여부를 확인하며, 이를 선택하면 반복계산이 활성화된다.
	분류만 하기	반복계산 없이 분류만 함
군집 중심	초기값 읽기	군집의 중심을 파일에서 읽을 때 사용
	최종값 저장	군집의 중심을 파일로 저장할 때 파일명을 지정
반복계산		기본 대화상자에서 반복계산 및 분류하기를 선택한 경우에만 사용
최대 반복계산 수		K–평균 알고리즘에서 반복계산수를 제한하며, 이 수만큼 반복한 다음에는 수렴기준이 만족되지 않더라도 중지되며, 1부터 999 사이의 값이어야 함
수렴기준		반복계산을 중단할 시기를 결정하며, 이 시기는 군집중심초기값 사이의 최소 거리 비율을 나타내므로, 0보다 크고 1보다 작거나 같아야 함. 예를 들어, 기준이 0.02이면, 반복계산은 군집중심초기값 사이의 최소 거리 퍼센트가 2 이상인 거리만큼 군집중심을 옮기지 않을 때 중지됨
유동계산 평균 사용		군집중심을 각 케이스를 할당한 다음 갱신하도록 하며, 이 옵션을 선택하지 않으면 케이스를 모두 할당한 다음 새 군집중심을 계산하게 됨

⑤ 이후 분석에서 사용하도록 해법에 대한 정보를 새 변수로 저장할 수 있도록 저장(S)... 을 선택한다. 그리고 **소속군집(C)**와 **군집중심으로부터의 거리(D)**를 선택하였다.

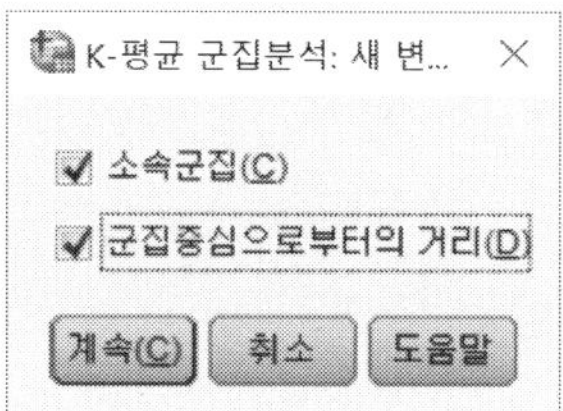

그림 14–19 ◦ K–평균 군집분석: 새 변수로 저장

저장의 선택사항에 대한 자세한 내용은 다음과 같다.

선택사항	설명
소속군집	각 케이스의 마지막 소속군집을 가리키는 새 변수를 작성하며, 새 변수 범위 값은 1부터 군집 수까지임
군집중심으로부터의 거리	각 케이스와 분류 중심 사이의 유클리디안 거리를 가리키는 새 변수를 작성

⑥ 통계량에서 **군집중심초기값(I)**, **분산분석표(A)** 및 각 케이스의 **군집정보(G)**를 선택하기 위해 옵션(O)... 을 선택한다.

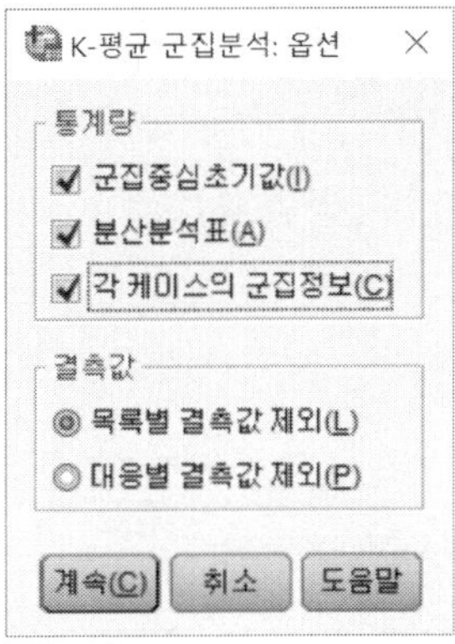

그림 14-20 • K-평균 군집분석: 옵션

옵션의 선택사항에 대한 자세한 내용은 다음과 같다.

선택사항		설명
통계량	군집중심초기값	각 군집에 대한 변수 평균의 첫 번째 추정값이며, 기본적으로 적절한 간격으로 떨어져 있는 케이스를 군집 수와 동일하게 데이터에서 선택하며, 군집중심초기값은 분류의 첫 번째 반올림에 사용된 다음 갱신
	분산분석표	각 군집변수에 대한 일변량 F 검정을 포함하는 분산분석표를 표시하며, F 검정은 기술통계일 뿐이므로 결과로 나타나는 확률을 해석할 수 없으며, 전체 케이스가 단일 군집에 할당되면 분산분석표가 표시되지 않음
	각 케이스의 군집정보	케이스마다 최종 군집 할당을 표시하고 케이스 분류에 사용된 케이스와 군집중심 간 유클리디안 거리를 표시하며, 최종 군집중심 간 유클리디안 거리도 함께 표시
결측값	목록별 결측값 제외	분석에서 군집변수에 대한 결측값이 있는 케이스를 제외
	대응별 결측값 제외	결측 되지 않은 값을 가지는 모든 변수에서 계산된 거리에 따라 케이스를 군집에 할당

14.2.4 K-평균 군집분석 결과

| 명령문 및 결과 |

명령문

```
QUICK CLUSTER Zx1 Zx2 Zx3 Zx4 Zx5 Zx6 Zx7 Zx8 Zx9 Zx10
  /MISSING=LISTWISE
```

```
/CRITERIA=CLUSTER(3) MXITER(10) CONVERGE(0)
/METHOD=KMEANS(NOUPDATE)
/SAVE CLUSTER DISTANCE
/PRINT INITIAL ANOVA CLUSTER DISTAN.
```

군집중심초기값

	군집		
	1	2	3
표준화 점수: 신장	2.04169	-1.88147	1.30610
표준화 점수: 체중	1.33345	-1.93177	.83872
표준화 점수: 가슴둘레	.58045	-2.38630	2.69956
표준화 점수: 앉은키	1.89000	-3.51481	.90731
표준화 점수: 50m달리기	-1.42153	-.09402	.72777
표준화 점수: 팔굽혀펴기	1.39988	-1.55683	.50599
표준화 점수: 윗몸일으키기	1.36690	-.93348	-.93348
표준화 점수: 멀리뛰기	1.53455	-.91434	.18766
표준화 점수: 앞으로굽히기	-1.68785	.23129	3.79542
표준화 점수: 오래달리기	.33591	1.82584	-.44826

그림 14-21 • K-평균 군집분석 결과(1)

결과분석

결과(1)은 전체 277명의 자료를 이용하여 결측값이 있는 자료 10명을 제외하고 267명의 자료를 이용하였다는 결과이다.

반복계산과정[a]

반복	군집중심의 변화량 1	2	3
1	3.067	3.905	4.025
2	.369	.192	.642
3	.110	.110	.386
4	.075	.201	.364
5	.055	.222	.281
6	.065	.137	.199
7	.042	.000	.061
8	.000	.000	.000

a. 군집 중심값의 변화가 없거나 작아 수렴이 일어났습니다. 모든 중심에 대한 최대 절대 좌표 변경은 .000입니다. 현재 반복계산은 8입니다. 초기 중심 간의 최소 거리는 7.032입니다.

그림 14-22 • K-평균 군집분석 결과(2)

결과분석

결과(2)는 각 케이스와의 거리를 의미하며 일부만을 실은 것이며, 각 변수 간의 단위 등이 다르기 때문에 표준화하는 것이 좋다. 표준화는 [그림 14-6]의 Z 점수를 선택하면 된다. 위 결과에 의하면 케이스 1과 케이스 2의 거리는 5.727이며, 이는 케이스 1과 케이스 3의 거리인 3.471보다 크기 때문에 유사성에서 떨어진다고 볼 수 있다.

소속군집

케이스 번호	군집	거리
1	1	1.875
2	1	1.912
3	1	1.681
4	1	2.247
5	1	1.433
6	1	1.977
7	3	2.801
8	3	2.837
9	1	1.885
10	1	2.919
11	1	4.977
12	.	.
13	3	2.373

그림 14-23 • K-평균 군집분석 결과(3)

결과분석

결과(3)은 각 케이스별 소속 군집을 제시하고 있다.

최종 군집중심

	군집 1	2	3
표준화 점수: 신장	.82564	-1.03094	-.25865
표준화 점수: 체중	.72997	-.86068	-.31218
표준화 점수: 가슴둘레	.70900	-.79344	-.27463
표준화 점수: 앉은키	.57753	-.92296	.06361
표준화 점수: 50m달리기	-.86114	.70801	.57472
표준화 점수: 팔굽혀펴기	.70236	-.97409	-.11919
표준화 점수: 윗몸일으키기	.71668	-.65941	-.35555
표준화 점수: 멀리뛰기	.95255	-.97679	-.39879
표준화 점수: 앞으로굽히기	-.02311	.16275	-.12404
표준화 점수: 오래달리기	-.37691	.98286	-.45961

그림 14-24 • K-평균 군집분석 결과(4)

결과분석

결과(4)는 최종 군집중심으로서 각 군집의 표준화된 변수들의 평균을 나타낸다. 각 군집의 평균은 군집중심으로 정의된다. 세 가지 군집에서 군집의 경향을 알 수 있다. 즉, 군집 1은 신장 체중, 가슴둘레, 앉은키의 평균이 다른 군집에 비하여 높음을 알 수 있으며, 다른 변수에서도 모두 뛰어난 조건을 가진 우등 집단으로 볼 수 있다.

최종 군집중심간 거리

군집	1	2	3
1		4.823	3.037
2	4.823		2.340
3	3.037	2.340	

그림 14-25 • K-평균 군집분석 결과(5)

결과분석

결과(5)는 최종 군집 간의 거리로서 군집1과 군집 2의 평균은 가장 멀리 떨어져 있다(4.823). 군집 2와 군집 3은 가장 가깝다(2.340).

ANOVA

	군집		오차			
	평균제곱	자유도	평균제곱	자유도	F	유의확률
표준화 점수: 신장	82.683	2	.327	264	252.892	.000
표준화 점수: 체중	62.657	2	.435	264	144.173	.000
표준화 점수: 가슴둘레	55.886	2	.575	264	97.207	.000
표준화 점수: 앉은키	52.694	2	.600	264	87.790	.000
표준화 점수: 50m달리기	73.718	2	.455	264	162.085	.000
표준화 점수: 팔굽혀펴기	65.720	2	.484	264	135.921	.000
표준화 점수: 윗몸일으키기	50.703	2	.623	264	81.398	.000
표준화 점수: 멀리뛰기	94.552	2	.292	264	324.069	.000
표준화 점수: 앞으로굽히기	1.672	2	.713	264	2.344	.098
표준화 점수: 오래달리기	54.545	2	.611	264	89.278	.000

다른 군집의 여러 케이스 간 차이를 최대화하기 위해 군집을 선택했으므로 F 검정은 기술통계를 목적으로만 사용되어야 합니다. 이 경우 관측유의수준은 수정되지 않으므로 군집평균이 동일하다는 가설을 검정하는 것으로 해석될 수 없습니다.

그림 14-26 • K-평균 군집분석 결과(6)

결과분석

결과(6)은 각 변수들 개별적으로 최종 군집을 사용하여 일원배치 분산분석을 계산한 결과이다. 군집 간 평균 제곱은 군집이라고 지정된 열에서 나타내고, 군집 내 평균 제곱은 오차라고 지정된 열에서 나타낸다. 두 평균 제곱의 비율은 보통 분산분석 F 통계이다. 마지막 열의 유의확률을 무시하고, 유의성 검정을 위해 F 비율을 사용할 수 없다. 군집들은 차이점을 나타내도록 형성된다.

세 가지 군집들에서 멀리뛰기의 평균은 가장 다르다(F=324.069). 상대적으로 앞으로 굽히기의 평균은 세 가지 군집에서 가장 작은 차이를 나타낸다(F=2.344).

각 군집의 케이스 수

군집	1	111.000
	2	80.000
	3	76.000
유효		267.000
결측		10.000

그림 14-27 • K-평균 군집분석 결과(7)

결과분석

결과(7)로부터 이 케이스에서 군집들이 균일하게 분류되지 않는다는 것을 볼 수 있다. 군집 3에서 케이스가 적으며, 군집 1에서 많은 케이스들이 있다.

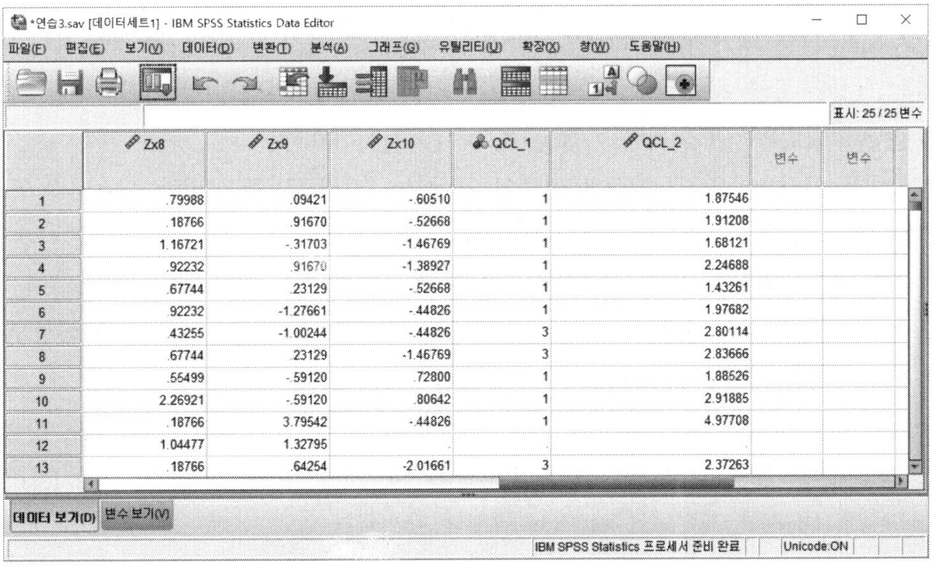

	Zx8	Zx9	Zx10	QCL_1	QCL_2	변수	변수
1	.79988	.09421	-.60510	1	1.87546		
2	.18766	.91670	-.52668	1	1.91208		
3	1.16721	-.31703	-1.46769	1	1.68121		
4	.92232	.91670	-1.38927	1	2.24688		
5	.67744	.23129	-.52668	1	1.43261		
6	.92232	-1.27661	-.44826	1	1.97682		
7	.43255	-1.00244	-.44826	3	2.80114		
8	.67744	.23129	-1.46769	3	2.83666		
9	.55499	-.59120	.72800	1	1.88526		
10	2.26921	-.59120	.80642	1	2.91885		
11	.18766	3.79542	-.44826	1	4.97708		
12	1.04477	1.32795					
13	.18766	.64254	-2.01661	3	2.37263		

그림 14-28 • K-평균 군집분석 결과(8)

결과분석

결과(8)은 데이터 창의 일부로서 [그림 14-19]에서 케이스 군집 번호와 군집중심으로부터의 거리를 저장하라고 지정하였기에 나타난 결과이며, 교차분석 등 추가 분석이 가능하다.

14.2.5 이단계 군집분석

이단계 군집분석은 다른 방법으로는 잘 판단할 수 없는 데이터 파일의 기본 집단(또는 군집) 특성을 분석하는 새로운 기능으로 사용하는 알고리즘에는 일반적인 군집 방법과는 다음과 같은 다른 몇 가지 기능이 있다.

① 변수를 독립변수로 가정하여 범주형 변수 및 연속형 변수를 결합 다항 정규분포로 표시할 수 있다.
② 군집 해법별로 모형 선택 기준값을 비교하여 최적의 군집 수를 자동으로 결정할 수 있다.
③ 이단계 알고리즘에서 레코드를 요약하는 CF(군집 기능)를 구성하여 큰 데이터 파일을 분석할 수 있다.

이단계 군집분석은 연속형 변수와 범주형 변수 모두 사용 가능하며, 케이스는 군집화할 개체, 변수는 군집 기준이 되는 속성을 나타낸다. 이단계 군집분석의 가정은 로그-우도 거리 측정은 군집 모형의 변수를 독립변수로 가정하며, 연속형 변수마다 개별 정규(Gaussian)분포를 가지며 범주형 변수마다 다항분포 특성을 가진다고 가정한다. 실제 내부 검정을 통해 독립성과 분산에 대한 가정에 그리 큰 영향을 받지 않는다는 결론을 얻었지만 되도록이면 이러한 가정을 충족하는 것이 좋다.

이단계 군집분석은 두 연속형 변수의 독립성을 검정하려면 이변량 상관계수 프로시저를 사용하고, 두 범주형 변수의 독립성을 검정하려면 교차분석 프로시저를 사용한다. 연속형 변수와 범주형 변수 간의 독립성을 검정하려면 평균 프로시저를 사용하며, 연속형 변수의 정규성을 검정하려면 탐색 프로시저를 사용하고, 범주형 변수에 다항분포가 지정되어 있는지를 검정하려면 카이제곱검정 프로시저를 사용한다.

사용 예로는 소매 및 소비 제품 판매 회사는 정기적으로 고객의 구매 습관, 성별, 연령, 수입 등을 설명하는 데이터를 군집하는 기술을 사용하며, 회사는 각 고객 집단에 맞는 마케팅 및 제품 개발 전략을 세워 판매를 촉진함은 물론 상품 가치를 높일 수 있다.

예제 신장(X1), 체중(X2), 가슴둘레(X3), 앉은키(X4), 50m 달리기(X5), 팔굽혀펴기(X6), 윗몸 일으키기(X7), 멀리뛰기(X8), 앞으로 굽히기(X9), 오래달리기(X10), 성별(X11)을 이용하여 학생들을 군집분석을 이용하여 그룹으로 분류하시오.

① 먼저 SPSS를 시작하고 저장한 파일 '연습3.sav'를 불러온다(파일(F) → 열기(O) → 데이터(A) → 연습3 → 열기).

② 명목형 자료인 성별(X11)이 포함되었기에 이단계 군집분석을 실시해야 하며, 메뉴에서 **분석(A)** → **분류분석(F)** → **이단계 군집(T)**을 선택한다.

그림 14-29 • 이단계 군집 선택

③ 이단계 군집분석 창에서 범주형 변수인 **성별(X11)**은 **범주형 변수(V)**에 연속형 변수인 X1에서 X10을 **연속형 변수(C)**에 투입한다. 군집의 수를 자동으로 결정하고자 하기에 기본 사항인 **자동 결정(D)**으로 하였다. 만일 분석 목적에 군집의 수가 정해져 있을 때는 **고정된 수 지정(E)**에 군집의 수를 입력한다.

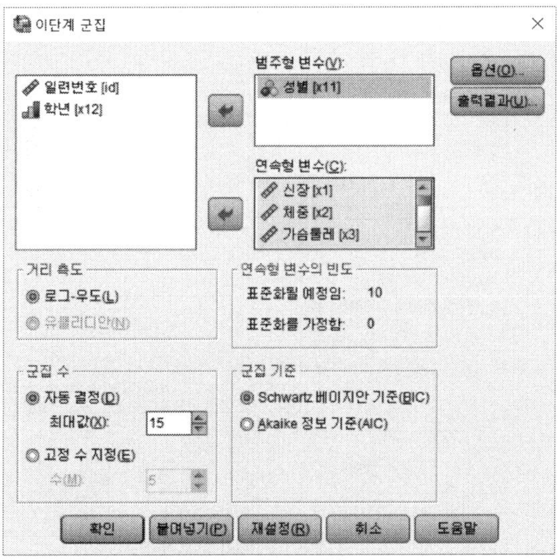

그림 14-30 • 이단계 군집 창

선택사항에 대한 자세한 설명은 다음과 같다.

선택사항		설명
거리 측정		이 기능을 선택하면 두 군집 간 유사성이 계산되는 방식을 결정
거리 측정	로그-우도	로그-우도 측정을 선택하면 변수에 대한 확률분포가 계산되며, 연속형 변수는 정규분포로, 범주형 변수는 다항분포로 계산된다고 가정하며 모든 변수를 독립변수로 가정
	유클리디안	유클리디안 측정을 선택하면 두 군집 간 "직선" 거리가 계산되며, 모든 변수가 연속형 변수인 경우에만 이 옵션을 사용
군집 수	자동 결정	군집 기준에서 지정한 기준을 사용하여 최적의 군집 수를 자동으로 결정하며, 사용자가 선택적으로 이 프로시저에 대한 고려 사항으로 최대 군집 수를 지정하는 양의 정수를 입력
	고정 수 지정	이 옵션에서 양의 정수를 입력하여 해법의 군집 수를 고정할 수 있음
연속형 변수의 빈도		이 옵션을 사용하여 옵션 대화상자에서 만든 연속형 변수 표준화 지정 사항에 대한 요약을 제공
군집 기준		이 기능을 선택하면 자동 군집 알고리즘이 군집 수를 결정하는 방식을 지정할 수 있습니다. 군집 기능으로 Schwartz 베이지언 범위(BIC) 또는 Akaike 정보 기준(AIC)을 지정

④ 이상값의 처리 및 표준화 등을 결정하기 옵션(O)... 을 선택한다. 군집의 깊이 등을 위해 고급(V) >> 을 선택한다.

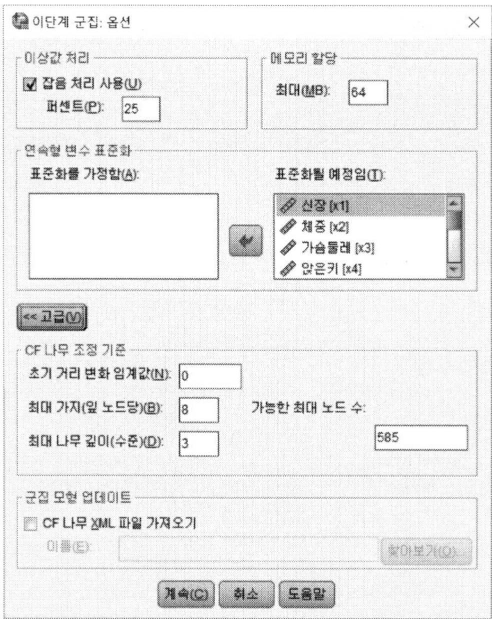

그림 14-31 • 이단계 군집: 옵션

옵션의 선택사항에 대한 자세한 내용은 다음과 같다.

<table>
<tr><th colspan="2">선택사항</th><th>설명</th></tr>
<tr><td colspan="2">이상값 처리</td><td>이 옵션을 사용하면 CF(군집 기능) 트리가 채워진 경우 군집화를 수행하는 동안 이상값을 처리할 수 있으며, CF 트리 리프 노드에 케이스를 더 이상 추가할 수 없거나 리프 노드를 더 이상 나눌 수 없으면 CF 트리가 채워진 것이다.
잡음 처리를 선택하고 CF 트리가 채워진 경우 산재되어 있는 리프의 케이스를 "잡음" 리프에 추가하면 트리가 다시 작성되며, 리프는 최대 리프 크기 케이스의 지정된 퍼센트보다 더 적은 퍼센트의 케이스를 포함하고 있을 때 산재하고 있는 것으로 간주된다. CF 트리가 다시 작성되면 이 트리에 이상값이 적용되며, 그렇지 않으면 이상값은 무시한다.
잡음 처리를 선택하지 않고 CF 트리가 채워진 경우 거리 변경 한계치를 늘려 트리를 다시 작성할 수 있으며, 최종 군집화 후에 군집에 할당될 수 없는 값은 이상값으로 설명된다. -1이라는 식별 번호가 지정된 이상값 군집은 군집수의 빈도에 포함되지 않는다.</td></tr>
<tr><td colspan="2">메모리 할당</td><td>이 옵션을 사용하면 군집 알고리즘이 사용할 최대 메모리 양(MB)을 지정할 수 있으며, 프로시저에서 이 최댓값을 초과하는 경우 시스템에 저장하지 못한 정보를 디스크에 별도로 저장하며, 4보다 크거나 같은 수를 지정한다.
시스템에 지정할 수 있는 최댓값은 시스템에 따라 차이가 나며, 이 값이 너무 작으면 알고리즘에서 올바른 군집 수나 원하는 군집 수를 찾지 못할 수도 있다</td></tr>
<tr><td colspan="2">변수 표준화</td><td>표준화된 연속형 변수에 군집 알고리즘을 수행하며, 표준화되지 않은 모든 연속형 변수는 "표준화될 예정임" 변수로 지정되어야 한다. "표준화를 가정함" 변수로 이미 표준화한 연속형 변수를 선택하면 보다 신속하고 간단하게 군집 알고리즘을 수행할 수 있다.</td></tr>
<tr><td colspan="2">CF 트리 조정 기준</td><td>이단계 군집분석은 사전에 군집수를 정해야 한다.</td></tr>
<tr><td rowspan="4">CF 트리 조정 기준</td><td>초기 거리 변경 한계치</td><td>이 옵션은 CF 트리를 작성할 때 사용되는 초기 한계치이며, 특정 케이스를 CF 트리 리프에 삽입하면 한계치보다 트리가 좁게 작성되므로 리프가 분리되지 않는다. 한계치보다 트리가 넓게 작성되면 리프가 분리된다.</td></tr>
<tr><td>최대 분기 (리프 노드당)</td><td>리프 노드가 가질 수 있는 최대 하위 노드 수</td></tr>
<tr><td>최대 트리 깊이</td><td>CF 트리가 가질 수 있는 최대 리프 수</td></tr>
<tr><td>가능한 최대 노드 수</td><td>b가 최대 분기이고 d가 최대 트리 깊이인 함수$(b^{d+1}-1)/(b-1)$을 기반으로 프로시저에서 생성될 수 있는 최대 CF 트리 노드 수를 나타내며, CF 트리 크기가 너무 크면 시스템 자원이 낭비되기 때문에 프로시저 성능을 저하시킬 수 있고, 각 노드의 최소 저장 공간은 16바이트이다.</td></tr>
<tr><td colspan="2">군집 모형 갱신</td><td>이전 분석에서 생성한 군집 모형을 가져와 갱신할 수 있으며, 입력 파일에는 XML 형식의 CF 트리가 있다. 모형은 활성 파일 데이터로 갱신되며, 이전 분석에서 지정한 순서대로 기본 대화상자의 변수 이름을 선택해야 한다. 같은 파일 이름에 새 모형 정보를 쓰지 않는 한 XML 파일은 변경되지 않는다.
군집 모형 갱신을 지정하면 원래 모형에 대해 지정된 CF 트리의 생성과 관련된 옵션이 사용된다. 즉, 저장된 모형에 대한 거리 측정, 잡음 처리, 메모리 할당 또는 CF 트리 조정 기준 설정이 사용되고 대화상자에 있는 해당 옵션 설정은 모두 무시된다.</td></tr>
</table>

⑤ 군집화 결과 출력에 대한 옵션을 출력하기 위해 출력결과(U)... 을 선택한다. 여기서 작업 데이터 파일에 소속군집 변수 작성(C)를 선택한다.

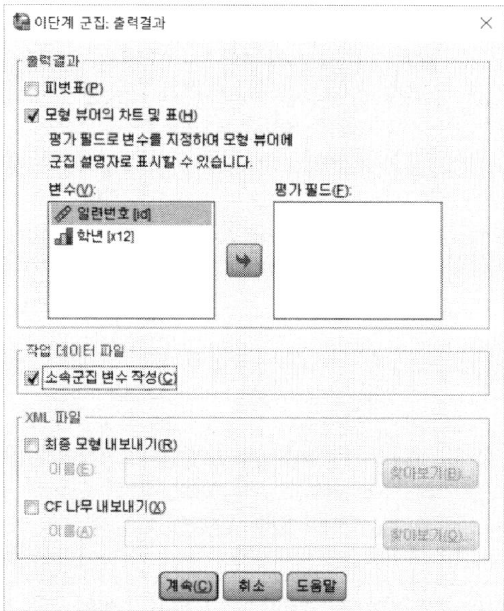

그림 14-32 • 이단계 군집: 출력결과

14.2.6 이단계 군집분석 결과

| 명령문 및 결과 |

명령문

```
TWOSTEP CLUSTER
  /CATEGORICAL VARIABLES=x11
  /CONTINUOUS VARIABLES=x1 x2 x3 x4 x5 x6 x7 x8 x9 x10
  /DISTANCE LIKELIHOOD
  /NUMCLUSTERS AUTO 15 BIC
  /HANDLENOISE 25
  /MEMALLOCATE 64
  /CRITERIA INITHRESHOLD(0) MXBRANCH(8) MXLEVEL(3)
  /VIEWMODEL DISPLAY=YES
  /SAVE VARIABLE=TSC_1006.
```

모델 요약

알고리즘	TwoStep
입력	11
군집	2

군집 품질

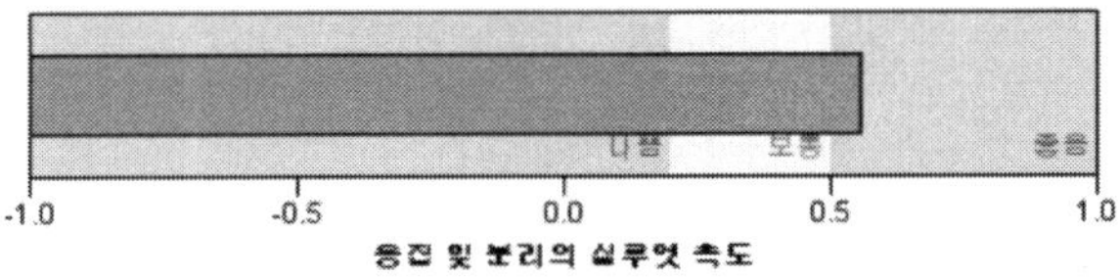

그림 14-33 • 이단계 군집분석 결과(1)

결과분석

여기서는 군집 품질에 대한 측도를 제공하고 있으며, 결과는 비교적 좋은 것으로 보인다.

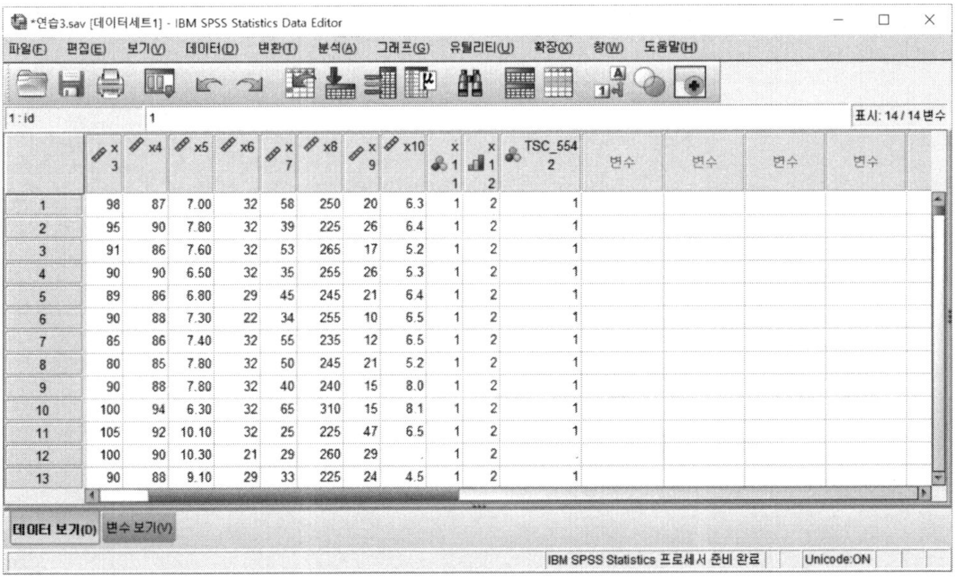

*연습3.sav [데이터세트1] - IBM SPSS Statistics Data Editor

파일(F) 편집(E) 보기(V) 데이터(D) 변환(T) 분석(A) 그래프(G) 유틸리티(U) 확장(X) 창(W) 도움말(H)

1 : id 1 표시: 14 / 14 변수

	x3	x4	x5	x6	x7	x8	x9	x10	x11	x12	TSC_5542	변수	변수	변수	변수
1	98	87	7.00	32	58	250	20	6.3	1	2	1				
2	95	90	7.80	32	39	225	26	6.4	1	2	1				
3	91	86	7.60	32	53	265	17	5.2	1	2	1				
4	90	90	6.50	32	35	255	26	5.3	1	2	1				
5	89	86	6.80	29	45	245	21	6.4	1	2	1				
6	90	88	7.30	22	34	255	10	6.5	1	2	1				
7	85	86	7.40	32	55	235	12	6.5	1	2	1				
8	80	85	7.80	32	50	245	21	5.2	1	2	1				
9	90	88	7.80	32	40	240	15	8.0	1	2	1				
10	100	94	6.30	32	65	310	15	8.1	1	2	1				
11	105	92	10.10	32	25	225	47	6.5	1	2	1				
12	100	90	10.30	21	29	260	29	.	1	2	.				
13	90	88	9.10	29	33	225	24	4.5	1	2	1				

데이터 보기(D) 변수 보기(V)

IBM SPSS Statistics 프로세서 준비 완료 | Unicode:ON

그림 14-34 • 이단계 군집분석 결과(2)

결과분석

결과(7)은 데이터 창의 일부로서 [그림 14-32]에서 소속 군집변수 작성을 지정하였기에 나타난 결과이며, 교차분석 등 추가 분석이 가능하다.

15

신뢰도분석

15.1 개념

신뢰도분석(Reliability Analysis)은 검사의 신뢰도를 알아보고자 할 때 사용하는 것으로, 신뢰도란 한 검사가 측정하고자 하는 내용을 얼마나 정밀하게 측정하고 있는가 하는 정도를 말한다.

신뢰도의 산출과정의 일반적 절차는 다음과 같다.

(1) 신뢰도를 어떤 방법으로 구할 것인가를 결정한다.
  ① 검사 재검사 신뢰도를 구할 것인가(검사도구가 동일검사이어야 함).
  ② 반분검사 신뢰도를 구할 것인가(검사도구 작성 시 고려해야 함).
  ③ 문항 내적 일치도를 구할 것인가.
(2) 방법이 결정된 이후에
  ①을 선택한 경우는 전후검사 간의 상관계수를 구한다.
  ②를 선택한 경우는 검사도구의 특성에 따라(전반부와 후반부 또는 기수문항과 우수문항) 상관계수를 산출한다.
  ③을 선택한 경우는 신뢰도분석을 사용하여 신뢰도를 계산한다.

SPSS에서는 신뢰도분석(reliability)을 척도화분석에서 지원하고 있다. 신뢰도 검사는 설문지, 실험 등의 신뢰도를 알아보고자 할 때 사용하는데, 신뢰도란 측정하고자 하는 내용을 얼마나 정밀하게 측정하고 있는가 하는 정도를 말한다.

가장 일반적인 신뢰도분석은 Chronbach's Alpha라는 내적일관성을 이용하고 있으며, 식은 다음과 같다.

$$\alpha = \frac{N}{N-1}\left(1-\sum\frac{\sigma_i^2}{\sigma_t^2}\right)$$

여기서, N은 문항 수, σ_t^2는 총 분산, σ_i^2는 각 문항의 분산을 의미하며, 문항 전체인 경우 0.5 이상, 개별문항인 경우 0.9 이상이면 신뢰도가 높다.

15.2 SPSS를 이용한 신뢰도분석

이 절에서는 SPSS를 이용하여 신뢰도분석을 실시한다. 연습3 자료의 X1(신장)에서부터 X10(오래달리기)까지를 이용 신뢰도를 살펴보고자 한다.

예제 신장(X1), 체중(X2), 가슴둘레(X3), 앉은키(X4), 50m 달리기(X5), 팔굽혀펴기(X6), 윗몸 일으키기(X7), 멀리뛰기(X8), 앞으로 굽히기(X9), 오래달리기(X10)를 이용하여 자료의 신뢰도를 분석하시오.

① 먼저 SPSS를 시작하고 저장한 파일 '연습3.sav'를 불러온다(**파일(F)** → **열기(O)** → **데이터(A)** → **연습3** → **열기**).

② '연습3.sav' 자료가 나오면 메뉴에서 **분석(A)** → **척도분석(A)** → **신뢰도 분석(R)**을 마우스로 클릭하면 신뢰도분석 창이 열린다.

그림 15-1 • 신뢰도 분석 선택

③ 신뢰도분석 창에서 **항목(I)**에 분석하고자 하는 **변수(X1에서 X10)**를 선택한다. 그리고 **모형(M)**은 가장 일반적으로 사용하는 **알파**로 한다.

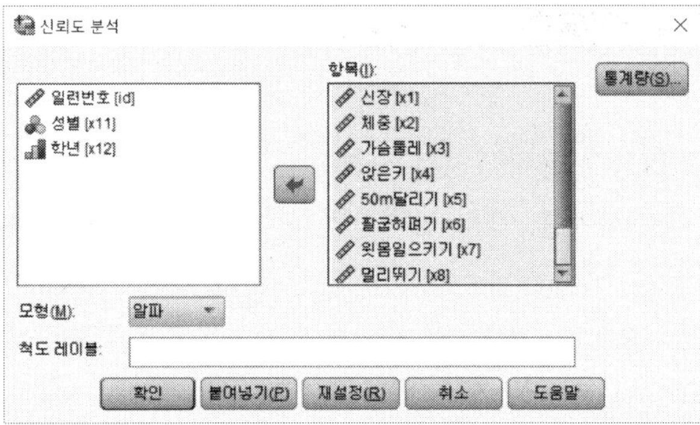

그림 15-2 • 신뢰도 분석 창

모형에 대한 자세한 내용은 다음과 같다.

종류	내용
알파 (Cronbach)	내적일치(internal consistency) 모형으로 평균 항목 간 상관관계를 기준으로 한다. 이분형 데이터의 경우 이 모형은 Kuder-Richardson 20(KR20) 계수와 동일하다.
반분계수	해당 척도를 두 부분으로 분리하고 부분 간 상관관계를 검사한다. 형식 간 상관관계, Guttman 반분 신뢰도, Spearman-Brown 신뢰도(같은 길이와 같지 않은 길이), 각 절반에 대한 알파계수이다.
Guttman	이 모형에서는 실제 신뢰도에 대한 Guttman의 하한값을 계산한다. 람다 1에서 람다 6까지의 신뢰도 계수를 제공한다.
평형	여러 복사본의 모든 항목에는 등분산과 동일한 오차 분산이 있는 것으로 가정한다.
절대 평형	동형 모형을 가정하며 여러 항목에서 평균은 동일한 것으로 가정한다.

④ 기술통계량을 보기 위해 통계량(S)...을 클릭한다. 여기서는 **항목제거시 척도(A)**를 선택한다.

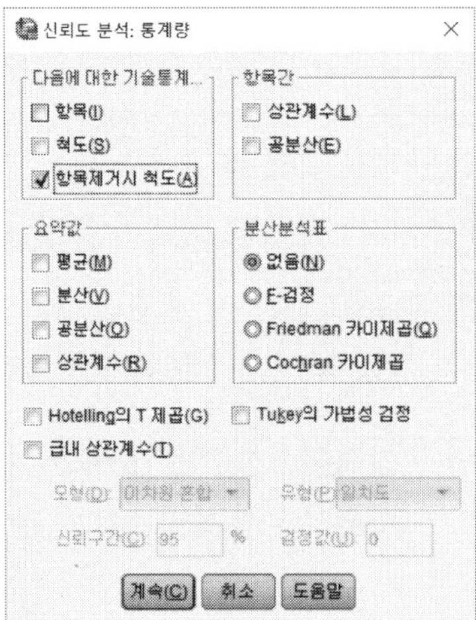

그림 15-3 • 신뢰도 분석: 통계량 창

통계량에 대한 자세한 내용은 다음과 같다.

구분	종류	내용
항목제거시 척도		다른 항목으로 구성된 척도에 각 항목을 비교하여 요약 통계량을 보여주며, 통계량에는 척도에서 항목이 삭제된 경우의 척도 평균 및 분산, 삭제된 항목과 다른 항목으로 구성된 척도 간 상관관계 및 항목이 삭제된 경우의 Cronbach 알파가 포함된다.
요약값	평균	항목 평균에 대한 요약 통계량이며, 최소, 최대 및 평균 항목 평균, 항목 평균의 범위 및 분산, 최소 항목 평균에 대한 최대 항목 평균의 비율이 표시된다.
	분산	항목 분산에 대한 요약 통계량이며, 최소, 최대 및 평균 항목 분산, 항목 분산의 범위 및 분산, 최소 항목 분산에 대한 최대 항목 분산의 비율이 표시된다.
	공분산	항목 내 공분산에 대한 요약 통계량이며, 최소, 최대, 평균 항목 내 공분산, 항목 내 공분산의 범위 및 분산, 최소 항목 내 공분산에 대한 최대 항목 내 공분산의 비율 등이 표시된다.
	상관	항목 내 상관에 대한 요약 통계량이며, 최소, 최대, 평균 항목 내 상관관계, 항목 내 상관관계의 범위 및 분산, 최소 항목 내 상관관계에 대한 최대 항목 내 상관관계의 비율 등이 표시된다.
항목간		항목간 상관행렬이나 공분산 행렬을 생성한다.
분산 분석표	F-검정	반복측정 분산분석표를 출력한다.
	Friedman 카이제곱	Friedman 카이제곱과 Kendall 일치 상관계수를 표시하며, 이 옵션은 순위 형식의 데이터에 적합 한다. 카이제곱 검정은 분산분석표의 일반적인 F 검정을 대체한다.
	Cochran 카이제곱	Cochran의 Q를 표시하며, 이 옵션은 이분형 데이터에 적합 한다. Q 통계량은 분산분석표에서 일반적인 F 통계량을 대체한다.
Hotelling의 T 제곱		척도의 모든 항목의 평균은 0이라는 영가설에 대해 다변량 검정을 생성한다.
Tukey의 가법성 검정		항목 간에 다변량 반복계산을 하지 않는 가정에 대한 검정을 생성한다.
급내 상관계수		케이스 내에서 척도의 일치 또는 값의 일치를 생성한다. - 모형: 급내 상관계수를 계산하는 모형을 선택하며, 사용할 수 있는 모형은 이차원 혼합, 이차원 변량, 일차원 변량이다. 사람 효과가 변량효과이고 항목 효과가 모수효과인 경우 이차원 혼합 모형을, 사람 효과와 항목 효과가 모두 변량효과인 경우 이차원 변량 모형을, 사람 효과가 변량효과인 경우 일차원 변량 모형을 선택한다. - 유형: 지수의 유형을 선택하며, 사용할 수 있는 유형은 일치와 절대 동의서이다. - 신뢰구간: 신뢰구간의 수준을 지정하며, 기본은 95%이다. - 검정값: 가설검정에 사용하는 가설의 계수 값을 지정하며, 이 값은 관측값과 비교된다. 기본값은 0이다.

⑤ 확인을 클릭하면 출력결과가 나타난다.

| 명령문 및 결과 |

명령문

```
RELIABILITY
  /VARIABLES=x1 x2 x3 x4 x5 x6 x7 x8 x9 x10
  /SCALE('ALL VARIABLES') ALL
  /MODEL=ALPHA
  /SUMMARY=TOTAL.
```

케이스 처리 요약

		N	%
케이스	유효	267	96.4
	제외됨[a]	10	3.6
	전체	277	100.0

a. 목록별 삭제는 프로시저의 모든 변수를 기준으로 합니다.

그림 15-4 • 신뢰도 분석 결과(1)

신뢰도 통계량

Cronbach의 알파	항목 수
.689	10

항목 총계 통계량

	항목이 삭제된 경우 척도 평균	항목이 삭제된 경우 척도 분산	수정된 항목-전체 상관계수	항목이 삭제된 경우 Cronbach 알파
신장	544.5030	5195.213	.768	.634
체중	655.4431	5146.299	.652	.635
가슴둘레	625.7876	5475.061	.587	.656
앉은키	623.2970	5763.372	.579	.673
50m달리기	702.5524	6327.592	-.767	.711
팔굽혀펴기	687.3794	4670.350	.642	.613
윗몸일으키기	673.5554	4742.134	.627	.618
멀리뛰기	494.6079	1750.467	.795	.699
앞으로굽히기	692.1884	6120.365	-.023	.704
오래달리기	704.4487	6232.402	-.481	.704

그림 15-5 • 신뢰도 분석 결과(2)

결과분석

결과(1)은 신뢰도분석에 사용된 데이터의 수를 의미한다.

결과(2)에서 Cronbach의 α가 0.689가 나왔다. 문항 전체인 경우 α가 0.5 이상, 개별문항인 경우 0.9 이상이면 신뢰도가 높다고 할 수 있는데 여기서는 별로 높지 않게 나타났다.

항목이 삭제된 경우 Cronbach 알파에서 50m 달리기의 값이 0.711로 가장 높게 나타났는데, 이것의 의미는 50m 달리기의 값을 제거하고 나면 신뢰도가 0.689에서 0.711로 높아진다는 것이다. 즉, 10개의 변수에서 50m 달리기의 값은 같은 속성이 아니라는 의미이다.

반면, 팔굽혀펴기를 제거할 때는 오히려 신뢰도가 0.613으로 낮아지기 때문에 중요한 속성이란 의미이다.

50m 달리기, 오래달리기의 경우에 수정된 항목-전체 상관관계가 음수로 나오는 것을 확인할 수 있다. 이는 다른 변수에 비해 값이 낮을수록 좋은 값이기 때문이다. 따라서 두 변수는 변수 변환 후에 다시 분석을 하여야 한다. 그러나 앞으로 굽히기의 경우는 합계와의 상관계수가 음수이며, 낮게 나와 다른 변수와는 다른 성격을 가지고 있다. 즉, 전체 변수를 하나의 측도로 평가할 때 앞으로 굽히기는 생략하는 것이 좋다.

예제 앞의 예제에서 50m 달리기(X5)와 오래달리기(X10)의 경우는 체력과 반비례 관계에 있기에 이를 고려하여 자료의 신뢰도를 분석하시오.

다음은 변수 계산을 통하여 수정된 항목-전체 상관관계가 음수로 나타난 X5(50m 달리기)와 X10(오래달리기)을 각각 20초와의 차이와 20분과의 차이로 변수 변환하여 신뢰도분석을 실시하고자 한다. 이렇게 되면 다른 변수와 동일하게 점수가 높은 학생이 좋게 점수가 나타나게 된다.

① 먼저 SPSS를 시작하고 저장한 파일 '연습3.sav'를 불러온다(**파일(F)** → **열기(O)** → **데이터(A)** → **연습3** → **열기**).

② '연습3.sav' 자료가 나오면 메뉴에서 **변환(T)** → **변수 계산(C)**로 마우스로 클릭하면 변수 계산 창이 열린다.

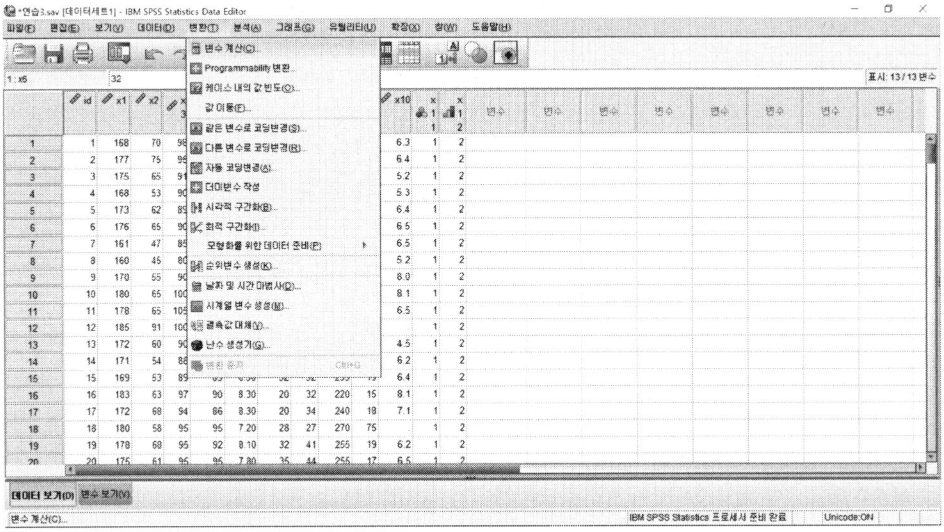

그림 15-6 • 변수 계산 메뉴

③ 변수 계산 창에서 새로운 변수는 XX5로 하고 숫자 표현식은 20 − X5로 하고, 새로운 변수는 XX10으로 하고 숫자 표현식은 20 − X10으로 한다. 즉, 새로운 식은 다음과 같다. 여기서 새로운 변수의 이름은 기존 변수와 다르게 하며, 기존 변수를 쉽게 연관시킬 수 있는 이름이 좋다.

$$XX5 = 20 - X5$$
$$XX10 = 20 - X10$$

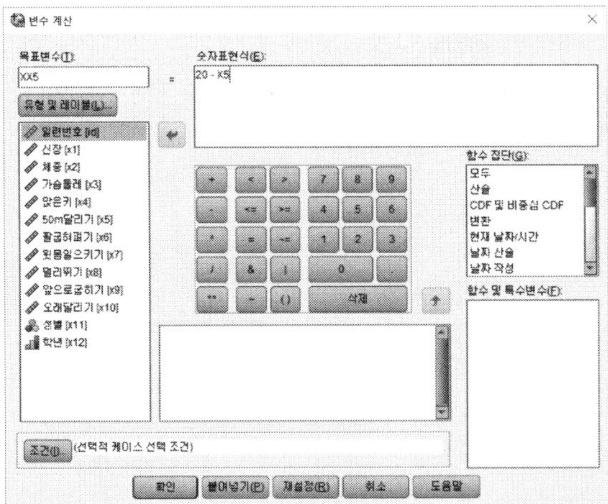

그림 15-7 • 변수 계산 창

④ 앞과 동일하게 신뢰도 분석을 실시하면 변수는 X5 대신 XX5, X10 대신 XX10을 투입한다.

| 명령문 및 결과 |

명령문

```
COMPUTE xx5=20-x5.
EXECUTE.
COMPUTE xx10=20-x10.
EXECUTE.
RELIABILITY
  /VARIABLES=x1 x2 x3 x4 x6 x7 x8 x9 xx5 xx10
  /SCALE('ALL VARIABLES') ALL
  /MODEL=ALPHA
  /SUMMARY=TOTAL.
```

신뢰도 통계량

Cronbach의 알파	항목 수
.726	10

항목 총계 통계량

	항목이 삭제된 경우 척도 평균	항목이 삭제된 경우 척도 분산	수정된 항목-전체 상관계수	항목이 삭제된 경우 Cronbach 알파
신장	552.3884	5737.471	.768	.680
체중	663.3285	5690.123	.650	.682
가슴둘레	633.6730	6032.800	.586	.699
앉은키	631.1824	6335.618	.576	.714
팔굽혀펴기	695.2648	5171.179	.652	.663
윗몸일으키기	681.4408	5257.097	.631	.667
멀리뛰기	502.4933	2038.398	.818	.759
앞으로굽히기	700.0738	6712.156	-.026	.741
XX5	708.3914	6525.222	.765	.723
XX10	706.4951	6622.139	.478	.729

그림 15-8 • 신뢰도분석 결과(3)

결과분석

결과(3)은 전체의 신뢰도가 0.726으로 앞 예제보다 높아진 것을 볼 수 있다. 또한 여기서도 멀리뛰기를 제거하면 0.759로 더욱 높아지는 것을 볼 수 있다.

konwhow

사회과학 분야에서 요인 분석 후에 같은 그룹으로 묶인 변수 군을 신뢰도분석을 통하여 얼마나 잘 분류가 되었는지 여부를 알 수 있으며, 재분류를 위한 검사도구로도 사용한다.
또한 설문지가 얼마나 신뢰성 있게 작성되었는지를 알 수 있도록 한다. 기본적인 가정으로 설문에 대한 응답은 진실 되게 잘 이루어졌다는 가정을 두기에 신뢰도가 낮다면 설문 문항이 잘못 이루어진 것으로 해석한다.

16

다차원척도법

16.1 개념 및 절차

다차원척도법(Multidimensional Scaling; MDS)은 변수 간 또는 케이스 간 거리측도 집합에서 구조를 찾는다. 원래 계량심리학 분야에서 발전되었으나, 마케팅 분야에서는 1970년을 전후로 마케팅 조사자들이 제품 포지셔닝(positioning)을 목적으로 응답자들의 제품에 대한 심리적 거리를 측정하여 시장세분화를 위한 도구로 사용하면서 급속히 발전되어 온 개념이다.

이 방법은 공간의 점간 거리가 제공된 상이성에 가능한 한 가까워지도록 관측값을 개념적 공간(보통 2차원이나 3차원)의 특정 위치로 할당함으로써 수행된다. 개념적 공간의 차원들은 데이터를 좀 더 잘 이해할 수 있도록 해석되고, 사용될 수 있는 경우가 많이 있다. 변수를 객관적으로 측정한 경우 다차원척도법을 데이터 축소 기술로 사용할 수 있으며, 필요한 경우 다차원척도법 과정은 다변량 데이터로부터의 거리를 계산한다. 다차원척도법은 개체 간 또는 개념 간 상이성에 대한 주관적 등급에 적용될 수도 있다. 또한 다차원척도법 과정은 여러 평가자나 질문 응답자가 있는 경우처럼 다중 소스로부터의 상이성 데이터를 처리할 수 있다.

우리는 주위의 여러 대상들과 관계를 맺으면서 살고 있다. 그리고 이들을 끊임없이 관찰하고 비교하는 가운데, 관찰대상들을 좋아하는 것과 싫어하는 것 또는 서로 비슷한 것과 다른 것으로 분류하게 된다. 대상물을 인지하고 평가할 때 사용하는 기준은 사람에 따라 다를 수 있다. 그런데 인간은 인지 능력의 한계 때문에 대상물이 갖고 있는 모든 속성을 평가 기준으로 삼기보다는, 자신에게 편리하고 중요하다고 생각되는 몇 가지 속성만을 선택적으로 사용하는 경향이 높다. 예컨대 전자제품을 선택하는 기준으로 가격, 디자인, 광고, 실용성 등을 고려한다고 할 때, 사람에 따라 선택기준에 대한 가중치가 다르기 때문에 각기 다른 냉장고를 고르게 된다.

다차원 척도분석은 인지도 분석(Perceptual Mapping)이라고도 하는데, 대상들 간의 관련 이미지(회사, 제품, 서비스 등)의 복잡한 관계를 적은 수의 차원(2차원 혹은 3차원)의 공간에서 단순한 구도로 시각화하여 주는 통계분석기법이다. 이 기법은 앞장에서 설명한 판별분석이나 군집분석과 같은 분류기법이지만, 단순분류의 특성을 넘어서서 대상물이 위치하는 지점을 시각적 구도 속에서 알려준다는 점에서 유용하게 사용된다.

다차원 척도분석 법이 마케팅에서 사용되고 있는 적용 범위는 다음과 같다.

① 단골 고객과 일반고객 사이의 회사에 대한 이미지 측정

② 시장 세분화 전략
③ 신제품 개발
④ 광고효과 측정
⑤ 가격분석
⑤ 유통경로 결정
⑦ 소비자들이 중요하게 생각하는 제품의 특성파악

이 분석기법은 마케팅뿐만 아니라, 다른 사회과학이나 이학 분야에서도 널리 이용되고 있다.

다차원 척도분석 기법은 소비자가 대상을 인지하거나 평가할 때 어떠한 기준에 의해서 평가하게 되는지를 규명하기 위해서 적정수의 평가차원을 결정하며, 그리고 규명된 각 차원이 의미하는 바와 각 차원에서의 좌표를 적절히 해석하는 등 여러 가지 목적을 가진다. 여기서 차원이란, 수학적으로 말해서 이차원은 평면을 구성하고, 삼차원은 공간을 구성한다는 의미이다. 이차원이나 삼차원과 같은 저차원은 관찰 대상들을 시각적으로 구분할 수 있게 해준다.

연구자가 다차원 척도분석을 실행하려면, 자료를 적합한 형태로 취합하고 분석을 쉽게 하기 위해서 다차원 척도분석 절차를 잘 알아야 한다. 연구자가 해결해야 할 중요한 문제는 좌표평면에서 차원 수를 몇 개로 결정하는가 하는 문제이다. 또한 차원의 이름을 결정하는 것도 중요한 문제이다. 마지막으로 획득된 결과에 대한 평가도 역시 중요한 대목이다. 다차원 척도분석의 실행절차는 다음과 같다.

[1] 문제의 정의

문제 정의를 위해서 연구자는 다차원척도분석의 결과가 어디에 쓰일 것인지에 대하여 정확하게 파악하고 있어야 한다.

[2] 입력자료 획득

다차원척도에서의 입력자료는 유사성 또는 선호도의 자료가 이용된다. 유사성이나 선호도의 자료는 매트릭(metric) 형태와 비매트릭(nonmetric) 형태로 구분될 수 있는데, 매트릭 형태의 자료는 유사성이나 선호도가 등간척도나 비율척도로 측정하여 얻어진 자료이며, 비매트릭 자료는 서열척도에 의하여 얻어진 자료를 의미한다.

[3] 다차원척도 방법 선택

다차원척도법은 주로 소비자들의 심리상에 위치해 있는 평가 대상들의 상대적인 위치를 도표화 하여 나타내는 기법이다. 다차원척도법(MDS)의 종류로는 전통적 다차원척도법(Classical MDS), 반복 다차원척도법(Replicated MDS), 가중 다차원척도법(Weighted MDS) 등이 있다.

전통적 다차원척도법(Classical MDS)은 비유사성 행렬이 단 한 개인 경우로 가장 간단한 다차원척도법이다. 반복 다차원척도법(Replicated MDS)은 하나 이상의 자료 행렬을 분석하는 경우에 사용되는 방법이다. 가중 다차원척도법(Weighted MDS)은 개인별이나 또는 세부적인 집단별 평가를 할 수 있는 다차원척도법으로 INDISCAL(INdividual Difference SCALing)이라고도 한다.

[4] 차원 수 결정

다차원 척도분석은 입력자료를 이용하여 공간상에서 관찰대상들 간의 상대적인 거리를 가능한 정확히 위치시킴으로써 다차원 평가공간을 형성한다. 관찰대상들의 상대적인 거리의 정확도를 높이기 위해서, 다차원 공간에의 적합(fitting)은 더 이상의 개선이 안 될 때까지 반복적으로 계속된다. 이 적합의 정도를 스트레스 값(stress value)으로 표현한다. 다른 말로 하면, 스트레스 값은 불일치의 정도(badness of fits)로 볼 수 있다. 스트레스 값의 크기에 따라 차원 수 결정이 적절한지를 판단한다. 스트레스의 식은 다음과 같다.

$$\mathrm{STRESS} = \sqrt{\frac{\sum_{i<j}(S_{ij}-\hat{S}_{ij})^2}{\sum_{i<j} S_{ij}^2}}$$

$$\mathrm{S-STRESS} = \sqrt{\frac{\sum_{i<j}(S_{ij}-\hat{S}_{ij})^2}{\sum_{i<j} (S_{ij}^2)^2}}$$

여기에서 $\hat{S}_{ij}$는 측정 모형에서 구한 S_{ij}의 적합값이다.

[5] 차원이름과 포지셔닝 맵 설명

차원의 수가 결정되면 연구자는 차원의 이름을 결정하여야 한다. 요인분석에서 요인이름을 결정하는 것과 같은 원리로, 다차원 척도분석에서도 연구자 자신이 각 차원의 이름을 결정해야 한다. 차원의 이름을 결정하는 방법은 관찰대상들에 대해서 잘 알고 있는 전문가에 의한 방법, 회귀분석을 통한 방법, 점수 간의 상관계수가 높은 속성을 차원이름으로 이용하는 방법 등이 있다.

각 차원에 이름을 부여하고 나면, 포지셔닝 맵을 얻을 수 있다. 포지셔닝 맵이란 소비자들이 제품, 상표 등을 평가하는 기준에 비추어 볼 때 어떠한 평가를 하고 있는가를 나타내 주는 것이다. 포지션이란 소비자들이 특정 대상에 대하여 느끼는 심리적 공간상의 위치를 말한다. 포지셔닝 맵은 시장과 경쟁구조에 대한 기초적인 진단을 통하여 소비자들의 인지 → 선호 → 선택에 이르는 일련의 과정을 일관성 있게 이해할 수 있도록 해주므로, 신제품개발, 시장세분화, 포지셔닝, 마케팅믹스 전략 등에 효과적으로 이용할 수 있다.

[6] 신뢰성과 타당성 검정

다차원 척도분석의 결과에 대해 신뢰성과 타당성을 알아보기 위해서는 모형의 적합도 지수(Index of fit)를 알아보아야 한다. 모형의 적합도 지수는 회귀분석에서 R^2과 유사한 것이다. 적합도 지수는 0과 1 사이에 있으며, 0.6 이상이면 설명력이 높다고 할 수 있다. 또한 신뢰성 검정을 동일한 측정도구를 사용하여 1차 측정한 후에 재측정을 하여, 두 측정값들 간의 차이를 분석하는 test-retest reliability를 사용하는 방법이 있다.

16.2 SPSS를 이용한 다차원척도법

16.2.1 가중 다차원척도법

이 절에서는 SPSS를 이용하여 순서상에서는 후순위이지만 가장 많이 사용되는 가중 다차원척도법을 실시한다. 가중 다차원척도법(Weighted MDS)은 유클리드 거리 모형을 일반화한 것으로서 여러 개의 비유사성 행렬들은 비선형적으로 서로 다르다는 것을 가정하고 있다. 반복 다차원척도법은 개별 측정의 차이점만을 설명해 주지만, 가중 다차원척도법은 개인별 차이를 인지과정 상에서 설명하여 준다. 모든 사람에게 공통되는 공간이 있지만, 각 개인은 각 공간의 차원에 대해서 고유한 가중치를 갖는다고 가정하여 전체적인 차원과 개인별 가중치를 고려한 자료를 제공해 준다. 이 기법은 개인별 또는 세부적인 집단별 차이를 평가할 수 있는 다차원척도법으로 INDISCAL(INdividual Difference SCALing)이라고도 한다.

분석에서 사용할 자료는 어떤 회사의 고객센터의 상담원에 대한 응대 태도를 측정한 자료의 일부를 이용한다. 설문지의 형태는 다음과 같다.

텔레서비스 이용 센터/지사 名 : [☞ 면접원 기재]		
① 서울센터	② 대전센터	③ 광주센터
④ 대구센터	⑤ 부산·경남센터	⑥ 제주지사

귀하께서 상담 받으셨던 ◉◉센터의 '상담 직원의 응대태도'와 '업무처리 능력'에 관련하여 어느 정도 만족하셨는지 '매우불만', '불만, '보통', '만족', '매우만족' 중 선택하여 말씀해 주십시오.

상담직원의 응대태도	매우 불만	불만족	보통	만족	매우 만족
1) 상담원이 인사를 하며 친절하게 응대해 준 정도	1	2	3	4	5
2) 상담원이 상냥한 목소리로 정중하게 상담에 응한 정도	1	2	3	4	5
3) 상담원이 문의사항에 대해 적극적으로 응대해 준 정도	1	2	3	4	5
4) 상담원이 요청사항을 신속하게 처리하는 정도	1	2	3	4	5
5) 상담원이 요청사항을 정확하게 처리하는 정도	1	2	3	4	5
6) 상담원이 요청사항을 적극적으로 처리하는 정도	1	2	3	4	5

다음은 '연습4.sav'로 저장한 설문에 대한 결과이다.

```
 1 1 3 4 3 3 4 4 | 29 1 2 2 2 3 3 3 | 57 1 4 4 4 3 5 4 |  85 1 5 5 5 4 4 4
 2 1 3 3 3 3 4 3 | 30 1 2 4 3 4 4 4 | 58 1 5 5 5 4 5 4 |  86 1 4 4 4 3 3 3
 3 1 3 4 3 3 3 4 | 31 1 3 4 4 4 4 4 | 59 1 5 5 5 3 5 5 |  87 1 5 5 4 1 2 2
 4 1 3 4 4 3 4 4 | 32 1 4 3 3 4 4 3 | 60 1 5 5 5 4 5 4 |  88 1 3 3 3 1 1 3
 5 1 4 3 3 3 3 4 | 33 1 3 3 3 4 4 3 | 61 1 4 4 3 3 1 1 |  89 1 3 3 3 4 4 4
 6 1 2 4 3 2 3 3 | 34 1 2 3 3 2 2 2 | 62 1 3 4 3 4 4 3 |  90 1 3 3 3 4 4 4
 7 1 3 4 3 3 4 3 | 35 1 3 2 2 3 2 2 | 63 1 2 2 1 1 1 1 |  91 1 2 2 2 1 1 1
 8 1 4 4 5 4 3 4 | 36 1 3 3 3 4 4 4 | 64 1 4 3 4 4 4 3 |  92 1 4 4 4 3 3 3
 9 1 4 4 4 3 4 3 | 37 1 3 3 3 4 4 4 | 65 1 4 3 4 5 5 5 |  93 1 4 4 4 4 3 4
10 1 3 4 4 3 3 4 | 38 1 3 3 4 3 2 4 | 66 1 4 3 4 3 2 3 |  94 1 4 4 4 3 3 3
11 1 2 3 2 2 3 3 | 39 1 3 3 3 4 3 4 | 67 1 4 4 4 5 5 5 |  95 1 1 1 1 1 2 1
12 1 4 4 4 4 3 3 | 40 1 3 4 3 3 3 3 | 68 1 2 2 2 2 1 2 |  96 1 5 5 5 4 4 4
13 1 3 3 3 3 4 4 | 41 1 4 4 3 4 3 3 | 69 1 3 3 3 4 3 4 |  97 1 3 3 3 4 4 4
14 1 4 4 4 3 3 3 | 42 1 4 5 4 4 4 4 | 70 1 4 4 4 3 3 4 |  98 1 2 2 2 3 3 3
15 1 3 3 3 3 4 4 | 43 1 3 4 3 4 4 3 | 71 1 4 4 4 5 5 5 |  99 1 2 2 2 3 3 3
16 1 4 2 2 3 4 4 | 44 1 4 4 4 4 5 4 | 72 1 4 4 4 5 5 5 | 100 1 4 4 4 3 3 3
17 1 3 4 4 3 3 3 | 45 1 4 4 4 4 5 4 | 73 1 3 3 3 3 4 4 | 101 1 4 4 4 3 3 3
18 1 3 2 2 2 3 3 | 46 1 4 4 4 4 5 4 | 74 1 4 4 4 3 4 3 | 102 1 2 2 2 3 3 3
19 1 3 3 3 4 4 3 | 47 1 4 4 4 4 5 4 | 75 1 4 4 4 2 4 4 | 103 1 5 5 5 3 3 3
20 1 3 3 3 4 3 3 | 48 1 4 4 4 3 3 3 | 76 1 4 3 3 4 4 3 | 104 1 4 4 4 3 3 3
21 1 3 4 4 4 3 4 | 49 1 3 2 3 5 3 4 | 77 1 4 4 3 3 3 3 | 105 1 3 3 3 4 4 4
22 1 2 3 3 3 3 3 | 50 1 3 3 3 4 4 4 | 78 1 4 4 3 3 3 3 | 106 1 2 2 2 3 3 3
23 1 4 3 3 3 3 3 | 51 1 5 4 4 4 4 4 | 79 1 4 4 4 5 5 5 | 107 1 5 5 5 3 3 3
24 1 4 3 3 3 4 2 | 52 1 3 4 3 5 5 5 | 80 1 4 4 4 3 3 3 | 108 1 5 5 5 2 2 2
25 1 4 3 3 4 4 4 | 53 1 4 4 4 1 1 1 | 81 1 4 4 4 5 5 5 | 109 1 5 5 5 2 2 2
26 1 3 3 3 4 4 3 | 54 1 4 4 4 3 3 3 | 82 1 5 3 3 3 3 3 | 110 1 4 4 4 3 3 3
27 1 3 2 2 2 2 2 | 55 1 3 3 3 4 4 4 | 83 1 3 3 3 2 2 2 | 111 1 4 4 4 5 5 5
28 1 3 3 3 4 4 4 | 56 1 4 4 5 5 5 5 | 84 1 4 4 4 3 3 3 | 112 1 4 4 4 5 5 5
```

```
113 1 5 5 5 4 4 4
114 1 3 3 4 4 4 4
115 1 3 3 3 4 4 4
116 1 5 5 4 4 5 5
117 1 4 4 3 4 4 4
118 2 5 5 5 4 4 5
119 2 4 4 3 5 5 5
120 2 4 3 3 4 3 3
121 2 3 3 3 2 2 3
122 2 3 3 3 2 3 3
123 2 1 1 1 5 5 5
124 2 2 2 2 3 3 3
125 2 4 4 5 4 4 5
126 2 3 3 3 4 4 4
127 2 3 3 3 4 4 4
128 2 2 2 2 3 3 3
129 2 3 3 3 4 4 4
130 2 4 3 3 3 3 3
131 2 3 3 3 4 4 4
132 2 4 4 4 5 5 5
133 2 5 5 5 3 3 3
134 2 4 4 4 5 5 5
135 2 3 3 4 4 4 4
136 2 3 3 3 4 4 4
137 2 3 3 3 4 4 4
138 2 4 4 4 5 4 4
139 2 4 4 4 2 2 2
140 2 4 3 4 3 3 3
141 2 1 2 2 4 4 2
142 2 4 4 4 3 3 3
143 2 4 4 3 2 2 2
144 2 4 4 4 5 5 5
145 2 3 3 3 4 4 4
146 3 2 3 3 1 1 1
147 3 4 4 3 4 3 3
148 3 5 5 5 5 4 4
149 3 4 4 4 4 4 3
150 3 5 5 5 4 3 3
151 3 4 4 4 2 2 4
152 3 4 4 4 3 3 3
153 3 3 4 3 3 3 4
154 3 3 4 4 4 4 4
155 3 4 4 4 5 5 5
156 3 4 4 4 3 5 4
157 3 5 4 5 4 5 5
158 3 4 4 4 5 5 5
159 3 3 3 3 3 4 3
160 3 5 5 5 4 4 4
161 3 3 3 3 2 2 2
162 3 4 4 4 3 3 3
163 4 4 4 4 4 4 4
164 4 3 3 3 4 4 4
165 4 3 3 2 2 2 2
166 4 3 3 2 3 3 2
167 4 4 4 3 4 4 3
168 4 3 2 2 2 1 1
169 4 3 3 4 4 4 3
170 4 4 4 4 2 3 3
171 4 4 4 3 4 3 4
172 4 3 3 3 4 4 3
173 4 4 4 3 4 4 4
174 4 3 4 3 3 4 3
175 4 3 3 3 4 4 4
176 4 3 3 3 3 4 4
177 4 3 3 3 4 4 4
178 4 3 4 4 4 4 4
179 4 4 4 4 3 3 3
180 4 3 3 3 4 4 4
181 4 3 3 3 4 4 4
182 4 3 3 3 4 4 4
183 4 3 3 3 4 4 4
184 4 3 3 3 4 4 4
185 4 3 3 3 4 4 4
186 4 3 3 3 3 4 3
187 4 3 3 3 4 4 4
188 4 3 3 3 4 4 4
189 4 4 4 4 3 3 3
190 4 3 3 3 4 4 4
191 4 3 3 3 3 3 3
192 4 3 3 4 3 2 3
193 4 4 3 3 2 4 3
194 4 2 2 2 3 2 3
195 4 3 2 3 4 4 3
196 4 2 2 3 3 3 3
197 4 2 2 2 2 1 3
198 4 3 3 3 3 2 2
199 4 2 2 2 3 3 3
200 4 3 3 3 2 2 3
201 4 3 3 3 3 2 2
202 4 2 3 2 3 3 3
203 4 3 2 3 4 3 4
204 4 2 1 2 3 2 2
205 4 3 2 3 3 3 3
206 4 2 3 3 3 3 3
207 4 3 3 3 2 2 2
208 4 3 3 3 3 2 2
209 4 3 3 3 2 2 3
210 4 4 3 3 3 3 4
211 4 3 3 3 2 2 2
212 4 2 3 3 3 2 2
213 4 3 3 3 3 2 2
214 4 2 2 1 2 3 3
215 4 2 2 3 3 3 3
216 5 3 3 3 4 3 3
217 5 4 4 4 3 3 3
218 5 4 4 4 3 3 3
219 5 4 4 3 3 3 3
220 5 2 3 2 2 3 3
221 5 4 4 4 4 4 3
222 5 2 2 2 3 3 3
223 5 4 4 4 3 3 3
224 5 5 4 4 4 5 5
225 5 4 4 4 5 5 4
226 5 4 4 4 3 4 4
227 5 3 3 3 3 3 2
228 5 4 4 4 3 3 4
229 5 4 4 4 3 4 3
230 5 3 3 3 4 4 4
231 5 3 3 3 4 4 4
232 5 3 4 3 3 3 3
233 5 3 2 2 2 2 2
234 5 3 3 2 3 2 3
235 5 4 4 4 3 3 3
236 5 2 3 2 2 2 3
237 5 3 3 3 2 2 2
238 5 4 4 4 3 3 3
239 5 4 4 4 3 3 3
240 5 2 2 2 2 3 3
241 5 4 4 4 3 3 3
242 5 3 3 3 2 2 2
243 5 3 4 4 3 3 3
244 5 3 3 3 4 4 4
245 5 3 4 3 3 4 4
246 5 2 2 2 3 3 3
247 5 4 4 4 3 3 3
248 5 2 2 2 3 3 3
249 5 4 4 4 2 2 2
250 5 3 3 4 4 4 4
251 5 2 2 2 1 1 1
252 5 3 3 3 4 4 4
253 5 3 3 3 1 1 1
254 5 3 3 3 2 2 2
255 5 4 4 4 3 3 3
256 5 4 4 4 5 5 5
257 5 3 3 3 2 2 2
258 5 3 3 3 2 2 2
259 5 5 5 5 4 4 4
260 5 4 4 4 3 3 3
261 5 5 5 5 4 4 4
262 5 4 4 4 5 5 5
263 6 4 4 4 3 3 3
264 6 3 3 3 2 3 2
265 6 4 4 4 4 4 3
266 6 3 3 3 2 2 2
267 6 5 5 5 4 4 4
268 6 4 4 4 2 2 2
269 6 4 4 4 3 3 3
270 6 3 3 3 2 2 2
271 6 4 4 4 3 3 3
272 6 4 4 4 1 1 1
273 6 4 4 4 5 5 5
274 6 4 4 4 3 3 3
275 6 4 4 4 2 2 2
276 6 2 2 2 1 1 1
```

예제 다차원척도법을 이용하여 각 센터에 따른 전화 서비스의 특징을 분석하시오.

① 먼저 SPSS를 시작하고 저장한 파일 '연습4.sav'를 불러온다(파일(F) → 열기(O) → 데이터(A) → 연습4 → 열기).

② '연습4.sav' 자료가 나오면 메뉴에서 분석(A) → 척도분석(A) → 다차원척도법(ALSCAL)(M)으로 마우스로 클릭하면 다차원척도법 창이 열린다.

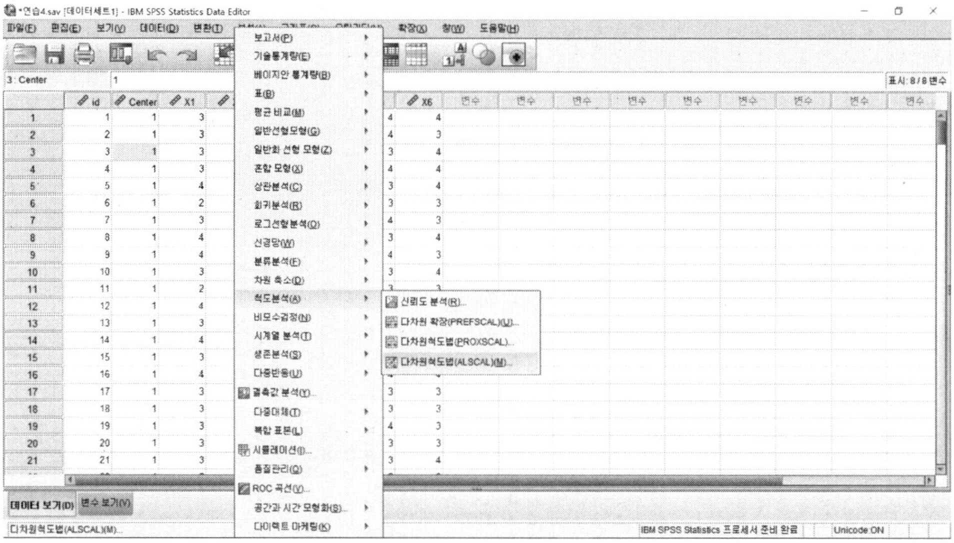

그림 16-1 • 다차원척도법 선택

③ 다차원척도법 창에서 **변수(V)**에는 분석하고자 하는 변수(X1에서 X6)를 선택하고, 변수에 등록하기 위해 [➡]를 클릭한다. **데이터로부터 거리행렬 계산하기(C)**를 선택하면 **개별행렬 구분 변수(I)**가 활성화되며, 여기서 센터별 특징을 살펴보기 때문에 **이용 센터/지사(center)**를 선택한다. **데이터 자체가 거리행렬(A)**은 미리 거리로 계산된 데이터를 사용할 때 선택한다. 데이터가 거리인 경우 분석할 네 개 이상의 숫자변수를 선택해야 한다.

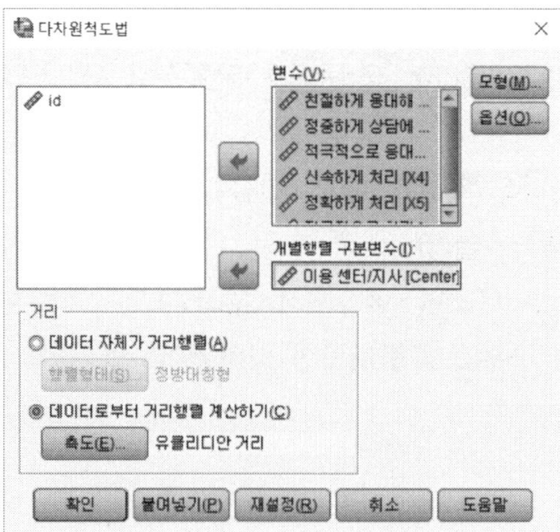

그림 16-2 • 다차원척도법 창

④ **데이터로부터 거리행렬 계산하기(C)**를 선택하고, 측도(E)... 를 클릭하면 데이터로부터 측도 계산하기 창이 나타나며, 여기서는 측도에서 데이터의 형태가 등간자료이기 때문에 등간(N)에서 가장 일반적으로 사용하는 유클리디안 거리를 선택한다. 값 변환에서 여러 응답자가 동일한 기준으로 측정되었다고 보기 어렵기에 변수 기준으로 Z 점수를 이용하여 표준화(S)하고, 거리행렬 만들기에서는 변수들의 특징을 살펴보기 때문에 변수들 사이의 거리(B)를 선택한다.

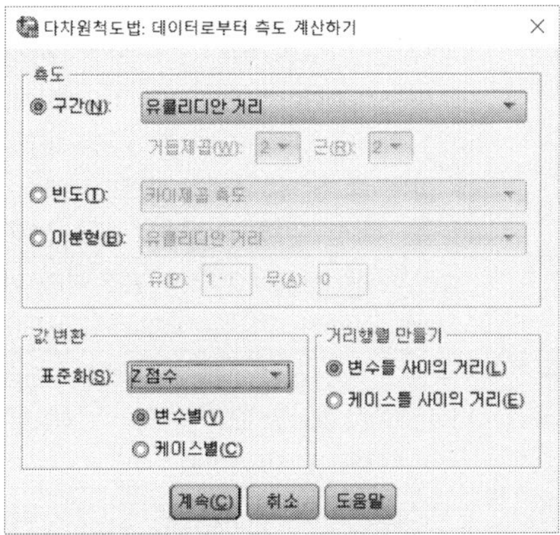

그림 16-3 • 다차원척도법: 데이터로부터 측도 계산하기 창

다차원척도법은 상이성 데이터를 사용하여 척도화 해법을 작성하며, 데이터가 다변량 데이터(측정된 변수들의 여러 값)인 경우 다차원척도화 해법을 계산하려면 상이성 데이터를 작성해야 한다. 데이터로부터 측도 계산하기 창에 대한 자세한 내용은 다음과 같다.

종류		내용
간격	유클리디안 거리	항목에 대한 값 간 차이 제곱합의 제곱근이며, 간격 데이터에 대한 기본 사항이다.
	제곱 유클리디안 거리	항목에 대한 값 간 차이의 제곱합이다.
	Chebychev	항목들에 대한 여러 값 간 최대 절대 차이이다.
	블록	항목의 값 간 절댓값 차이의 합계이며, Manhattan 거리라고도 한다.
	Minkowski	항목들에 대한 여러 값 간 절대 차이의 p제곱에 대한 합계 값의 p 제곱근이다.
	사용자 정의	항목에 대한 값 간 절댓값 차이의 r제곱에 대한 합계 값의 r 제곱근이다.

종류		내용
빈도	카이제곱 측도	두 빈도군의 동일성에 대한 카이제곱 검정을 기준으로 하며, 빈도 데이터에 대한 기본 사항이다.
	파이제곱 측도	조합된 빈도의 제곱근에 의해 정규화된 카이제곱과 같다.
이분형	유클리디안 거리	(b+c)의 제곱을 사용하여 4중 표로부터 계산된다. 여기에서 b와 c는 두 항목 중 한 항목에는 있으나 다른 항목에는 없는 케이스에 해당하는 대각 셀을 나타낸다.
	제곱 유클리디안 거리	일치하지 않는 케이스 수로 계산되며, 최솟값은 0이고 상한은 없다.
	크기 차이	비대칭성 지수로 범위는 0부터 1까지이다.
	패턴 차이	0부터 1까지의 범위에 있는 이분형 데이터에 대한 상이성 측도로 bc/(n**2)를 사용하여 4중 표로부터 계산된다. 여기에서 b와 c는 두 항목 중 한 항목에는 있으나 다른 항목에는 없는 케이스에 해당하는 대각 셀을 나타내고 n은 전체 관측값 수를 나타낸다.
	분산	(b+c)/4n을 사용하여 4중 표로부터 계산되며, b와 c는 패턴 차이에서와 같으며, 범위는 0부터 1까지이다.
	Lance와 Williams	(b+c)/(2a+b+c)를 사용하여 4중 표로부터 계산되며, b와 c는 패턴 차이에서와 같으며, 범위는 0부터 1까지이며 Bray-Curtis 비정량 계수라고도 합니다.
	유 필드와 무 필드	선택적으로 유 필드와 무 필드를 바꾸어 특성이 있거나 없음을 나타내는 값을 지정할 수 있으며, 이 프로시저에서는 기타 모든 값은 모두 무시한다.
값변환	Z 점수	값은 Z 점수로 표준화되어 평균 0과 표준편차 1을 갖는다.
	-1부터 1까지 범위	표준화된 항목의 각 값을 값 범위로 나눈다.
	0부터 1까지 범위	해당 프로시저에서는 표준화된 각 항목에서 최솟값을 뺀 다음 범위로 나눈다.
	최댓값 1	해당 프로시저는 표준화된 항목에 대한 각 값을 값의 최댓값으로 나눈다.
	평균값 1	해당 프로시저에서는 표준화된 항목에 대한 각 값을 값의 평균으로 나눈다.
	표준편차 1	해당 프로시저는 표준화된 변수나 케이스에 대한 각 값을 값의 표준편차로 나눈다.
	표준화 수행 방식	변수 기준 또는 케이스 기준을 선택한다.
거리 행렬 만들기	변수들 사이의 거리	분석 단위를 변수들 사이의 거리를 이용한다. (요인분석과 유사)
	케이스들 사이의 거리	분석 단위를 케이스들 사이의 거리를 이용한다. (군집분석과 유사)

⑤ 다차원척도법 모형은 데이터의 특성과 모형 그 자체에 따라 달라지기 때문에 모형을

지정하기 위해 모형(M)...을 클릭한다. 여기서는 자료에 대한 인식의 차이가 있을 수 있으나, 구간척도로 간주하고 **구간(I)**를 선택하며, 나머지는 기본 사항을 그대로 둔다.

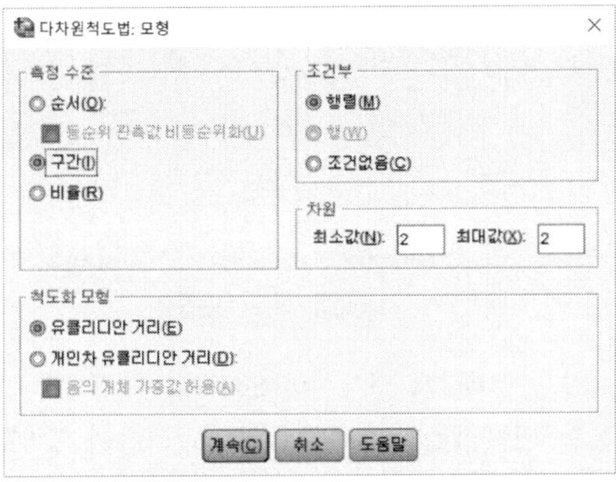

그림 16-4 • 다차원척도법: 모형 창

다차원척도법의 모형 창에 대한 자세한 내용은 다음과 같다.

종류		내용
측정 수준	순서	자료가 순서자료인 경우에 사용하며, 동률 관측값 비동률화를 선택하면 해당 변수는 연속변수로 취급되므로 동률값(다른 케이스에 대한 동일한 값)은 최적 상태로 무효화된다.
	구간	자료가 구간자료인 경우에 사용한다.
	비율	자료가 비율자료인 경우에 사용한다.
척도화 모형	유클리디안 거리	유클리디안 거리로 환산한다.
	개인차 유클리디안 거리	가중치가 있는 개별적인 유클리디안 거리 모형이다. (음의 값을 갖는 속성 가중치를 포함시키지 않을 때 아래 선택)
조건	행렬	행렬 또는 속성별의 의미가 있는 자료 비교한다.
	행	각 행렬 내의 행에서 의미 있는 자료 비교한다. (비대칭과 사각행렬에서만 유용)
	조건 없음	행렬자료를 비교할 수 있으면 선택하지 않아도 된다.
차원	최솟값	최소 차원을 입력하며, 하나의 해법이 범위 내의 각 수에 대해 계산된다. 1과 6 사이의 정수를 지정해야 하며 척도화 모형으로 유클리디안 거리를 선택한 경우에만 최솟값 1이 허용되고, 단일 해법의 경우 최솟값과 최댓값으로 같은 수를 지정한다.
	최댓값	최대 차원을 입력한다.

⑥ 다차원척도법에서 결과에 대한 선택사항을 보기 위해 옵션(O)...을 클릭한다. 여기서는 출력에서는 전체를 선택하고 기준은 기본 사항으로 두었다.

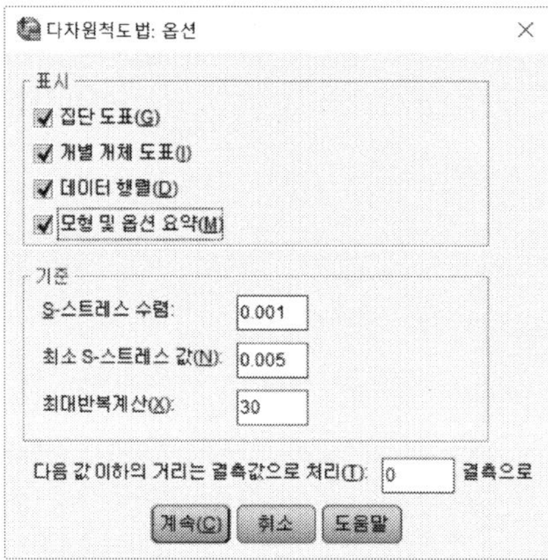

그림 16-5 • 다차원척도법: 옵션 창

다차원척도법의 옵션 창에 대한 자세한 내용은 다음과 같다.

종류		내용
출력	집단 도표	산포도를 출력한다.
	개별 개체 도표	개별 속성 산포도를 출력한다.
	데이터 행렬	속성별 자료 값과 입력된 행렬을 나타낸다.
	모형 및 옵션 요약	자료, 모형, 출력, 그리고 선택에 대한 요약한다.
기준	S 스트레스 수렴기준	반복계산을 중지할 시기를 결정하며, 최대로 수렴하는 스트레스 값(0.001)
	최소 S 스트레스 값	반복계산을 중지할 시기를 결정하며, 최솟값 이하이면 모형에 적합(0.005)
	최대반복계산	반복계산을 중지할 시기를 결정하며, 최대 반복 회수(30)
결측값으로 처리할 거리		주어진 수보다 작은 자료는 무응답으로 처리(디폴트 0)

⑤ 확인 을 클릭하면 출력결과가 나타난다.

| 명령문 및 결과 |

명령문

```
SORT CASES BY  Center.
SPLIT FILE BY  Center.
PROXIMITIES  X1 X2 X3 X4 X5 X6
  /PRINT NONE
  /MATRIX OUT('c:₩temp₩spss2256₩spssalsc.tmp')
  /MEASURE=EUCLID
```

```
  /STANDARDIZE=VARIABLE Z
  /VIEW=VARIABLE.

ALSCAL
  /MATRIX=IN('C:₩Users₩남기성₩AppData₩Local₩Temp₩spss8544₩
spssalsc.tmp')
  /LEVEL=INTERVAL
  /CONDITION=MATRIX
  /MODEL=EUCLID
  /CRITERIA=CONVERGE(0.001) STRESSMIN(0.005) ITER(30) CUTOFF(0) DIMENS(2,2)
  /PLOT=DEFAULT ALL
  /PRINT=DATA HEADER.
```

케이스 처리 요약[a]

	케이스					
	유효		결측		전체	
이용 센터/지사	N	퍼센트	N	퍼센트	N	퍼센트
서울센터	117	100.0%	0	0.0%	117	100.0%
대전센터	28	100.0%	0	0.0%	28	100.0%
광주센터	17	100.0%	0	0.0%	17	100.0%
대구센터	53	100.0%	0	0.0%	53	100.0%
부산·경남센터	47	100.0%	0	0.0%	47	100.0%
제주지사	14	100.0%	0	0.0%	14	100.0%

a. 유클리디안 거리 사용됨

그림 16-6 • 다차원척도법 결과(1)

결과분석

다차원척도법 결과(1)은 분석에서 사용된 자료의 수를 제공한다. 그리고 앞으로의 분석에서는 유클리디안 거리를 사용한다.

```
Alscal Procedure Options

Data Options-

Number of Rows (Observations/Matrix).   6
Number of Columns (Variables) . . .     6
Number of Matrices  . . . . . .         1
Measurement Level . . . . . . .         Interval
Data Matrix Shape . . . . . . .         Symmetric
Type  . . . . . . . . . . . . .         Dissimilarity
Approach to Ties  . . . . . . .         Leave Tied
Conditionality . . . . . . . .          Matrix
Data Cutoff at . . . . . . . .           .000000

Model Options-

Model . . . . . . . . . . . . .         Euclid
Maximum Dimensionality  . . . . .       2
Minimum Dimensionality  . . . . .       2
Negative Weights  . . . . . . .         Not Permitted

Output Options-

Job Option Header . . . . . . .         Printed
Data Matrices  . . . . . . . . .        Printed
Configurations and Transformations .    Plotted
Output Dataset . . . . . . . .          Not Created
Initial Stimulus Coordinates  . . .     Computed

Algorithmic Options-

Maximum Iterations  . . . . . .           30
Convergence Criterion  . . . . .         .00100
Minimum S-stress . . . . . . . .         .00500
Missing Data Estimated by  . . . .      Ulbounds
```

그림 16-7 • 다차원척도법 결과(2)

결과분석

다차원척도법 결과(2)는 분석에서 사용된 데이터의 옵션, 모형과 결과물, 알고리즘의 옵션을 정리하고 있다. 앞의 선택사항에 대한 확인이라 할 수 있다.

```
Center:    1   서울센터
Iteration history for the 2 dimensional solution (in squared distances)

           Young's S-stress formula 1 is used.

          Iteration     S-stress      Improvement

              1           .03839
              2           .03658          .00181
              3           .03637          .00020

                Iterations stopped because
           S-stress improvement is less than    .001000


                         Stress and squared correlation (RSQ) in distances

                  RSQ values are the proportion of variance of the scaled data (disparities)
                          in the partition (row, matrix, or entire data) which
                           is accounted for by their corresponding distances.
                            Stress values are Kruskal's stress formula 1.


          For  matrix
  Stress  =   .04642     RSQ =  .99138
```

그림 16-8 • 다차원척도법 결과(3)

결과분석

다차원척도법 결과(3)은 서울센터에 대한 반복 과정에 대한 결과로서 옵션에서 지정한 S-stress의 개선이 0.001 이하인 세 번째 반복에서 멈추었다. 현재 스트레스 값은 0.04642로서 모형은 매우 좋은 것으로 나타났다. RSQ는 적합 데이터의 분산의 비율로서 0.6이상의 값이면 모형이 적합한 것으로 보며, 여기서는 0.99138로 매우 높게 나타나 모형이 적합하다는 것을 확인시켜 주고 있다.

표현된 결과의 적합 정도를 나타내기 위하여 Kruskal은 STRESS의 크기와 표현결과의 적합성에 대하여 다음과 같은 관계를 제시하였다.

STRESS	적합도 수준
0	완벽(perfect)
0.00 – 0.05	매우 좋음(excellent)
0.05 – 0.10	만족(satisfactory)
0.10 – 0.15	보통(acceptable, but doubt)
0.15 이상	나쁨(poor)

이러한 기준에 의할 때 STRESS의 크기가 만약 0.10 이상인 경우는 STRESS의 크기가 적정 수준이 될 때까지 차원을 높일 필요가 있다. STRESS는 표현공간이 커질수록 작아진다. 그러나 표현공간이 클수록 결과의 해석이 복잡해지므로 일반적으로 2차원 또는 3차원 정도가 이용된다.

```
Center:     1   서울센터
                Configuration derived in 2 dimensions


                         Stimulus Coordinates

                               Dimension

Stimulus  Stimulus      1        2
 Number     Name

    1        X1       1.4670   -.4938
    2        X2       1.4257    .4108
    3        X3       1.2056    .1217
    4        X4      -1.4727   -.4517
    5        X5      -1.3089    .0853
    6        X6      -1.3167    .3276
```

그림 16-9 • 다차원척도법 결과(4)

결과분석

다차원척도법 결과(4)의 서울센터의 Stimulus Coordinates Dimension은 이차원 평면에서 변수 간의 좌표를 나타내고 있다. 서울센터에서 예를 들어, X1(친절하게 응대해 준 정도)의 경우 (1.4669, −0.4938)의 값을 보이고 있다. 각 변수의 좌표를 통해 동일 차원으로 간주 될 수 있다는 것을 추측할 수 있다. 즉, X2와 X3은 1차원 좌표가 양(+)의 값을 갖고, 2차원 좌표는 양(+)의 값을 갖고 있어 동일차원에 포지셔닝이 될 것이라는 것을 예측할 수 있다.

Center: 1 서울센터

Optimally scaled data (disparities) for subject 1

	1	2	3	4	5	6
1	.000					
2	.909	.000				
3	.642	.191	.000			
4	2.954	3.037	2.702	.000		
5	2.790	2.711	2.616	.744	.000	
6	2.926	2.769	2.460	.709	.491	.000

Raw (unscaled) Data for Subject 1

	1	2	3	4	5	6
1	.000					
2	2.022	.000				
3	2.719	2.405	.000			
4	7.508	7.304	7.264	.000		
5	7.760	7.420	7.366	1.790	.000	
6	6.783	6.649	6.474	3.240	2.781	.000

그림 16–10 • 다차원척도법 결과(5)

결과분석

다차원척도법 결과(5)는 서울센터의 각 변수 간의 거리를 출력하고 있다.

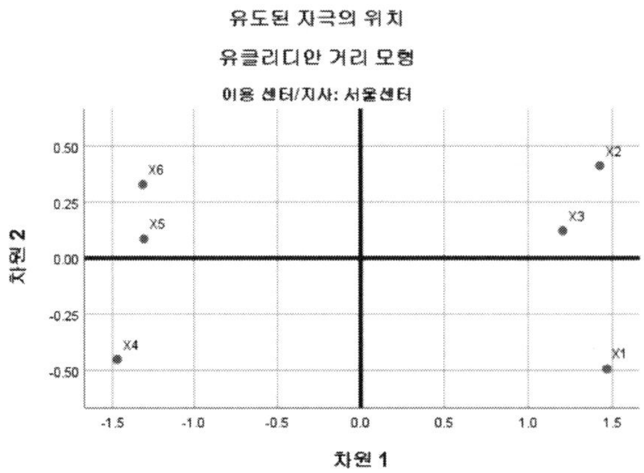

그림 16–11 • 다차원척도법 결과(6)

결과분석

다차원척도법 결과(6)의 서울센터의 계산된 좌표상에 나타난 결과를 보면 응답자들이 느끼는 전화 상담원의 응대에서 X2(정중하게 상담에 응한 정도)와 X3(적극적으로 응대해 준 정도)은 동일한 것으로 나타났다. 또한 X5(정확하게 처리)와 X6(적극적으로 처리)은 동일한 것으로 나타났다. 이를 통하여 다른 센터와의 비교가 가능하다.

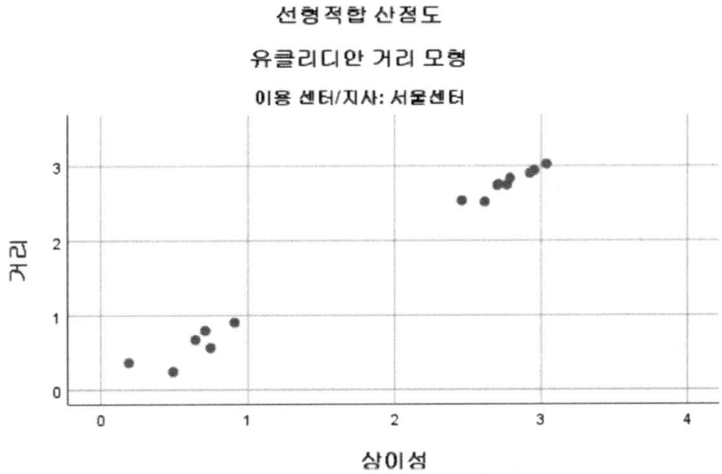

그림 16–12 • 다차원척도법 결과(7)

결과분석

다차원척도법 결과(7)의 서울센터의 선형 적합도의 산점도는 각 변수에 대한 자료를 유클리드 거리로 나타내며, 이들은 대각선상에 선형적으로 위치하고 있어서 모형이 적절함을 보여준다.

16.2.2 전통적 다차원척도법

전통적 다차원척도법(Classical MDS)은 응답자가 인지한 관찰대상을 전체적인 상황으로 나타내기 위해서 포지셔닝 맵을 그릴 때 사용되는 매우 유용한 방법이다. 입력되는 행렬이 하나인 경우에 이 기법이 이용된다.

이번 절에서는 앞 절에서 사용한 변수 간의 거리를 이용하고자 한다. 자료의 형태는 다음과 같이 거리행렬 형태로 주어진다.

	X1	X2	X3	X4	X5	X6
X1	0	0.5	0.44	2.93	2.81	2.84
X2	0.5	0	0.22	3	2.78	2.79
X3	0.44	0.22	0	2.76	2.7	2.62
X4	2.93	3	2.76	0	0.45	0.59
X5	2.81	2.78	2.7	0.45	0	0.33
X6	2.84	2.79	2.62	0.59	0.33	0

'연습5.sav'로 저장하여 전화 서비스의 특징을 살펴보고자 한다.

① 먼저 SPSS를 시작하고 다음과 같이 데이터를 입력하고, '연습5.sav'로 저장한다.

	X1	X2	X3	X4	X5	X6
1	.00	.50	.44	2.93	2.81	2.84
2	.50	.00	.22	3.00	2.78	2.79
3	.44	.22	.00	2.76	2.70	2.62
4	2.93	3.00	2.76	.00	.45	.59
5	2.81	2.78	2.70	.45	.00	.33
6	2.84	2.79	2.62	.59	.33	.00

그림 16-13 • 다차원척도법의 자료 입력 형태

② 자료를 입력하고 메뉴에서 분석(A) → 척도분석(A) → 다차원척도법(ALSCAL)(M)으로 마우스로 클릭하면 다차원척도법 창이 열린다.

그림 16-14 • 다차원척도법 선택

③ 다차원척도법 창에서 분석하고자 하는 변수(X1에서 X6)를 선택하고, 변수에 등록하기 위해 ➡를 클릭한다. 전통적 다차원척도법은 일반적으로 거리행렬 형태로 자료를 입력하므로 **데이터 자체가 거리행렬(A)**을 선택한다. 데이터가 거리인 경우 분석할 네 개 이상의 숫자변수를 선택해야 한다.

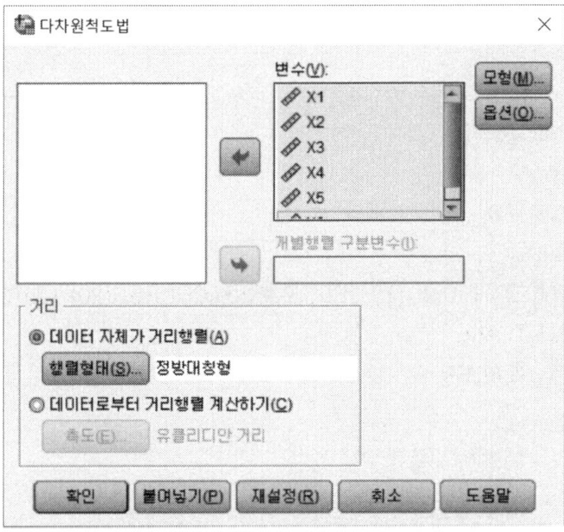

그림 16-15 • 다차원척도법 창

데이터 자체가 거리행렬(A)은 미리 거리로 계산된 데이터를 사용할 경우에 선택하며, [행렬형태(S)...]를 클릭하면 다음의 데이터의 형태 창이 나타난다.

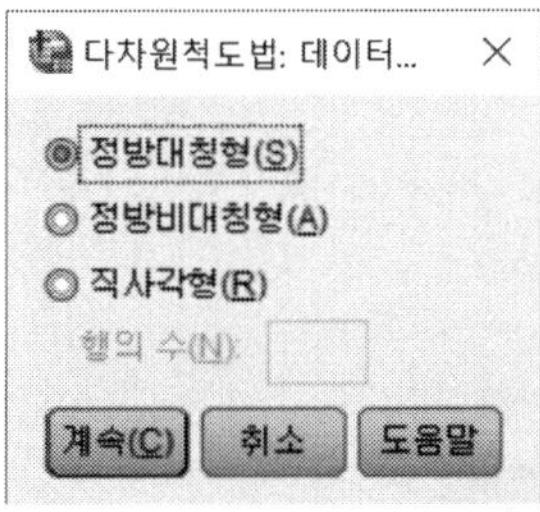

그림 16-16 • 다차원척도법: 데이터의 형태 창

작업 데이터 파일이 한 개체 집합 간 거리나 두 개체 집합 간 거리를 나타낼 경우 정확한 결과를 얻기 위해서는 데이터 행렬의 형태를 지정해야 하며, **정방대칭형(S)**, **정방비대칭형(A)**, **직사각형(R)** 중에서 선택한다. 그리고 모형 창에서 행 조건을 지정하는 경우에는 **정방대칭형(S)**을 선택할 수 없다.

④ 다음의 모형과 옵션의 선택 사양은 가중 다차원척도법과 동일하다.

| 명령문 및 결과 |

명령문

```
ALSCAL
  VARIABLES=X1 X2 X3 X4 X5 X6
  /SHAPE=SYMMETRIC
  /LEVEL=INTERVAL
  /CONDITION=MATRIX
  /MODEL=EUCLID
  /CRITERIA=CONVERGE(0.001) STRESSMIN(0.005) ITER(30) CUTOFF(0) DIMENS(2,2)
  /PLOT =DEFAULT ALL
  /PRINT =DATA HEADER.
```

```
Alscal Procedure Options

Data Options-

Number of Rows (Observations/Matrix).   6
Number of Columns (Variables) . . .     6
Number of Matrices  . . . . . .         1
Measurement Level . . . . . . .         Interval
Data Matrix Shape . . . . . . .         Symmetric
Type  . . . . . . . . . . . . .         Dissimilarity
Approach to Ties  . . . . . . .         Leave Tied
Conditionality . . . . . . . .          Matrix
Data Cutoff at . . . . . . . .           .000000

Model Options-

Model . . . . . . . . . . . .           Euclid
Maximum Dimensionality  . . . . .       2
Minimum Dimensionality  . . . . .       2
Negative Weights  . . . . . . .         Not Permitted

Output Options-

Job Option Header . . . . . . .         Printed
Data Matrices  . . . . . . . .          Printed
Configurations and Transformations  .   Plotted
Output Dataset . . . . . . . .          Not Created
Initial Stimulus Coordinates  . . .     Computed

Algorithmic Options-

Maximum Iterations  . . . . . .           30
Convergence Criterion  . . . . .         .00100
Minimum S-stress  . . . . . . .          .00500
Missing Data Estimated by  . . . .      Ulbounds
```

그림 16-17 • 다차원척도법 결과(8)

결과분석

다차원척도법 결과(8)는 분석에서 사용된 데이터의 옵션, 모형과 결과물, 알고리즘의 옵션을 정리하고 있다. 가중 다차원척도법과 차이가 나는 이유는 센터별 결과가 아니고 전체의 결과이기 때문이다.

Raw (unscaled) Data for Subject 1

	1	2	3	4	5	6
1	.000					
2	.499	.000				
3	.441	.223	.000			
4	2.933	3.004	2.764	.000		
5	2.812	2.778	2.698	.445	.000	
6	2.844	2.792	2.616	.592	.325	.000

그림 16-18 • 다차원척도법 결과(9)

결과분석

다차원척도법 결과(9)는 자료의 거리행렬을 보인다.

```
Iteration history for the 2 dimensional solution (in squared distances)

                 Young's S-stress formula 1 is used.

               Iteration     S-stress      Improvement

                   1           .01853
                   2           .01788           .00065

                      Iterations stopped because
               S-stress improvement is less than    .001000

                           Stress and squared correlation (RSQ) in distances

                     RSQ values are the proportion of variance of the scaled data (disparities)
                               in the partition (row, matrix, or entire data) which
                                is accounted for by their corresponding distances.
                                 Stress values are Kruskal's stress formula 1.


               For  matrix
   Stress  =   .03738      RSQ =  .99553
```

그림 16-19 • 다차원척도법 결과(10)

결과분석

다차원척도법 결과(10)은 반복 과정에 대한 결과로서 옵션에서 지정한 S-stress의 개선이 0.001 이하인 두 번째 반복에서 멈추었다. 현재 스트레스 값은 0.03738로서 모형은 매우 좋은 것으로 나타났다. RSQ는 적합 데이터의 분산의 비율로서 0.6이상의 값이면 모형이 적합한 것으로 보며, 여기서는 0.99553으로 매우 높게 나타나 모형이 적합하다는 것을 확인시켜 주고 있다.

Configuration derived in 2 dimensions

Stimulus Coordinates

Stimulus Number	Stimulus Name	Dimension 1	Dimension 2
1	X1	1.4466	-.2577
2	X2	1.4450	.2622
3	X3	1.2869	-.0547
4	X4	-1.4837	-.3346
5	X5	-1.3566	.1341
6	X6	-1.3382	.2507

그림 16-20 • 다차원척도법 결과(11)

결과분석

다차원척도법 결과(11)의 Stimulus Coordinates Dimension은 이차원 평면에서 변수 간의 좌표를 나타내고 있다. 서울센터에서 예를 들어, X1(친절하게 응대해 준 정도)의 경우 (1.4466, −0.2577)의 값을 보인다. 각 변수의 좌표를 통해 동일차원으로 간주 될 수 있다는 것을 추측할 수 있다. 즉, X1과 X3은 1차원 좌표가 양(+)의 값을 갖고, 2차원 좌표는 음(−)의 값을 갖고 있어 동일차원에 포지셔닝이 될 것이라는 것을 예측할 수 있다.

Optimally scaled data (disparities) for subject 1

	1	2	3	4	5	6
1	.000					
2	.499	.000				
3	.441	.223	.000			
4	2.933	3.004	2.764	.000		
5	2.812	2.778	2.698	.445	.000	
6	2.844	2.792	2.616	.592	.325	.000

그림 16-21 • 다차원척도법 결과(12)

결과분석

다차원척도법 결과(12)는 각 변수 간의 거리를 출력하고 있다.

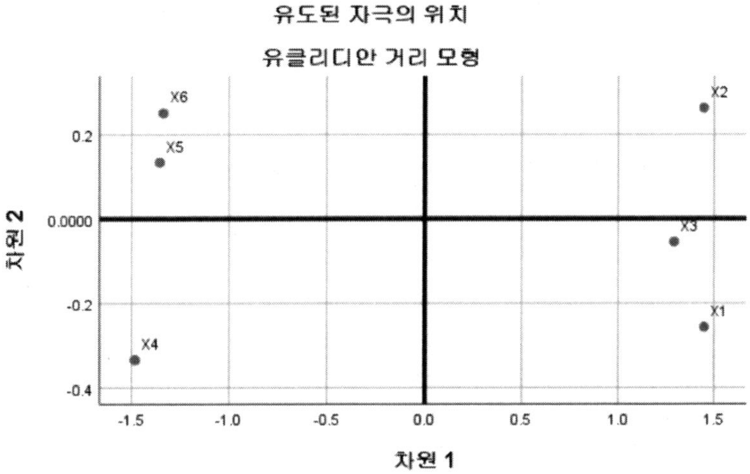

그림 16-22 • 다차원척도법 결과(13)

결과분석

다차원척도법 결과(13)의 유도된 자극의 위치는 좌표상에 나타난 결과를 보면 응답자들이 느끼는 전화 상담원의 응대에서 X1(친절하게 응대해 준 정도)과 X3(적극적으로 응대해 준 정도)은 동일한 것으로 나타났다.

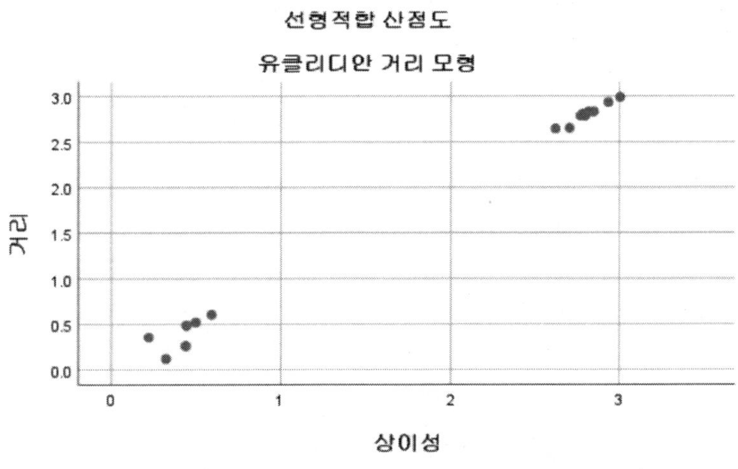

그림 16-23 • 다차원척도법 결과(14)

결과분석

다차원척도법 결과(14)의 선형 적합도의 산점도는 각 변수에 대한 자료를 유클리드 거리로 나타내며, 이들은 대각선상에 선형적으로 위치하고 있어서 모형이 적절함을 보여준다.

16.2.3 측도로 주어진 전통적 다차원척도법

이번 절에서는 측도로 주어진 경우의 전통적 다차원척도법을 살펴본다. 다음은 우리나라와 일본의 주요 도시의 교통 문화(2001년)와 관련된 자료이다. 이를 이용하여 도시 간 상이성을 살펴보자.

도시	횡단보도 정지선 준수율	안전띠 착용률	안전속도 준수율	신호 위반율	방향 지시등 점등률	1만대당 교통사고발 생건수	1만대당 교통사고사 망자수
서울	39.66	87.73	63.81	8.407	75.05	219.46	3.06
부산	48.8	91.2	72.03	3.332	54.31	183.33	4.11
대구	53.36	80.7	71.44	5.623	73.72	225.3	4.18
광주	54.66	78.15	74.1	4.1	87.97	233.3	4.58
대전	52.31	93.39	64.53	4.768	81.7	201.94	5.17
인천	43.48	86.5	75.29	5.203	80	271.93	3.76
울산	84.76	95.42	67.81	5.2	52.8	173.64	6.28
수원	26.87	78.12	72.41	7.034	77.96	193.04	3.9
의정부	39.07	79.22	74.06	6.46	81.37	373.34	6.59
고양	47	74.37	71.95	11.025	71.79	202.79	6.37
안산	46.31	76.64	58.01	6.298	78.63	182.27	6.42
성남	49.33	88.48	74.62	4.535	73.24	133.31	3.41
강릉	38.36	91.76	62.96	12.609	78.31	289.54	6.88
춘천	46.79	88.34	62.91	5.75	77.24	280.79	7.91
원주	49.37	90.79	59.75	5.491	86.9	291.62	9.89
청주	55.27	92.07	60.14	6.028	81.41	287.41	9.38
공주	46.2	87.04	43.01	7.513	77.35	423.26	28.86
천안	49.9	91.82	58.4	7.838	77.19	227.71	12.19
충주	67.69	86.88	58.99	5.126	79.39	330.27	13.14
경주	62.5	80.05	64.12	4.262	66.38	365.59	16.73
포항	49	82.89	75.46	7.243	65.12	269.84	7.35
진주	72.64	84.28	76.52	6.023	59.15	177.91	9.1
창원	80	87.05	75.82	5.256	60.45	159.64	4.75
구미	55.76	62.84	72.42	4.706	79.95	290.08	12.51
전주	78.49	92.78	62.56	4.294	75.78	307.52	6.77
군산	69.77	88.44	53.44	6.536	74.88	376.56	11.14

도시	횡단보도 정지선 준수율	안전띠 착용률	안전속도 준수율	신호 위반율	방향 지시등 점등률	1만대당 교통사고발 생건수	1만대당 교통사고사 망자수
목포	30.9	92.67	65.84	7.299	77.82	262.91	7.33
여수	49.21	93.8	62.06	5.903	76.34	278.77	10.6
제주	64.71	84.62	72.04	10.08	78.21	190.1	8.29
서귀포	65.22	66.14	79.5	7.351	75.33	174.73	8.85
오이타	78.87	92.43	77.21	11.512	98.11	167.41	1.01
고베	65.38	89.16	69.47	11.195	97.29	215.47	1.45
오사카	71.64	66.17	74.08	5.885	94.07	265.61	1.36
센다이	84.29	79.93	75.7	1.264	97.44	107.95	0.8
요코하마	84.62	71.28	78.46	2.004	99.19	156.3	0.58

예제 교통관련 변수를 이용하여 각 도시의 상의성을 분석하시오.

'연습6.sav'를 이용하여 각 도시 간 상이성을 살펴보고자 한다. SPSS 사용법은 앞 절과 동일하나, 여기서는 도시 간의 상이성을 보기에 **거리행렬 만들기**에서 **케이스들 사이의 거리(C)**를 선택한다.

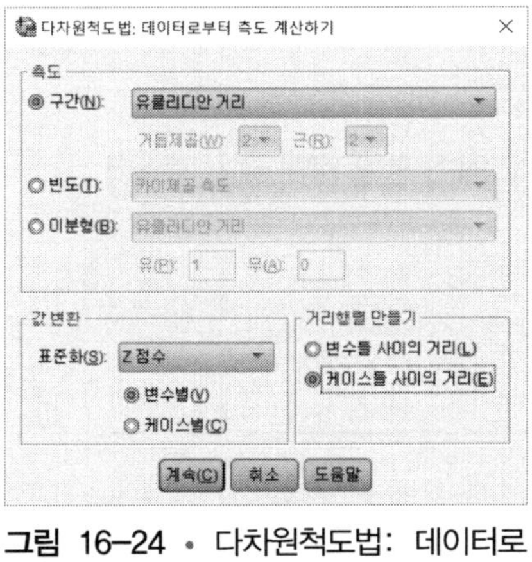

그림 16-24 • 다차원척도법: 데이터로부터 측도 계산하기 창

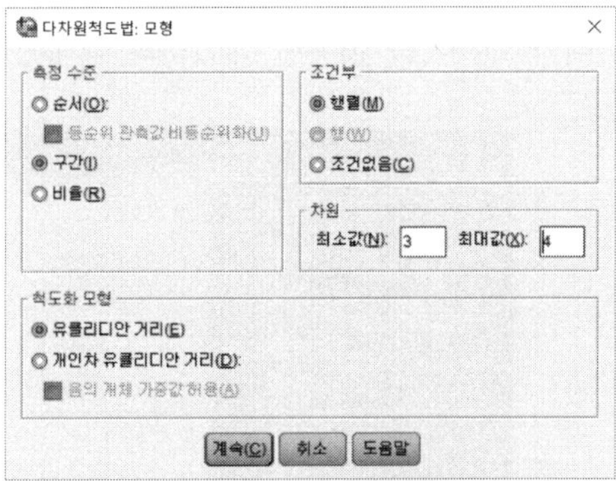

그림 16-25 • 다차원척도법: 모형 창

분석 방법은 동일하나 기본 사항인 **차원**을 2로 하였을 때 STRESS의 크기가 만약 0.10 이상인 경우는 STRESS의 크기가 적정 수준(여기서는 4)이 될 때까지 차원을 높일 필요가 있다. STRESS는 표현공간이 커질수록 작아진다. 그러나 표현공간이 클수록 결과의 해석이 복잡하다.

16.2.4 반복 다차원척도법

반복 다차원척도법은 하나 이상의 자료 행렬을 분석하는 경우에 사용되는 기법으로서, 전통적인 다차원척도법을 확장한 것이다. 이 기법은 유클리드 거리 모형을 응용해서 여러 개의 비유사성 행렬을 동시에 분석한다. 국가를 5개 선정하여 국가 이미지가 어느 정도로 유사한지를 측정하는 예를 들어보자. 응답자들에게 국가를 쌍으로 맺어 유사 정도를 측정한다. 설문지의 형태는 다음과 같다.

	매우 유사					전혀 다르다	
미국 – 일본	1	2	3	4	5	6	7
미국 – 영국	1	2	3	4	5	6	7
미국 – 프랑스	1	2	3	4	5	6	7
미국 – 중국	1	2	3	4	5	6	7
일본 – 영국	1	2	3	4	5	6	7
일본 – 프랑스	1	2	3	4	5	6	7
일본 – 중국	1	2	3	4	5	6	7
영국 – 프랑스	1	2	3	4	5	6	7
영국 – 중국	1	2	3	4	5	6	7
프랑스 – 중국	1	2	3	4	5	6	7

위의 설문지를 이용한 데이터의 형태는 다음과 같다.

		미국	일본	영국	프랑스	중국
1번 응답자	미국	1	6	2	3	4
	일본	6	1	3	4	2
	영국	2	3	1	3	6
	프랑스	3	4	3	1	6
	중국	4	2	6	6	1
2번 응답자	미국	1	7	3	4	7
	일본	7	1	2	5	2
	영국	3	2	1	2	5
	프랑스	4	5	2	1	7
	중국	7	2	5	7	1

실행 방법은 데이터 자체가 거리행렬(A)에서 다음 그림과 같이 직사각형(R)을 선택하고 행의 수(N)에 1명의 응답 행수인 5를 입력한다. 분석 방법은 앞 절과 동일하다.

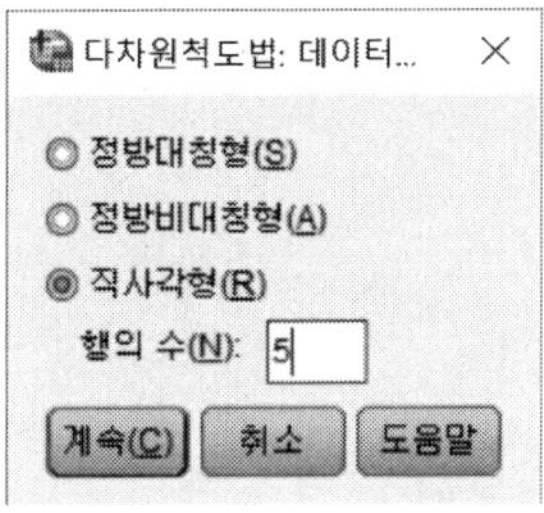

그림 16-26 • 반복 다차원척도법

17

비모수 통계분석

17.1 개요

일반적으로 모수통계(Parametric Statistics)는 모집단이 정규분포를 이룬다는 가정 아래에서 T-분포나 F-분포를 이용한다. 그러나 실제로 표본추출에 의해 통계분석을 행할 때, 표본수의 부족과 같은 이유 등으로 이러한 가정은 잘 만족되지 않을 때가 많다. 이 같은 문제점을 해결하여 주는 것이 바로 비모수통계(Nonparametric Statistics)이다. 그리고 비모수검정의 분석에 이용되는 검정변수는 양적 변수가 아니고, 순위로 이루어져도 된다는 점이 편리하다.

비모수검정의 많은 통계적 절차들은 데이터의 분포에 관한 가정이 불필요하다. 비모수검정은 분포-무관 검정(Distribution-free tests)이라고 부른다. 또한 비모수검정은 일반적으로 모수검정보다 더 약한 것으로 알려져 있으므로 모수검정이 사용하기에 적당하지 못하다고 판정될 때 비모수검정을 사용하는 것이 좋다. 예를 들면, 데이터가 명목자료이거나 서열자료일 때 혹은 등간자료가 현저하게 비정규 분포일 때 모수검정은 적절하지 못하다. 비모수검정의 유의수준은 대개 데이터의 순위에 기초를 두고 있기 때문에 모집단의 분포형태와는 관계없이 결정될 수 있다.

비모수적 통계 방법은 적용하는 것이 다를 뿐 해석과 제시방법은 모수적 통계 방법과 동일하다. 비모수통계의 특징은 다음과 같이 정리할 수 있다.

① 모수통계를 적용할 때는 모집단의 분포가 정규분포를 이루고 있고, 독립된 집단 간의 비교분석을 위해서는 두 집단 간의 분산이 동일해야 한다는 가정을 전제로 하지만 비모수 통계는 이러한 가정을 만족시킬 수 없을 때 이용된다. 즉, 표본의 수가 적을 때 사용한다. 표본의 수가 클 때는 중심극한정리에 의해 정규분포를 가정할 수 있으나, 표본의 수가 적을 때는 정규분포를 가정할 수 없어 비모수적 방법을 사용한다.

② 비모수 통계분석에 이용되는 자료는 명목자료나 순위자료, 즉 비매트릭자료이다. 모수 통계분석에서는 등간 자료나 비율자료, 즉 매트릭자료를 이용하나, 비모수 통계는 매트릭자료를 얻을 수 없는 경우에 이용된다.

③ 모수통계에서는 모집단의 확률분포를 나타내주는 모수들에 대한 검정을 하는데 주목적이 있으나, 비모수 통계에서는 모집단의 정규 분포에 대한 가정을 하지 않으며 그렇기에 모집단의 특성을 나타내는 모수에 대한 검정을 하는 데는 이용되지 않는다.

통계분석에서 모수적 방법과 비모수적 방법을 비교하여 정리하면 다음과 같다.

사용 목적	비모수 방법	모수 방법
적합도 검정	1 표본 카이제곱검정 1 표본 콜모고로프-스미르노프 검정 이항분포 검정	없음 없음 없음
무작위성 검정	연의 검정	없음
두 변수의 중심 비교 (분포의 동일성 검정)	부호검정 윌콕슨 검정 맥네마르 검정	대응표본 t-test
세 변수 이상의 중심 비교 (분포의 동일성 검정)	프리드맨 검정 켄달의 일치도 검정 코크란 큐 검정	다변량분산분석
두 집단 간 중심 비교	맨-휘트니 검정 2개 표본 콜모고르프-스미르노프 검정 왈드-월포비츠 검정 중앙값 검정	독립표본 t-test
세 집단이상 중심 비교	중앙값 검정 크루스칼-왈리스 검정	분산분석
변수 간 상관관계 분석	스피어맨순위상관분석(순위자료) 카이제곱분석(교차분석: 명목자료)	상관분석

다음으로 종속변수와 독립변수의 자료의 종류에 따라 분석 방법을 정리하면 다음과 같다.

사용 목적	독립변수	종속변수가 명목자료	종속변수가 순위자료
1개의 표본 1 변수	없음	1표본 카이제곱분석 연의 검정(무작위 검정) 이항분포 검정	콜모그로프-스미르노프 검정
대응표본 2변수 비교	없음	멕네마르 검정	부호검정 윌콕슨 검정 스피어맨 순위상관분석
대응표본 3변수 이상 비교	없음	코크란 큐 검정	프리드맨 검정 켄달의 일치도 검정
독립된 2개의 표본 간 비교	명목자료	카이제곱 검정	중앙값 검정 맨-휘트니 검정 2 표본 콜모그로프-스미르노프 검정 왈드 월포비츠 검정
독립된 3개 이상의 표본 간 비교	명목자료	카이제곱 검정	중앙값 검정 크루스칼-왈리스 검정

17.2 적합도 검정

17.2.1 카이제곱 검정

카이제곱 검정(Chi-square Test)은 한 변수의 변수값들(명목자료)이 나타난 실제빈도가 기대빈도와 일치하는지를 검정하는 데 이용된다. 여기서는 두 변수 간의 독립성 검정인 교차분석과 차별을 두기 위해 단일표본 카이제곱 검정이라고도 한다.

예제 경제 사정(X6)에서 상, 중, 하의 비율이 각각 33%라고 볼 수 있는가?

① 먼저 SPSS를 시작하고 저장한 파일 '연습1.sav'를 불러온다(파일(F) → 열기(O) → 데이터(A) → 연습1 → 열기).

② '연습1.sav' 자료가 나오면 본격적인 카이제곱 검정을 하기 위해 메뉴에서 분석(A) → 비모수검정(N) → 레거시 대화상자(L) → 카이제곱(C)을 선택한다. 단, SPSS 12.0에서는 분석(A) → 비모수검정(N) → 카이제곱(C)을 선택한다.

그림 17-1 • 단일표본 카이제곱 검정 선택

③ 단일표본 카이제곱 검정 창에서 검정변수(T)에는 분석하고자 하는 변수인 경제 사정(X6)을 투입한다. 기댓값에는 검정의 목표가 각 집단이 33%이므로 모든 범주가 동일(I)을 선택한다.

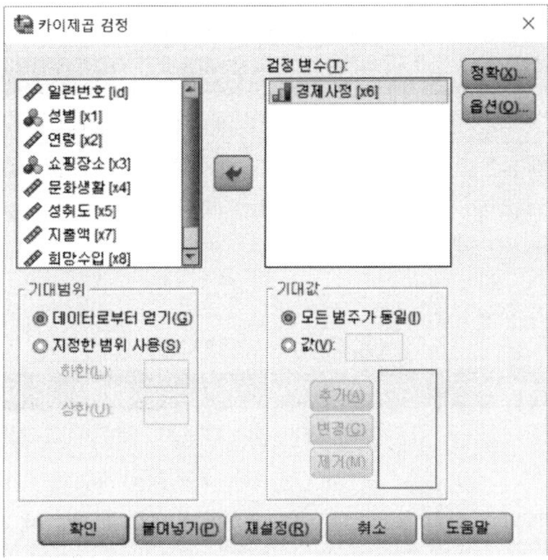

그림 17-2 • 카이제곱 검정 창

〈선택사항〉

선택사항		설명
기대 범위	데이터로부터 얻기	자료의 값에 따라 범위가 정의된다.
	지정한 범위 사용	범위의 상한과 하한을 지정한다.
기댓값	모든 범주가 동일	모든 값의 범위가 동일하다는 것을 가정한다.
	값	기댓값을 먼저 산정한 후 '추가'를 누른다. 예를 들어 6:12:12는 6, 12, 12를 차례로 추가한다.

④ 각종 통계량의 출력과 결측값의 처리를 지정하기 위해 옵션(O)...을 선택한다. 여기서는 별도로 선택하지 않았다.

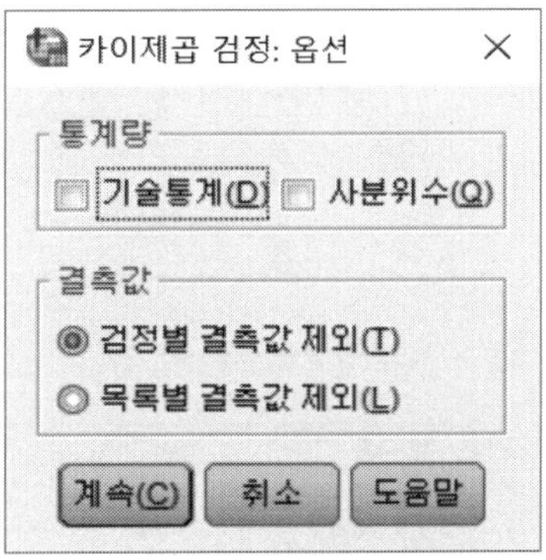

그림 17-3 • 카이제곱 검정: 옵션 창

〈정확(A)의 선택사항〉

선택사항		설명
정확	점근적 검정	검정 통계량을 점근적인 방법에 따라 도출하며, 대표본일 때 사용한다.
	Monte Carlo	데이터 변수 군이 너무 커서 정확한 유의수준을 계산할 수 없을 때 사용한다.
	정확	이상값의 출현 확률을 정확히 계산하며, 기대 빈도가 5보다 작은 것이 10% 이상일 때 유용하다.

〈옵션(O)의 선택사항〉

선택사항		설명
기술통계	기술통계	평균, 표준편차, 최솟값, 최댓값, 결측되지 않은 사례 수 등을 출력한다.
	사분위수	사분위수 즉, 제 25, 50, 75 백분위수에 해당하는 값을 출력한다.
결측값	검정별 결측값 제외	여러 검정을 지정할 때, 각 검정은 결측값에 따라 개별적으로 결정된다.
	목록별 결측값 제외	분석 시 사용되는 변수에 대한 결측값이 있는 케이스는 제외한다.

| 명령문 및 결과 |

명령문

```
NPAR TESTS
    /CHISQUARE=x6
    /EXPECTED=EQUAL
    /MISSING ANALYSIS.
```

카이제곱 검정

빈도

경제사정

	관측빈도	기대빈도	잔차
상류	6	8.3	-2.3
중류	14	8.3	5.7
하류	5	8.3	-3.3
전체	25		

검정 통계량

	경제사정
카이제곱	5.840[a]
자유도	2
근사 유의확률	.054

a. 0개의 셀 (0.0%)은(는) 5보다 작은 기대빈도를 가집니다. 기대 빈도 셀 값 중 최소값은 8.3입니다.

그림 17-4 • 카이제곱 검정 결과

결과분석

위 결과는 전체 25명의 자료를 이용하여 각 범주별 관측값을 출력하고, 기대빈도는 33%이므로 각각 8.3명이다. 그리고 잔차는 관측값과 기대빈도와의 차이를 의미한다.

아랫부분의 검정 통계량부분에서 귀무가설은 'H_0 : 표본의 비율은 주어진 비율(33%)로 이루어진다.'이다. 근사유의확률이 0.054로서 유의확률 α=0.05로 하였을 때 0.05보다 크기 때문에 귀무가설을 기각할 수 없어 33%라고 할 수 있다. 그리고 잔차는 오차로 볼 수 있다.

17.2.2 일표본 K-S 검정

일표본 K-S 검정은 일표본 콜모고로프-스미르노프 검정(Kolmogorov-Smirnov : K-S Test)의 약자로서 추출된 표본의 값이 갖는 분포가 특정한 분포와 일치하는지의 여부를 검정한다. 표본의 누적확률분포함수와 검정하고자 하는 확률분포함수의 누적값을 비교하며, χ^2-검정은 이산적 분포인데 반하여 K-S 검정은 연속확률분포함수를 이용한다.

예제 행복도(X9)가 정규분포를 따른다고 볼 수 있는가?

① 먼저 SPSS를 시작하고 저장한 파일 '연습1.sav'를 불러온다(파일(F) → 열기(O) → 데이터(A) → 연습1 → 열기).

② '연습.sav' 자료가 나오면 본격적인 일표본 K-S 검정을 하기 위해 메뉴에서 분석(A) → 비모수검정(N) → 레거시 대화상자(L) → 1-표본 K-S(1)를 선택한다.

그림 17-5 • 일표본 K-S 선택

③ 일표본 K-S 검정 창에서 **검정변수(T)**에는 분석하고자 하는 변수인 **행복도(X9)**를 투입하고, **검정분포**는 행복도(X9)가 정규분포인지를 알아보고자 하는 것이기에 **정규(N)**를 선택한다.

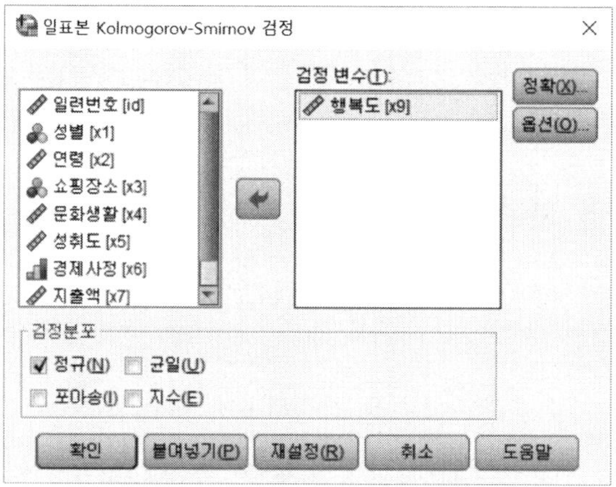

그림 17-6 • 일표본 K-S 검정 창

선택사항		설명
검정 분포	정규	가정된 분포가 정규분포를 이룬다.
	균일	가정된 분포가 균일(균등)분포를 이룬다.
	포아송	가정된 분포가 포아송분포를 이룬다.
	지수모형	가정된 분포가 지수분포를 이룬다.

④ 옵션(O)...은 앞 절의 카이제곱 검정과 동일하기 때문에 여기서는 생략한다.

| 명령문 및 결과 |

명령문

```
NPAR TESTS
    /K-S(NORMAL)=x9
    /MISSING ANALYSIS.
```

※ 검정분포를 정규만 선택

명령문

```
NPAR TESTS
  /K-S(NORMAL)=x9
```

```
/K-S(UNIFORM)=x9
/K-S(POISSON)=x9
/K-S(EXPONENTIAL)=x9
/MISSING ANALYSIS.
```
※ 검정분포를 정규, 균일, 포아송, 지수모형 선택

일표본 Kolmogorov-Smirnov 검정

		행복도
N		25
정규 모수[a,b]	평균	7.64
	표준화 편차	.952
최대극단차이	절대값	.207
	양수	.189
	음수	-.207
검정 통계량		.207
근사 유의확률 (양측)		.007[c]

a. 검정 분포가 정규입니다.
b. 데이터로부터 계산.
c. Lilliefors 유의확률 수정

그림 17-7 • 일표본 K-S 검정 결과(정규분포)

결과분석

위 결과 분석된 인원수는 25명이며, 행복도의 평균은 7.640이고, 표준편차는 0.952이다. 즉, 행복도 ~ $N(7.64\ ,\ 0.952^2)$을 따른다고 할 수 있다. Kolmogorov-Smirnov의 Z는 관측 누적 분포 함수와 이론 누적 분포 함수 간의 최대 차이(절댓값)에서 계산된다.
근사유의확률에서 귀무가설은 'H_0 : 표본의 정규분포를 따른다.'이며, 여기서는 0.007로서 유의확률 α=0.05로 하였을 때 0.05보다 작기 때문에 귀무가설을 기각하여 정규분포를 따른다고 할 수 없다.

일표본 Kolmogorov-Smirnov 검정 2

		행복도
N		25
균일 모수[a,b]	최소값	6
	최대값	9
최대극단차이	절대값	.227
	양수	.133
	음수	-.227
Kolmogorov-Smirnov의 Z		1.133
근사 유의확률 (양측)		.153

a. 검정 분포가 균일입니다.
b. 데이터로부터 계산.

그림 17-8 • 일표본 K-S 검정 결과(균일분포)

결과분석

위 결과는 균일분포를 선택하였을 때의 결과로서 행복도(X9) ~ $U(6, 9)$을 따르는가에 대한 검정이다. 근사유의확률에서 귀무가설은 'H_0: 표본의 균일분포를 따른다.'이며, 여기서는 0.153으로서 유의확률 α=0.05로 하였을 때 0.05보다 크기 때문에 귀무가설을 기각할 수 없어 균일분포를 따른다고 할 수 있다.

일표본 Kolmogorov-Smirnov 검정 3

		행복도
N		25
포아송 모수[a,b]	평균	7.64
최대극단차이	절대값	.240
	양수	.240
	음수	-.239
Kolmogorov-Smirnov의 Z		1.199
근사 유의확률 (양측)		.113

a. 검정 분포가 포아송입니다.

b. 데이터로부터 계산.

그림 17-9 • 일표본 K-S 검정 결과(포아송분포)

결과분석

위 결과는 포아송분포를 선택하였을 때의 결과로서 행복도 ~ $P(7.64)$을 따르는가에 대한 검정이다. 근사유의확률에서 귀무가설은 'H_0: 표본의 포아송분포를 따른다.'이며, 여기서는 0.113으로서 유의확률 α=0.05로 하였을 때 0.05보다 크기 때문에 귀무가설을 기각할 수 없어 포아송분포를 따른다고 할 수 있다.

일표본 Kolmogorov-Smirnov 검정 4

		행복도
N		25
지수 모수.[a,b]	평균	7.64
최대극단차이	절대값	.544
	양수	.308
	음수	-.544
Kolmogorov-Smirnov의 Z		2.720
근사 유의확률 (양측)		.000

a. 검정 분포가 지수입니다.

b. 데이터로부터 계산.

그림 17-10 • 일표본 K-S 검정 결과(지수분포)

결과분석

위 결과는 지수분포를 선택하였을 때의 결과로서 행복도 $\sim e(7.64)$을 따르는가에 대한 검정이다. 근사유의확률에서 귀무가설은 'H_0: 표본의 지수분포를 따른다.'이며, 여기서는 0.000으로서 유의확률 α=0.05로 하였을 때 0.05보다 작기 때문에 귀무가설을 기각하여 지수분포를 따른다고 할 수 없다.

17.2.3 런 검정

런 검정(Run Test)은 일련의 연속적인 관찰치가 무작위적(독립적)으로 나타난 것인지 아니면 앞에서 나타난 관찰치가 뒤에 나타나는 관찰값에 어떤 영향을 미쳤는지를 검정할 때 사용하며 변수가 이항변수인 경우에 이용된다. 런(Run)이란 동일한 관찰값이 계속적으로 이어진 것을 말하며, 이 런의 수에 근거를 두고 무작위성을 검정하게 된다. 런의 수가 매우 많거나 매우 적으면 관찰값 간의 연관성이 있다고 판단한다.

예제 남녀의 순서가 연관성 있게 조사되었다고 볼 수 있는가?

① 먼저 SPSS를 시작하고 저장한 파일 '연습1.sav'를 불러온다(파일(F) → 열기(O) → 데이터(A) → 연습1 → 열기).

② '연습1.sav' 자료가 나오면 본격적인 런의 검정을 하기 위해 메뉴에서 분석(A) → 비모수검정(N) → 레거시 대화상자(L) → 런(R)을 선택한다.

그림 17-11 • 런 선택

③ 런 검정 창에서 **검정변수(T)**에는 분석하고자 하는 변수인 **성별(X1)**을 투입한다. **절단점**은 선택한 변수를 양분시키는 절단점을 지정하며, 값이 절단점보다 작은 케이스의 집단과 절단점보다 크거나 같은 집단으로 양분한다. 여기서는 **사용자 정의(C)**에서 남(1), 여(2)를 구분하기 위해 2를 입력한다.

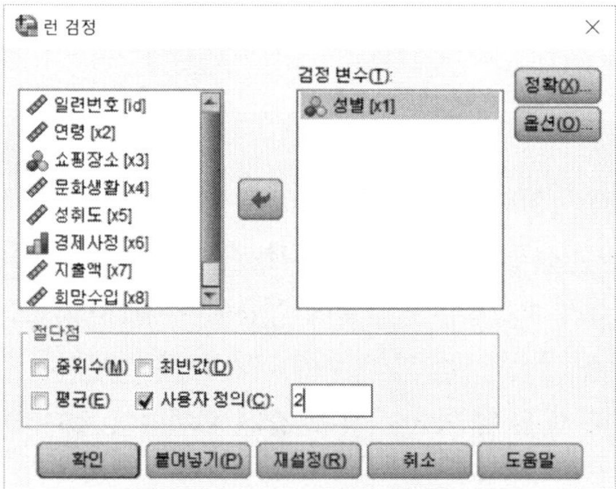

그림 17-12 • 런 검정 창

선택사항		설명
절단점	중위수	선택한 변수를 이분화하는 절단점을 지정하는 것으로 중위수가 절단점이 된다.
	최빈값	최빈수가 절단점이 된다.
	평균	평균이 절단점이 된다.
	사용자 정의	사용자가 임의의 값을 정한다.

④ 은 앞 절의 카이제곱 검정과 동일하기 때문에 여기서는 생략한다.

| 명령문 및 결과 |

명령문

```
NPAR TESTS
 /RUNS(2)=x1
 /MISSING ANALYSIS.
```

런 검정

	성별
검정값[a]	2.00
총 케이스	25
런 수	14
Z	.213
근사 유의확률 (양측)	.831

a. 사용자 지정.

그림 17-13 • 런 검정 결과

결과분석

위 결과는 전체 25명을 조사할 때, 성별의 순서가 연관성을 가지고 있는지에 대하여 검정한 것으로 런의 수가 14라는 의미는 동일 성별이 연속적으로 있는 경우가 14라는 의미이다. 검정에서는 귀무가설은 'H_0: 조사 시 성별의 순서가 특별한 연관성이 없다.'이며, 근사 유의확률이 0.831로서 유의확률 α=0.05로 하였을 때 0.05보다 크기 때문에 귀무가설을 기각할 수 없어 성별의 순서는 연관성 없이 무작위로 이루어진 것이라 볼 수 있다.

17.2.4 이항검정

이항검정(Binomial Test)은 이항변수의 각 관찰값이 기대빈도와 일치하는지 검정한다. 앞 절의 일표본 K-S 검정이 정규, 균일, 포아송, 지수분포를 따르는지를 검정한다면, 이항검정은 이항분포를 따르는지를 검정하는 것이다. 예를 들어 동전의 양면이 평평한 정도를 검정하기 위하여 앞면이 나올 확률은 1/2가 되는지를 검정하고자 하는 경우에 이용될 수 있다. 즉 특정 값이 나타날 기대확률과 실제로 나타난 확률이 일치하는지를 검정해 볼 때 이용되는 방법이다.

예제 남녀의 비율이 50%라고 볼 수 있는가?

① 먼저 SPSS를 시작하고 저장한 파일 '연습1.sav'를 불러온다(파일(F) → 열기(O) → 데이터(A) → 연습1 → 열기).

② '연습1.sav' 자료가 나오면 본격적인 이항검정을 하기 위해 메뉴에서 분석(A) → 비모수검정(N) → 레거시 대화상자(L) → 이항(B)을 선택한다.

그림 17-14 • 이항 선택

③ 이항검정 창에서 **검정변수(T)**에는 분석하고자 하는 변수인 **성별(X1)**을 투입한다. 기본적으로 두 집단 모두 확률 모수는 0.5이다. 확률을 바꾸려면 첫 번째 집단에 대한 **검정 비율(E)**을 입력하면, 두 번째 집단에 대한 검정 비율은 1에서 첫 번째 집단에 지정된 확률을 뺀 값이 된다.

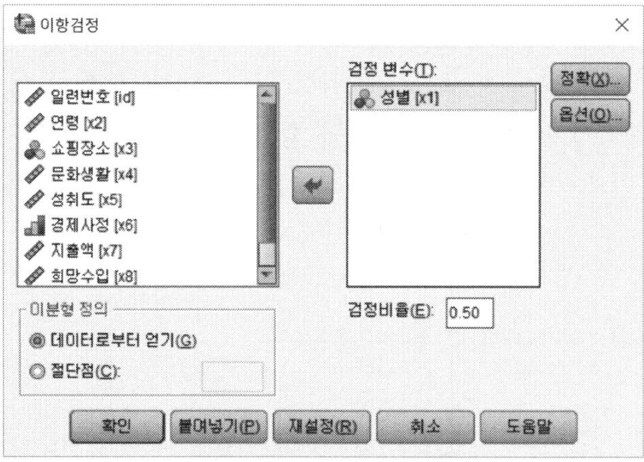

그림 17-15 • 이항검정 창

<table>
<tr><th colspan="2">선택사항</th><th>설명</th></tr>
<tr><td colspan="2">검정 비율</td><td>비율을 정의하며, 귀무가설이 된다.</td></tr>
<tr><td rowspan="2">이분형 정의</td><td>데이터로부터 얻기</td><td>자료로부터 분리점을 구한다.</td></tr>
<tr><td>절단점</td><td>사용자가 기준 되는 절단점을 정의</td></tr>
</table>

④ 옵션(O)... 은 앞 절의 카이제곱 검정과 동일하기 때문에 여기서는 생략한다.

| 명령문 및 결과 |

명령문

```
NPAR TESTS
  /BINOMIAL (0.50)=x1
  /MISSING ANALYSIS.
```

이항검정

		범주	N	관측 비율	검정 비율	정확 유의확률 (양측)
성별	집단 1	남성	10	.40	.50	.424
	집단 2	여성	15	.60		
	전체		25	1.00		

그림 17-16 • 이항검정 결과

결과분석

위 결과는 전체 25명에서 남성의 비율이 50%인지를 검정하고자 하는 것으로 한 이분형 변수의 두 범주에 대한 관측 빈도가 지정된 확률 모수를 가지는 이항 분산의 기대빈도와 비교한다. 여기서는 남성이 40%, 여성이 60%로 나타났다.

검정에서는 귀무가설은 'H_0 : 남성이 50%이다.'이며, 근사 유의확률이 0.424로서 유의확률 α=0.05로 하였을 때 0.05보다 크기 때문에 귀무가설을 기각할 수 없어 남성이 50%라고 할 수 있다. 차이는 '오차로 볼 수 있다'라는 의미이다.

17.3 독립표본의 비모수검정

17.3.1 독립 2-표본 비모수검정

독립 2-표본 비모수검정은 독립된 두 집단이 같은 모집단으로부터 비롯된 것인지 확인하는 검정 방법이다. 모수적 방법의 독립표본 T 검정은 정규분포라는 가정에서 수행하지만 비모수적 방법은 정규분포라는 가정이 필요 없다. 따라서 자료의 수가 적거나, 정규분포를 만족하지 못할 때 독립 2-표본 검정을 대신하여 사용할 수 있다. 또한 비모수적 방법은 순위를 이용하여 검정을 하지만 사용자가 굳이 데이터를 순위로 바꾸어 분석할 필요는 없다. SPSS에서 내부적으로 순위로 변경하여 분석하기 때문이다. 독립 2-표본 비모수검정에 대하여 SPSS에서는 다음 네 가지 검정법을 제공하고 있다.

[1] Mann-Whitney의 U

맨-휘트니 검정으로 가장 널리 사용되는 독립 2-표본 검정 방법으로 두 개의 표본이 동일한 확률분포를 갖는 모집단들로부터 추출되었는지를 검정한다. 두 모집단의 분포형태를 가정할 필요는 없으나, 각 모집단으로부터 추출된 표본자료, 즉 관찰값은 무작위로 추출되어야 하고 측정값은 순위를 매길 수 있어야 한다. 먼저 변수값으로 배열한 뒤에 각 표본(집단)별로 평균 순위를 구한 후 중앙값을 구한다. 만일 중앙값이 크다면 순위합도 크게 나타날 것이다. 검정에서의 귀무가설은 다음과 같다.

$$H_0$$: 두 집단 중앙값은 같다.

[2] Moses의 극단반동

모제스의 검정은 산포에 대한 검정으로 순위자료로 측정된 변수의 범위가 집단분류변수에 의해 정의된 실험집단과 통제집단 간에 차이가 있는지를 검정하는 방법이다. 이 검정법은 극단적인 반응의 검정에 주로 이용되는데, 두 확률표본은 서로 독립이고 적어도 등간자료이어야 한다. 즉, 순위를 이용하는 것은 아니다.

실험 변수가 한 방향의 일부 개체와 반대 방향의 다른 개체에 영향을 준다고 가정하며, 극단반응을 통제집단과 비교하여 검정한다. 이러한 검정은 통제집단의 범위에 중점을 두고 실험집단이 통제집단과 조합될 때 해당 실험집단의 극단값이 그 범위에 얼마나 큰 영향을 주는지를 측정하도록 한다.

SPSS에서는 통제집단은 독립 2-표본 비모수검정 집단정의 대화상자의 집단 1 값으로 정의되며, 두 집단의 관측값이 조합되고 순위가 지정된다. 통제집단의 범위는 통제집단에서 가장 큰 순위와 가장 작은 순위의 차에 1을 더한 값으로 계산되며, 기회 이상값으로 범위가 왜곡되기 쉬우므로 통제 케이스의 양 끝 5%는 자동으로 절단된다. 검정에서의 귀무가설은 다음과 같다.

H_0 : 두 집단 간의 분산에는 차이가 없다.

[3] Kolmogorov-Smirnov의 Z

콜모고로프-스미르노프 검정으로 두 표본이 같은 모집단으로부터 추출되었는지를 검정한다. 즉 각 표본이 추출된 모집단들이 서로 동일한 확률분포를 갖는지를 검정하는데 두 표본의 확률분포함수를 비교한다. 즉, 분포의 위치와 모양에 있어서 차이가 있는지 확인한다. 두 표본에 대해 관측된 누적 분포 함수 간의 최대 절대차를 기초로 하며, 이 차이가 매우 클 경우 두 분포에 차이가 있음을 나타낸다. 검정에서의 귀무가설은 다음과 같다.

$$H_0 \text{ : 두 집단의 분포는 동일하다.}$$

[4] Wald-Wolfowiz 런 검정

왈드-월포비츠 검정으로 두 표본이 추출된 모집단의 분포가 동일한지를 검정하는 방법으로서 런의 검정에서 설명한 런을 기준으로 검정한다. 먼저 두 표본의 자료를 크기 순서로 배열한 뒤에 각 자료가 어느 표본에 속해 있었는지를 가지고 런을 구성한 다음 런의 수를 분석한다.

런 검정은 두 집단의 관측값을 조합하고 순위를 지정한다. 두 표본이 같은 모집단에서 비롯된 경우 두 집단은 순위 전반에 걸쳐 무작위로 흩어져 있게 된다. 검정에서의 귀무가설은 다음과 같다.

$$H_0 \text{ : 두 집단의 분포는 동일하다.}$$

예제 남녀에 따른 행복도(X9)의 분포는 같다고 볼 수 있는가?

① 먼저 SPSS를 시작하고 저장한 파일 '연습1.asv'를 불러온다(파일(F) → 열기(O) → 데이터(A) → 연습1 → 열기).

② '연습1.sav' 자료가 나오면 본격적인 독립 2-표본 검정을 하기 위해 메뉴에서 분석(A) → 비모수검정(N) → 레거시 대화상자(L) → 2-독립표본(2)을 선택한다.

그림 17–17 • 2–독립표본 선택

③ 2-독립표본 비모수검정 창에서 **검정변수(T)**에는 분석하고자 하는 변수인 **행복도(X9)**를 투입한다. 집단변수에는 **성별(X1)**을 투입하는데, 모수통계 방법인 독립표본 T 검정에서와 같이 **집단정의(D)** 창에서 남성을 의미하는 1과 여성을 의미하는 2를 입력한다. 여기서는 각 검정법을 비교하기 위해 **검정 유형**에서 4가지 모두를 선택하였다.

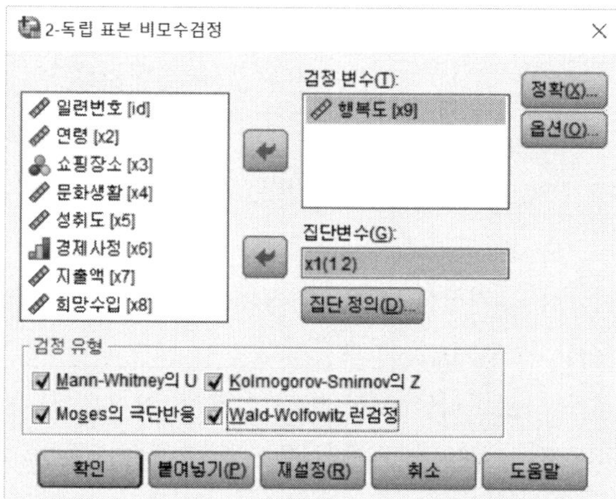

그림 17–18 • 2–독립표본 비모수검정 창

④ 옵션(O)... 은 앞 절의 카이제곱 검정과 동일하기 때문에 여기서는 생략한다.

〈정확(x)의 선택사항〉

선택사항		설명
정확	점근적 검정	검정 통계량을 점근적인 방법에 따라 도출하며, 대표본일 때 사용한다.
	Monte Carlo	데이터 변수 군이 너무 커서 정확한 유의수준을 계산할 수 없을 때 사용한다.
	정확	이상치의 출현 확률을 정확히 계산, 기대 빈도가 5보다 작은 것이 10% 이상일 때 유용하다.

〈옵션(o)의 선택사항〉

선택사항		설명
기술통계	기술통계	평균, 표준편차, 최솟값, 최댓값, 결측되지 않은 사례 수 등을 출력한다.
	사분위수	사분위수 즉, 제 25, 50, 75 백분위수에 해당하는 값을 출력한다.
결측값	검정별 결측값 제외	여러 검정을 지정할 때, 각 검정은 결측값에 따라 개별적으로 결정된다.
	목록별 결측값 제외	분석 시 사용되는 변수에 대한 결측값이 있는 케이스는 제외한다.

| 명령문 및 결과 |

명령문

```
NPAR TESTS
  /M-W= x9 BY x1(1 2)
  /MOSES= x9 BY x1(1 2)
  /K-S= x9 BY x1(1 2)
  /W-W= x9 BY x1(1 2)
  /MISSING ANALYSIS.
```

Mann-Whitney 검정

순위

	성별	N	평균 순위	순위합
행복도	남성	10	18.65	186.50
	여성	15	9.23	138.50
	전체	25		

검정 통계량[a]

	행복도
Mann-Whitney의 U	18.500
Wilcoxon의 W	138.500
Z	-3.281
근사 유의확률 (양측)	.001
정확 유의확률 [2*(단측 유의확률)]	.001[b]

a. 집단변수: 성별

b. 동순위에 대해 수정된 사항이 없습니다.

그림 17-19 • 2-독립표본 비모수검정 결과(1)

결과분석

위 결과는 Mann-Whitney의 U를 선택하였을 때의 결과로서 행복도를 남녀별로 순위를 구하여 각각의 평균 순위와 순위합을 나타내고 있다.

검정에서의 귀무가설은 'H_0 : 남성과 여성 간의 행복도는 같다.'이며, 근사 유의확률이 0.001로서 유의확률 α=0.05로 하였을 때 0.05보다 적기 때문에 귀무가설을 기각하여 남성 행복도가 여성 행복도 보다 높다고 볼 수 있다. 이는 독립표본 T검정과 동일한 결과이다.

Moses 검정

빈도

	성별	N
행복도	남성 (대조)	10
	여성 (실험)	15
	전체	25

검정 통계량[a,b]

		행복도
관측된 대조군 계산너비		17
	유의확률 (단측)	.034
절사된 대조군 계산너비		8
	유의확률 (단측)	.000
각 끝에서 절사된 이상값		1

a. Moses 검정

b. 집단변수: 성별

그림 17-20 • 2-독립표본 비모수검정 결과(2)

결과분석

위 결과는 Moses의 극단반동을 선택하였을 때의 결과로서 남성은 통제집단이 되고, 여성은 비교 집단이 된다.

통제집단의 너비(범위)는 통제집단에서 가장 큰 순위와 가장 작은 순위의 차에 1을 더한 값으로 계산되며, 이상값으로 범위가 왜곡되기 쉬우므로 통제 케이스의 양끝 5%는 자동으로 절단된다. 검정에서의 귀무가설은 'H_0: 두 집단 간의 분산은 같다.'이며, 근사 유의확률이 0.034로서 유의확률 α=0.05로 하였을 때 0.05보다 적기 때문에 귀무가설을 기각하여 남성과 여성의 행복도에 대한 분산은 같다고 볼 수 없다.

이표본 Kolmogorov-Smirnov 검정

빈도

	성별	N
행복도	남성	10
	여성	15
	전체	25

검정 통계량[a]

		행복도
최대극단차이	절대값	.567
	양수	.567
	음수	.000
Kolmogorov-Smirnov의 Z		1.388
근사 유의확률 (양측)		.042

a. 집단변수: 성별

그림 17–21 • 2–독립표본 비모수검정 결과(3)

결과분석

위 결과는 Kolmogorov–Smirnov의 Z를 선택하였을 때의 결과이다.

검정에서의 귀무가설은 'H_0: 두 집단의 분포는 동일하다.'이며, 근사 유의확률이 0.042로서 유의확률 α=0.05로 하였을 때 0.05보다 적기 때문에 귀무가설을 기각하여 남성과 여성의 행복도에 대한 분포는 같다고 볼 수 없다.

Wald-Wolfowitz 검정

빈도

	성별	N
행복도	남성	10
	여성	15
	전체	25

검정 통계량[a,b]

		런 수	Z	정확 유의확률 (단측)
행복도	최소 가능값	4[c]	-3.624	.000
	최대 가능값	12[c]	-.213	.415

a. Wald-Wolfowitz 검정

b. 집단변수: 성별

c. 케이스 17을(를) 포함하는 집단-내 동순위 2이(가) 있습니다.

그림 17–22 • 2–독립표본 비모수검정 결과(4)

결과분석

위 결과는 Wald–Wolfowiz 런 검정을 선택하였을 때의 결과이다.

검정에서의 귀무가설은 'H_0: 두 집단의 분포는 동일하다.'이며, 행복도의 가능한 최솟값의 유의확률이 0.000으로서 α=0.05로 하였을 때 0.05보다 적기 때문에 귀무가설을 기각하여 남성과 여성의 행복도의 최솟값에 대한 분포는 같다고 볼 수 없고, 행복도의 가능한 최댓값의 유의확률이 0.415로서 α=0.05로 하였을 때 0.05보다 크기 때문에 귀무가설을 기각할 수 없어 남성과 여성의 행복도의 최댓값에 대한 분포는 같다고 볼 수 있다.

17.3.2 독립 K–표본 검정

독립 K-표본 검정은 모수통계의 분산분석과 유사한 것으로 한 변수에 대해 둘 이상의 케이스 집단을 비교한다. SPSS에서는 독립표본이 동일한 모집단에서 비롯된 것인지를 판별하는 데 사용할 수 있는 검정 방법에는 세 가지 검정법을 제공하고 있다.

[1] Kruskal–Wallis의 H 검정

크루스칼-왈리스(Kruskal-Wallis)의 H 검정은 맨-휘트니 검정(Mann- Whitney)의 U 검정을 확장한 것으로 일원배치 분산분석과 동일한 분석으로 분포 위치에서의 차이를 찾아낸다. 즉, 맨-휘트니 검정이 두 집단에 대한 것이라면 크루스칼-왈리스 검정은 3집단 이상에 적용되는 방법이며 그 검정원리는 서로 동일하다. 즉, 3 집단의 측정값을 모두 크기 순서로 배열하고 순위를 매겨서 각 집단의 순위의 평균을 비교하여 검정하게 된다.

[2] 중위수 검정

중위수 검정은 크루스칼-왈리스의 H 검정만큼 강력하지는 않지만, 중위수(중앙값, median)를 이용하여 두 개 이상의 표본이 추출된 모집단의 분포가 동일한 지의 여부를 검정한다. 두 표본의 자료의 크기 순서로 혼합하여 하나의 분포로 만들고 이 표본에서 중위수를 산출한다. 그리고 중위수보다 크거나 작은 수의 각 표본(혼합 전의 표본)별 빈도수를 비교하여 두 집단 간의 분포의 동질성을 검정하는 방법이다. 크루스칼-왈리스의 H 검정과 같이 해당 표본을 가져온 k 모집단의 연역 순위(오름차순이나 내림차순)가 없다고 가정한다.

[3] Jonckheere–Terpstra 검정

Jonckheere-Terpstra 검정은 k개 모집단에 모집단이 원래부터 연역 순위가 있는 경우에 방법이다. 예를 들어, k개 모집단은 증가 온도 k를 나타낼 수도 있다. 서로 다른 온도가 동일한 응답 분포를 생성한다는 가설이 온도가 증가할수록 응답의 크기도 증가한다는 가설에 반대되지 않는지 검정한다. 여기에는 대체 가설에 순위가 있으므로 Jonckheere -Terpstra가 사용하기에 가장 적절한 검정이다. Jonckheere-Terpstra 검정은 SPSS Exact Tests를 설치한 경우에만 사용할 수 있다.

예제 경제사정(상, 중, 하)에 따른 행복도(X9)의 분포는 같다고 볼 수 있는가?

① 먼저 SPSS를 시작하고 저장한 파일 '연습1.sav'를 불러온다(파일(F) → 열기(O) → 데이터(A) → 연습1 → 열기).

② '연습1.sav' 자료가 나오면 본격적인 독립 K-표본 검정을 하기 위해 메뉴에서 분석(A) → 비모수검정(N) → 레거시 대화상자(L) → K-독립표본(K)를 선택한다.

그림 17-23 • K-독립표본 선택

③ K-독립표본 검정 창에서 **검정변수(T)**에는 분석하고자 하는 변수인 **행복도(X9)**를 투입한다. **집단변수(G)**에는 **경제사정(X6)**을 투입하는데, 모수통계 방법인 독립표본 T 검정에서와 같이 **집단변수(G)**의 범위지정(D)... 을 클릭하여 상, 중, 하에서 최솟값인 1과 최댓값인 3을 입력한다. 여기서는 각 검정법을 비교하기 위해 **검정 유형**에서 Kruskal-Wallis의 H(K)와 **중위수(M)**를 선택하였다.

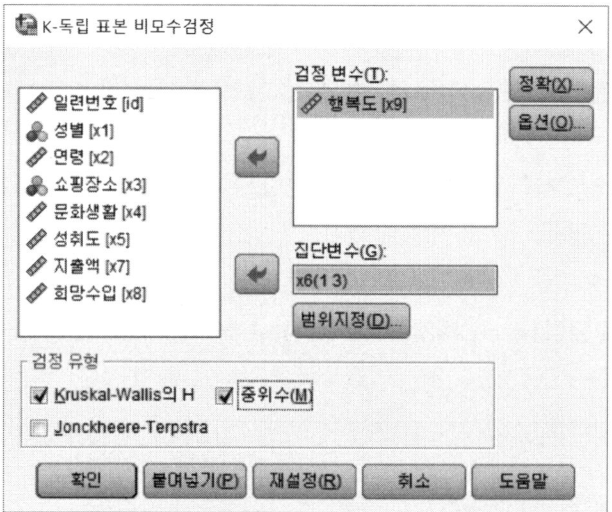

그림 17-24 • K-독립표본 비모수검정 창

④ 옵션(O)... 은 앞 절의 카이제곱 검정과 동일하기 때문에 여기서는 생략한다.

| 명령문 및 결과 |

명령문

```
NPAR TESTS
  /K-W=x9 BY x6(1 3)
  /MEDIAN=x9 BY x6(1 3)
  /MISSING ANALYSIS.
```

Kruskal-Wallis 검정

순위

	경제사정	N	평균 순위
행복도	상류	6	20.67
	중류	14	11.75
	하류	5	7.30
	전체	25	

검정 통계량[a,b]

	행복도
Kruskal-Wallis의 H	10.867
자유도	2
근사 유의확률	.004

a. Kruskal Wallis 검정

b. 집단변수: 경제사정

그림 17-25 • K-독립표본 비모수검정 결과(1)

결과분석

위 결과는 Kruskal-Wallis의 H 검정을 선택하였을 때의 결과로서 행복도(X9)를 경제사정별(X6)로 순위를 구하여 각각의 평균 순위를 나타내고 있다.

검정에서의 귀무가설은 'H_0: 경제사정 간의 행복도는 같다.'이며, 근사 유의확률이 0.004로서 유의확률 α=0.05로 하였을 때 0.05보다 적기 때문에 귀무가설을 기각하여 경제사정에 따라 행복도의 차이가 있다고 볼 수 있다. 상류의 행복도가 평균 순위에서 가장 높게 나타났다. 이는 행복도가 높을수록 순위에서는 높게 나타나기 때문이다. 즉, 상류에서 행복도가 높은 것으로 응답하고 있다. 이는 일원배치 분산분석과 동일한 결과이다.

중위수 검정

빈도

		경제사정		
		상류	중류	하류
행복도	> 중위수	4	0	1
	<= 중위수	2	14	4

검정 통계량[a]

	행복도
N	25
중위수	8.00
카이제곱	11.667[b]
자유도	2
근사 유의확률	.003

a. 집단변수: 경제사정

b. 5개의 셀 (83.3%)은(는) 5보다 작은 기대빈도를 가집니다. 기대 빈도 셀 값 중 최소값은 1.0입니다.

그림 17-26 • K-독립표본 비모수검정 결과(2)

결과분석

위 결과는 중위수검정을 선택하였을 때의 결과로서 빈도분석에서는 경제사정에 따른 각 집단에서 중위수보다 행복도(X9)가 클 때와 적을 때의 수를 나타내고 있다.

검정에서의 귀무가설은 'H_0: 경제사정(X6) 간의 행복도(X9)는 같다.'이며, 근사 유의확률이 0.003으로서 유의확률 α=0.05로 하였을 때 0.05보다 적기 때문에 귀무가설을 기각하여 경제사정에 따라 행복도의 차이가 있다고 볼 수 있다. 이는 Kruskal-Wallis의 H 검정과 동일한 결과이다.

17.4 대응표본의 비모수검정

17.4.1 대응 2-표본 비모수검정

대응 2-표본 검정은 두 변수의 분포를 비교하는 것으로 일반적으로 어떤 시행의 전과 후의 측정을 비교하는 것과 같은 반복측정에 많이 사용한다. 모수통계의 대응표본 T검정과 비슷한 방법이다. SPSS에서는 다음의 4가지 검정법을 지원하고 있다.

[1] Wilcoxon 부호 순위 검정

Wilcoxon 부호 순위 검정은 데이터가 연속형인 경우 사용하며, 모든 케이스에 대해 두 변수 간 차이를 계산하고 그 차이를 양수, 음수 또는 동률인 수 등으로 분류하여 이러한 변수 부호 차이와 대응 간 차이의 크기까지 모두 고려한다. Wilcoxon 부호 순위 검정은 데이터에 대한 정보를 구체화할 수 있으므로 부호검정보다 강력한 검정 방법이다. 여기에서 귀무가설은 'H_0: 짝진 표본의 차이의 중앙값은 0이다.'이다.

[2] 부호검정

부호검정은 데이터가 연속형인 경우 사용하며, 모든 케이스에 대해 두 변수 간 차이를 계산하고 그 차이를 양수, 음수 또는 동률인 수 등으로 분류한다. 두 변수가 매우 유사하게 분포된 경우 양수나 음수 차이가 크게 구별되지 않을 수 있다. 부호검정은 크기를 고려하지는 않는다. 여기서의 귀무가설은 'H_0: 짝진 표본의 차이의 중앙값은 0이다.'이다.

[3] McNemar 검정

McNemar 검정은 데이터가 이분형일 때 사용하며, 반복측정 상황에서 주로 사용되므로 각 개체의 반응이 지정한 사건 발생 전후로 한 번씩 나타날 때 사용된다. McNemar 검정은 초기 반응률(사건 전)이 마지막 반응률(사건 후)과 같은지 확인한다. 이러한 검정은 전후 계획에서 실험 개입에 따라 반응에 다르게 나타나는 변화를 파악하는 데 유용하다. 여기서의 귀무가설은 'H_0: 짝진 표본의 차이의 중앙값은 0이다.'이다.

[4] 주변 동질성 검정

주변 동질성 검정은 데이터가 범주형일 때 사용하며, McNemar 검정의 확장된 형태로서 이진 반응으로부터 다중응답을 검정한다. 카이제곱 분포를 사용하여 반응의 변화를 확인하고 전후 계획에서 실험 개입에 따라 반응에 나타나는 변화를 파악하는 데 유용하며, 주변 동질성 검정은 정확한 검정을 설치한 경우에만 사용할 수 있다. 여기에서 귀무가설은 'H_0: 짝진 표본의 차이의 중앙값은 0이다.'이다.

예제 문화생활(X4)과 성취도(X5)에 대한 만족도의 차이가 있다고 볼 수 있는가?

① 먼저 SPSS를 시작하고 저장한 파일 '연습1.sav'를 불러온다(파일(F) → 열기(O) → 데이터(A) → 연습1 → 열기).

② '연습1.sav' 자료가 나오면 본격적인 대응 2-표본 검정을 하기 위해 메뉴에서 **분석(A) → 비모수검정(N) → 레거시 대화상자(L) → 2-대응표본(L)**을 선택한다.

그림 17-27 • 2-대응표본 선택

③ 2-대응표본 비모수 검정 창에서 왼쪽에는 분석하고자 하는 변수들이 있다. 여기서 **문화생활(X4)**을 클릭하고 을 클릭하면 **검정 쌍(T)**에 X4가 **변수1**에 표시가고, 다시 **성취도(X5)**를 클릭하고, 을 클릭하면 **검정 쌍(T)**에 X5가 **변수2**에 표시된다. 여러 개의 쌍을 한꺼번에 검정할 수 있으며, 과 를 이용하여 순서를 바꿀 수 있으며, 를 이용하여 변수1과 변수2를 바꿀 수도 있다. **검정 유형은 Wilcoxon, 부호(S), McNemar(M)**을 선택한다.

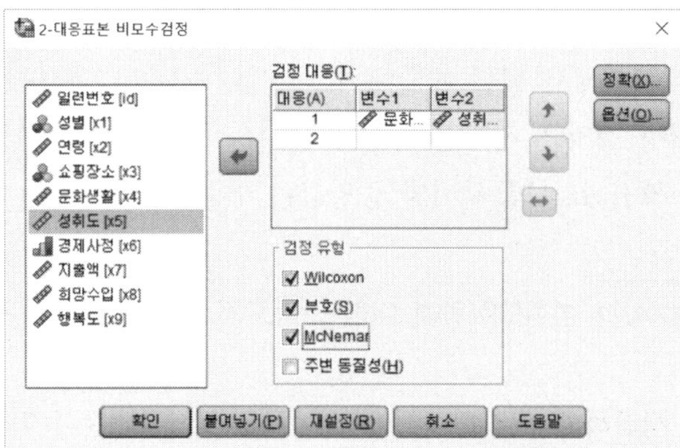

그림 17-28 • 2-대응표본 비모수검정 창

④ 옵션(O)...은 앞 절의 카이제곱 검정과 동일하기 때문에 여기서는 생략한다.

| 명령문 및 결과 |

명령문

```
NPAR TESTS
  /WILCOXON=x4 WITH x5 (PAIRED)
  /SIGN=x4 WITH x5 (PAIRED)
  /MCNEMAR=x4 WITH x5 (PAIRED)
  /MISSING ANALYSIS.
```

경고

두 변수가 동일한 값에 대한 이분형이 아니므로 문화생활 & 성취도에 대한 McNemar 검정은 수행되지 않습니다.

그림 17-29 • 2-대응표본 비모수검정 결과(1)

결과분석

위 결과는 McNemar 검정은 이항변수에 대한 검정이기에 SPSS에서 자동으로 경고 메시지를 주어진다. 즉, 데이터의 유형이 검정법에 맞지 않기 때문이다.

Wilcoxon 부호순위 검정

순위

		N	평균 순위	순위합
성취도 - 문화생활	음의 순위	11[a]	8.77	96.50
	양의 순위	6[b]	9.42	56.50
	동순위	8[c]		
	전체	25		

a. 성취도 < 문화생활
b. 성취도 > 문화생활
c. 성취도 = 문화생활

검정 통계량[a]

	성취도 - 문화생활
Z	-.968[b]
근사 유의확률 (양측)	.333

a. Wilcoxon 부호순위 검정
b. 양의 순위를 기준으로.

그림 17-30 • 2-대응표본 비모수검정 결과(2)

결과분석

위 결과는 Wilcoxon 부호 순위 검정을 선택하였을 때의 결과로서 (성취도 − 문화생활)을 계산하여 음의 순위(성취도−문화생활=음수)와 양의 순위(성취도−문화생활=양수) 그리고 동률(성취도−문화생활=0)을 각각 계산하여 제시하고 있다. 여기서는 차이의 크기를 고려하여 계산한다.

검정에서의 귀무가설은 'H_0 : 성취도와 문화생활의 차이(성취도−문화생활)의 중앙값이 0이다.'이며, 근사 유의확률이 0.333으로서 유의확률 α=0.05로 하였을 때 0.05보다 크기 때문에 귀무가설을 기각할 수 없어 성취도와 문화생활 만족도는 차이가 없다고 볼 수 있다.

부호검정

빈도

		N
성취도 - 문화생활	음수차이[a]	11
	양수차이[b]	6
	동순위[c]	8
	전체	25

a. 성취도 < 문화생활

b. 성취도 > 문화생활

c. 성취도 = 문화생활

검정 통계량[a]

	성취도 - 문화생활
정확 유의확률 (양측)	.332[b]

a. 부호검정

b. 이항분포를 사용함.

그림 17−31 • 2−대응표본 비모수검정 결과(3)

결과분석

위 결과는 부호검정을 선택하였을 때의 결과로서 (성취도 − 문화생활)을 계산하여 음의 순위(성취도−문화생활=음수)와 양의 순위(성취도−문화생활=양수) 그리고 동률(성취도−문화생활=0)을 계산하여 제시하고 있다. 여기서는 차이의 크기를 고려하지는 않는다.

검정에서의 귀무가설은 'H_0 : 성취도와 문화생활의 차이(성취도 − 문화생활)의 중앙값이 0이다.'이며, 근사 유의확률이 0.332로서 유의확률 α=0.05로 하였을 때 0.05보다 크기 때문에 귀무가설을 기각할 수 없어 성취도와 문화생활 만족도는 차이가 없다고 볼 수 있다.

다음 예제는 McNemar 검정의 예제로서 새로운 교수법을 도입하여, 각각 한 달간 수업하고, 한 달 후에 10명의 학생에게 찬성(1)과 반대(2) 의사를 물은 결과이다.

학생	1	2	3	4	5	6	7	8	9	10
강의법 A	1	1	2	2	1	2	2	1	1	1
강의법 B	2	2	1	1	2	1	1	2	2	2

예제 두 강의법에 대해 학생들의 찬반 의견이 같다고 볼 수 있는가?

McNemar 검정

교차분석

강의법 A & 강의법 B

강의법 A	강의법 B 찬성	반대
찬성	0	6
반대	4	0

검정 통계량[a]

	강의법 A & 강의법 B
N	10
정확 유의확률 (양측)	.754[b]

a. McNemar 검정

b. 이항분포를 사용함.

그림 17-32 • 2-대응표본 비모수검정 결과(4)

결과분석

위 결과는 두 가지 강의법에 대한 결과를 입력하고, McNemar 검정을 선택하였을 때의 결과이다. 검정에서의 귀무가설은 'H_0 : 강의법 A와 강의법 B의 차이의 중앙값이 0이다.'이며, 근사 유의확률이 0.754로서 유의확률 α=0.05로 하였을 때 0.05보다 크기 때문에 귀무가설을 기각할 수 없어 강의법 A와 강의법 B의 차이가 없다고 볼 수 있다. 즉, 개인의 차이는 있을지라도 전체적으로 어떤 강의법이 일방적으로 좋다고 볼 수는 없다.

17.4.2 대응 K-표본 비모수 검정

대응 K-표본 비모수검정은 둘 이상의 변수 분포를 비교하는 것으로 SPSS에서는 다음의 3가지 검정법을 지원하고 있다.

[1] Friedman 검정

Friedman 검정은 일표본 반복측정의 비모수 분석이거나 셀당 하나의 관측값을 갖는 이원배치 분산분석을 나타내며, 두 개 이상의 변수들의 순위평균의 차이가 있는지를 검정한다. 각 케이스에 대해 k 변수는 1부터 k까지의 순서를 나타내고 검정 통계는 이 순위를 기준으로 한다. 변수들의 측정 자료가 순위척도로 되어있는 경우에 변수들 간의 순위의 평균값을 비교하여 과연 그 순위상의 차이가 있는지를 검정하는 데 이용된다. 귀무가설은 H_0 : 순위에 차이가 없다.

[2] Kendall의 W

Kendall의 W는 Friedman 통계량의 정규성을 나타내며, Kendall의 W는 등급 평가자 간의 동의 측도인 일치계수로 해석할 수 있다. 각 케이스는 감정가나 등급 평가자이며 각 변수는 평가되는 품목이나 사람을 나타내며, 각 변수의 경우 순위합이 계산된다. 그리고 Kendall의 W는 0(동의 안함)과 1(완전동의) 사이의 순위를 차지한다. 즉, 사례별로 각 변수(대상)에 대하여 부여한 순위의 일치여부를 검정하는 데 이용된다. 귀무가설은 H_0 : 순위가 독립적이다(순위가 같지 않다).

[3] Cochran의 Q

Cochran의 Q는 Friedman 검정과 동일하나 모든 응답이 이분형인 경우 적용할 수 있다. 이 방법은 McNemar 검정을 k-표본 상황으로 확장한 것이며, Cochran의 Q는 여러 개의 이분형 대응변수가 동일한 평균을 가진다는 가설을 검정한다. 동일한 개인이나 일치된 개인에 따라 변수가 측정된다. 귀무가설은 H_0 : 차이가 없다.

다음 자료는 Friedman검정의 예제로서 3개의 자동차 생산업체의 선호도를 조사하기 위해 10명에게 1, 2, 3의 순위를 조사하였다.

소비자	1	2	3	4	5	6	7	8	9	10
A 사	2	1	2	1	2	2	1	2	1	2
B 사	3	2	3	3	1	3	2	1	3	3
C 사	1	3	1	2	3	1	3	3	2	1

예제 3개의 자동차 생산업체의 선호도의 순위에 차이가 있다고 볼 수 있는가?

① 먼저 SPSS를 시작하고 데이터를 입력한다.

② 입력이 끝나면 본격적인 대응 K-표본 검정을 하기 위해 메뉴에서 분석(A) → 비모수검정(N) → 레거시 대화상자(L) → K-대응표본(S)을 선택한다.

그림 17-33 • K-대응표본 선택

③ K-대응표본 비모수검정 창에서 검정변수에는 분석하고자 하는 변수인 A, B, C를 검정변수(T)로 투입한다. 그리고 여기서 검정 유형은 Friedman(F)을 선택하였다.

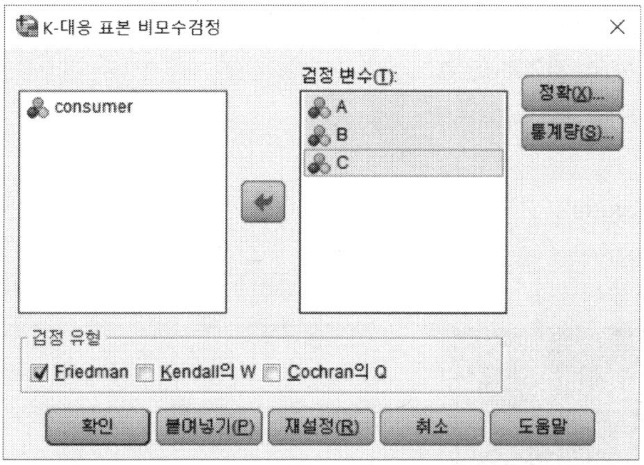

그림 17-34 • K-대응표본 비모수검정 창(Friedman)

| 명령문 및 결과 |

명령문

```
NPAR TESTS
/FRIEDMAN=A B C
/MISSING LISTWISE.
```

Friedman 검정

순위

	평균 순위
A	1.60
B	2.40
C	2.00

검정 통계량[a]

N	10
카이제곱	3.200
자유도	2
근사 유의확률	.202

a. Friedman 검정

그림 17-35 • K-대응표본 비모수검정 결과(1)

결과분석

위 결과는 Friedman을 선택하였을 때의 결과로서 A, B, C 3사의 평균 순위를 제시하고 있다. 검정에서의 귀무가설은 'H_0 : 3사의 선호도 순위는 같다.'이며, 근사 유의확률이 0.202로서 유의확률 α=0.05로 하였을 때 0.05보다 크기 때문에 귀무가설을 기각할 수 없어 3사의 선호도 차이가 없다고 볼 수 있다.

다음 자료는 Kendall의 W의 예제로서 체조선수 6명에 대한 3명의 심판이 순위를 매긴 결과이다.

심판 \ 체조선수	1	2	3	4	5	6
A	1	6	5	4	3	2
B	2	5	6	4	3	1
C	6	5	4	2	1	3

예제 체조선수에 대한 심판들의 평가 순위는 같다고 볼 수 있는가?

① 먼저 SPSS를 시작하고 [그림 17-37]과 같이 데이터를 입력한다. 여기서 Friedman의 검정에서와 자료의 입력 형태가 차이가 나는 것을 유의한다.

② 입력이 끝나면 본격적인 대응 K-표본 검정을 하기 위해 메뉴에서 분석(A) → 비모수검정(N) → 레거시 대화상자(L) → K-대응표본(S)을 선택한다.

그림 17-36 • Kendall의 일치도 검정의 데이터 입력 예

③ [그림 17-38]에서 검정변수(T)에는 분석하고자 하는 변수인 player1에서 player6을 검정변수로 투입한다. 그리고 검정 유형은 Kendall의 W(K)를 선택하였다.

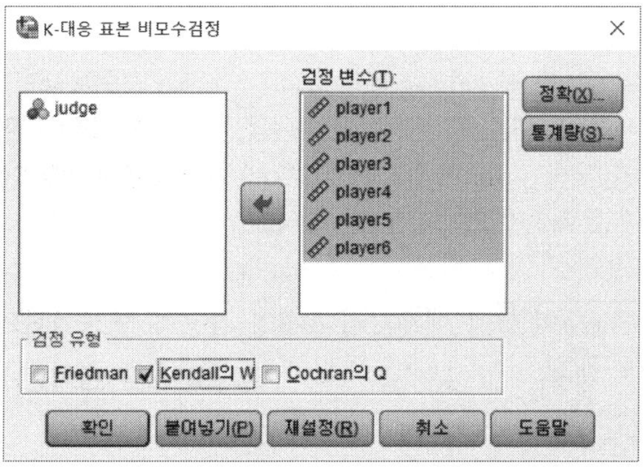

그림 17-37 • K-대응표본 비모수검정 창(Kendall의 W)

| 명령문 및 결과 |

명령문

```
NPAR TESTS
  /KENDALL=player1 player2 player3 player4 player5 player6
  /MISSING LISTWISE.
```

Kendall의 W 검정

순위

	평균 순위
player1	3.00
player2	5.33
player3	5.00
player4	3.33
player5	2.33
player6	2.00

검정 통계량

N	3
Kendall의 W[a]	.543
카이제곱	8.143
자유도	5
근사 유의확률	.149

a. Kendall의 일치도 계수

그림 17-38 • K-대응표본 비모수검정 결과(2)

결과분석

위 결과는 Kendall의 W를 선택하였을 때의 결과로서 6명의 선수에 대한 평균 순위를 제시하고 있다. 검정에서의 귀무가설은 'H_0: 3명의 심판의 순위는 같다.'이며, 근사 유의확률이 0.149로서 유의확률 α=0.05로 하였을 때 0.05보다 크기 때문에 귀무가설을 기각할 수 없어 3명의 심판의 순위는 차이가 없다고 볼 수 있다.

다음 자료는 Cochran의 Q의 예제로서 3개의 자동차 생산업체의 선호도를 조사하기 위해 10명에게 좋은 제품('1'로 표기)과 나쁜 제품('0'으로 표기)을 조사하였다. 이를 이용하여 연습하고자 한다.

세탁기의 종류	1	2	3	4	5	6	7	8	9	10
A	1	1	0	1	1	1	1	1	0	1
B	0	1	1	0	1	1	1	0	0	0
C	0	0	1	1	0	0	0	1	1	0

예제 자동차 생산업체 3사의 선호도에 차이가 있다고 볼 수 있는가?

① 먼저 SPSS를 시작하고 [그림 17-40]과 같이 데이터를 입력한다.

② 입력이 끝나면 본격적인 대응 K-표본 검정을 하기 위해 메뉴에서 분석(A) → 비모수검정(N) → 레거시 대화상자(L) → K-대응표본(S)을 선택한다.

그림 17-39 • Cochran의 Q의 데이터 입력 예

③ K-대응표본 비모수검정 창에서 검정변수에는 분석하고자 하는 변수인 A, B, C를 검정변수(T)로 투입한다. 그리고 여기서 검정 유형은 Cochran의 Q(C)를 선택하였다.

| 명령문 및 결과 |

명령문

```
NPAR TESTS
 /COCHRAN=A B C
 /MISSING LISTWISE.
```

Cochran 검정

빈도

	값 0	값 1
A	2	8
B	5	5
C	6	4

검정 통계량

N	10
Cochran의 Q	2.600[a]
자유도	2
근사 유의확률	.273

a. 1은(는) 성공한 것으로 처리됩니다.

그림 17-40 • K-대응표본 비모수검정 결과(3)

결과분석

위 결과는 Cochran의 Q를 선택하였을 때의 결과로서 A, B, C 3사의 좋음과 나쁨의 빈도표를 제시하고 있다. 검정에서의 귀무가설은 'H_0 : 3사의 선호도는 같다.'이며, 근사 유의확률이 0.273으로서 유의확률 α=0.05로 하였을 때 0.05보다 크기 때문에 귀무가설을 기각할 수 없어 3사의 선호도 차이가 없다고 볼 수 있다.

18

SPSS 명령문

18.1 기본 명령어

18.1.1 마침표(.)

SPSS에서는 한 문단(명령어 그룹)이 끝날 때는 마침표(.)로 문장을 분리한다.

18.1.2 DATA LIST 명령

이 명령은 자료를 SPSS의 프롬프트 상태에서 키보드로 직접 입력할지 또는 이미 입력된 별도의 자료 파일을 읽어 들여야 할지를 알려준다. 그리고 자료 파일을 읽어야 한다면 그것이 있는 위치(드라이브 또는 디렉터리)와 파일명, 자료의 형식, 그리고 변수명 등의 사항을 SPSS에게 알려주는 역할을 한다.

```
DATA LIST [file='파일명'] [FIXED] [FREE]
          / 변수명 컬럼수(n) 변수명 컬럼수(A)
          /변수명 컬럼수..
```

[FILE='파일명'] : DATA 파일의 위치를 지정. 만일 같은 파일이면 생략. 반드시 작은 따옴표(' ') 또는 큰 따옴표(" ") 안에 작성.

[FIXED] : DATA의 자릿수를 지정(변수 다음의 컬럼수는 반드시 지정).

[FREE] : DATA의 자릿수를 지정하지 않음(변수 다음의 컬럼수는 생략).

예제

```
DATA LIST FILE ='C:₩DATA.DAT' FIXED
/ ID 1-2(A) SEX 3 AGE 4-5 GRADE 6 X1 8-12(3).
```

예제

```
DATA LIST FREE
/ ID(A) SEX AGE GRADE X1(3).
```

[1] 변수명과 컬럼수

- 자료 파일의 위치와 파일명의 정의가 끝나면 슬래쉬(/)로 구분
- 각 변수명과 자료에서 그 변수가 위치한 컬럼수를 지정
- 변수명은 알파벳 8자 이내

• 알파벳 중간에 문자나 숫자, 기호 등을 사용
• 알파벳은 대문자와 소문자를 구별하지 않고 작성해도 무방
• 빈칸, &, !, ?, /, > 등의 기호는 변수명에 사용할 수 없음
• 변수에는 하나의 이름만이 허용되므로 같은 변수명을 중복해서 사용해서는 안 됨
• ALL, TO, WITH, BY등과 주로 연산자로 사용되는 EQ, GE, GT, LE, LT, NE, NOT, AND, OR, THRU등의 예약어는 변수명으로 사용될 수 없음
• 컬럼수는 변수명 다음에 한 칸을 띄우고 그 위치를 쓰면 됨
• 한 자리 이상을 차지할 때는 AGE 4-5와 같이 시작 위치와 끝 위치 사이에 '하이픈' 사용

[2] 기타

① X1 TO X10 1-10 : 연속적인 수열 형태의 변수명은 TO를 사용하면 간단하게 변수명과 컬럼수를 지정
② X11 X12 X13 1-9 : 자료가 연속해서 코딩이 되어 있어야 함은 물론 각 변수값의 컬럼수가 같아야 한다. 컴퓨터는 변수의 수에 비례하여 컬럼수를 똑같이 나누어 읽어 나가게 되므로 주의
③ 또한 SPSS에서 한 사례당 읽어 들일 수 있는 컬럼수는 80컬럼까지이며 80컬럼이 넘을 때는 슬래쉬(/)를 한 다음 계속해서 변수명과 컬럼수를 정의
④ (N) : 숫자 변수의 소수점 위치
(A) : 문자 변수
⑤ 숫자가 음수인 경우 음수임을 표시하는 부호(-)도 컬럼의 계산에 넣어야 함
⑥ 변수명과 컬럼수의 정의가 끝나면 반드시 마침표(.)로 종결해야 함

```
BEGIN DATA.
[자료의 집합]
END DATA.
```

파일 내에서 DATA를 넣을 때는 반드시 BEGIN DATA.으로 시작하고, END DATA.로 끝난다.

예제
```
DATA LIST FIXED /ID 1-2 SEX 3 AGE 4-5 GRADE 6(A).
BEGIN DATA.
          01145A
          02236B
          06153A
          END DATA.
```

18.1.3 VARIABLE LABELS 명령

```
VARIABLE LABELS 변수명 = '설명'
        / 변수명 = '설명'.
```

① 이 명령은 선택적인 것으로서, 통계 처리에 영향을 미치지 않는다. 사용자가 산출된 결과표에 나타난 변수명으로 그 의미를 파악하기 힘든 경우에 이해하기 쉽도록 변수명에 구체적인 설명을 해주는 명령이다.

② 설명문이 필요한 변수가 여러 개일 때는 각 변수가 바뀔 때마다 슬래쉬(/)로 구분해야 하며, 변수의 구체적인 설명은 작은따옴표나 큰따옴표 안에 기입하고, 정의가 끝나면 반드시 마침표(.)로 종결해야 한다.

③ 이 명령은 DATA LIST 명령으로 변수명들이 지정된 뒤에 GET 명령, IMPORT 명령 등으로 액티브 파일이 만들어진 다음에, 또는 COMPUTE, IF 등의 자료변환 명령으로 생성된 변수가 있어야 사용할 수 있다.

④ 변수 설명문 가운데에 작은따옴표를 사용할 경우는 다음과 같이 큰따옴표를 사용해야 한다. 반대로 설명문 가운데에 큰따옴표를 사용할 경우에는 작은따옴표로 묶어주어야 한다.

예) VARIABLE LABELS HAN "HAN`S SELF CONCEPTION"/OK
'RESPONSE "YES"'.

⑤ 각 변수마다 라벨은 빈칸이나 기호를 포함하여 최대 60자까지 사용할 수 있지만 SPSS는 대부분의 결과물에 40자까지만 표시해 준다.

18.1.4 VALUE LABELS 명령

```
VALUE LABELS 변수명 값= '설명' 값= '설명'
          / 변수명 값= '설명' 값= '설명'
          / 변수명 TO 변수명 값= '설명' 값= '설명'.
```

① VALUE LABELS 명령은 자료에 코딩된 숫자가 의미하는 내용을 설명해 주기 위한 명령이다. 이 명령은 주로 명목자료로 측정되는 변수에 사용된다.

② VARIABLES LABELS와 마찬가지로 변수가 바뀔 때마다 슬래쉬(/)로 구분하고 각각의 설명문은 작은따옴표 안에 기입해야 하며, 변수값이 문자라면 변수값도 역시 작은따옴표 안에 입력해야 한다.

③ 명령이 끝나면 반드시 마침표로 종결표시를 해야 한다. 변수값의 설명문은 결과물에는 20자까지 표시해 준다.

예제

```
VALUE LABELS SEX 'M' 'MALE' 'F' 'FEMALE'.
VALUE LABELS A B 1 'LOW' 2 'MIDDLE' 3 'HIGH'.
```

18.1.5 ADD VALUE LABELS 명령

```
ADD VALUE LABELS 변수명 값= '설명' 값= '설명'
       / 변수명 값= '설명' 값= '설명'
       / 변수명 TO 변수명 값= '설명' 값= '설명'.
```

① 어떤 변수의 변수값에 대한 설명을 VALUE LABELS 명령으로 이미 정의해 놓은 상태에서 다시 그 변수에 대하여 하나 이상의 새로운 변수값을 정의해 주고자 할 경우나, 또는 이미 정의된 변수값 중에서 일부를 수정하고자 할 경우에 사용하는 것이 보통이다.

② VALUE LABELS 명령도 변수값에 대한 설명문을 추가하거나 변경하고 싶을 때 다시 사용할 수 있지만 이 명령을 사용하게 되면 그 이전에 정의된 모든 기존의 변수값에 대한 설명문은 지워지게 된다.

③ 이미 정의된 모든 변수의 변수값에 대해서 라벨을 붙여 정의해 줄 수도 있지만 반드시 모든 변수의 변수값에 대해서 설명문을 입력할 필요는 없다. 명령의 사용 방법은 VALUE LABELS와 동일하다.

예제
```
ADD VALUE LABELS X1 TO X3 1 'BLUE COLORS'
                          6 'WHITE COLORS'
                    / X4 'N' 'NEW COLORS'.
```

④ 만일 VALUE LABELS 명령으로 이들 변수값에 대해 이미 정의되어 있다면 위의 명령대로 설명이 새롭게 바뀌게 되며, 이들 변수값에 대하여 설명이 정의되어 있지 않다면 새로운 설명이 추가될 것이다. 그러나 위의 명령에서 정의되지 않은 나머지 변수값에 대한 라벨에는 아무런 영향을 주지 않게 된다.

⑤ 만일 여기에서 이미 VALUE LABELS 명령으로 모든 변수값에 대하여 설명(LABELS)을 정의해 주고 난 상태에서 다시 ADD VALUE LABELS 명령이 아닌 VALUE LABELS 명령으로 위와 똑같은 내용으로 정의를 한다면, 첫 번째 VALUE LABELS 명령은 무효가 되므로 주의해야 한다.

예제
```
ADD VALUE LABELS STATE 'TEX' "TEXAS" 'TEN'
"TENNESSEE" 'MIN' "MINNESOTA".
```

⑥ 위의 명령문은 STATE라는 변수의 변수값 TEX, TEN, MIN에 대하여 각각의 설명을 할당해 주며 그 설명들이 큰따옴표 안에 지정되어 있다. 변수값 TEX, TEN, MIN은 모두 세 글자 길이임을 주목해야 한다. 즉, 일련의 문자 변수에 대하여 설명을 붙이고자 할 경우에 그 변수들은 같은 길이로 정의되어야 한다.

18.1.6 MISSING VALUES

```
형식 : MISSING VALUES / 변수명 변수값
                     / 변수명 변수값.
```

① 통계분석을 수행할 때 어떤 값을 분석에서 제외해야 할 필요가 있을 경우 제외시키

고자 하는 그 변수명과 값(결측값)을 지정해 주는 명령이다.

② 자료정의 명령에서 숫자로 정의된 변수인데 숫자가 아닌 값을 만나게 되면 SPSS는 이를 자동으로 시스템 결측값으로 처리하게 된다.

③ 하나의 변수에 명령문으로는 두 개의 결측치가 존재하지 못한다.

예제
```
MISSING VALUES GRADE (0).
MISSING VALUES SEX GRADE (0) X1 TO X30 (6).
MISSING VALUES ALL(0).
```

18.1.7 FORMATS 명령문

```
FORMATS 변수명(출력형식) 변수명(출력형식) ....
```

① 일반적으로 SPSS에서 출력형식을 지정하지 않은 경우에는 총 자릿수가 8자리이고 소수 이하 자리가 2자리인 F8.2라는 형식으로 숫자 자료의 값이 출력되는데, 이러한 출력형태를 변경하고 할 경우에 사용하는 명령문이 FORMATS 명령문이다.

② 출력형식을 지정할 때 FW.D라는 형식을 사용하는데, F는 실수형, W는 총 자릿수, D는 소수점 이하의 자릿수를 의미한다.

예) FORMATS X1(F5.2) X2(F5.2) X3(F10.3)

18.1.8 주석문(Comment)

주석문으로 처리하기 위한 표시로서 문장 앞에 *의 기호를 이용한다.

18.1.9 INCLUDE

① FILED에 저장되어있는 SPSS Program의 전체 또는 일부를 Disk에서 읽어 들인다.

② Drive A:의 Diskette에 저장되어있는 file을 불러들이기 위해서는 INCLUDE라고 하는 명령어, 혹은 @ 기호를 이용한다.

```
INCLUDE file name'.
     @A:file name.
```

18.1.10 LIST

① SPSS의 사용 중에 입력된 자료를 보려고 할 때 사용한다.
② 사용의 예는 아래와 같다.

```
LIST X1.
LIST.(=LIST ALL.)
```

18.1.11 TITLE

① 결과물에 제목을 붙일 때 사용한다.
② TITLE의 최대길이는 58자이다. 58자가 넘으면 초과된 단어의 오른편이 잘린다.

```
TITLE SPSS를 이용한 자료분석.
TITLE 'SPSS를 이용한 자료분석'.
TITLE "SPSS를 이용한 자료분석".
```

18.2 자료 변환 명령어

18.2.1 COMPUTE 명령

```
COMPUTE 새로운 변수명=산술식.
```

COMPUTE 명령은 수학적인 연산자를 이용하여 새로운 변수를 만드는 경우에 이용된다.

- 대수연산자 : +, -, *, /, **
- 숫자함수 : ABS, RND, TRUNC, SORT, MOD10, EXP, LG10, LN, SIN, COS, ARTAN
- 난수발생 함수 : UNIFORM, NORMAL
- 날짜함수: YRMODA
- 결측값함수: VALUE, SYSMIS, MISSING

예제

```
COMPUTE ASC = S1+S2+S3+S4+S5+S6+S7+S8+S9+S10.
COMPUTE OSC = S11+S12+S13+S14+S15+S16+S17+S18+S19+S20.
COMPUTE ESC = S21+S22+S23+S24+S25+S26+S27+S28+S29 +S30.
COMPUTE TSC = ASC+OSC+ESC.
```

[1] 대수 연산자 사용 규칙

① 두 가지의 연산자를 연속해서 사용할 수 없다.
② 연산 순서는 지수, 곱셈, 나눗셈, 덧셈, 뺄셈의 순이다.
③ 대수연산자는 관계연산자와 논리연산자 전후에 들어갈 수 없다.
④ 빈칸은 보기 쉽게 하기 위해서 연산자 전후에 삽입할 수 있다.
⑤ 동일한 수준의 연산자는 왼쪽에서 오른쪽의 순서로 처리된다.
⑥ 연산 순서를 변경하려면 괄호를 사용한다. 가장 안쪽의 괄호부터 밖으로 나간다.
⑦ 더하거나 빼는 변수이나 변수값이 결측값이라면 그 결과는 항상 시스템 결측값이 된다.
⑧ 대수연산자는 함수 다음에 처리된다.
⑨ 곱해지는 변수이나 변수값이 결측값이라면 그 결과는 시스템 결측값이 된다. 단, 결측값을 0으로 곱하면 그 결과는 0이 된다.
⑩ 나누어지는 변수이나 변수값이 결측값이면 그 결과는 시스템 결측값이 된다. 단, 0을 결측값으로 나누면 그 결과는 0이 된다.
⑪ 변수이나 변수값을 0으로 나누면 결과는 시스템 결측값이 된다.
⑫ 결측값을 N제곱하면 그 결과도 시스템 결측값이 된다. 단, 결측값의 0 제곱은 그 결과가 1이 되며 0에 대한 결측값 제곱은 그 결과가 0이 된다.

[2] 규칙과 유의사항의 설명

① 대수연산자는 분명하게 명시가 되어야 한다. 예를 들어 변수 GRADE에 100을 곱하려 한다면 (GRADE)(100)라고 기술하면 에러가 나므로 분명하게 (GRADE)*(100)으로 명시해야 계산할 수 있다.

② 복잡한 수식에서는 특히 연산의 순서에 주의해야 한다. 함수가 가장 먼저 처리되고 그다음에 지수, 곱셈, 나눗셈, 그리고 마지막으로 덧셈과 뺄셈이 계산된다. 다음의 두 가지의 예를 비교하여 보자.

예제
```
COMPUTE NEWRATE = SQRT(RATE1)/SQRT(RATE2) +
                  SQRT(RATE3).
COMPUTE NEWRATE = SQRT(RATE1)/(SQRT(RATE2) +
                  SQRT(RATE3)).
```

첫 번째의 예는 루트(SQRT)가 가장 먼저, 그다음에 나눗셈, 그리고 마지막으로 덧셈이 계산될 것이다. 두 번째의 예에서는 SQRT(RATE2)+SQRT(RATE3)이 먼저 계산된 다음에 나눗셈이 계산될 것이다. 이와 같이 연산의 순서를 바꾸려면 괄호를 사용함으로써 가능하다.

③ 동일한 수준의 연산은 왼쪽에서 오른쪽 순으로 실행된다.

예제
```
COMPUTE SCORE=(A/B*C).
COMPUTE SCORE=(A/(B*C)).
```

첫 번째의 예는 A/B를 먼저 계산한 다음 그 결과를 C로 곱한 값이 SCORE의 값이 되며, 아래의 예에서는 괄호 안의 B*C를 먼저 계산한 다음 그 결과로 A를 나눈 값이 SCORE의 값이 된다. 만일 실행순서가 복잡할 경우에는 확신이 없다면 실행순서를 확실히 하기 위해서 괄호를 사용하는 것이 더 안전하다.

[3] 함수를 이용한 변환

COMPUTE 변환 수식에 제곱, 제곱근, 로그, 삼각함수 등의 함수를 사용할 수 있는데, 이때 함수에 의해서 변환되는 대상을 자변수(ARGUMENT)라고 한다. 자변수는 해당함수의 키워드 다음에 괄호를 두어 표시해야 한다.

예제 COMPUTE TOTALCOST=RAD(COST*6).

위의 명령은 괄호 안에 위치한 자변수인 COST*6을 계산한 다음 그 결과를 반올림(RND)하여 새로운, 변수인 TOTALCOST라는 새로운 변수를 만든다. 자변수는 변수명, 숫자, 또는 여러 변수를 포함하는 식이 될 수도 있으며, 하나의 함수는 단지 하나의 자변수만을 가질 수 있다.

[4] 사용할 수 있는 함수

- ABS : 절댓값, ABC(-4.7)=ABC(4.7)=4.7
- RND : 가장 가까운 정수로 반올림. RND(-4.7)=-5
- TRUNC : 소수점 이하 생략. TRUNC(-4.7)=-7
- MOD10 : 자변수를 10으로 나눈 나머지. MOD10(198)=8
- SQRT : 제곱근(SQUARE ROOT)
- EXP : 지수함수(EXPONENTIAL)
- LG10 : 밑수가 10인 로그값(사용로그)
- LN : 자연로그값
- SIN, COS, TAN 삼각함수값
- ARTAN : 아크탄젠트값

위의 연산자와 함수를 이용한 몇 가지의 예를 제시하면 아래와 같다.

[5] 기타 함수를 이용한 변환

위에서 제시한 함수 이외에 COMPUTE에서 활용할 수 있는 함수로는 난수발생 함수(RANDOM NUMBER FUNCTION), 사례 간 함수(CROSS-CASE FUNCTION), 날짜함수(DATA FUNCTION) 등이 있다.

[6] 난수발생 함수(RANDOM NUMBER FUNCTION)

COMPUTE 명령에 난수발생 함수를 사용하여 랜덤하게 난수를 발생시킬 수 있다. 난수발생 함수는 다음의 두 가지가 있다.

① UNIFORM(자변수) : 균등분포의 준-난수(UNIFORM PSEUDO-RANDOM NUM BER), 난수는 0에서 자변수 사이의 값 중에서 우선적으로 균등하게 발생한다. 자변수는 숫자 상수이거나 변수명이어야 한다.

② NORMAL(자변수) : 정규분포의 준-난수(NORMAL PSEUDO-RANDOM NUMBER), 난수는 평균이 0이고, 표준편차가 자변수와 같은 정규분포가 되도록 우선적으로 발생한다. 자변수는 숫자상수이거나 변수명이어야 한다. 자변수가 0 이거나 음수라면 시스템 결측값으로 처리된다.

예제 COMPUTE Q2=UNIFORM(10).

새로운 변수 Q2에 대하여 1부터 10까지의 값이 우선적으로 발생.

COMPUTE Q3 = NORMAL(1.5).

Q3이라는 새로운 변수에 평균이 0이면서 표준편차가 1.5인 정규분포를 이루는 값이 우선적으로 발생.

[8] 문자변수의 변환

COMPUTE는 문자변수를 사용하여 자료를 변환하는 데도 이용할 수 있다.

예제 ① COMPUTE RENAME=NAME.

② COMPUTE RENAME='NAME'.

①은 RENAME이라는 새로운 변수에 기존의 변수 NAME과 똑같은 변수값을 할당하라는 의미이다. ②는 RENAME이라는 새로운 변수에 문자 'NAME'이라는 값을 할당하라는 의미가 된다. COMPUTE를 이용해 생성할 수 있는 문자 변수의 값을 8자에 한한다.

[9] 결측값의 처리

① COMPUTE 명령문의 수식에 사용한 변수 중에 어느 하나라도 결측값이 있으면 생성되는 변수의 사례에 시스템 결측값을 할당한다.

② 정의되지 않은 어떤 특정한 연산을 만나게 되면 그 계산 결과는 역시 시스템 결측값으로 처리된다.

③ 어떤 수를 0으로 나누는 것은 정의되지 않았기 때문에 시스템 결측값이 된다.

④ 수식의 계산 결과가 컴퓨터로 표현할 수 없는 경우에도(수식의 표현 그 자체는 타당한 값이 사용되었다 하더라도) 그 새로운 변수에 시스템 결측값을 할당한다.

[10] 시스템 결측값으로 할당되는 에러

① ** 음수의 실수자승. (예) -2**2
② 분자가 0인 분수
③ SQRT 음수인 자변수. (예) SQRT(-4)
④ EXP 컴퓨터로 표현이 불가능할 만큼 큰 값을 만드는 자변수 (예) EXP(500)
⑤ LG10 자변수가 음수나 0일 때
⑥ NORMAL 자변수가 음수나 0일 때
⑦ YRMODA 자변수가 타당한 날짜가 아닐 때
⑧ 0을 포함하는 아래의 대수연산은 자변수에 결측값이 있든 없든 다음과 같은 결과를 산출한다.
0*결측값=0, 0/결측값=0, 결측값**0=1, 0**결측값=0

18.2.2 RECODE 명령

```
RECODE 변수명(기존의 변수값=새로운 변수값)
              (기존의 변수값=새로운 변수값).
```

① RECODE 명령은 자료 내에 있는 기존의 변수에 대하여 연구자가 원하는 대로 재코드시켜 변수값을 바꿀 때, 또는 여러 개의 변수값을 하나로 묶을 때, 또는 잘못 코딩된 변수값을 바로 잡고자 할 경우 등에 사용할 수 있다.
② 여기에서 사용될 수 있는 변수는 VARIABLE LIST에 존재하거나 COMPUTE 나 IF 명령에 의해 이미 만들어진 변수이어야 한다.
③ 변수들을 슬래쉬(/)로 구분하면 하나의 RECODE 명령으로 여러 변수의 값을 다르게 변환을 할 수 있다.

예제
```
RECODE X1 TO X30 (1=4) (2=3) (3=2) (4=1).
RECODE X Y (LO THRU 3=1)(4 THRU HI=2).
RECODE X Y (3 THRU HI=2) (ELSE=1).
RECODE Z (1,2=1)(ELSE=2).
RECODE X Y (LO THRU 3=1) (4 THRU HI=2) / Z (1,2=1)
(ELSE=2).
```

④ 1, 2, 3, 4의 값만을 갖는 S1에서 S30까지의 변수를 4, 3, 2, 1로 역산처리하고 코딩 등의 잘못으로 인하여 그 외의 값을 갖는 변수값은 시스템 결측값 처리하고자 할 수 있다.

예제
```
RECODE S1 TO S30 (1=4) (2=3) (3=2) (4=1) ELSE=SYSMIS).
```

⑤ 경우에 따라서 모든 누락치를 변경하여야 할 필요가 있을 경우가 있는데 이럴 때는 MISSING이라는 키워드를 사용하면 편리하다.

예제
```
RECODE GRADE (MISSING=10).
RECODE GRADE (SYSMIS=10).
```

⑥ RECODE 명령은 문자변수를 변환하는 데도 사용할 수 있다.

예제
```
RECODE K ('A'='B') ("C"="D").
```

⑦ 문자변수를 변경시킬 때 새로운 값의 길이는 기존의 문자변수의 길이와 동일해야 한다.

예제
```
RECODE NAME ('ABC '='ABCD').
```

⑧ 문자변수를 숫자로, 또는 숫자변수를 문자변수로는 변환할 수 없다.

18.2.3 COUNT 명령: 특정 변수값의 수

```
COUNT 새로운 변수명=기존의 변수명(변수값)
        /새로운 변수명=기존의 변수명(변수값).
```

① COUNT 명령은 한 변수에 있어서 특정 변수값이나 값의 범위에 해당하는 변수값이 각 사례에 몇 개나 있는가의 결과를 새로운 변수에 할당할 때 이용된다.
② 변수를 지정할 때에 키워드 TO를 사용할 수 있으며, LO(LOWEST), HI(HIGHEST) 또는 THRU 등을 사용할 수도 있다. 또 찾고자 하는 변수값이 특정

한 값이 아닌 범위일 경우에도 COUNT 명령을 사용할 수 있다. 범위 명령은 문자변수에는 사용할 수 없는데, 사용 요령은 RECODE 명령과 같다.

③ 한 번의 COUNT 명령문으로 1개 이상의 변수를 만들려면, 새로운 변수 사이를 슬래쉬(/)로 구분해 주면 된다.

예제
```
COUNT HIGH = Q1 TO Q10(51 THRU HI)
         /LOW = NQ1 TO NQ10(LO THRU 20).
```

④ COUNT 명령은 계수하고자 하는 변수값이 문자일 경우에 사용할 수 있는데, 반드시 작은따옴표로 둘러싸야 한다. 10문항으로 되어 있는 문항(Q1-Q10)의 자료에서 변수값이 'Y'와 'N'으로 입력되어 있다고 할 경우에 위의 명령은 각 문항의 변수값에서 'Y'의 개수를 세어 그 개수를 새로운 변수 SCORE에 할당하게 될 것이다.

⑤ COUNT명령은 사용자 정의 결측치도 계수하여 할당하므로 주의를 해야 한다.

18.2.4 IF 명령

```
IF (논리식) 새로운 변수명 = 산술식.
```

① IF 명령은 기존 변수의 변수값을 사용하여 새 변수를 만들고자 할 때 사용한다. 즉, 여러 가지 논리적 관계를 이용하여 새로운 변수값을 부여하는 데 사용할 수 있으며, 논리적인 조작을 통하여 새로운 집단을 만들거나, COMPUTE나 RECODE 등의 자료변환 명령을 어떤 특정한 집단에만 적용하고자 할 경우 등에 이용할 수 있다.

예제
```
IF (AGE GE 18) VOTER=1.
IF (GEADE GE 70) CLASS=1.
IF (GRADE LT 70) CLASS=2.
```

② 만들어지는 새 변수 다음의 등호에 이어서 연산자를 이용할 수가 있다.

예제
```
IF (INCOME GE 25000) TAXES=INCOME*0.33.
```

■ IF 명령에서 사용할 수 있는 관계연산자 및 논리 연산자

EQ = : 좌우변 동일

NE <> : 좌우변이 같지 않음
LT < : 좌변이 우변보다 작음
LE <= : 좌변이 우변과 같거나 작음
GT > : 좌변이 우변보다 큼
GE >= : 좌변이 우변과 동일 또는 큼
AND & : 좌우변의 관계가 동시에 만족되는 경우에 참
OR : 어느 한 변의 관계만 만족하면 참
NOT : 우변의 내용이 참이 아님

③ IF 명령문에서의 연산 순서는 COMPUTE와 동일하다.

■ IF 명령문에서의 연산 순서
㉠ 함수, 대수 연산자
㉡ 관계 연산자
㉢ NOT, AND, OR

18.3 사례의 선택

18.3.1 SELECT IF

```
SELECT IF (논리식).
```

① SELECT IF 명령은 특정 사례만을 대상으로 계속적인 분석을 하고자 할 때 이용한다.
② SELECT IF 명령은 BEGIN DATA와 END DATA 사이를 제외하고 프로그램 중 어디에 위치해도 된다.
③ 일단 SELECT IF 명령으로 특정의 분석대상을 지정하고 나면, 그 이후의 모든 분석에서 계속 지정한 사례만을 사용하게 된다.
④ SELECT IF 명령에서 논리식을 지정하는 방법은 IF 명령과 동일
⑤ 논리식에는 AND, OR 또는 NOT 등을 사용하여 얼마든지 복잡한 사례의 선택 기준을 지정할 수가 있다. 그러나 논리식에 결측치가 있어서 어떤 사례에서 진위를 결정

할 수 없을 때는 그 사례는 선택에서 제외된다.

예제 SELECT IF(SEX EQ 1).

➲ 주의점

SELECT IF 명령을 두 번을 사용하는 경우에는 주의해야 한다. 두 번째 SELECT IF 명령으로 지정한 사례는 원래의 자료에서 선택되는 것이 아니라 첫 번째의 명령으로 지정한 특정 사례 중에서 다시 또 특정 사례가 지정된다. 경우에 따라서는 사례수가 크게 적어진다.

- SELECT IF(AGE GE 20).
- SELECT IF(SEX EQ 2).

18.3.2 PROCESS IF

```
PROCESS IF (논리식).
```

PROCESS IF 명령은 어떤 특정 사례를 일시적으로 선택할 때 사용하는 명령으로서 바로 뒤에 올 절차 명령에만 그 효력이 있다. 방법은 SELECT IF와 동일하다.

```
PROCESS IF(SEX EQ 1).
PROCESS IF(SEX EQ 2).
FREQUENCIES VAR = DEPT GRADE SEND.
```

위의 명령문에서는 두 번째의 PROCESS IF 명령만이 적용되어 SEX의 변수값이 2인 사례만이 선택되어 빈도(FREQUENCY)분석이 수행된다.

18.3.3 SAMPLE

```
SAMPLE P(또는 n FROM N).
```

① SAMPLE 명령은 자료에서 우선적으로 지정한 사례 수를 표집하여 바로 다음에 오는 절차 명령에 적용시키는 데 사용된다.

② SAMPLE 명령도 BEGIN DATA와 END DATA 사이를 제외하고는 어디에나 사용
③ 비율과 자료의 수 두 가지 방법이 있다.

예제
```
SAMPLE .25.
SAMPLE 50 FROM 200.
```

첫째 명령은 전체 사례수 중에서 25%를 우선적으로 표집하여 그 사례만을 대상으로 분석에 적용하라는 것이며, 둘째 명령은 전체 사례수 200개로부터 50개의 사례를 우선적으로 표집하라는 의미이다. (자료 파일의 사례가 실제 200이 안될 때는 이에 비례하여 보다 적은 사례가 표집이 된다. 반면에 둘째 예에서는 실제 사례수가 200이 넘을 경우 처음 200번째 사례 중에서만 50개의 사례가 우선적으로 표집이 된다.)

18.3.4 N 명령

```
N n.
```

N 명령은 자료에서 처음부터 N 번째까지의 사례를 선택하는 데 사용한다.

① 어디에서나 N 명령을 지정할 수가 있다.
② 일단 N 명령으로 사례수를 지정하면 SELECT IF 명령문과 마찬가지로 그 이하의 모든 절차에서 N 명령으로 지정된 사례만을 대상으로 분석이 이루어지게 된다.
③ 하나 이상의 N 명령을 사용할 수가 있지만, 일단 N 명령으로 n개의 사례수를 지정하여 어떤 절차를 수행하게 되면 다시 사례수를 증가시킬 수가 없다. 즉, 첫 번째 N 명령으로 n개의 사례를 지정하였으면, 그다음 N 명령에서는 첫 번째 N 명령에서 지정한 n보다 적은 수의 사례를 지정해야 한다.

예제
```
N 100.
```

➲ 주의점

PROCESS IF, SELECT IF, SAMPLE 명령을 N 명령과 함께 사용을 하게 되면, N명령을 맨 앞에 지정하더라도 PROCESS IF, SELECT IF, SAMPLE 명령이 먼저 수행이 된 다음 N 명령이 수행된다.

18.3.5 WEIGHT 명령

WEIGHT 명령은 자료의 분석을 위해 사례에 가중치를 부여하는 데 사용한다. 이러한 가중치 부여는 교차분할(CROSS TABULATED)된 자료를 분석하는 데 유용하게 이용할 수가 있다. 예를 들어 남녀 변수별로 통계분석을 하는 연구에 있어서는 표집에서의 남자의 비율이 모집단에서의 남자의 비율보다 훨씬 큰 경우에 결과의 해석 및 일반화에 오류를 범할 수도 있다. 이러한 때 WEIGHT 명령을 이용하여 남자의 사례에는 보다 적은 가중치를 부여함으로써 이러한 문제를 해결할 수가 있다.

```
WEIGHT BY 변수명.
```

① WEIGHT와 BY 다음에 가중치를 부여하고자 하는 변수명을 기술한다.
② 가중치를 부여하고자 하는 하나의 변수명(가중치 변수)만을 지정할 수 있는데 그 변수는 반드시 숫자변수여야 한다.
③ WEIGHT 명령은 SELECT IF, SAMPLE, N 명령들과 같이 누적적인(CUMULATIVE) 것이 아니므로 어디에서 사용하던 원래의 값에 대하여 적용이 되므로 이전의 WEIGHT 명령에 영향을 받지 않는다.
④ 일단 지정된 WEIGHT 명령을 변경하려면 다른 WEIGHT 명령으로 지정을 해주거나 OFF 명령을 사용함으로써 취소할 수 있다.

예제 2의 변수값을 갖는 남자가 1의 변수값을 갖는 여자보다 두 배나 더 표집이 되었다고 하자. 남자인 사례에 여자에 비하여 0.5의 가중치를 부여하여 이것을 보충할 수 있을 것이다.

```
COMPUTE WT=1.
IF(SEX EQ 2) WT=.5.
WEIGHT BY WT.
```

맨 위의 COMPUTE 명령으로 WT라는 새로운 변수를 만들고 그 값에 모두 1을 할당(반드시 초기화)하였다. 두 번째로 IF 명령을 사용하여 SEX의 값이 2인 사례(남자)의 WT값만을 0.5를 곱함으로써 남자는 0.5, 여자는 1인 값을 부여하였다. 마지막

WEIGHT 명령으로 모든 변수에 WT의 가중치를 곱함으로써 남자는 0.5, 여자는 1의 가중치를 부여하였다.

18.3.6 SORT CASES 명령

```
SORT CASES BY 변수명(A 또는 D).
```

SORT CASES 명령은 어떤 변수를 지정하여 그 변수의 변수값의 크기 순서에 따라 사례들의 순서를 재배열하는 데 이용한다. A는 오름차순(ascending) 정렬, D는 내림차순(descending) 정렬한다.

예제

```
SORT CASES BY SCORE(D).
SORT CASES BY CLASS SEX SCORE(D).
SORT CASES BY CLASS(A) SEX(A) SCORE(D).
```

18.4 통계분석 명령어

다음의 각 분석에 대한 명령어는 SPSS 프로그램의 도움말에서 가져온 것이다.

18.4.1 빈도분석(FREQUENCIES)

```
FREQUENCIES [VARIABLES=]varlist
 [/FORMAT=[{DVALUE}] [{NOTABLE }]]
           {AFREQ }   {LIMIT(n)}
           {DFREQ }
 [/MISSING=INCLUDE]
 [/BARCHART=[MIN(n)][MAX(n)][{FREQ(n)    }]]
                              {PERCENT(n)}
```

```
 [/PIECHART=[MIN(n)][MAX(n)][{FREQ     }]
                              {PERCENT}
[{MISSING   }]]
{NOMISSING}
 [/HISTOGRAM=[MIN(n)][MAX(n)][{FREQ(n)     }]
                               {PERCENT(n)}
[{NONORMAL}][INCREMENT(n)]]
{NORMAL   }
 [/NTILES=n]
 [/PERCENTILES=value list]
 [/STATISTICS=[DEFAULT] [MEAN] [STDDEV] [SUM]
              [MINIMUM]  [MAXIMUM]  [RANGE]  [SEMEAN]  [VARIANCE]
              [SKEWNESS] [SESKEW] [MODE] [KURTOSIS] [SEKURT] [MEDIAN]
              [ALL] [NONE]]
 [/GROUPED=varlist [{(width)           }]]
                    {(boundary list)}
 [/ORDER = [{ANALYSIS}] [{VARIABLE}]]
```

18.4.2 기술통계(DESCRIPTIVES)

```
DESCRIPTIVES [VARIABLES=] varname[(zname)] [varname...]
 [/MISSING={VARIABLE**}  [INCLUDE]]
           {LISTWISE   }
 [/SAVE]
 [/STATISTICS=[DEFAULT**]  [MEAN**]  [MIN**]  [SKEWNESS]]  [STDDEV**]
              [SEMEAN]  [MAX**]  [KURTOSIS]  [VARIANCE]  [SUM]  [RANGE]
              [ALL]
 [/SORT=[{MEAN      }] [{(A)}]]
         {SMEAN     }   {(D)}
         {STDDEV    }
         {VARIANCE}
         {KURTOSIS}
         {SKEWNESS}
         {RANGE     }
```

```
{MIN      }
{MAX      }
{SUM      }
{NAME     }
```

** : 기본 사항임.

18.4.3 교차분석(CROSSTABS)

```
CROSSTABS [TABLES=]varlist BY varlist [BY...]
              [/varlist...]
 [/MISSING={TABLE**}]
           {INCLUDE}
 [/FORMAT={TABLES**}{AVALUE**}]
          {NOTABLES}{DVALUE   }
 [/COUNT = [{ASIS   }] [{ROUND **}] ]
             {CASE   }   {TRUNCATE}
             {CELL**}
 [/CELLS= [COUNT**][ROW][EXPECTED][SRESID ]]
          [COLUMN][RESID][ASRESID][TOTAL][ALL][NONE]
 [/WRITE[={NONE** }]]
          {CELLS  }
 [/STATISTICS=[CHISQ] [LAMBDA] [BTAU] [GAMMA]
              [ETA]] [PHI] [UC] [CTAU] [D] [CORR] [CC] [KAPPA] [RISK]
              [MCNEMAR] [CMH(value)]] [ALL][NONE]
 [/METHOD={MC [CIN({99.0 })] [SAMPLES({10000})]}]
          {value}                      {value}
          {EXACT [TIMER({5     })] }
                         {value}
 [/BARCHART]
```

** : 기본 사항임.

18.4.4 요약통계(SUMMARIZE)

```
SUMMARIZE
 [TABLES=]{varlist}
          {ALL     }
          [BY varlist] [BY...]
 [/varlist...]
 [/TITLE ='string'][FOOTNOTE= 'string']
 [/CELLS=[MEAN] [COUNT**] [STDDEV] [MEDIAN] [GMEDIAN] [SEMEAN] [SUM]
         [MIN] [MAX] [RANGE] [VARIANCE] [KURT] [SEKURT] [SKEW]
         [SESKEW] [FIRST] [LAST] [NPCT] [SPCT] [NPCT(var)] [SPCT(var)]
         [HARMONIC] [GEOMETRIC] [DEFAULT] [ALL]
         [NONE] ]
 [/MISSING=[{EXCLUDE**}][{VARIABLE**}]
            {INCLUDE  }  {TABLE     }
            {DEPENDENT}
 [FORMAT=[{NOLIST** }]
          {LIST     }
          {VALIDLIST}
         [{CASENUM  }] [{TOTAL**}]
          {NOCASENUM}   {NOTOTAL}
         [LIMIT=n] [MISSING='string']]
 [/STATISTICS=[ANOVA] [{LINEARITY}] [NONE**] ]
                       {ALL      }
```

** : 기본 사항임.

18.4.5 집단별 평균분석(MEANS)

```
MEANS [TABLES=]{varlist} BY varlist [BY...]
               {ALL    }
      [/varlist...]
[/MISSING={TABLE    }]
          {INCLUDE  }
          {DEPENDENT}
[/CELLS=[DEFAULT**][MEAN**][ALL]]
      [COUNT**][STDDEV**] [MEDIAN] [GMEDIAN] [SEMEAN] [SUM] [MAX]
```

```
        [MIN] [FIRST] [LAST] [KURT] [SEKURT] [SKEW] [SESKEW] [RANGE]
        [VARIANCE] [NPCT] [SPCT] [NPCT(var)] [SPCT(var)] [HARMONIC]
        [GEOMETRIC]
[/STATISTICS=[ANOVA] [LINEARITY] [ALL] [NONE] ]
```

** : 기본 사항임.

18.4.6 일표본 T-검정(T-TEST)

```
T-TEST TESTVAL=value
 /VARIABLES=varlist
 [/MISSING={ANALYSIS**}[INCLUDE]]
           {LISTWISE  }
 [/CRITERIA=CI[{(0.95 )}]]
               {(value)}
```

** : 기본 사항임.

18.4.7 독립표본 T-검정(T-TEST)

```
T-TEST GROUPS=varname({1,2**       })
                      {value       }
                      {value,value}
 /VARIABLES=varlist
 [/MISSING={ANALYSIS**}[INCLUDE]]
           {LISTWISE  }
 [/CRITERIA=CI[{(0.95 )}]]
               {(value)}
```

** : 기본 사항임.

18.4.8 대응표본 T-검정(T-TEST PAIRS)

```
T-TEST PAIRS=varlist[WITH varlist
             [(PAIRED)]]
```

```
            [/varlist...]
[/MISSING={ANALYSIS**}[INCLUDE]]
            {LISTWISE   }
[/CRITERIA=CI[{(0.95 )}]]
               {(value)}
```

** : 기본 사항임.

18.4.9 일원배치 분산분석(ONEWAY)

```
ONEWAY   varlist BY varname
 [/POLYNOMIAL=n]
 [/CONTRAST=coefficient list]
 [/CONTRAST=... ]
 [/RANGES={LSD }({0.05 })]
            {DUNCAN} {alpha} {SNK} {TUKEYB} {TUKEY} {MODLSD} {SCHEFFE }
            {ranges values}
 [/RANGES=...]
 [/STATISTICS=[NONE**]]   [DESCRIPTIVES]   [EFFECTS]   [HOMOGENEITY]
               [WELCH] [BROWNFORSYTHE] [ALL ]
 [/POSTHOC =[SNK] [TUKEY] [BTUKEY] [DUNCAN] [SCHEFFE]
              [DUNNETT(refcat)] [DUNNETTL(refcat)]
              [DUNNETTR(refcat)]   [BONFERRONI]   [LSD]   [SIDAK]   [GT2]
              [GABRIEL] [FREGW] [QREGW] [T2] [T3] [GH][C]
              [WALLER ({100**})]
              [ALPHA({0.05**}]  {kratio}
                                 {alpha }
 [/MISSING={ANALYSIS**}[{EXCLUDE**}]]
            {LISTWISE   } [{INCLUDE   }
 [/MATRIX =[IN(file)][OUT(file)]]
```

** : 기본 사항임.

18.4.10 일반선형모형(GLM, UNIANOVA)

```
UNIANOVA dependent varlist
             [BY factor list [WITH covariate list]]
```

```
[/RANDOM=factor factor...]
 [/REGWGT=varname]
 [/METHOD=SSTYPE({1   })]
                 {2  }
                 {3**}
                 {4  }
 [/INTERCEPT=[INCLUDE**] [EXCLUDE] ]
 [/MISSING=[INCLUDE] [EXCLUDE**]]
 [/CRITERIA=[EPS({1E-8**})][ALPHA({0.05**}) ]
                {a      }        {a      }
 [/PRINT=[DESCRIPTIVE]   [HOMOGENEITY]   [PARAMETER][ETASQ][GEF][LOF]
         [OPOWER] [TEST [([LMATRIX]]
 [/PLOT=[SPREADLEVEL] [RESIDUALS]
         [PROFILE (factor factor*factor factor*factor*factor)]
 [/TEST=effect VS {linear combination [DF(df)]}]
                  {value DF (df)              }
 [/LMATRIX={["label"] effect list effect list ...;...}]
           {["label"] effect list effect list ...    }
           {["label"] ALL list; ALL...               }
             {["label"] ALL list                        }
 [/CONTRAST (factor name)={DEVIATION[(refcat)]**} ]
                          {SIMPLE [(refcat)]       }
                          {DIFFERENCE              }
                          {HELMERT                 }
                          {REPEATED                }
                          {POLYNOMIAL  [({1,2,3...})]}
                          {                {metric}  }
                          {SPECIAL (matrix)        }
[/KMATRIX= {list of numbers     } ]
           {list of numbers;...}
 [/POSTHOC =effect effect..([SNK] [TUKEY] [BTUKEY]
                          [DUNCAN] [SCHEFFE] [DUNNETT(refcat)]
                          [DUNNETTL(refcat)] [DUNNETTR(refcat)]
                          [BONFERRONI] [LSD] [SIDAK] [GT2]
                          [GABRIEL] [FREGW] [QREGW] [T2] [T3]
                          [GH][C] [WALLER ({100** })]]
                          [VS effect]
```

```
[/EMMEANS=TABLES({OVERALL              })
                 {factor               }
                 {factor*factor...     }
          WITH (covariate=MEAN covariate=MEAN)
          COMPARE ADJ (LSD)(BONFERRONI)
                      (SIDAK)
[/SAVE=[tempvar [(name)]] [tempvar [(name)]]...]
[/OUTFILE=[{COVB (file)}]
           {CORB (file)}
[/DESIGN={[INTERCEPT...] }]
          {[effect effect...]}
```

** : 기본 사항임.

18.4.11 이변량 상관분석(CORRELATIONS)

```
CORRELATIONS [VARIABLES=] varlist [WITH varlist]
                          [/varlist...]
 [/MISSING={PAIRWISE**}  [INCLUDE]]
           {LISTWISE   }
 [/PRINT={TWOTAIL**}  {SIG**}]
         {ONETAIL  }  {NOSIG}
 [/MATRIX=OUT(file)]
 [/STATISTICS=[DESCRIPTIVES] [XPROD][ALL]]
```

** : 기본 사항임.

18.4.12 부분 상관분석(PARTIAL CORR)

```
PARTIAL CORR [VARIABLES=] varlist
  [WITH varlist]
   BY control list (levels)
[/varlist...]
[/SIGNIFICANCE={TWOTAIL**}]
               {ONETAIL  }
[/STATISTICS=[NONE**] [CORR]    ]
```

```
            [DESCRIPTIVES] [BADCORR][ALL]
[/FORMAT={MATRIX** }]
         {SERIAL    }
         {CONDENSED}
[/MISSING={LISTWISE**}[{EXCLUDE**}]]
          {ANALYSIS  } {INCLUDE   }
[/MATRIX=[NONE**][IN(file)][OUT(file)]]
```

** : 기본 사항임.

18.4.13 회귀분석(REGRESSION)

```
REGRESSION [MATRIX=[IN(file)] [OUT(file)]]
  [/VARIABLES={varlist       }]
              {(COLLECT)**} Command Syntax
              {ALL           }
  [/DESCRIPTIVES=[DEFAULTS] [MEAN] [STDDEV] [CORR] [COV]
                 [VARIANCE] [XPROD] [SIG] [N] [BADCORR] [ALL]
                 [NONE**]]
  [/SELECT={varname relation value}
  [/MISSING=[{LISTWISE**         }] [INCLUDE]]
            {PAIRWISE           }
            {MEANSUBSTITUTION}
  [/REGWGT=varname]
  [/STATISTICS=[DEFAULTS**] [R**] [COEFF**] [ANOVA**] [OUTS**] [ZPP]
              [CHA] [CI] [F] [BCOV] [SES] [XTX] [COLLIN] [TOL] [SELECTION]
              [ALL]]
  [/CRITERIA=[DEFAULTS**][TOLERANCE({0.0001**})]
                                    {value      }
             [PIN({0.05**})][POUT({0.10**})]
                  {value }         {value }
             [FIN({3.84 })][FOUT({2.71 })]
                  {value}          {value}
             [CIN({ 95**})]][MAXSTEPS(n)]
                  {value}
  [/{NOORIGIN**}]
    {ORIGIN      }
```

```
   /DEPENDENT=varlist
   [/METHOD=]{STEPWISE [varlist]           }
                {FORWARD [varlist]   }
                {BACKWARD [varlist] }
                {ENTER [varlist]        }
                {REMOVE varlist         }
                {TEST(varlist)(varlist)...}
 [/RESIDUALS=[DEFAULTS][ID(varname)]
                [DURBIN][{SEPARATE}]
                          {POOLED   }
                [HISTOGRAM({ZRESID     })]
                              {tempvarlist}
                [OUTLIERS({ZRESID        })]
                           {tempvarlist}
                [NORMPROB({ZRESID      })]
                              {tempvarlist}
  [/CASEWISE=[DEFAULTS][{OUTLIERS({   3   })}]
                          {               {value} }
                          {ALL                     }
   [/SCATTERPLOT=(varname,varname)]
   [/PARTIALPLOT={ALL       }]
                   {varlist}
   [OUTFILE={COVB (filename)}]  [MODEL (filename)]
              {CORB (filename)}
   [/SAVE=tempvar[(name)][tempvar[(name)]...][FITS]]
  Temporary variables for residuals analysis are:
  PRED, ADJPRED, SRESID, MAHAL, RESID, ZPRED, SDRESID, COOK,
  RESID, ZRESID, SEPRED, LEVER, DFBETA, SDBETA, DFFIT, SDFFIT,
  COVRATIO, MCIN, ICIN.
  SAVE FITS saves
  DFFIT, SDFIT, DFBETA, SDBETA, COVRATIO.
```

** : 기본 사항임.

18.4.14 판별분석(DISCRIMINANT)

```
DISCRIMINANT GROUPS=varname(min,max)
```

```
    /VARIABLES=varlist
    [/SELECT=varname(value)]
[/ANALYSIS=varlist(level) [varlist...]]
[/METHOD={DIRECT**}] [/TOLERANCE={0.001}]
         {WILKS   }               {t    }
         {MAHAL   }
         {MAXMINF}
         {MINRESID}
         {RAO      }
[/MAXSTEPS={2v}]
           {m }
[/FIN={3.84}] [/FOUT={2.71}] [/VIN={0**}]
     {fi   }        {fo   }        {vi }
[/PIN={pi}] [/POUT={po}]
[/FUNCTIONS={g-1,100.0,1.0**}]
            {nf , cp  ,sig  }
[/PRIORS={EQUAL** }]
         {SIZE     }
         {value list}
[/SAVE=[CLASS=varname] [PROBS=rootname]
       [SCORES=rootname]]
[/ANALYSIS=...]
[/MISSING={EXCLUDE**}]
          {INCLUDE  }
[/MATRIX=[OUT(file)] [IN(file)]]
[/HISTORY={STEP**}]
          {NONE  }
[/ROTATE={NONE**     }]
         {COEFF      }
         {STRUCTURE}
[/CLASSIFY={NONMISSING  } {POOLED   }[MEANSUB]]
           {UNSELECTED  } {SEPARATE}
           {UNCLASSIFIED}
[/STATISTICS=[MEAN] [COV] [FPAIR] [RAW  ]]
             [STDDEV] [GCOV] [UNIVF] [COEFF]
             [CORR ] [TCOV] [BOXM ] [TABLE]
             [CROSSVALID] [ALL]
[/PLOT=[MAP][SEPARATE][COMBINED][CASES[(n)]][ALL]]
```

```
[/OUTFILE MODEL(filename)]
```

** : 기본 사항임.

18.4.15 요인분석(FACTOR)

```
FACTOR VARIABLES=varlist† [/MISSING=[{LISTWISE**}][INCLUDE]]
                                      {PAIRWISE  }
                                      {MEANSUB   }
                                      {DEFAULT** }
 [/MATRIX=[IN({COR=file})]  [OUT({COR=file})]]
              {COR=*    }        {COR=*    }
              {COV=file}         {COV=file}
              {COV=*    }        {COV=*    }
              {FAC=file}         {FAC=file}
              {FAC=*    }        {FAC=*    }
              {FSC=file}
                                 {FSC=*    }
 [/METHOD = {CORRELATION**}]
              {COVARIANCE  }
 [/SELECT=varname(value)]
 [/ANALYSIS=varlist...]
 [/PRINT=[DEFAULT**] [INITIAL**] [EXTRACTION**] [ROTATION**]
         [UNIVARIATE] [CORRELATION] [COVARIANCE] [DET] [INV] [REPR]
         [AIC] [KMO] [FSCORE] [SIG] [ALL]]
 [/PLOT=[EIGEN] [ROTATION [(n1,n2)]]]
 [/DIAGONAL={value list}]
             {DEFAULT** }
 [/FORMAT=[SORT] [BLANK(n)] [DEFAULT**]]
 [/CRITERIA=[FACTORS(n)] [MINEIGEN({1.0**})] [ITERATE({25**})]
                                   {n    }            {n   }
             [RCONVERGE({0.0001**})]  [{KAISER**}]
                        {n       }     {NOKAISER}
             [ECONVERGE({0.001**})] [DEFAULT**]]
                        {n      }
 [/EXTRACTION={PC**     }] [/ROTATION={VARIMAX**  }]
               {PA1**    }              {EQUAMAX    }
```

```
                {PAF         }                    {QUARTIMAX   }
                {ALPHA       }                   {OBLIMIN({0})}
                {IMAGE       }                              {n}
                {ULS         }                    {PROMAX({4}   }
                {GLS         }                               {n}
                {ML          }                    {NOROTATE      }
                {DEFAULT**}                       {DEFAULT**     }
 [/SAVE=[{REG        } ({ALL}[rootname])]]
          {BART      } {n   }
          {AR        }
          {DEFAULT}
```

** : 기본 사항임.

18.4.16 이단계군집분석(TWOSTEP CLUSTER)

```
TWOSTEP CLUSTER
  [/CATEGORICAL VARIABLES = varlist]
  [/CONTINUOUS VARIABLES = varlist]
  [/CRITERIA [INITHRESHOLD({0**    })] [MXBRANCH({8**})]
                           {value}                {n   }
             [MXLEVEL({3**})] ]
                      {n   }
  [/DISTANCE {EUCLIDEAN     }]
             {LIKELIHOOD**}
  [/HANDLENOISE {0**}]
                {n   }
  [/INFILE FILE = filename]
  [/MEMALLOCATE {64**}]
                {n    }
  [/MISSING {EXCLUDE**}]
            {INCLUDE   }
  [/NOSTANDARDIZE [VARIABLES = varlist]]
  [/NUMCLUSTERS {AUTO** {15**} [{AIC   }]}]
                {n     }     {BIC**}
                {FIXED = n                        }
  [/OUTFILE [MODEL = filename] [STATE = filename]]
```

```
[/PLOT [BARFREQ] [PIEFREQ]
       [VARCHART [COMPARE {BYCLUSTER**}]
       [NONPARAMETRIC][CONFIDENCE {95**}][OMIT] ]]
                                  {BYVAR    }
                                  {n   }
[/PRINT [IC] [COUNT] [SUMMARY]]
[/SAVE CLUSTER [VARIABLE = varname]]
```

** : 기본 사항임.

18.4.17 계층적군집분석(CLUSTER)

```
CLUSTER varlist
 [/MEASURE={SEUCLID**          }]
           {EUCLID             }
           {COSINE             }
           {CORRELATION        }
           {BLOCK              }
           {CHEBYCHEV          }
           {POWER(p,r)         }
           {MINKOWSKI(p)       }
           {CHISQ              }
           {PH2                }
           {RR[(p[,np])]       }
           {SM[(p[,np])]       }
           {JACCARD[(p[,np])]  }
           {DICE[(p[,np])]     }
           {SS1[(p[,np])]      }
           {RT[(p[,np])]       }
           {SS2[(p[,np])]      }
           {K1[(p[,np])]       }
           {SS3[(p[,np])]      }
           {K2[(p[,np])]       }
           {SS4[(p[,np])]      }
           {HAMANN[(p[,np])]}
           {OCHIAI[(p[,np])]   }
           {SS5[(p[,np])]      }
```

```
                {PHI[(p[,np])]        }
                {LAMBDA[(p[,np])]}
                {D[(p[,np])]          }
                {Y[(p[,np])]          }
                {Q[(p[,np])]          }
                {BEUCLID[(p[,np])]  }
                {SIZE[(p[,np])]       }
                {PATTERN[(p[,np])]  }
                {BSEUCLID[(p[,np])]}
                {BSHAPE[(p[,np])]   }
                {DISPER[(p[,np])]    }
                {VARIANCE[(p[,np])]}
                {BLWMN[(p[,np])]    }
[/METHOD={BAVERAGE**}[(rootname)] [,...]]
         {WAVERAGE   }
         {SINGLE     }
         {COMPLETE   }
         {CENTROID   }
         {MEDIAN     }
         {WARD       }
[/SAVE=CLUSTER({level    })]  [/ID=varname]
               {min,max}
[/PRINT=[CLUSTER({level    })] [DISTANCE]]
                 {min,max}
        [SCHEDULE**] [NONE]
[/PLOT=[VICICLE**[(min[,max[,inc]])]]]
       [HICICLE[(min[,max[,inc]])]]
       [DENDROGRAM] [NONE]
[/MATRIX=[IN(file)] [OUT(file)]]
[/MISSING=[EXCLUDE**] [INCLUDE]]
```

** : 기본 사항임.

18.4.18 K-평균 군집분석(QUICK CLUSTER)

```
QUICK CLUSTER {varlist}
              {ALL     }
```

```
[/MISSING=[{LISTWISE**}] [INCLUDE]]
          {PAIRWISE  }
          {DEFAULT   }
[/FILE=file]
[/INITIAL=(value list)]
[/CRITERIA=[CLUSTER({2**})] [NOINITIAL]
                    {k  }
          [MXITER({10**})][CONVERGE({0**})]
                  {n   }            {n  }
[/METHOD={KMEANS[({NOUPDATE**})]}]
                  {UPDATE     }
                  {CLASSIFY   }
[/PRINT=[INITIAL**][CLUSTER]
        [ID(varname)][DISTANCE]
        [ANOVA][NONE]]
[/OUTFILE=file]
[/SAVE=[CLUSTER(varname)]
       [DISTANCE(varname)]]
```

** : 기본 사항임.

18.4.19 신뢰도분석(RELIABILITY)

```
RELIABILITY VARIABLES={varlist}
                      {ALL    }
 [/SCALE(scalename)=varlist ]
 [/MODEL={ALPHA          }]
         {SPLIT[(n)]     }
         {GUTTMAN        }
         {PARALLEL       }
         {STRICTPARALLEL}
 [/STATISTICS=[DESCRIPTIVE][SCALE    ][{ANOVA         }]]
              [COV      ][TUKEY     ] {ANOVA FRIEDMAN}
              [CORR][HOTELLING] {ANOVA COCHRAN }
              [ALL]
[/SUMMARY=[MEANS    ][COV  ][TOTAL]]
          [VARIANCE][CORR][ALL   ]
```

```
[/ICC=[{MODEL(ONEWAY)                                   }]
      {[MODEL({MIXED**})] [TYPE({CONSISTENCY**})]}
              {RANDOM }         {ABSOLUTE       }
       [CIN={95**}] [TESTVAL={0**}]]
            {n    }          {p   }
[/METHOD=COV]
[/MISSING={EXCLUDE**}]
          {INCLUDE  }
[/MATRIX =[IN(file)][OUT(file)][NOPRINT]]
```

** : 기본 사항임.

18.4.20 다차원척도법(ALSCAL)

```
ALSCAL  VARIABLES=varlist
 [/FILE=file]  [CONFIG  [({INITIAL})]]
                          {FIXED  }
               [ROWCONF [({INITIAL})]]
                          {FIXED  }
               [COLCONF [({INITIAL})]]
                          {FIXED  }
               [SUBJWGHT[({INITIAL})]]
                          {FIXED  }
               [STIMWGHT[({INITIAL})]]
                          {FIXED  }
 [/INPUT=ROWS  ({ALL})]
                { n }
 [/SHAPE={SYMMETRIC**}]
         {ASYMMETRIC }
         {RECTANGULAR}
 [/LEVEL={ORDINAL**[([UNTIE] [SIMILAR])]}]
         {INTERVAL[({1})]               }
         {           {d}                }
         {RATIO[({1})]                  }
         {        {d}                   }
         {NOMINAL                       }
 [/CONDITION={MATRIX        }]
```

```
                {ROW              }
                {UNCONDITIONAL}
[/MODEL   ={EUCLID**}]
          or  {INDSCAL }
  METHOD  {ASCAL    }
          {AINDS    }
          {GEMSCAL}
[/CRITERIA=[NEGATIVE] [CUTOFF({0**})]  [CONVERGE({.001})]
                               {c  }                {c   }
          [ITER({30})] [STRESSMIN({.005})] [NOULB]
              {ni}                 {  s }
          [DIMENS({2**        })] [DIRECTIONS(r)]
                  {min[,max]}
          [CONSTRAIN]              [TIESTORE(n)]]
[/PRINT=[DATA] [HEADER]]
[/PLOT=[DEFAULT] [ALL]]
[/OUTFILE=file]
[/MATRIX=IN(file)]
```

** : 기본 사항임.

18.4.21 비모수검정(NPAR)

```
NPAR TESTS [CHISQUARE=varlist[(lo,hi)]/]
           [/EXPECTED={EQUAL        }]
                      {f1,f2,...fn}
 [/K-S({UNIFORM[,lo,hi]})=varlist]
       {NORMAL[,m,sd]  }
       {POISSON[,m]     }
       {EXPONENTIAL[,m]     }
 [/RUNS({MEAN   })=varlist]
        {MEDIAN}
        {MODE  }
        {value }
 [/BINOMIAL[({.5})]=varlist[({v1,v2})]]
            { p}          {value}
 [/MCNEMAR=varlist [WITH varlist [(PAIRED)]]]
```

```
[/SIGN=varlist [WITH varlist [(PAIRED)]]]
[/WILCOXON=varlist [WITH varlist [(PAIRED)]]] [/MH=varlist [WITH varlist
[(PAIRED)]]]††
[/COCHRAN=varlist]
[/FRIEDMAN=varlist]
[/KENDALL=varlist]
[/MEDIAN[(value)]=varlist BY var (v1,v2)]
[/M-W=varlist BY var (v1,v2)]
[/K-S=varlist BY var (v1,v2)]
[/W-W=varlist BY var (v1,v2)]
[/J-T=varlist BY var (value1,value2)]
[/MOSES[(n)]=varlist BY var (v1,v2)]
[/K-W=varlist BY var (v1,v2)]
[/MISSING={ANALYSIS**}  [INCLUDE]]
          {LISTWISE  }
[/SAMPLE]
[/STATISTICS=[DESCRIPTIVES][QUARTILES][ALL]]
[/METHOD={MC [CIN({99.0})]  [SAMPLES({10000})]}]
                  {value}            {value}
         {EXACT [TIMER({5    })]              }
                       {value}
```

** : 기본 사항임.

참고문헌

- 강병서, 김계수(2001), 사회과학통계분석 - 한글 SPSS, SPSS 아카데미.
- 권세혁(2004). SAS, SPSS 활용 설문조사분석, 자유아카데미.
- 김영석(1999). 사회조사방법론; SPSS WIN 통계분석, 나남출판.
- 김충련(2000). SAS라는 통계상자, 데이터플러스.
- 남기성(2006). SPSS를 이용한 통계분석은 어떻게?, 자유아카데미.
- 남기성(2010). (개정판) SPSS 18을 이용한 통계분석은 어떻게?, 자유아카데미.
- 남기성, 천영민(2014). (증보개정판) SPSS 21을 이용한 통계분석은 어떻게?, 자유아카데미.
- 박희창, 박진표, 남기성(2002). 확률과 통계, 교우사.
- 성웅현(2006). 응용 로지스틱 회귀분석, 탐진.
- 양병화(2000). 다변량 자료분석의 이해와 활용, 학지사.
- 원태연, 정성원(2000). 한글 SPSS 통계조사분석, SPSS 아카데미.
- 정성원(2004). SPSS Brief Guide, SPSS 아카데미.
- 정영해, 김순흠, 조지현(2001). SPSS 10.0 통계자료분석, 광주사회연구소.
- 정훈조, 남기성(1993). 전산통계학, 이한출판사.
- 채서일(2003). 사회과학조사방법론, 학현사.
- 추교완, 박희창, 남기성(1999). 정보와 통계, 창원대 출판부.
- Alan Agresti(1996). An Introduction to Categorical Data Analysis, John Wiley & Sons.
- Spss Inc.(1993). Spss base system Syntax reference guide, Release 6.0. Chicago, IL: Author.
- Spss Inc.(1997). SPSS Base 7.5 for Windows User's Guide.
- Spss 12.0K 도움말
- Spss 18.0K 도움말
- Spss 21.0K 도움말
- Spss 23.0K 도움말
- Spss 25.0K 도움말
- SPSS 21.0 Installation Guide(2013). 데이터솔루션.
- What's New in PASW Statistics 18?

찾아보기

SPSS를 이용한

통계분석은 어떻게? -제4판-

저　　자　남기성 · 천영민
발 행 인　김지영
발 행 처　자유아카데미
주　　소　경기도 파주시 회동길 37-42
파주출판도시
전　　화　031-955-1321
팩　　스　031-955-1322
홈페이지　www.freeaca.com
전자우편　main@freeaca.com (대표)
editor@freeaca.com (편집)
crm@freeaca.com (영업)
등　　록　제406-2003-017호, 1980. 7. 12
제4판1쇄　2019년 8월 25일 발행
정　　가　39,000원

저자와의
협의하에
인지생략

ISBN 979-11-5808-230-7 93310